Arbeitsbuch Makroökonomik und Wirtschaftspolitik

Jens K. Perret · Paul J. J. Welfens

Arbeitsbuch Makroökonomik und Wirtschaftspolitik

Grundlagen – Aufgaben – Lösungen

2. Auflage

 Springer Gabler

Jens K. Perret
International School of Management
Köln, Deutschland

Paul J. J. Welfens
Lehrstuhl für Makroökonomische Theorie und Politik
Bergische Universität Wuppertal
Wuppertal, Deutschland

ISBN 978-3-662-58183-4   ISBN 978-3-662-58184-1   (eBook)
https://doi.org/10.1007/978-3-662-58184-1

Die Deutsche Nationalbibliothek verzeichnet diese Publikation in der Deutschen Nationalbibliografie; detaillierte bibliografische Daten sind im Internet über http://dnb.d-nb.de abrufbar.

Springer Gabler
© Springer-Verlag GmbH Deutschland, ein Teil von Springer Nature 2016, 2019
Springer Gabler ist ein Imprint der eingetragenen Gesellschaft Springer-Verlag GmbH, DE und ist ein Teil von Springer Nature
Die Anschrift der Gesellschaft ist: Heidelberger Platz 3, 14197 Berlin, Germany

Vorwort zur zweiten Auflage

Nach über zwei Jahren und einem Praxiseinsatz von fünf Semestern wurde das vorliegende Arbeitsbuch einer grundlegenden Überarbeitung und Erweiterung unterzogen. Während sich an der Struktur des Arbeitsbuchs und auch der Struktur der Aufgaben an sich nicht signifikant etwas geändert hat, so wurde das Buch an entscheidenden Stellen erweitert und Studierendenfeedback aus den vergangenen Semestern floss in die Umgestaltung einzelner Kapitel mit ein.

Die Ergänzung und Erweiterung des Arbeitsbuchs zielt darauf ab, dass es in der aktuellen zweiten Auflage nicht mehr allein an dem Lehrbuch *Grundlagen der Wirtschaftspolitik* ausrichtet, sondern ebenso gut als Arbeitsbuch und Unterstützung für Lehrbücher wie die *Grundzüge der Volkswirtschaftlehre* von N. G. Mankiw und M. P. Taylor und eine Reihe weiterer verwendet werden kann.

Ebenso ergänzt wurde ein Hinweis auf das Online Angebot unter:

http://wiwi.jens-perret.de

bzw. den Youtube Kanal des Autors Jens K. Perret unter:

https://www.youtube.com/channel/UCpvQxCMDSW0nuZ5wPloRP9w,

in dem ergänzende Aufgaben zu den Themen des Arbeitsbuchs Schritt für Schritt im Detail besprochen werden.

Ein besonderer Dank geht an alle Mitarbeiter und studentischen Hilfskräfte des Lehrstuhls für Makroökonomische Theorie und Politik an der Universität Wuppertal sowie allen Kollegen an der International School of Management in Köln, deren Unterstützung erheblich zur Überarbeitung und Verbesserung dieses Buches beigetragen hat. Ebenso geht ein großer Dank an alle Tutoren und Studierenden für Anmerkungen und Verbesserungsvorschläge.

Weiterhin viel Spaß beim Lernen.

Wuppertal, Mai 2018   Jens K. Perret und Paul J. J. Welfens

Das vorliegende Buch ist konzipiert, um Studierenden der Volkswirtschaftslehre und dabei insbesondere der Makroökonomie und der makroökonomisch ausgeprägten Wirtschaftspolitik als Übungs- und Klausurvorbereitungshilfe zur Hand zu gehen. Inhaltlich richtet es sich an dem Lehrbuch *Grundlagen der Wirtschaftspolitik* von Prof. Dr. Paul J. J. Welfens aus: hierbei insbesondere an den ersten beiden Kapiteln zur makroökonomischen Theorie und Politik. Es kann aber auch losgelöst davon als Unterstützung oder Grundlage für Übungs- und Tutoriumsveranstaltungen zur Makroökonomik eingesetzt werden.

Das Buch ist kein Ersatz für eine vollwertige Vorlesung, Übung oder Tutoriumsveranstaltung; es kann allerdings genutzt werden, um Kerninhalte einer Veranstaltung zu rekapitulieren und zu vertiefen. In diesem Kontext fasst in jedem Kapitel das erste Unterkapitel die wichtigsten inhaltlichen Aspekte des Lehrbuchs zusammen, zielt dabei aber keineswegs auf eine Detailliertheit wie das Lehrbuch ab.

Die zusammengestellten Aufgaben wurden mit einer Punktezahl versehen. Die Punktezahl spiegelt die für die entsprechende Aufgabe angedachte Bearbeitungszeit (in Minuten) wider. Sie gibt hierbei lediglich einen durchschnittlichen Richtwert an und es ist durchaus möglich, dass eine Aufgabe praktisch weniger oder mehr Zeit in Anspruch nimmt. Eine weitere Möglichkeit, die Punktezahl zu interpretieren, besteht darin, dass Fragen für einen Punkt in einem Wort oder wenigen Worten beantwortet werden können, während Fragen für zwei Punkte mit einem kurzen Satz zu beantworten sind. Bei einer Rechnung wird zumeist ein Punkt für jeden notwendigen Rechenschritt unterstellt.

Die Punktezahl ist auch relevant, wenn dargestellt wird, wie der Leser sich selbst Klausuren zusammenstellen kann, um sich praktisch und unter realistischen Bedingungen auf eine Klausur vorzubereiten.

Ausgerichtet an der Einteilung volkswirtschaftlicher Modelle in neoklassische und keynesianische Ansätze erleichtert es die Abb. 1, einzelne Kapitel des Übungsbuches den Denkrichtungen der Makroökonomik zuzuordnen.

Im Anhang des Buches finden sich als Ergänzung zu den theoretischen Grundlagen und den Übungsaufgaben sowohl ein Symbol- bzw. Variablenverzeichnis, welches der Notation des Buches folgt, als auch ein Glossar, in dem die wichtigsten Fachbegriffe, die im Rahmen des Buchs verwendet werden, kurz erklärt sind. Einige hiervon werden ebenfalls in der Zusammenfassung angesprochen.

Neoklassisch	Keynesianisch
Gütermarkt	Gütermarkt (IS)
Arbeitsmarkt	Arbeitsmarkt (AD)
Geldmarkt	Geldmarkt (LM)
Devisenmarkt	Devisenmarkt (ZZ)
Finanzmärkte	Bankenkrise
Neoklassisches	IS-LM-Modell
Gesamtmodell	Mundell-Fleming-Modell
	AS-AD-Modell
Neoklassisches	
Wachstumsmodell	
Monetaristische Kritik	Philipskurve
der Philipskurve	

Volkswirtschaftliche Gesamtrechnung

Abb. 1 Einteilung der Themenblöcke des Übungsbuchs

Zu Beginn des Buches findet sich darüber hinaus ein Kapitel zu mathematischen Grundlagen, die die Inhalte des ersten inhaltlichen Kapitels unterstützen bzw. generell einen Überblick über die Mathematik geben, die zum kompletten Verständnis bzw. zur eigenen Herleitung der Inhalte des Lehrbuchs und des Übungsbuchs benötigt werden oder zu empfehlen sind.

Der letzte Teil des Anhangs enthält eine Übersicht über weitere Materialien (Berichte der EZB, Bundesbank oder vergleichbarer Institutionen), die herangezogen werden können, um die Themen des Buches und der zugrunde liegenden Veranstaltung zu vertiefen. Dieses Kapitel kann auch im weiteren Verlauf des Studiums dafür genutzt werden, um Literatur und Daten zum Beispiel im Rahmen einer Bachelor- oder Masterarbeit zusammenzustellen.

Die Autoren möchten allen Mitarbeitern des Lehrstuhls für Makroökonomische Theorie und Politik und des Europäischen Instituts für Internationale Wirtschaftsbeziehungen danken, deren Unterstützung die Erstellung dieses Buches ermöglicht hat. Ebenso geht ein großer Dank an alle Tutoren und Studierenden für Anmerkungen und Vorschläge.

Viel Spaß beim Lernen.

Wuppertal, März 2016   Jens K. Perret und Paul J. J. Welfens

Inhaltsverzeichnis

1.1 Mathematische Grundlagen

1.1.1 Grundlagen

Als Bemerkung vorab sei angemerkt, dass im Folgenden für alle Variablen und Parameter implizit angenommen wird, dass es sich um reelle Zahlen handelt. Die Praxis in der VWL sieht allerdings derart aus, dass meistens streng positiv rationale oder natürliche Zahlen verwendet werden. Daher wird auch auf die gesonderte Kennzeichnung von Definitionslücken, die zwar theoretisch, aber nicht praktisch vorliegen, verzichtet. Ferner wird für alle verwendeten Funktionen implizit unterstellt, dass sie im gesamten Definitionsbereich stetig und differenzierbar sind. Abweichungen von diesen Annahmen werden, sofern notwendig, besonders gekennzeichnet.

Darüber hinaus gilt, dass alle volkswirtschaftlichen Größen implizit als Funktionen in Abhängigkeit der Zeit betrachtet werden, da sie ihren Wert in Abhängigkeit von der Zeit ändern und zumeist nicht konstant sind. Dies wird allerdings nicht gesondert gekennzeichnet. So bezeichnet Y das BIP zum Zeitpunkt t, es handelt sich daher de facto um eine Funktion $Y(t)$. Der jeweils relevante Zeitpunkt ergibt sich hierbei aus dem Kontext, in dem die Variable betrachtet wird.

Umformen von Gleichungen

Addition

$$Y = C + I \qquad\qquad | + G$$
$$Y + G = C + I + G$$

© Springer-Verlag GmbH Deutschland, ein Teil von Springer Nature 2019
J. K. Perret und P. J. J. Welfens, *Arbeitsbuch Makroökonomik und Wirtschaftspolitik*, https://doi.org/10.1007/978-3-662-58184-1_1

Multiplikation

$$y = c + g \qquad\qquad |\cdot a$$
$$ay = ac + ag$$

Dividieren

$$Y = C + I \qquad\qquad |:L$$
$$\frac{Y}{L} = \frac{C}{L} + \frac{I}{L}$$

Ersetzen

$$\frac{Y}{L} = \frac{C}{L} + \frac{I}{L} \quad \text{mit} \quad \frac{Y}{L} = y, \ \frac{C}{L} = c \quad \text{und} \quad \frac{I}{L} = 3$$
$$y = c + 3$$

Ausklammern

$$a(C + I) = aC + aI$$
$$-(C + I) = -C - I$$
$$(-1)\cdot(-a) = a$$
$$-(C - I) = -C + I$$

Erweitern

$$\frac{df}{dx} = 1\frac{df}{dx} = \frac{df}{dx}\frac{dy}{dy} = \frac{df}{dy}\frac{dy}{dx}$$

Rechenbeispiel
Berechene den Wert für a:

$$(-2)(3 - 4) + a = 4 \qquad |\text{ Ausklammern}$$
$$(-2)3 - (-2)4 + a = 4$$
$$-6 - (-8) + a = 4$$
$$-6 + 8 + a = 4 \qquad |\text{ Zusammenfassen}$$
$$2 + a = 4 \qquad |-2$$
$$a = 4 - 2$$
$$a = 2$$

Alternativ:

$$(-2)(3-4)+a = 4 \qquad | \text{ Zusammenfassen}$$
$$(-2)(-1)+a = 4$$
$$2+a = 4 \qquad | -2$$
$$a = 2$$

Anwendungsbeispiel 1

Das Bruttoinlandsprodukt Y setzt sich zusammen aus dem Konsum C, den Investitionen I, den Staatsausgaben G und dem Exportüberschuss X_{net}. Das heißt, es gilt:

$$Y = C+I+G+X'$$

Um das Bruttoinlandsprodukt pro Kopf zu bestimmen, muss man die Gleichung durch die Bevölkerungs- bzw. Beschäftigtenanzahl L teilen, sodass man die folgende Gleichung erhält:

$$\frac{Y}{L} = \frac{C}{L}+\frac{I}{L}+\frac{G}{L}+\frac{X_{\text{net}}}{L}$$

Im Laufe der Zeit hat es sich eingebürgert, statt der Brüche, die man allgemein auch Pro-Kopf-Größen nennt, Kleinbuchstaben zu verwenden. Also statt $\frac{Y}{L}$ wird y verwendet und statt $\frac{C}{L}$ verwendet man c. Anstelle von i verwenden wir allerdings i', da i in einem anderen Kontext bereits für den Zins verwendet wird.

Damit lässt sich die Gleichung schreiben als:

$$y = c+i'+g+x_{\text{net}}$$

Anwendungsbeispiel 2 (relativer Preis und realer Preis)

Beträgt der Brotpreis p_i 1,20 € pro kg (Stückpreis) und der Milchpreis p_j 0,60 € pro l, dann ist der relative Brotpreis p_i/p_j zu berechnen als:

$$\text{relativer Preis von Brot} = \lambda = \frac{p_i}{p_j} = 2\,\frac{\text{l Milch}}{\text{kg Brot}}$$

Anders ausgedrückt heißt dies, dass ein Kilogramm Brot 2 Liter Milch kostet. An diesem Beispiel sieht man, dass die Dimension eines Relativpreises eine Mengenrelation darstellt. Wenn die Produktion nur aus Brot und Milch besteht, dann gilt für den Nominalwert PY der Produktion:

$$PY = p_i q_i + p_j q_j$$

Dividiert man die Gleichung durch p_i, dann erhält man die Produktion ausgedrückt in Broteinheiten:

$$\frac{PY}{p_i} = q_i + \frac{p_j}{p_i} q_j$$

Grafisch ist dies die Budgetgerade BB_0:

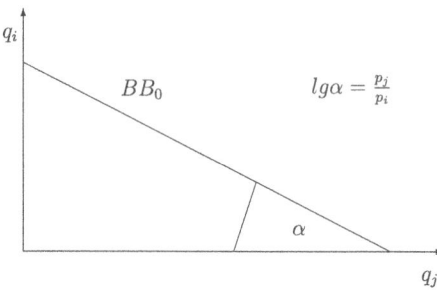

Betrachtet man nun eine volkswirtschaftliche Größe, die in irgendeiner Art von Geldeinheit angegeben ist, muss zwischen ihrer nominalen und realen Größe unterschieden werden. Geht man zum Beispiel 2007 in den Supermarkt und kauft Brot zu einem Stückpreis von 1,20 € pro Stück, dann kann man sagen, dass Brot 2007 einen nominalen Preis von 1,20 € aufweist. Um den realen Preis für Brot zu bestimmen, benötigt man noch das Preisniveau des Jahres 2007. Wir wollen an dieser Stelle unterstellen, dass der Preisindex für Brot im Jahr 2007 bei 1,50 liegt. Der reale Preis für Brot im Jahr 2007 bestimmt sich dann als Quotient von nominalem Preis und Preisniveau. Es gilt:

$$\text{realer Preis von Brot} = \frac{\text{nominaler Preis von Brot}}{\text{Preisniveau}} = \frac{1,20\,\text{€}}{1,50} = 0,80\,\text{€}$$

Wurzeln

Den Ausdruck $\sqrt[a]{x}$ nennt man auch *a-te Wurzel von* x[1]. Alternativ kann man hierfür auch $x^{\frac{1}{a}}$ schreiben. Das heißt aber, dass man mit Wurzeln wie mit Potenzen rechnen kann. In der VWL hat es sich über die Jahre eingebürgert, dass anstelle von Wurzelausdrücken oder Kombinationen von Potenzen und Wurzeln alleine mit Potenzen gearbeitet wird.

$$\text{Statt} \quad \sqrt[1-b]{x^b} \quad \text{schreibt man} \quad x^{\frac{b}{1-b}}$$

Für solche Potenzen gelten die folgenden Rechenregeln:

---

[1] Der wohl bekanntere Ausdruck $\sqrt{x}$ stellt nichts anderes dar als die zweite Wurzel von x und wird bisweilen auch als die Quadratwurzel von x bezeichnet. Da hier nur mit reellen Zahlen gearbeitet wird, sei stets $x \in \mathbb{R}_+$.

$$x^{-a} = \frac{1}{x^a} \qquad x^0 = 1 \qquad x^{a+b} = x^a \cdot x^b$$

$$x^{a-b} = \frac{x^a}{x^b} \qquad x^{ab} = (x^a)^b = \left(x^b\right)^a$$

Rechenbeispiele

$$\sqrt{4} = \sqrt[2]{4} = \sqrt[2]{2^2} = 2^{\frac{2}{2}} = 2^1 = 2$$

$$\sqrt[3]{8} = \sqrt[3]{2^3} = 2^{\frac{3}{3}} = 2^1 = 2$$

$$\sqrt{18} = \sqrt[2]{18} = \sqrt[2]{2 \cdot 9} = \sqrt[2]{3^2 \cdot 2} = \sqrt[2]{3^2} \cdot \sqrt[2]{2} = 3^{\frac{2}{2}} \sqrt[2]{2} = 3^1 \sqrt[2]{2} = 3\sqrt{2}$$

Anwendungsbeispiel 1

Aus dem Rechnen mit Brüchen sollte der Satz: „Durch einen Bruch teilt man, indem man mit dem Kehrwert multipliziert", noch einigermaßen bekannt sein. Dass dies tatsächlich stimmt, kann man mit den folgenden Regeln und ein wenig Bruchrechnen auch nachweisen[2].

$$\frac{df}{dy} : \frac{dy}{dx} = \frac{df}{dy} \frac{1}{\frac{dy}{dx}} = \frac{df}{dy} \frac{1}{\left(\frac{dy}{dx}\right)^1} = \frac{df}{dy} \left(\frac{dy}{dx}\right)^{-1} = \frac{df}{dy} \frac{(dy)^{-1}}{(dx)^{-1}} = \frac{df}{dy} \frac{dx}{dy}$$

Macht man das Ganze mit Zahlen, so gilt zum Beispiel:

$$\frac{2}{3} : \frac{4}{6} = \frac{2}{3} \cdot \frac{1}{\left(\frac{4}{6}\right)^1} = \frac{2}{3} \cdot \left(\frac{4}{6}\right)^{-1} = \frac{2}{3} \cdot \frac{4^{-1}}{6^{-1}} = \frac{2}{3} \cdot \frac{6}{4} = \frac{12}{12} = 1$$

Anwendungsbeispiel 2

Eine Cobb-Douglas-Produktionsfunktion weist die folgende Form auf:

$$Y = K^\beta L^{1-\beta}$$

Will man nun die Arbeitsproduktivität, die durch den Ausdruck $\frac{Y}{L}$ gegeben ist, berechnen, so muss man die ganze Gleichung durch L teilen:

$$\frac{Y}{L} = \frac{K^\beta L^{1-\beta}}{L} = K^\beta \frac{L^{1-\beta}}{L} = K^\beta \frac{L^1 \cdot L^{-\beta}}{L} = K^\beta \frac{L \cdot L^{-\beta}}{L} =$$

$$= K^\beta L^{-\beta} = K^\beta \frac{1}{L^\beta} = \frac{K^\beta}{L^\beta} = \left(\frac{K}{L}\right)^\beta$$

---

[2] An dieser Stelle sei angemerkt, dass die Benutzung von Differenzialen der Form dx, in der Form wie im Beispiel, zwar in dem Kontext, in dem sie in der VWL benutzt werden, zu korrekten Ergebnissen führt, mathematisch allerdings nur bedingt korrekt ist.

In dieser Gleichung kann die Kapitalintensität $\frac{K}{L}$ durch den hierfür benutzten Buchstaben k ersetzt werden, sodass sich die folgende Gleichung ergibt:

$$\frac{Y}{L} = k^\beta$$

und mit der Definition des Pro-Kopf-Einkommens ($y = \frac{Y}{L}$) folgt:

$$y = k^\beta$$

Logarithmus und Exponentialfunktion

Man spricht von einer allgemeinen Exponentialfunktion, wenn die Funktion die Form:

$$f(x) = a^x$$

hat. Hierbei nennt man a *Basis* und x *Exponenten*. Im klassischen Fall gilt $a = e = 2{,}71 \ldots e$ nennt man auch Euler'sche Zahl. Die Umkehrfunktion zu einer allgemeinen Exponentialfunktion nennt man Logarithmus und sie hat die Gestalt:

$$f(x) = \log_a(x); \quad x \in \mathbb{R}_+$$

Man sagt hierzu auch *Logarithmus zur Basis* a mit $a \in \mathbb{R}_+ \setminus \{1\}$. Betrachtet man den Logarithmus zur Basis e, so spricht man von dem *natürlichen Logarithmus* und schreibt[3]:

$$f(x) = \ln(x)$$

Diese beiden Typen von Logarithmusfunktionen hängen wie folgt zusammen:

$$\log_a(x) = \frac{\ln(x)}{\ln(a)}$$

Das heißt, man benötigt lediglich Rechenregeln für den natürlichen Logarithmus. Da wir weiter oben den Logarithmus als Umkehrfunktion der Exponentialfunktion beschrieben haben, gelten die folgenden Eigenschaften:

$$\ln(e^x) = x$$
$$x = e^{\ln(x)} \quad \text{mit } x > 0$$

Die zweite Aussage muss auf $x > 0$ eingeschränkt werden, da man in den Logarithmus nur Werte größer als Null einsetzen darf. Insbesondere gelten für den Logarithmus noch die folgenden Regeln:

---

[3] Damit es zu keinen Verwechselungen kommt, wird in der VWL-Literatur bisweilen auch e' anstelle von e verwendet, da e ebenfalls für den nominalen Wechselkurs Verwendung findet.

$$\ln(1) = 0$$
$$\ln(e) = 1$$
$$\ln(a \cdot b) = \ln(a) + \ln(b)$$
$$\ln\left(\frac{a}{b}\right) = \ln(a) - \ln(b)$$
$$\ln\left(a^b\right) = b \cdot \ln(a)$$

Anwendungsbeispiel

Untersuchungen in der VWL beschäftigen sich nicht allein mit absoluten Werten wie dem BIP oder der Geldmenge, sondern zu einem sehr großen Teil mit Wachstumsraten solcher Größen. Ein Beispiel hierzu ist das Wirtschaftswachstum. Die Frage ist nun, wie ausgehend von absoluten Werten eine Wachstumsrate berechnet werden kann.

Zunächst einmal muss zwischen stetigen und diskreten Wachstumsraten unterschieden werden. Worin besteht der Unterschied? Bei diskreten Wachstumsraten betrachtet man das Wachstum für einen bestimmten Zeitraum hinweg. Das Wirtschaftswachstum kann man zum Beispiel als Wachstum innerhalb eines Jahres, eines Monats, aber auch eines 10-Jahres-Abschnitts berechnen. Im Fall von stetigen Wachstumsraten schaut man sich sehr kleine Perioden an. Auf diesen Fall werden wir uns im Kapitel über Ableitungen beziehen; hier sollen nur diskrete Wachstumsraten interessieren. Wir betrachten beispielhaft das Wirtschaftswachstum (hier mir g_Y bezeichnet). Dieses kann man gemäß der nachfolgenden Formel berechnen, wobei Y_{alt} das Bruttoinlandsprodukt zum Zeitpunkt 1 und Y_{neu} das Bruttoinlandsprodukt zum Zeitpunkt 2 ist:

$$g_Y = \frac{Y_{neu} - Y_{alt}}{Y_{alt}}$$

Diese Formel kann man umformen zu:

$$1 + g_Y = \frac{Y_{neu}}{Y_{alt}}$$

Wendet man nun auf beiden Seiten den Logarithmus an, so erhält man:

$$\ln\left(1 + g_Y\right) = \ln\left(\frac{Y_{neu}}{Y_{alt}}\right) = \ln\left(Y_{neu}\right) - \ln\left(Y_{alt}\right)$$

Für x-Werte, die sehr nahe bei null liegen (zum Beispiel 0,004), kann man den Logarithmus wie folgt abschätzen (siehe auch nächstes Kapitel):

$$\ln\left(1 + x\right) \approx x$$

Benutzt man diese Abschätzung auf die Gleichung für das Wirtschaftswachstum, so erhält man die folgende Gleichung:

$$g_Y = \ln\left(Y_{neu}\right) - \ln\left(Y_{alt}\right)$$

Es ist von daher vorteilhaft, die Entwicklung des realen Bruttoinlandsprodukts in einer halblogarithmischen Darstellung zu zeigen:

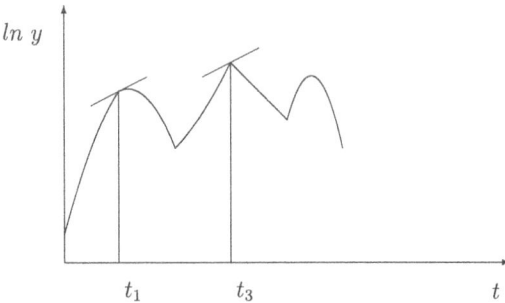

Die Steigung etwa im Zeitpunkt t_1 bzw. t_3 zeigt also die Wachstumsrate von Y.

Abschätzungen

In diesem Kapitel sollen weniger theoretische Grundlagen präsentiert werden; stattdessen sollen einige Beispiele gegeben werden, wie man in Einzelfällen vorgehen kann. Hierbei wollen wir uns grob an zwei Aspekten ausrichten.

Zum einen sollen Abschätzungen bzgl. des Vorzeichens eines komplizierten Ausdrucks vorgenommen werden, zum anderen sollen einige Möglichkeiten dargestellt werden, wie komplizierte Ausdrücke durch Abschätzungen zwar ungenau, dafür aber von der Gestalt her einfacher werden. Ein Beispiel für Letzteres ist das Anwendungsbeispiel des letzten Kapitels.

Anwendungsbeispiel (Vorzeichenabschätzung)

In einem Land mit einem Güter-, einem Geld- und einem Devisenmarkt kann der Multiplikator für den Einfluss der Staatsausgaben auf das Bruttoinlandsprodukt wie folgt lauten:

$$\frac{dY}{dG} = -Uh'\left(-Q_{q^*} + J + q^*J_{q^*} - X_{q^*}\right)$$

Hierbei bezeichnet der Index q^* die Ableitung nach q^*. Q_{q^*} ist also die Ableitung der Funktion Q nach der Variablen q^*.

Nun stellt sich die Frage, ob bei einem Anstieg der Staatsausgaben das Bruttoinlandsprodukt steigt (das heißt, $\frac{dY}{dG}$ ist positiv) oder fällt (das heißt, $\frac{dY}{dG}$ ist negativ). Während man für die ganzen Variablen keine exakten Werte hat, die man einsetzen kann, so weiß man doch, ob sie positiv oder negativ sind. So sind die Importe J immer positiv, da keine negativen Werte importiert werden können. Ebenso verhält es sich mit dem Wechselkurs q^*. Ferner weiß man aus anderen theoretischen Arbeiten, dass bei steigenden Wechselkursen die Importmenge zunimmt und somit J_{q^*} positiv ist. Ferner weiß man aus anderen Untersuchungen, dass U und Q_{q^*} negativ sind und h' positiv ist. Wenn aber q^* und J_{q^*} positiv sind, dann ist auch $q^*J_{q^*}$ positiv. Und da J auch positiv ist, ist auch $J + q^*J_{q^*}$ positiv. Außerdem, wenn Q_{q^*} negativ ist, dann ist $-Q_{q^*}$ positiv. Dies heißt aber, dass der ganze

Ausdruck in der runden Klammer positiv ist, da $-Q_{q^*} + J + q^* J_{q^*}$ positiv ist. Ferner ist U negativ, also ist $-U$ positiv und mit einem positiven h' ist auch $-Uh'$ positiv. Multipliziert man diesen positiven Ausdruck mit dem Ausdruck in der Klammer, der auch positiv ist, so ist das Ergebnis wieder positiv. Somit ist nachgewiesen, dass der betrachtete Multiplikator positiv ist.

Also:

$$\frac{dY}{dG} > 0$$

Mit Rückgriff auf die praktische Bedeutung heißt das, dass eine Steigerung der Staatsausgaben zu einem Anstieg des Bruttoinlandsproduktes führt.

Anwendungsbeispiel (Vereinfachen einer Gleichung)
Der nominale und der reale Wechselkurs sind via in- und ausländischem Preisniveau in der folgenden Weise miteinander verbunden.

$$q^* = e \frac{P^*}{P}$$

Hierbei beschreibt P^* das ausländische und P das inländische Preisniveau. Insbesondere bei benachbarten Ländern ist anzunehmen, dass sich durch Handel die Preisniveaus der beiden Länder über die Zeit einander angleichen und entsprechend auf lange Sicht $P \approx P^*$ gilt. Dies bedeutet aber, dass der Quotient $\frac{P^*}{P} \approx 1$ ist und somit $q^* \approx e$ ist. Theoretisch sollte es langfristig also keinen Unterschied zwischen nominalem und realem Wechselkurs geben.

Binomische Formeln
Auch wenn es nur eine überschaubare Anzahl von Anwendungen für die binomischen Formeln in der VWL gibt, gehören sie doch zu dem Handwerkszeug eines jeden, der sich auch nur ansatzweise mit Formeln und Ähnlichem beschäftigt. Aus diesem Grund seien sie hier kurz angegeben:

$$\begin{aligned}
\text{I} \quad & (a+b)^2 = a^2 + 2ab + b^2 \\
\text{II} \quad & (a-b)^2 = a^2 - 2ab + b^2 \\
\text{III} \quad & (a+b)(a-b) = a^2 - b^2 \\
\text{III}' \quad & \frac{(a+b)(a-b)}{a} = \frac{a^2 - b^2}{a} = a - \frac{b^2}{a}
\end{aligned}$$

Insbesondere die modifizierte Formel III$'$ ist ein einfaches Maß für die Wechselkursvolatilität.

Rechenbeispiel

$$(3+4y)^2 = 3^2 + 2 \cdot 3 \cdot 4y + (4y)^2 = 9 + 24y + 16y^2$$

1.1.2 Differenzialrechnung

Grenzwerte

Anstatt mit einer theoretischen Einführung soll dieses Kapitel durch ein volkswirtschaftlich praxisorientiertes Beispiel motiviert werden:

Beispiel

Betrachten wir ein beliebiges Land A. In diesem Land A liegt eine Arbeitslosenrate von 20 % vor. Um etwas gegen diese hohe Arbeitslosigkeit zu unternehmen, verabschiedet die Regierung des Landes einige Verordnungen, die zur Folge haben, dass die Arbeitslosenquote sich in jedem Jahr verringert. Ökonomen haben den Einfluss der Verordnungen auf die Arbeitslosigkeit untersucht und dabei festgestellt, dass die Arbeitslosigkeit u auf die folgende Art und Weise von der Zeit t abhängt:

$$u(t) = \frac{15}{t} + 5$$

Zu dem Zeitpunkt $t_1 = 1$, der bei uns der Startzeitpunkt ist, liegt entsprechend eine Arbeitslosenrate von $u(1) = 15 + 5 = 20$ vor. Ein Jahr später im Zeitpunkt $t_2 = 2$ zeigen die staatlichen Verordnungen erste Wirkungen und die Arbeitslosenrate liegt bei nur noch $u(2) = 7{,}5 + 5 = 12{,}5$. Die Frage, die allerdings in dieser Hinsicht am meisten interessiert, ist danach, welche Wirkung die Verordnungen auf lange Sicht erreichen können; auf welchen Wert kann die Arbeitslosenzahl höchstens gesenkt werden. Hierfür ist es notwendig, sich für t einen sehr weit entfernten, unendlich weit entfernten Zeitpunkt zu denken und zu bestimmen, welchen Wert die Arbeitslosenrate zu diesem Zeitpunkt annimmt. Setzt man in die Formel für u immer größere Werte, so erhält man zum Beispiel:

$$u(10) = \frac{15}{10} + 5 = 6{,}5 \qquad\qquad u(100) = \frac{15}{100} + 5 = 5{,}15$$

$$u(1000) = \frac{15}{1000} + 5 = 5{,}015 \qquad\qquad u(10.000) = \frac{15}{10.000} + 5 = 5{,}0015$$

Man erkennt also, dass sich $u(t)$ immer mehr dem Wert 5 annähert. Würde man für t den Wert ∞ einsetzen, so würde man als Ergebnis 5 erhalten.

In einem solchen Fall sagt man auch, dass 5 der Grenzwert von $u(t)$ für $t \to \infty$ ist.

An dieser Stelle ist festzuhalten, dass eine Folge[4] stets nur maximal einen Grenzwert besitzen kann. In diesem Fall sagt man auch, dass die entsprechende Folge gegen den Grenzwert konvergiert. Damit allerdings nicht jedes Mal ein entsprechend langer Antwortsatz zu schreiben ist, benutzt man die folgende Schreibweise:

$$\lim_{t \to \infty} u(t) = 5$$

Besitzt die Folge keinen Grenzwert bzw. bekommt man ∞ als Ergebnis oder ist der Grenzwert nicht eindeutig, so sagt man, dass die Folge divergiert. Bekommt man ∞ als Ergebnis, so schreibt man beispielsweise auch:

---

[4] Eine Folge kann man sich wie eine Funktion vorstellen, in die man nur positive ganze Zahlen einsetzt. $u(t)$ ist eine Folge, da t größer als 0 ist und nur ganze Zahlen als Zeitpunkte benutzt werden.

$$\lim_{t \to \infty} t = \infty$$

Bevor wir auf weitere Anwendungsbeispiele eingehen werden, sollen zuerst die meistverwendeten Regeln zur Grenzwertberechnung angegeben werden.

$$\lim_{t \to \infty} c\frac{1}{t} = 0, \quad \text{mit} \quad c \in \mathbb{R}$$

$$\lim_{t \to \infty} ct = \infty, \quad \text{mit} \quad c \in \mathbb{R}_+$$

$$\lim_{t \to \infty} ce^{at+b} = \infty, \quad \text{mit} \quad b, c \in \mathbb{R} \quad \text{und} \quad a \in \mathbb{R}_+$$

$$\lim_{t \to \infty} ce^{-at+b} = 0, \quad \text{mit} \quad b, c \in \mathbb{R} \quad \text{und} \quad a \in \mathbb{R}_+$$

$$\lim_{t \to \infty} f(t) + g(t) = \lim_{t \to \infty} f(t) + \lim_{t \to \infty} g(t)$$

Weiterhin wollen wir noch Grenzwerte der folgenden Form berechnen:

$$\lim_{t \to \infty} \frac{f(t)}{g(t)}$$

Hierbei sind $f(t)$ und $g(t)$ Polynome. Ferner sei v der Grad[5] von $f(t)$ und w der Grad von $g(t)$. Dann kann man drei Fälle unterscheiden. Im ersten Fall ist $v > w$, dann gilt:

$$\lim_{t \to \infty} \frac{f(t)}{g(t)} = \infty$$

Im zweiten Fall ist $v < w$, dann gilt

$$\lim_{t \to \infty} \frac{f(t)}{g(t)} = 0$$

Der dritte Fall, bei dem $v = w$ ist, ist etwas schwieriger. Hierbei muss man den Wert, der vor dem Term mit dem größten Exponenten in $f(t)$, und den Wert, der vor dem Term mit dem größten Exponenten in $g(t)$ steht, betrachten. In dem Beispiel:

$$\lim_{t \to \infty} \frac{t^2 - 3t}{3 - 3t^2}$$

ist sowohl der Grad von $f(t)$ als auch der Grad von $g(t)$ gerade 2. Der Ausdruck mit dem höchsten Exponenten in $f(t)$ und in $g(t)$ ist t^2 und vor dem t^2 steht in $f(t)$ eine 1 und in $g(t)$ eine -3. Der Grenzwert der gesamten Folge ergibt sich, indem man den Wert aus $f(t)$ durch den Wert aus $g(t)$ teilt. Es gilt also:

$$\lim_{t \to \infty} \frac{t^2 - 3t}{3 - 3t^2} = \frac{1}{-3} = -\frac{1}{3}$$

---

[5] Der Grad eines Polynoms ist der größte vorkommende Exponent. Zum Beispiel hat $f(x) = x^3 + x^4 + 3x$ den Grad 4.

Weiterhin spielen in der VWL Funktionen/Folgen der folgenden Art eine Rolle, um die verschiedensten Vorgänge zu beschreiben.

$$a_n = \exp(-bn) = e^{-bn} = \frac{1}{e^{bn}}$$

Da die Exponentialfunktion für größer werdende n immer größer wird, gilt:

$$\lim_{n \to \infty} a_n = \lim_{n \to \infty} \exp(-bn) = \lim_{n \to \infty} e^{-bn} = \lim_{n \to \infty} \frac{1}{e^{bn}} = 0; \quad b \in \mathbb{R}_+$$

Entsprechend gilt für Erweiterung folgender Bauweise:

$$\lim_{t \to \infty} \exp(-bn) + g = 0 + g = g; \quad b \in \mathbb{R}_+$$

Anwendungsbeispiel (technischer Fortschritt)
Das Niveau des technischen Fortschritts lässt sich zum Beispiel in Abhängigkeit der Zeit formulieren als:

$$a(t) = a^* + z e^{-d't}; \quad a' \in \mathbb{R}_+$$

Hierbei sind a^*, z und a' exogene Konstanten. Nun ist interessant zu untersuchen, wie sich der technische Fortschritt auf lange Sicht entwickelt. Um diesen Steady-State-Wert des technischen Fortschritts zu bestimmen, berechnen wir den Grenzwert der obigen Funktion.

$$\lim_{t \to \infty} a(t) = \lim_{t \to \infty} a^* + z e^{-d't} = a^* + 0 = a^*; \quad a' \in \mathbb{R}_+$$

Anwendungsbeispiel (Wirtschaftswachstum)
Gegen Ende dieses Kapitels werden wir im Rahmen der neoklassischen Wachstumstheorie für das Pro-Kopf-Einkommen zum Zeitpunkt t – $y(t)$ – die folgende Formel herleiten:

$$y(t) = \left(C_0 e^{'-(n+a)(1-\beta)t} + \frac{s}{a+n} \right)^{\frac{\beta}{1-\beta}}$$

Hier ist n die Wachstumsrate der Bevölkerung, a die Wachstumsrate des technischen Fortschritts, β die Kapitalintensität und s die Sparquote; e' ist die Eulerzahl und c_0 ist ein Wert, der aus der Anfangssituation zu bestimmen ist. Es sei angenommen, dass $a + n > 0$ und $0 < \beta < 1$ gilt.

Betrachtet man in diesem Fall das Pro-Kopf-BIP für einen sehr weit entfernten (unendlich fernen) Zeitpunkt, so bestimmt sich das Pro-Kopf-BIP als Grenzwert mit $t \to \infty$.

Durch eine solche Untersuchung kann gezeigt werden, ob sich das Pro-Kopf-BIP einem bestimmten Wert annähert oder ob es stetig weiterwächst.

Im ersten Fall existiert ein Grenzwert für $y(t)$, den man auch als Steady-State-Wert bezeichnet. Um diesen Wert zu berechnen, führt man sich vor Augen, dass im Exponenten der Funktion $y(t)$ kein t vorkommt. Somit muss man zuerst nur den Teil innerhalb der

Klammer betrachten. Hier kommt nur im ersten Term ein t vor. Insbesondere konvergiert dieser erste Term analog zu dem letzten Beispiel gegen 0. Was in dem letzten Beispiel a' genannt wurde, heißt in diesem Beispiel $(n+a)(1-\beta)$ und z heißt C_0; aber die Argumentation ist komplett analog. Somit muss man nur den zweiten Term und den Exponenten weiter betrachten. Entsprechend ergibt sich als Steady-State-Wert:

$$\lim_{t\to\infty}\left(C_0 e^{t-(n+a)(1-\beta)t}+\frac{s}{a+n}\right)^{\frac{\beta}{1-\beta}}=\left(\frac{s}{a+n}\right)^{\frac{\beta}{1-\beta}}$$

Differenzieren

Differenzieren als solches bezieht sich darauf, die Steigung einer gegebenen Funktion f an einer Stelle x_0 zu bestimmen. Zu diesem Zweck erinnert man sich daran, dass die Steigung einer Geraden der Form:

$$f(x)=mx+c$$

gerade m ist. Sind zwei Punkte $(x_0,\ y_0)$ und $(x_1,\ y_1)$ vorgegeben, durch die die Gerade verlaufen soll, so kann man die Steigung auch berechnen als[6]:

$$m=\frac{y_1-y_0}{x_1-x_0}$$

Diese Darstellung der Steigung motiviert dazu, den Differenzialquotienten einzuführen, durch welchen die Steigung $f'(x_0)$ einer Funktion f an der Stelle x_0 bestimmt werden kann. Der Differenzialquotient hat die Form:

$$f'(x_0)=\lim_{x\to x_0}\frac{f(x)-f(x_0)}{x-x_0}$$

Mit einer derartigen Beschreibung der Steigung kann man in der Volkswirtschaftslehre allerdings meist wenig anfangen; daher benutzt man andere Wege, die zwar alle auf dem Differenzialquotienten basieren, ihn allerdings nicht explizit benutzen.

Bevor auf die einzelnen Methoden eingegangen wird, muss noch eine Einteilung hinsichtlich des volkswirtschaftlichen Hintergrunds der Steigungsbestimmung gemacht werden. Man kann generell zwischen einer Ceteris-Paribus-Analyse und einer Totalanalyse unterscheiden. Bei der Ceteris-Paribus-Analyse wird lediglich der Einfluss einer einzelnen exogenen Größe auf die endogenen Größen betrachtet. Dies motiviert die Frage:

Wenn eine exogene Größe um eine Einheit erhöht wird, um wie viele Einheiten erhöhen sich die endogenen Größen? (Der Einfachheit halber gehen wir zuerst davon aus, dass nur eine endogene Größe vorliegt.)

Diese Frage lässt sich durch die Ableitung, wie sie im folgenden Abschnitt dargestellt wird, beantworten. Bei der Totalanalyse dahingegen wird der Einfluss aller exogenen Größen auf die endogenen Größen betrachtet. Hierbei stellt sich die Frage:

Wenn jede exogene Größe um eine bestimmte Menge verändert wird, um wie viele Einheiten verändern sich die endogenen Größen?

Die Antwort auf diese Frage kann mithilfe des totalen Differenzials gegeben werden. Dieses wird im übernächsten Abschnitt ausführlicher diskutiert.

---

[6] Eine genaue Erklärung des Folgenden kann unter anderem in [6] nachgelesen werden.

Ableitungen

In diesem Abschnitt soll ein Überblick über die verschiedenen Grundtypen von Funktionen gegeben werden und wie ihre Ableitung lautet. Um komplizierte Ausdrücke behandeln zu können, müssen diese mithilfe der weiter unten angegebenen Ableitungsregeln in die Grundtypen zerlegt werden, sodass die hierfür geltenden Ableitungen verwendet werden können.

Bevor auf die eigentlichen Ableitungsregeln eingegangen wird, ist zuvor noch eine Erklärung der verschiedenen Schreibweisen vonnöten. Berechnet man die Ableitung einer Funktion f, die abhängig ist von den Variablen x und y, nach der Variablen x, so kann man dies auf verschiedene Arten schreiben.

$$f_x(x,y) = \frac{df(x,y)}{dx} = \frac{\partial f(x,y)}{\partial x}$$

Wäre x die einzige Variable, so würde man statt $f_x(x)$ auch $f'(x)$ schreiben. Unter Berücksichtigung dieser Hintergrundinformationen kann man sich die ersten Ableitungen anschauen. Im Folgenden beschränken wir uns auf die nachstehenden Standardfunktionen:

Funktion	Ableitung
$f(x) = ax^n$	$f'(x) = anx^{n-1}, n \neq 0$
$f(x) = a$	$f'(x) = 0$
$f(x) = \exp(x)$	$f'(x) = \exp(x)$
$f(x) = \ln(x)$	$f'(x) = \frac{1}{x}$
$f(x) = \sin(x)$	$f'(x) = \cos(x)$
$f(x) = \cos(x)$	$f'(x) = -\sin(x)$

Da diese Funktionen in ihrer reinen Form wenig direkte wirtschaftswissenschaftliche Relevanz besitzen, wollen wir uns als Nächstes damit auseinandersetzen, auf welche Arten solche Funktionen kombiniert werden können und wie es dann mit Ableitungen aussieht.

Insbesondere gelten für zusammengesetzte Funktionen die folgenden Regeln:

Regel	Funktion	Ableitung
Linearität:	$f(x) = g(x) + h(x)$	$f'(x) = g'(x) + h'(x)$
Linearität:	$f(x) = ag(x)$	$f'(x) = ag'(x)$
Produktregel:	$f(x) = g(x) \cdot h(x)$	$f'(x) = g'(x) \cdot h(x) + g(x) \cdot h'(x)$
Quotientenregel:	$f(x) = \frac{g(x)}{h(x)}$	$f'(x) = \frac{g'(x) \cdot h(x) - g(x) \cdot h'(x)}{h(x)^2}$
Kettenregel:	$f(x) = g(h(x))$	$f'(x) = h'(x) \cdot g'(h(x))$

Anwendungsbeispiel (Cobb-Douglas-Produktionsfunktion)

Betrachten wir eine Cobb-Douglas-Produktionsfunktion des Typs:

$$Y(K,L) = K^\beta L^{1-\beta}$$

dann kann man die Frage nach dem Einfluss des Kapitals auf das Einkommen Y, bei Konstanz der Arbeit, stellen. Hierzu betrachten wir die Ableitung:

$$\frac{dY(K,L)}{dK}$$

Da in dem Ausdruck $L^{1-\beta}$ kein K vorkommt, ist dieser Ausdruck konstant und wir können die erste Ableitungsregel für die Standardfunktionen zum Ableiten verwenden, die da heißt:

$$f(x) = ax^n \;\Rightarrow\; f'(x) = anx^{n-1}, \, n \neq 0$$

Entsprechend gilt für das Grenzprodukt des Kapitals einer Cobb-Douglas-Produktionsfunktion:

$$\frac{dY(K,L)}{dK} = \beta K^{\beta-1} L^{1-\beta} = \beta K^{\beta-1} L^{-(\beta-1)} = \beta k^{\beta-1} = \frac{dy(k)}{dk}$$

Totales Differential

Im Gegensatz zu den gewöhnlichen Ableitungen aus dem letzten Abschnitt, bei denen der Einfluss einer exogenen auf die endogene Größe ceteris paribus betrachtet wurde, untersucht man bei der Bildung des totalen Differenzials den Einfluss aller exogenen Größen auf die endogene Größe. Da alle exogenen Größen an diesem Prozess beteiligt sind, benötigt man auch sämtliche partiellen Ableitungen. Weiterhin muss man unterscheiden, auf welche Art eine Funktion f vorgegeben ist. Liegt die Gleichung in der Form $f(x_1, x_2, x_3 \ldots) = 0$ vor oder kann sie in dieses Format überführt werden, so bestimmt sich das totale Differenzial über die zweite der zwei folgenden Gleichungen. Liegt die Funktion $f(x_1, x_2, x_3 \ldots)$ allerdings in einer Form vor, sodass sie nicht in die Form $f(x_1, x_2, x_3 \ldots) = 0$ umgewandelt werden kann, so benutzt man die erste Gleichung zur Bestimmung des totalen Differenzials.

$$f(x,y,z) \Rightarrow$$

$$df = \frac{\partial f}{\partial x}dx + \frac{\partial f}{\partial y}dy + \frac{\partial f}{\partial z}dz$$

$$f(x,y,z) = 0 \Rightarrow$$

$$0 = \frac{\partial f}{\partial x}dx + \frac{\partial f}{\partial y}dy + \frac{\partial f}{\partial z}dz$$

Beispiel

(a) Die Gleichung $x^2 y - y^3 = 4y - 1$ lässt sich umschreiben zu:

$$x^2 y - y^3 - 4y + 1 = 0$$

Somit ist $f(x,y) = x^2 y - y^3 - 4y + 1 = 0$ und es muss die zweite Gleichung benutzt werden:

$$0 = (2xy)dx + (x^2 - 3y^2 - 4)dy$$

(b) Ist hingegen die Funktion $f(x,y) = x^2y - y^3 - 4y + 1$ gegeben, so ist die erste Gleichung zu benutzen, da $f(x,y)$ nicht notwendigerweise immer gleich null ist. Entsprechend ergibt sich:

$$df = (2xy)dx + (x^2 - 3y^2 - 4)dy$$

Anwendungsbeispiel (Cobb-Douglas-Produktionsfunktion)

Betrachten wir wieder einmal die altbekannte Cobb-Douglas-Produktionsfunktion:

$$Y(K,L) = K^\beta L^{1-\beta}$$

Dann bestimmt sich das totale Differenzial mit $k = \frac{K}{L}$; $y = \frac{Y}{L}$ nach der ersten Gleichung als:

$$dY = \beta k^{\beta-1}dK + (1 - \beta)k^\beta dL$$

Wird nun angenommen, dass sowohl der Kapitalbestand als auch das Arbeitsangebot um eine Einheit angehoben werden ($dK = dL = 1$), so erhöht sich Y um:

$$dY = \beta k^{\beta-1} + (1 - \beta)k^\beta = k^\beta \left(\frac{\beta}{k} + 1 - \beta \right) = y \left(1 - \beta \left(1 - \frac{1}{k} \right) \right)$$

Dies ist insoweit von Interesse, als dass sich hierbei zeigt, dass die Veränderung des Bruttoinlandsprodukts von dem Pro-Kopf-Einkommen abhängt. Eine Erhöhung von Kapital und Arbeit in einem reichen Land bringt entsprechend mehr Gewinn als eine Erhöhung von Kapital und Arbeit in einem armen Land.

Maximierung und Minimierung

Eins der Ziele der Volkswirtschaftslehre ist es, eine optimale Situation zu beschreiben bzw. Bedingungen zu benennen, die für das Erreichen dieser optimalen Situation notwendig sind. Aber was heißt eigentlich optimale Situation? In einer optimalen Situation sollen negative Größen, wie zum Beispiel die Arbeitslosigkeit oder die Inflation, möglichst gering sein. Alternativ sollen Größen wie das Pro-Kopf-Einkommen oder der Kapitalbestand möglichst groß werden. Man verfolgt also stets das Ziel, eine oder mehrere Größen zu maximieren oder zu minimieren. Sonderfälle finden sich zum einen dann, wenn mehrere Größen gleichzeitig maximiert und/oder minimiert werden sollen. Zum anderen kann es aber auch sein, dass der Optimierungsprozess nur innerhalb bestimmter Grenzen ablaufen kann, sodass solche Grenzen als Nebenbedingungen Zugang in das Optimierungsproblem finden. In dem einfachsten Fall, dass nur Gleichungen als Nebenbedingungen vorliegen, kann man die Probleme mithilfe von Lagrange-Multiplikatoren lösen. Bevor wir im zweiten Teil dieses Abschnitts auf diese Lagrange-Multiplikatoren eingehen, werden wir zuerst diskutieren, wie eine Optimierung durchgeführt wird, wenn keine Nebenbedingungen vorliegen.

Extremwerte

Zu diesem Zweck unterscheidet man zwischen einer *notwendigen Bedingung*, die bisweilen auch als *first order condition* bezeichnet wird, und einer *hinreichenden Bedingung* bzw. *second order condition*.

Notwendige Bedingung

Die notwendige Bedingung dient dazu, potenzielle Maxima und Minima (oder zusammenfassend Extrema) zu bestimmen. Zu diesem Zweck verdeutlicht man sich, dass ein Extremum dadurch gekennzeichnet ist, dass an der Stelle des Extremums, sprich an dem jeweiligen Scheitelpunkt der Funktion, genau eine Steigung von 0 vorliegt. Dies macht insoweit Sinn, als dass eine Funktion zum Beispiel vor einem Maximum steigt, also eine positive Steigung hat, und nach einem Maximum fällt, also eine negative Steigung hat. Somit muss sie im Maximum eine Steigung von 0 haben. Aus dem letzten Abschnitt wissen wir aber, dass die Steigung einer Funktion hinsichtlich einer einzelnen Variablen durch ihre erste Ableitung bzgl. dieser Variablen gegeben ist. Die erste Ableitung einer Funktion muss somit an der Stelle des Extremums 0 sein. Berechnet man entsprechend alle Stellen, an denen die erste Ableitung einer Funktion 0 wird, so erhält man alle möglichen Extrema. Bei einer Funktion, die von mehreren Variablen abhängt, müssen die Ableitungen bzgl. aller Variablen gleich 0 sein. Während man bei einer Funktion der Form $f(x)$ nur eine erste Ableitung und somit nur die notwendige Bedingung $\frac{df}{dx} = 0$ hat, besteht die notwendige Bedingung der Funktion $f(x, y)$ aus den zwei Gleichungen $\frac{df}{dx} = 0$ und $\frac{df}{dy} = 0$.

Da es allerdings noch Punkte der Funktion geben kann, in denen die erste Ableitung 0 ist, die aber keine Extrema der Funktion sind, benötigt man noch die hinreichende Bedingung.

Hinreichende Bedingung

Um entscheiden zu können, ob es sich bei einem Punkt, der die notwendige Bedingung erfüllt, tatsächlich um ein Extremum handelt, gibt es mehrere Möglichkeiten. Die Variante, die hier benutzt wird, ist allerdings die bekannteste.

Man bestimmt zuerst die zweite Ableitung und setzt in diese die möglichen Extrema ein. Ist das Ergebnis positiv, so handelt es sich um ein Minimum, ist das Ergebnis negativ, so handelt es sich um ein Maximum. Sollte als Ergebnis 0 rauskommen, so kann man keine Aussage treffen und muss auf eine andere Alternative ausweichen. In Bereichen der VWL, mit denen wir uns hier beschäftigen, reicht diese Regel allerdings voll und ganz aus, da in den meisten Fällen bereits im Vorhinein bekannt ist, dass ein Maximum oder Minimum vorliegt, und sich lediglich die Frage stellt, an welcher Stelle sich dieses Extremum befindet. Entsprechend kann in der Praxis unter den meisten Umständen auf die Überprüfung der hinreichenden Bedingung verzichtet werden.

Während bis zu diesem Punkt stets davon ausgegangen wurde, dass eine Ceteris-Paribus-Maximierung bzw. -Minimierung stattfindet, ist eine Maximierung auf Basis des totalen Differenzials ebenso möglich. Hier wird als notwendige Bedingung das totale Differenzial wie im letzten Abschnitt bestimmt und gleich 0 gesetzt. Aus dieser Gleichung bestimmen sich dann die möglichen Extrema der Funktion.

Beispiel (ceteris paribus)

Zuerst wollen wir komplett losgelöst von praktischen Gesichtspunkten die folgende Funktion betrachten:

$$f(x, y) = x^2 + y^2 + xy^2$$

Die ersten Ableitungen bestimmen sich wie folgt:

$$\nabla f(x,y) = \begin{pmatrix} 2x + y^2 \\ 2y + 2xy \end{pmatrix}$$

Diese ersten Ableitungen setzen wir gleich 0 und formen um.

$$\begin{pmatrix} 2x \\ 0 \end{pmatrix} = \begin{pmatrix} -y^2 \\ y(2x+2) \end{pmatrix}$$

Man erkennt an der zweiten Gleichung, dass entweder $y = 0$ oder $x = -1$ sein muss. Für $y = 0$ folgt als Lösung direkt, dass auch $x = 0$ ist. Für $x = -1$ lautet die erste Gleichung: $-2 = -y^2$ und somit gilt: $y^2 = 2$. Dies bedeutet aber, dass es zwei Lösungen gibt: $y_1 = \sqrt{2}$ und $y_2 = -\sqrt{2}$. Zu überprüfen ist nun nur noch, ob es sich bei den bestimmten möglichen Extrema tatsächlich um welche handelt und, sollte dies der Fall sein, ob Maxima oder Minima vorliegen. Hierzu bestimmen wir die zweiten Ableitungen der Funktion und setzen in diese die potenziellen Extremstellen ein.

$$H_f(x,y) = \begin{pmatrix} 2 & 2y \\ 2y & 2 + 2x \end{pmatrix}$$

$$H_f(0,0) = \begin{pmatrix} 2 & 0 \\ 0 & 2 \end{pmatrix}$$

Da sowohl der linke obere Eintrag dieser Matrix sowie die Determinante positiv sind, ist die Matrix positiv definit und es liegt ein Minimum vor.

$$H_f(-1,\sqrt{2}) = \begin{pmatrix} 2 & 2\sqrt{2} \\ 2\sqrt{2} & 0 \end{pmatrix}$$

Hier ist das linke obere Element positiv und die Determinante negativ. Aufgrund dieser Tatsache ist die Matrix indefinit, es liegt also kein Extremum vor.

$$H_f(-1,-\sqrt{2}) = \begin{pmatrix} 2 & -2\sqrt{2} \\ -2\sqrt{2} & 0 \end{pmatrix}$$

Hier sind wieder sowohl das linke obere Element als auch die Determinante positiv und somit ist die Matrix positiv definit. Es liegt also an der gerade betrachteten Stelle ebenfalls ein Extremum, insbesondere ein Minimum, vor.

Anwendungsbeispiel (totales Differenzial)

Während man bei den beiden obigen Beispielen die Lösungen explizit ausrechnen konnte, bietet eine Extremwertbestimmung auf Basis des totalen Differenzials lediglich die Möglichkeit, eine Bedingung herzuleiten, die erfüllt sein muss, damit ein Extremum vorliegt. In dem Fall, dass die betrachtete Funktion lediglich von einer Variablen abhängt, wird dasselbe Ergebnis bestimmt wie bei einer Extremwertberechnung nach obigem Beispiel.

Allerdings ist es auch im Fall einer Funktion in mehreren Veränderlichen aus Sicht der VWL akzeptabel, sich nur mit einer Bedingung zufriedengeben zu müssen, da, wie bereits erwähnt, zumeist bereits klar ist, ob ein Minimum oder Maximum vorliegt, und lediglich eine Bedingung gesucht wird, die sicherstellt, dass dieses Extremum auch angenommen wird.

Im Besonderen wollen wir hier das Beispiel der Cobb-Douglas-Produktionsfunktion aus dem Kapitel über das totale Differenzial wieder aufgreifen und genauer betrachten. Die Cobb-Douglas-Produktionsfunktion ist dabei gegeben als:

$$Y = K^\beta L^{1-\beta}$$

Bestimmt man zu dieser Funktion das totale Differenzial und setzt dieses gleich 0, so erhält man:

$$0 = \beta K^{\beta-1} L^{1-\beta} dK + (1-\beta) K^\beta L^{-\beta} dL = \beta k^{\beta-1} dK + (1-\beta) k^\beta dL$$

Bringt man den zweiten Term auf die andere Seite und löst nach $\frac{dK}{dL}$ auf, so erhält man:

$$\beta k^{\beta-1} dK = (\beta - 1) k^\beta dL$$

$$\frac{dK}{dL} = \frac{(\beta - 1) k^\beta}{\beta k^{\beta-1}}$$

$$\frac{dK}{dL} = \frac{(\beta - 1)}{\beta} k$$

Da β zwischen 0 und 1 liegt, k allerdings (zumindest in einem sinnvollen volkswirtschaftlichen Kontext) stets positiv ist, ist der gesamte Ausdruck $\frac{dK}{dL}$ negativ. Entsprechend wurde durch diese Aufgabe gezeigt, dass im Optimum eine Erhöhung des Faktors Arbeit stets eine Verringerung des Faktors Kapital nach sich zieht.

Lagrange-Multiplikatoren

Erweitert man den Optimierungsansatz aus dem letzten Kapitel, sodass auch Nebenbedingungen betrachtet werden können, benötigt man sogenannte Lagrange-Multiplikatoren als Hilfsmittel. Bevor der Einsatz dieser Multiplikatoren und ihre Bedeutung allerdings beschrieben werden, soll die Problemstellung kurz praktisch motiviert werden. Wie bereits angesprochen, ist das Ziel der VWL, Möglichkeiten aufzuzeigen, wie verschiedene Probleme optimal gelöst werden können. Als Beispiel soll an dieser Stelle die Arbeitslosigkeit dienen. Das Ziel sollte es sein, die Arbeitslosigkeit so gering wie möglich zu halten. Gehen wir an dieser Stelle davon aus, dass es keine natürliche Arbeitslosigkeit gibt; jeder will theoretisch arbeiten, manche können es aber nicht. Dann ist das Ziel, eine Arbeitslosenquote von 0 zu erreichen. Eine Möglichkeit, die Arbeitslosenquote zu senken, ist durch Beschäftigungen, die vom Staat finanziert werden. Ist der Staat unbeschränkt, so kann er gerade so viele Arbeitsplätze anbieten, dass jeder Arbeitslose einen bekommt und die Arbeitslosenquote somit 0 erreicht. Realistisch gesehen ist dies allerdings nicht möglich, da dem Staat nur ein bestimmtes Budget zur Verfügung steht, um gegen die Arbeitslosigkeit vorzugehen. Dieses Budget ist geringer als dasjenige, welches benötigt würde, um alle Arbeitslosen mit Jobs auszustatten. Eine Optimierung findet in diesem Fall unter der Nebenbedingung des Budgetrahmens statt.

Verlässt man die praktische Ebene wieder, so stellt sich die Frage wie die Nebenbedingung sinnvoll in ein Optimierungsproblem eingebunden werden kann. In einem ersten Schritt betrachten wir dazu die sogenannte Lagrange-Funktion $L(x,y,\lambda)$[7]. Hierbei beschreibt $f(x,y)$ die zu maxi-/minimierende ursprüngliche Funktion und $g(x,y)$ die Gleichung der Nebenbedingung. Die Lagrange-Funktion ist dann gegeben als:

$$L(x,y,\lambda) = f(x,y) + \lambda \cdot g(x,y)$$

Die notwendige Bedingung ersetzt sich durch:

$$\frac{dL}{dx}(x,y,\lambda) = 0$$

$$\frac{dL}{dy}(x,y,\lambda) = 0$$

$$\frac{dL}{d\lambda}(x,y,\lambda) = 0$$

Die Lösungen dieses Gleichungssystems sind dann auch wieder mögliche Extrema der Funktion. Im Gegensatz zu der Extremwertberechnung ohne Nebenbedingung gibt es allerdings keine hinreichende Bedingung im eigentlichen Sinn. Stattdessen bestimmt man die Funktionalmatrix der Nebenbedingung:

$$F(x,y) = \left(\frac{dg}{dx} \quad \frac{dg}{dy} \right)$$

Setzt man die möglichen Extremwerte in diese Matrix ein und die Matrix hat maximalen Rang,[8] so sind diese Punkte zulässig; ansonsten handelt es sich um keine Extrema[9]. Die übrig gebliebenen Punkte setzt man abschließend in die Ausgangsfunktion $f(x,y)$ ein. Bei denjenigen mit einem größeren Funktionswert handelt es sich um Maxima, bei denen mit einem kleineren Funktionswert handelt es sich um Minima.

Soweit das Arbeiten mit einer Nebenbedingung, sollten weitere Nebenbedingungen hinzukommen, sodass zum Beispiel eine Optimierung der Funktion $f(x,y,z)$ unter den Nebenbedingungen $g_1(x,y,z)$ und $g_2(x,y,z)$ stattfindet, so ändert sich die Lagrange-Funktion zu:

$$L(x,y,z,\lambda_1,\lambda_2) = f(x,y,z) + \lambda_1 \cdot g_1(x,y,z) + \lambda_2 \cdot g_2(x,y,z)$$

und die notwendige Bedingung ersetzt sich durch:

---

[7] Zur Vereinfachung wurden nur die Variablen x und y betrachtet. Die einzelnen Gleichungen sind allerdings beliebig erweiterbar.

[8] An dieser Stelle soll nicht näher auf die Rangberechnung einer Matrix eingegangen werden.

[9] Analog zu der hinreichenden Bedingung ist dieser Schritt in nahezu allen praktischen Anwendungen erlässlich, da in dem meisten Fällen die verwendeten Gleichungen zur Beschreibung der Nebenbedingungen in allen Punkten stetig und differenzierbar sind.

$$\frac{dL}{dx}(x,y,z) = 0$$

$$\frac{dL}{dy}(x,y,z) = 0$$

$$\frac{dL}{dz}(x,y,z) = 0$$

$$\frac{dL}{d\lambda_1}(x,y,z) = 0$$

$$\frac{dL}{d\lambda_2}(x,y,z) = 0$$

Die Funktionalmatrix der Nebenbedingungen lautet dann:

$$F(x,y,z) = \begin{pmatrix} \frac{dg_1}{dx} & \frac{dg_1}{dy} & \frac{dg_1}{dz} \\ \frac{dg_2}{dx} & \frac{dg_2}{dy} & \frac{dg_2}{dz} \end{pmatrix}$$

Das Verfahren als solches ändert sich allerdings nicht und sollten noch weitere Nebenbedingungen zu berücksichtigen sein, so sind wie oben die Lagrange-Funktion und die
Funktionalmatrix entsprechend zu erweitern.

Beispiel
Als erstes motivierendes Beispiel wollen wir die Funktion $f(x,y) = -x^2 - y^2 + 9$ betrachten, die unter der Nebenbedingung $y = -x + 2$ maximiert werden soll. Zuerst bestimmen
wir die Lagrange-Funktion zu diesem Problem:

$$L(x,y,\lambda) = -x^2 - y^2 + 9 + \lambda(y + x - 2)$$

Die Ableitungen der Lagrange-Funktion sind wie folgt gegeben:

$$\nabla L(x,y,\lambda) = \begin{pmatrix} -2x + \lambda \\ -2y + \lambda \\ y + x - 2 \end{pmatrix}$$

Diese Funktion setzen wir gleich 0:

$$\begin{pmatrix} -2x + \lambda \\ -2y + \lambda \\ y + x - 2 \end{pmatrix} = \begin{pmatrix} 0 \\ 0 \\ 0 \end{pmatrix}$$

Setzt man die ersten beiden Gleichung gleich, so erkennt man, dass $x = y$ gelten muss,
während aus der dritten Gleichung folgt, dass $y + x = 2$ ist. Ersetzt man in der dritten
Gleichung y durch x, so erhält man $2x = 2$ und somit $x = 1$ und damit auch $y = 1$. Aus
der ersten Gleichung ergibt sich dann für λ ein Wert von 2, auf dessen Bedeutung wir
an dieser Stelle allerdings nicht näher eingehen werden. Der Punkt $(1,1)$ liefert einen

Zielfunktionswert von 7. Da kein Vergleichswert vorhanden ist, kann nicht direkt bestimmt werden, ob es ein Maximum oder Minimum ist. Hierzu wählen wir einen Vergleichswert. Unter anderem erfüllt der Punkt $(0,2)$ ebenfalls die Nebenbedingung. Berechnet man für ihn den Zielfunktionswert, so erhält man 5. Da dieser Vergleichswert kleiner als der Wert des möglichen Extremums ist, handelt es sich bei dem Extremum um ein Maximum.

Anwendungsbeispiel
Um uns wieder ein wenig mehr mit der Praxis zu beschäftigen, wollen wir ein Beispiel aus der Mikroökonomie aufgreifen. Wir betrachten die Produktionsfunktion eines Gutes x mit den Inputfaktoren v_1 und v_2: $x = v_1^{\alpha} v_2^{\beta}$. Die möglichen Kombinationen der Produktion werden durch ein für die Gesamtproduktion zur Verfügung stehendes Budget $K = p_1 v_1 + p_2 v_2$ beschränkt. Hierbei sind p_1 und p_2 die Preise für die beiden Inputfaktoren. Wählt man beispielhaft die Parameter $\alpha = 0{,}5$ und $\beta = 0{,}3$ und setzt ferner die Preise als $p_1 = 2$ und $p_2 = 3$, so erhält man für ein Budget von 1000 das folgende Problem:

$$\text{Max.} \quad x(v_1, v_2) = v_1^{0,5} v_2^{0,3}$$
$$\text{sodass} \quad 1000 = 2v_1 + 3v_2$$

Die zu diesem Problem zugehörige Lagrange-Funktion lautet:

$$L(v_1, v_2, \lambda) = v_1^{0,5} v_2^{0,3} + \lambda (2v_1 + 3v_2 - 1000)$$

und ihre Ableitungen sind gegeben als:

$$\nabla L(v_1, v_2, \lambda) = \begin{pmatrix} 0{,}5 v_1^{-0,5} v_2^{0,3} + 2\lambda \\ 0{,}3 v_1^{0,5} v_2^{-0,7} + 3\lambda \\ 2v_1 + 3v_2 - 1000 \end{pmatrix}$$

Setzt man diese Ableitungen gleich 0 und teilt die erste Gleichung durch 2 und die zweite Gleichung durch 3, so erhält man:

$$\begin{pmatrix} 0{,}25 v_1^{-0,5} v_2^{0,3} \\ 0{,}1 v_1^{0,5} v_2^{-0,7} \\ 2v_1 + 3v_2 \end{pmatrix} = \begin{pmatrix} -\lambda \\ -\lambda \\ 1000 \end{pmatrix}$$

Aus den ersten beiden Gleichungen folgt, dass $0{,}25 v_1^{-0,5} v_2^{0,3} = 0{,}1 v_1^{0,5} v_2^{-0,7}$ und somit $2{,}5 v_2^{0,3} = v_1 v_2^{-0,7}$, dies bedeutet aber, dass gilt: $2{,}5 v_2 = v_1$. Dies kann man in einem nächsten Schritt für v_1 in die dritte Gleichung einsetzen, sodass man $1000 = 5v_2 + 3v_2 = 8v_2$ erhält. Ausgerechnet ergibt dies $v_2 = 125$ und setzt man dies in die zuvor bestimmte Gleichung ein, so erhält man $v_1 = 312{,}5$. Die ursprüngliche erste Gleichung liefert dann für λ den Wert 0,0602. Dieser Wert – das λ – gibt an, wie viele Einheiten des zu produzierenden Gutes bei einer Abweichung um eine Einheit von der Budgetgeraden zusätzlich hergestellt werden können. Daher wird λ auch als *Schattenpreis* bezeichnet.

Differentialgleichungen

Im folgenden Abschnitt wollen wir uns mit den einfachsten Formen von Differentialgleichungen beschäftigen. Auch hierbei stellt sich die Frage nach dem praktischen Sinn
und Zweck dieser Sache. Während in der grundlegenden VWL wenig bis keine Differentialgleichungen vorkommen, ist jedoch lediglich der Schritt hin zur Wachstumstheorie
notwendig, um ein breites Anwendungsfeld für Differentialgleichungen zu finden. So ist
es in der neoklassischen Wachstumstheorie insbesondere das sogenannte *Solow-Wachs-
tummodell*, welches zur Bestimmung des langfristigen Pro-Kopf-Einkommens einem die
Fähigkeit abverlangt, eine Bernoulli-Differentialgleichung lösen zu können. Anstatt allerdings direkt bei Bernoulli-Differentialgleichungen einzusteigen, sollte man sich Schritt für
Schritt darauf hinarbeiten.

Wie auch in den anderen Abschnitten soll allerdings zuerst geklärt werden, worum
es sich bei einer Differentialgleichung (DGL) überhaupt handelt. Bei einer DGL ist eine
Funktion $X(t)$, kurz X, zu bestimmen, die allerdings nur indirekt gegeben ist. Insbesondere
ist eine DGL eine Funktion, die abhängig ist von der Variablen t, der Funktion X und
einer beliebigen Anzahl ihrer Ableitungen $\frac{dX}{dt}$, $\frac{d^2X}{d^2t}$, $\frac{d^3X}{d^3t}$ usw. Eine DGL lässt sich somit
schreiben als:

$$f\left(t, X, \frac{dX}{dt}, \frac{d^2X}{d^2t}, \ldots\right) = 0$$

In dieser Form kann man allerdings wenig mit der Differentialgleichung anfangen. Wir
betrachten daher zuerst nur den einfachsten Fall einer DGL. Bei der vorliegenden DGL
handelt es sich um eine lineare, homogene DGL ersten Grades mit konstanten Koeffizienten. Linear heißt die DGL, weil sowohl X als auch $\frac{dX}{dt}$ eine 1 als Exponenten haben.
Homogen heißt die DGL, da auf der rechten Seite 0 steht. Wäre sie inhomogen, dann würde dort eine Funktion $F(t) \neq 0$ stehen. Ferner hat die DGL den Grad 1, da nur die erste
Ableitung vorkommt. Entsprechend hätte eine DGL, in der auch die zweite Ableitung vorkommt, den Grad zwei. Abschließend spricht man von konstanten Koeffizienten, weil die
Ausdrücke, die vor X und $\frac{dX}{dt}$ stehen, Zahlen sind. Sollten dort Funktionen $p(t)$ und $q(t)$
stehen, so würden keine konstanten Koeffizienten mehr vorliegen. Doch zurück zu unserer
Ausgangs-DGL:

$$\frac{dX}{dt} + aX = 0, \; a \in \mathbb{R}$$

Die Lösung dieser DGL lässt sich einfach angeben als:

$$X(t) = C_0 e^{t-at}, \; a \in \mathbb{R}$$

Hierbei ist C_0 eine Zahl, die in dieser allgemeinen Lösung der DGL nicht genauer bestimmt werden kann. Hierzu benötigt man eine Anfangsbedingung der Form $X(0) = t_0$,
um C_0 genauer zu bestimmen. Wir wollen allerdings nicht genauer auf diesen Aspekt eingehen.

Der erste Schritt, diese DGL etwas allgemeiner zu gestalten, ist, dass man auf der rechten Seite anstelle der 0 eine beliebige Zahl b zulässt, die nicht von t abhängt.

$$\frac{dX}{dt} + aX = b, \; a, b \in \mathbb{R} \tag{1.1}$$

Auch hier kann die Lösung der DGL relativ einfach bestimmt werden und lautet:

$$X(t) = C_0 e^{t-at} + \frac{b}{a}, \ a, b \in \mathbb{R}$$

Man erkennt, dass man für b=0 wieder genau dasselbe Ergebnis bekommt wie für die homogene DGL.

In einem nächsten Schritt wollen wir die Voraussetzung von konstanten Koeffizienten aufheben. Hierzu kehren wir zu der homogenen Ausgangs-DGL zurück und ersetzen den Koeffizienten a durch die Funktion $p(t)$:

$$\frac{dX}{dt} + p(t)X = 0$$

Um die Lösung dieser DGL zu bestimmen, kommt man nun nicht mehr herum, Integrale zu berechnen[10]. Insbesondere ist die Lösung der DGL gegeben als:

$$X(t) = C_0 e^{t - \int p(z)dz}$$

Ein nächster Schritt ist es, von DGL 1.1 auszugehen und auch anstelle von b eine Funktion $r(t)$ einzuführen:

$$\frac{dX}{dt} + p(t)X = r(t)$$

Auch für die Lösung dieser Differentialgleichung ist es notwendig, Integrale zu berechnen. An der folgenden Lösung erkennt man deutlich, dass der erste Teil mit der Lösung der entsprechenden homogenen DGL übereinstimmt. Man nennt dies auch die *homogene Lösung* der DGL und den zweiten Teil der Lösung nennt man auch eine *partikuläre Lösung* der DGL.

$$X(t) = C_0 e^{t-p(t)} + e^{t-p(t)} \int e^{tp(z)} r(z)dz$$

Greift man die DGL 1.1 nochmal auf, so kann man sie ein wenig erweitern, indem man eine Differentialgleichung der folgenden Form betrachtet:

$$\frac{dX}{dt} + aX = bX^\beta$$

In diesem Fall spricht man auch von einer Bernoulli-Differentialgleichung. Für diesen Typ soll an dieser Stelle kurz dargestellt werden, wie eine solche Differentialgleichung in eine Differentialgleichung vom Typ 1.1 transformiert werden kann, sodass man zur Lösung auch die Lösung für 1.1 verwenden kann.

Zuerst wird durch X^β geteilt. Um diesen Schritt besser nachvollziehen zu können, ruft man sich in Erinnerung, dass teilen durch X^β dasselbe ist, wie multiplizieren mit $X^{-\beta}$, da $X^{-\beta} = \frac{1}{X^\beta}$. Die gesamte Gleichung wird entsprechend mit $X^{-\beta}$ mutlipliziert, was wie folgt aussieht:

---

[10] Auf Integralrechnung soll an dieser Stelle nicht eingegangen werden, da diese Form von DGLs in der VWL eher selten sind.

$$X^{-\beta}\frac{dX}{dt} + aXX^{-\beta} = bX^{-\beta}X^{\beta}$$

Nun sieht man bereits, dass sich das $X^{-\beta}$ und das X^{β} auf der rechten Seite wegkürzen. Ferner lassen sich X und $X^{-\beta}$ zusammenfassen, da $X = X^1$ ist. Es folgt somit:

$$X^{-\beta}\frac{dX}{dt} + aX^{1-\beta} = b \tag{1.2}$$

Setzt man nun $V = X^{1-\beta}$, so folgt mittels der Kettenregel und unter Beachtung, dass $X = X(t)$ ist:

$$\frac{dV}{dt} = \frac{dX}{dt}(1-\beta)X^{-\beta}$$

$$\frac{1}{1-\beta}\frac{dV}{dt} = \frac{dX}{dt}X^{-\beta}$$

Diesen Ausdruck kann man dann in Gl. 1.2 einsetzen und erhält die folgende Differentialgleichung, die in der Form von Gl. 1.1 vorliegt:

$$\frac{1}{1-\beta}\frac{dV}{dt} + aV = b$$

Zum Abschluss multipliziert man die Gleichung noch mit $(1-\beta)$, sodass man das Ergebnis hiervon auf Basis von 1.1 bestimmen kann.

$$\frac{dV}{dt} + a(1-\beta)V = (1-\beta)b$$

$$\Rightarrow \quad V(t) = C_0 e^{t-a(1-\beta)t} + \frac{b}{a}$$

Um aus diesem Ergebnis die Lösung des ursprünglichen Problems $X(t)$ zu bestimmen, macht man die oben angewendete Transformation $V = X^{1-\beta}$ wieder rückgängig:

$$X(t)^{1-\beta} = C_0 e^{t-a(1-\beta)t} + \frac{b}{a}$$

$$\Rightarrow \quad X(t) = \left(C_0 e^{t-a(1-\beta)t} + \frac{b}{a}\right)^{\frac{1}{1-\beta}}$$

Betrachtet man zu dieser Lösung die Startbedingung $X(0) = X_0$, so kann die Konstante C_0 wie folgt bestimmt werden:

$$X_0 = \left(C_0 + \frac{b}{a}\right)$$

$$X_0^{1-\beta} = C_0 + \frac{b}{a}$$

$$C_0 = X_0^{1-\beta} - \frac{b}{a}$$

Beispiel (konstante Koeffizienten)

Zuerst wollen wir den einfachen Fall einer linearen Differentialgleichung mit konstanten Koeffizienten betrachten.

$$\frac{dX}{dt} = 3 - X, \quad \text{mit } X(0) = 1$$

Diese Differentialgleichung hat die allgemeine Lösung:

$$X(t) = C_0 e^{t-t} + 3$$

Beachtet man weiterhin die gegebene Anfangsbedingung $X(0) = 1$, so lässt sich der Parameter C_0 wie folgt bestimmen:

$$X(0) = C_0 e^{t-0} + 3 = 1$$
$$C_0 + 3 = 1$$
$$C_0 = -2$$

Hiermit ergibt sich die Lösung des speziellen Anfangswertproblems als:

$$X(t) = -2e^{t-t} + 3$$

Beispiel (nichtkonstante Koeffizienten)

$$\frac{dX}{dt} = 2t - tX, \quad \text{mit } X(0) = 1$$

Benutzt man die entsprechende Lösungsformel für eine DGL mit nichtkonstanten Koeffizienten, so erhält man die folgende allgemeine Lösung:

$$X(t) = C_0 e^{-0,5t^2} + e^{-0,5t^2} \int 2v e^{0,5v^2} dv$$
$$X(t) = C_0 e^{-0,5t^2} + 2e^{-0,5t^2} e^{0,5t^2}$$
$$X(t) = C_0 e^{-0,5t^2} + 2$$

Um den Parameter C_0 bestimmen zu können, benutzen wir die Anfangsbedingung $X(0) = 1$.

$$X(0) = C_0 e^{-0,5 \cdot 0^2} + 2 = 1 \Rightarrow C_0 + 2 = 1 \Rightarrow C_0 = -1$$

Damit ist die Lösung des Anfangswertproblems gegeben als:

$$X(t) = -e^{t-0,5t^2} + 2$$

Beispiel (Bernoulli-DGL)

Ein einfaches Beispiel für eine Bernoulli-Differentialgleichung ist die folgende DGL:

$$\frac{dX}{dt} = X(t)^2 - X(t), \quad \text{mit } X(0) = 2$$

Gemäß Lösungsformel ergibt sich:

$$X(t) = \left(C_0 e^{-t} + 1 \right)^{-1} = \frac{1}{C_0 e^{-t} + 1}$$

Benutzt man nun auch hier die Anfangsbedingung, so bestimmt sich der Parameter C_0 auf folgende Weise:

$$X(0) = \frac{1}{C_0 e^{-0} + 1} = 2 \ \Rightarrow \ 1 = 2(C_0 + 1) \ \Rightarrow \ C_0 = -0{,}5$$

Somit lautet die spezielle Lösung des Anfangswertproblems:

$$X(t) = \frac{1}{-0{,}5 e^{-t} + 1} = -\frac{2}{e^{-t} - 2}$$

Anwendungsbeispiel (neoklassisches Wachstumsmodell)

Nachdem nun das Prinzip des Rechnens mit Differentialgleichungen einigermaßen veranschaulicht wurde, stellt sich die Frage nach Anwendungsmöglichkeiten dieser DGLs innerhalb der VWL. Hierzu kann man sich merken, dass es mit DGLs sehr einfach ist, Schwingungen und Wachstumsvorgänge zu modellieren. Entsprechend ist das Haupteinsatzgebiet in der VWL die Konjunktur- und Wachstumstheorie. Wir werden uns in diesem Beispiel ebenfalls ein Beispiel aus der Wachstumstheorie anschauen. Insbesondere ist dies das neoklassische Wachstumsmodell. Ausgangspunkt ist eine Cobb-Douglas-Produktionsfunktion mit Harrod-neutralem technischen Fortschritt von dem Typ $Y = K^\beta (AL)^{1-\beta}$. Dies kann man durch Anwendung der Hilfsmittel aus dem ersten Kapitel in Analogie zu dem dortigen Beispiel auch schreiben als $y' = k'^\beta$, wobei $y' = \frac{Y}{AL}$ das Pro-Kopf-BIP in Effizienzeinheiten und $k' = \frac{K}{AL}$ die Kapitalintensität in Effizienzeinheiten bezeichnet. Ferner bezeichnet man mit a die Wachstumsrate des technischen Fortschritts A und mit n das Bevölkerungswachstum (Wachstum von L). Als Sparfunktion wird $S = sY$ benutzt.

In einem nächsten Schritt betrachtet man die Gleichgewichtsbedingung, dass das Grenzprodukt des Kapitals gleich den Ersparnissen sein muss: $\frac{dK}{dt} = S$. Teilt man diese Gleichung durch AL, um alles als Pro-Kopf-Größen in Effizienzeinheiten zu bekommen, so erhält man:

$$\frac{dK}{dt} / AL = S / AL$$

Setzt man auf der rechten Seite die Sparfunktion ein und rechnet die linke Seite derart um, sodass dort $\frac{dk'}{dt}$ steht, so erhält man:

$$\frac{dk'}{dt} = sy' - (n+a)k' = sk'^{\beta} - (n+a)k'$$

Hier erkennt man allerdings auf den ersten Blick, dass es sich um eine Bernoulli-Differentialgleichung mit $X(t) = k'$ handelt. Entsprechend kann man hierauf die oben hergeleitete Lösungsformel anwenden und erhält:

$$k'(t) = \left(C_0 e^{t-(n+a)(1-\beta)t} + \frac{s}{a+n} \right)^{\frac{1}{1-\beta}}$$

Interessant ist für den Volkswirt in diesem Zusammenhang allerdings nicht nur dieses Ergebnis, sondern ausgehend von diesem Ergebnis kann man sich überlegen, wie sich die Kapitalintensität langfristig entwickelt. Zu diesem Zweck muss man auf das zurückgreifen, was am Anfang dieses Kapitels im Abschnitt über Grenzwerte diskutiert wurde. Insbesondere betrachten wir hier den Grenzwert:

$$\lim_{t \to \infty} k'(t)$$

Will man diesen Grenzwert berechnen, so erkennt man, dass der Teil mit der Exponentialfunktion, der in der großen Klammer steht, wegen seines negativen Exponenten gegen 0 konvergiert und somit wegfällt. Da kein weiteres t vorkommt, ist somit der Grenzwert bereits bestimmt und es gilt:

$$\lim_{t \to \infty} k'(t) = \left(\frac{s}{a+n} \right)^{\frac{1}{1-\beta}}$$

Diesen Grenzwert bezeichnet man auch als Steady-State. Um dies kenntlich zu machen, bezeichnet man ihn mit $k'\#$. Abschließend kann man noch diese Steady-State-Lösung in die Produktionsfunktion einsetzen und erhält als Steady-State-Lösung für das Pro-Kopf-BIP den Wert:

$$y'\# = \left(\frac{s}{a+n} \right)^{\frac{\beta}{1-\beta}}$$

Halbwertszeiten

Halbwertszeiten haben weniger mit Differenzieren als mit allgemeiner Physik zu tun. Da wir allerdings in diesem Kapitel einige Beispiele diskutiert haben, die in Bezug auf die in diesem Abschnitt vorgestellten Überlegungen relevant sind, ist dieses Kapitel der ideale Ort, um über dieses Thema zu sprechen. Doch, wie kommt man von der physikalischen Halbwertszeit zu einer volkswirtschaftlichen Halbwertszeit und was hat es überhaupt damit auf sich.

Im eigentlichen Sinn des Wortes handelt es sich bei der Halbwertszeit um die Zeit, nach der sich eine bestimmte Größe halbiert hat. In der Physik ist dies die Menge an radioaktivem Müll, in der Ökonomie Phänomene wie Arbeitslosigkeit oder technische Lücken. Wir wollen uns dem Thema zur besseren Erklärung zunächst über ein Beispiel nähern. In einem der vorhergehenden Anwendungsbeispiele wurde eine von der Zeit abhängige Darstellung des Pro-Kopf-Einkommens hergeleitet und es wurde der Steady-State-Wert für eben dieses bestimmt. Diese beiden Ergebnisse sollen hier kurz wiedergegeben werden:

$$y'(t) = \left(C_0 e'^{-(n+a)(1-\beta)t} + \frac{s}{a+n} \right)^{\frac{\beta}{1-\beta}}$$

$$y'\# = \left(\frac{s}{a+n} \right)^{\frac{\beta}{1-\beta}}$$

Da der Steady-State-Wert $y'\#$ erst nach einer sehr langen Zeit erreicht wird, kann es möglicherweise interessant sein zu wissen, zu welchem Zeitpunkt t der Steady-State-Wert zumindest zur Hälfte (sprich zu 50 %) erreicht ist. Dies ist aber genau dann der Fall, wenn $y'(t) = 0{,}5 \cdot y'\#$ ist. Nun besteht die eigentliche Arbeit nur noch darin, diese Gleichung nach t aufzulösen.

$$\left(C_0 e'^{-(n+a)(1-\beta)t} + \frac{s}{a+n} \right)^{\frac{\beta}{1-\beta}} = 0{,}5 \cdot \left(\frac{s}{a+n} \right)^{\frac{\beta}{1-\beta}}$$

$$\left(C_0 e'^{-(n+a)(1-\beta)t} + \frac{s}{a+n} \right) = 0{,}5^{\frac{1-\beta}{\beta}} \cdot \left(\frac{s}{a+n} \right)$$

$$C_0 e'^{-(n+a)(1-\beta)t} = \left(0{,}5^{\frac{1-\beta}{\beta}} - 1 \right) \cdot \left(\frac{s}{a+n} \right)$$

$$e'^{-(n+a)(1-\beta)t} = \frac{1}{C_0} \left(0{,}5^{\frac{1-\beta}{\beta}} - 1 \right) \cdot \left(\frac{s}{a+n} \right)$$

$$-(n+a)(1-\beta)t = \ln \left(\frac{1}{C_0} \left(0{,}5^{\frac{1-\beta}{\beta}} - 1 \right) \cdot \left(\frac{s}{a+n} \right) \right)$$

$$-(n+a)(1-\beta)t = -\ln(C_0) + \ln \left(0{,}5^{\frac{1-\beta}{\beta}} - 1 \right) + \ln \left(\frac{s}{a+n} \right)$$

Diese Gleichung lässt sich nun direkt nach t umstellen:

$$t = -\frac{1}{(n+a)(1-\beta)} \left(-\ln(C_0) + \ln \left(0{,}5^{\frac{1-\beta}{\beta}} - 1 \right) + \ln \left(\frac{s}{a+n} \right) \right)$$

Auch wenn diese Formel einem auf den ersten Blick wenig aufschlussreich erscheint, so sieht man doch, dass man in der Tat exakt einen Zeitpunkt bestimmen kann, zu dem die Hälfte des Steady-State-Pro-Kopf-Einkommens erreicht ist.

Allgemein kann man die Halbwertszeit mittels der folgenden Formel für den Fall bestimmen, dass sich ein Wert in jeder Periode um die Schrumpfungsrate verringert:

$$\text{Halbwertszeit} = \frac{\log(0{,}5)}{\log(1 - \text{Schrumpfungsrate})} \tag{1.3}$$

Für den Fall, dass sich ein Wert in jeder Periode um eine Wachstumsrate erhöht, lautet die Formel:

$$\text{Halbwertszeit} = \frac{\log(0{,}5)}{\log(1 + \text{Wachstumsrate})} \tag{1.4}$$

1.1.3 Matrizen

Einführung

Unter einer $m \times n$-Matrix versteht man ein Zahlenschema in der folgenden Form:

$$A = \begin{pmatrix} a_{1,1} & a_{1,2} & \cdots & a_{1,n} \\ a_{2,1} & a_{2,2} & \cdots & a_{2,n} \\ \vdots & \vdots & \ddots & \vdots \\ a_{m,1} & a_{m,2} & \cdots & a_{m,n} \end{pmatrix}$$

Wenn man mit Matrizen arbeitet, spricht man oft auch von den Spalten bzw. Zeilen der Matrix. Ferner heißen die Werte $a_{1,1}, a_{m,n}$ usw. Einträge oder Elemente der Matrix A – insbesondere die Einträge, bei denen der erste und der zweite Index gleich sind, nennt man Diagonalelemente z. B. $a_{1,1}, a_{5,5}$ oder $a_{m,m}$.

Einen Vektor in der normalen Schreibform:

$$v = \begin{pmatrix} v_1 \\ v_2 \\ \vdots \\ v_n \end{pmatrix}$$

kann man auch als $1 \times n$-Matrix auffassen.

Eine Matrix, in der alle Elemente außer den Diagonalelementen null sind, nennt man auch Diagonalmatrix und eine Matrix, in der sämtliche Elemente null sind, heißt Nullmatrix. Ferner nennt man eine Matrix, die die gleiche Anzahl Spalten wie Zeilen besitzt, quadratisch.

Matrizenaddition

Zwei Matrizen können nur dann addiert werden, wenn beide die gleiche Anzahl von Zeilen und die gleiche Anzahl von Spalten aufweisen. Ist diese Voraussetzung erfüllt, so wird die Addition wie folgt komponentenweise durchgeführt.

$$\begin{pmatrix} a_{1,1} & \cdots & a_{1,n} \\ \vdots & \ddots & \vdots \\ a_{m,1} & \cdots & a_{m,n} \end{pmatrix} + \begin{pmatrix} b_{1,1} & \cdots & b_{1,n} \\ \vdots & \ddots & \vdots \\ b_{m,1} & \cdots & b_{m,n} \end{pmatrix} = \begin{pmatrix} a_{1,1}+b_{1,1} & \cdots & a_{1,n}+b_{1,n} \\ \vdots & \ddots & \vdots \\ a_{m,1}+b_{m,1} & \cdots & a_{m,n}+b_{m,n} \end{pmatrix}$$

Matrizenmultiplikation

Multiplikation einer Matrix A mit einer Zahl k

$$k \cdot A = k \cdot \begin{pmatrix} a_{1,1} & \cdots & a_{1,n} \\ \vdots & \ddots & \vdots \\ a_{m,1} & \cdots & a_{m,n} \end{pmatrix} = \begin{pmatrix} k \cdot a_{1,1} & \cdots & k \cdot a_{1,n} \\ \vdots & \ddots & \vdots \\ k \cdot a_{m,1} & \cdots & k \cdot a_{m,n} \end{pmatrix}$$

Dies bedeutet, dass bei dieser Art der Matrizenmultiplikation jeder Eintrag der Matrix mit der entsprechenden Zahl k multipliziert wird.

Multiplikation einer Matrix A mit einem Vektor v

$$\begin{pmatrix} a_{1,1} & \cdots & a_{1,n} \\ \vdots & \ddots & \vdots \\ a_{m,1} & \cdots & a_{m,n} \end{pmatrix} \cdot \begin{pmatrix} v_1 \\ \vdots \\ v_n \end{pmatrix} = \begin{pmatrix} a_{1,1} \cdot v_1 + \cdots + a_{1,n} \cdot v_n \\ \vdots \\ a_{m,1} \cdot v_1 + \cdots + a_{m,n} \cdot v_n \end{pmatrix}$$

Multiplikation von zwei Matrizen A und B

Um zwei Matrizen miteinander multiplizieren zu können (also $A \cdot B$ ausrechnen), muss die Anzahl der Spalten von Matrix A mit der Anzahl der Zeilen von Matrix B übereinstimmen. Insbesondere gilt hier für die Matrix $C = A \cdot B$, dass C die gleiche Anzahl von Zeilen hat wie Matrix A und die gleiche Anzahl von Spalten wie Matrix B. Besonders muss man bei der Multiplikation von zwei Matrizen darauf achten, dass für beliebige Matrizen A und B die Produkte $A \cdot B$ und $B \cdot A$ meist nicht gleich sind. Es gilt also: $A \cdot B \neq B \cdot A$.

Für diese Rechenregeln sind keine direkten wirtschaftlichen Anwendungen vorhanden. Im Rahmen von späteren Abschnitten werden die hier angesprochenen Regeln allerdings wieder benötigt. Ein Beispiel ist das Leontief-Model, auf welches im übernächsten Kapitel eingegangen wird.

1.1.4 Determinanten

Genauso wie die Matrixmultiplikation im letzten Kapitel haben auch Determinanten keine direkte Anwendungsmöglichkeit in der Wirtschaftswissenschaft. Determinanten können allerdings als Hilfsmittel oder Indikatoren in verschiedenen Bereichen zur Anwendung kommen.

Bevor man allerdings die Anwendungsmöglichkeiten von Determinanten besprechen kann, ist zuerst zu klären, wie eine Determinante überhaupt berechnet wird. Wir benutzen hier der Vereinfachung wegen nicht die mathematische Schreibweise, sondern beschreiben die tatsächliche praktische Anwendung. Man beginnt mit dem einfachen Fall einer Matrix mit 2 Zeilen und 2 Spalten.

$$\det \begin{pmatrix} a & b \\ c & d \end{pmatrix} = ad - bc$$

Beispiel

$$\det \begin{pmatrix} 4 & 3 \\ 7 & 6 \end{pmatrix} = 4 \cdot 6 - 3 \cdot 7 = 24 - 21 = 3$$

Anstatt nun für jede mögliche Größe von Matrizen eine Formel aufzustellen, soll geklärt werden, wie man größere Matrizen so umformen kann, dass am Ende immer nur 2×2-Matrizen zu berechnen sind. Hierbei kann man ein einfaches Verfahren nutzen, um die Determinante einer $n \times n$-Matrix als mehrere Determinanten von $(n-1) \times (n-1)$-Matrizen zu schreiben. Dieses Verfahren soll hier angegeben werden:

 (a) Wähle eine Spalte oder Zeile aus, in der möglichst viele Nullen stehen.

Bei der Matrix:

$$A = \begin{pmatrix} 0 & 0 & -2 \\ 2 & -6 & 3 \\ 8 & 3 & 1 \end{pmatrix}$$

wäre dies zum Beispiel die erste Zeile, da diese zwei Nullen enthält.

(b) Als Nächstes addiert man alle Elemente der gewählten Zeile oder Spalte auf.
In unserem Beispiel wäre das: $0 + 0 + (-2)$.
Die Elemente müssen vor dem Zusammenrechnen allerdings noch jeweils mit einem Vorzeichen multipliziert werden, dass sich aus dem folgendem Schema entnehmen lässt:

$$\begin{matrix} +1 & -1 & +1 \\ -1 & +1 & -1 \\ +1 & -1 & +1 \end{matrix}$$

Dieses Schema lässt sich für beliebig große und kleine Matrizen anpassen, wobei lediglich zu beachten ist, dass links oben immer eine $+1$ steht und $+1$ und -1 sich abwechseln müssen.
Betrachtet man zum Beispiel die obige Matrix A, so ist der -2 aus der ersten Zeile ein $+1$ Vorzeichen zugeordnet oder der 3 aus der dritten Spalte ist ein -1 Vorzeichen zugeordnet.
Für das Beispiel ergibt das: $(+1) \cdot 0 + (-1) \cdot 0 + (+1) \cdot (-2)$.
Schließlich muss an jedes Element eine gekürzte Determinante multipliziert werden. Diese gekürzte Determinante für ein Element ergibt sich, indem aus der ursprünglichen Determinante die Zeile und Spalte gestrichen werden, in der das jeweilige Element steht.
Für unser Beispiel bedeutet dies:

$$\det A = (+1) \cdot 0 \cdot \det \begin{pmatrix} -6 & 3 \\ 3 & 1 \end{pmatrix} + (-1) \cdot 0 \cdot \det \begin{pmatrix} 2 & 3 \\ 8 & 1 \end{pmatrix}$$
$$+ (+1) \cdot (-2) \cdot \det \begin{pmatrix} 2 & -6 \\ 8 & 3 \end{pmatrix}$$

Die erste gekürzte Determinante ist entstanden, indem die erste Zeile und erste Spalte der Ausgangsdeterminante entfernt wurden. Dies geschah, da die 0, die zu dieser Determinante gehört, in der Ausgangsdeterminante in der ersten Zeile und zweiten Spalte stand. Entsprechend entsteht die dritte gekürzte Determinante, indem die erste Zeile und dritte Spalte der Ausgangsdeterminante entfernt wurden, da die -2 in der ersten Zeile und dritte Spalte stand.
Da es wieder null ergibt, wenn man eine Zahl mit null multipliziert, können alle Teile, in denen 0 in der Ausgangsdeterminante stand, weggelassen werden. Unser Beispiel wird damit zu:

$$\det A = (+1) \cdot (-2) \cdot \det \begin{pmatrix} 2 & -6 \\ 8 & 3 \end{pmatrix}$$

Hieran wird ersichtlich, warum man eine Zeile oder Spalte mit möglichst vielen Nullen wählen sollte: da entsprechend später weniger zu berechnen ist. Weiterhin sieht man, dass die Ausgangsdeterminante die Determinante einer 3×3-Matrix war und dass das Ergebnis Determinanten von 2×2-Matrizen sind. Hat man nun aber größere Matrizen, so muss man das obige Verfahren möglicherweise mehrmals nacheinander anwenden. So reduziert man bei einer 4×4-Matrix die Ausgangsdeterminante zuerst auf Determinanten von 3×3-Matrizen und reduziert dann in einem zweiten Schritt jede Determinante einer 3×3-Matrix auf Determinanten von 2×2-Matrizen.

Beispiel

$$B = \begin{pmatrix} 1 & 2 & 3 & 4 \\ 0 & 3 & 2 & 7 \\ 0 & 1 & 3 & 2 \\ 0 & -1 & 0 & 4 \end{pmatrix}$$

Zur Berechnung der Determinante wählt man zuerst diejenige Zeile oder Spalte mit den meisten Nullen. In diesem Fall ist das unter anderem die erste Spalte. Entsprechend kann man schreiben:

$$\det B = \det \begin{pmatrix} 1 & 2 & 3 & 4 \\ 0 & 3 & 2 & 7 \\ 0 & 1 & 3 & 2 \\ 2 & -1 & 0 & 4 \end{pmatrix}$$

$$= (+1) \cdot 1 \cdot \det \begin{pmatrix} 3 & 2 & 7 \\ 1 & 3 & 2 \\ -1 & 0 & 4 \end{pmatrix} + (-1) \cdot 2 \cdot \det \begin{pmatrix} 2 & 3 & 4 \\ 3 & 2 & 7 \\ 1 & 3 & 2 \end{pmatrix}$$

Da die 1 aus der ersten Spalte in der ersten Zeile steht, hat sie gemäß dem obigen Vorzeichenschema eine $(+1)$ als Vorzeichen. Ferner werden in der gekürzten Determinante die erste Zeile und Spalte entfernt. Da die 2 in der Spalte in der vierten Zeile steht, hat sie gemäß dem Vorzeichenschema eine (-1) als Vorfaktor und die vierte Zeile und erste Spalte wurden in der folgenden Determinante gestrichen. Die restlichen Ausdrücke fallen weg, da der entsprechende Eintrag in der Ausgangsdeterminante 0 war.

Auf jede der zwei entstandenen 3×3-Determinanten wendet man das Schema nun erneut an.

1. Fall

$$\det B_1 = \det \begin{pmatrix} 3 & 2 & 7 \\ 1 & 3 & 2 \\ -1 & 0 & 4 \end{pmatrix}$$

$$= (+1) \cdot (-1) \cdot \det \begin{pmatrix} 2 & 7 \\ 3 & 2 \end{pmatrix} + (+1) \cdot 4 \cdot \det \begin{pmatrix} 3 & 2 \\ 1 & 3 \end{pmatrix}$$

$$= -(4 - 21) + 4(9 - 2) = 17 + 28 = 45$$

wenn man die dritte Zeile zum Bearbeiten wählt.

2. Fall

$$\det B_2 = \det \begin{pmatrix} 2\ 3\ 4 \\ 3\ 2\ 7 \\ 1\ 3\ 2 \end{pmatrix}$$

$$= (+1) \cdot 2 \cdot \det \begin{pmatrix} 2\ 7 \\ 3\ 2 \end{pmatrix} + (-1) \cdot 3 \cdot \det \begin{pmatrix} 3\ 7 \\ 1\ 2 \end{pmatrix}$$

$$+ (+1) \cdot 4 \cdot \det \begin{pmatrix} 3\ 2 \\ 1\ 3 \end{pmatrix}$$

$$= 2(4-21) - 3(6-7) + 4(9-2) = 34 + 3 + 28 = 65$$

wenn man die erste Zeile zum Entwickeln wählt.

Diese beiden Ergebnisse setzt man dann in die Ausgangsrechnung ein und erhält:

$$\det B = (+1) \cdot 1 \cdot 45 + (-1) \cdot 2 \cdot 65 = 45 - 130 = -85$$

Die Frage, die man sich im Zusammenhang mit Determinanten häufig stellt, ist diejenige, ob eine Determinante gleich null oder ungleich null ist. Beim Bestimmen von Multiplikatoren trifft man noch Unterscheidungen, ob die hierbei auftretenden Determinanten positiv oder negativ sind.

1.1.5 Lineare Gleichungssysteme und das Gauß-Verfahren

Im letzten Kapitel im Rahmen der Extremwertberechnung war es bereits notwendig, Gleichungssysteme zu lösen. Dort wurde implizit unterstellt, dass der Leser bereits in der Lage ist, mit Gleichungssystemen umzugehen. Während das Lösen von beliebigen Gleichungssystemen nicht einheitlich zu beschreiben ist und lediglich Anweisungen wie Auflösen nach einer Variablen und Gleichsetzen gegeben werden können, gibt es für lineare Gleichungssysteme (LGS) ein einfaches Verfahren zu ihrer Lösung. Bei diesem Verfahren handelt es sich um das sogenannte *Gauß-Verfahren*. Theoretisch betrachtet besteht das Gauß-Verfahren aus einer geeigneten Abfolge der nachfolgenden drei Schritte:

(a) Vertausche zwei Zeilen.
(b) Multipliziere eine Zeile mit einer Zahl (die ungleich 0 ist.)
(c) Addiere zwei Zeilen.

Praktisch betrachtet wird allerdings das Gleichungssystem zuerst in Matrixform geschrieben. Aus dem folgenden LGS[11]:

$$a_{1,1}x_1 + a_{1,2}x_2 + a_{1,3}x_3 = b_1$$
$$a_{2,1}x_1 + a_{2,2}x_2 + a_{2,3}x_3 = b_2$$
$$a_{3,1}x_1 + a_{3,2}x_2 + a_{3,3}x_3 = b_3$$

---

[11] Der Einfachheit halber betrachten wir nur ein Gleichungssystem mit drei Gleichungen und drei Variablen.

wird in Matrixschreibweise:

$$\begin{pmatrix} a_{1,1} & a_{1,2} & a_{1,3} \\ a_{2,1} & a_{2,2} & a_{2,3} \\ a_{3,1} & a_{3,2} & a_{3,3} \end{pmatrix} \begin{pmatrix} x_1 \\ x_2 \\ x_3 \end{pmatrix} = \begin{pmatrix} b_1 \\ b_2 \\ b_3 \end{pmatrix}$$

Ziel des Gauß-Verfahrens ist es nun, das LGS so umzuformen, dass es wie folgt aussieht. Dies heißt, dass die Matrix auf der linken Seite eine obere Dreiecksmatrix sein muss:

$$\begin{pmatrix} d_{1,1} & d_{1,2} & d_{1,3} \\ 0 & d_{2,2} & d_{2,3} \\ 0 & 0 & d_{3,3} \end{pmatrix} \begin{pmatrix} x_1 \\ x_2 \\ x_3 \end{pmatrix} = \begin{pmatrix} v_1 \\ v_2 \\ v_3 \end{pmatrix}$$

Welche Form die Zahlen $d_{i,j}$ und v_i haben und ob sie ungleich 0 sind, lässt sich im Vorhinein nicht sagen. Anstelle theoretisch die einzelnen Schritte zu erklären, wird das Gauß-Verfahren anhand eines Beispiels illustriert.

Beispiel

Im Folgenden werden wir das Gauß-Verfahren anwenden, wie es standardgemäß durchgeführt wird. Dies kann an einigen Stellen zu einem zusätzlichen Arbeitsaufwand führen, gewährleistet aber einen Arbeitsablauf, der auch auf andere Probleme in der gleichen Art angewendet werden kann. Wir betrachten das folgende LGS:

$$\begin{pmatrix} 0 & 4 & 7 \\ 2 & 2 & 4 \\ 3 & 6 & 9 \end{pmatrix} \begin{pmatrix} x_1 \\ x_2 \\ x_3 \end{pmatrix} = \begin{pmatrix} 0 \\ 2 \\ 3 \end{pmatrix}$$

Man beginnt damit, das LGS so umzustellen, dass alle Zeilen, die mit einer Null beginnen als letzte Zeilen in dem LGS stehen. Entsprechend werden die erste und die dritte Zeile vertauscht.

$$\begin{pmatrix} 3 & 6 & 9 \\ 2 & 2 & 4 \\ 0 & 4 & 7 \end{pmatrix} \begin{pmatrix} x_1 \\ x_2 \\ x_3 \end{pmatrix} = \begin{pmatrix} 3 \\ 2 \\ 0 \end{pmatrix}$$

Anschließend wird die erste Zeile durch den Wert des ersten Elements (in diesem Fall die 3) geteilt. Dies ergibt:

$$\begin{pmatrix} 1 & 2 & 3 \\ 2 & 2 & 4 \\ 0 & 4 & 7 \end{pmatrix} \begin{pmatrix} x_1 \\ x_2 \\ x_3 \end{pmatrix} = \begin{pmatrix} 1 \\ 2 \\ 0 \end{pmatrix}$$

Hierauf folgend wird von den nachfolgenden Zeilen die erste Zeile so oft abgezogen, bis jeweils eine 0 an erster Stelle steht. In dem vorliegenden Fall wird die erste Zeile zweimal von der zweiten Zeile abgezogen, da an der ersten Stelle der zweiten Zeile eine 2 steht. Von der dritten Zeile wird die erste Zeile nicht weiter abgezogen, da hier an der ersten Stelle bereits eine 0 steht. Führt man diese Rechnungen durch, so erhält man:

$$\begin{pmatrix} 1 & 2 & 3 \\ 0 & -2 & -2 \\ 0 & 4 & 7 \end{pmatrix} \begin{pmatrix} x_1 \\ x_2 \\ x_3 \end{pmatrix} = \begin{pmatrix} 1 \\ 0 \\ 0 \end{pmatrix}$$

Nun wechselt man zu der zweiten Zeile und betrachtet das zweite Element. Da dieses Element (-2) nicht 0 ist, muss diese Zeile nicht verschoben werden. Stattdessen kann direkt durch dieses Element geteilt werden, sodass das LGS die folgende Gestalt annimmt.

$$\begin{pmatrix} 1 & 2 & 3 \\ 0 & 1 & 1 \\ 0 & 4 & 7 \end{pmatrix} \begin{pmatrix} x_1 \\ x_2 \\ x_3 \end{pmatrix} = \begin{pmatrix} 1 \\ 0 \\ 0 \end{pmatrix}$$

Wie im Schritt zuvor, wird ausgehend von der zweiten Zeile von jeder folgenden Zeile entsprechend viel abgezogen, sodass unterhalb der zweiten Zeile in der zweiten Spalte nur Nullen stehen. Für unser Beispiel heißt dies, dass von der dritten Zeile viermal die zweite abgezogen wird.

$$\begin{pmatrix} 1 & 2 & 3 \\ 0 & 1 & 1 \\ 0 & 0 & 3 \end{pmatrix} \begin{pmatrix} x_1 \\ x_2 \\ x_3 \end{pmatrix} = \begin{pmatrix} 1 \\ 0 \\ 0 \end{pmatrix}$$

Man erkennt, dass die Matrix auf der linken Seite eine obere Dreiecksmatrix ist. Somit ist das Ziel des Gauß-Verfahrens erreicht. Im nächsten Schritt löst man das Gleichungssystem durch Rückwärtseinsetzen.

Die dritte Zeile liefert (nachdem durch 3 geteilt wurde) $x_3 = 0$. Dies setzt man in die zweite Gleichung ein. Diese liefert dann das $x_2 = 0$. Setzt man x_2 und x_3 in die erste Gleichung ein, so liefert diese schließlich $x_1 = 1$.

Anwendungsbeispiel

Ein einfaches Modell für eine Volkswirtschaft, die lediglich aus Haushalten und Unternehmen besteht, liefert das sogenannte *Leontief-Modell*. Zur einfachen Umsetzung des Modells gehen wir von einer Volkswirtschaft aus, in der 3 Güter produziert werden. In unserem Fall seien diese Güter Öl, Brot und PCs. Ferner unterstellen wir, dass für die Herstellung von 100 Einheiten Computer 20 Computer, 30 Einheiten Öl und 20 Brote benötigt werden. Die Produktion von 1000 Einheiten Öl erfordert 500 Computer, 200 Einheiten Öl und 300 Einheiten Brot. Außerdem erfordert die Produktion von 10 Broten 5 Einheiten Öl, 4 Einheiten Brot und drei Computer.

Die Fragen, die sich nun stellen, sind zum einen, wie viele Einheiten dieser drei Güter dem Markt bei einer vorgegebenen Produktionsmenge zur Verfügung stehen. Ferner stellt sich die Frage, wie viele Einheiten der Güter jeweils zu produzieren sind, um eine vorgegebene Marktnachfrage zu befriedigen.

Ein erster Schritt zielt darauf ab, die oben dargestellten Produktionszusammenhänge in Form eines linearen Gleichungssystems darzustellen. Hierzu schreiben wir diese Zusammenhänge mathematisch hin:

$$100 \text{ Computer} = 20 \text{ Computer} + 30 \text{ Öl} + 20 \text{ Brot}$$

$$1000 \text{ Öl} = 500 \text{ Computer} + 200 \text{ Öl} + 300 \text{ Brot}$$

$$10 \text{ Brot} = 3 \text{ Computer} + 5 \text{ Öl} + 4 \text{ Brot}$$

Formt man dieses Gleichungssystem um, sodass auf der linken Seite nur noch einzelne Mengen stehen, so erhält man:

$$1 \text{ Computer} = 0{,}2 \text{ Computer} + 0{,}3 \text{ Öl} + 0{,}2 \text{ Brot}$$

$$1 \text{ Öl} = 0{,}5 \text{ Computer} + 0{,}2 \text{ Öl} + 0{,}3 \text{ Brot}$$

$$1 \text{ Brot} = 0{,}3 \text{ Computer} + 0{,}5 \text{ Öl} + 0{,}4 \text{ Brot}$$

Dies kann man in Matrixform wie folgt schreiben:

$$\begin{pmatrix} 0{,}8 & -0{,}3 & -0{,}2 \\ -0{,}5 & 0{,}8 & -0{,}3 \\ -0{,}3 & -0{,}5 & 0{,}6 \end{pmatrix} \begin{pmatrix} \text{Computerproduktion} \\ \text{Ölproduktion} \\ \text{Brotproduktion} \end{pmatrix} = \begin{pmatrix} \text{Computernachfrage} \\ \text{Ölnachfrage} \\ \text{Brotnachfrage} \end{pmatrix}$$

Um nun zum Beispiel die Frage zu beantworten, wie viele der drei Güter zu Beginn produziert werden sollen, um eine Gesamtnachfrage von 1000 Computern, 4000 Einheiten Öl und 250 Einheiten Brot zu produzieren, löst man das folgende Gleichungssystem:

$$\begin{pmatrix} 0{,}8 & -0{,}3 & -0{,}2 \\ -0{,}5 & 0{,}8 & -0{,}3 \\ -0{,}3 & -0{,}5 & 0{,}6 \end{pmatrix} \begin{pmatrix} \text{Computerproduktion} \\ \text{Ölproduktion} \\ \text{Brotproduktion} \end{pmatrix} = \begin{pmatrix} 1000 \\ 4000 \\ 250 \end{pmatrix}$$

Löst man dieses Gleichungssystem, so erhält man als Lösung, dass zur Befriedigung dieser Nachfragemenge in etwa 30.867 Computer, 43.980 Einheiten Öl und 52.500 Brote produziert werden müssen.

Stellt man sich nun allerdings die Frage, wie viele Einheiten der Güter man bei einer Produktion von jeweils 1000 Einheiten an den Markt absetzen kann, so ist die folgende Matrix-Vektor-Multiplikation auszurechnen:

$$\begin{pmatrix} 0{,}8 & -0{,}3 & -0{,}2 \\ -0{,}5 & 0{,}8 & -0{,}3 \\ -0{,}3 & -0{,}5 & 0{,}6 \end{pmatrix} \begin{pmatrix} 1000 \\ 1000 \\ 1000 \end{pmatrix} = \begin{pmatrix} \text{Computerangebot an den Markt} \\ \text{Ölangebot an den Markt} \\ \text{Brotangebot an den Markt} \end{pmatrix}$$

So erhält man ein Computerangebot an den Markt in Höhe von 390 Einheiten, ein Ölangebot von 948 Einheiten und ein Brotangebot von -1410 Einheiten. Diese negative Zahl sagt aus, dass in diesem Fall -1410 Brote importiert werden müssen, damit eine Produktion überhaupt erst möglich ist.

1.1.6 Cramersche Regel

Wie auch das Gauß-Verfahren aus dem letzten Abschnitt bietet auch das Verfahren nach Cramer, auch Cramersche Regel genannt, eine Möglichkeit zum Berechnen der Lösungen eines linearen Gleichungssystems. Der Vorteil der Cramerschen Regel ist allerdings, dass im Gegensatz zum Gauß-Verfahren nicht sämtliche Lösungswerte auf einmal berechnet werden müssen. Stattdessen kann man sich darauf beschränken, nur die jeweils benötigten Werte zu berechnen.

Um die Cramer'sche Regel anwenden zu können, benötigt man zum einen ein lineares Gleichungssystem.

Beispiel

$$\begin{pmatrix} 2 & 1 \\ 1 & 2 \end{pmatrix} \begin{pmatrix} dx \\ dy \end{pmatrix} = \begin{pmatrix} 4 \\ 3 \end{pmatrix}$$

Die Matrix, die links steht, wird auch als *Systemmatrix* bezeichnet; wir nennen sie A und den Vektor auf der rechten Seite nennen wir b. Bevor wir weiter arbeiten, machen wir uns klar, dass die erste Spalte der Matrix A zu der Variablen dx und die zweite Spalte der Matrix zu der Variablen dy gehört.

Nun berechnet man zuerst die Determinante der Matrix A. Diese Determinanten bezeichnet man auch als *Systemdeterminante*, da sie die Determinante der Systemmatrix ist. In unserem Fall lautet sie:

$$\det \begin{pmatrix} 2 & 1 \\ 1 & 2 \end{pmatrix} = 2 \cdot 2 - 1 \cdot 1 = 4 - 1 = 3$$

Die Systemdeterminante beträgt also 3. Ist man zum Beispiel an dem Lösungswert für die Variable dx interessiert, so rechnet man wie folgt weiter. Zuerst wird in der Matrix A die erste Spalte durch den Vektor b ersetzt. (Wir erinnern uns; die erste Spalte gehörte zu dx.) Die veränderte Matrix, wir nennen sie B, sieht dann wie folgt aus:

$$\begin{pmatrix} 4 & 1 \\ 3 & 2 \end{pmatrix}$$

Auch von dieser Matrix B rechnen wir die Determinante aus:

$$\det \begin{pmatrix} 4 & 1 \\ 3 & 2 \end{pmatrix} = 4 \cdot 2 - 3 \cdot 1 = 8 - 3 = 5$$

Hat man diese Determinante und die Systemdeterminante, so lässt sich der Lösungswert für die Variable dx angeben als:

$$dx = \frac{\det(B)}{\det(A)} = \frac{5}{3}$$

Will man jetzt statt dx die Variable dy berechnen, so ersetzt man in der Matrix nicht die erste, sondern die zweite Spalte, da die zweite Spalte dy zugeordnet war. Die entstehende Matrix nennen wir wieder B und sie sieht wie folgt aus:

$$B = \begin{pmatrix} 2 & 4 \\ 1 & 3 \end{pmatrix}$$

Ihre Determinante berechnet man dann auf die folgende Art:

$$\det \begin{pmatrix} 2 & 4 \\ 1 & 3 \end{pmatrix} = 2 \cdot 3 - 4 \cdot 1 = 6 - 4 = 2$$

Entsprechend der oben bereits für dx verwendeten Formel ist dy gegeben als:

$$dx = \frac{\det(B)}{\det(A)} = \frac{2}{3}$$

Soweit, so gut. Ein solches Gleichungssystem muss allerdings nicht immer nur Zahlen enthalten, es kann auch gut sein, dass zum Beispiel die Systemmatrix A oder der Vektor der rechten Seite b irgendwelche Buchstaben enthalten. Wobei diese Buchstaben als Variablen aufzufassen sind, die beliebig gewählt werden können.

Beispiel

$$\begin{pmatrix} 2 & 1 \\ 1 & 2 \end{pmatrix} \begin{pmatrix} dx \\ dy \end{pmatrix} = \begin{pmatrix} a+b \\ a-2b \end{pmatrix} ; \; a, b \in \mathbb{R}$$

Die rechte Seite von diesem Gleichungssystem kann man allerdings noch anders schreiben, indem man auch die rechte Seite analog zu der linken Seite des Gleichungssystems als Matrix schreibt.

$$\begin{pmatrix} 2 & 1 \\ 1 & 2 \end{pmatrix} \begin{pmatrix} dx \\ dy \end{pmatrix} = \begin{pmatrix} 1 & 1 \\ 1 & -2 \end{pmatrix} \begin{pmatrix} a \\ b \end{pmatrix} ; \; a, b \in \mathbb{R}$$

Wer diesen Zusammenhang nicht direkt erkennt, sollte das Gleichungssystem in klassischer Form ausformuliert hinschreiben und es dann noch mal anschauen.

In Vorbereitung auf die Anwendungsbeispiele am Ende des Abschnitts wollen wir hier den Fall betrachten, dass $b = 0$ gewählt wird. Damit vereinfacht sich das ganze System zu:

$$\begin{pmatrix} 2 & 1 \\ 1 & 2 \end{pmatrix} \begin{pmatrix} dx \\ dy \end{pmatrix} = \begin{pmatrix} a \\ a \end{pmatrix} ; \; a \in \mathbb{R}$$

Dies ist wiederum aber äquivalent zu der folgenden Formulierung:

$$\begin{pmatrix} 2 & 1 \\ 1 & 2 \end{pmatrix} \begin{pmatrix} dx \\ dy \end{pmatrix} = a \begin{pmatrix} 1 \\ 1 \end{pmatrix} ; \; a \in \mathbb{R}$$

Nimmt man an, dass a nicht 0 ist, so kann man durch a teilen und erhält:

$$\begin{pmatrix} 2 & 1 \\ 1 & 2 \end{pmatrix} \begin{pmatrix} \frac{dx}{a} \\ \frac{dy}{a} \end{pmatrix} = \begin{pmatrix} 1 \\ 1 \end{pmatrix} ; \; a \in \mathbb{R}$$

Genau wie oben ist die Systemdeterminante 3. Um die Lösungsvariable $\frac{dx}{a}$ auszurechnen, ersetzt man nun die erste Spalte der Systemmatrix durch den Vektor, der auf der rechten Seite steht, und berechnet von dieser modifizierten Matrix B die Determinante:

$$\det \begin{pmatrix} 1 & 1 \\ 1 & 2 \end{pmatrix} = 1 \cdot 2 - 1 \cdot 1 = 2 - 1 = 1$$

Dies bedeutet, dass die Lösungsvariable $\frac{dx}{a}$ in der folgenden Form gegeben ist:

$$\frac{dx}{a} = \frac{\det(B)}{\det(A)} = \frac{1}{3}$$

Anwendungsbeispiel

An dieser Stelle wollen wir zuerst eine Volkswirtschaft betrachten, die aus einem Geld- und einen Geldmarkt besteht. In diesem Fall können Gleichgewichte auf diesen beiden Märkten beschrieben werden als:

$$Y = cY(1 - \tau) + I(r) + G \quad \text{Gütermarkt}$$
$$M/P = m(Y, i) \qquad\qquad\qquad \text{Geldmarkt}$$

Im Folgenden seien G, M und τ exogene und Y, r und i endogene Größen. Weiterhin gehen wir davon aus, dass in unserer Volkswirtschaft keine Inflation vorherrscht, sodass $dr = di$ gilt. Auf Basis dieser Informationen stellen wir die Gleichungen zuerst um und bestimmen dann für beide Gleichungen das totale Differenzial.

$$Y - cY(1 - \tau) - I(r) - G = 0$$
$$M/P - m(Y, i) = 0$$

$$(1 - c(1 - \tau))dY - I_r dr = 1 dG - cY d\tau$$
$$-m_Y dY - m_i dr = 1/P dM$$

In Matrixschreibweise lautet dieses LGS:

$$\begin{pmatrix} s + c\tau & -I_r \\ -m_Y & -m_i \end{pmatrix} \begin{pmatrix} dY \\ dr \end{pmatrix} = \begin{pmatrix} 1 & 0 & -cY \\ 0 & \frac{1}{P} & 0 \end{pmatrix} \begin{pmatrix} dG \\ dM \\ d\tau \end{pmatrix}$$

Die Systemdeterminante, heißt die Determinante der Matrix auf der linken Seite, ergibt sich als $\det A = -m_i(s + c\tau) - I_r m_Y$. Da m negativ von i und I negativ von r abhängt sowie ferner m positiv von Y abhängt, folgt, dass die Systemdeterminante ein positives Vorzeichen aufweist.

Nun kann man zum Beispiel mithilfe der Cramerschen Regel den Multiplikator $\frac{dY}{dG}$ berechnen. Hierzu wird in der Systemmatrix die erste Spalte, da diese dY zugeordnet ist, durch die Spalte aus der rechten Matrix ersetzt, die dG zugeordnet ist. Von dieser modifizierten Matrix wird in einem ersten Schritt die Determinante berechnet.

$$\det \overline{A} \begin{pmatrix} 1 & -I_r \\ 0 & -m_i \end{pmatrix} = -m_i$$

Diese Determinante, geteilt durch die weiter oben bereits bestimmte Systemdeterminante, ergibt dann den gesuchten Multiplikator:

$$\frac{dY}{dG} = \frac{-m_i}{-m_i(s + c\tau) - I_r m_Y}$$

Da, wie oben bereits erwähnt wurde, m negativ von i abhängt, ist der entsprechende Multiplikator positiv. Dies entspricht auch den Ergebnissen einer herkömmlichen Untersuchung.

1.2 Grundlagen Volkswirtschaftslehre

1.2.1 Allgemeine Grundbegriffe

Zeitliche Einheiten

In der VWL unterscheidet man hauptsächlich zwischen drei zeitlichen Betrachtungsebenen, wobei diese in ihrem Umfang von denen abweichen, wie man sie in der BWL kennt.

Kurzfristig: bis zu einem Jahr
Mittelfristig: ein bis fünf Jahre
Langfristig: weit über fünf Jahre

Regionale Einheiten

In der VWL unterscheidet man zwischen unterschiedlichen geografischen Ebenen, auf denen entsprechende Analysen durchgeführt werden.

Kommunal: Stadtebene: z. B. Wuppertal
Regional: Kreis-/Bundesländerebene: z. B. Nordrhein-Westfalen
National: Länder-/Staatenebene: z. B. Deutschland
Supranational: Länderverbund (meist geografisch beschränkt): z. B. EU
International: globaler Länderverbund: z. B. UNO

Analyseansätze

Partialanalyse: Im Rahmen einer Partialanalyse wird nur der Einfluss einer einzelnen Variablen untersucht. Andere Variablen werden als konstant angesehen. Man spricht in diesem Zusammenhang auch von Ceteris-Paribus-Betrachtung, z. B. eine Untersuchung des Einflusses einer Geldmengenerhöhung auf das BIP.

Totalanalyse: Im Rahmen einer Totalanalyse wird der Einfluss aller beteiligten Variablen zusammen untersucht.

Dynamik

Statische Analyse: Es wird nur ein einzelner Zeitpunkt betrachtet, z. B. eine Untersuchung des deutschen Arbeitsmarktes in 2012.

Statisch-dynamische Analyse: Es werden zwei oder wenige Zeitpunkte miteinander verglichen, z. B. eine Untersuchung der Inflation in Deutschland vor und nach der Wiedervereinigung.

Dynamische Analyse: Es wird ein Anpassungsprozess untersucht, z. B. eine Untersuchung der Auswirkungen einer Steuererhöhung.

Betrachtungsrichtungen

Ex-ante Betrachtung: Untersuchung eines Sachverhalts im Vorhinein. Dies ist unter anderem der Fall bei Prognosen.

Ex-post Betrachtung: Untersuchung eines Sachverhalts im Nachhinein, z. B. eine Analyse der Ursachen der Weltwirtschaftskrise, nachdem diese zu Ende ist.

Modelle

Ein Modell ist ein zielorientiertes, vereinfachtes Abbild der Realität. Z. B. das IS-LM-Modell stellt eine kleine, geschlossene Volkswirtschaft dar, die nur aus Güter- und Geldmarkt besteht.

Die Natur von Einflussvariablen

Exogen: Die Variable wird außerhalb des Modells bestimmt und wird im Modell als Konstante betrachtet, z. B. $y = 2x + a$. (Hier ist a exogen.)

Endogen: Die Variable wird innerhalb des Modells bestimmt, z. B. $y = 2x + a$. (Hier ist y endogen.)

Die Natur von Analysen

Positiv: Reine Beschreibung eines Sachverhalts/Erklärung der Wirklichkeit durch Hypothesenbildung, z. B. eine Untersuchung des allgemeinen Lohnniveaus.

Normativ: Aus einer Beschreibung abgeleitete Forderungen/Wie soll die Wirklichkeit gestaltet werden, z. B. eine Erarbeitung von Politikoptionen zur Erhöhung des BIPs.

Unternehmensformen

Monopol: Ein Anbieter hat sehr viele Nachfrager.

Oligopol: Eine kleine Anzahl von Anbietern hat sehr viele Nachfrager.

Polypol: Eine sehr große Anzahl von Anbietern trifft auf sehr viele Nachfrager.

Angabe von Wertgrößen

Nominal: Bei nominalen Größen ist jede Größe mit Preisen des entsprechenden Jahres bewertet. Veränderungen des Preisniveaus kommen hier voll zum Tragen.

Real: Bei realen Größen ist jede Größe mit dem Preis eines festgesetzten Jahres bewertet. Veränderungen des Preisniveaus kommen hier nicht zum Tragen. Reale Größen können auch gedeutet werden als nominale Größen geteilt durch das jeweilige Preisniveau.

Fachbegriffe

Volkswirtschaft: Gesamtheit aller in einem Wirtschaftsraum verbundenen und gegenseitig abhängigen Akteure. Ein Wirtschaftsraum ist ein geografisch begrenzter oder virtueller Raum. Akteure sind z. B. Haushalte, Unternehmen oder der Staat.

Bedarf: Ein Bedarf ist der Wunsch nach Mitteln, ein Bedürfnis zu befriedigen. Z. B. besteht ein Bedarf nach Nahrungsmitteln, um das Bedürfnis, etwas zu essen, zu befriedigen.

Bedürfnis: Empfindet man einen Mangel und will Abhilfe schaffen, so nennt man dies ein Bedürfnis. Z. B. impliziert ein Hungergefühl das Bedürfnis, etwas zu essen.

Knappheit: Von allen Gütern gibt es auf dieser Welt nur eine beschränkte Menge, sodass die Nachfrage nach einigen Gütern größer ist als ihr Angebot.

Externe Effekte: Externe Effekte beschreiben Auswirkungen auf (meist unbeteiligte) Dritte, für die keine Gegenleistung (positiv wie negativ) erfolgt, z. B. Abgase beim Autofahren.

Öffentliche Güter: Dies sind Güter, bei denen keine Rivalität im Konsum vorliegt und von denen keiner ausgeschlossen werden kann, z. B. Leuchttürme

Moral Hazard: beschreibt eine Verhaltensänderung nach dem Wegfall eines scheinbaren Risikos.

Adverse Selektion: beschreibt ein Verhalten, das aufgrund einer Ungleichverteilung von Wissen entsteht.

Arbeitsteilung: Nicht jeder Mensch kann alles (zeitlich und wissenstechnisch), daher kommt es zu einer Aufteilung der Arbeit auf verschiedene Arbeiter.

Wohlstand: Wohlstand besitzt neben dem Einkommen noch weitere Dimensionen:12.0pt

- allgemeines Bildungssystem,
- funktionsfähiges Bankensystem,
- klare Wettbewerbsgesetzgebung,
- wachstumsförderliche Ausgabenprioritäten des Staates,
- investorenfreundliche Steuergesetze,
- sich verbessernde Infrastruktur,
- stabilitätsorientierte Haushalts- und Geldpolitik,
- Abwesenheit von Bürgerkrieg und regionalen Militärkonflikten,
- funktionsfähiges Gesundheitssystem.

Homo oeconomicus: Der Homo oeconomicus ist das Ideal eines Menschen in der VWL. Er zeichnet sich durch die folgenden Eigenschaften aus:

- rational handelnd,
- maximiert eigenen Nutzen,
- besitzt feststehende Präferenzen,
- besitzt (vollständige) Informationen,
- reagiert auf Restriktionen.

Pareto-optimal: Eine Lösung heißt Pareto-optimal, wenn man einen Zielwert i nicht weiter erhöhen kann, ohne einen anderen Zielwert j zu verringern.

Indifferenzkurve: Alle Punkte auf einer Indifferenzkurve weisen das gleiche Nutzenniveau auf. Je weiter rechts die Indifferenzkurve liegt, umso höher ist das Nutzenniveau.

Grenzprodukt: um wie viele Einheiten sich der Output erhöht, wenn man die Inputfaktoren erhöht. Totales Differenzial der Produktionsfunktion.

Grenzproduktivität: um wie viele Einheiten sich der Output erhöht, wenn man einen Inputfaktor um eine Einheit erhöht. Ableitung der Produktionsfunktion nach der entsprechenden Variablen.

Ökonomisches Prinzip: Das ökonomische Prinzip besteht aus zwei Teilprinzipien:

Minimumsprinzip: ein gegebenes Ziel mit möglichst geringem Einsatz erreichen, z. B. ein Brot für möglichst wenig Geld kaufen.

Maximumsprinzip: mit gegebenem Einsatz ein möglichst gutes Ergebnis erzielen, z. B. mit einer gegebenen Geldmenge möglichst viele Brote kaufen.

Effizienz: Ein Vorgang heißt effizient, wenn er unter Einhaltung des ökonomischen Prinzips realisiert wurde.

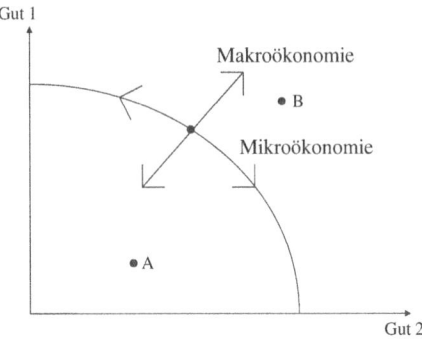

Abb. 1.1 Transformationskurve

Allokation: Einsatzverhältnis der Inputfaktoren im Produktionsprozess.
Distribution: Verteilung des Outputs aus dem Produktionsprozess.
Elastizität: Die Elastizität beschreibt, um wie viel Prozent sich der Output verändert, wenn
der Input um ein Prozent erhöht wird.
$$\varepsilon_{f,x} = \frac{x}{f(x)} \frac{df}{dx}$$

1.2.2 Teilbereiche der VWL und Makroökonomie

Die Volkswirtschaftslehre lässt sich einteilen in die Bereiche der Mikro- und der Makroökonomie als auch der Wirtschaftspolitik, welche versucht durch Ergebnisse der ersten
beiden Bereiche Erkenntnisse und Handlungsempfehlungen für die Praxis bzw. die Politik
herzuleiten.

Eine Möglichkeit, die Mikro- (Betrachtung eines repräsentativen Haushalts oder Unternehmens) von der Makroökonomie (Aggregation über alle Haushalte und alle Unternehmen) abzugrenzen, erfolgt über die Transformationskurve.

Transformationskurve
Die Transformationskurve (wie in Abb. 1.1 dargestellt) beschreibt den Ort aller möglichen
Outputkombinationen einer Volkswirtschaft.

Punkt A: nicht vollständige Auslastung (Auslastungsgrad $< 100\,\%$)
Punkt B: nicht realisierbar, da nicht genügend Ressourcen vorhanden

Produktionspotenzial: beschreibt den maximal möglichen Output einer Volkswirtschaft
oder in anderen Worten das Niveau der Transformationskurve.
Opportunitätskosten: Bei einer Verschiebung auf der Transformationskurve müssen zur
Mehrproduktion des ersten Gutes Einheiten des zweiten Gutes eingespart werden.
Diese einzusparende Menge bezeichnet man als Opportunitätskosten.

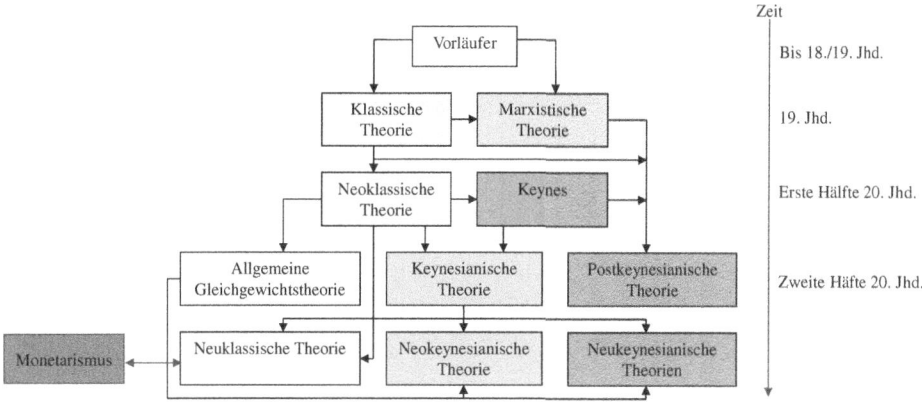

Abb. 1.2 Bereiche der Makroökonomie (Quelle: [2])

Die Mikroökonomie untersucht die verschiedenen Kombinationen, die auf der Transformationskurve liegen, während die Makroökonomie sich mit Fragen beschäftigt, wie sich die Kurve nach außen verschiebt oder wann sie sich nach innen zurückzieht.

Theorem von Say

Die verschiedenen Sichtweisen innerhalb der VWL, insbesondere innerhalb der Makroökonomie, lassen sich mittels des Theorems von Say grob in zwei Gruppen einteilen. Solche Ansätze, die die Gültigkeit des Theorems annehmen, gelten als angebotsorientiert, während solche Ansätze, die das Theorem ablehnen, als nachfrageorientiert gelten.

Das Theorem lautet:

Jedes Angebot schafft sich seine Nachfrage.

Eine Übersicht über die wichtigsten Theorieansätze bietet die folgende Abb. 1.2, welche aus [2] entnommen und um den *Monetarismus* (hier in sehr dunklem Grau) ergänzt wurde. Dunkelgrau sind hierbei die nachfrageorientierten Theorieansätze und hellgrau die angebotsorientierten, dazwischen liegen Mischformen der beiden Denkrichtungen.

Magisches Viereck

Die Grundfragen bzw. Ziele der Makroökonomik ergeben sich aus den Eckzielen des sogenannten magischen Vierecks.

- Stabilität des Preisniveaus
- Hoher Beschäftigungsgrad
- Außenwirtschaftliches Gleichgewicht
- Stetiges und angemessenes Wirtschaftswachstum

Es besteht ein Zielkonflikt zwischen dem Ziel des hohen Beschäftigungsgrads und der Stabilität des Preisniveaus. Hierauf wird im Kontext der Phillipskurve genauer eingegangen. Andererseits laufen die Ziele des hohen Beschäftigungsgrads und des stetigen und angemessenen Wirtschaftswachstums in die gleiche Richtung. Langfristig lässt sich zusätzlich

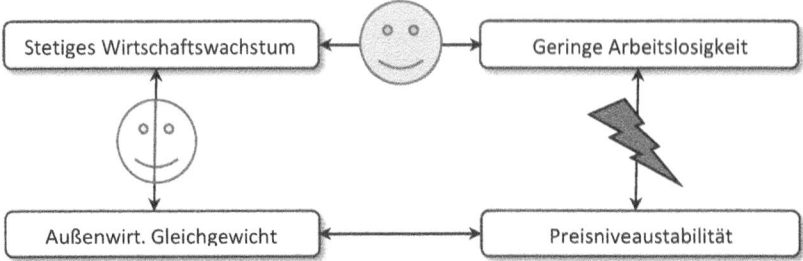

Abb. 1.3 Magisches Viereck der Makroökonomik

noch argumentieren, dass ein nachhaltiges Wirtschaftswachstum nur ein außenwirtschaftliches Gleichgewicht erreicht werden kann. Das folgende Schaubild 1.3 illustriert diese Zusammenhänge: Das Viereck wird als *magisch* bezeichnet, da zur Erreichung aller vier Ziele gleichzeitig Magie notwendig wäre, da zumindest ein kurzfristiger Zielkonflikt zwischen zwei Zielen vorliegt.

Makromärkte und das Gesetz von Walras

Zur Analyse der Ziele des magischen Vierecks betrachtet man in der Makroökonomie insbesondere die folgenden idealtypischen Makromärkte:

- Gütermarkt
- Arbeitsmarkt
- Geldmarkt
- Devisenmarkt
- (Bondsmarkt/Aktienmarkt/Kapitalmarkt)

In Bezug auf die Analyse der Makromärkte gilt das sogenannte Gesetz von Walras:

Befinden sich von n Märkten bereits $n-1$ Märkte im Gleichgewicht, so befindet sich auch der n-te Markt im Gleichgewicht.

Handel – Absolute und komparative Kostenvorteile

Während man bei dem Begriff Handel zumeist an ökonomische Beziehungen zwischen zwei oder mehreren Volkswirtschafen denkt, können die gleichen Konzepte auch auf der Ebene der Einzelpersonen angewendet werden und dazu beitragen ökonomische Austauschprozesse, wie sie auf jedem Markt auftreten, zu erklären. Entsprechend ist es durchaus hilfreich an dieser Stelle die Konzepte absoluter und komparativer Kostenvorteile als Motivatoren für Handelsbeziehungen anzusprechen.

Absolute Kostenvorteile

Die Idee absoluter Kostenvorteile geht ins 18. Jahrhundert und insbesondere auf Adam Smith zurück, der argumentierte, dass sich beide Partner einer Handelsbeziehung besserstellen können, wenn Sie sich auf diejenigen Güter konzentrieren, die sie absolut betrachtet günstiger produzieren können bzw. von denen innerhalb einer vorgegebenen Zeitspanne am meisten produziert werden kann.

Beispiel

Gehen wir von dem einfachsten Beispiel mit zwei Ländern und zwei Gütern aus und betrachten die folgende Kostentabelle.

Land / Gut	Wein	Tuch
England	10	4
Portugal	2	8

In diesem Beispiel hat England einen absoluten Vorteil bei der Produktion von Tuch und Portugal bei der Produktion von Wein. Entsprechend wird es zu Handel kommen und England wird sich auf die Produktion von Tuch spezialisieren und sein Tuch gegen portugiesischen Wein handeln. Hierbei ist direkt ersichtlich, dass Handel zum Vorteil beider Länder ausfällt.

Komparative Kostenvorteile

Aufgrund unterschiedlicher verfügbarer Technologien, Löhnen usw. kann es dazu kommen, dass ein Land beide Güter kostengünstiger produzieren kann. In dieser Situation, die die Realität sehr gut abbildet, würde es gemäß Adam Smith zu keinen Handelsbeziehungen kommen. Diese Problematik greift David Ricardo auf und führt die Idee komparativer Kostenvorteile ein. In diesem Fall werden anstelle der gegebenen Preise die Opportunitätskosten eines jeden Landes in Bezug auf die Produktion der beiden Güter betrachtet. Eine Spezialisierung erfolgt dann dahingehend, dass sich dasjenige Land auf die Produktion eines Gutes spezialisiert, welches es zu den geringsten Opportunitätskosten produzieren kann. Dies bedeutet, dass sich jedes Land auf das Gut spezialisiert, das es verhältnismäßig günstiger produzieren kann. Beispiel:

Land / Gut	Wein	Tuch
England	10	5
Portugal	2	4

Diese Kostentabelle motiviert die folgenden Opportunitätskosten:

Land / Gut	Wein	Tuch
England	2	0,5
Portugal	0,5	2

Entsprechend weist in Bezug auf Wein Portugal die geringsten Opportunitätskosten auf und in Bezug auf Tuch weist England die geringsten Opportunitätskosten auf. Somit wird weiterhin England Tuch und Portugal Wein produzieren. Der Wechselkurs, der sich einstellen wird, wird derjenige sein, der dazu führt, dass für eine beliebige Güterkombination beide Parteien einen monetären Vorteil aus der Handelsbeziehung ziehen.

1.3 Aufgaben

1.3.1 Mathematische Grundlagen

Aufgabe A 1.1 (**6 Punkte**) (Zur Lösung L 1.1)
Lösen Sie die folgenden Gleichungen nach der Variablen Y auf.

(a) (2 Punkte) $Y = (1 - s)Y + C_0 - ar + I_0 + gY$
(b) (2 Punkte) $5Y - 2 = 2Y + 1$
(c) (2 Punkte) $Y(2 - r) + 1 = rY + 2 - G$

Aufgabe A 1.2 (**6 Punkte**) (Zur Lösung L 1.2)
Berechnen Sie für die folgenden Daten den Pro-Kopf-Wert und den prozentualen Anteil am BIP.

Größe	Wert
BIP	100.000.000
Bevölkerung	20.000
Staatsausgaben	4.000.000
Abschreibungen	2.000.000
Konsumausgaben	5.000.000
Steuern	3.500.000
Exporte	6.000.000

Aufgabe A 1.3 (**10 Punkte**) (Zur Lösung L 1.3)
Berechnen Sie ausgehend von den folgenden Daten die jeweiligen Wachstumsraten.

Größe:	2011	2012
BIP	5 Mrd.	6 Mrd.
Preisniveau	110	90
Steuern	3000	3200
Forschungsausgaben	2 Mrd.	2,5 Mrd.
Exporte	6 Mrd.	8 Mrd.

Aufgabe A 1.4 (**6 Punkte**) (Zur Lösung L 1.4)
Leiten Sie die folgenden Funktionen nach der Variablen x ab.

(1) (2 Punkte) $f(x) = 5\ln(x) - x^2$
(2) (2 Punkte) $f(x) = \exp(-rx)$
(3) (2 Punkte) $f(x) = x^3 - x^2 + 5x$

Aufgabe A 1.5 (**6 Punkte**) (Zur Lösung L 1.5)
Bestimmen Sie das totale Differenzial der folgenden Gleichungen.

(a) (2 Punkte) $x^2 - y^3 = 0$

(b) (2 Punkte) $\ln(x) + y^{0,5} = 2$

(c) (2 Punkte) $ay^3 + \exp(4x^2) = 1$

Aufgabe A 1.6 (2 Punkte) (Zur Lösung L 1.6)
Schreiben Sie die Cobb-Douglas-Produktionsfunktion in log-linearer Form.

Aufgabe A 1.7 (5 Punkte) (Zur Lösung L 1.7)

(a) (3 Punkte) Berechnen Sie für die Cobb-Douglas-Produktionsfunktion die Grenzprodukte der Arbeit und des Kapitals.

(b) (2 Punkte) Erklären Sie das Konzept des Grenzprodukts.

Aufgabe A 1.8 (4 Punkte) (Zur Lösung L 1.8)
Lösen Sie die Cobb-Douglas-Produktionsfunktion nach dem Parameter β auf.

Aufgabe A 1.9 (4 Punkte) (Zur Lösung L 1.9)
Nutzen Sie die folgenden Werte und Gleichungen, um eine Gleichung für $Y(r)$ herzuleiten:
$I(r) = 80 - 5r$; $G = 40$; $C_0 = 20$; $s = 0,5$; $T = 0$; $S = s(Y - T) - C_0$ und $S + T = I(r) + G$.

Aufgabe A 1.10 (3 Punkte) (Zur Lösung L 1.10)
In Deutschland liegt die Inflationsrate bei etwa 2 %. Wie viele Jahre dauert es, bis ein Euro nur noch 50 Cent wert ist (sich die Kaufkraft halbiert hat)?

Aufgabe A 1.11 (6 Punkte) (Zur Lösung L 1.11)
Bestimmen Sie die Ableitungen der folgenden drei Funktionen:

(a) (2 Punkte) $Y(t) = \exp(0,2t) + 2\sin(3t)$

(b) (2 Punkte) $r(t) = \begin{cases} 4 & t \leq 0 \\ 2t + 4 & 0 < t \leq 3 \\ 10 & t > 3 \end{cases}$

(c) (2 Punkte) $Y(t) = 2\exp(3\sin(t) + 2t)$

Aufgabe A 1.12 (3 Punkte) (Zur Lösung L 1.12)
Für die Wirtschaft in Makroatien ist bekannt, dass das BIP mit einer Rate von $g_Y = 0,04$, die Beschäftigung mit einer Rate von $g_L = 0,03$ und der Kapitalstock mit einer Rate von $g_K = 0,015$ wächst. Nach wie vielen Jahren haben sich die drei Werte jeweils verdoppelt?

1.3.2 Grundlagen

Quick Check – Wahr oder falsch?

Aufgabe A 1.13 (13 Punkte) (Zur Lösung L 1.13)

(a) 0 % Arbeitslosigkeit zu erreichen, ist ein Ziel des Magischen Vierecks.

(b) Eine gleichzeitige Realisierung von Minimum- und Maximumprinzip ist nicht möglich.

(c) Die Cobb-Douglas-Produktionsfunktion weist sinkende Grenzerträge auf.

(d) Das Theorem von Say stellt die Nachfrage in den Vordergrund.

(e) Y beschreibt das nominale BIP.

(f) Es können mindestens drei der Ziele des Magischen Vierecks gleichzeitig erfüllt werden.

(g) Das Gesetz von Walras benötigt mindestens zwei Märkte.

(h) Ex-post Analysen sind rückwärtsblickend.

(i) Im Rahmen einer statischen Analyse sind Modelle zwingend notwendig.

(j) Eine Analyse der Handelsbeziehungen innerhalb der EU findet meist auf einer supranationalen Ebene statt.

(k) Im Zwei-Länder-Fall kann ein Land auch mehr als einen komparativen Vorteil aufweisen.

(l) Im Zwei-Länder-Fall kann ein Land auch mehr als einen absoluten Vorteil aufweisen.

(m) Theoretisch ist es auch möglich, dass durch Handel beide Parteien schlechter gestellt werden.

Multiple Choice

Aufgabe A 1.14 (14 Punkte) (Zur Lösung L 1.14)

(a) (2 Punkte) Die EU ist ein ... Länderbund.

    (I)   kommunaler

    (II)   regionaler

    (III) nationaler

    (IV) supranationaler

(b) (2 Punkte) Eine Prognose der Zukunft ist immer ...

    (I)   ex-ante

    (II)   ex-anterior

    (III) ex-post

    (IV) ex-superior

(c) (2 Punkte) Welches ist kein Ziel des Magischen Vierecks?

    (I)   Preisniveaustabilität

    (II)   Hohe Löhne

    (III) Stetiges Wachstum

    (IV) Außenwirtschaftliches Gleichgewicht

(d) (2 Punkte) Der Homo Ökonomicus ...

    (I)   ... hat feststehende Präferenzen.

    (II) ... handelt rational.

    (III) ... verfügt über vollkommene Informationen.

    (IV) ... agiert immer in Wettbewerbsmärkten.

(e) (2 Punkte) Welcher Bereich ist kein Bestandteil der Kopenhagener Kriterien?

  (I)   Minderheitenschutz
  (II) Funktionierende Marktwirtschaft
  (III) Übernahme des Acquis Communautaire
  (IV) Geringe Inflation

(f) (2 Punkte) Welche Aussage trifft in Bezug auf das Ökonomische Prinzip nicht zu?

  (I)   Es kann als Minimumsprinzip realisiert werden.
  (II) Es kann als Maximumsprinzip realisiert werden.
  (III) Es kann als Maxi-Min-Prinzip realisiert werden.
  (IV) Es erzeugt ein effizientes Ergebnis.

(g) (2 Punkte) Nach dem Gesetz von Walras benötigt man mindestens ein Gleichgewicht auf ... Märkten, um ein gesamtwirtschaftliches Gleichgewicht aller n Märkte zu erreichen.

  (I) n
  (II) $n - 1$
  (III) $n + 1$
  (IV) 2

Verständnisfragen

Aufgabe A 1.15 (5 Punkte) (Zur Lösung L 1.15)
Geben Sie aus der eigenen Erfahrung jeweils ein Beispiel für positive als auch negative externe Effekte und diskutieren Sie, wie diese Effekte internalisiert werden könnten.

Aufgabe A 1.16 (2 Punkte) (Zur Lösung L 1.16)
Wann muss ein Land die Kopenhagener Kriterien erfüllen, wann die Maastrichter Konvergenzkriterien?

Aufgabe A 1.17 (2 Punkte) (Zur Lösung L 1.17)
Untersucht man den russischen Markt für Aluminium, handelt es sich dann um eine mikroökonomische oder um eine makroökonomische Betrachtungsweise?

Aufgabe A 1.18 (7 Punkte) (Zur Lösung L 1.18)
(a) (4 Punkte) Eine Untersuchung aus dem Jahre 2008 über den Einfluss von Sonnenflecken auf die Preise für Föhrer (deutsche Nordseeinsel) Muscheln in dem Zeitraum 1970–2007, deren Ziel eine Erklärung des grundlegenden Zusammenhangs ist, lässt sich mit welchen volkswirtschaftlichen Fachbegriffen beschreiben?
(b) (3 Punkte) Geben Sie ein Beispiel für eine Untersuchung, die positiv, statisch ist und ex-ante durchgeführt wird.

Aufgabe A 1.19 (2 Punkte) (Zur Lösung L 1.19)
Geben Sie ein Beispiel für einen Bedarf und ein Bedürfnis.

Aufgabe A 1.20 (**2 Punkte**) (Zur Lösung L 1.20)
Gerd verkauft zwei Arten von Äpfeln. Die Sorte I kostet 1,99 € das Kilo, die Sorte II kostet 2,49 €. Nach außen hin scheinen beide Apfelsorten identisch zu sein. Warum gibt es abgesehen von Werbemaßnahmen Kunden, die Äpfel der Sorte II kaufen werden? (Argumentieren Sie mit Begriffen der VWL!)

Aufgabe A 1.21 (**2 Punkte**) (Zur Lösung L 1.21)
Welchen Unterschied gibt es zwischen realen und nominalen Größen? (Maximal drei Sätze.)

Aufgabe A 1.22 (**1 Punkt**) (Zur Lösung L 1.22)
Geben Sie ein Beispiel für ein Gut, das gemäß einer Leontief-Produktionsfunktion hergestellt wird.

Aufgabe A 1.23 (**6 Punkte**) (Zur Lösung L 1.23)
 (a) (4 Punkte) Ist die Cobb-Douglas-Produktionsfunktion ($Y = K^\beta L^{1-\beta}$) linear homogen?
 (b) (2 Punkte) Weist sie steigende Grenzerträge der Arbeit auf?

Aufgabe A 1.24 (**5 Punkte**) (Zur Lösung L 1.24)
 (a) (2 Punkte)

Formulierung 1	Wie lauten die Eckziele des sogenannten *Magischen Vierecks*?
Formulierung 2	Welche vier makroökonomischen Ziele bilden das Magische Viereck und in welcher Relation stehen diese zueinander?
Formulierung 3	Nennen Sie die vier makroökonomischen Ziele, die das Magische Viereck bilden.

 (b) Formulierung 1 (3 Punkte) Diskutieren Sie, ob bzw. wann zwischen den Zielen *Preisniveaustabilität* und *angemessenes Wirtschaftswachstum* ein Konflikt vorliegt.
    Formulierung 2 (2 Punkte) Zwischen welchen beiden Zielen gibt es einen Zielkonflikt (betrachten Sie den wichtigsten Zielkonflikt)?

Aufgabe A 1.25 (**2 Punkte**) (Zur Lösung L 1.25)
Womit beschäftigt sich die VWL?

Aufgabe A 1.26 (**4 Punkte**) (Zur Lösung L 1.26)
Formulierung 1 Wie kann man eine moderne Volkswirtschaft charakterisieren?
Formulierung 2 Charakterisieren Sie den Begriff einer Volkswirtschaft.

Aufgabe A 1.27 (**6 Punkte**) (Zur Lösung L 1.27)
 (a) (2 Punkte) Was versteht man unter Makroökonomik?
 (b) (4 Punkte) Grenzen Sie die Makroökonomik von der Mikroökonomik ab.

Aufgabe A 1.28 (**4 Punkte**) (Zur Lösung L 1.28)
Formulierung 1 (4 Punkte) Wie lautet das ökonomische Prinzip?
Formulierung 2 (4 Punkte) Was besagt das ökonomische Prinzip?
Formulierung 3 (2 Punkte) Was besagt das Minimumprinzip?

Aufgabe A 1.29 (**5 Punkte**) (Zur Lösung L 1.29)
Was sind die zehn volkswirtschaftlichen Regeln nach Mankiw & Taylor?

Aufgabe A 1.30 (**5 Punkte**) (Zur Lösung L 1.30)
Was versteht man unter dem Begriff Markt? Wie entstehen Märkte?

Aufgabe A 1.31 (**5 Punkte**) (Zur Lösung L 1.31)
Wie entstehen Preise? Zeigen Sie den Prozess rechnerisch und grafisch.

Aufgabe A 1.32 (**3 Punkte**) (Zur Lösung L 1.32)
Was bedeutet unsichtbare Hand?

Aufgabe A 1.33 (**4 Punkte**) (Zur Lösung L 1.33)
Was bedeutet Grenzprodukt und Grenznutzen?

Aufgabe A 1.34 (**2 Punkte**) (Zur Lösung L 1.34)
Was besagt das Gesetz von Walras?

Aufgabe A 1.35 (**2 Punkte**) (Zur Lösung L 1.35)
Welchen Unterschied gibt es zwischen realen und nominalen Größen?

Aufgabe A 1.36 (**10 Punkte**) (Zur Lösung L 1.36)
(a) (5 Punkte) Welche Probleme können bei der Benutzung des BIPs als Wohlfahrtsindi-
kator auftreten?
(b) (5 Punkte) Welche Indikatoren wären besser zur Messung von Wohlfahrt geeignet?

Aufgabe A 1.37 (**5 Punkte**) (Zur Lösung L 1.37)
Was sind Modelle? Warum braucht man diese in der volkswirtschaftlichen Analyse?

Aufgabe A 1.38 (**5 Punkte**) (Zur Lösung L 1.38)
Formulierung 1 Was bedeutet ceteris paribus? Wie verwendet man es und warum ist es
sinnvoll?
Formulierung 2 Was versteht man unter ceteris paribus?

Aufgabe A 1.39 (**5 Punkte**) (Zur Lösung L 1.39)
Was unterscheidet eine Partialanalyse von einer Totalanalyse? Was ist bei der Modellierung zu beachten?

Aufgabe A 1.40 (**2 Punkte**) (Zur Lösung L 1.40)
Erklären Sie den Unterschied zwischen endogenen und exogenen Variablen.

Aufgabe A 1.41 (**4 Punkte**) (Zur Lösung L 1.41)
Was ist der Unterschied zwischen einer normativen und einer positiven Aussage? Geben
Sie Beispiele an.

Aufgabe A 1.42 (**3 Punkte**) (Zur Lösung L 1.42)
Würden Sie sich als Regierungschef eher für die positiven oder die normativen Ansichten
Ihrer Wirtschaftsberater interessieren?

Aufgabe A 1.43 (**3 Punkte**) (Zur Lösung L 1.43)
Sie stehen vor der Entscheidung, arbeiten und Geld verdienen zu können oder im Hörsaal
zu sitzen.
    Was sind die Opportunitätskosten des Hörsaalbesuchs?

Aufgabe A 1.44 (**4 Punkte**) (Zur Lösung L 1.44)
Erklären Sie die Begriffe Nutzen und Grenznutzen.

Aufgabe A 1.45 (**5 Punkte**) (Zur Lösung L 1.45)
 (a) (2 Punkte) Was sind Präferenzen?
 (b) (3 Punkte) Was haben Präferenzen mit Nutzen zu tun?

Aufgabe A 1.46 (**3 Punkte**) (Zur Lösung L 1.46)
Erläutern Sie, wann der Grenznutzen eines Glases Wasser groß und wann er klein ist.

Aufgabe A 1.47 (**2 Punkte**) (Zur Lösung L 1.47)
Was ist mit Kausalität oder einem kausalen Zusammenhang gemeint?

Aufgabe A 1.48 (**3 Punkte**) (Zur Lösung L 1.48)
Beantworten Sie alleine aufgrund der anzunehmenden Opportunitätskosten die Frage, ob
Dirk Nowitzki sich selbst um seinen Haushalt kümmern sollte.

Aufgabe A 1.49 (**14 Punkte**) (Zur Lösung L 1.49)
 (a) (3 Punkte) Was ist eine Produktionsfunktion, was wird durch eine Produktionsfunk-
     tion ausgedrückt?
 (b) (2 Punkte) Erklären Sie den Begriff des Grenzproduktes.
 (c) (3 Punkte) Zeichnen Sie jeweils eine Produktionsfunktion mit steigendem, konstan-
     tem und fallendem Grenzprodukt.
 (d) (3 Punkte) Was charakterisiert eine neoklassische Produktionsfunktion?
 (e) (3 Punkte)

     Formulierung 1 Welche Auswirkungen hat technischer Fortschritt auf die Produk-
                    tionsfunktion?
     Formulierung 2 Welche Formen des technischen Fortschritts unterscheidet man?

Aufgabe A 1.50 (**4 Punkte**) (Zur Lösung L 1.50)
Wie wirkt sich technischer Fortschritt auf die Produktionsfunktion, wie auf die Produkti-
onsmöglichkeitskurve aus?

Aufgabe A 1.51 (**3 Punkte**) (Zur Lösung L 1.51)
Wie könnte man technischen Fortschritt in der Cobb-Douglas-Produktionsfunktion berücksichtigen?

Aufgabe A 1.52 (**3 Punkte**) (Zur Lösung L 1.52)
Ist jede konkave Produktionsfunktion eine neoklassische Produktionsfunktion? Erläutern Sie Ihre Antwort.

Aufgabe A 1.53 (**3 Punkte**) (Zur Lösung L 1.53)
Wie lauten die Kopenhagener Kriterien?

Aufgabe A 1.54 (**5 Punkte**) (Zur Lösung L 1.54)
Wie lauten die sogenannten Maastrichter Konvergenzkriterien?

Aufgabe A 1.55 (**5 Punkte**) (Zur Lösung L 1.55)
Grenzen Sie die Makro- von der Mikroökonomie ab und zeigen Sie, wie sie in der Mikroökonomie fundiert ist.

Aufgabe A 1.56 (**5 Punkte**) (Zur Lösung L 1.56)
Stellen Sie die unterschiedlichen Betrachtungsweisen einer volkswirtschaftlichen Analyse dar.

Aufgabe A 1.57 (**5 Punkte**) (Zur Lösung L 1.57)
Geben Sie für jeden Fall an, um welche Form der Untersuchung es sich handelt (statisch, komparativ-statisch oder dynamisch):

(a) (1 Punkt) Entwicklung hin zu einer gemeinsamen EU-Unternehmensstruktur.
(b) (1 Punkt) Naurus Wirtschaft im letzten Jahr.
(c) (1 Punkt) Die deutsche Wirtschaft vor und nach dem Mauerfall.
(d) (1 Punkt) Frankreichs Außenhandel während der französischen Revolution.
(e) (1 Punkt) Die Auswirkungen der Asienkrise.

Aufgabe A 1.58 (**4 Punkte**) (Zur Lösung L 1.58)
Geben Sie für jeden Fall an, um welche Form der Betrachtung es sich handelt (ex-post oder ex-ante):

(a) (1 Punkt) Eine Untersuchung der möglichen Folgen einer Steuererhöhung.
(b) (1 Punkt) Eine Bestandsaufnahme der Folgen der Bankenkrise.
(c) (1 Punkt) Die Wirtschaftsentwicklung Russlands in der Transformationsphase.
(d) (1 Punkt) Die Bevölkerungsentwicklung bis zum Jahr 2050.

Aufgabe A 1.59 (**4 Punkte**) (Zur Lösung L 1.59)
Geben Sie für jeden Fall an, ob es sich um eine positive oder normative Aussage handelt:

(a) (1 Punkt) Die Bildungsausgaben sollen in den nächsten drei Jahren um 7 % gesteigert werden.

(b) (1 Punkt) Das Wirtschaftswachstum Deutschlands war in den letzten fünf Jahren eher verhalten.

(c) (1 Punkt) Um ein stetiges Wirtschaftswachstum zu gewährleisten, sind Innovationen vom Staat zu fördern.

(d) (1 Punkt) Die 1. Ölkrise brachte eine generelle Erhöhung des Ölpreises mit sich.

Aufgabe A 1.60 (**4 Punkte**) (Zur Lösung L 1.60)
Grenzen Sie Bedarfe von Bedürfnissen ab.

Aufgabe A 1.61 (**5 Punkte**) (Zur Lösung L 1.61)
Bestimmen Sie, ob es sich um einen Bedarf oder um ein Bedürfnis handelt.

(a) (1 Punkt) Ein leckeres Steak.

(b) (1 Punkt) Einsamkeit.

(c) (1 Punkt) Kaffee.

(d) (1 Punkt) Liebe.

(e) (1 Punkt) Eine gute Makro-Note.

Aufgabe A 1.62 (**5 Punkte**) (Zur Lösung L 1.62)
Erläutern Sie das Knappheitsproblem und die sich ergebenden Handlungszwänge.

Aufgabe A 1.63 (**7 Punkte**) (Zur Lösung L 1.63)
(a) (4 Punkte) Was versteht man unter Arbeitsteilung?

(b) (3 Punkte) Welche Auswirkungen hat diese?

Aufgabe A 1.64 (**5 Punkte**) (Zur Lösung L 1.64)
Nennen Sie allgemeine Voraussetzungen für Wohlstand.

Aufgabe A 1.65 (**5 Punkte**) (Zur Lösung L 1.65)
Erläutern Sie das Weltbild des Ökonomen anhand des Modells des Homo oeconomicus.

Aufgabe A 1.66 (**5 Punkte**) (Zur Lösung L 1.66)
Charakterisieren Sie den Begriff der Pareto-Optimalität im Kontext des ökonomischen Prinzips.

Aufgabe A 1.67 (**2 Punkte**) (Zur Lösung L 1.67)
Definieren Sie den Begriff der Effizienz.

Aufgabe A 1.68 (**5 Punkte**) (Zur Lösung L 1.68)
Formulierung 1 Was versteht man unter externen Effekten? Welche Möglichkeiten hat der Staat, gegen diese vorzugehen?

Formulierung 2 Was sind externe Effekte? Nennen Sie zwei Möglichkeiten, gegen negative externe Effekte vorzugehen.

Aufgabe A 1.69 (5 Punkte) (Zur Lösung L 1.69)
Beschreiben Sie die Konzepte der adversen Selektion und des Moral Hazards anhand von passenden Beispielen.

Aufgabe A 1.70 (3 Punkte) (Zur Lösung L 1.70)
Skizzieren Sie den typischen Produktionsprozess.

Aufgabe A 1.71 (4 Punkte) (Zur Lösung L 1.71)
Worin unterscheiden sich eine Allokation und eine Distribution?

Aufgabe A 1.72 (6 Punkte) (Zur Lösung L 1.72)
Beschreiben Sie die klassische, die Leontief- und die Cobb-Douglas-Produktionsfunktion.

Aufgabe A 1.73 (6 Punkte) (Zur Lösung L 1.73)
(a) (2 Punkte) Was versteht man unter Grenznutzen?
(b) (2 Punkte) Was ist und wie bestimmt man das Grenzprodukt?
(c) (2 Punkte) Geben Sie je ein Beispiel an.

Aufgabe A 1.74 (2 Punkte) (Zur Lösung L 1.74)
Wie lautet das Saysche Theorem?

Aufgabe A 1.75 (5 Punkte) (Zur Lösung L 1.75)
Was ist eine Innovation und wie lassen sich Innovationen unterteilen?

Aufgabe A 1.76 (2 Punkte) (Zur Lösung L 1.76)
Formulierung 1 Wie lautet eine Cobb-Douglas-Produktionsfunktion? (Mit den Inputfaktoren: Arbeit, Kapital und technischer Fortschritt.)
Formulierung 2 Geben Sie die Gleichung einer Standard-Cobb-Douglas-Produktionsfunktion an.
Formulierung 3 Wie lautet eine Cobb-Douglas-Produktionsfunktion mit den Faktoren Arbeit und Kapital?

Aufgabe A 1.77 (2 Punkte) (Zur Lösung L 1.77)
Was versteht man unter dem Grenzprodukt des Kapitals (bei einer Cobb-Douglas-Produktionsfunktion)?

Aufgabe A 1.78 (4 Punkte) (Zur Lösung L 1.78)
(a) (2 Punkte) Was sind Opportunitätskosten?
(b) (2 Punkte) Geben Sie ein Beispiel dafür an.

Aufgabe A 1.79 (2 Punkte) (Zur Lösung L 1.79)
Was versteht man unter dem Prohibitivpreis?

Aufgabe A 1.80 (2 Punkte) (Zur Lösung L 1.80)
Was versteht man unter einem Marktgleichgewicht? (Maximal zwei Sätze.)

Aufgabe A 1.81 (**30 Punkte**) (Zur Lösung L 1.81)

Ergänzen Sie die folgenden Aussagen:

(a) (1 Punkt) Maximumprinzip: Mit einem .... Input soll ein möglichst hoher Output (Zielerreichungsgrad) erwirtschaftet werden.

(b) (1 Punkt) Minimumprinzip: Ein gegebener Output (Zielerreichungsgrad) soll mit einem möglichst .... Input erwirtschaftet werden.

(c) (3 Punkte) Homo oeconomicus: Der Homo oeconomicus handelt .... Er .... seinen eigenen Nutzen. Er besitzt .... Informationen.

(d) (1 Punkt) Reale Größen sind im Gegensatz zu nominalen Größen um das .... bereinigt.

(e) (1 Punkt) Man unterscheidet in einem Modell zwischen exogenen und .... Variablen.

(f) (1 Punkt) Bei .... externen Effekten erleidet ein Dritter einen Schaden, ohne finanziell dafür entschädigt zu werden.

(g) (2 Punkte) Die klassischen Inputfaktoren einer Produktionsfunktion sind .... und ....

(h) (1 Punkt) Das .... Bruttoinlandsprodukt ist preisbereinigt.

(i) (1 Punkt) Bei Inflation .... das Preisniveau.

(j) (1 Punkt) Bei .... Gütern liegt keine Ausschließbarkeit und keine Rivalität im Konsum vor.

(k) (1 Punkt) .... Effekte beschreiben Auswirkungen (Kosten) auf einen Dritten ohne Gegenleistung.

(l) (1 Punkt) Das IS-LM-Modell (Einnahmen-Ausgaben-Modell) beschreibt eine .... Volkswirtschaft.

(m)(1 Punkt) Der Buchstabe Y bezeichnet das .... BIP.

(n) (2 Punkte) Die Quantitätsgleichung lautet $M .... = ... Y$.

(o) (1 Punkt) Die ZZ-Kurve beschreibt alle Gleichgewichte auf dem .... markt.

(p) (1 Punkt) Bei dem Vorliegen einer Investitionsfalle sind die Investitionen unabhängig vom ....

(q) (1 Punkt) Die ....-Kurve beschreibt den Ort aller Kombinationen von Y und r, bei denen sich der Gütermarkt im Gleichgewicht befindet.

(r) (1 Punkt) Einen Anstieg des Preisniveaus bezeichnet man auch als ....

(s) (1 Punkt) Ergänzen Sie die Verwendungsgleichung $Y = C + I + G + ...$

(t) (1 Punkt) Die Aussage: „befinden sich $n - 1$ Märkte im Gleichgewicht, so befindet sich auch der n-te Markt im Gleichgewicht", bezeichnet man auch als Gesetz von: ....

(u) (1 Punkt) Ein Absinken des Preisniveaus bezeichnet man auch als ....

(v) (1 Punkt) Ergänzen Sie die Verwendungsgleichung $Y = C + ... + X - q^* J$.

(w) (1 Punkt) Die Variable P bezeichnet das ....

(x) (1 Punkt) Die IS-Kurve beschreibt die Gleichgewichte des ....-Marktes.

(y) (1 Punkt) $MV = YP$ bezeichnet man auch als ....-Gleichung.

(z) (1 Punkt) Das Mundell-............-Modell ist ein Modell einer kleinen offenen Volkswirtschaft.

Aufgabe A 1.82 (**29 Punkte**) (Zur Lösung L 1.82)
Ergänzen Sie die folgenden Aussagen.

(a) (1 Punkt) Die Aussage: „jedes Angebot schafft sich seine Nachfrage", bezeichnet man auch als Theorem von: ....

(b) (1 Punkt) Einen Anstieg des Preisniveaus bezeichnet man auch als ....

(c) (1 Punkt) Ergänzen Sie die Quantitätsgleichung $PY = $ ....

(d) (1 Punkt) Das Symbol/der Buchstabe ...... bezeichnet das reale BIP.

(e) (1 Punkt) Die wirtschaftliche Abschwungphase innerhalb eines Konjunkturzyklus bezeichnet man auch als ....

(f) (2 Punkte) Das ökonomische Prinzip teilt sich auf in das .... und das .... Prinzip.

(g) (1 Punkt) Bruttoinlandsprodukt = ... + Primäreinkommenssaldo der übrigen Welt.

(h) (1 Punkt) Das keynesianische Modell einer offenen Volkswirtschaft bezeichnet man auch als Mundell-............-Modell.

(i) (1 Punkt) In der VWL entspricht jeder Mensch dem Idealbild des Homo ....

(j) (1 Punkt) Eine .... Größe ist preisbereinigt.

(k) (1 Punkt) Wird eine Variable außerhalb eines Modells bestimmt und ist innerhalb eines Modells nicht zu beeinflussen, so ist es eine .... Variable.

(l) (1 Punkt) Der .... Preis, ist der Preis, ab dem die Güternachfrage auf 0 fällt.

(m) (1 Punkt) Bei einer durch einen Jobwechsel bedingten Arbeitslosigkeit spricht man auch von .... Arbeitslosigkeit.

(n) (1 Punkt) Es liegt eine .... der eigenen Währung vor, wenn der reale Wechselkurs q^* ($q^* = e\frac{P^*}{P}$; e liegt in Preisnotierung vor) sinkt.

(o) (1 Punkt) Bei Vollbeschäftigung haben .... Arbeit.

(p) (1 Punkt) Beim realen Einkommen hat die Inflation .... Einfluss.

(q) (1 Punkt) Der Homo oeconomicus hat .... Präferenzen.

(r) (1 Punkt) Beim .... Prinzip versucht man mit einem möglichst geringen Input einen gegebenen Output zu erreichen.

(s) (2 Punkte) Say'sches Theorem: Jedes .... schafft sich ....

(t) (1 Punkt) Eine .... Volkswirtschaft unterhält Beziehungen zu ihren Nachbarstaaten.

(u) (1 Punkt) Mit dem Begriff .... bezeichnet man den Sachverhalt, dass nicht alle Güter unendlich verfügbar sind.

(v) (1 Punkt) .... Größen werden in Preisen des jeweiligen Jahres angegeben.

(w) (1 Punkt) IS-LM-Modell: Wenn die Sparquote steigt, dann .... im Gleichgewicht das BIP.

(x) (1 Punkt) Wenn Investitionen unabhängig vom Zins getätigt werden, spricht man von einer ....

(y) (1 Punkt) Die Variable P bezeichnet das ....

(z) (2 Punkte) Die Verwendungsgleichung lautet: ...... $= C + $ ...... $+ G + X - q \cdot J$.

Aufgabe A 1.83 (**7 Punkte**) (Zur Lösung L 1.83)
Ergänzen Sie die folgenden Aussagen.

(a) (1 Punkt) Die LM-Kurve beschreibt alle Gleichgewichte auf dem .... markt.

(b) (1 Punkt) Bei dem Vorliegen einer Liquiditätsfalle ist anzunehmen, dass der Zins nicht weiter ....

(c) (1 Punkt) Im .... Modell erhöht eine Erhöhung der Sparquote das BIP.

(d) (1 Punkt) Steigt der Wechselkurs q^*, so spricht man auch von einer ....

(e) (1 Punkt) Die ......-Kurve beschreibt den Ort aller Gleichgewichte auf dem Devisenmarkt.

(f) (1 Punkt) Schwankungen des BIPs bezeichnet man auch als .... Schwankungen.

(g) (1 Punkt) Wenn alle, die Arbeit wollen, auch Arbeit haben, spricht man von ... .

Aufgabe A 1.84 (5 Punkte) (Zur Lösung L 1.84)
(a) (5 Punkte) Was kennzeichnet eine soziale Marktwirtschaft.
(b) (5 Punkte) Wie lauten in Deutschland die Ziele des *Magischen Vierecks* und weshalb wäre ein Lohn- und Preisstopp keine zulässige Antiinflationsmaßnahme?

Aufgabe A 1.85 (2 Punkte) (Zur Lösung L 1.85)
Zeichnen Sie die Transformationskurve in ein K-L-Diagramm.

Aufgabe A 1.86 (5 Punkte) (Zur Lösung L 1.86)
Leiten Sie mathematisch ausgehend von der Nutzenfunktion eines Haushalts die Nachfragekurve her. Beschreiben Sie die jeweils durchgeführten Schritte.

Aufgabe A 1.87 (1 Punkt) (Zur Lösung L 1.87)
Geben Sie ein Beispiel für negative externe Effekte.

Aufgabe A 1.88 (1 Punkt) (Zur Lösung L 1.88)
Gegeben sind die folgenden vier Aussagen zum Magischen Viereck:

(a) Ein stetiges Wirtschaftswachstum ist eins der makroökonomischen Ziele.
(b) Geldwertstabilität und geringe Arbeitslosigkeit können gemeinsam realisiert werden.
(c) Das Magische Viereck geht von einer geschlossenen Volkswirtschaft aus.
(d) Eine geringe Arbeitslosigkeit verhindert ein hohes Wirtschaftswachstum.

Welche der Aussagen ist korrekt?

- (a)
- (a) und (c)
- (a), (b), (c) und (d)
- keine

Aufgabe A 1.89 (4 Punkte) (Zur Lösung L 1.89)
(a) (2 Punkte) Was versteht man unter dem Produktionspotenzial?
(b) (2 Punkte) Zeichnen Sie die Produktionsfunktion in das folgende Y-K-Diagramm.

Aufgabe A 1.90 (5 Punkte) (Zur Lösung L 1.90)
Unterscheiden Sie die Markt- von der Planwirtschaft.

Aufgabe A 1.91 (8 Punkte) (Zur Lösung L 1.91)
Ordnen Sie die verschiedenen makroökonomischen Theorieansätze gemäß ihrem zeitlichen Horizont ein.

(a) (1 Punkt) Aktienmarktanalyse
(b) (1 Punkt) IS-LM-Modell
(c) (1 Punkt) Geldmarktanalyse
(d) (1 Punkt) Arbeitsmarktanalyse
(e) (1 Punkt) Außenwirtschaftsanalyse
(f) (1 Punkt) Konjunkturtheorie
(g) (1 Punkt) Bondsmarktanalyse
(h) (1 Punkt) Wachstumstheorie

Aufgabe A 1.92 (4 Punkte) (Zur Lösung L 1.92)
Nennen Sie vier Kernbereiche der Makroökonomie.

Anwendungsaufgaben

Aufgabe A 1.93 (7 Punkte) (Zur Lösung L 1.93)
Angenommen in Wipolen lässt sich das Bruttoinlandsprodukt sehr gut durch eine idealtypische Cobb-Douglas-Produktionsfunktion mit $\alpha = 1 - \beta$ beschreiben.

(a) (1 Punkt) Bestimmen Sie das wipolnische BIP im Jahr 2015, wenn in 2015 8 Millionen Menschen beschäftigt waren (L) und Kapital (K) in Höhe von 27 Millionen Geldeinheiten eingesetzt wurde. Der Bestand an technischem Wissen (A) ist mit 2000 angesetzt und die Arbeitsproduktivität mit $\beta = \frac{1}{3}$.
(b) (3 Punkte) Bestimmen Sie das Grenzprodukt der Arbeit ausgehend von den Daten unter (a).
(c) (3 Punkte) Bestimmen Sie das Grenzprodukt des Kapitals ausgehend von den Daten unter (a).

Aufgabe A 1.94 (5 Punkte) (Zur Lösung L 1.94)
Die Anzahl der Beschäftigten in Wipolen beträgt 80 Millionen und der Kapitalstock 20 Millionen. Bestimmen Sie bei einem Bestand an technischem Wissen in Höhe von 10.000 und einer Elastizität des Kapitals in Höhe von $\beta = 0{,}5$ das BIP Y, den Kapitalstock pro Kopf k und das Grenzprodukt der Arbeit.

Aufgabe A 1.95 (5 Punkte) (Zur Lösung L 1.95)
Angenommen für Wipolen gelten die folgenden Wirtschaftsdaten:

Variable	Wert
Beschäftigte L	80 Millionen
Kapitalstock K	10 Millionen
Wissensbestand A	20.000
β	0,5

Bestimmen Sie die Änderung des BIPs dY, wenn sich der Kapitalstock und die Anzahl der Beschäftigten je um 1000 Einheiten erhöhen und der Wissensbestand konstant bleibt.

Aufgabe A 1.96 (5 Punkte) (Zur Lösung L 1.96)
Bestimmen Sie ausgehend von den folgenden Wirtschaftsdaten Mikronesiens das BIP, das Grenzprodukt der Arbeit und des Kapitals.

Variable	Wert
Beschäftigte L	7 Millionen
Kapitalstock K	2 Millionen
Wissensbestand A	15.000
β	$\frac{1}{3}$

Aufgabe A 1.97 (4 Punkte) (Zur Lösung L 1.97)
Der König von Makroatien hat zwei wirtschaftspolitische Berater D und P. D und P schlagen ihm zwei Politikprogramme vor. Die Tabelle fasst die erwarteten Resultate zusammen. Wie hoch sind die Opportunitätskosten, wenn der König sich für die schlechtere der beiden Alternativen entscheidet.

	D	P
BIP	Veränderung	Veränderung
	7 Mrd. auf 10,5 Mrd.	7 Mrd. auf 21 Mrd.
Inflationsrate	20 %	100 %

Aufgabe A 1.98 (8 Punkte) (Zur Lösung L 1.98)
Studenten verdienen nach ihrem Studium im Durchschnitt mehr als Nichtakademiker. Dafür haben sie während der Studienzeit finanzielle Einbußen hinzunehmen. Angenommen man rechnet dies gegeneinander auf und kommt auf den Wert einer Stunde VWL-Tutorium von 13,37 €.

(a) (4 Punkte) Wie hoch sind die Opportunitätskosten, wenn man statt der zwei Stunden Tutorium in der Woche auch für 14 € die Stunde jobben könnte? (Das Semester hat 13 Wochen Tutorium.)

(b) (4 Punkte) Angenommen, statt das Tutorium zu besuchen, entscheidet ihr euch Party zu machen – eine Tätigkeit, der ihr einen indirekten Wert von 6 € pro Stunde zuordnet. Wie hoch sind die Opportunitätskosten in diesem Fall über das gesamte Semester betrachtet?

Aufgabe A 1.99 (7 Punkte) (Zur Lösung L 1.99)
Angenommen die Wirtschaftsentwicklung in Wipolen lässt sich durch eine Cobb-Douglas-Produktionsfunktion erklären.

(a) (3 Punkte) Berechnen Sie die Grenzproduktivität der Arbeit.

(b) (4 Punkte) Angenommen β beträgt 0,5, der Kapitalstock 25 und 16 Arbeiter sind dort bereits tätig. Um wie viele Einheiten erhöht sich das BIP, wenn ein weiterer Arbeiter eingestellt wird?

Aufgabe A 1.100 (2 Punkte) (Zur Lösung L 1.100)
Gegeben sei das nominale BIP von Nauru in 2007 mit $Y = 2.000.000.000€$, außerdem lag das Preisniveau bei $P = 1{,}5$. Wie hoch ist das reale BIP Naurus?

Aufgabe A 1.101 (20 Punkte) (Zur Lösung L 1.101)
Gegeben sind die folgenden Produktionsfunktionen. Berechnen Sie jeweils das Grenzprodukt des Kapitals und der Arbeit. Sind diese steigend oder fallend?

(a) (5 Punkte) $Y(K,L) = \lambda K + \mu L^2 - KL$

(b) (5 Punkte) $Y(K,L) = \lambda K L^2$

(c) (5 Punkte) $Y(K,L) = \lambda K (\mu L)^2 - KL$

(d) (5 Punkte) $Y(K,L) = \lambda KL - \ln(KL)$

Aufgabe A 1.102 (2 Punkte) (Zur Lösung L 1.102)
Sie gewinnen 1000 €. Sie können das Geld sofort ausgeben oder für ein Jahr zu 5 % Zinsen anlegen. Was sind die Opportunitätskosten, das Geld sofort auszugeben?

Aufgabe A 1.103 (3 Punkte) (Zur Lösung L 1.103)
Betrachten Sie die Cobb-Douglas-Produktionsfunktion $F(K,L) = K^\alpha L^\beta$. Was muss für $\alpha + \beta$ gelten, damit diese Produktionsfunktion:

(a) (1 Punkt) steigende Skalenerträge aufweist?

(b) (1 Punkt) konstante Skalenerträge aufweist?

(c) (1 Punkt) fallende Skalenerträge aufweist?

Aufgabe A 1.104 (4 Punkte) (Zur Lösung L 1.104)
Sind die realen Einkommen von 2009 auf 2010 gestiegen oder gefallen?

	2009	2010
Nominaleinkommen	4000	4500
Preisniveau	100 %	150 %

Aufgabe A 1.105 (5 Punkte) (Zur Lösung L 1.105)
Für Land X liegen die folgenden Wirtschaftsdaten vor:

Jahr	BSP (nominal)	Preisniveau (Preisindex)
2008	200 Mrd.	100
2009	150 Mrd.	150
2010	200 Mrd.	200

Beschreiben Sie die Entwicklung des realen BSPs.

Aufgabe A 1.106 (4 Punkte) (Zur Lösung L 1.106)
Wie hoch ist das reale BIP in 2009 und in 2010?

Variable	Wert
Einkommen in 2009	3000
Einkommen in 2010	2000
Preisniveau in 2009	150
Preisniveau in 2010	100

(Zur Umrechnung des nominalen in das reale Einkommen muss das Preisniveau als Prozentsatz interpretiert werden.)

Aufgabe A 1.107 (10 Punkte) (Zur Lösung L 1.107)
Betrachten Sie die folgende Produktionskostentabelle:

Land/Gut	Autos	Pizza
Deutschland	50	30
Italien	10	5

1. Welches Land weist in Bezug auf welches Gut einen absoluten Kostenvorteil auf?
2. Welches Land weist in Bezug auf welches Gut einen komparativen Kostenvorteil auf?
3. Welcher Wechselkurs wird sich wahrscheinlich durchsetzen: Eine Pizza pro Auto, 2 Pizzen pro Auto oder 5 Pizzen pro Auto.

Aufgabe A 1.108 (13 Punkte) (Zur Lösung L 1.108)
Betrachten Sie die folgenden Produktionszeiten (in Minuten):

Land/Gut	Laptop	Tablet
Japan	30	10
Südkorea	10	5

1. Welches Land weist in Bezug auf welches Gut einen absoluten Kostenvorteil auf?
2. Welches Land weist in Bezug auf welches Gut einen komparativen Kostenvorteil auf?
3. Skizzieren Sie die gemeinsame Produktionsmöglichkeitenkurve für beide Länder bezogen auf den Output in 24 Stunden.
4. Welcher Wechselkurs wird sich wahrscheinlich durchsetzen: Ein Tablet pro Laptop, 2 Tablets pro Laptop oder 3 Tablets pro Laptop.

Aufgabe A 1.109 (13 Punkte) (Zur Lösung L 1.109)
Betrachten Sie die folgenden Produktionszeiten (in Minuten):

Land/Gut	Äpfel	Birnen
Polen	1	2
Ungarn	2	3

1. Welches Land weist in Bezug auf welches Gut einen absoluten Kostenvorteil auf?
2. Welches Land weist in Bezug auf welches Gut einen komparativen Kostenvorteil auf?
3. Skizzieren Sie die gemeinsame Produktionsmöglichkeitenkurve für beide Länder bezogen auf den Output in einer Stunde.
4. Welcher Wechselkurs wird sich wahrscheinlich durchsetzen: Ein Apfel pro Birne, 2 Äpfel pro Birne oder 3 Äpfel pro Birne.

Aufgabe A 1.110 (**5 Punkte**) (Zur Lösung L 1.110)
Betrachten Sie die folgende Tabelle zu den Produktionskosten und bestimmen Sie welches Unternehmen welches Gut anbieten wird.

Land/Gut	Produkt 1	Produkt 2
UN 1	4	16
UN 2	3	9

Aufgabe A 1.111 (**5 Punkte**) (Zur Lösung L 1.111)
In Makroatien und in Mikronesien werden Autos und Pullover produziert. Die Produktion eines Autos in Makroatien nimmt 12 Stunden in Anspruch und die Produktion eines Pullovers 3 Stunden. In Mikronesien nimmt die Produktion eines Autos 24 Stunden und die Produktion eines Pullovers 4 Stunden in Anspruch.

1. Welches der beiden Länder weist bei welchem der beiden Güter einen absoluten Kostenvorteil auf?
2. Bei welchem der beiden Güter weisen die beiden Länder jeweils einen komparativen Kostenvorteil auf?

Aufgabe A 1.112 (**5 Punkte**) (Zur Lösung L 1.112)
In Makroatien und in Mikronesien werden Whisky und Rindfleisch produziert. Die Produktion eines Liters Whisky in Makroatien nimmt 3 Stunden in Anspruch und die Produktion eines Kilogramms Rindfleisch nimmt ebenfalls 3 Stunden in Anspruch. In Mikronesien nimmt die Produktion eines Liter Whiskys 1 und die Produktion eines Kilo Rindfleisch 2 Stunden in Anspruch.

1. Welches der beiden Länder weist bei welchem der beiden Güter einen absoluten Kostenvorteil auf?
2. Bei welchem der beiden Güter weisen die beiden Länder jeweils einen komparativen Kostenvorteil auf?

Aufgabe A 1.113 (**5 Punkte**) (Zur Lösung L 1.113)
In Makroatien und in Mikronesien werden Brot und Bücher produziert. Die Produktion eines Brots in Makroatien nimmt 30 Minuten in Anspruch und die Produktion eines Buchs 12 Stunden. In Mikronesien nimmt die Produktion eines Brots ebenfalls 30 Minuten in Anspruch aber die Produktion eines Buchs nimmt 15 Stunden in Anspruch.

1. Welches der beiden Länder weist bei welchem der beiden Güter einen absoluten Kostenvorteil auf?
2. Bei welchem der beiden Güter weisen die beiden Länder jeweils einen komparativen Kostenvorteil auf?

Aufgabe A 1.114 (5 Punkte) (Zur Lösung L 1.114)
In Makroatien und in Mikronesien werden Rucksäcke und Kugelschreiber produziert. Die Produktion eines Rucksacks in Makroatien nimmt 2 Stunden in Anspruch und die Produktion eines Kugelschreibers 3 Minuten. In Mikronesien nimmt die Produktion eines Rucksacks 1,5 Stunden und die Produktion eines Kugelschreibers 2 Minuten in Anspruch.

1. Welches der beiden Länder weist bei welchem der beiden Güter einen absoluten Kostenvorteil auf?
2. Bei welchem der beiden Güter weisen die beiden Länder jeweils einen komparativen Kostenvorteil auf?

Aufgabe A 1.115 (5 Punkte) (Zur Lösung L 1.115)
In Makroatien und in Mikronesien werden Brötchen und Puddigbrezel produziert. Die Produktion eines Brötchens in Makroatien nimmt 1,2 Minuten in Anspruch und die Produktion eines Brezels 3 Minuten. In Mikronesien nimmt die Produktion eines Brötchens 75 Sekunden und die Produktion eines Brezels 4 Minuten in Anspruch.

1. Welches der beiden Länder weist bei welchem der beiden Güter einen absoluten Kostenvorteil auf?
2. Bei welchem der beiden Güter weisen die beiden Länder jeweils einen komparativen Kostenvorteil auf?

Transferaufgaben

Aufgabe A 1.116 (4 Punkte) (Zur Lösung L 1.116)
Auf einem Treffen zwischen den Staatsoberhäuptern von Mikronesien, Makroatien und Wipolen behauptet die Herrscherin von Mikronesien in ihrem Land alle vier makroökonomischen Ziele umgesetzt zu haben. Beide anderen Herrscher wissen, dass insgesamt ein außenwirtschaftliches Gleichgewicht vorliegt.

(a) (2 Punkte) Warum kann davon ausgegangen werden, dass die Herrscherin von Mikronesien übertreibt?
(b) (3 Punkte) Angenommen es gab in Mikronesien in den letzten Jahren einen enormen wirtschaftlichen Aufschwung. Mit welchem wirtschaftspolitischen Problem wird die Herrscherin von Mikronesien zu kämpfen haben?

Aufgabe A 1.117 (5 Punkte) (Zur Lösung L 1.117)
Der Preis für Benzin lag im Sommer 2008 bei 1,47 €/l. Angenommen er liegt zurzeit bei 1,15 €/l. Erwarten Sie, dass dieser Preisrückgang dämpfend oder stimulierend auf die Konjunktur wirkt? (Begründen Sie kurz ihre Aussage.)

Aufgabe A 1.118 (5 Punkte) (Zur Lösung L 1.118)
Skizzieren Sie die Grundelemente der sozialen Marktwirtschaft und erläutern Sie, warum die Alterung der Gesellschaft (demografischer Wandel) bzw. eine Erhöhung der Lohnnebenkosten zu einem Problem für die Gesellschaft führen kann.

1.4 Lösungen

1.4.1 Mathematische Grundlagen

Lösung L 1.1 (6 Punkte) (Zur Aufgabenstellung A 1.1)
(a) $Y = \frac{C_0 - ar + I_0}{s - g}$
(b) $Y = 1$
(c) $Y = -\frac{G}{2 - 2r}$

Lösung L 1.2 (6 Punkte) (Zur Aufgabenstellung A 1.2)

Variable	Wert
BIP pro Kopf	5000
Staatsausgaben pro Kopf	200
Abschreibungen pro Kopf	100
Konsumausgaben pro Kopf	250
Steuern pro Kopf	175
Exporte pro Kopf	300

Lösung L 1.3 (10 Punkte) (Zur Aufgabenstellung A 1.3)

Variable	Wachstumsrate
BIP	20 %
Preisniveau	−18,18 %
Steuern	6,67 %
Forschungsausgaben	25 %
Exporte	33,33 %

Lösung L 1.4 (6 Punkte) (Zur Aufgabenstellung A 1.4)
(a) (2 Punkte) $\frac{df}{dx} = \frac{5}{x} - 2x$
(b) (2 Punkte) $\frac{df}{dx} = -r \exp(-rx)$
(c) (2 Punkte) $\frac{df}{dx} = 3x^2 - 2x + 5$

Lösung L 1.5 (6 Punkte) (Zur Aufgabenstellung A 1.5)
(a) (2 Punkte) $2x\,dx - 3y^2\,dy = 0$
(b) (2 Punkte) $\frac{1}{x}dx + \frac{1}{2\sqrt{y}}dy = 0$
(c) (2 Punkte) $8x \exp(4x^2)dx + 3ay^2\,dy = 0$

Lösung L 1.6 (2 Punkte) (Zur Aufgabenstellung A 1.6)
$\log(Y) = \log(A) + \beta \log(K) + (1 - \beta)\log(L)$

Lösung L 1.7 (5 Punkte) (Zur Aufgabenstellung A 1.7)
(a) (3 Punkte) $\beta k^{1-\beta} dK + (1-\beta)k^\beta dL = dY$
(b) (2 Punkte) Das Grenzprodukt gibt an, um wie viele Einheiten sich der Output erhöht, wenn man alle Inputfaktoren als variabel betrachtet.

Lösung L 1.8 (4 Punkte) (Zur Aufgabenstellung A 1.8)

$$\log(Y) = \log(A) + \beta \log(K) + (1-\beta)\log(L)$$

$$\log(Y) - \log(A) + \log(L) = \beta\left(\log(K) - \log(L)\right)$$

$$\beta = \log\left(\frac{YL}{A}\right)\log\left(\frac{K}{L}\right)$$

Lösung L 1.9 (4 Punkte) (Zur Aufgabenstellung A 1.9)

$$0{,}5(Y-0) - 20 + 0 = 80 - 5r + 40$$

$$0{,}5Y = -5r + 140$$

$$Y = -10r + 280$$

Lösung L 1.10 (3 Punkte) (Zur Aufgabenstellung A 1.10)

$$\text{Halbwertszeit} = \frac{\log(0{,}5)}{\log(1 - \text{Schrumpfungsrate})} = \frac{\log(0{,}5)}{0{,}98} = 34{,}31$$

Lösung L 1.11 (6 Punkte) (Zur Aufgabenstellung A 1.11)
(a) (2 Punkte) $Y'(t) = 0{,}2\exp(0{,}2t) + 6\cos(3t)$
(b) (2 Punkte) $r'(t) = \begin{cases} 0 & t \le 0 \\ 2 & 0 < t \le 3 \\ 0 & t > 3 \end{cases}$
(c) (2 Punkte) $Y'(t) = (6\cos(t) + 4)\exp(3\sin(t) + 2t)$

Lösung L 1.12 (3 Punkte) (Zur Aufgabenstellung A 1.12)
Für das BIP Y werden $\frac{\ln(2)}{\ln(1{,}04)} = 17{,}67$, also 18 Jahre benötigt.

Für die Beschäftigung L werden $\frac{\ln(2)}{\ln(1{,}03)} = 23{,}45$, also 24 Jahre benötigt.

Für den Kapitalstock K werden $\frac{\ln(2)}{\ln(1{,}015)} = 46{,}56$, also 47 Jahre benötigt.

1.4.2 Grundlagen

Quick Check – Wahr oder falsch?

Lösung L 1.13 (**10 Punkte**) (Zur Aufgabenstellung A 1.13)
(a) Falsch
(b) Wahr
(c) Wahr
(d) Falsch
(e) Falsch
(f) Falsch
(g) Wahr
(h) Wahr
(i) Falsch
(j) Wahr
(k) Falsch
(l) Wahr
(m) Falsch

Multiple Choice

Lösung L 1.14 (**14 Punkte**) (Zur Aufgabenstellung A 1.14)
(a) (2 Punkte) (IV)
(b) (2 Punkte) (I)
(c) (2 Punkte) (II)
(d) (2 Punkte) (IV)
(e) (2 Punkte) (IV)
(f) (2 Punkte) (III)
(g) (2 Punkte) (II)

Verständnisfragen

Lösung L 1.15 (**5 Punkte**) (Zur Aufgabenstellung A 1.15)

Positive externe Effekte: Bau eines Parks (Internalisierung über Eintrittsgebühren), Bereitstellung von kostenlosen Büchern (Internalisierung über Nutzungsgebühren).

Negative externe Effekte: Stau auf Autobahnen (Internalisierung über Mautgebühren), Luftverschmutzung durch Raucher (Internalisierung durch Besteuerung von Zigaretten).

Lösung L 1.16 (**2 Punkte**) (Zur Aufgabenstellung A 1.16)

Ein Land muss die Kopenhagener Kriterien erfüllen, wenn es Mitglied der EU werden möchte, und die Maastrichter Konvergenzkriterien, wenn es den Euro als Währung einführen möchte.

Lösung L 1.17 (**2 Punkte**) (Zur Aufgabenstellung A 1.17)
Da der Aluminiummarkt im russischen Binnenmarkt eine wichtige Stellung einnimmt und ebenfalls der gesamte Sektor betrachtet wird, kann man von einer makroökonomischen Betrachtungsweise sprechen. Aufgrund der Tatsache, dass lediglich ein einziger Markt betrachtet wird, kann eventuell auch von einer mikroökonomischen Betrachtung gesprochen werden.

Lösung L 1.18 (**7 Punkte**) (Zur Aufgabenstellung A 1.18)
(a) (4 Punkte) Es handelt sich um eine mikroökonomische (fast schon einzelbetriebliche), regionale, dynamische, positive, ex-post Analyse.
(b) (3 Punkte) Abschätzung des wahrscheinlichen ökonomischen Effekts einer Überflutung in den Niederlanden in 2050.

Lösung L 1.19 (**2 Punkte**) (Zur Aufgabenstellung A 1.19)
Bedürfnis: Hungerstillen
Bedarf: Steak

Lösung L 1.20 (**2 Punkte**) (Zur Aufgabenstellung A 1.20)
Neben der Tatsache, dass Kunden höheren Einkommens die Äpfel aus dem oberen Preissegment aus Prestigegründen kaufen, geht mit dem höheren Preis die Erwartung einer höheren Qualität einher. Die Nachfrage erfolgt aufgrund dieser erwarteten besseren Qualität.

Lösung L 1.21 (**2 Punkte**) (Zur Aufgabenstellung A 1.21)
Nominale Größen geben den Wert zu einem bestimmten Zeitpunkt an. Sie sind nicht preisbereinigt und daher nicht intertemporal vergleichbar. Reale Größen sind preisbereinigt und daher intertemporal vergleichbar.

Lösung L 1.22 (**1 Punkt**) (Zur Aufgabenstellung A 1.22)
Fahrräder werden gemäß einer Leontief-Produktionsfunktion hergestellt. Jedes Fahrrad braucht genau einen Rahmen und genau zwei Räder.

Lösung L 1.23 (**6 Punkte**) (Zur Aufgabenstellung A 1.23)
(a) (4 Punkte) $Y(\lambda K, \lambda L) = (\lambda K)^{\beta}(\lambda L)^{1-\beta} = \lambda^{\beta}\lambda^{1-\beta}K^{\beta}L^{1-\beta} = \lambda K^{\beta}L^{1-\beta} = \lambda Y$. Die Cobb-Douglas-Produktionsfunktion ist somit linear homogen.
(b) (2 Punkte) Es gilt $\frac{dY}{dL} = (1-\beta)k^{\beta}$ und somit $\frac{dY}{dL} = -\beta(1-\beta)\frac{k^{\beta}}{L} < 0$. Die Funktion weist somit sinkende Grenzerträge der Arbeit auf.

Lösung L 1.24 (**5 Punkte**) (Zur Aufgabenstellung A 1.24)
(a) (2 Punkte) Das Magische Viereck umfasst die Ziele *Preisniveaustabilität, stabiles, konstantes Wirtschaftswachstum, hohes Beschäftigungsniveau* und ein *außenwirtschaftliche Gleichgewicht*.
(b) (3 Punkte) Zwischen den genannten Zielen liegt ein Konflikt vor, wenn die Phillipskurve gilt, die einen Konflikt zwischen der *Preisniveaustabilität* und dem hohen Beschäftigungsniveau darstellt. Dies gilt, da ein positiver Zusammenhang zwischen dem Wirtschaftswachstum und dem Beschäftigungsniveau vorliegt.

Lösung L 1.25 (2 Punkte) (Zur Aufgabenstellung A 1.25)
Die Volkswirtschaftslehre beschäftigt sich mit den grundlegenden Fragen der Organisation und der Funktionsweise einer Wirtschaft und versucht zu verstehen, ob ökonomisches Handeln bestimmten Gesetzmäßigkeiten unterliegt. Sie untersucht die Gesetze hinter den Marktphänomenen wie Inflation, Preisschwankungen, Arbeitslosigkeit etc.

Lösung L 1.26 (4 Punkte) (Zur Aufgabenstellung A 1.26)
- Knappheit: Spannungsverhältnis zwischen Bedürfnissen und Ressourcen bzw. vorhandenen Gütern
- Arbeitsteilung: Menschen spezialisieren sich, tauschen Leistungen aus, und zwar national und international (21. Jahrhundert: Globalisierung)
- Interdependenz (gegenseitige Abhängigkeit) bzw. Unübersehbarkeit: Arbeitsteilung im wechselseitigen Wirtschaftsprozess steigert Produktivität, aber schafft gegenseitige Abhängigkeiten & Intransparenz …
- Dynamik: technisch, demografisch, ökologisch bewältigen; Modernisierung als Bedrohung empfunden
- Interessengebundenheit ökonomischen Handelns: Menschen haben unterschiedliche Interessen/Machtposition
- Internationalität: Es bestehen in offenen Volkswirtschaften Beziehungen zu Ausland via Handel, Kapitalverkehr (Direktinvestition + internationale Portfolioinvestitionen), Migration, Technologiehandel, Internet

Lösung L 1.27 (6 Punkte) (Zur Aufgabenstellung A 1.27)
Die Makroökonomie befasst sich mit dem gesamtwirtschaftlichen Verhalten der Sektoren, mit der Analyse der gesamtwirtschaftlichen Märkte und den Zusammenhängen. Die Mikroökonomik untersucht das Verhalten einzelner repräsentativer Wirtschaftssubjekte bzw. Märkte.

Lösung L 1.28 (4 Punkte) (Zur Aufgabenstellung A 1.28)
Das ökonomische Prinzip verlangt den effizienten Einsatz von Ressourcen bei der Produktion. Das ökonomische Prinzip kann auf zwei Weisen formuliert werden:
Als Maximalprinzip verlangt es, mit gegebenen Ressourcen ein maximales Produktionsergebnis zu erzielen.
Als Minimalprinzip verlangt es, ein gegebenes Ziel mit minimalem Ressourcenaufwand zu erreichen.

Lösung L 1.29 (5 Punkte) (Zur Aufgabenstellung A 1.29)
Wie Menschen Entscheidungen treffen:

- Alle Menschen stehen vor abzuwägenden Alternativen (Kino/Studium).
- Die Kosten eines Guts bestehen aus dem, was man für den Erwerb eines Guts aufgibt.
- Rational entscheidende Leute denken in Grenzbegriffen (Handy/Schuhe).
- Die Menschen reagieren auf Anreize.

Wie Menschen zusammenwirken:

- Durch Handel kann es jedem besser gehen.
- Märkte sind gewöhnlich gut für die Organisation des Wirtschaftslebens. (Planwirtschaft vs. unsichtbare Hand).

Wie die Volkswirtschaft insgesamt funktioniert:

- Der Lebensstandard eines Landes hängt von der Fähigkeit ab, Waren und Dienstleistungen herzustellen.
- Die Preise steigen, wenn zu viel Geld im Umlauf gesetzt wird.
- Die Gesellschaft hat kurzfristig zwischen Inflation und Arbeitslosigkeit zu wählen.

Lösung L 1.30 (5 Punkte) (Zur Aufgabenstellung A 1.30)
In einer Marktwirtschaft erfüllen Preise eine wichtige Funktion, sie geben Aufschluss darüber, wie knapp ein Gut ist und welchen Wert ihm zugemessen wird. Preise erfüllen für die Anbieter und Nachfrager somit eine Signalfunktion. Hohe Preise signalisieren den Anbietern, dass ihre Güter begehrt sind, sie werden dann normalerweise mehr Güter anbieten und dadurch den Marktpreis auf Gleichgewicht bringen. Wenn jeder Wirtschaftsakteur seine eigenen Interessen verfolgt, dann ordnet eine „unsichtbare Hand" die individuellen Pläne so, dass für alle Beteiligten am meisten herauskommt: Da niemand diesen Anpassungsprozess beobachten kann, bezeichnet man ihn mit den Worten von Adam Smith als unsichtbare Hand, die den Markt ins Gleichgewicht bringt.

Lösung L 1.31 (5 Punkte) (Zur Aufgabenstellung A 1.31)

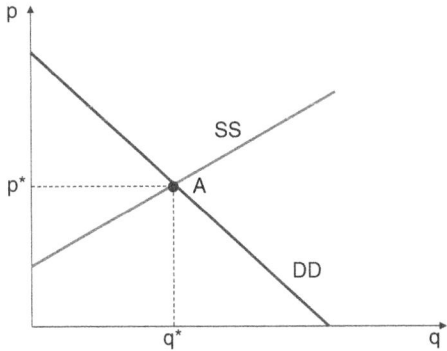

Idealtypische Angebotsfunktion $p = aq + b$ und idealtypische Nachfragefunktion $p = cq + d$. Gleichsetzen bedeutet einen Ausgleich von Angebot und Nachfrage und somit ergeben sich hieraus die Gleichgewichtspreise. $aq + b = cq + d$ und damit für die Gleichgewichtsmenge $q = \frac{d-b}{a-c}$ und somit für den Gleichgewichtspreis $p = a \cdot \frac{d-b}{a-c} + b = \frac{ad-ab+ba-bc}{a-c} = \frac{ad-bc}{a-c}$.

Lösung L 1.32 (3 Punkte) (Zur Aufgabenstellung A 1.32)
Die unsichtbare Hand beschreibt den Marktmechanismus, der dafür sorgt, dass ein Markt durch Anpassung der Preise in ein Gleichgewicht findet und Nachfrage und Angebot zueinander finden.

Lösung L 1.33 (4 Punkte) (Zur Aufgabenstellung A 1.33)
Grenzprodukt ist die Veränderung der Ausbringungsmenge bei Erhöhung oder Reduzierung des zusätzlichen Einsatzes eines Produktionsfaktors um eine Einheit.

Grenznutzen ist die Veränderung des Nutzens bei Erhöhung oder Reduzierung der Konsummenge um eine zusätzliche Einheit.

Lösung L 1.34 (2 Punkte) (Zur Aufgabenstellung A 1.34)
Befinden sich von n Märkten bereits $n - 1$ Märkte im Gleichgewicht, so befindet sich auch der n-te Markt im Gleichgewicht.

Lösung L 1.35 (2 Punkte) (Zur Aufgabenstellung A 1.35)
Nominale Größen sind in den Preisen des jeweiligen Jahres angegeben, während reale Größen preisbereinigt und somit intertemporal vergleichbar sind.

Lösung L 1.36 (10 Punkte) (Zur Aufgabenstellung A 1.36)
(a) (5 Punkte) Da das BIP lediglich angibt, welcher Wert erwirtschaftet wird, allerdings nicht dahin gehend, wer diesen Wert erhält, kann es vorkommen, dass sich das BIP sehr ungleichmäßig verteilt, bzw., wenn es zum größten Teil von ausländischen Firmen erwirtschaftet wird, kann es sein, dass es niemandem in dem Land, in dem es erwirtschaftet wird, zugutekommt. Ferner kann der Begriff Wohlfahrt auch Aspekte umfassen, die nicht oder nur indirekt monetär erfasst werden können bzw. die nicht Eingang in die Berechnung des BIPs finden.
(b) (5 Punkte) Alternative Indikatoren sind zum Beispiel der Human Development Index, der Inclusive Wealth Index oder indirekt der Happiness Index.

Lösung L 1.37 (5 Punkte) (Zur Aufgabenstellung A 1.37)
Modelle sind vereinfachte Abbildungen der Realität. Durch die Vereinfachung konzentrieren Modelle sich allein auf die im Rahmen der jeweiligen Analyse notwendigen Aspekte und nehmen alle anderen Aspekte als konstant an. Im Rahmen der VWL werden Modelle verwendet, um die Komplexität sozialer und ökonomischer Sachverhalte zu reduzieren, sodass verbundene Phänomene und Effekte analysiert werden können.

Lösung L 1.38 (5 Punkte) (Zur Aufgabenstellung A 1.38)
Im Rahmen einer Analyse mit mehreren Einflussfaktoren kann es hilfreich sein sich allein auf den Effekt einer einzelnen Einflussgröße zu konzentrieren. Wird der Einfluss aller anderen Größen konstant gehalten, so spricht man von einer Ceteris-Paribus-Betrachtung. Eine solche Betrachtung ist hilfreich, um die Effekte verschiedener Größen voneinander zu trennen.

Lösung L 1.39 (5 Punkte) (Zur Aufgabenstellung A 1.39)
Im Rahmen der Partialanalyse wird lediglich der Einfluss einer einzelnen Größe untersucht, während im Rahmen einer Totalanalyse alle Größen als variabel angesehen werden. Bei einer Totalanalyse ist es daher wichtig, im Rahmen der Modellierung auch die Interaktion einzelner Größen zueinander zu modellieren.

Lösung L 1.40 (**2 Punkte**) (Zur Aufgabenstellung A 1.40)
Endogene Variablen werden innerhalb eines Modells erklärt; für sie liegen im Vorhinein keine Werte vor. Anders sind exogene von außerhalb des Modells vorgegeben, für sie liegen bereits feste Werte vor. Entsprechend sind endogene Variablen variabel, während es sich bei exogenen Variablen um Konstanten handelt.

Lösung L 1.41 (**4 Punkte**) (Zur Aufgabenstellung A 1.41)
Eine positive Aussage ist lediglich beschreibend (das BIP steigt), während eine normative Aussage eine Forderung oder Anweisung enthält (um das BIP zu steigern, müssen die Investitionen steigen).

Lösung L 1.42 (**3 Punkte**) (Zur Aufgabenstellung A 1.42)
Wenn es um einen Einblick in die wirtschaftliche Lage geht oder um die Situation einer bestimmten Situation, eines bestimmten Effekts, ist eine positive Darstellung hilfreicher. Eine normative Aussage ist hilfreich, wenn es um die Ausarbeitung von politischen Entscheidungen geht, um auf bestimmte Situationen zu reagieren.

Lösung L 1.43 (**3 Punkte**) (Zur Aufgabenstellung A 1.43)
Die Opportunitätskosten des Hörsaalbesuchs sind das Einkommen, was in der Zeit durch Arbeit hätte erzielt werden können.

Lösung L 1.44 (**4 Punkte**) (Zur Aufgabenstellung A 1.44)
Nutzen bezeichnet das Potenzial von Gütern, Bedürfnisse zu befriedigen. Der Grenznutzen ist der Nutzen, der durch den Konsum, die Nutzung einer weiteren Gütereinheit entsteht.

Lösung L 1.45 (**5 Punkte**) (Zur Aufgabenstellung A 1.45)
 (a) (2 Punkte) Wird verschiedenen Gütern ein unterschiedlicher Nutzen zugesprochen, so spricht man von einer Präferenz für das Gut, dem der höhere Nutzen zugesprochen wird.
 (b) (3 Punkte) Da sich Präferenzen durch unterschiedliche Nutzenzuweisungen ergeben, muss eine Vorstellung über den Nutzen von Gütern vorliegen, bevor Präferenzen entstehen können.

Lösung L 1.46 (**3 Punkte**) (Zur Aufgabenstellung A 1.46)
Bei großem Durst (einem starken Bedürfnis) ist der Grenznutzen hoch, während er, wenn man sitt ist (ein geringes Bedürfnis), klein ist.

Lösung L 1.47 (**2 Punkte**) (Zur Aufgabenstellung A 1.47)
Kausalität bezeichnet den Zusammenhang zwischen Ursache und Wirkung. Erzeugt eine Ursache A eine Wirkung auf einen Dritten B, so spricht man von einem kausalen Effekt von A auf B.

Lösung L 1.48 (**3 Punkte**) (Zur Aufgabenstellung A 1.48)
Da er durch andere Tätigkeiten mehr Geld verdienen kann, liegen für ihn positive Opportunitätskosten vor. Daher ist es nicht sinnvoll, sich selbst um den Haushalt zu kümmern.

Lösung L 1.49 **(14 Punkte)** (Zur Aufgabenstellung A 1.49)

(a) (3 Punkte) Eine Produktionsfunktion ist die mathematische Modellierung des Produktionsprozesses. Sie gibt das Verhältnis zwischen Inputs und Outputs an.

(b) (2 Punkte) Das Grenzprodukt gibt den durch den Einsatz einer weiteren Einheit des Inputs erzeugten zusätzlichen Output an.

(c) (3 Punkte)

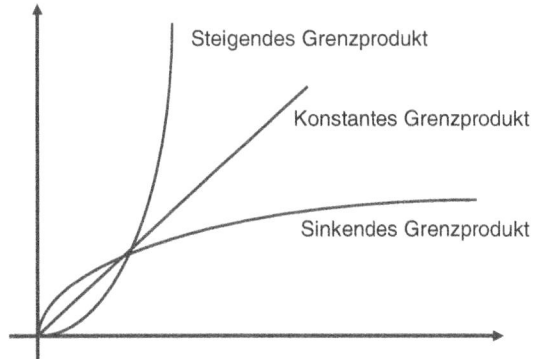

(d) (3 Punkte) Eine neoklassische Produktionsfunktion kennzeichnet sich dadurch, dass sie monoton steigend ist und fallende Grenzerträge aufweist.

(e) (3 Punkte) Er steigert den Output.

Lösung L 1.50 **(4 Punkte)** (Zur Aufgabenstellung A 1.50)

In der Produktionsfunktion erhöht technischer Fortschritt die Wirksamkeit des Arbeits- (arbeitsvermehrend) bzw. Kapitalinputs (kapitalvermehrend) oder allgemein die Effektivität des Produktionsprozesses.

Lösung L 1.51 **(3 Punkte)** (Zur Aufgabenstellung A 1.51)

Allgemeiner technischer Fortschritt $Y = AL^{1-\beta}K^{\beta}$

Arbeitsvermehrender technischer Fortschritt $Y = (AL)^{1-\beta}K^{\beta}$

Kapitalvermehrender technischer Fortschritt $Y = L^{1-\beta}(AK)^{\beta}$

Lösung L 1.52 **(3 Punkte)** (Zur Aufgabenstellung A 1.52)

Da Konkavität keine Monotonie der Steigung voraussetzt, ist eine konkave Produktionsfunktion nicht automatisch eine neoklassische Produktionsfunktion.

Lösung L 1.53 **(3 Punkte)** (Zur Aufgabenstellung A 1.53)

Demokratische, rechtsstaatliche Ordnung, Wahrung der Menschenrechte und Schutz von Minderheiten.

Funktionsfähige Marktwirtschaft und die Fähigkeit, dem Wettbewerbsdruck in der EU standzuhalten.

Übernahme des Aquis Communitaire.

Lösung L 1.54 (5 Punkte) (Zur Aufgabenstellung A 1.54)
* Inflationsrate maximal 1,5 Prozentpunkte über derjenigen der drei preisstabilsten Mitgliedsländer des Vorjahres,
* Nettoneuverschuldung (Haushaltsdefizit) nicht mehr als 3 %,
* Staatsverschuldung nicht mehr als 60 %,
* Nominalzinssatz maximal 2 Prozentpunkte über jenem der drei preisstabilsten Länder des Vorjahres,
* Unabhängige Zentralbank.

Lösung L 1.55 (5 Punkte) (Zur Aufgabenstellung A 1.55)
Die Mikroökonomie befasst sich mit dem idealtypischen einzelnen Haushalt bzw. dem idealtypischen einzelnen Unternehmen und wie daraus Nachfrage und Angebot entstehen bzw. wie der Markt Angebot und Nachfrage zum Ausgleich bringt. Nimmt man an, dass alle Haushalte und alle Unternehmen identisch sind und gleich agieren, und aggregiert man über alle Haushalte und alle Unternehmen, so gelangt man von der einzelwirtschaftlichen Sicht der Mikroökonomie zur gesamtwirtschaftlichen Sicht der Makroökonomie.

Lösung L 1.56 (5 Punkte) (Zur Aufgabenstellung A 1.56)
* zeitlich: kurz-, mittel- und langfristig
* sektoral
* räumlich: Kommunal, regional, national, supranational, international
* Partial- und Totalanalyse
* Dynamik: statische Analyse, komparativ-statische Analyse, dynamische Analyse
* ex-post und ex-ante Betrachtung
* positiv und normativ

Lösung L 1.57 (5 Punkte) (Zur Aufgabenstellung A 1.57)
(a) (1 Punkt) dynamisch
(b) (1 Punkt) statisch
(c) (1 Punkt) komparativ-statisch
(d) (1 Punkt) dynamisch
(e) (1 Punkt) dynamisch

Lösung L 1.58 (4 Punkte) (Zur Aufgabenstellung A 1.58)
(a) (1 Punkt) ex-ante
(b) (1 Punkt) ex-post
(c) (1 Punkt) ex-post
(d) (1 Punkt) ex-ante

Lösung L 1.59 (4 Punkte) (Zur Aufgabenstellung A 1.59)
(a) (1 Punkt) normativ
(b) (1 Punkt) positiv
(c) (1 Punkt) normativ
(d) (1 Punkt) positiv

Lösung L 1.60 (4 Punkte) (Zur Aufgabenstellung A 1.60)
Empfindet man einen Mangel und will Abhilfe schaffen, so nennt man dies ein Bedürfnis.
Ein Bedarf ist der Wunsch nach Mitteln, ein Bedürfnis zu befriedigen.

Lösung L 1.61 (5 Punkte) (Zur Aufgabenstellung A 1.61)
 (a) (1 Punkt) Bedarf
 (b) (1 Punkt) Bedürfnis
 (c) (1 Punkt) Bedarf
 (d) (1 Punkt) Bedürfnis
 (e) (1 Punkt) Bedarf

Lösung L 1.62 (5 Punkte) (Zur Aufgabenstellung A 1.62)
Von fast allen Gütern dieser Welt gibt es nur eine beschränkte Menge. Entsprechend ist der
Bedarf nach manchen Gütern größer als ihr Vorkommen. Da man entsprechend nicht alles
haben kann, muss man Entscheidungen treffen, welche Güter man konsumieren möch-
te, um seinen Nutzen zu maximieren. Die daraus resultierenden Handlungen nennt man
Wirtschaften.

Lösung L 1.63 (7 Punkte) (Zur Aufgabenstellung A 1.63)
 (a) (4 Punkte) Da nicht jeder Mensch alles machen kann (zeitlich und wissenstechnisch),
     kommt es zu einer Aufteilung verschiedener Arbeitsschritte auf mehrere Menschen.
     Dies nennt man Arbeitsteilung.
 (b) (3 Punkte) Positive Auswirkungen: Spezialisierung und damit schnelle Verbesserung
     in dem Fachgebiet, Zeitersparnis, technischer Fortschritt.
     Negative Auswirkungen: Entfremdung von der Arbeit, Abhängigkeit, Verdummung.

Lösung L 1.64 (5 Punkte) (Zur Aufgabenstellung A 1.64)
 • Allgemeines Bildungssystem,
 • funktionfähiges Bankensystem,
 • klare Wettbewerbsgesetzgebung,
 • wachstumsfördernde Ausgabenprioritäten des Staates,
 • investorenfreundliche Steuergesetze,
 • verbessernde Infrastruktur,
 • stabilitätsorientierte Haushalts- und Geldpolitik,
 • Abwesenheit von Bürgerkriegen und regionalen Militärkonflikten,
 • funktionsfähiges Gesundheitssystem.

Lösung L 1.65 (5 Punkte) (Zur Aufgabenstellung A 1.65)
Der Homo oeconomicus ist das Idealbild des Menschen in der VWL. Er ist rational und
nutzenmaximierend und besitzt feststehende Präferenzen und vollständige Information.
Außerdem liegen vollkommene Märkte vor, auf denen nur eine geringe Anzahl von Gütern
(zwei) vorhanden sind.

Lösung L 1.66 (**5 Punkte**) (Zur Aufgabenstellung A 1.66)
Liegen zwei oder mehr gegensätzliche Ziele vor, so beschreibt das Pareto-Optimum die Situation, in der eine Zielverbesserung in einem Ziel nur durch eine Zielverschlechterung in dem anderen Ziel zu erreichen ist. In dem Optimum ist das ökonomische Prinzip realisiert.

Lösung L 1.67 (**2 Punkte**) (Zur Aufgabenstellung A 1.67)
Ein Vorgang heißt effizient, wenn er unter Einhaltung des ökonomischen Prinzips realisiert wurde.

Lösung L 1.68 (**5 Punkte**) (Zur Aufgabenstellung A 1.68)
Externe Effekte beschreiben Auswirkungen auf (meist unbeteiligte Dritte), für die keine Gegenleistung (positiv wie negativ) erfolgt. Externe Effekte können mittels Eigentumsrechte, Steuern, Subventionen oder Zertifikaten internalisiert werden.

Lösung L 1.69 (**5 Punkte**) (Zur Aufgabenstellung A 1.69)
Existieren zwei nach außen hin identische Güter, die sich allein durch den Preis unterscheiden, so wird bei dem teureren Gut eine höhere Qualität angenommen (Bekleidung).

Moral Hazard beschreibt eine Verhaltensänderung nach dem Wegfall eines damit verbundenen scheinbaren Risikos (Risikofreudigkeit aufgrund von Versicherungen).

Lösung L 1.70 (**3 Punkte**) (Zur Aufgabenstellung A 1.70)
Inputs (Arbeit, Kapital, Boden, Wissen) → Throughout (Produktionsverfahren, Zwischenprodukte) → Output (Endprodukte, Zwischenprodukte für weitere Prozesse)

Lösung L 1.71 (**4 Punkte**) (Zur Aufgabenstellung A 1.71)
Bei der Allokation geht es um den nutzenmaximalen Einsatz von Inputfaktoren. Bei der Distribution geht es um die nutzenmaximale Verteilung der Outputs.

Lösung L 1.72 (**6 Punkte**) (Zur Aufgabenstellung A 1.72)
Eine klassische (neoklassische) Produktionsfunktion kennzeichnet sich durch eine positive 1. Ableitung (monoton steigend) und eine negative 2. Ableitung (monoton fallende Grenzerträge) aus. Die klassische Produktionsfunktion findet bei substitutiven Gütern Einsatz.

Die Leontief-Produktionsfunktion findet bei komplementären Gütern Einsatz. Sie besteht aus der Gesamtheit aller zulässigen Inputkombinationen, welche hier diskrete Punkte sind.

Lösung L 1.73 (**6 Punkte**) (Zur Aufgabenstellung A 1.73)
 (a) (2 Punkte) Der Grenznutzen ist der Nutzen, der beim Konsum einer weiteren Einheit eines Gutes anfällt.
 (b) (2 Punkte) Das Grenzprodukt ist der Nutzenzuwachs, wenn alle Inputs um eine weitere Einheit erhöht werden.
 (c) (2 Punkte) Das BIP entsteht durch Kapital und Arbeit. Unterstellt man eine Cobb-Douglas-Produktionsfunktion, so ergibt sich das Grenzprodukt als $dY = A(1 - \beta)L^{-\beta}K^{\beta}dL + A\beta L^{1-\beta}K^{\beta-1}dK$.

Lösung L 1.74 (2 Punkte) (Zur Aufgabenstellung A 1.74)
Jedes Angebot schafft sich seine Nachfrage.

Lösung L 1.75 (5 Punkte) (Zur Aufgabenstellung A 1.75)
Innovationen sind Erfindungen, die am Markt wirksam werden. Innovationen lassen sich in Produktinnovationen (neue Produkte) und Prozessinnovationen (neue Produktionsverfahren) unterteilen.

Lösung L 1.76 (2 Punkte) (Zur Aufgabenstellung A 1.76)

$$Y = AL^{1-\beta}K^{\beta}$$

Lösung L 1.77 (2 Punkte) (Zur Aufgabenstellung A 1.77)
Es ist die Ableitung der Funktion nach der Variablen K.

Lösung L 1.78 (4 Punkte) (Zur Aufgabenstellung A 1.78)
 (a) (2 Punkte) Opportunitätskosten sind Kosten in Bezug auf die Erreichung eines Ziels durch die Realisierung eines anderen Ziels.
 (b) (2 Punkte) Statt zu arbeiten und Geld zu verdienen, sitzt man im Café. Die Opportunitätskosten des Cafébesuchs sind der Lohn, der hätte verdient werden können.

Lösung L 1.79 (2 Punkte) (Zur Aufgabenstellung A 1.79)
Der Prohibitivpreis ist der Preis, ab dem keiner mehr bereit ist das Gut zu kaufen.

Lösung L 1.80 (8 Punkte) (Zur Aufgabenstellung A 1.80)
Im Marktgleichgewicht treffen Angebot und Nachfrage aufeinander und der Markt ist geräumt.

Lösung L 1.81 (30 Punkte) (Zur Aufgabenstellung A 1.81)
 (a) (1 Punkt) Maximumprinzip: Mit einem **gegebenen** Input soll ein möglichst hoher Output (Zielerreichungsgrad) erwirtschaftet werden.
 (b) (1 Punkt) Minimumprinzip: Ein gegebener Output (Zielerreichungsgrad) soll mit einem möglichst **geringen** Input erwirtschaftet werden.
 (c) (3 Punkte) Homo oeconomicus: Der Homo oeconomicus handelt **rational**. Er **maximiert** seinen eigenen Nutzen. Er besitzt **vollständige** Informationen.
 (d) (1 Punkt) Reale Größen sind im Gegensatz zu nominalen Größen um das **Preisniveau** bereinigt.
 (e) (1 Punkt) Man unterscheidet in einem Modell zwischen exogenen und **endogenen** Variablen.
 (f) (1 Punkt) Bei **negativen** externen Effekten erleidet ein Dritter einen Schaden, ohne finanziell dafür entschädigt zu werden.
 (g) (2 Punkte) Die klassischen Inputfaktoren einer Produktionsfunktion sind **Arbeit** und **Kapital**.

(h) (1 Punkt) Das **reale** Bruttoinlandsprodukt ist preisbereinigt.

(i) (1 Punkt) Bei Inflation **steigt** das Preisniveau.

(j) (1 Punkt) Bei **öffentlichen** Gütern liegt keine Ausschließbarkeit und keine Rivalität im Konsum vor.

(k) (1 Punkt) **Externe** Effekte beschreiben Auswirkungen (Kosten) auf einen Dritten ohne Gegenleistung.

(l) (1 Punkt) Das IS-LM-Modell (Einnahmen-Ausgaben-Modell) beschreibt eine **geschlossene** Volkswirtschaft.

(m) (1 Punkt) Der Buchstabe Y bezeichnet das **reale** BIP.

(n) (2 Punkte) Die Quantitätsgleichung lautet $MV = PY$.

(o) (1 Punkt) Die ZZ-Kurve beschreibt alle Gleichgewichte auf dem **Devisen**markt.

(p) (1 Punkt) Bei dem Vorliegen einer Investitionsfalle sind die Investitionen unabhängig vom **Zins**.

(q) (1 Punkt) Die **IS**-Kurve beschreibt den Ort aller Kombinationen von Y und r, bei denen sich der Gütermarkt im Gleichgewicht befindet.

(r) (1 Punkt) Einen Anstieg des Preisniveaus bezeichnet man auch als **Inflation**.

(s) (1 Punkt) Ergänzen Sie die Verwendungsgleichung $Y = C + I + G + X + q^*Y$.

(t) (1 Punkt) Die Aussage: „befinden sich $n - 1$ Märkte im Gleichgewicht, so befindet sich auch der n-te Markt im Gleichgewicht", bezeichnet man auch als Gesetz von: **Walras**.

(u) (1 Punkt) Ein Absinken des Preisniveaus bezeichnet man auch als **Deflation**.

(v) (1 Punkt) Ergänzen Sie die Verwendungsgleichung $Y = C + I + X - q^*J$.

(w) (1 Punkt) Die Variable P bezeichnet das **Preisniveau**.

(x) (1 Punkt) Die IS-Kurve beschreibt die Gleichgewichte des **Güter**marktes.

(y) (1 Punkt) $MV = YP$ bezeichnet man auch als **Quantitäts**gleichung.

(z) (1 Punkt) Das Mundell-**Fleming**-Modell ist ein Modell einer kleinen offenen Volkswirtschaft.

Lösung L 1.82 (29 Punkte) (Zur Aufgabenstellung A 1.82)

(a) (1 Punkt) Die Aussage: „jedes Angebot schafft sich seine Nachfrage", bezeichnet man auch als Theorem von: **Say**.

(b) (1 Punkt) Einen Anstieg des Preisniveaus bezeichnet man auch als **Inflation**.

(c) (1 Punkt) Ergänzen Sie die Quantitätsgleichung $PY = MV$.

(d) (1 Punkt) Das Symbol/der Buchstabe Y bezeichnet das reale BIP.

(e) (1 Punkt) Die wirtschaftliche Abschwungphase innerhalb eines Konjunkturzyklus bezeichnet man auch als **Rezession**.

(f) (2 Punkte) Das ökonomische Prinzip teilt sich auf in das **Maximums-** und das **Minimums**prinzip.

(g) (1 Punkt) Bruttoinlandsprodukt = **Bruttosozialprodukt** + Primäreinkommenssaldo der übrigen Welt

(h) (1 Punkt) Das keynesianische Modell einer offenen Volkswirtschaft bezeichnet man auch als Mundell-**Fleming**-Modell.

(i) (1 Punkt) In der VWL entspricht jeder Mensch dem Idealbild des Homo **oeconomicus**.

(j) (1 Punkt) Eine **reale** Größe ist preisbereinigt.

(k) (1 Punkt) Wird eine Variable außerhalb eines Modells bestimmt und ist innerhalb eines Modells nicht zu beeinflussen, so ist es eine **exogene** Variable.

(l) (1 Punkt) Der **Prohibitiv**preis ist der Preis, ab dem die Güternachfrage auf 0 fällt.

(m) (1 Punkt) Bei einer durch einen Jobwechsel bedingten Arbeitslosigkeit spricht man auch von **friktioneller** Arbeitslosigkeit.

(n) (1 Punkt) Es liegt eine **Aufwertung** der eigenen Währung vor, wenn der reale Wechselkurs q^* ($q^* = e\frac{P^*}{P}$; e liegt in Preisnotierung vor) sinkt.

(o) (1 Punkt) Bei Vollbeschäftigung haben **alle, die Arbeit wollen, auch** Arbeit.

(p) (1 Punkt) Beim realen Einkommen hat die Inflation **keinen** Einfluss.

(q) (1 Punkt) Der Homo oeconomicus hat **konstante** Präferenzen.

(r) (1 Punkt) Beim **Minimums**prinzip versucht man mit einem möglichst geringen Input einen gegebenen Output zu erreichen.

(s) (2 Punkte) Say'sches Theorem: Jedes **Angebot** schafft sich **seine Nachfrage**.

(t) (1 Punkt) Eine **offene** Volkswirtschaft unterhält Beziehungen zu ihren Nachbarstaaten.

(u) (1 Punkt) Mit dem Begriff **Knappheit** bezeichnet man den Sachverhalt, dass nicht alle Güter unendlich verfügbar sind.

(v) (1 Punkt) **Nominale** Größen werden in Preisen des jeweiligen Jahres angegeben.

(w) (1 Punkt) IS-LM-Modell: Wenn die Sparquote steigt, dann **sinkt** im Gleichgewicht das BIP.

(x) (1 Punkt) Wenn Investitionen unabhängig vom Zins getätigt werden, spricht man von einer **Investitionsfalle**.

(y) (1 Punkt) Die Variable P bezeichnet das **Preisniveau**.

(z) (2 Punkte) Die Verwendungsgleichung lautet: $\mathbf{Y} = C + \mathbf{I} + G + X - q \cdot J$.

Lösung L 1.83 (7 Punkte) (Zur Aufgabenstellung A 1.83)

(a) (1 Punkt) Die LM-Kurve beschreibt alle Gleichgewichte auf dem **Geld**markt.

(b) (1 Punkt) Bei dem Vorliegen einer Liquiditätsfalle ist anzunehmen, dass der Zins nicht weiter **sinkt**.

(c) (1 Punkt) Im **neoklassischen Wachstums**modell erhöht eine Erhöhung der Sparquote das BIP.

(d) (1 Punkt) Steigt der Wechselkurs q^*, so spricht man auch von einer **Abwertung**.

(e) (1 Punkt) Die **ZZ**-Kurve beschreibt den Ort aller Gleichgewichte auf dem Devisenmarkt.

(f) (1 Punkt) Schwankungen des BIPs bezeichnet man auch als **konjunkturelle** Schwankungen.

(g) (1 Punkt) Wenn alle, die Arbeit wollen, auch Arbeit haben, spricht man von **Vollbeschäftigung**.

Lösung L 1.84 (5 Punkte) (Zur Aufgabenstellung A 1.84)

(a) (5 Punkte) Eine soziale Marktwirtschaft ist dadurch gekennzeichnet, dass Preise sich über den Marktmechanismus bestimmen. Ferner gibt es beim Vorliegen von Marktversagen Eingriffe seitens des Staates zur sozialen Versorgung der Bevölkerung. Dieser betrifft insbesondere die Bereiche Unfallversicherung (Invalidität), Rentenversicherung (Alter), Arbeitslosenversicherung (Arbeitsverlust) und Pflegeversicherung (Invalidität).

(b) (5 Punkte) Siehe das Kapitel zur VGR für das Diagramm. Ein Lohn- und Preisstopp wäre nicht zulässig, da er die freie Preissetzung des Marktes und damit den Markt selbst außer Kraft setzt. Ferner würden durch den Preisstopp lediglich die offiziellen Preise beeinflusst. Es würde zu einem Nachfrageüberschuss kommen und es würde sich ein neuer inoffizieller Schwarzmarktpreis bilden.

Lösung L 1.85 (**2 Punkte**) (Zur Aufgabenstellung A 1.85)

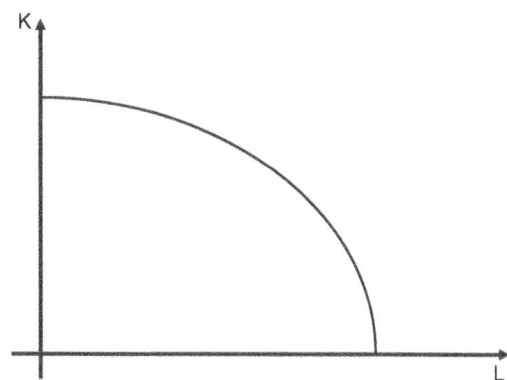

Lösung L 1.86 (**5 Punkte**) (Zur Aufgabenstellung A 1.86)
- Aufstellen der Lagrange-Funktion aus Nutzenfunktion $U(q_1, q_2)$ und Budgetgeraden $B(q_1, q_2) = 0$ als $L(q_1, q_2, \lambda) = U(q_1, q_2) + \lambda B(q_1, q_2)$.
- Bestimmen der partiellen Ableitungen nach allen Variablen und λ der Lagrange-Funktion.
- Lösen des entstehenden linearen Gleichungssystems nach den Variablen und λ.
- Die Variablen geben die maximale Nutzenkombination.

Lösung L 1.87 (**2 Punkte**) (Zur Aufgabenstellung A 1.87)
Umweltverschmutzung durch Pkw-Abgase.

Lösung L 1.88 (**1 Punkt**) (Zur Aufgabenstellung A 1.88)
Korrekt ist nur die erste Antwortmöglichkeit.

Lösung L 1.89 (**4 Punkte**) (Zur Aufgabenstellung A 1.89)
(a) (2 Punkte) Das Produktionspotenzial gibt den Output an, der bei dem gegebenen Bestand an Inputs maximal erreicht werden kann.

(b) (2 Punkte)

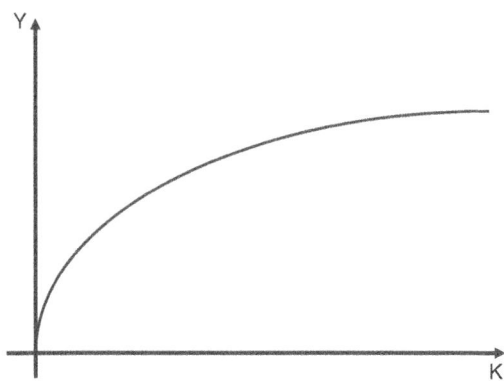

Lösung L 1.90 (5 Punkte) (Zur Aufgabenstellung A 1.90)
In einer Marktwirtschaft führt der Marktmechanismus zu einem Ausgleich von Angebot und Nachfrage, dies geschieht durch Preisanpassungen, die solange stattfinden, bis die angebotene Menge der nachgefragten entspricht. Die Marktsteuerung in der Marktwirtschaft erfolgt dezentral durch die einzelnen Anbieter und Nachfrager.

In der Planwirtschaft hingegen werden die angebotene Menge sowie der zu zahlende Preis zentral von einer Planungsbehörde vorgegeben und in langfristigen Plänen festgeschrieben.

Lösung L 1.91 (8 Punkte) (Zur Aufgabenstellung A 1.91)
(a) (1 Punkt) Aktienmarktanalyse – sehr kurzfristig,
(b) (1 Punkt) IS-LM-Modell – kurz- bis mittelfristig,
(c) (1 Punkt) Geldmarktanalyse – kurz- bis mittelfristig,
(d) (1 Punkt) Arbeitsmarktanalyse – mittelfristig,
(e) (1 Punkt) Außenwirtschaftsanalyse – mittelfristig,
(f) (1 Punkt) Konjunkturtheorie – mittelfristig,
(g) (1 Punkt) Bondsmarktanalyse – mittel- bis langfristig,
(h) (1 Punkt) Wachstumstheorie – sehr langfristig.

Lösung L 1.92 (4 Punkte) (Zur Aufgabenstellung A 1.92)
Wachstumstheorie, Konjunkturtheorie, Außenwirtschaftstheorie, Geldtheorie

Anwendungsaufgaben

Lösung L 1.93 (7 Punkte) (Zur Aufgabenstellung A 1.93)
(a) (1 Punkt)
$$Y = 2000 \cdot 8.000.000^{1/3} 27.000.000^{2/3} = 2000 \cdot 200 \cdot 90.000 = 36.000.000.000$$
(b) (3 Punkte) $\frac{dY}{dL} = (1 - \beta)AK^{\beta}L^{-\beta} = \frac{2}{3}2000 \cdot \frac{200}{300} = \frac{800.000}{900} = 888{,}9$
(c) (3 Punkte) $\frac{dY}{dK} = \beta AK^{\beta-1}L^{1-\beta} = \frac{1}{3}2000 \cdot \frac{90.000}{40.000} = \frac{6000}{4} = 1500$

Lösung L 1.94 (5 Punkte) (Zur Aufgabenstellung A 1.94)

$$Y = 10.000 \cdot 20.000.000^{0,5} \cdot 80.000.000^{0,5} = 10.000 \cdot 4472 \cdot 8944$$
$$= 400.000.000.000$$
$$k = 0,25$$
$$\frac{dY}{dL} = 0,5 \cdot 10.000 \cdot 20.000.000^{0,5} 80.000.000^{-0,5} = 2500$$

Lösung L 1.95 (5 Punkte) (Zur Aufgabenstellung A 1.95)

$$dY = \beta A K^{\beta-1} L^{1-\beta} dK + (1-\beta) A K^{\beta} L^{-\beta} dL \qquad (1.5)$$

Nach Einsetzen ergibt sich:

$$dY = 0,5 \cdot 20.000 \cdot 10.000.000^{-0,5} 80.000.000^{0,5} \cdot 1000$$
$$+ 0,5 \cdot 20.000 \cdot 10.000.000^{0,5} 80.000.000^{-0,5} 1000$$
$$= 10.000 \cdot \sqrt{8} \cdot 1000 + 10.000 \cdot \sqrt{0,125} \cdot 1000$$
$$= 10.000.000 \cdot (\sqrt{8} + \sqrt{0,125}) = 31.819.805,2$$

Lösung L 1.96 (5 Punkte) (Zur Aufgabenstellung A 1.96)

$$Y = 15.000 \cdot 2.000.000^{1/3} 7.000.000^{2/3} = 69.156.544.381$$
$$\frac{dY}{dL} = \frac{2}{3} 15.000 \cdot 2.000.000^{1/3} 7.000.000^{-1/3} = 6586,34$$
$$\frac{dY}{dK} = \frac{1}{3} 15.000 \cdot 2.000.000^{-2/3} 7.000.000^{2/3} = 11.526,09$$

Lösung L 1.97 (4 Punkte) (Zur Aufgabenstellung A 1.97)
Nominal betrachtet hätte der König Opportunitätskosten von 150 % Wirtschaftswachstum. Real betrachtet hätte der König Opportunitätskosten von 70 % Wirtschaftswachstum.

Lösung L 1.98 (8 Punkte) (Zur Aufgabenstellung A 1.98)
Studenten verdienen nach ihrem Studium im Durchschnitt mehr als Nichtakademiker. Dafür haben sie während der Studienzeit finanzielle Einbußen hinzunehmen. Angenommen man rechnet dies gegeneinander auf und kommt auf den Wert einer Stunde VWL-Tutorium von 13,37 €.

(a) (4 Punkte) Jede Stunde Tutorium erzeugt Opportunitätskosten von 0,63 €. Bei 26 Stunden Tutorien entstehen Opportunitätskosten von 16,38 €.

(b) (4 Punkte) Jede Stunde Party erzeugt Opportunitätskosten von 7,37 €. Bei 26 Stunden Tutorien entstehen Opportunitätskosten von 191,62 €.

Lösung L 1.99 **(7 Punkte)** (Zur Aufgabenstellung A 1.99)

(a) (3 Punkte) $\frac{dY}{dL} = (1-\beta)k^\beta$

(b) (4 Punkte) Das BIP erhöht sich um $\frac{dY}{dL} = 0.5 \cdot 1.25 = 0.625$ Einheiten.

Lösung L 1.100 **(2 Punkte)** (Zur Aufgabenstellung A 1.100)

Das reale BIP lag bei 1.333.333.333.

Lösung L 1.101 **(20 Punkte)** (Zur Aufgabenstellung A 1.101)

(a) (5 Punkte) $\frac{dY}{dK} = \lambda - L$ (fallend bzgl. L, konstant bzgl. K) und $\frac{dY}{dL} = 2\mu L - K$ (steigend bzgl. L, fallend bzgl. K)

(b) (5 Punkte) $\frac{dY}{dK} = L^2$ (quadratisch bzgl. L, konstant bzgl. K) und $\frac{dY}{dL} = 2KL$ (steigend bzgl. L, steigend bzgl. K)

(c) (5 Punkte) $\frac{dY}{dK} = (\mu L)^2 - L$ (quadratisch bzgl. L, konstant bzgl. K) und $\frac{dY}{dL} = 2\mu^2 KL - K$ (steigend bzgl. L, steigend bzgl. K)

(d) (5 Punkte) $\frac{dY}{dK} = \lambda L + \frac{1}{K}$ (steigend bzgl. L, fallend bzgl. K) und $\frac{dY}{dL} = \lambda K + \frac{1}{L}$ (fallend bzgl. L, steigend bzgl. K)

Lösung L 1.102 **(2 Punkte)** (Zur Aufgabenstellung A 1.102)

Die Opportunitätskosten sind in diesem Fall die entgangenen Zinsen.

Lösung L 1.103 **(3 Punkte)** (Zur Aufgabenstellung A 1.103)

(a) (1 Punkt) $\alpha + \beta > 1$

(b) (1 Punkt) $\alpha + \beta = 1$

(c) (1 Punkt) $\alpha + \beta < 1$

Lösung L 1.104 **(4 Punkte)** (Zur Aufgabenstellung A 1.104)

Das reale Einkommen in 2009 beträgt 4000 und in 2010 3000. Somit ist das reale Einkommen gesunken.

Lösung L 1.105 **(5 Punkte)** (Zur Aufgabenstellung A 1.105)

Das reale BIP liegt in 2008 bei 2 Mrd., in 2009 bei 1 Mrd. und in 2010 bei 1 Mrd. Somit ist es von 2008 auf 2009 gefallen und danach konstant geblieben.

Lösung L 1.106 **(4 Punkte)** (Zur Aufgabenstellung A 1.106)

In 2009 beträgt das reale BIP 2000 und in 2010 ebenso 2000.

Lösung L 1.107 **(10 Punkte)** (Zur Aufgabenstellung A 1.107)

1. Italien weist in Bezug auf beide Güter einen absoluten Kostenvorteil auf.
2. Bestimmen der Opportunitätskosten:

Land/Gut	Autos	Pizza
Deutschland	1,67	0,6
Italien	2	0,5

Entsprechend weist Deutschland einen komparativen Vorteil bei Autos und Italien bei Pizzen auf.

3. Ausgangssituation ohne Handel beim Konsum von 10 Pizzen und 10 Autos: Gesamtkosten DE: 10*50+10*30=800 und Gesamtkosten IT: 10*10+10*5=150
Bei Wechselkurs 1:1 gilt Gesamtkosten DE: 20*50=1000 und Gesamtkosten IT:
20*5=100 Entsprechend lohnt sich dieser Wechselkurs für IT aber nicht für DE.
Bei Wechselkurs 1:2 gilt Gesamtkosten DE: 15*50=750 und Gesamtkosten IT:
30*5=150 Entsprechend lohnt sich dieser Wechselkurs für DE und ist für IT nicht
schlecht als in der Situation ohne Handel.
Bei Wechselkurs 1:5 gilt Gesamtkosten DE: 12*50=600 und Gesamtkosten IT:
60*5=300 Entsprechend lohnt sich dieser Wechselkurs für DE aber nicht für IT.

Lösung L 1.108 (**13 Punkte**) (Zur Aufgabenstellung A 1.108)
1. Südkorea weist in Bezug auf beide Güter einen absoluten Kostenvorteil auf.
2. Bestimmen der Opportunitätskosten:

Land/Gut	Laptop	Tablet
Japan	3	0,33
Südkorea	2	0,5

Entsprechend weist Südkorea einen komparativen Vorteil bei Laptops und Japan bei
Tablets auf.

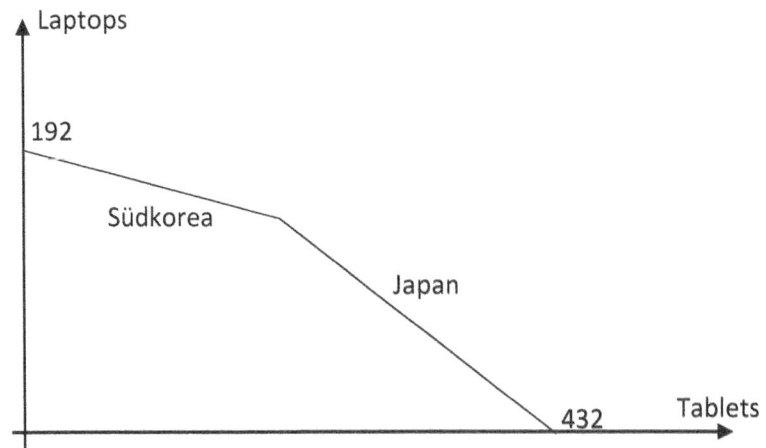

3.
4. Ausgangssituation ohne Handel beim Konsum von 6 Laptops und 6 Tablets: Gesamtkosten JP: 6*30+6*10=240 und Gesamtkosten SK: 6*10+6*5=90 Bei Wechselkurs
1:1 gilt Gesamtkosten JP: 12*10=120 und Gesamtkosten SK: 12*10=120 Entsprechend lohnt sich dieser Wechselkurs für JP aber nicht für SK. Bei Wechselkurs 1:2 gilt
Gesamtkosten JP: 18*10=180 und Gesamtkosten SK: 9*10=90 Entsprechend lohnt
sich dieser Wechselkurs für JP und ist für SK nicht schlecht als in der Situation ohne
Handel. Bei Wechselkurs 1:3 gilt Gesamtkosten JP: 24*10=240 und Gesamtkosten
SK: 8*10=80 Entsprechend lohnt sich dieser Wechselkurs für SK und ist für JP nicht
schlechter als in der Situation ohne Handel.

Lösung L 1.109 (**13 Punkte**) (Zur Aufgabenstellung A 1.109)

1. Polen weist in Bezug auf beide Güter einen absoluten Kostenvorteil auf.
2. Bestimmen der Opportunitätskosten:

Land/Gut	Äpfel	Birnen
Polen	0,5	2
Ungarn	0,67	1,5

Entsprechend weist Polen einen komparativen Vorteil bei Äpfeln und Ungarn bei Birnen auf.

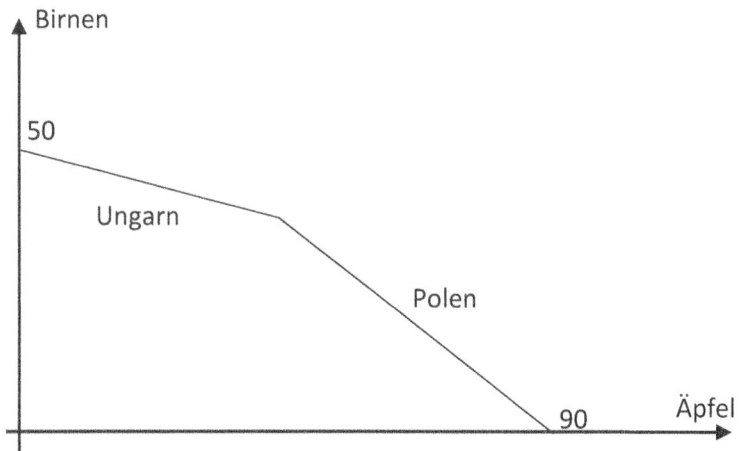

3.
4. Ausgangssituation ohne Handel beim Konsum von 6 Äpfeln und 6 Birnen: Gesamtkosten PL: 6*1+6*2=18 und Gesamtkosten HU: 6*2+6*3=30 Bei Wechselkurs 1:1 gilt Gesamtkosten PL: 12*1=12 und Gesamtkosten HU: 12*3=36 Entsprechend lohnt sich dieser Wechselkurs für PL aber nicht für HU. Bei Wechselkurs 1:2 gilt Gesamtkosten PL: 18*1=18 und Gesamtkosten HU: 9*3=27 Entsprechend lohnt sich dieser Wechselkurs für HU und ist für PL nicht schlecht als in der Situation ohne Handel. Bei Wechselkurs 1:3 gilt Gesamtkosten PL: 24*1=24 und Gesamtkosten HU: 8*3=24 Entsprechend lohnt sich dieser Wechselkurs für HU aber nicht für PL.

Lösung L 1.110 (**5 Punkte**) (Zur Aufgabenstellung A 1.110)

Bestimmen der Opportunitätskosten:

Land/Gut	Produkt 1	Produkt 2
UN 1	0,25	4
UN 2	0,33	3

Entsprechend wird Unternehmen 1 sich auf die Produktion von Produkt 1 und Unternehmen 2 auf die Produktion von Produkt 2 spezialisieren.

Lösung L 1.111 (5 Punkte) (Zur Aufgabenstellung A 1.111)
1. Makroatien weist bei der Produktion beider Güter einen absoluten Kostenvorteil auf.
2. Berechnen der Opportunitätskosten:

Land/Gut	Autos	Pullover
Makroatien	4	0,25
Mikronesien	6	0,17

Makroatien weist bei der Produktion von Autos einen komparativen Kostenvorteil auf und Mikronesien bei der Produktion von Pullovern.

Lösung L 1.112 (5 Punkte) (Zur Aufgabenstellung A 1.112)
1. Mikronesien weist bei der Produktion beider Güter einen absoluten Kostenvorteil auf.
2. Berechnen der Opportunitätskosten:

Land/Gut	Whisky	Rindfleisch
Makroatien	1	1
Mikronesien	0,5	2

Entsprechend weist Makroatien bei der Produktion von Rindfleisch einen komparativen Vorteil und Mikronesien bei der Produktion von Whisky einen komparativen Vorteil auf.

Lösung L 1.113 (5 Punkte) (Zur Aufgabenstellung A 1.113)
1. Keins der beiden Länder hat einen absoluten Vorteil bei der Produktion von Brot, aber Makroatien weist bei der Produktion von Büchern einen absoluten Kostenvorteil auf.
2. Berechnen der Opportunitätskosten:

Land/Gut	Brot	Bücher
Makroatien	0,04	24
Mikronesien	0,03	30

Entsprechend weist Makroatien einen komparativen Kostenvorteil bei der Produktion von Büchern auf und Mikronesien bei der Produktion von Brot.

Lösung L 1.114 (5 Punkte) (Zur Aufgabenstellung A 1.114)
1. Mikronesien weist bei der Produktion beider Güter einen absoluten Kostenvorteil auf.
2. Berechnen der Opportunitätskosten:

Land/Gut	Rucksäcke	Kugelschreiber
Makroatien	40	0,025
Mikronesien	45	0,022

Entsprechend weist Makroatien einen komparativen Kostenvorteil bei der Produktion von Rucksäcken auf und Mikronesien bei der Produktion von Kugelschreibern.

Lösung L 1.115 (**5 Punkte**) (Zur Aufgabenstellung A 1.115)

1. Makroatien weist bei der Produktion beider Güter einen absoluten Kostenvorteil auf.
2. Berechnen der Opportunitätskosten:

Land/Gut	Brötchen	Brezel
Makroatien	0,4	2,5
Mikronesien	0,31	3,2

Entsprechend weist Makroatien einen komparativen Kostenvorteil bei der Produktion von Brezeln auf und Mikronesien bei der Produktion von Brötchen.

Transferaufgaben

Lösung L 1.116 (**4 Punkte**) (Zur Aufgabenstellung A 1.116)

(a) (2 Punkte) Da es gemäß der Phillipskurve einen Widerspruch zwischen den Zielen *Preisniveaustabilität* und *hohe Beschäftigung* gibt, ist anzunehmen, dass diese beiden Ziele nicht gleichzeitig in Mikronesien erreicht wurden.

(b) (3 Punkte) Ein wirtschaftlicher Aufschwung geht zumeist einher mit einer höheren Nachfrage nach Arbeitskräften und somit einer höheren Beschäftigungsquote. Unterstellt man die Wirksamkeit der Phillipskurve, so ist anzunehmen, dass durch die höhere Beschäftigung ebenfalls eine höhere Inflationsrate auftritt.

Lösung L 1.117 (**5 Punkte**) (Zur Aufgabenstellung A 1.117)

Da Benzin gerade im Transportsektor eine große Rolle spielt und dieser Sektor in allen Bereichen direkt oder indirekt zum Einsatz kommt, werden sich Kosten oder Einsparungen des Transportsektors potenziell auf die Preise in den anderen Sektoren ausweiten. Entsprechend würde es zu Preisrückgängen in allen Sektoren kommen, was stimulierend für die Konjunktur wäre. Dies sieht allerdings vor, dass Kosteneinsparungen auch wirklich weitergegeben werden.

Lösung L 1.118 (**5 Punkte**) (Zur Aufgabenstellung A 1.118)

Eine der Säulen der sozialen Marktwirtschaft ist die Rentenversicherung. Diese ist derart realisiert, dass die arbeitende Bevölkerung einzahlt und von diesen Einzahlungen werden die Rentenbezüge der Rentner gezahlt. Unter dem Stichwort demografischer Wandel versteht man, dass in der Gesellschaft immer mehr ältere Menschen und immer weniger jüngere (arbeitende) Menschen vorhanden sind. Bezogen auf die Rentenversicherung bedeutet dies, dass immer mehr Rentner (Anspruchsberechtigte) durch immer weniger Einzahlende finanziert werden müssen. Um dies zu realisieren, müssen die Zahlenden immer höhere Rentenversicherungsbeiträge zahlen. Da Rentenversicherungsbeiträge Teil der Lohnnebenkosten sind, nehmen diese entsprechend zu. Dies bedeutet, dass zum einen die Beschäftigung von Arbeitskräften stetig teurer wird und zum anderen die Arbeitenden einen immer geringeren Teil ihres Einkommens behalten können, da sie zunehmend finanziell belastet werden.

Volkswirtschaftliche Gesamtrechnung

2

2.1 Theoretische Grundlagen

2.1.1 Volkswirtschaftliche Gesamtrechnung

Das Bruttoinlandsprodukt (BIP) ist der Wert aller im Inland (innerhalb der Landesgrenzen) geschaffenen Güter und Dienstleistungen. Das Bruttonationalprodukt (BNP), auch Bruttonationaleinkommen (BNE) oder Bruttosozialprodukt (BSP) genannt, ist der Wert aller von Inländern geschaffenen Güter und Dienstleistungen. Das BNP und das BIP hängen wie folgt zusammen:

$$BNP = BIP - \text{Tätigkeiten von Ausländern im Inland}$$
$$+ \text{Tätigkeiten von Inländern im Ausland}$$

Diesen Zusammenhang illustriert Abb. 2.1.

Bruttoinlandsprodukt: ☐ + ▨
Alle Güter und Dienstleistungen, die im Inland produziert werden.

Bruttosozialprodukt / Bruttonationaleinkommen: ☐ + ■
Alle Güter und Dienstleistungen, die von Inländern im Inland und im Ausland produziert werden.

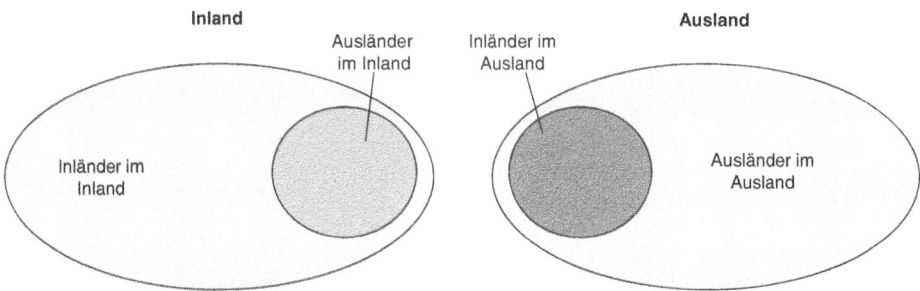

Abb. 2.1 Berechnung des BIP und des BNP

© Springer-Verlag GmbH Deutschland, ein Teil von Springer Nature 2019
J. K. Perret und P. J. J. Welfens, *Arbeitsbuch Makroökonomik und Wirtschaftspolitik*, https://doi.org/10.1007/978-3-662-58184-1_2

Es existieren drei fundamentale Ansätze, wie das BIP bzw. das BNP berechnet werden können.

Entstehungs-, Verwendungs- und Verteilungsrechnung

Entstehungsrechnung

Die folgende Tab. 2.1 fasst die Grundinhalte der Entstehungsrechnung zusammen und zeigt, wie sich aus dem Produktionswert das BIP, das BNP und letztlich das Volkseinkommen bestimmen lassen. Diese Form der Berechnung kann entweder für eine Volkswirtschaft als Ganzes durchgeführt werden oder für jeden Sektor der Wirtschaft einzeln. In letzterem Fall ergibt sich das gesamtwirtschaftliche BIP als Summe der sektoralen BIPs.

Tabelle 2.1 Entstehungsrechnung

	Produktionswert
-	Vorleistungen
	(Alles, was zwar im Inland geschaffen wurde, aber nicht von einem selbst)
-	Importe
	(Alles, was im Ausland geschaffen wurde)
=	Bruttowertschöpfung (unbereinigt)
	(Was als zusätzlicher Wert geschaffen wurde)
-	Unterstellte Bankgebühr
	(Was zur Verwaltung des neuen Werts aufgewendet werden muss)
=	Bruttowertschöpfung (bereinigt)
+	Gütersteuern
	(Neugeschaffener Wert, der an den Staat abgetreten wird)
-	Subventionen
	(Wert, der nur durch Umverteilung entstanden ist)
=	BIP $(Y = Y^s)$

Verwendungsrechnung

Da implizit angenommen wird, dass keine Produktion auf Lager erfolgt, kann das BIP auch dahin gehend unterteilt werden, wer welchen Anteil des BIPs konsumiert. Tab. 2.2 fasst die hieraus resultierende Verwendungsrechnung zusammen. Jeder Posten der Verwendungsrechnung beschreibt einen Akteur, der als Konsument auftritt. Hierbei ist zu beachten, dass die Exporte mit einem positiven Vorzeichen in die Berechnung eingehen, da hier inländische Güter konsumiert werden, also insgesamt die Nachfrage nach inlän-

Tabelle 2.2 Verwendungsrechnung

	C	Konsum (Was die Haushalte konsumieren)
+	I	Bruttoinvestitionen (Was die Unternehmen konsumieren)
+	G	Staatsausgaben (Was der Staat konsumiert)
+	X	Exporte (Was Ausländer konsumieren)
-	$q \cdot J$	Wechselkurs (damit die Importe in heimischer Währung notiert sind) multipliziert mit
		(Was Inländer an ausländischen Gütern und Dienstleistungen konsumieren)
=	Y	BIP $(Y = Y^d)$

dischen Gütern steigt. Aus dem gleichen Grund gehen Importe mit einem negativen Vorzeichen in die Verwendungsrechnung ein. Hier werden ausländische Güter konsumiert, die keinen Beitrag zum inländischen BIP liefern, sondern eher noch durch Substitution inländischer Güter das BIP reduzieren.

Die Verwendungsrechnung wird im weiteren Verlauf, gerade im Rahmen der Herleitung des IS-LM-Modells, wieder aufgegriffen, wobei eine mathematischere Formulierung hilfreich ist. In diesem Kontext wird die sogenannte Verwendungsgleichung aufgestellt, die die Inhalte der Verwendungsrechnung in einer Gleichung zusammenfasst. Die Verwendungsgleichung ist wie folgt gegeben:

$$Y = C + I + G + X - q \cdot J$$

Verteilungsrechnung

Während über die Entstehungsrechnung herausgearbeitet werden kann, welcher Sektor welchen Anteil am BIP, hinsichtlich seiner Erzeugung, hat, beantwortet die Verteilungsrechnung die Frage, wer (hier im Kontext der Beschäftigungsform) das Einkommen erwirtschaftet. Tab. 2.3 fasst die Inhalte der Verteilungsrechnung tabellarisch zusammen.

Tabelle 2.3 Verteilungsrechnung

	Einkommen aus unselbstständiger Arbeit
+	Einkommen aus selbständiger Arbeit und Unternehmertätigkeit
+	Vermögenseinkommen
=	Volkseinkommen
+	Abgaben, Produktions- und Importsteuern (Neugeschaffener Wert, der an den Staat abgetreten wird)
-	Subventionen (Wert, der nur durch Umverteilung entstanden ist)
=	Nettonationaleinkommen (NNE)
+	Abschreibungen
=	Bruttonationaleinkommen (BNE auch BSP oder BNP)
-	Einkommen aus übriger Welt (Was Inländer im Ausland erwirtschaften)
+	Einkommen an übrige Welt (Was Ausländer im Inland erwirtschaften)
=	BIP ($Y = Y^s$)

VGR in Kontenform

Eine jede Volkswirtschaft kann auch als Unternehmen angesehen werden. Genauso wie bei einem Unternehmen kann dann eine Bilanz für die Volkswirtschaft aufgestellt werden, welche wiederum aus verschiedenen Teilbilanzen besteht. Wie auch bei einer Unternehmensbilanz müssen die Soll- und die Habenseite sich ausgleichen. Stellt man die Bilanz einer Volkswirtschaft grafisch dar, so ergibt sich Abb. 2.2. Die einzelnen Konten beinhalten die folgenden Posten:

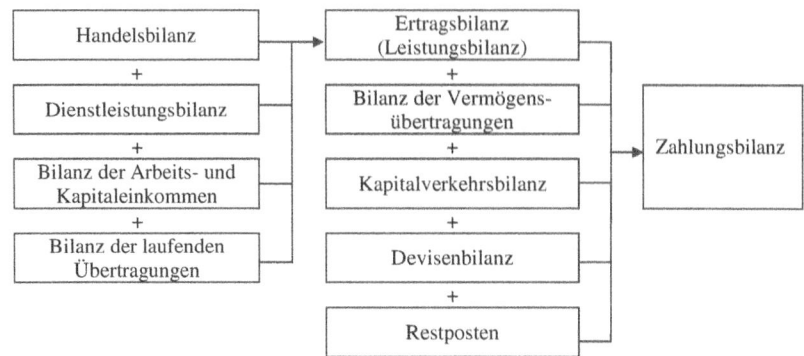

Abb. 2.2 Die VGR in Kontenform

Handelsbilanz: Gegenüberstellung der Ein- und Ausfuhr von Waren

Dienstleistungsbilanz: Gegenüberstellung des grenzüberschreitenden Handels mit Dienstleistungen

Bilanz der Arbeits- und Kapitaleinkommen: Einkommen, die Inländer von Ausländern bekommen und vice versa

Bilanz der laufenden Übertragungen: einseitige Leistungen, die in die Volkswirtschaft hinein- bzw. aus ihr hinausfließen

Bilanz der Vermögensübertragungen: Unentgeltliche Leistungen, die nicht direkt das Einkommen und den Verbrauch beeinflussen

Kapitalbilanz: Änderungen von Forderungen und Verbindlichkeiten

Devisenbilanz: Veränderung von nationalen Währungsreserven bei den Zentralbanken

Restposten: Alle statistisch nicht aufgliederbaren Transaktionen

Kreislaufanalyse

Wie schon bei der Verwendungsgleichung gesehen, gibt es vier Hauptakteure in jeder Volkswirtschaft:

- Haushalte,
- Unternehmen,
- Staat,
- Ausland.

Darüber hinaus gibt es noch einen Akteur „Vermögenspool", der die Banken bzw. das Finanzsystem darstellt.

Theoretisch sind zwischen allen fünf Polen (Akteuren) Verbindungen in beide Richtungen denkbar. Allerdings werden, gerade bezogen auf das Ausland, nur sinnvoll zu deutende Flüsse dargestellt. Abb. 2.3 veranschaulicht diesen Zusammenhang. Da es sich um einen Kreislauf handelt, muss die Summe aller Zuflüsse zu einem Pol der Summe aller Abflüsse entsprechen.

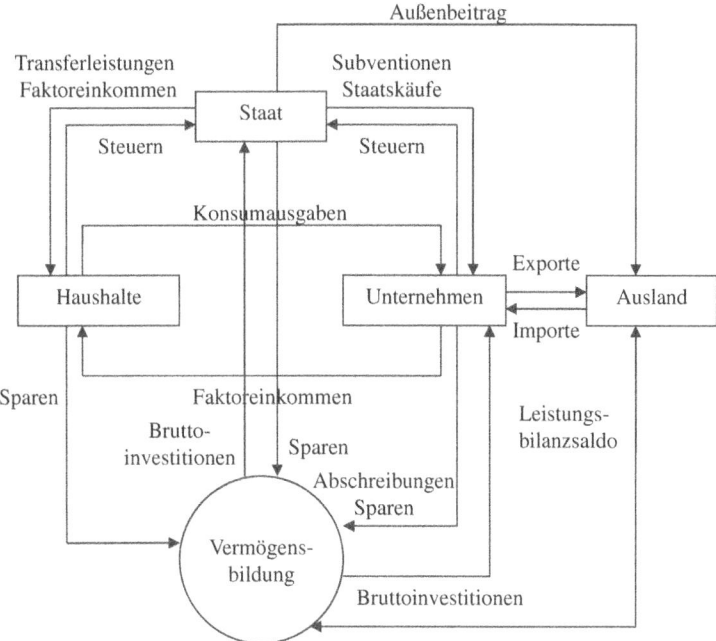

Abb. 2.3 Kreislaufanalyse

2.2 Aufgaben

2.2.1 Entstehungs-, Verwendungs- und Verteilungsrechnung

Quick Check – Wahr oder falsch?

Aufgabe A 2.1 (5 Punkte) (Zur Lösung L 2.1)
(a) Importe erhöhen das BIP.
(b) Importe werden, ebenso wie Exporte, in der inländischen Währung notiert.
(c) Ein Anstieg der Abschreibungen erhöht das Bruttonationaleinkommen.
(d) Bei der Verteilungsrechnung unterscheidet man explizit zwischen Einkommen aus unternehmerischer Tätigkeit und Einkommen aus Vermögen.
(e) Der Unterschied von BIP und BSP/BNP liegt im Primäreinkommenssaldo der Welt.

Multiple Choice

Aufgabe A 2.2 (10 Punkte) (Zur Lösung L 2.2)
(a) (2 Punkte) Welcher Posten ist kein Bestandteil der Verwendungsgleichung?

   (I)   Konsum
   (II) Exporte

(III) Staatsschulden

(IV) Investitionen

(b) (2 Punkte) Ein höheres Vermögenseinkommen …

(I)   … erhöht die Lohnquote.

(II) … erhöht das BIP.

(III) … verringert das Volkseinkommen.

(IV) … verringert das Arbeitseinkommen.

(c) (2 Punkte) Welcher Effekt ergibt sich aus höheren Steuern?

(I)   Geringeres BIP

(II) Mehr Ersparnisse

(III) Höheres Arbeitseinkommen

(IV) Geringeres Volkseinkommen

(d) (2 Punkte) Wobei handelt es sich um keinen Pol der Kreislaufanalyse?

(I)   Haushalte

(II) Ausland

(III) Staat

(IV) Forschung

(e) (2 Punkte) Welche Bilanz ist nicht Teil der Leistungsbilanz?

(I)   Handelsbilanz

(II) Kapitalbilanz

(III) Laufende Übertragungen

(IV) Dienstleistungsbilanz

Aufgabe A 2.3 (10 Punkte) (Zur Lösung L 2.3)

(a) (2 Punkte) Welche der folgenden Bilanzen ist Teil der Leistungsbilanz?

(I)   Restposten

(II) Laufende Übertragungen

(II) Devisenbilanz

(IV) Kapitalbilanz

(b) (2 Punkte) Wobei handelt es sich nicht um einen der Pole in der Kreislaufanalyse?

(I)   Unternehmen

(II) Haushalte

(III) Inland

(IV) Ausland

(c) (2 Punkte) Die Handelsbilanz ist …

(I)   … Teil der Dienstleistungsbilanz.

(II) … größer als der Außenbeitrag.

(III) ... kein Bestandteil der Zahlungsbilanz.

(IV) ... positiv, wenn ein Exportüberschuss erwirtschaftet wird.

(d) (2 Punkte) Welcher Posten kommt nicht in der Verwendungsgleichung vor?

(I) Privater Konsum

(II) Subventionen

(III) Import

(IV) Staatsausgaben

(e) (2 Punkte) Welche Aussage trifft über das Volkseinkommen zu?

(I) Ist immer positiv.

(II) Stimmt mit dem BIP überein.

(III) Entspricht den Konsumausgaben.

(IV) Ist eine Bruttobetrachtung.

Verständnisfragen

Aufgabe A 2.4 (2 Punkte) (Zur Lösung L 2.4)

Formulierung 1 Geben Sie die Verwendungsgleichung an und benennen Sie die verwendeten Variablen.

Formulierung 2 Skizzieren Sie den Hauptinhalt der Verwendungsrechnung.

Formulierung 3 Skizzieren Sie kurz die Verwendungsrechnung.

Aufgabe A 2.5 (3 Punkte) (Zur Lösung L 2.5)

Formulierung 1 Auf welche Posten verteilt sich das Bruttosozialprodukt?

Formulierung 2 Skizzieren Sie den Hauptinhalt der Verteilungsrechnung.

Aufgabe A 2.6 (6 Punkte) (Zur Lösung L 2.6)

In einer offenen Volkswirtschaft liegt der Konsum konstant bei 5 Einheiten und die Staatsausgaben konstant bei 2 Einheiten.

(a) (2 Punkte) Wie lautet die Verwendungsgleichung einer offenen Volkswirtschaft?

(b) (2 Punkte) Angenommen es liegt eine ausgeglichene Leistungsbilanz vor und der Staat betreibt eine Innovationspolitik, die zu einem nachhaltigen Anstieg der Investitionen in neue Technologien führt. Was passiert in diesem Fall mit dem BIP?

(c) (2 Punkte) Was passiert in dem Fall, dass die Exporte die Importe übersteigen?

Aufgabe A 2.7 (5 Punkte) (Zur Lösung L 2.7)

Formulierung 1 Wie entstehen das Bruttoinlandsprodukt und das Volkseinkommen?

Formulierung 2 Skizzieren Sie den Hauptinhalt der Entstehungsrechnung.

Formulierung 3 Skizzieren Sie kurz die Entstehungsrechnung.

Formulierung 4 Wie bestimmt sich das BSP?

Formulierung 5 Wie berechnet sich das BIP im Rahmen der Entstehungsrechnung?

Aufgabe A 2.8 (4 Punkte) (Zur Lösung L 2.8)

(a) (2 Punkte) Stellen Sie die Verwendungsgleichung des Bruttoinlandsprodukts in einer offenen Volkswirtschaft mit Staatstätigkeit dar.

(b) (2 Punkte) Benennen Sie die benutzten Variablen (Symbole).

Aufgabe A 2.9 (22 Punkte) (Zur Lösung L 2.9)

(a) (3 Punkte) Stellen Sie die Verwendungsgleichung einer repräsentativen Volkswirtschaft dar und benennen Sie die verwendeten Variablen.

(b) (5 Punkte) Wie lauten die vier makroökonomischen Ziele des Magischen Vierecks? Stellen Sie mögliche Zielkonflikte dar.

(c) (8 Punkte) Skizzieren Sie das Kreislaufschema für eine Volkswirtschaft mit den Akteuren Haushalte, Unternehmen, Vermögensbildungspol und Staat. Beschriften Sie alle möglichen Geldströme.

(d) (6 Punkte) In einer Volkswirtschaft beträgt die Bruttowertschöpfung 5 Mrd. Geldeinheiten. Es werden 2 Mrd. Geldeinheiten Steuern gezahlt und 1 Mrd. Geldeinheiten Subventionen. Wie groß ist die Differenz zwischen Bruttoinlandsprodukt und Bruttosozialprodukt (Bruttonationaleinkommen), das annahmegemäß 7 Mrd. Geldeinheiten beträgt? Was ist die Differenz zwischen BIP und BSP (BNP)?

Aufgabe A 2.10 (2 Punkte) (Zur Lösung L 2.10)
Wie kommt man von dem BIP auf das BSP?

Anwendungsaufgaben

Aufgabe A 2.11 (5 Punkte) (Zur Lösung L 2.11)
Die Wirtschaftsberater des Königs von Makroatien legen ihm zwei Politikprogramme vor, für welche die folgenden wirtschaftlichen Ergebnisse prognostiziert wurden. Weiterhin kann der Staat für jede Einheit BIP, die erwirtschaftet wird, fünf neue Arbeitsplätze schaffen. Angenommen der König trifft eine rationale Entscheidung, für welches der beiden Programme wird er sich entscheiden, wenn für beide Programme Ausgaben in Höhe von drei Geldeinheiten entstehen?

	D	P
Konsum	3	2,5
Investitionen	2	3
Exporte	2	2
Importe	1,7	2
Wechselkurs	1,2	1,1
Arbeitslose	2	4

Aufgabe A 2.12 (6 Punkte) (Zur Lösung L 2.12)
Ergänzen Sie die folgende Tabelle zur wirtschaftlichen Leistungsfähigkeit der drei Länder Mikronesien, Makroatien und Wipolen.

	Mikronesien	Makroatien	Wipolen
Produktionswert	10	50	30
Vorleistungen	3	20	?
Bruttowertschöpfung	?	?	20
Steuern	4	10	4
Subventionen	?	3	2
BIP	5	?	?

Aufgabe A 2.13 (5 Punkte) (Zur Lösung L 2.13)

Ein Bauer produziert Weizen im Gesamtwert von 20.000 €. Diesen Weizen verkauft er zur Weiterverarbeitung an den Müller, welcher das erzeugte Mehl für 30.000 € an den Bäcker weiterverkauft. Aus dem Mehl und weiteren Vorprodukten im Wert von 20.000 € backt der Bäcker Brot im Wert von 70.000 €.

(a) (3 Punkte) Berechnen Sie die Wertschöpfung auf den unterschiedlichen Stufen.

(b) (2 Punkte) Wie trägt diese zum BIP bei?

Aufgabe A 2.14 (6 Punkte) (Zur Lösung L 2.14)

In Land Y werden Güter und Dienstleistungen in Höhe von 5 Mrd. GE konsumiert, hierin enthalten ist bereits eine staatliche Nachfrage nach Gütern und Dienstleistungen in Höhe von 1 Mrd. GE. Aufgrund der guten wirtschaftlichen Lage wurden Reinvestitionen in Höhe von 1 Mrd. GE und Neuinvestitionen in Höhe von 0,5 Mrd. GE getätigt. Insgesamt werden Güter und Dienstleistungen bei einem realen Wechselkurs von 1 in Höhe von 1 Mrd. GE importiert.

(a) (3 Punkte) In welcher Höhe wurden Güter und Dienstleistungen exportiert, wenn ein BIP in Höhe von 7 Mrd. GE erwirtschaftet wurde?

(b) (3 Punkte) Im Vorjahr wurde ein BIP in Höhe von 6,8 Mrd. GE erwirtschaftet. Wurde das politische Ziel eines Wirtschaftswachstums von mindestens 3 % erreicht?

Aufgabe A 2.15 (5 Punkte) (Zur Lösung L 2.15)

Prof. Schneider aus Linz schätzt, dass in Deutschland in jedem Jahr Schwarzarbeit in einem Volumen von 350 Mrd. € getätigt wird. Angenommen sei eine durchschnittliche Steuerquote von 30 % bei einer Umlegung von 1 : 1 auf die Einwohner. Wie viel Euro entgehen jedem Bundesbürger, wenn die Bevölkerungszahl 80 Mio. beträgt?

Aufgabe A 2.16 (6 Punkte) (Zur Lösung L 2.16)

In einer offenen Volkswirtschaft werden Waren und Dienstleistungen im Wert von 4 Mio. Euro konsumiert. Es werden Investitionen in Höhe von 8 Mio. Euro getätigt. Außerdem fragt der Staat Güter und Dienstleistungen in Höhe von 2 Mio. Euro nach. Der Export weist eine Höhe von 3 Mio. Euro und der Import eine Höhe von 4 Mio. Euro auf.

(a) (4 Punkte) Berechnen Sie das BIP der Volkswirtschaft.

(b) (2 Punkte) Liegt ein Handelsbilanzdefizit vor? (Begründen Sie Ihre Antwort kurz.)

Aufgabe A 2.17 (**4 Punkte**) (Zur Lösung L 2.17)
In Land X werden im Jahr 2010 Güter im Wert von 5 Mrd. GE produziert, wobei Vorprodukte im Wert von 2 Mrd. GE genutzt werden. Der Staat zahlt keine Subventionen, aber nimmt Steuern in Höhe von 1 Mrd. GE ein. Wie hoch sind die Bruttowertschöpfung und das BIP in Land X im Jahr 2010?

Aufgabe A 2.18 (**3 Punkte**) (Zur Lösung L 2.18)
In Land X werden im Jahr 2010 Güter und Dienstleistungen im Wert von 6 Mrd. GE vom Staat und den Haushalten konsumiert. Darüber hinaus investierten Staat und Unternehmen 2 Mrd. GE. Es liegt eine ausgeglichene Außenhandelsbilanz vor. Wie hoch ist das BIP in Land X im Jahr 2010?

Aufgabe A 2.19 (**3 Punkte**) (Zur Lösung L 2.19)
In Land X beträgt das BSP 6 Mrd. GE. Es werden Steuern in Höhe von 1 Mrd. GE erhoben, aber keine Subventionen gezahlt. 80 % des Einkommens entstehen aus unselbstständiger Arbeit. Wieviel GE beträgt das Einkommen aus unselbstständiger Arbeit?

Aufgabe A 2.20 (**6 Punkte**) (Zur Lösung L 2.20)
In einer offenen Volkswirtschaft werden Waren und Dienstleistungen im Wert von 4 Mio. € konsumiert. Es werden Investitionen in Höhe von 8 Mio. € getätigt. Außerdem fragt der Staat Güter und Dienstleistungen in Höhe von 2 Mio. € nach. Der Export weist eine Höhe von 3 Mio. € und der Import eine Höhe von 4 Mio. € auf.

(a) (4 Punkte) Berechnen Sie das BIP der Volkswirtschaft.
(b) (2 Punkte) Liegt ein Handelsbilanzdefizit vor? (Begründen Sie Ihre Antwort kurz.)

Aufgabe A 2.21 (**5 Punkte**) (Zur Lösung L 2.21)
Berechnen Sie unter der Annahme einer geschlossenen Volkswirtschaft sowie $C(Y) = (1 - s)Y$ und $I(r) = -r$ den Einfluss, den eine Erhöhung der Sparquote s auf das Wirtschaftswachstum Y hat $\left(\frac{dY}{ds}\right)$. Ist dieser positiv oder negativ?

Aufgabe A 2.22 (**27 Punkte**) (Zur Lösung L 2.22)
Nutzen Sie das folgende Set an Daten zur Berechnung der gesuchten Kennzahlen.
   Gegeben:

* Konsum: 800
* Staatsausgaben: 600
* Exporte: 550
* Importe: 350
* Bruttowertschöpfung: 1700
* Vorleistungen: 300
* Steuern: 300
* Subventionen: 600
* Einkommen aus übriger Welt: 150

- Einkommen aus selbstständiger Arbeit und Vermögen: 800
- Abschreibungen: 150
- Nettonationaleinkommen: 1900

    Gesucht:

- Investitionen
- BIP
- Produktionswert
- Volkseinkommen
- Einkommen an übrige Welt
- Abgaben und Produktionssteuern
- Bruttonationaleinkommen
- Einkommen aus unselbstständiger Arbeit
- Lohnquote

Aufgabe A 2.23 (27 Punkte) (Zur Lösung L 2.23)
Nutzen Sie das folgende Set an Daten zur Berechnung der gesuchten Kennzahlen.
    Gegeben:

- Konsum: 300
- Staatsausgaben: 300
- Exporte: 80
- Importe: 130
- Bruttowertschöpfung: 800
- Vorleistungen: 200
- Steuern: 100
- Subventionen: 50
- Einkommen aus übriger Welt: 50
- Einkommen aus selbstständiger Arbeit und Vermögen: 400
- Abschreibungen: 50
- Nettonationaleinkommen: 850

    Gesucht:

- Investitionen
- BIP
- Produktionswert
- Volkseinkommen
- Einkommen an übrige Welt
- Abgaben und Produktionssteuern
- Bruttonationaleinkommen
- Einkommen aus unselbstständiger Arbeit
- Lohnquote

Aufgabe A 2.24 (27 Punkte) (Zur Lösung L 2.24)

Nutzen Sie das folgende Set an Daten zur Berechnung der gesuchten Kennzahlen.

  Gegeben:

- Investitionen: 750
- Exporte: 350
- Importe: 100
- Staatsausgaben: 400
- Bruttonationaleinkommen: 3000
- Bruttowertschöpfung: 2700
- Produktionswert: 2100
- Subventionen: 200
- Steuern: 1000
- Volkseinkommen: 2700
- Nettonationaleinkommen: 2700
- Lohneinkommen: 1700
- Einkommen aus übriger Welt: 200

  Gesucht:

- BIP
- Konsum
- Vorleistungen
- Abschreibungen
- Abgaben und Produktionssteuern
- Einkommen aus selbstständiger Tätigkeit und Vermögen
- Einkommen an übrige Welt
- Gewinnquote

Aufgabe A 2.25 (27 Punkte) (Zur Lösung L 2.25)

Nutzen Sie das folgende Set an Daten zur Berechnung der gesuchten Kennzahlen.

  Gegeben:

- Investitionen: 300
- Exporte: 250
- Importe: 150
- Staatsausgaben: 300
- Bruttonationaleinkommen: 1700
- Bruttowertschöpfung: 1600
- Produktionswert: 1900
- Subventionen: 300
- Steuern: 500
- Volkseinkommen: 1450
- Nettonationaleinkommen: 1600
- Lohneinkommen: 900
- Einkommen aus übriger Welt: 200

Gesucht:

- BIP
- Konsum
- Vorleistungen
- Abschreibungen
- Abgaben und Produktionssteuern
- Einkommen aus selbstständiger Tätigkeit und Vermögen
- Einkommen an übrige Welt
- Gewinnquote

Aufgabe A 2.26 (240 Punkte) (Zur Lösung L 2.26)
Gegeben sind die unten stehenden Sets an volkswirtschaftlichen Größen. Berechnen Sie ausgehend von diesen Werten jeweils:

- Vorleistungen
- Subventionen
- BIP
- Importe
- Einkommen aus selbstständiger Arbeit und aus Vermögen
- Abgaben
- Bruttonationaleinkommen
- Lohnquote

Größe	(a)	(b)	(c)	(d)	(e)	(f)	(g)	(h)	(i)	(j)
Produktionswert	1400	2400	2800	2300	3300	2000	1350	6350	2850	1300
Bruttowertschöpfung	1350	2100	2700	2100	3200	1800	1050	5350	2050	800
Steuern	100	300	200	400	600	800	500	500	300	50
Konsumausgaben	1000	1500	1800	1300	2500	1700	850	3500	1100	600
Investitionen	300	500	800	600	700	300	700	1100	800	300
Staatsausgaben	150	200	300	300	500	600	300	800	200	100
Exporte	50	300	250	400	100	400	200	1300	300	50
Arbeitseinkommen	800	1100	1550	1250	1900	900	500	2750	950	300
Volkseinkommen	1200	1700	2300	1850	2850	1350	800	4300	1500	400
Nettonationaleinkommen	1300	2000	2450	2150	3400	2050	950	4750	1900	450
Abschreibungen	150	300	350	250	300	300	150	750	300	150
Einkommen an restliche Welt	100	50	200	150	100	300	500	400	150	200
Einkommen aus restliches Welt	150	50	100	250	200	150	350	200	50	50

2.2.2 VGR in Kontenform

Quick Check – Wahr oder falsch?

Aufgabe A 2.27 (5 Punkte) (Zur Lösung L 2.27)
 (a) Leistungsbilanz ist ein anderer Name für die Ertragsbilanz.
 (b) In einer geschlossenen Volkswirtschaft ist die Leistungsbilanz immer ausgeglichen.
 (c) Die Leistungsbilanz spiegelt die Arbeitsproduktivität eines Landes wider.

(d) Die Leistungsbilanz umfasst auch die Zahlungsbilanz.
(e) Ein Leistungsbilanzdefizit geht immer auf eine unausgeglichene Handelsbilanz zurück.

Verständnisfragen

Aufgabe A 2.28 **(5 Punkte)** (Zur Lösung L 2.28)
Zeigen Sie die Zahlungsbilanz grafisch.

Aufgabe A 2.29 **(5 Punkte)** (Zur Lösung L 2.29)
Aus welchen Unterkonten besteht die Zahlungsbilanz? Erläutern Sie diese kurz.

Aufgabe A 2.30 **(5 Punkte)** (Zur Lösung L 2.30)
Aus den Salden welcher Teilbilanzen ergibt sich der Leistungsbilanzsaldo?

Aufgabe A 2.31 **(4 Punkte)** (Zur Lösung L 2.31)
Aus den Salden welcher Teilbilanzen ergibt sich der Zahlungsbilanzsaldo?

Transferaufgaben

Aufgabe A 2.32 **(8 Punkte)** (Zur Lösung L 2.32)
Angenommen in Land U liegt ein Leistungsbilanzdefizit vor. Weiterhin ist bekannt, dass nur vernachlässigbare einseitige Übertragungen getätigt wurden, und die Bilanz der Arbeits- und Kapitaleinkommen ist ausgeglichen.

(a) (5 Punkte) Welche Ursachen kann das Leistungsbilanzdefizit haben?
(b) (3 Punkte) Welche Entwicklungen ergeben sich für Land U, wcnn sowohl die Vermögensübertragungsbilanz als auch die Kapitalbilanz ausgeglichen sind und es keine nennenswerten Restposten gibt, aber die Zahlungsbilanz am Ende ausgeglichen sein muss?

2.2.3 Kreislaufanalyse

Quick Check – Wahr oder falsch?

Aufgabe A 2.33 **(5 Punkte)** (Zur Lösung L 2.33)
(a) Jeder Pol des Kreislaufschemas muss in der Summe aller Zu- und Abflüsse null aufweisen.
(b) In einer geschlossenen Volkswirtschaft sind die zentralen Pole Haushalte, Unternehmen, Staat und das Vermögensänderungskonto.
(c) Flüsse vom Staat zu den Haushalten bezeichnet man auch als Transferzahlungen.
(d) Flüsse vom Vermögensänderungskonto zu den Unternehmen bezeichnet man auch als Nettoinvestitionen.
(e) Staatseinnahmen bestehen aus Steuern von den Haushalten und Unternehmen sowie Krediten aus dem Vermögensänderungskonto.

Verständnisfragen

Aufgabe A 2.34 (12 Punkte) (Zur Lösung L 2.34)
Formulierung 1 Nennen Sie die unterschiedlichen Kreislaufmodelle und erklären Sie diese grafisch.
Formulierung 2 Leiten Sie schrittweise das Kreislaufmodell für eine offene Volkswirtschaft mit Staatstätigkeit her.

Aufgabe A 2.35 (6 Punkte) (Zur Lösung L 2.35)
Formulierung 1 Geben Sie das Kreislaufschema mit den Polen *Haushalte*, *Unternehmen* und *Vermögensbildung* an.
Formulierung 2 Skizzieren Sie das einfache Kreislaufschema einer geschlossenen Volkswirtschaft ohne Staatstätigkeit (mit Vermögensänderungskonto).

Anwendungsaufgaben

Aufgabe A 2.36 (8 Punkte) (Zur Lösung L 2.36)
Angenommen der Herrscher von Wipolen entscheidet sich, seinen Untertanen Transferzahlungen in Höhe von 3 Einheiten zukommen zu lassen und die Unternehmen in Wipolen mit 2 Einheiten zu subventionieren. Aufgrund langjähriger Verhandlungen liegt eine ausgeglichene Außenhandelsbilanz vor. Das Ziel des Herrschers ist ein ebenfalls ausgeglichener Staatshaushalt.

(a) (4 Punkte) Wie hoch muss die Steuerquote sein, wenn angenommen werden kann, dass die Haushalte und die Unternehmen zusammen ein BIP in Höhe von 50 Einheiten erwirtschaften?
(b) (4 Punkte) Aufgrund der schlechten Wirtschaftslage erhöht der Herrscher die Subventionszahlungen um 0,5 Einheiten. Welche Auswirkungen hat dies auf den Steuersatz?

Aufgabe A 2.37 (3 Punkte) (Zur Lösung L 2.37)
Ergänzen Sie die Werte in dem folgenden Kreislaufdiagramm.

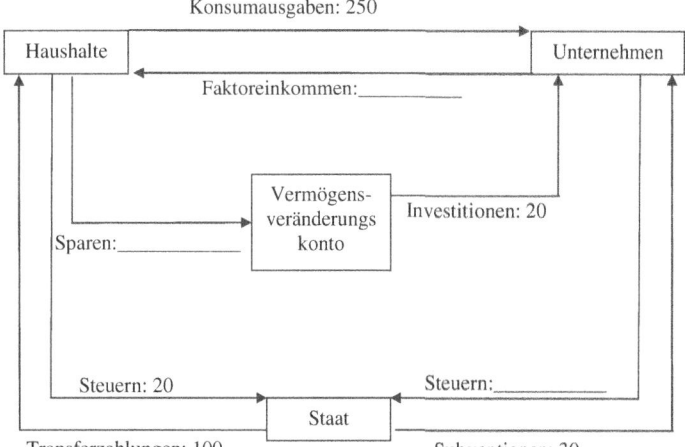

Aufgabe A 2.38 **(3 Punkte)** (Zur Lösung L 2.38)
Ergänzen Sie das folgende Kreislaufmodell.

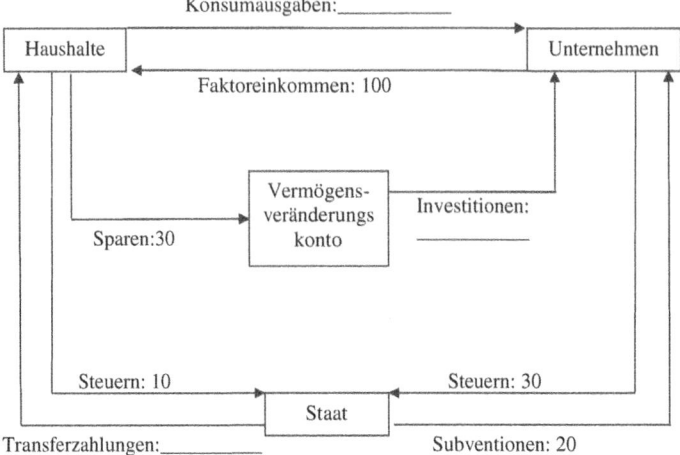

Aufgabe A 2.39 **(3 Punkte)** (Zur Lösung L 2.39)
Ergänzen Sie das folgende Kreislaufmodell. (Tragen Sie die fehlenden drei Werte ein.)

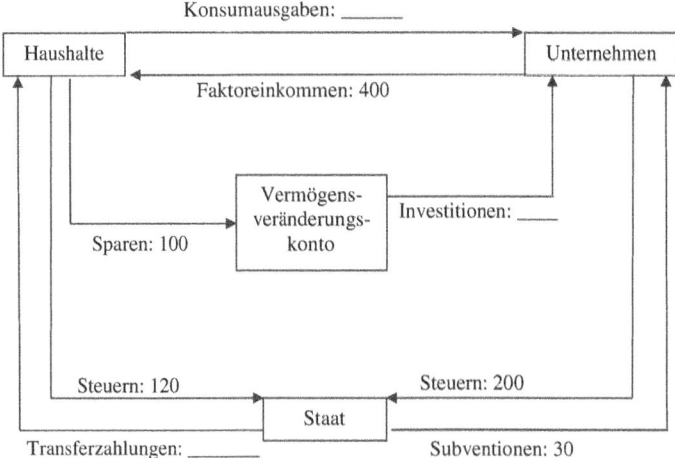

Aufgabe A 2.40 (3 Punkte) (Zur Lösung L 2.40)
Ergänzen Sie das folgende Kreislaufmodell. (Tragen Sie die fehlenden drei Werte ein.)

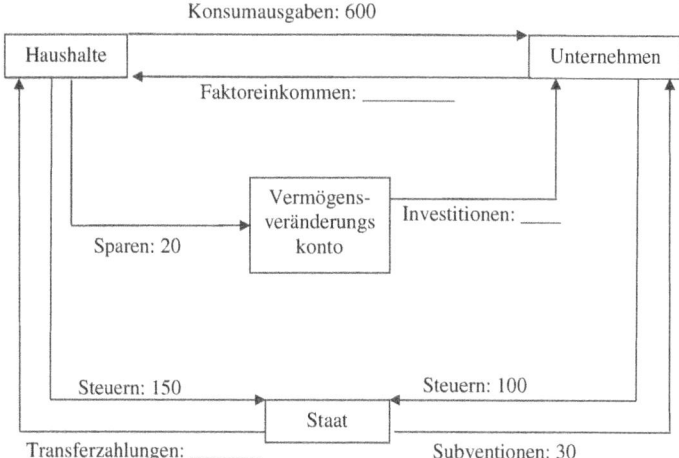

Aufgabe A 2.41 (3 Punkte) (Zur Lösung L 2.41)
Ergänzen Sie das folgende Kreislaufmodell. (Tragen Sie die fehlenden drei Werte ein.)

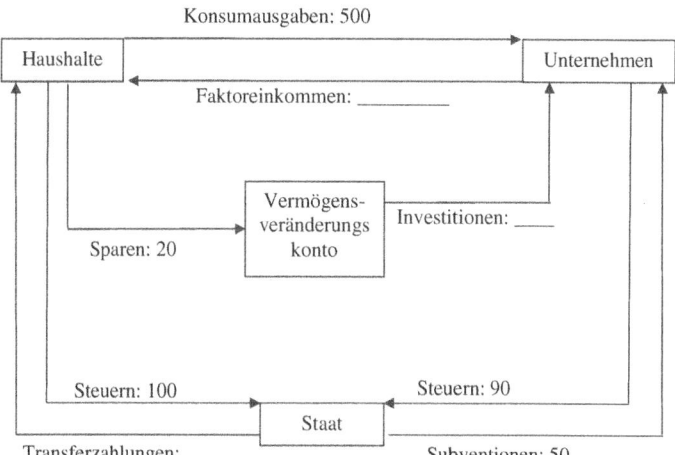

Aufgabe A 2.42 (**3 Punkte**) (Zur Lösung L 2.42)
Ergänzen Sie die fehlenden drei Werte in der folgenden Abbildung.

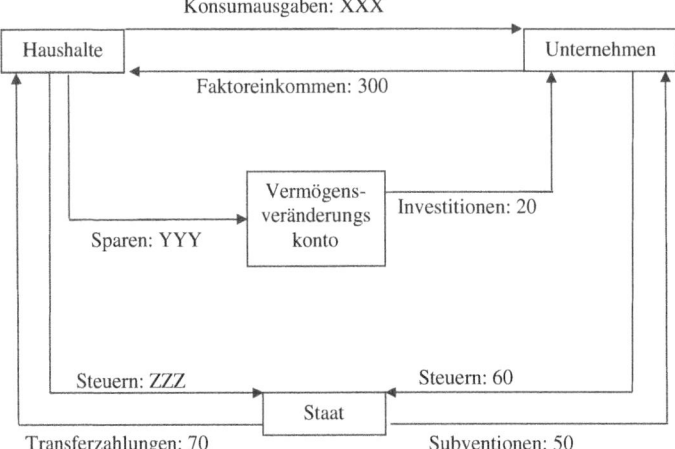

Aufgabe A 2.43 (**6 Punkte**) (Zur Lösung L 2.43)
Ergänzen Sie das folgende Kreislaufmodell. (Tragen Sie die fehlenden Werte und Bezeichnungen ein.)

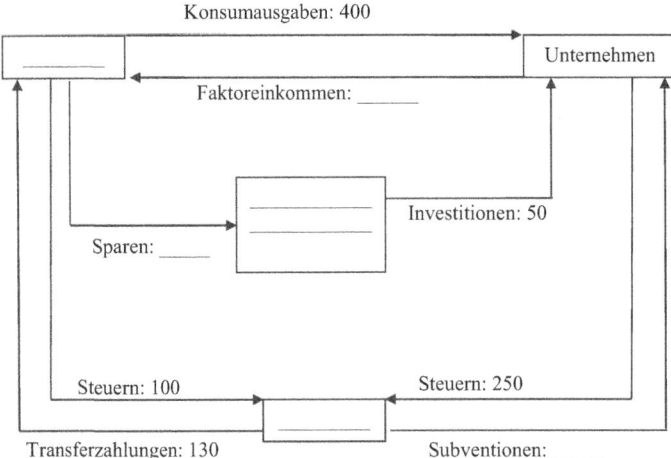

2.3 Lösungen

2.3.1 Entstehungs-, Verwendungs- und Verteilungsrechnung

Quick Check – Wahr oder falsch?

Lösung L 2.1 (5 Punkte) (Zur Aufgabenstellung A 2.1)
- (a) Falsch
- (b) Falsch
- (c) Falsch
- (d) Falsch
- (e) Wahr

Multiple Choice

Lösung L 2.2 (10 Punkte) (Zur Aufgabenstellung A 2.2)
- (a) (2 Punkte) (III)
- (b) (2 Punkte) (II)
- (c) (2 Punkte) (I)
- (d) (2 Punkte) (IV)
- (e) (2 Punkte) (II)

Lösung L 2.3 (10 Punkte) (Zur Aufgabenstellung A 2.3)
- (a) (2 Punkte) (II)
- (b) (2 Punkte) (III)
- (c) (2 Punkte) (IV)
- (d) (2 Punkte) (II)
- (e) (2 Punkte) (I)

Verständnisfragen

Lösung L 2.4 (2 Punkte) (Zur Aufgabenstellung A 2.4)

$$Y = C + I + G + X - q \cdot J$$

Y ist das BIP. C ist der Konsum. I sind die Investitionen. X sind die Exporte. q^* ist der reale Wechselkurs. J sind die Importe.

Lösung L 2.5 (3 Punkte) (Zur Aufgabenstellung A 2.5)

    Einkommen aus unselbstständiger Arbeit
+ Einkommen aus selbstständiger Unternehmertätigkeit, Vermögen, Arbeit
+ Abgaben (Steuern)
+ Abschreibungen, indirekte Steuern, Subventionen
= BIP

Lösung L 2.6 (6 Punkte) (Zur Aufgabenstellung A 2.6)

(a) (2 Punkte) $Y = C + I + G + X - q \cdot J$

(b) (2 Punkte) Sollte der Konsum seitens der Haushalte nicht zurückgehen, ist anzunehmen, dass das BIP steigt, insbesondere da eine Innovationspolitik des Staates auch einen Anstieg der Staatsausgaben impliziert.

(c) (2 Punkte) Das BIP wäre um den Leistungsbilanzüberschuss größer als in Teil (b).

Lösung L 2.7 (5 Punkte) (Zur Aufgabenstellung A 2.7)

  Produktionswert
− Vorleistungen (alles, was zwar im Inland geschaffen wurde, aber nicht von einem selbst)
− Importe (alles was im Ausland geschaffen wurde)
= Bruttowertschöpfung (unbereinigt) (was von uns als zusätzlicher Wert geschaffen wurde)
− unterstellte Bankgebühr (was zur Verwaltung des neuen Werts aufgewendet werden muss)
= Bruttowertschöpfung (bereinigt)
+ Gütersteuern (was auch an Wert geschaffen wurde, allerdings an den Staat abgetreten wurde)
− Subventionen (Wert, der nur durch Umverteilung entstanden ist)
= BIP
+ Primäreinkommenssaldo der übrigen Welt
= Bruttonationaleinkommen
− Abschreibungen
= Nettonationaleinkommen
− Produktions- und Importabgaben an den Staat
+ Subventionen aus der Staatskasse
= Volkseinkommen

Lösung L 2.8 (4 Punkte) (Zur Aufgabenstellung A 2.8)

(a) (2 Punkte) $Y = C + I + G + X - q \cdot J$

(b) (2 Punkte) Y ist das BIP. C ist der Konsum. I sind die Investitionen. X sind die Exporte. q^* ist der reale Wechselkurs. J sind die Importe.

Lösung L 2.9 (22 Punkte) (Zur Aufgabenstellung A 2.9)

(a) (3 Punkte) $Y = C + I + G + X - q \cdot J$ mit Y ist das BIP. C ist der Konsum. I sind die Investitionen. X sind die Exporte. q^* ist der reale Wechselkurs. J sind die Importe.

(b) (5 Punkte) Die Ziele lauten: Preisniveaustabilität, außenwirtschaftliches Gleichgewicht, gleichmäßiges stetiges Wirtschaftswachstum, eine hohe Beschäftigungsrate. Ein Konflikt kann gemäß der Phillipskurve zwischen den Zielen der Preisniveaustabilität und der hohen Beschäftigung entstehen.

(c) (8 Punkte)

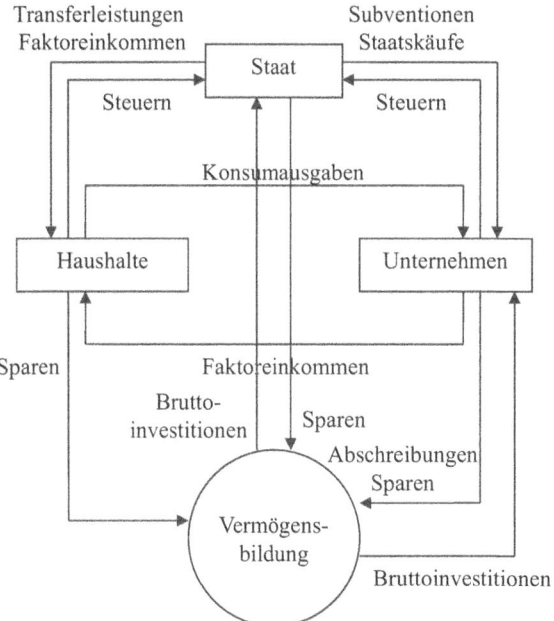

(d) (6 Punkte) Das BIP beträgt $Y = 5 + 2 - 1 = 6$, also 6 Mrd. GE. Dies bedeutet, dass es eine Differenz zwischen BIP und BSP von 1 Mrd. GE gibt.

Lösung L 2.10 (2 Punkte) (Zur Aufgabenstellung A 2.10)
Durch Addition des Primäreinkommenssaldos.

Anwendungsaufgaben

Lösung L 2.11 (5 Punkte) (Zur Aufgabenstellung A 2.11)
Ein Arbeitsplatz kostet 0,2 BIP *Einheiten*. Somit kann eine Situation mit gleicher Arbeitslosigkeit berechnet werden.

D: $Y = 7{,}96$. Es gibt zwei Arbeitslose $\Rightarrow Y = 7{,}96 - 0{,}4 = 7{,}56$ und keine Arbeitslosigkeit.

P: $Y = 8{,}3$. Es gibt vier Arbeitslose $\Rightarrow Y = 8{,}3 - 0{,}8 = 7{,}5$ und keine Arbeitslosigkeit.

Unabhängig von der Berechnungsgrundlage sollte das Programm von D umgesetzt werden, da der Wert des Programms immer höher ist.

Lösung L 2.12 (**6 Punkte**) (Zur Aufgabenstellung A 2.12)

	Mikronesien	Makroatien	Wipolen
Produktionswert	10	50	30
Vorleistungen	3	20	10
Bruttowertschöpfung	7	30	20
Steuern	4	10	4
Subventionen	6	3	2
BIP	5	37	22

Lösung L 2.13 (**5 Punkte**) (Zur Aufgabenstellung A 2.13)
(a) (3 Punkte) Der Bauer generiert einen Wert von 20.000 €. Der Müller generiert weitere 10.000 € an Wert. Auf der letzten Stufe generiert der Bäcker weitere (70.000 − 30.000 − 20.000 =) 20.000 € Wert.
(b) (2 Punkte) Das BIP erhöht sich um 50.000 € (BIP-Vorprodukte von 20.000 €).

Lösung L 2.14 (**6 Punkte**) (Zur Aufgabenstellung A 2.14)
(a) (3 Punkte) Es werden Güter in Höhe von 1,5 Mrd. GE exportiert.
(b) (3 Punkte) Die Wachstumsrate berechnet sich als $g_Y = \frac{7-6,8}{6,8} = 0,0294 = 2,94\,\%$. Das Ziel von 3 % wurde somit um 0,06 Prozentpunkte verfehlt.

Lösung L 2.15 (**5 Punkte**) (Zur Aufgabenstellung A 2.15)
30 % von 350 Mrd. € sind 105 Mrd. € an entgangenen Steuereinnahmen. Bei 80 Mio. Einwohnern entgehen jedem Bundesbürger somit 1312,5 €.

Lösung L 2.16 (**6 Punkte**) (Zur Aufgabenstellung A 2.16)
In einer offenen Volkswirtschaft werden Waren und Dienstleistungen im Wert von 4 Mio. Euro konsumiert. Es werden Investitionen in Höhe von 8 Mio. Euro getätigt. Außerdem fragt der Staat Güter und Dienstleistungen in Höhe von 2 Mio. Euro nach. Der Export weist eine Höhe von 3 Mio. Euro und der Import eine Höhe von 4 Mio. Euro auf.

(a) (4 Punkte) $Y = 4 + 8 + 2 + 3 - 4 = 13$. Das BIP beträgt 13 Geldeinheiten.
(b) (2 Punkte) Da die Exporte geringer als die Importe sind, liegt ein Handelsbilanzdefizit vor.

Lösung L 2.17 (**4 Punkte**) (Zur Aufgabenstellung A 2.17)

$$\text{Bruttowertschöpfung} = 5\,\text{GE} - 2\,\text{GE} = 3\,\text{GE}.$$

Die Bruttowertschöpfung beträgt 3 Geldeinheiten.

Lösung L 2.18 (**3 Punkte**) (Zur Aufgabenstellung A 2.18)
Mit $X - q \cdot J = 0$ (ausgeglichene Außenhandelsbilanz) gilt für das BIP $Y = 6 + 2 + 0 = 8$. Das BIP beträgt somit 8 Mrd. GE.

Lösung L 2.19 (3 Punkte) (Zur Aufgabenstellung A 2.19)
BSP (6 Mrd. GE) − Steuern (1 Mrd. GE) ergibt das Einkommen aus selbstständiger und unselbstständiger Arbeit (5 Mrd. GE). 80 % also 4 Mrd. GE gehen auf unselbstständige Arbeit und somit verbleiben 1 Mrd. GE für selbstständige Arbeit.

Lösung L 2.20 (6 Punkte) (Zur Aufgabenstellung A 2.20)
 (a) (4 Punkte) $Y = 4 + 8 + 2 + 3 - 4 = 13$ Das BIP beträgt 13 Mio. €.
 (b) (2 Punkte) Da die Exporte kleiner als die Importe sind, liegt ein Handelsbilanzdefizit vor.

Lösung L 2.21 (5 Punkte) (Zur Aufgabenstellung A 2.21)
Verwendungsgleichung:

$$Y = (1 - s)Y - r + G \quad \text{und somit} \quad Y = \frac{G - r}{s}$$

Ableiten nach s ergibt:

$$\frac{dY}{ds} = -\frac{G - r}{s^2} < 0$$

Lösung L 2.22 (27 Punkte) (Zur Aufgabenstellung A 2.22)
- Investitionen: 400
- BIP: 2000
- Produktionswert: 1400
- Volkseinkommen: 1500
- Einkommen an übrige Welt: 50
- Abgaben und Produktionssteuern: 350
- Bruttonationaleinkommen: 1750
- Einkommen aus unselbstständiger Arbeit: 700
- Lohnquote: 0,4

Lösung L 2.23 (27 Punkte) (Zur Aufgabenstellung A 2.23)
- Investitionen: 200
- BIP: 750
- Produktionswert: 600
- Volkseinkommen: 700
- Einkommen an übrige Welt: 100
- Abgaben und Produktionssteuern: 100
- Bruttonationaleinkommen: 800
- Einkommen aus unselbstständiger Arbeit: 300
- Lohnquote: 0,9333

Lösung L 2.24 (**27 Punkte**) (Zur Aufgabenstellung A 2.24)
- BIP: 3500
- Konsum: 2100
- Vorleistungen: 600
- Abschreibungen: 300
- Abgaben und Produktionssteuern: 200
- Einkommen aus selbstständiger Tätigkeit und Vermögen: 1000
- Einkommen an übrige Welt: 1200
- Gewinnquote: 0,2857

Lösung L 2.25 (**27 Punkte**) (Zur Aufgabenstellung A 2.25)
- BIP: 1800
- Konsum: 1100
- Vorleistungen: 300
- Abschreibungen: 100
- Abgaben und Produktionssteuern: 450
- Einkommen aus selbstständiger Tätigkeit und Vermögen: 550
- Einkommen an übrige Welt: 300
- Gewinnquote: 0,3056

Lösung L 2.26 (**240 Punkte**) (Zur Aufgabenstellung A 2.26)

Größe	(a)	(b)	(c)	(d)	(e)	(f)	(g)	(h)	(i)	(j)
Vorleistungen	50	300	100	200	100	200	300	100	800	500
Subventionen	50	100	0	200	200	100	300	150	50	100
BIP	1400	2300	2900	2300	3600	2500	1250	5700	2300	750
Importe	100	200	250	300	200	500	800	1000	100	300
Einkommen selbst. und Vermögen	400	600	750	600	950	450	300	1550	550	100
Abgaben	150	400	150	500	750	800	450	600	450	150
Bruttonationaleinkommen	1450	2300	2800	2400	3700	2350	1100	5500	2200	600
Lohnquote	0,57	0,48	0,53	0,54	0,53	0,36	0,4	0,48	0,23	0,4

2.3.2 VGR in Kontenform

Quick Check – Wahr oder falsch?

Lösung L 2.27 (**5 Punkte**) (Zur Aufgabenstellung A 2.27)
  (a) Wahr
  (b) Wahr
  (c) Falsch
  (d) Falsch
  (e) Falsch

Verständnisfragen

Lösung L 2.28 (**5 Punkte**) (Zur Aufgabenstellung A 2.28)

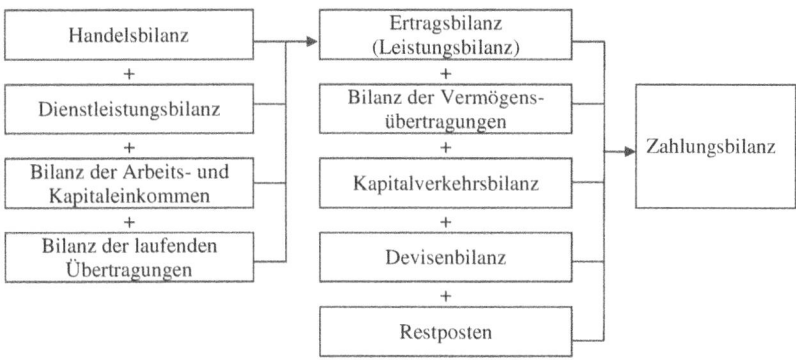

Lösung L 2.29 (**5 Punkte**) (Zur Aufgabenstellung A 2.29)
Handelsbilanz: Gegenüberstellung der Ein- und Ausfuhr von Waren.
Dienstleistungsbilanz: Gegenüberstellung des grenzüberschreitenden Handels mit Dienst-
leistungen.
Bilanz der Arbeits- und Kapitaleinkommen: Einkommen, die Inländer von Ausländern
bekommen und vice versa.
Bilanz der laufenden Übertragungen: einseitige Leistungen, die in die Volkswirtschaft
hinein- bzw. aus ihr herausfließen.

Lösung L 2.30 (**5 Punkte**) (Zur Aufgabenstellung A 2.30)
Die Leistungsbilanz ergibt sich aus den Salden der Handels- und der Dienstleistungsbi-
lanz sowie der Bilanz der Arbeits- und Kapitaleinkommen und der Bilanz der laufenden
Übertragungen.

Lösung L 2.31 (**4 Punkte**) (Zur Aufgabenstellung A 2.31)
Der Zahlungsbilanzsaldo ergibt sich aus den Salden der Leistungsbilanz, der Bilanz
der Vermögensübertragungen, der Kapitalverkehrsbilanz, der Devisenbilanz als auch den
Restposten.

Transferaufgaben

Lösung L 2.32 (**8 Punkte**) (Zur Aufgabenstellung A 2.32)
Angenommen in Land U liegt ein Leistungsbilanzdefizit vor. Weiterhin ist bekannt,
dass nur vernachlässigbare einseitige Übertragungen getätigt wurden, und die Bilanz der
Arbeits- und Kapitaleinkommen ist ausgeglichen.

(a) (5 Punkte) Ein möglicher Grund wäre eine technologische Rückständigkeit des Landes, sodass eine Reihe von Hightechgütern importiert werden müssen, allerdings nur weniger gewinnbringende Lowtechgüter exportiert werden können.
(b) (3 Punkte) In diesem Fall muss es einen Überschuss in der Devisenbilanz geben.

2.3.3 Kreislaufanalyse

Quick Check – Wahr oder falsch?

Lösung L 2.33 (5 Punkte) (Zur Aufgabenstellung A 2.33)
(a) Wahr
(b) Wahr
(c) Wahr
(d) Falsch
(e) Wahr

Verständnisfragen

Lösung L 2.34 (12 Punkte) (Zur Aufgabenstellung A 2.34)
Zusammenfassend ist hier die ausführliche Darstellung mit allen Polen dargestellt. Für reduzierte Modelle sind jeweils einzelne Pole und die zugehörigen Flüsse zu entfernen.

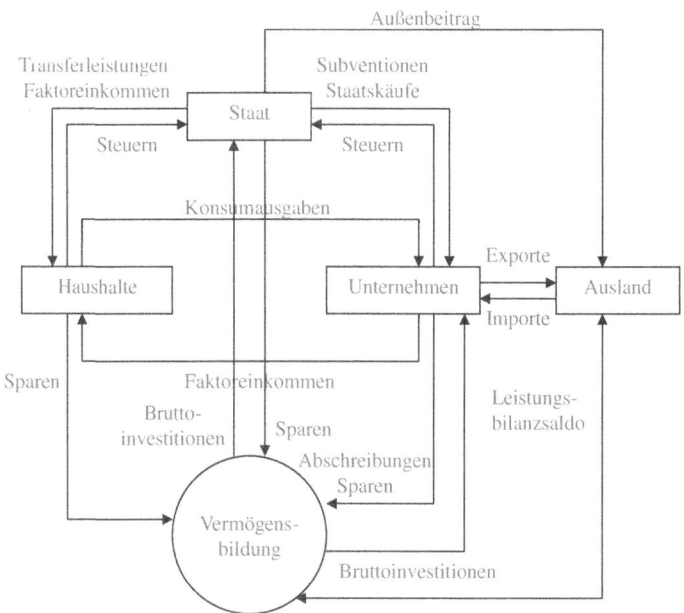

Lösung L 2.35 (6 Punkte) (Zur Aufgabenstellung A 2.35)

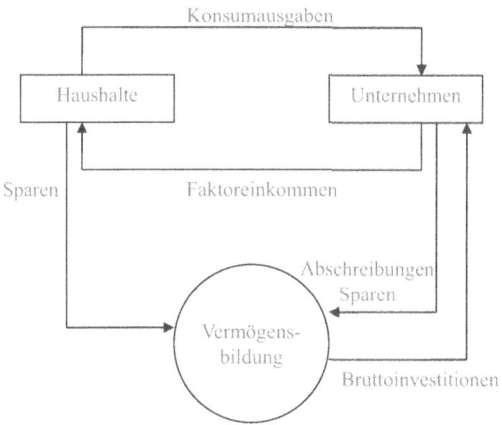

Anwendungsaufgaben

Lösung L 2.36 (8 Punkte) (Zur Aufgabenstellung A 2.36)
(a) (4 Punkte) Einnahmen $= \tau \cdot 50 = 3 + 2 =$ Ausgaben $\Rightarrow \tau = 10\%$
(b) (4 Punkte) Der Steuersatz erhöht sich auf 11 %.

Lösung L 2.37 (3 Punkte) (Zur Aufgabenstellung A 2.37)
Faktoreinkommen: 190
Sparen: 20
Steuern: 110

Lösung L 2.38 (3 Punkte) (Zur Aufgabenstellung A 2.38)
Konsumausgaben: 80
Investitionen: 30
Transferzahlungen: 20

Lösung L 2.39 (3 Punkte) (Zur Aufgabenstellung A 2.39)
Konsumausgaben: 470
Investitionen: 100
Transferzahlungen: 290

Lösung L 2.40 (3 Punkte) (Zur Aufgabenstellung A 2.40)
Faktoreinkommen: 550
Investitionen: 20
Transferzahlungen: 220

Lösung L 2.41 (**3 Punkte**) (Zur Aufgabenstellung A 2.41)
Faktoreinkommen: 480
Investitionen: 20
Transferzahlungen: 140

Lösung L 2.42 (**3 Punkte**) (Zur Aufgabenstellung A 2.42)
Konsumausgaben: 290
Sparen: 20
Steuern: 60

Lösung L 2.43 (**3 Punkte**) (Zur Aufgabenstellung A 2.43)
Faktoreinkommen: 420
Sparen: 50
Subventionen: 220

Die fehlenden Pole sind von oben nach unten: *Haushalte*, *Vermögensveränderungskonto* und *Staat*.

Makromärkte – Neoklassik

3.1 Theoretische Grundlagen

3.1.1 Märkte

Herleitung der Nachfragefunktion

Die Nachfragekurve lässt sich aus einer vorgegebenen Nutzenfunktion $U(q_1, q_2)$ und Budgetbeschränkungen in Form einer Budgetgeraden $B(q_1, q_2) = 0$ in den folgenden Schritten herleiten.

- Aufstellen der Lagrange-Funktion aus Nutzenfunktion $U(q_1, q_2)$ und Budgetgeraden $B(q_1, q_2) = 0$ als $L(q_1, q_2, \lambda) = U(q_1, q_2) + \lambda B(q_1, q_2)$.
- Bestimmen der partiellen Ableitungen nach allen Variablen der Lagrange-Funktion (inklusive λ).
- Lösen des entstehenden linearen Gleichungssystems nach den Variablen und λ.
- Die Variablen geben die maximale Nutzenkombination (Haushaltsgleichgewicht) und damit die nachgefragte Menge bei gegebenen Preisen an.
- Variation der Preise liefert weitere Punkte der Nachfragefunktion. Entsprechend kann auch direkt eine Lagrangefunktion mit dem Preis p als Parameter aufgestellt werden. Die Lösung des Optimierungsproblems wird dann ebenfalls von p abhängen und in dieser Form direkt die Nachfragefunktion liefern.

Herleitung der Angebotsfunktion

Ersetzt man die Nutzenfunktion und die dadurch erzeugten Indifferenzkurven (alle Punkte auf einer Indifferenzkurve ergeben den gleichen Nutzen) durch Isoquanten (alle Punkte auf einer Isoquante geben Kombinationen von Inputs an, die den gleichen Output erzeugen) und die Budgetgerade durch die Isokostenlinie (alle Punkte auf der Isokostenlinie beschreiben die Kosten der Produktion und die Aufteilung auf die einzelnen Inputs), dann wird das Haushaltsgleichgewicht in diesem Fall zur Minimalkostenkombination. Durch Variation der Outputmengen erzeugt man eine Kostenfunktion.

Alternativ kann bei Wettbewerb davon ausgegangen werden, dass der Marktpreis nicht von einem einzelnen Unternehmen beeinflusst werden kann und somit exogen vorgege-

© Springer-Verlag GmbH Deutschland, ein Teil von Springer Nature 2019
J. K. Perret und P. J. J. Welfens, *Arbeitsbuch Makroökonomik und Wirtschaftspolitik*, https://doi.org/10.1007/978-3-662-58184-1_3

ben ist. Diesen Preis nehmen die Unternehmen hin und agieren entsprechend als Mengenanpasser – sie maximieren ihren Gewinn unter der Annahme des gegebenen Preises. Entsprechend kann eine Gewinnfunktion der folgenden Form aufgestellt werden:

$$\Pi = q \cdot p - K(q)$$

Hierbei gibt q die Produktionsmenge des Gutes wieder und $K(q)$ sind die Kosten, die mit einer Produktion von q Einheiten verbunden sind.

Maximiert man diese Gewinnfunktion hinsichtlich q so ergibt sich als notwendige Bedingung:

$$p - K'(q) = 0$$

Hier steht $K'(q)$ für die Ableitung der Kostenfunktion und gibt entsprechend die Grenzkostenfunktion des Unternehmens an. Die gewinnoptimale Situation kann entsprechend durch Umstellen wie folgt beschrieben werden:

$$p = GK(q)$$

Dies bedeutet aber, dass die Grenzkostenkurve für jeden Preis die gewinnoptimale Menge eines Unternehmens liefert und somit die Angebotsfunktion liefert.

Solange die Grenzkosten der Produktion geringer sind als die Durchschnittskosten, ist es für ein Unternehmen sinnvoll langfristig zu produzieren und anzubieten, da es in dieser Situation Gewinne einfährt. Ansonsten werden kurz- oder zumindest langfristig Verluste eingefahren. Daher ergibt sich die langfristige Angebotsfunktion aus der Grenzkostenkurve, die an dem Punkt endet, an dem sie die Durchschnittskostenkurve schneidet.

Kurzfristig ist es möglich auch unterhalb dieses Punktes zu produzieren, solange zumindest die variablen Kosten und ein Teil der fixen Kosten gedeckt sind. Entsprechend ergibt die kurzfristige Angebotskurve ab dem Punkt an dem die Grenzkostenkurve die Kurve der durchschnittlichen variablen Kosten schneidet.

Marktdiagramm

Zeichnet man die Nachfrage- und die Angebotsfunktion in ein Preis-Mengen-Diagramm, so ergibt sich das Marktdiagramm wie in Abb. 3.1 dargestellt.

Die Idee des Marktes

Ein Markt ist der Ort, an dem Angebot und Nachfrage aufeinandertreffen. Die Nachfrager werden durch die Nachfragekurve (DD) dargestellt (meistens sind die Nachfrager die Haushalte).

Die Anbieter werden durch die Angebotskurve (SS) dargestellt (meistens sind dies die Unternehmen). Die Angebotskurve ist steigend, da es für ein Unternehmen lukrativ ist, bei einem steigenden Preis mehr zu verkaufen, bzw. bei einem höheren Preis können auch solche Unternehmen profitabel anbieten, die bei einem geringeren Preis eventuell nicht anbieten könnten.

Die Nachfragekurve ist fallend, was bedeutet, dass bei einem höheren Preis eine geringere Menge nachgefragt wird, weil ein Teil der Nachfrager nicht bereit ist, den höheren Preis zu zahlen und daher das Gut nicht nachfragt.

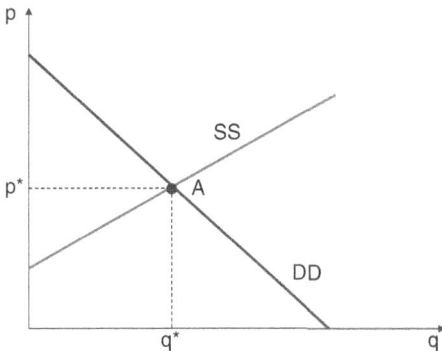

Abb. 3.1 Idealer Markt

Der Schnittpunkt von Nachfrage- und Angebotskurve (A) ist das Marktgleichgewicht. Der Preis im Gleichgewicht lautet Gleichgewichtspreis (p^*) und die produzierte Menge ist die Gleichgewichtsmenge (q^*). Im Gleichgewicht entspricht die nachgefragte Menge der angebotenen Menge, man sagt auch der Markt ist geräumt.

Den Preis, an dem die Nachfragekurve die p-Achse schneidet, nennt man auch den Prohibitivpreis. Ab diesem Preis werden keine Güter mehr nachgefragt.

Die Menge, bei der die Nachfragekurve die q-Achse schneidet, nennt man auch die Sättigungsmenge.

Befindet man sich außerhalb des Gleichgewichts, so gibt die mengenmäßige Differenz zwischen der Angebots- und Nachfragekurve den Angebotsüberschuss an – ist dieser negativ, spricht man auch von einem Nachfrageüberschuss.

In dem Fall, dass kein Gleichgewicht auf dem Markt vorliegt, wird ein Anpassungsprozess in Gang gesetzt, der entweder dazu führt, dass sich ein neues Gleichgewicht einstellt, oder, dass der Markt divergiert und immer weiter vom Gleichgewicht abweicht. Ob sich nach einem exogenen Schock, der den Markt aus dem Gleichgewicht wirft, wieder ein Gleichgewicht einstellt, kann man mittels der Konvergenzbedingung des Cobweb-Theorems erkennen. Bei einer idealtypischen Nachfragefunktion $p^N = -aq + b$ und einer idealtypischen Angebotsfunktion $p^A = cq + d$ stellt sich ein Gleichgewicht ein, wenn gilt:

$$\frac{dp^A}{dq} > \left| \frac{dp^N}{dq} \right|$$

Konsumenten- und Produzentenrente

Auch wenn im Marktgleichgewicht Angebot und Nachfrage übereinstimmen, bedeutet dies nicht, dass im Gleichgewicht jeder den Preis zahlt, den er auch zu zahlen bereit gewesen wäre. Es entsteht somit ein potenzieller Nutzengewinn für diese Haushalte durch einen niedrigeren Preis. Diesen potenziellen Nutzengewinn bezeichnet man auch als Konsumentenrente. Ferner gilt für die Unternehmen, dass ein paar Unternehmen auch zu einem niedrigeren Preis angeboten hätten, als er im Gleichgewicht vorliegt. Dies bedeutet, dass für diese Unternehmen ein zusätzlicher Gewinn entsteht. Diesen zusätzlichen Gewinn

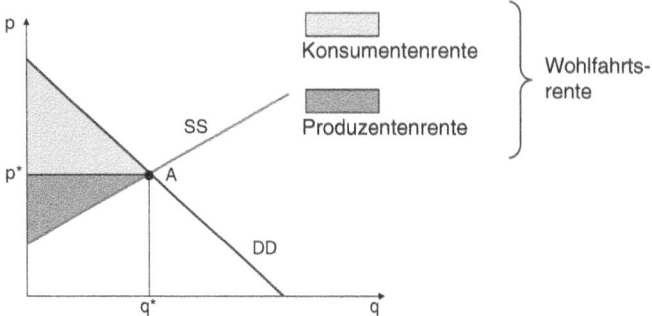

Abb. 3.2 Konsumenten- und Produzentenrente

bezeichnet man auch als Produzentenrente. Produzenten- und Konsumentenrente sind in Abb. 3.2 grafisch im Rahmen des Marktmodells dargestellt.

Berechnen lässt sich die Konsumenten- und Produzentenrente ausgehend von einer idealtypischen Angebotskurve ($p = bq + d$) und einer idealtypischen Nachfragekurve ($p = aq + c$).

Die Konsumentenrente ergibt sich in diesem Fall als: $KR = \dfrac{d-c}{a-b}\dfrac{c - a\frac{d-c}{a-b} - c}{2}$.

Die Produzentenrente ergibt sich in diesem Fall als: $PR = \dfrac{d-c}{a-b}\dfrac{a\frac{d-c}{a-b} + c - d}{2}$.

Elastizität

Elastizität Allgemein

Während man die Ableitung zum Beispiel einer Produktionsfunktion nach dem Kapital K auch so auffassen kann, dass durch sie angegeben wird, um wie viele Einheiten sich Y erhöht, wenn man das Kapital um eine Einheit erhöht, so gibt es noch eine weitere Möglichkeit, derartige Einflüsse zu messen. Dies geschieht durch die Elastizität. Die Elastizität einer Funktion $f(x)$ an der Stelle x_0 gibt an, um wie viel Prozent sich f ändert, wenn man die Variable x ausgehend von x_0 um ein Prozent erhöht. Bei der Elastizität kann man zwischen der stetigen Variante und der diskreten Variante unterscheiden. Die Elastizität einer stetigen Funktion berechnet sich wie folgt:

$$E_{f,x} = \varepsilon_f(x) = x\frac{f'(x)}{f(x)}$$

Zur Berechnung der Elastizität im diskreten Fall (wenn lediglich Werte vor und nach einem punktuellen Ereignis bekannt sind) unterscheidet man zwischen der allgemeinen Formel und der Mittelwertformel. Die zweite Formel liefert die genaueren Ergebnisse, gerade wenn die zugrunde liegende Funktion stark gekrümmt ist. Allgemein berechnet sich die Elastizität bei einer Änderung der unabhängigen Größe x_1 auf x_2 und einer Änderung der abhängigen Größe y_1 auf y_2 wie folgt:

$$E_{y,x} = \varepsilon_y(x) = \frac{\frac{x_2-x_1}{x_1}}{\frac{y_2-y_1}{y_1}}$$

Die genauere Mittelwertformel ist gegeben als:

$$E_{y,x} = \varepsilon_y(x) = \frac{\frac{x_2-x_1}{0{,}5\cdot(x_1+x_2)}}{\frac{y_2-y_1}{0{,}5\cdot(y_1+y_2)}}$$

Beispiel
Seien eine Funktion und ihre erste Ableitung wie folgt gegeben:

$$p(t) = \exp(t^2) \quad \text{und} \quad p'(t) = 2t\cdot\exp(t^2)$$

Dann berechnet sich die Elastizität der Funktion p als:

$$\varepsilon_p(t) = t\frac{p'(t)}{p(t)} = t\frac{2t\cdot\exp(t^2)}{\exp(t^2)} = t\cdot 2t = 2t^2$$

Liegt die Elastizität zwischen -1 und 1, so sagt man auch, dass die Funktion unelastisch ist. Ist die Elastizität hingegen größer als 1 oder kleiner als -1, so sagt man, dass die Funktion elastisch ist. Um zu verstehen, was das im Einzelnen bedeutet, betrachten wir das folgende Beispiel:

Anwendungsbeispiel 1
Betrachten wir eine Produktionsfunktion: $Y = \ln X$ mit $X > 1$.
   Für die Elastizität gilt dann:

$$E_{f,x} = x\frac{1/X}{\ln X} = \frac{1}{\ln X};\, X > 1$$

Anwendungsbeispiel 2
Größen, mit denen man sich insbesondere in der Mikroökonomie beschäftigt, die in ihrer aggregierten Form allerdings auch für die Makroökonomie interessant sind, sind die Angebots- und Nachfrageelastizitäten. Seien Angebots- und Nachfragefunktion wie folgt gegeben (P gibt hierbei den Preis des betrachteten Gutes an):

$$Q_N(P) = 8 - 2P$$
$$Q_A(P) = 2 + 0{,}5P$$

So berechnen sich die entsprechenden Elastizitäten folgendermaßen:

$$\varepsilon_{Q_N}(P) = P\frac{-2}{8-2P} = \frac{-2P}{8-2P}$$

$$\varepsilon_{Q_A}(P) = P\frac{0{,}5}{2+0{,}5P} = \frac{0{,}5P}{2+0{,}5P}$$

Bei der Angebotselastizität kann man erkennen, dass der Zähler stets kleiner ist als der Nenner, somit ist die Elastizität stets positiv (da P positiv ist) und kleiner als 1. Das Angebot reagiert in diesem Fall also stets unelastisch. Bei der Nachfrageelastizität erkennt man, dass hier der Zähler stets größer ist als der Nenner, entsprechend reagiert die Nachfrage in diesem Fall stets elastisch auf Preisänderungen. Es ist hierbei zu beachten, dass dies nicht generalisiert werden kann und selbst auf einer gegebenen Nachfrage- oder Angebotsfunktion gibt es Bereiche, in denen elastisch oder unelastisch auf eine Preisänderung reagiert wird. In diesem Fall macht es Sinn sich ein diskretes Beispiel anzuschauen.

Hierzu betrachten wir die oben gegebene Nachfragefunktion und berechnen die Preiselastizität der Nachfrage bei einer Preisänderung von 1 auf 2 (Situation I) sowie von 3 auf 4 (Situation II).

$$\varepsilon_{Q_N}(P) = \frac{\frac{4-6}{0,5\cdot(4+6)}}{\frac{2-1}{0,5\cdot(1+2)}} = \frac{-0,4}{2/3} = -0,6$$

$$\varepsilon_{Q_N}(P) = \frac{\frac{0-2}{0,5\cdot(0+2)}}{\frac{4-3}{0,5\cdot(3+4)}} = \frac{-2}{2/7} = -7$$

Man sieht, dass bei der ersten Situation eine unelastische Preiselastizität der Nachfrage vorliegt bei der zweiten Situation allerdings eine elastische Preiselastizität der Nachfrage. Dies liegt unter anderem daran, dass in der ersten Situation die gesamte Nachfrage sehr hoch ist, während Sie in der zweiten Situation sehr niedrig ist bzw. sogar auf Null fällt.

Anwendungsbeispiel 3
Wieder einmal betrachten wir den üblichen Verdächtigen, die Cobb-Douglas-Produktionsfunktion. Berechnet man die Elastizität von Y bzgl. K, so erhält man:

$$E_{Y,K} = \varepsilon_Y(K,L) = K\frac{\beta K^{\beta-1}L^{1-\beta}}{K^\beta L^{1-\beta}} = \beta$$

Um dieses Ergebnis besser verstehen zu können, greifen wir noch einmal kurz auf die Cobb-Douglas-Produktionsfunktion zurück und logarithmieren diese:

$$\ln Y(K,L) = \beta \ln K + (1-\beta)\ln L$$

Nach $\ln K$ abgeleitet ergibt dies gerade β. Dies heißt aber, dass:

$$\frac{d\ln Y}{d\ln K}(K,L) = \beta$$

Dies kann man aber in Anlehnung an das entsprechende Kapitel auch als Wachstumsrate auffassen. Allgemeiner gilt sogar, dass die logarithmische Wachstumsrate der Funktion f bzgl. x sich bestimmen lässt als:

$$\frac{d\ln(f(x))}{d\ln(x)} = \frac{d\ln(f(x))}{d\ln(x)}\frac{dx}{dx} = \frac{d\ln(f(x))}{dx}\frac{dx}{d\ln x} =$$

$$\frac{f'(x)}{f(x)}\left(\frac{d\ln x}{dx}\right)^{-1} = \frac{f'(x)}{f(x)}\left(\frac{1}{x}\right)^{-1} = \frac{f'(x)}{f(x)}x = \varepsilon_f(x)$$

Während in Abschn. 1.3 diskrete Wachstumsraten betrachtet wurden, erkennt man an diesem Beispiel, dass die Elastizität das stetige Pendant dazu ist.

Kreuzpreiselastizität

Bis jetzt haben wir uns alleine direkte Effekte angesehen. Im Rahmen der Preiselastizität der Nachfrage wurde zum Beispiel der Effekt den die Preisänderung von Gut 1 auf die Nachfrage nach Gut 1 hat untersucht. Jetzt kann es allerdings auch sein, dass Güter bzw. ihre Preise einander beeinflussen. Betrachten wir den Fall der komplementären und der substitutiven Güter wie sie in Kapitel zum Gütermarkt eingeführt werden, dann wird direkt ersichtlich, dass eine Preisänderung bei einem Gut auch eine Mengenänderung bei einem anderen Gut auslösen kann.

Bei komplementären Güter führt eine Preiserhöhung von Gut 1 zu einem Nachfragerückgang von Gut 1, aber auch zu einem Nachfragerückgang bei Gut 2. Entsprechend umgekehrt führt eine Preiserhöhung von Gut 1 bei zwei substitutiven Güter zu einem Nachfragerückgang bei Gut 1 aber gleichzeitig auch zu einem Nachfrageanstieg bei Gut 2.

Auf diese Art lässt sich in Anlehnung an die normale Preiselastizität der Nachfrage die so genannte *Kreuzpreiselastizität* motivieren, die mit Hilfe der folgenden Formel für zwei Güter berechnet werden kann:

$$E_{y,x} = \varepsilon_y(x) = \frac{\frac{x_{12}-x_{11}}{0,5\cdot(x_{11}+x_{12})}}{\frac{p_{22}-p_{21}}{0,5\cdot(p_{21}+p_{22})}}$$

Hierbei geben x_{11} und x_{12} die nachgefragten Mengen von Gut 1 an und p_{21} und p_{22} die Preise von Gut 2. Ist die Kreuzpreiselastizität negativ, so handelt es sich um komplementäre Güter, ist sie positiv, so handelt es sich um substitutive Güter.

Während Kreuzpreiselastizitäten zumeist im Rahmen der Mikroökonomie bestimmt werden, so kann das zugrundeliegende Konzept auf beliebige Sachverhalte angewendet werden.

Anwendungsbeispiel

Angenommen man betrachtet Diesel Treibstoff und Diesel PKWs. Hier kann man zum Beispiel die folgenden Nachfragefunktionen für Diesel Treibstoff q_1 mit dem Preis für Diesel Treibstoff als p_1 sowie für Diesel PKWs q_2 mit dem Preis p_2 betrachten:

$$q_1 = -p_1 - 0,1p_2 + 100$$
$$q_2 = -0,01p_2 - 2p_1 + 10$$

Die Kreuzpreiselastizität bzgl. einer Preisänderung bei Diesel Treibstoff von 1 auf 1,5 und einem PKW Preis von 60 berechnet sich entsprechend als:

$$E_{q_2,p_1} = \varepsilon_{q_2}(p_1) = \frac{\frac{6,4-7,4}{0,5\cdot(7,4+6,4)}}{\frac{1,5-1}{0,5\cdot(1,5+1)}} = -0,5072$$

Da die Kreuzpreiselastizität negativ ist, handelt bei Treibstoff und PKWs um komplementäre Güter.

3.1.2 Gütermarkt – Güterarten

Öffentliche Güter

Die beiden Kriterien der Ausschließbarkeit und der Rivalität definieren sich wie folgt:

Ausschließbarkeit Man kann Menschen von dem Konsum des Gutes abhalten.

Rivalität   Das Gut kann nur von einer bestimmten Anzahl an Personen konsumiert werden.

Durch Kombination dieser Kriterien lassen sich vier Güterarten abgrenzen:

Private Güter   Ausschließbarkeit und Rivalität liegen vor.

Clubgüter   Es liegt Ausschließbarkeit, aber keine Rivalität vor.

Allmendegüter   Es liegt keine Ausschließbarkeit vor, aber Rivalität.

Öffentliche Güter Es liegt weder Ausschließbarkeit noch Rivalität vor.

Weitere Güterarten

Homogene Güter: Die Güter sind gleichartig, sie besitzen in allen relevanten Bereichen die gleichen Eigenschaften (elektrische Energie).

Heterogene Güter: Die Güter besitzen unterschiedliche Eigenschaften (die meisten Güter, Autos).

Substitutionsgüter: Ein Gut lässt sich durch ein anderes, ähnliches Gut ersetzen (Weizenbrot – Roggenbrot).

Komplementärgüter: Ein Gut ist notwendig für den Konsum eines anderen Gutes (Tabak – Pfeife).

Freie Güter: Von dem Gut ist beliebig viel vorhanden. Jeder kann uneingeschränkt von dem Gut konsumieren (in der Reinform nicht existent/nah dran: Luft, Sand).

Knappe Güter: Es existiert eine beschränkte Menge des Gutes. Nicht jeder kann so viel konsumieren, wie er gerne würde (Birnen).

Materielle Güter: Werden auch Sachgüter genannt (Tomaten).

Immaterielle Güter: Unterteilbar in Dienstleistungen und ideelle Güter (Kinobesuch, Bildung).

Konsumgüter: Dienen der Bedürfnisbefriedigung der Nachfrager (Gurken).

Investitionsgüter: Sind für langfristigen Gebrauch konzipiert. Sie dienen zur Produktion von weiteren Gütern (Produktionsmaschinen).

Gebrauchsgüter: Können mehr als einmal benutzt werden (Playstation).

Verbrauchsgüter: Werden durch einmalige Benutzung aufgebraucht (Döner).

Normale Güter: Die Nachfrage sinkt bei steigenden Preisen (die meisten Güter, Ananas).

Giffengüter: Die Nachfrage steigt bei steigenden Preisen (Vebleneffekt bei Luxusgütern, Brot).

Inferiore Güter: Werden bei steigendem Einkommen in geringerem Umfang nachgefragt (einfaches Brot).

Superiore Güter: Werden bei steigendem Einkommen stärker nachgefragt (Champagner).

Handelbare Güter: Güter, die exportiert und importiert werden können und Bestandteil des BIPs sind (Chips).

Nichthandelbare Güter: Güter, die nicht exportiert oder importiert werden können (Friseurbesuch).

Erfahrungsgüter: Erst nach Benutzung des Gutes ist die Qualität feststellbar (Vorlesung).

Vertrauensgüter: Bei Vertrauensgütern kann auch nach der Benutzung die Qualität zum Teil nicht festgestellt werden (Medikamente).

Inspektionsgüter: Man kann die Qualität und Menge direkt durch Inspektion überprüfen (Erdbeeren).

Virtuelle Güter: Immaterielle Güter, die allein in einer virtuellen Realität existieren (Pay-to-play, DLC).

Modegüter: Der Nutzen steigt mit zunehmender Zahl an Nachfragern (Kunstwerke).

Sammelgüter: Güter, die dem Käufer die Möglichkeit der Wertsteigerung bieten (Oldtimer).

3.1.3 Arbeitsmarkt

Arbeitsmarkt allgemein

Die Gleichgewichtssituation auf dem Arbeitsmarkt (wie in Abb. 3.3 dargestellt) bezeichnet man als „Vollbeschäftigungssituation". Bei Vollbeschäftigung hat jeder, der Arbeit will, auch Arbeit. Es kann trotzdem freiwillige Arbeitslosigkeit geben, Leute die nicht arbeiten wollen. Die Nachfragekurve stellt die Unternehmen dar, die Arbeitskraft (Arbeiter) nachfragen, und die Angebotskurve stellt Haushalte dar, die Arbeitskraft anbieten. Ein Angebotsüberschuss auf dem Arbeitsmarkt beschreibt unfreiwillige Arbeitslosigkeit. Der Preis für Arbeit ist der Lohn als nominaler Lohnsatz W oder realer Lohnsatz $\frac{w}{P}$.

Befindet sich der Arbeitsmarkt nicht im Gleichgewicht, weil ein Lohnsatz vorliegt, der vom Gleichgewichtslohnsatz abweicht, so entsteht ein Nachfrage- oder ein Angebotsüberschuss. Dieser Überschuss ergibt also die Differenz zwischen dem jeweiligen Wert der Nachfrage- und der Angebotsfunktion. In der Abbildung ist mit ΔN beispielhaft ein Angebotsüberschuss dargestellt.

Ein Angebotsüberschuss auf dem Arbeitsmarkt kann als unfreiwillige Arbeitslosigkeit interpretiert werden, während ein Nachfrageüberschuss mit offenen, nicht zu besetzenden Stellen gleichgesetzt werden kann.

Mindestlöhne

Wird ein Mindestlohn eingeführt, so hat dieser entweder keinen oder einen negativen Effekt auf die Beschäftigung. In Abb. 3.4a wird die Situation dargestellt, bei der der Mindestlohn geringer als der Gleichgewichtslohn ist. In Abb. 3.4b ist die Situation dargestellt, bei der der Mindestlohn höher als der Gleichgewichtslohn ist. Da der Mindestlohn als Preisuntergrenze fungiert, ergibt sich jeweils eine neue Angebotskurve, die sich als das Maximum aus alter Angebotsfunktion und Mindestlohngerade ergibt. Der gestrichelte Teil der alten Angebotsfunktion fällt weg.

Da bei Vorliegen eines Mindestlohns, der größer als der Gleichgewichtslohnsatz ist, die Menge der nachgefragten Arbeitskraft geringer ist als die Menge der angebotenen Arbeitskraft, entsteht Arbeitslosigkeit. Diese Arbeitslosigkeit teilt sich allerdings in zwei Teile auf. Zum einen gibt es Arbeiter, die bereit sind zu arbeiten, allerdings keine Arbeit

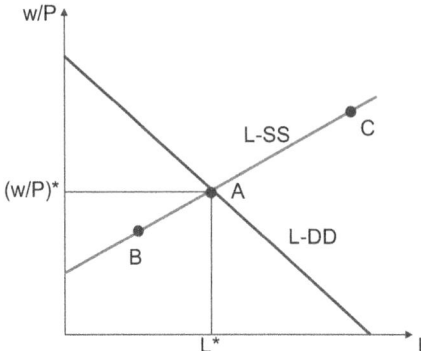

Abb. 3.3 Arbeitsmarkt

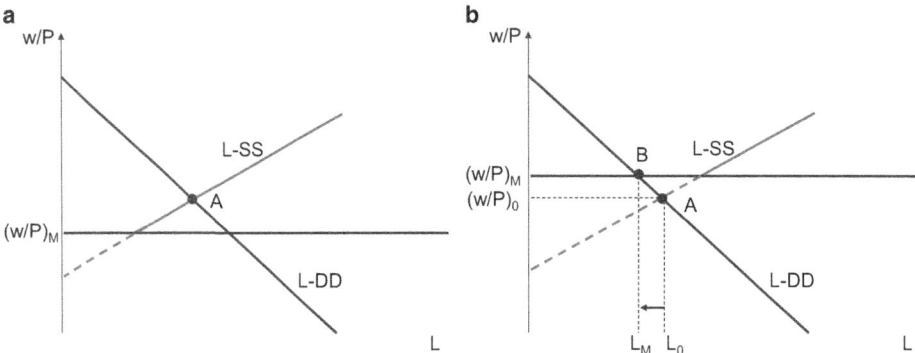

Abb. 3.4 Der Arbeitsmarkt beim Vorliegen eines Mindestlohns. **a** Der Mindestlohn liegt unterhalb des Gleichgewichtslohns; **b** der Mindestlohn liegt oberhalb des Gleichgewichtslohns

bekommen. Diese Arbeiter sind unfreiwillig arbeitslos. Zum anderen gibt es Arbeiter, die trotz des höheren Mindestlohns nicht bereit sind zu arbeiten. Diese Arbeiter sind weiterhin freiwillig arbeitslos.

Abb. 3.5 verdeutlicht, dass sich die unfreiwillige Arbeitslosigkeit als Differenz von Arbeitsangebot und Arbeitsnachfrage ergibt (im Gleichgewicht ist diese Differenz gerade Null), während sich die freiwillige Arbeitslosigkeit als Differenz der arbeitsfähigen Bevölkerung L_{max} und des Arbeitsangebots ergibt.

Beispiel
Zum Beispiel arbeiten im Gleichgewicht 100 Leute zu einem Lohn von 1000 €, 50 davon würden aber auch dann noch arbeiten, wenn der Lohn auf 500 € sinken würde. Wenn ein Mindestlohn von 700 € eingeführt wird, bekommen alle 700 € auch die, die für 500 € arbeiten würden. Es ist somit egal, für wie viel sie arbeiten würden, sie bekommen immer den Mindestlohn. Wenn wie hier der Mindestlohn kleiner ist als im Gleichgewicht (Abb. 3.4a), dann bekommen alle bereits 1000 € Lohn, ihnen ist es also egal, dass sie mindestens 700 € bekommen, schließlich ist ihr Lohn bereits wesentlich höher. Auch für

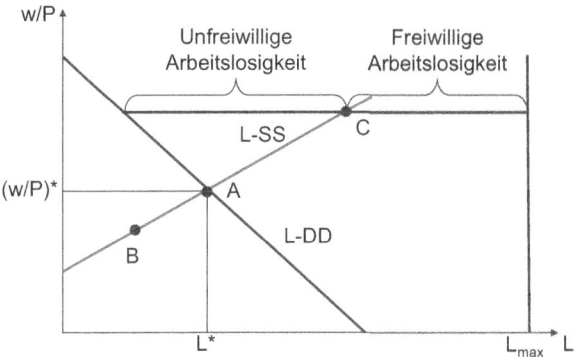

Abb. 3.5 Freiwillige und unfreiwillige Arbeitslosigkeit

die Unternehmen ändert sich nichts, da sie bereits 1000 € zahlen. Daher ändert sich die Anzahl der Beschäftigten nicht.

In dem Fall, dass der Mindestlohn höher ist als der Gleichgewichtslohn (Abb. 3.4b), zum Beispiel wenn er bei 1200 € liegt, würden für 1200 € mehr Leute arbeiten als für 1000 €, allerdings würden die Unternehmen für 1200 € weniger Arbeiter nachfragen, da diese zu teuer sind, zum Beispiel im Vergleich zu alternativen Maschinen, sodass ein Angebotsüberschuss entsteht und somit unfreiwillige Arbeitslosigkeit.

Mindestlöhne entfalten ihre Wirkung dadurch, dass der Lohn nicht unter ein gegebenes Niveau fallen kann. Somit werden andere staatliche oder nicht-staatliche Maßnahmen, die den gleichen Effekt haben auch zu ähnlichen Auswirkungen führen. Dies bedeutet, dass soziale Absicherungssystem wie zum Beispiel das Arbeitslosengeld, eine soziale Grundsicherung (in Deutschland unter dem Namen Hartz 4 bekannt) sowie ein bedingungsloses Grundeinkommen zu den gleichen Effekten (Arbeitslosigkeit) führen wie die Einführung eines Mindestlohns. Ähnliche Effekte ziehen darüber hinaus auch Tarifverträge oder Effizienzlöhne nach sich und können im Rahmen des selben theoretischen Rahmens analysiert und diskutiert werden.

Formen von Arbeitslosigkeit

Die Gründe, aus denen heraus Arbeitslosigkeit entsteht, lassen sich grob in die folgenden fünf Gruppen einteilen:

Friktionelle Arbeitslosigkeit: Arbeitslosigkeit zwischen zwei Jobs oder zwischen Schule und Uni.

Saisonelle Arbeitslosigkeit: Arbeitslosigkeit zur einer bestimmten Zeit im Jahr mit jährlichen Wiederholungen.

Konjunkturelle Arbeitslosigkeit: Arbeitslosigkeit bedingt durch wirtschaftlichen Abschwung in einer Rezessionsphase (meistens primärer und sekundärer Sektor). Konjunkturelle Arbeitslosigkeit wird auch als zyklische Arbeitslosigkeit bezeichnet.

Strukturelle Arbeitslosigkeit: Bedingt durch Strukturwandel, zum Beispiel durch Obsoletwerden einzelner Wirtschaftszweige. Strukturelle Arbeitslosigkeit wird auch als langfristige Arbeitslosigkeit bezeichnet.

Verdeckte Arbeitslosigkeit: Arbeitslose, die nicht als Arbeitslose gemeldet sind.

3.1.4 Geldmarkt

Geld

Geld an sich besitzt normalerweise keinen Wert, es ist lediglich ein Hilfsmittel, um wirtschaftliche Austauschprozesse zu vereinfachen. Damit es als „Geld" genutzt werden kann, sollte ein Gut die folgenden drei Eigenschaften aufweisen:

Recheneinheit	Der Wert eines jeden anderen Gutes kann in Einheiten dieses Gutes angegeben werden.
Transaktionsmittel	Einheiten von Geld müssen einfach von einer Person an eine andere weitergegeben werden können.
Wertaufbewahrungsmittel	Geld soll nicht an Wert verlieren, nur weil es nicht sofort wieder gegen andere Güter eingetauscht wird.

Geld wird von der Zentralbank angeboten (Symbol M bzw. M/P) und von den Haushalten und Unternehmen sowie der Zentralbank selbst nachgefragt. Die Nachfrage erfolgt aus drei Motiven heraus:

Transaktionsmotiv (Symbol: m^T): um es als Tauschersatzmittel zu nutzen.

Spekulationsmotiv (Symbol: m^S): um es in Zeiten, in denen es nicht benötigt wird, sparen zu können.

Vorsichtsmotiv (Symbol: m^V): um damit für eine ungewisse Zukunft vorzusorgen.

Inflation

Ein Anstieg des Preises bzw. des durchschnittlichen Preises aller Güter einer Volkswirtschaft – des Preisniveaus – nennt man auch Inflation. Ein Sinken des Preisniveaus nennt man auch Deflation.

Der Preis beschreibt die Menge eines Gutes X (das Geld), welche man hergeben muss, um ein zweites Gut Y zu bekommen. Dies hat folgende Auswirkungen:

Wenn mehr Geld vorhanden ist, aber die gleiche Menge von Gut Y, dann steigt die Menge an Geld, die man für ein Gut Y abgeben muss, das heißt, der Preis steigt, das Geld ist weniger wert.

Wenn mehr von Gut Y vorhanden ist, aber die gleiche Menge an Geld, dann sinkt die Menge an Geld, die man für ein Gut Y abgeben muss, das heißt, der Preis sinkt, das Geld ist mehr wert.

Wenn die Menge an Geld und die Menge von Gut Y im gleichen Verhältnis steigen, ändert sich der Preis nicht.

Der Preis des Geldes ist der Zinssatz. Auch hierbei ist zwischen einem realen und einem nominalen Zinssatz zu unterscheiden. Der reale Zinssatz r ergibt sich als $r =$ nominaler Zinssatz $i -$ Inflationsrate π.

Durch die hohe Inflationsrate ist eine langfristige Planung ausgeschlossen. Auch verliert die Bevölkerung das Vertrauen in die Währung und weicht auf Ersatzwährungen aus. Das Geld verliert seine Kaufkraft. Entsprechend werden Gläubiger schlechter gestellt und Schuldner besser gestellt. Entsprechend werden keine Spareinlagen mehr getätigt und es steht kein Kapital für Investitionen zur Verfügung. Als Konsequenz werden Kredite nur

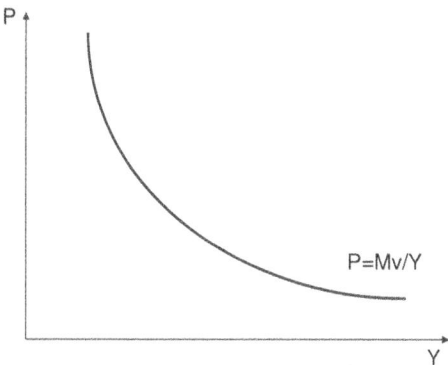

Abb. 3.6 Geldmarkt

noch zu sehr hohen (eventuell variablen) Zinsen vergeben, insbesondere da weniger gespart wird. Dies bedeutet aber einen Rückgang der Investitionstätigkeit. Eine geringe Inflationsrate kann allerdings positive Effekte haben, da hierdurch Renditeerwartungen an
Unternehmen entstehen und diese gezwungen sind rentabler zu arbeiten.

Deflation, als negative Inflation, an sich hat Effekte invers zu denen von Inflation. Die
Gläubiger werden besser gestellt, während Schuldner schlechter gestellt werden. Es wird
mehr gespart und entsprechend sinken die Zinsen. Allerdings entfällt durch das Sparen der
Konsum und somit reduziert sich der Konsum der Unternehmen.

Quantitätsgleichung

Das Verhältnis zwischen vorhandenem Geld und produzierten Gütern lässt sich mit der
sogenannten Quantitätsgleichung beschreiben:

$$PY = MV$$

In Worten lautet diese: nominales BIP = Geldmenge · Umlaufgeschwindigkeit.

Diese Gleichung lässt sich auch in Wachstumsraten schreiben als:

$$g_P + g_Y = g_M + g_V$$

g_P ist hierbei die Inflationsrate und g_Y das Wirtschaftswachstum.

Eine alternative Formulierung der Quantitätsgleichung findet sich in der sogenannten
Cambridgegleichung:

$$kYP = M$$

Während Geld selbst nicht auf einem Markt gehandelt wird, da Geld in diesem Kontext sowohl das Gut darstellen würde, das auf dem Markt gehandelt wird, als auch das Gut, in dem
der Preis bezahlt wird, ist auch eine grafische Darstellung des Geldmarktes nicht intuitiv
möglich. Eine Möglichkeit, diesem Problem Abhilfe zu schaffen, bietet die Quantitätsgleichung. Umgestellt nach dem Preisniveau P kann sie als Nachfragefunktion des Geldmarktes interpretiert werden. Grafisch stellt sich der Geldmarkt dann wie in Abb. 3.6 dar.

Da mittels der Quantitätsgleichung eine Nachfragefunktion des Geldmarktes konstruiert werden kann, stellt sich die Frage, inwieweit ein Preis für Geld bestimmt werden kann. Hierzu kann man die Überlegung heranziehen, dass der Preis eines normalen Gutes mit zunehmender Menge sinkt und mit sinkender Menge steigt. Angewendet auf Geld übernimmt der Zins diese Rolle. Bei einer größeren Verfügbarkeit von Geld liegt ein geringerer Zins vor und bei einer geringeren Verfügbarkeit liegt ein höherer Zins vor.

Auch beim Zins lässt sich zwischen dem Nominalzins i und dem Realzins r unterscheiden. Eine Preisbereinigung des Zinses meint in diesem Fall allerdings eine Bereinigung um die Veränderung des Wertes des Geldes, also eine Bereinigung um die Inflationsrate. Ferner handelt es sich bei dem Zins um eine Wachstumsgröße und nicht um eine absolute Bestandsgröße, sodass die Differenz durch Subtraktion und nicht durch Division wie bei absoluten Größen (Lohn, Einkommen usw.) entsteht.

Fisher-Effekt

Theoretisch ergibt sich der reale Zins r als Nominalzins i abzüglich der Inflationsrate π. Diese Inflationsrate ist allerdings zumeist unbekannt und wird daher bei Zinsforderungen von den Akteuren durch die erwartete Inflationsrate geschätzt. Da Entscheidungen auf Basis des Realzinses getroffen werden und dieser wiederrum die tatsächliche Inflationsrate beeinflussen kann, können Inflationserwartungen Einfluss auf die tatsächliche Entwicklung der Inflation nehmen.

3.1.5 Devisenmarkt

Devisen sind Forderungen auf fremde Währungen. Dies bedeutet insbesondere, dass man sich unter Devisen nicht alleine nur ausländische Münzen und Geldscheine vorstellen darf, sondern ebenso Forderungen und Verbindlichkeiten.

Wechselkurse können auf zwei Art und Weisen notiert werden. Bei der Preisnotierung beschreibt der Wechselkurs die Menge inländischer Währung, die für eine Einheit ausländischer Währung abzugeben ist (wie viele Euro sind für einen Dollar zu zahlen). Bei der Mengennotierung gibt der Wechselkurs an, wie viele Einheiten der ausländischen Währung man für eine Einheit der inländischen Währung erhält (wie viele Dollar erhält man für einen Euro). Im Rahmen dieses Buches findet die Preisnotierung Verwendung.

Das Austauschverhältnis zwischen zwei Währungen bezeichnet man auch als Wechselkurs. Zugleich übernimmt der Wechselkurs die Funktion des Preises auf dem Devisenmarkt. Je mehr inländische Währung im Vergleich zur ausländischen Währung vorhanden ist, umso geringer ist der Wechselkurs und umgekehrt. Abb. 3.7 veranschaulicht den Devisenmarkt und die Bildung des nominalen Wechselkurses grafisch.

Auch beim Wechselkurs ist zwischen dem nominalen (Symbol e) und dem realen Wechselkurs (q^*) zu unterscheiden. Hierbei ist zu beachten, dass der nominale Wechselkurs die Perspektive des Inlandes einnimmt, während der reale Wechselkurs aus Sicht des Auslandes zu deuten ist. Daher spricht man auch von einer realen Abwertung der einheimischen Währung (die inländische Währung ist weniger wert als die ausländische), wenn q^* steigt, und von einer Aufwertung, wenn q^* sinkt.

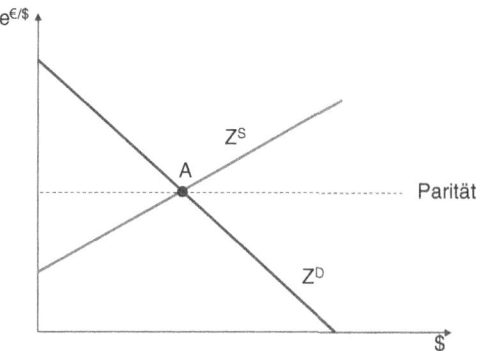

Abb. 3.7 Bestimmung des realen Wechselkurses

Der reale Wechselkurs lässt sich aus dem nominalen Wechselkurs und den Preisniveaus von Aus- und Inland bestimmen:

$$q^* = \frac{eP^*}{P}$$

Es kann argumentiert werden, dass langfristig der Zinssatz nur von den unterschiedlichen Preisniveaus im Inland und im Ausland abhängt (wenn man annimmt, dass Güter umsonst zwischen In- und Ausland transportiert werden können, wird sich immer jemand finden, der dies auch tut, sodass letztendlich das Austauschverhältnis nur durch die unterschiedlichen Preise bestimmt ist). Der hieraus resultierende Wechselkurs wird als Kaufkraftparitäten-(KKP-)Wechselkurs bezeichnet und berechnet sich als:

$$e_{KKP} = \frac{P}{P^*}$$

Da die Preise sich nur langfristig ändern, ändert sich auch der KKP-Wechselkurs nur langfristig. Der normale Wechselkurs ändert sich allerdings kurzfristig. Liegt der Wechselkurs e unterhalb von e_{KKP}, spricht man auch davon, dass die Währung unterbewertet ist. Es ist anzunehmen, dass der Wechselkurs in der nächsten Zeit wieder steigen wird. Liegt der Wechselkurs höher, ist die Währung überbewertet und es ist anzunehmen, dass der Wechselkurs in naher Zukunft wieder sinken wird.

3.1.6 Neoklassisches Gesamtmodell

Fasst man die bisher betrachteten Modelle in ein gemeinsames Modell zusammen, so erhält man das neoklassische Gesamtmodell einer geschlossenen Volkswirtschaft. Grafisch kann man es wie in Abb. 3.8 veranschaulichen.

3.1.7 Finanzmärkte und Wirtschaftskrisen

Finanzmärkte

Bei den folgenden Märkten handelt es sich um standardmäßig im Rahmen der VWL betrachteten Finanzmärkte und die jeweils relevanten Akteure.

Geldmarkt:	Akteure sind die Zentralbanken und die privaten Banken
Devisenmarkt:	Akteure sind die Zentralbanken und zum Teil die privaten Banken
Kreditmarkt:	Akteure sind die Zentralbank, private Banken, Haushalte und Unternehmen
Aktienmarkt:	Akteure sind die Unternehmen und Haushalte sowie Finanzintermediäre (Bei Offenmarktgeschäften die Zentralbank)
Anleihenmarkt:	Akteure sind die Unternehmen und Haushalte sowie Finanzintermediäre (Bei Offenmarktgeschäften die Zentralbank)

Wirtschafts- und Finanzkrise

Die Wirtschafts- und Finanzkrise, die ihren Anfang in der Immobilienkrise in den USA im Jahr 2007 hatte, führte in den folgenden Schritten zu einer Staatsverschuldungskrise in den Staaten der EU.

Immobilienkrise: In den USA wurde eine freizügige Kreditvergabe zur Finanzierung des Häuserbaus, bei der variable Zinsen angesetzt wurden, praktiziert. Während dies in einer Phase niedriger Zinsen und eines wirtschaftlichen Aufschwungs kein Problem darstellte, fielen im Rahmen eines wirtschaftlichen Abschwungs, verbunden mit einem Anstieg der Zinsen, zunehmend mehr Immobilienkredite aus. Viele der Kredite waren lediglich durch den Gegenwert des finanzierten Hauses abgesichert.

Bankenkrise in den USA: Durch den Ausfall der Kredite fielen die Immobilien, welche als Sicherungsgrundlage dienten, an die Banken. Durch dieses Überangebot an Immobilien sanken die Preise für Immobilien und somit der Wert der Sicherungsgrundlagen bei den Banken.

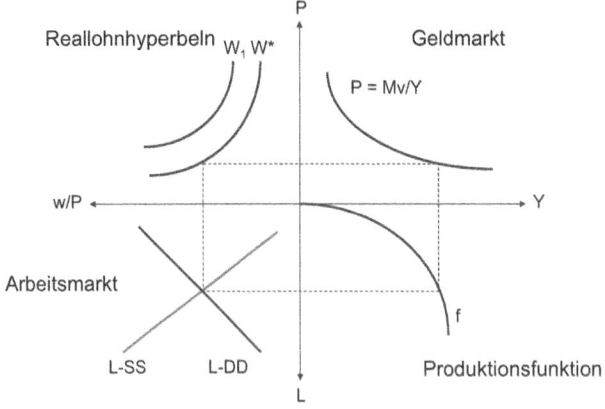

Abb. 3.8 Neoklassisches Gesamtmodell

Transatlantische Bankenkrise: Durch die internationalen Verflechtungen auf den Finanz-
    märkten weitete sich die Krise von den USA auch auf Europa aus.

Wirtschaftskrise: Durch die Bankenkrise kam es auch zu einem Rückgang von Investi-
    tionen und einem wirtschaftlichen Abschwung, sodass aus der Banken- eine Wirt-
    schaftskrise in der EU wurde. Die Staaten versuchten dieser Krise entgegen zu treten
    und die Wirtschaft bzw. den Finanzsektor finanziell zu unterstützen.

Staatsschuldenkrise: Dies führte zu einer höheren Staatsverschuldung bei insgesamt hö-
    heren Zinsen, was insbesondere in wirtschaftlich schwächeren Ländern zu einer Ver-
    schuldungskrise führt. Diese führte in der Eurozone durch gegenseitige Unterstützung
    der Länder, um den Euro als gemeinsame Währung zu stützen, zu weiterer Verschul-
    dung auch in wirtschaftlich stärkeren Ländern und somit zur Staatsfinanzierungskrise.

3.1.8 Phillipskurve

Motivation der Phillipskurve

Aufgrund von Daten für das späte 19. und das späte 20. Jahrhundert konnte ein negativer Zusammenhang zwischen der Inflationsrate und der Arbeitslosenquote nachgewiesen
werden. Dieser Zusammenhang wurde durch die sogenannte Phillipskurve formalisiert,
die sich grafisch wie in Abb. 3.9 darstellt.

Begründen lässt er sich zweierlei (mikro- und makroökonomisch). Zum einen (makroökonomisch) bedeutet ein Anstieg der Nachfrage (unabhängig davon, wodurch dieser
ausgelöst wurde) eine Erhöhung des Preisniveaus (weil die Nachfrage nach den Gütern
ansteigt und diese dadurch knapper werden) und einen Anstieg des Outputs (da die Unternehmen versuchen die zusätzliche Nachfrage zu befriedigen). Hierzu müssen allerdings

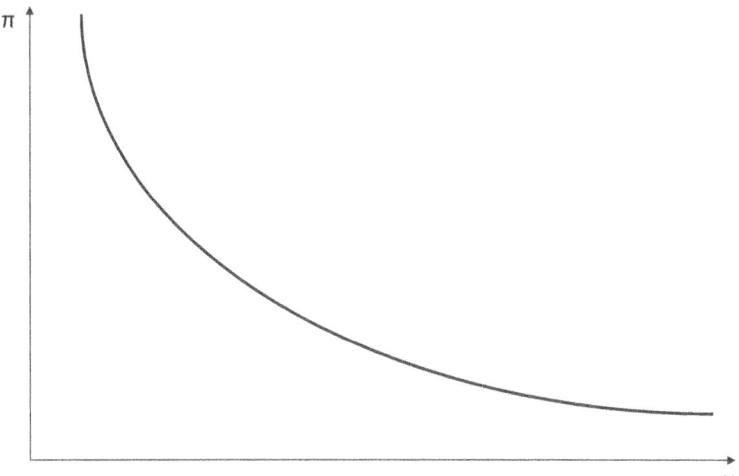

Abb. 3.9 Klassische Phillipskurve

zusätzliche Arbeiter beschäftigt werden, sodass die Arbeitslosenquote zurückgeht. Ein Anstieg der Nachfrage erhöht somit die Inflation und verringert die Arbeitslosigkeit.

Andererseits (mikroökonomisch) ist es bei einer geringen Arbeitslosigkeit schwierig, neue Arbeiter zu finden, daher steigen die Löhne an. Um diese Löhne bezahlen zu können, erhöhen die Unternehmen die Preise ihrer Güter, wodurch das Preisniveau ansteigt. Umgekehrt sinken bei hoher Arbeitslosigkeit die Löhne und Unternehmen können günstiger produzieren (hier wird immer angenommen, dass Unternehmen Einsparungen und Kosten direkt an die Kunden weitergeben).

Monetaristische Kritik

Von den Monetaristen/Milton Friedman wurde an diesem Ansatz kritisiert, dass Arbeiter rational handelnd bei ihren Lohnforderungen nicht den Nominallohn (was auf dem Gehaltsscheck steht) betrachten, sondern den Reallohn (was sie sich tatsächlich mit dem Lohn kaufen können). Daher gibt es bei einer Änderung des Preisniveaus sofort Lohnverhandlungen, die den Reallohn wieder anpassen, sodass Arbeiter für ein Unternehmen nie real günstiger werden und es eventuell geneigt ist mehr einzustellen. Ein Zusammenhang zwischen Inflation und Arbeitslosigkeit wird somit ausgeschlossen.

Als Zwischenstufe können adaptive Erwartungen angesehen werden. Hierbei wissen Arbeiter nicht sofort, wie sich die Inflation entwickeln wird, und können daher nicht im Vorhinein den richtigen Lohn fordern. Kurzfristig gilt daher die Phillipskurve. Mittel- bis langfristig werden sie allerdings ihre Lohnforderungen wieder anpassen, sodass mittel- bis langfristig kein Phillipskurveneffekt vorliegt. Zusammenfassend lassen sich die kurz- und langfristigen Phillipskurven wie in Abb. 3.10 darstellen.

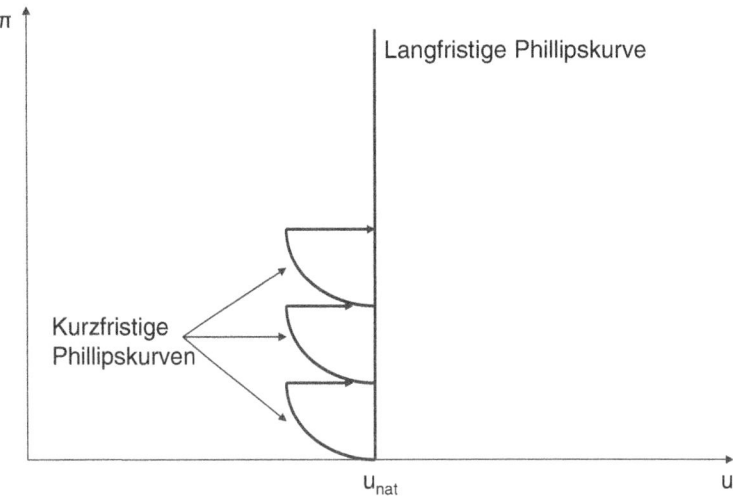

Abb. 3.10 Kurz- und langfristige Phillipskurve

3.2 Aufgaben

3.2.1 Allgemein

Quick Check – Wahr oder falsch?

Aufgabe A 3.1 (10 Punkte) (Zur Lösung L 3.1)
(a) Auf jedem Markt existiert ein Gleichgewicht.
(b) Die Angebotskurve ist immer steigend.
(c) Den Prohibitivpreis liest man von der Nachfragefunktion ab.
(d) Die Sättigungsmenge ist immer größer oder gleich der Gleichgewichtsmenge.
(e) Je steiler die Nachfragefunktion, umso größer ist die Konsumentenrente.
(f) Die Nachfragefunktion ergibt sich als Verbindungslinie von Prohibitivpreis und Sättigungsmenge.
(g) Das Konsumverhalten der Haushalte beeinflusst die Lage der Angebotsfunktion.
(h) Die Lage der Nachfragefunktion hängt allein von der Nutzenfunktion ab.
(i) Ein Anstieg des Einkommens verändert die Lage der Budgetgeraden ...
(j) ... und führt bei gleichen Preisen zu einem höheren Konsum.
(k) Die Elastizität kann jeden beliebigen reellen Wert annehmen.
(l) Eine positive Elastizität beschreibt einen elastischen Zusammenhang.
(m) Die Elastizität beschreibt um wie viel Prozent sich die abhängige Größe ändert, wenn sich die unabhängige Größe um eine Einheit erhöht.
(n) Die Elastizität kann nur für lineare Funktionen berechnet werden.
(o) Bei der Preiselastizität ist der Preis die unabhängige Größe.

Multiple Choice

Aufgabe A 3.2 (12 Punkte) (Zur Lösung L 3.2)
(a) (2 Punkte) Welche Aussage trifft nicht auf das Marktgleichgewicht zu?

    (I)   Es stellt sich immer ein Gleichgewicht ein.
    (II)   Der Markt ist geräumt.
    (III) Angebot und Nachfrage stimmen überein.
    (IV) Es existiert nicht immer ein Gleichgewicht.

(b) (2 Punkte) Elastizitäten ...

    (I)   ... liegen immer im Intervall $[0; 1]$.
    (II)   ... messen absolutes Wachstum.
    (III) ... messen logarithmisches Wachstum.
    (IV) ... können nur für Angebots- und Nachfrage-Kurven berechnet werden.

(c) (2 Punkte) Die Konsumentenrente ...

    (I)   ... ist immer gleich der Produzentenrente.
    (II)   ... kann auch negativ werden.
    (III) ... kann für öffentliche Güter nicht berechnet werden.
    (IV) ... ist der Vorteil den Haushalte aus dem Marktpreis ziehen.

(d) (2 Punkte) Das Cobweb-Theorem ...

    (I)   ... sagt wann der Schweinezyklus einsetzt.

    (II)   ... zeigt, dass der Markt immer konvergiert.

    (III) ... beschränkt das Verhältnis von Konsumenten- zu Produzentenrente.

    (IV) ... beschränkt die Höhe des Marktpreises.

(e) (2 Punkte) Eine elastische Nachfragekurve ...

    (I)   ... ist immer positiv steigend.

    (II)   ... besitzt auch unelastische Bereiche.

    (III) ... hat nur positive Werte.

    (IV) ... ist steiler als eine unelastische Kurve.

(f) (2 Punkte) Die Produzentenrente ...

    (I)   ... entspricht den Unternehmensgewinnen.

    (II)   ... ist größer als die Konsumentenrente.

    (III) ... ist kein Teil der Wohlfahrtsrente.

    (IV) ... kann auch negativ werden.

Verständnisfragen

Aufgabe A 3.3 (4 Punkte) (Zur Lösung L 3.3)
Wie entsteht Marktgleichgewicht. Zeigen Sie dies grafisch und rechnerisch.

Aufgabe A 3.4 (6 Punkte) (Zur Lösung L 3.4)
Formulierung 1 Zeigen Sie Konsumenten- und Produzentenrente grafisch und rechnerisch.
Formulierung 2 Erklären Sie Konsumenten- und Produzentenrente.
Formulierung 3 (a) (2 Punkte) Was ist eine Konsumentenrente?
               (b) (2 Punkte) Was ist eine Produzentenrente?
               (c) (6 Punkte) Zeichnen Sie in einem Marktdiagramm die Konsumenten- und die Produzentenrente ein und geben Sie jeweils eine Formel zu der Berechnung an.

Aufgabe A 3.5 (6 Punkte) (Zur Lösung L 3.5)
Warum hat die Angebotskurve eine positive Steigung und die Nachfragekurve eine negative?

Aufgabe A 3.6 (4 Punkte) (Zur Lösung L 3.6)
Wovon hängt die Steigung der Nachfrage- und Angebotskurve ab? (Erklären Sie den Begriff *Elastizität*.)

Aufgabe A 3.7 (12 Punkte) (Zur Lösung L 3.7)
Formulierung 1 Nennen Sie die Makromärkte und zeigen Sie das Gleichgewicht auf jedem Markt grafisch.
Formulierung 2 Welche Makromärkte unterscheidet man?

Aufgabe A 3.8 (**2 Punkte**) (Zur Lösung L 3.8)
Was ist ein Markt?

Aufgabe A 3.9 (**6 Punkte**) (Zur Lösung L 3.9)
 (a) (3 Punkte) Wie entsteht die Nachfrage nach Gütern (argumentieren Sie mit Nutzen und Budget)?
 (b) (3 Punkte) Erklären Sie das Arbeitsangebot.

Aufgabe A 3.10 (**6 Punkte**) (Zur Lösung L 3.10)
 (a) (3 Punkte) Wie kommt es zum Güterangebot?
 (b) (3 Punkte) Wie zur Arbeitsnachfrage?

Aufgabe A 3.11 (**8 Punkte**) (Zur Lösung L 3.11)
 (a) (3 Punkte) Wie entsteht ein Marktgleichgewicht?
 (b) (5 Punkte)

> Formulierung 1 Beschreiben Sie die Kräfte, die den Markt in das Gleichgewicht drängen. Stellen Sie den Markt grafisch dar.
> Formulierung 2 Skizzieren Sie einen idealtypischen Markt und kennzeichnen Sie hierbei das Marktgleichgewicht.

Aufgabe A 3.12 (**4 Punkte**) (Zur Lösung L 3.12)
 (a) (2 Punkte)

> Formulierung 1 Was sind exogene Schocks?
> Formulierung 2 Was ist ein exogener Schock?

 (b) (2 Punkte) Was bedeuten diese in Bezug auf das Marktdiagramm?

Aufgabe A 3.13 (**6 Punkte**) (Zur Lösung L 3.13)
 (a) (2 Punkte) Was ist komparative Statik?
 (b) (4 Punkte) Zeigen Sie auch, wie komparative Statik in einem Marktdiagramm funktioniert.

Aufgabe A 3.14 (**4 Punkte**) (Zur Lösung L 3.14)
Welche Wohlfahrtsverluste oder -gewinne können durch Höchst- oder Mindestpreise entstehen?

Aufgabe A 3.15 (**8 Punkte**) (Zur Lösung L 3.15)
Skizzieren Sie einen typischen Markt und erläutern Sie die Begriffe: Marktgleichgewicht, Prohibitivpreis und Sättigungsmenge.

Aufgabe A 3.16 (**4 Punkte**) (Zur Lösung L 3.16)
Skizzieren Sie das neoklassische Gesamtmodell in einem Vierfelderdiagramm.

Aufgabe A 3.17 (3 Punkte) (Zur Lösung L 3.17)
Was passiert mit der Konsumentenrente bei der Einführung von Prozessinnovationen (Absinken der Angebotskurve)?

Aufgabe A 3.18 (2 Punkte) (Zur Lösung L 3.18)
Was versteht man unter dem Prohibitivpreis?

Aufgabe A 3.19 (4 Punkte) (Zur Lösung L 3.19)
Bei welchen der folgenden Märkte handelt es sich um klassische Makromärkte:

- Geldmarkt
- Zinsmarkt
- Devisenmarkt
- Anleihenmarkt
- Bondsmarkt
- Kapitalmarkt
- Außenhandelsmarkt
- Gütermarkt

Aufgabe A 3.20 (5 Punkte) (Zur Lösung L 3.20)
Angenommen in der Ausgangssituation sehen die gesamtwirtschaftliche Nachfragekurve und die gesamtwirtschaftliche Angebotskurve in Mikronesien und in Wipolen gleich aus. Wie unterscheiden sich die Marktgleichgewichte, wenn alle Produktinnovationen zuerst in Mikronesien entstehen (angenommen es gibt in dieser Phase keine Prozessinnovationen in Mikronesien) und in der Reifephase des Produktlebenszyklus nach Wipolen kommen, sodass in Wipolen nur Prozessinnovationen getätigt werden.

Aufgabe A 3.21 (10 Punkte) (Zur Lösung L 3.21)
(a) (5 Punkte) Was versteht man unter Angebot und Nachfrage und wie finden diese zum Ausgleich?
(b) (5 Punkte) Diskutieren Sie Vor- und Nachteile einer linearen Darstellung des Marktes.

Aufgabe A 3.22 (7 Punkte) (Zur Lösung L 3.22)
(a) (2 Punkte)

Formulierung 1 Erklären Sie den Begriff der Elastizität.
Formulierung 2 Was versteht man unter Elastizität?

(b) (2 Punkte) Wie wird diese berechnet?
(c) (3 Punkte) Zeichnen Sie in ein Angebots- und Nachfragediagramm völlig elastische und unelastische Angebots- und Nachfragefunktionen ein.

Anwendungsaufgaben

Aufgabe A 3.23 (**7 Punkte**) (Zur Lösung L 3.23)
Berechnen Sie für die folgenden Märkte jeweils das Marktgleichgewicht, den Prohibitivpreis und die Sättigungsmenge.

(a) (2 Punkte) $\quad$ Nachfrage: $q = -2p + 5$
$\qquad\qquad\qquad$ Angebot: $\quad q = p + 2$

(b) (2 Punkte) $\quad$ Nachfrage: $p = -0{,}5q + 1$
$\qquad\qquad\qquad$ Angebot: $\quad p = q - 1$

(c) (3 Punkte) $\quad$ Nachfrage: $q = -\exp(p) + 3$
$\qquad\qquad\qquad$ Angebot: $\quad p = \ln(q + 1)$

Aufgabe A 3.24 (**10 Punkte**) (Zur Lösung L 3.24)
Existiert auf den folgenden Märkten ein Marktgleichgewicht? (Argumentieren Sie anhand
einer Skizze oder mathematisch.)

(a) (3 Punkte) Monopolsituation/Öl:
$\qquad$ Nachfrage: $q = \frac{1}{p} + 3$
$\qquad$ Angebot: $\quad q = 2$

(b) (3 Punkte) Luxusgüter/Kunstwerke:
$\qquad$ Nachfrage: $q = 2p + 1$
$\qquad$ Angebot: $\quad q = 3p + 2$

(c) (4 Punkte) Partielle Nachfrage/Wasser:
$\qquad$ Nachfrage: $q = \begin{cases} -2p + 10 & p < 2 \\ 0 & \text{sonst} \end{cases}$
$\qquad$ Angebot: $\quad q = p - 3$

Aufgabe A 3.25 (**7 Punkte**) (Zur Lösung L 3.25)
Berechnen Sie für die Länder Mikronesien, Makroatien und Wipolen das reale BIP im Jahr
2014 und das erwartete reale BIP im Jahr 2015. Ist aufgrund der prognostizierten Daten
ein reales Wachstum der jeweiligen Volkswirtschaft zu erwarten?

	2014	2014	2015	2015
	Nominales BIP	Preisniveau	Nominales BIP	Preisniveau
Mikronesien	2 Mrd.	100	3 Mrd.	120
Makroatien	7 Mrd.	100	9 Mrd.	150
Wipolen	5 Mrd.	100	4,5 Mrd.	90

Aufgabe A 3.26 (**5 Punkte**) (Zur Lösung L 3.26)
Der König von Makroatien hat zwei wirtschaftspolitische Berater D und P. D und P schlagen ihm zwei Politikprogramme vor. Die Tabelle fasst die erwarteten Resultate zusammen.

Für welches Politikprogramm entscheidet sich der König, wenn er stets rationale Entscheidungen trifft?

	D	P
BIP	Veränderung	Veränderung
	7 Mrd. auf 10,5 Mrd.	7 Mrd. auf 21 Mrd.
Inflationsrate	20 %	100 %

Aufgabe A 3.27 **(6 Punkte)** (Zur Lösung L 3.27)
Die Angebots- und Nachfragekurven der Gütermärkte Mikronesiens und Wipolens sind gegeben als:

Land	Angebot	Nachfrage
Mikronesien	$q = \ln(p)$	$\ln(6 - 2p)$
Wipolen	$p = 2q + 2$	$q = \left(\frac{1}{p}\right)$

Bestimmen Sie die Marktgleichgewichte in beiden Ländern.

Aufgabe A 3.28 **(6 Punkte)** (Zur Lösung L 3.28)
Für den weltweiten Rhodiummarkt ist bekannt, dass sich die Nachfrage nach Rhodium durch die Funktion $q = -2p + 5$ beschreiben lässt. Ferner ist bekannt, dass die gesamtwirtschaftliche Kostenfunktion des Marktes die Form $K(q) = q^2 + 1$ aufweist.

(a) (3 Punkte) Wie hoch ist der Rhodiumpreis im Gleichgewicht?

(b) (2 Punkte) Bestimmen Sie den Preis, bei dem die Nachfrage nach Rhodium auf null fällt.

(c) (1 Punkt) Bestimmen Sie die Sättigungsmenge bezogen auf Rhodium.

Aufgabe A 3.29 **(6 Punkte)** (Zur Lösung L 3.29)
Die Angebots- und die Nachfragefunktionen des Automobilmarktes in Wipolen sind wie folgt gegeben:

$$\text{Angebot} \quad \begin{matrix} q = 0{,}5p + 5 & p < 6 \\ q = 3p - 10 & p > 6 \end{matrix}$$
$$\text{Nachfrage} \quad q = -2p + 15$$

Berechnen Sie das Gleichgewicht auf dem Automobilmarkt. Wie ändert sich dieses, wenn sich die Nachfragekurve nach unten dreht und die folgende Form annimmt $q = -0{,}5p + 15$?

Aufgabe A 3.30 **(3 Punkte)** (Zur Lösung L 3.30)
Angebot und Nachfrage auf dem Immobilienmarkt von Makroatien lassen sich durch die folgenden beiden Funktionen beschreiben:

$$\text{Angebot} \quad q = p^2 + 5$$
$$\text{Nachfrage} \quad q = -2p + 8$$

Bestimmen Sie das Marktgleichgewicht.

Aufgabe A 3.31 (3 Punkte) (Zur Lösung L 3.31)
Angebot und Nachfrage auf dem Gütermarkt von Makroatien lassen sich durch die folgenden beiden Funktionen beschreiben:

$$\text{Angebot} \quad p = 2q^2 + q + 1$$
$$\text{Nachfrage} \ p = -5q + 7$$

Bestimmen Sie das Marktgleichgewicht.

Aufgabe A 3.32 (4 Punkte) (Zur Lösung L 3.32)

$$p = -2q + 5 \ \text{Nachfragefunktion}$$
$$p = 2q + 2 \quad \text{Angebotsfunktion}$$

(a) (3 Punkte) Berechnen Sie den Gleichgewichtspunkt.
(b) (1 Punkte) Wie hoch ist der Prohibitivpreis?

Aufgabe A 3.33 (10 Punkte) (Zur Lösung L 3.33)
Gegeben sind die folgenden Angebots- und Nachfragefunktionen:

$$p = \sqrt{q^2 - 0{,}5} \ \text{Angebotsfunktion}$$
$$p = -q + 1 \quad \text{Nachfragefunktion}$$

(a) (5 Punkte) Berechnen Sie die Gleichgewichtsmenge.
(b) (2 Punkte) Wie ändert sich die Gleichgewichtsmenge, wenn die Angebotsfunktion die folgende Form annimmt: $p = \sqrt{q^2 + 2}$
(c) (3 Punkte) Ist das Ergebnis in der zweiten Teilaufgabe in der Praxis möglich bzw. was würde in diesem Fall geschehen?

Aufgabe A 3.34 (6 Punkte) (Zur Lösung L 3.34)
Bestimmen Sie für die angegebenen Angebotsfunktionen $x^s(p)$ und Nachfragefunktionen $x^d(p)$ das jeweilige Gleichgewicht (p^*, x^*).

(a) (2 Punkte) $x^s(p) = -2 + p, x^d(p) = 10 - p$
(b) (2 Punkte) $x^s(p) = p, x^d(p) = \frac{1}{p}$
(c) (2 Punkte) $x^s(p) = p, x^d(p) = \sqrt{p}$

Aufgabe A 3.35 (6 Punkte) (Zur Lösung L 3.35)
Betrachten Sie die folgende Tabelle, die Absatzzahlen eines Unternehmens aufgeteilt nach Neu- und Bestandskunden wiedergibt und bestimmen Sie sowohl für Neu- als auch für Bestandskunden die Elastizität bei einem Preisanstieg von 2 auf 4 Euro (Situation I) als auch bei einem Preisanstieg von 6 auf 8 Euro (Situation II).

Preis	Neukunden (Nachfrage)	Bestandskunden (Nachfrage)
2	20	40
4	15	36
6	12	30
8	6	24

Aufgabe A 3.36 (6 Punkte) (Zur Lösung L 3.36)

Betrachten Sie die folgende Tabelle, die Absatzzahlen eines Unternehmens aufgeteilt nach Neu- und Bestandskunden wiedergibt und bestimmen Sie sowohl für Neu- als auch für Bestandskunden die Elastizität bei einem Preisanstieg von 2 auf 4 Euro als auch bei einem Preisanstieg von 6 auf 8 Euro.

Preis	Neukunden (Nachfrage)	Bestandskunden (Nachfrage)
2	150.000	450.000
4	100.000	350.000
6	30.000	60.000
8	20.000	45.000

Aufgabe A 3.37 (6 Punkte) (Zur Lösung L 3.37)

Betrachten Sie die folgende Tabelle, die Absatzzahlen eines Unternehmens aufgeteilt nach Neu- und Bestandskunden wiedergibt und bestimmen Sie sowohl für Neu- als auch für Bestandskunden die Elastizität bei einem Einkommensanstieg von 1.000 auf 1.500 Euro als auch bei einem Einkommensanstieg von 2.000 auf 3.000 Euro.

Einkommen	Neukunden (Nachfrage)	Bestandskunden (Nachfrage)
1.000	1.000	1.400
1.500	800	1.300
2.000	700	500
3.000	500	500

Aufgabe A 3.38 (6 Punkte) (Zur Lösung L 3.38)

Betrachten Sie die folgende Tabelle, die Absatzzahlen eines Unternehmens aufgeteilt nach Neu- und Bestandskunden wiedergibt und bestimmen Sie sowohl für Neu- als auch für Bestandskunden die Elastizität bei einem Einkommensanstieg von 1.000 auf 1.500 Euro als auch bei einem Einkommensanstieg von 2.000 auf 3.000 Euro.

Einkommen	Neukunden (Nachfrage)	Bestandskunden (Nachfrage)
1.000	100	20
1.500	120	80
2.000	150	120
3.000	200	250

Aufgabe A 3.39 (6 Punkte) (Zur Lösung L 3.39)

Betrachten Sie die folgende Tabelle, die Produktionszahlen eines Unternehmens aufgeteilt nach Standard und Individualprodukten wiedergibt und bestimmen Sie für beide Produktarten die Angebotselastizität bei einem Preisanstieg von 2 auf 4 Euro als auch bei einem Preisanstieg von 6 auf 8 Euro.

Preis	Neukunden (Nachfrage)	Bestandskunden (Nachfrage)
2	100.000	10.000
4	150.000	11.000
6	250.000	12.000
8	450.000	12.500

Aufgabe A 3.40 (8 Punkte) (Zur Lösung L 3.40)

Aufgabe Betrachten Sie die folgenden Sets an Angebots- und Nachfragefunktion und berechnen Sie die Elastizität (Des Angebots und der Nachfrage) bei einer Preiserhöhung von $p_1 = 3$ auf $p_2 = 6$ (Situation I) bzw. von $p_1 = 2$ auf $p_2 = 5$ (Situation II). Nutzen Sie zur Berechnung die Mittelwertformel.

1. (2 Punkte) AN: $q = 2p\check{\ }3$
   NF: $q = -p + 6$
2. (2 Punkte) AN: $q = 0,5p + 1$
   NF: $q = -5,5p + 80$
3. (2 Punkte) AN: $q = 2,8p + 1$
   NF: $q = -0,2p + 4$
4. (2 Punkte) AN: $q = 0,25p + 4$
   NF: $q = \frac{3,25}{p} + 1$

Aufgabe A 3.41 (20 Punkte) (Zur Lösung L 3.41)

Betrachten Sie die folgenden Nachfragefunktionen und berechnen Sie jeweils in Abhängigkeit von der Menge x die Preiselastizität der Nachfrage:

1. (2 Punkte) $p(x) = -3x + 45$
2. (2 Punkte) $p(x) = \frac{2}{x} + 1$
3. (2 Punkte) $p(x) = -\sqrt{2x} + 18$
4. (2 Punkte) $p(x) = -ln(1 + x) + 25$
5. (2 Punkte) $p(x) = 6exp(-0,5x)$
6. (2 Punkte) $p(x) = \frac{2x}{1 - x^2}$
7. (2 Punkte) $p(x) = \sqrt{10 - x^2}$
8. (2 Punkte) $p(x) = \frac{1}{\sqrt{1 + x}}$
9. (2 Punkte) $p(x) = exp(1 - 2x^2)$
10. (2 Punkte) $p(x) = \frac{1}{ln(1 + 2x)}$

Aufgabe A 3.42 (36 Punkte) (Zur Lösung L 3.42)

Berechnen Sie die Kreuzpreiselastizität zwischen Gut 1 und Gut 2.

1. (3 Punkte)

Preis Gut 1:	$p_{11} = 5$	$p_{12} = 7$
Nachgefragte Menge Gut 2:	$q_{21} = 2$	$q_{22} = 3$

2. (3 Punkte)

Preis Gut 1:	$p_{11} = 2$	$p_{12} = 3$
Nachgefragte Menge Gut 2:	$q_{21} = 4$	$q_{22} = 3$

3. (3 Punkte)

Preis Gut 1:	$p_{11} = 2$	$p_{12} = 4$
Nachgefragte Menge Gut 2:	$q_{21} = 7$	$q_{22} = 7,5$

4. (3 Punkte)

Preis Gut 1: $p_{11} = 9$ $p_{12} = 10$
Nachgefragte Menge Gut 2: $q_{21} = 1$ $q_{22} = 0,5$

5. (3 Punkte)

Preis Gut 1: $p_{11} = 1,1$ $p_{12} = 1,15$
Nachgefragte Menge Gut 2: $q_{21} = 5,4$ $q_{22} = 5,35$

6. (3 Punkte)

Nachfrage Gut 2: $q_2 = -0,4p_2 - 0,01p_1 + 20$
Preisänderung Gut 1: $p_{11} = 1$ und $p_{12} = 2$
Preis von Gut 2: $p_2 = 1$

7. (3 Punkte)

Nachfrage Gut 2: $q_2 = -2p_2 + 0,2p_1 + 12$
Preisänderung Gut 1: $p_{11} = 4$ und $p_{12} = 5$
Preis von Gut 2: $p_2 = 1$

8. (3 Punkte)

Nachfrage Gut 2: $q_2 = -0,5p_2 + 0,1p_1 + 5$
Preisänderung Gut 1: $p_{11} = 2$ und $p_{12} = 1,5$
Preis von Gut 2: $p_2 = 1$

9. (3 Punkte)

Nachfrage Gut 2: $q_2 = -3p_2 - 0,8p_1 + 11$
Preisänderung Gut 1: $p_{11} = 0,5$ und $p_{12} = 0,6$
Preis von Gut 2: $p_2 = 1$

10. (3 Punkte)

Nachfrage Gut 2: $q_2 = -p_2 - 0,2p_1 + 6$
Preisänderung Gut 1: $p_{11} = 1$ und $p_{12} = 1,2$
Preis von Gut 2: $p_2 = 1$

11. (3 Punkte)

Nachfrage Gut 2: $q_2 = -2p_2 - 3p_1 + 15$
Preisänderung Gut 1: $p_{11} = 1$ und $p_{12} = 2$
Preis von Gut 2: $p_2 = 1$

12. (3 Punkte)

$$\text{Nachfrage Gut 2:} \quad q_2 = -p_2 + 5p_1 + 20$$
$$\text{Preisänderung Gut 1:} \quad p_{11} = 1 \text{ und } p_{12} = 3$$
$$\text{Preis von Gut 2:} \quad p_2 = 1$$

Aufgabe A 3.43 (40 Punkte) (Zur Lösung L 3.43)
Berechnen Sie ausgehend von den folgenden Nachfragefunktionen jeweils die Kreuzpreiselastizität bei einer Änderung des Preises von Gut 2 von $p_{21} = 3$ auf $p_{22} = 5$ bzw. von $p_{21} = 1$ auf $p_{22} = 6$. Der Preis von Gut 1 p_1 bleibt konstant bei $p_1 = 2$.

1. (4 Punkte) $q^N = -2p_2 - p_1 + 28$
2. (4 Punkte) $q^N = -0,5p_1 + 0,4p_2 + 12$
3. (4 Punkte) $q^N = -2p_1 + 0,05p_2 + 20$
4. (4 Punkte) $q^N = -4p_1 - 0,2p_2 + 50$
5. (4 Punkte) $q^N = -0,5p_1 + p_2 + 8$
6. (4 Punkte) $q^N = -0,2p_1 + 0,2p_2 + 13$
7. (4 Punkte) $q^N = -p_1 + 0,8p_2 + 14$
8. (4 Punkte) $q^N = -2p_2 + 30$
9. (4 Punkte) $q^N = -0,5p_1 + 18$
10. (4 Punkte) $q^N = 2p_1 - p_2 + 6$

Aufgabe A 3.44 (70 Punkte) (Zur Lösung L 3.44)
Betrachten Sie den Markt für herkömmliche PKW Neuwagen. Welche Effekte ergeben sich in Bezug auf die nachgefragte Menge und den jeweiligen Preis. Liefern Sie jeweils auch eine Skizee, die diese Effekte veranschaulicht.

1. (7 Punkte) Abwrackprämie + Konjunkturpakete
2. (7 Punkte) Dieselskandal + Gesetzliche Vorgabe neue Filter einzubauen
3. (7 Punkte) Dieselfahrverbote + Anstieg des Stahlpreises
4. (7 Punkte) E-Auto Subventionen + günstigere E-Akkus
5. (7 Punkte) Höhere Benzinpreise + LKW-Maut
6. (7 Punkte) Fachkräftemangel im MINT Bereich + nachhaltigeres Kaufverhalten der Haushalte
7. (7 Punkte) Senkung technologischer Standards + Brexit
8. (7 Punkte) TTIP wird umgesetzt + Handelsabkommen (DCFTA) mit Belarus
9. (7 Punkte) Mehr MINT Studenten + Belarus wird EU Mitglied
10. (7 Punkte) Krieg im mittleren Osten + Boom in China

Transferaufgaben

Aufgabe A 3.45 (5 Punkte) (Zur Lösung L 3.45)
Betrachten Sie den Markt für Zigaretten. Was passiert bei einer Erhöhung der Tabaksteuer? Argumentieren Sie anhand des Marktdiagramms.

Aufgabe A 3.46 (5 Punkte) (Zur Lösung L 3.46)
Bei welchen Gütern wird man eine hohe Preiselastizität der Nachfrage erwarten können, bei welchen eine sehr niedrige?

Aufgabe A 3.47 (6 Punkte) (Zur Lösung L 3.47)
(a) (3 Punkte) Warum ist es für Unternehmen wichtig, die Preiselastizität der Nachfrage zu kennen?
(b) (3 Punkte) Warum kann es auch für den Staat wichtig sein?

3.2.2 Gütermarkt

Multiple Choice

Aufgabe A 3.48 (10 Punkte) (Zur Lösung L 3.48)
(a) (2 Punkte) Welche Aussage trifft nicht auf öffentliche Güter zu?

  (I)   Keine Ausschließbarkeit
  (II) Keine Rivalität
  (III) Werden vom Staat angeboten
  (IV) Werden von privaten Unternehmen angeboten

(b) (2 Punkte) Hängt die konsumierte Menge eines Gutes positiv von der konsumierten Menge eines anderen Gutes ab, so nennt man diese Güter auch?

  (I)   substitutiv
  (II) komplementär
  (III) inferior
  (IV) Giffengüter

(c) (2 Punkte) Bei inferioren Gütern konsumiert man bei einem höheren Einkommen … des Gutes.

  (I)   weniger
  (II) mehr
  (III) gleich viel
  (IV) Das Einkommen spielt hier keine Rolle

(d) (2 Punkte) Gebrauchsgüter …

  (I)   … können mehrmals konsumiert werden.
  (II) … werden bei höherem Einkommen weniger konsumiert.
  (III) … dienen der Produktion anderer Güter.
  (IV) … werden bei hohen Preisen stärker nachgefragt.

(e) (2 Punkte) Bei Vertrauensgütern kennt man den Nutzen ...

    (I) ... direkt nach dem Konsum.
    (II) ... in Vorhinein.
    (III) ... nie.
    (IV) ... lange nach dem Konsum.

Verständnisfragen

Aufgabe A 3.49 (5 Punkte) (Zur Lösung L 3.49)
Klassifizieren Sie das Gut Mineralwasser.

Aufgabe A 3.50 (4 Punkte) (Zur Lösung L 3.50)
(a) (2 Punkte) Was ist ein Numéraire-Gut?
(b) (2 Punkte) Ist Geld ein Numéraire-Gut?

Aufgabe A 3.51 (15 Punkte) (Zur Lösung L 3.51)
Klassifizieren Sie die Güter: Musikstück, Mathevorlesung, Taschenrechner.

Aufgabe A 3.52 (6 Punkte) (Zur Lösung L 3.52)
Was versteht man unter inferioren, normalen und Giffengütern? Geben Sie Beispiele.

Aufgabe A 3.53 (10 Punkte) (Zur Lösung L 3.53)
(a) (6 Punkte) Definieren Sie Inspektions-, Erfahrungs- und Vertrauensgüter.
(b) (4 Punkte) Klassifizieren Sie die Güter „Brot" und „Hochschulbildung" gemäß der unter (a) angegebenen Güterarten.

Aufgabe A 3.54 (15 Punkte) (Zur Lösung L 3.54)
Welche Möglichkeiten der Güterklassifikation gibt es? Geben Sie je ein Beispiel.

Aufgabe A 3.55 (5 Punkte) (Zur Lösung L 3.55)
(a) (3 Punkte)

    Formulierung 1 Worin unterscheiden sich öffentliche von privaten Gütern?
    Formulierung 2 Was sind öffentliche Güter? Geben Sie ein Beispiel hierfür.

(b) (2 Punkte) Geben Sie je ein Beispiel für ein öffentliches und ein privates Gut an.

Aufgabe A 3.56 (6 Punkte) (Zur Lösung L 3.56)
(a) (4 Punkte) Was sind Komplementär- und Substitutionsgüter?
(b) (2 Punkte) Geben Sie je ein Beispiel dafür an.

Aufgabe A 3.57 (3 Punkte) (Zur Lösung L 3.57)
Welche Probleme entstehen durch das Vorhandensein von öffentlichen Gütern?

3.2.3 Arbeitsmarkt

Quick Check – Wahr oder falsch?

Aufgabe A 3.58 (10 Punkte) (Zur Lösung L 3.58)
(a) Vollbeschäftigung bedeutet, dass jeder Arbeit hat.
(b) Das Angebot auf dem Arbeitsmarkt ergibt als Angebot von Jobs durch die Unternehmen.
(c) Friktive Arbeitslosigkeit ist die Arbeitslosigkeit zwischen dem Studium und dem Beginn einer Anstellung.
(d) Saisonale Arbeitslosigkeit kann auch saisonunabhängig bezogen auf bestimmte Zeiträume vorliegen.
(e) Saisonale Arbeitslosigkeit trägt von allen Arten der Arbeitslosigkeit am meisten zur Sockelarbeitslosigkeit bei.
(f) Mindestlöhne führen immer zu einem Rückgang der Beschäftigung.
(g) Wenn der Mindestlohn zu gering angesetzt wird, wird er keine Wirkung zeigen.
(h) Ein Nachfrageüberschuss auf dem Arbeitsmarkt bedeutet Arbeitslosigkeit.
(i) Bei einer unelastischen Arbeitsnachfrage haben Mindestlöhne geringere Auswirkungen als bei einer elastischen Arbeitsnachfrage.
(j) Wenn mehr arbeitsfähige Menschen in eine Volkswirtschaft immigrieren, verschiebt dies die Arbeitsangebotsfunktion nach oben.

Multiple Choice

Aufgabe A 3.59 (12 Punkte) (Zur Lösung L 3.58)
(a) (2 Punkte) Ein Angebotsüberschuss auf dem Arbeitsmarkt . . .

    (I)   . . . ist ein Fachkräftemangel.
    (II) . . . beschreibt Arbeitslosigkeit.
    (III) . . . reduziert freiwillige Arbeitslosigkeit.
    (IV) . . . besteht nur kurzfristig.

(b) (2 Punkte) Was kann normalerweise nicht zu höherer Arbeitslosigkeit führen?

    (I)   Höchstlöhne
    (II) Tarifverträge
    (III) Mindestlöhne
    (IV) Starre Löhne

(c) (2 Punkte) Im Gleichgewicht auf dem Arbeitsmarkt . . .

    (I)   . . . liegt keine freiwillige Arbeitslosigkeit vor.
    (II) . . . liegt unfreiwillige Arbeitslosigkeit vor.
    (III) . . . gibt es keine Arbeitslosigkeit.
    (IV) . . . haben alle Arbeiter den besten Job in Bezug auf ihren Lohn.

(d) (2 Punkte) Effizienzlöhne ...

    (I)   ... liegen unter dem Gleichgewichtslohn.

    (II) ... können zu Arbeitslosigkeit führen.

    (III) ... können einen Fachkräftemangel beheben.

    (IV) ... werden meist von Gewerkschaften durchgesetzt.

(e) (2 Punkte) Seasonale Arbeitslosigkeit ...

    (I)   ... ist zyklisch.

    (II) ... ist langfristig.

    (III) ... ist der Grund für die Sockelarbeitslosigkeit in Deutschland.

    (IV) ... hängt von der aktuellen Phase des Konjunkturzykluses ab.

(f) (2 Punkte) Welche Aussage über strukturelle Arbeitslosigkeit trifft nicht zu?

    (I)   Besteht langfristig.

    (II) Erhöht die Sockelarbeitslosigkeit.

    (III) Ist durch Strukturwandel bedingt.

    (IV) Ist zyklisch.

Verständnisfragen

Aufgabe A 3.60 (2 Punkte) (Zur Lösung L 3.60)
Was versteht man unter Vollbeschäftigung?

Aufgabe A 3.61 (10 Punkte) (Zur Lösung L 3.61)
Formulierung 1 Nennen Sie die unterschiedlichen Formen von Arbeitslosigkeit und be-
               schreiben Sie diese kurz.
Formulierung 2 Welche Arten der Arbeitslosigkeit gibt es?
Formulierung 3 Nennen Sie drei Arten von Arbeitslosigkeit und erläutern Sie diese kurz.
               (Jeweils maximal 3 Sätze.)
Formulierung 4 Was versteht man unter friktioneller Arbeitslosigkeit?

Aufgabe A 3.62 (5 Punkte) (Zur Lösung L 3.62)
(a) (2 Punkte) Was kann die Folge von Mindestpreisen sein?
(b) (3 Punkte) Was die Folge von Höchstpreisen?

Aufgabe A 3.63 (9 Punkte) (Zur Lösung L 3.63)
Gehen Sie von einer neoklassischen Produktionsfunktion mit dem alleinigen Inputfaktor
Arbeit aus.

(a) (5 Punkte) Leiten Sie für ein Wettbewerbsunternehmen die Arbeitsnachfragefunktion
     her.

(b) (2 Punkte) Welche Eigenschaften hat diese?

(c) (2 Punkte) Zeichnen Sie zudem ein Angebots-Nachfrage-Diagramm für den Arbeits-
     markt mit einem völlig unelastischen Arbeitsangebot und markieren Sie das Arbeits-
     marktgleichgewicht.

Aufgabe A 3.64 (5 Punkte) (Zur Lösung L 3.64)
Formulierung 1 Skizzieren Sie den Arbeitsmarkt und erläutern Sie hieran einen Angebots-
und einen Nachfrageüberschuss.
Formulierung 2 Beschreiben Sie anhand einer Grafik des Arbeitsmarktes einen Angebotsüberschuss.

Aufgabe A 3.65 (5 Punkte) (Zur Lösung L 3.65)
Formulierung 1 Diskutieren Sie Mindestlöhne im Rahmen des Arbeitsmarktmodells.
Formulierung 2 Der Staat legt einen Mindestlohn fest. Hat diese Aktion Auswirkungen
auf die Beschäftigung? Sind diese Auswirkungen positiv oder negativ?
(Begründen Sie Ihre Aussagen.)
Formulierung 3 Zeigen Sie anhand einer Skizze, dass Mindestlöhne einen negativen Ef-
fekt auf die Beschäftigungsmenge im Arbeitsmarkt haben können.

Aufgabe A 3.66 (5 Punkte) (Zur Lösung L 3.66)
Bestimmen Sie bei gegebener Angebots- und Nachfragefunktion, welche Auswirkungen
ein gegebener Mindestlohn hat.

Aufgabe A 3.67 (6 Punkte) (Zur Lösung L 3.67)
Um welche Form von Arbeitslosigkeit handelt es sich in den folgenden Situationen?

(a) (1 Punkt) Beim Übergang von Zivildienst zur Universität.
(b) (1 Punkt) Bananenpflücker in Australien.
(c) (1 Punkt) Stahlarbeiter im Ruhrgebiet.
(d) (1 Punkt) Obdachlose.
(e) (1 Punkt) Kutscher zu Beginn des 20. Jahrhunderts.
(f) (1 Punkt) Banker während der Bankenkrise.

Aufgabe A 3.68 (2 Punkte) (Zur Lösung L 3.68)
Was versteht man unter saisonaler Arbeitslosigkeit?

Aufgabe A 3.69 (3 Punkte) (Zur Lösung L 3.69)
Was versteht man unter Vollbeschäftigung und warum bedeutet Vollbeschäftigung nicht
automatisch eine Arbeitslosenquote von 0 %?

Aufgabe A 3.70 (5 Punkte) (Zur Lösung L 3.70)
Es wird angenommen, dass Mindestlöhne zu einem Anstieg der Arbeitslosigkeit führen.
In welchen Branchen kann ein gegensätzlicher Effekt eintreten?

Aufgabe A 3.71 (5 Punkte) (Zur Lösung L 3.71)
Ist Vollbeschäftigung stets positiv und wünschenswert?

Anwendungsaufgaben

Aufgabe A 3.72 (8 Punkte) (Zur Lösung L 3.72)
Angenommen die Unternehmen in der Volkswirtschaft Wipolen fragen Arbeitskräfte gemäß der folgenden Nachfragefunktion nach:

$$\frac{w}{P} = -L + 3000$$

Weiterhin bieten die Wipolen ihre Arbeitskraft gemäß der folgenden Angebotsfunktion an:

$$\frac{w}{P} = 3L - 1000$$

(a) (4 Punkte) Was verdient der durchschnittliche Wipole, wenn davon ausgegangen wird, dass alle die Arbeit haben wollen, diese auch bekommen?
(b) (4 Punkte) Wie viele Personen sind in diesem Fall freiwillig arbeitslos? Wie hoch ist die Arbeitslosenquote, wenn die Bevölkerung von Wipolen 1100 beträgt?

Aufgabe A 3.73 (8 Punkte) (Zur Lösung L 3.73)
Angenommen durch einen wirtschaftlichen Abschwung müssen einige Unternehmen in Wipolen schließen, was sich in der Arbeitsnachfragefunktion wie folgt darstellt:

$$\frac{w}{P} = -L + 2000$$

(Die Arbeitsangebotskurve kann aus der vorhergehenden Aufgabe A übernommen werden.) Wie viele Wipolen haben durch diesen wirtschaftlichen Abschwung ihren Job verloren, wenn sich ...

(a) (4 Punkte) ...der Lohnsatz flexibel ändern lässt.
(b) (4 Punkte) ...der Lohnsatz durch einen landesweiten Tarifvertrag fixiert ist.

Aufgabe A 3.74 (24 Punkte) (Zur Lösung L 3.74)
Für Mikronesien, Makroatien und Wipolen lassen sich die Arbeitsmärkte durch die folgenden Funktionen beschreiben:

Land	Angebot	Nachfrage
Mikronesien	$\frac{w}{P} = 20L + 5.000$	$\frac{w}{P} = -10L + 35.000$
Makroatien	$\frac{w}{P} = 40L - 300.000$	$\frac{w}{P} = -20L + 2.700.000$
Wipolen	$\frac{w}{P} = 30L - 1.600.000$	$\frac{w}{P} = -50L + 6.400.000$

(a) (9 Punkte) Bestimmen Sie für alle drei Länder die Beschäftigtenzahl und den Lohnsatz bei Vollbeschäftigung.
(b) (6 Punkte) Was passiert mit der Beschäftigtenzahl, wenn alle drei Länder einen generellen Mindestlohn in Höhe von 27.000 einführen?
(c) (9 Punkte) Angenommen bei Vollbeschäftigung sind lediglich 10 % der Bevölkerung arbeitslos. Bestimmen Sie für alle drei Länder die Anzahl der freiwilligen und unfreiwilligen Arbeitslosen.

Aufgabe A 3.75 (6 Punkte) (Zur Lösung L 3.75)
Angenommen für ein Unternehmen aus dem Fast-Food-Gastronomiebereich ergibt sich das Angebot gemäß der Angebotsfunktion $\frac{w}{P} = 3,5L - 15$ und die Nachfrage gemäß der

Nachfragefunktion $\frac{w}{P} = -3{,}5L + 20$. ($L$ gibt im Rahmen dieser Aufgabe A die Beschäftigung in 10.000 an.)

(a) (3 Punkte) Bestimmen Sie den Lohnsatz bei Vollbeschäftigung.
(b) (3 Punkte) Wie viele Arbeiter verlieren ihren Job, wenn der Lohnsatz auf 15 Geldeinheiten steigt?

Aufgabe A 3.76 **(8 Punkte)** (Zur Lösung L 3.76)
In Wipolen existiert ein Recht auf Arbeit sowie eine Pflicht zur Arbeit, das heißt, dass für jeden, der arbeiten will, der Staat einen Arbeitsplatz bereitstellen muss. Andererseits muss jeder, der kann, arbeiten gehen. Ferner werden auch die Löhne in Wipolen durch den Staat festgesetzt.

Da die Bürger Wipolens kulturell sehr ähnlich den Einwohnern des liberalen Nachbarns Mikronesien sind, kann angenommen werden, dass die Arbeitsangebotsfunktion von Mikronesien $L = 2\frac{w}{P} + 100$ auch in Wipolen gilt.

(a) (4 Punkte) Bestimmen Sie, unter der Annahme, dass sich die tatsächlich durch die Unternehmen benötigte Anzahl an Arbeitskräften aus der Nachfragefunktion $\frac{w}{P} = -3L + 650$ ergibt, das theoretische Gleichgewicht.
(b) (4 Punkte) Angenommen der staatlich festgesetzte Lohnsatz liegt bei 300. Sind in dieser Situation durch die staatlich forcierte Vollbeschäftigung mehr Personen beschäftigt als optional wäre, wenn die Bevölkerung von Wipolen 1000 beträgt?

Aufgabe A 3.77 **(6 Punkte)** (Zur Lösung L 3.77)
Das Arbeitsangebot ist gegeben durch die Gerade:

$$\frac{w}{P} = 0{,}5L + 500$$

Die Arbeitsnachfrage ist gegeben durch die Gerade:

$$\frac{w}{P} = -4L + 5000$$

(a) (4 Punkte) Wie viele unfreiwillig Arbeitslose gibt es, wenn der Reallohn bei 2000 liegt und die Gesamtbevölkerung 1250?
(b) (2 Punkte) Angenommen die Gesamtbevölkerung beträgt 1250, wie viel Prozent davon sind im Gleichgewicht freiwillig arbeitslos?

Aufgabe A 3.78 **(16 Punkte)** (Zur Lösung L 3.78)
Die Nachfrage nach Arbeitskräften ergibt sich gemäß der folgenden Gleichung:

$$\frac{w}{P} = -L + 3000$$

Das Angebot von Arbeitskräften ergibt sich gemäß der folgenden Gleichung:

$$\frac{w}{P} = 2L + 300$$

Angenommen in dem betrachteten Land leben 1000 Menschen.

(a) (4 Punkte) Bestimmen Sie die Anzahl der Menschen, die bei Vollbeschäftigung einen Job haben.

(b) (2 Punkte) Wie hoch ist der Lohnsatz, wenn Vollbeschäftigung vorliegt?

(c) (2 Punkte) Wie hoch ist die Arbeitslosenquote bei Vollbeschäftigung?

(d) (4 Punkte) Angenommen die Gewerkschaften setzen einen generellen Mindestlohn von 2000 durch, welche Effekte ergeben sich auf dem Arbeitsmarkt?

(e) (4 Punkte) Angenommen die Gewerkschaften setzen einen generellen Mindestlohn von 2200 durch. Im Vergleich zu dem Vollbeschäftigungsniveau, wie viele Menschen wurden zusätzlich arbeitslos?

Aufgabe A 3.79 (9 Punkte) (Zur Lösung L 3.79)
Das Arbeitsangebot ist gegeben durch:

$$\frac{w}{P} = 1{,}9L - 100$$

Die Arbeitsnachfrage ist gegeben durch:

$$\frac{w}{P} = -0{,}1L + 500$$

($\frac{w}{P}$ ist der Reallohnsatz/L ist das Beschäftigungsniveau).

(a) (4 Punkte) Bestimmen Sie den Gleichgewichtsreallohn.

(b) (5 Punkte) Angenommen die Gewerkschaften setzen einen Tariflohn oberhalb des Gleichgewichtslohnsatzes durch. Welchen Effekt hat dies? Beschreiben Sie den Effekt und veranschaulichen Sie ihn grafisch.

Aufgabe A 3.80 (5 Punkte) (Zur Lösung L 3.80)
Bestimmen Sie für eine vorgegebene Angebots- und Nachfragefunktion das Gleichgewichtseinkommen und die Beschäftigung im Gleichgewicht.

$$\text{Arbeitsangebot:} \quad \frac{w}{P} = 2000 + 2L$$
$$\text{Arbeitsnachfrage:} \quad \frac{w}{P} = 5000 - 3L$$

Aufgabe A 3.81 (4 Punkte) (Zur Lösung L 3.81)
Das Arbeitsangebot ist gegeben durch die Gerade:

$$\frac{w}{P} = L + 200 \tag{3.1}$$

Die Arbeitsnachfrage ist gegeben durch die Gerade:

$$\frac{w}{P} = -2L + 2000 \tag{3.2}$$

Wie viele Arbeiter haben im Gleichgewicht einen Job?

Aufgabe A 3.82 (**8 Punkte**) (Zur Lösung L 3.82)
Das Arbeitsangebot ist gegeben durch:

$$\frac{w}{P} = 1,9L - 100 \tag{3.3}$$

Die Arbeitsnachfrage ist gegeben durch:

$$\frac{w}{P} = -0,1L + 500 \tag{3.4}$$

($\frac{w}{P}$ ist der Reallohnsatz/L ist das Beschäftigtenniveau)

(a) (4 Punkte) Bestimmen Sie den Gleichgewichtsreallohn.
(b) (4 Punkte) Angenommen die Gewerkschaften setzen einen Tariflohn oberhalb des Gleichgewichtslohnsatzes durch. Welchen Effekt hat dies? Beschreiben Sie den Effekt und veranschaulichen Sie ihn grafisch?

Aufgabe A 3.83 (**6 Punkte**) (Zur Lösung L 3.83)
Das Arbeitsangebot ist gegeben durch:

$$\frac{w}{P} = 3,8L - 2000 \tag{3.5}$$

Die Arbeitsnachfrage ist gegeben durch:

$$\frac{w}{P} = -1,2L + 3000 \tag{3.6}$$

($\frac{w}{P}$ ist der Reallohnsatz/L ist das Beschäftigtenniveau).

(a) (2 Punkte) Was versteht man unter friktioneller Arbeitslosigkeit?
(b) (4 Punkte) Bestimmen Sie die Beschäftigung im Gleichgewicht.

Aufgabe A 3.84 (**5 Punkte**) (Zur Lösung L 3.84)
Das Arbeitsangebot ist gegeben durch:

$$\frac{w}{P} = 3,8L - 2000 \tag{3.7}$$

Die Arbeitsnachfrage ist gegeben durch:

$$\frac{w}{P} = -1,2L + 3000 \tag{3.8}$$

($\frac{w}{P}$ ist der Reallohnsatz; L ist das Beschäftigtenniveau).

Bestimmen Sie ausgehend von einer Bevölkerung (B) von 10.000 die Beschäftigungsquote im Gleichgewicht ($\frac{L}{B}$).

Aufgabe A 3.85 (7 Punkte) (Zur Lösung L 3.85)
Die Arbeitsangebots- und Arbeitsnachfragefunktionen lauten:

$$\frac{w}{P} = -2L + 3000 \text{ (Nachfragefunktion)}$$

$$\frac{w}{P} = 0{,}5L + 500 \quad \text{(Angebotsfunktion)}$$

(a) (3 Punkte) Bei welchem Lohnsatz ist kein Arbeiter mehr geneigt zu arbeiten?
(b) (4 Punkte) Wie viele Arbeiter sind bei Vollbeschäftigung beschäftigt?

Aufgabe A 3.86 (5 Punkte) (Zur Lösung L 3.86)
In einem Land liegt eine Bevölkerungszahl von 20.000.000 vor und die folgenden
Nachfrage- und Angebotskurven sind gegeben:

$$\frac{w}{P} = -1{,}5L + 40.000.000 \text{ (Nachfragefunktion)}$$

$$\frac{w}{P} = 0{,}5L + 4.000.000 \quad \text{(Angebotsfunktion)}$$

Wie viele Arbeiter haben bei Vollbeschäftigung einen Job und wie hoch ist der Lohnsatz
in dieser Situation?

Aufgabe A 3.87 (9 Punkte) (Zur Lösung L 3.87)
Die Nachfragefunktion für unqualifizierte Arbeiter ist wie folgt gegeben:

$$\frac{w}{P} = -3L + 3000$$

Die Arbeitsangebotsfunktion wie folgt:

$$\frac{w}{P} = L - 200$$

(a) (5 Punkte) Wie hoch ist die Arbeitslosenquote bei Vollbeschäftigung, wenn die Ge-
    samtbevölkerung 1000 beträgt?
(b) (4 Punkte) Welche Auswirkungen hat die Einführung eines Mindestlohns in Höhe
    von 500?

Aufgabe A 3.88 (8 Punkte) (Zur Lösung L 3.88)
Die Nachfragefunktion für qualifizierte Arbeiter ist wie folgt gegeben:

$$\frac{w}{P} = -2L + 2000$$

Die Arbeitsangebotsfunktion wie folgt:

$$\frac{w}{P} = 2L - 400$$

(a) (4 Punkte) Wie hoch ist der Reallohn bei Vollbeschäftigung?
(b) (4 Punkte) Durch die Einführung neuer Produktionstechnologien werden weniger Ar-
    beiter benötigt. Wie zeigt sich dies in der Arbeitsnachfragekurve und welcher Effekt
    ergibt sich für die Beschäftigung?

Aufgabe A 3.89 **(5 Punkte)** (Zur Lösung L 3.89)
In einem Land liegt eine Bevölkerungszahl von 8.000.000 vor und die folgenden Nachfrage- und Angebotskurven sind gegeben:

$$\frac{w}{P} = -2{,}9L + 20.000.000 \quad \text{(Nachfragefunktion)}$$
$$\frac{w}{P} = 0{,}1L + 8.000.000 \quad \text{(Angebotsfunktion)}$$

Wie viel Prozent der Bevölkerung sind bei Vollbeschäftigung beschäftigt?

Aufgabe A 3.90 **(4 Punkte)** (Zur Lösung L 3.90)
Das Arbeitsangebot ist gegeben durch:

$$\frac{w}{P} = 3{,}8L - 2000 \tag{3.9}$$

Die Arbeitsnachfrage ist gegeben durch:

$$\frac{w}{P} = -1{,}2L + 3000 \tag{3.10}$$

($\frac{w}{P}$ ist der Reallohnsatz/L ist das Beschäftigtenniveau).
   Bestimmen Sie die Beschäftigung im Gleichgewicht.

Aufgabe A 3.91 **(5 Punkte)** (Zur Lösung L 3.91)
Arbeitsangebotsfunktion:

$$\frac{w}{P} = 1000 + 3L \tag{3.11}$$

Arbeitsnachfragefunktion:

$$\frac{w}{P} = 3000 - L \tag{3.12}$$

Bestimmen Sie das Arbeitsangebot als auch den Lohn bei Vollbeschäftigung.

Transferaufgaben

Aufgabe A 3.92 **(5 Punkte)** (Zur Lösung L 3.92)
Stellen Sie in einem einfachen Arbeitsmarktmodell die Auswirkungen dar, die die Einführung einer sozialen Grundsicherung im Sinne von Hartz IV auf die Arbeitslosigkeit in Wipolen haben kann, wenn die Gewerkschaften dort über einen sehr starken politischen Einfluss verfügen.

Aufgabe A 3.93 **(5 Punkte)** (Zur Lösung L 3.93)
Warum ist strukturelle Arbeitslosigkeit, insbesondere in Deutschland, ein größeres Problem als friktionale Arbeitslosigkeit?

Aufgabe A 3.94 **(5 Punkte)** (Zur Lösung L 3.94)
Formulierung 1 Argumentieren Sie anhand des Marktmodells, warum es in Deutschland eine hohe Arbeitslosigkeit von Ungelernten gibt.
Formulierung 2 Warum ist die Arbeitslosenquote von ungelernten Arbeitnehmern in Deutschland überdurchschnittlich hoch?

Aufgabe A 3.95 (5 Punkte) (Zur Lösung L 3.95)
Diskutieren Sie Vor- und Nachteile von Mindestlöhnen.

3.2.4 Geldmarkt

Quick Check – Wahr oder falsch?

Aufgabe A 3.96 (10 Punkte) (Zur Lösung L 3.96)
(a) Geld ist ein Numéraire-Gut.
(b) Geld wird unter anderem aus dem Sparsamkeitsprinzip heraus nachgefragt.
(c) Bei Deflation gewinnt das Geld an Wert und das Preisniveau sinkt.
(d) Eine Verringerung der Geldmenge kann nicht mit Inflation einhergehen.
(e) Die Quantitätsgleichung und die Fisher'sche Verkehrsgleichung beschreiben den gleichen Zusammenhang.
(f) Wirtschaftswachstum und Inflation hängen voneinander ab.
(g) Die Umlaufgeschwindigkeit ist immer konstant.
(h) Bei Inflation werden die Schuldner schlechter gestellt.
(i) Deflation kann auch durch ein Überangebot an Gütern entstehen.
(j) Inflation verletzt die Funktion von Geld, als Wertaufbewahrungsmittel zu fungieren.

Multiple Choice

Aufgabe A 3.97 (10 Punkte) (Zur Lösung L 3.97)
(a) (2 Punkte) Inflation ...

   (I)   ... ist immer positiv.
   (II) ... bevorteilt Gläubiger.
   (III) ... bevorteilt Schuldner.
   (IV) ... hängt direkt von der Fiskalpolitik ab.

(b) (2 Punkte) Welches Motiv ist kein Grund für die Nachfrage nach Geld?

   (I)   Transaktionsmotiv
   (II) Spekulationsmotiv
   (III) Sparmotiv
   (IV) Vorsichtsmotiv

(c) (2 Punkte) Welche Größe ist kein Bestandteil der Quantitätsgleichung?

   (I)   Geldmenge
   (II) Reales BIP
   (III) Preisniveau
   (IV) Staatsschulden

(d) (2 Punkte) Wer agiert als Anbieter auf dem Geldmarkt?

   (I)   Zentralbank
   (II) Private Banken

(III) Unternehmen

(IV) Haushalte

(e) (2 Punkte) Gemäß der Quantitätsgleichung gilt, dass ein Anstieg der Geldmenge …

(I)   … das BIP nicht erhöhen kann.

(II)   … das Preisniveau nicht erhöhen kann.

(III) … dazu führen kann, dass Geld häufiger ausgegeben wird.

(IV) … nicht von der Inflation abhängt.

Verständnisfragen

Aufgabe A 3.98 (4 Punkte) (Zur Lösung L 3.98)
ab Um ein nominales BIP in Höhe von 10 Bio. € zu erwirtschaften, stellt die Notenbank
von Land X eine Geldmenge in Höhe von 4 Bio. € zur Verfügung.

(a) (2 Punkte)

Formulierung 1 Wie lautet die Quantitätsgleichung?

Formulierung 2 Wie lautet die Fisher'sche Verkehrsgleichung (Quantitätsgleichung)?

(b) (2 Punkte)

Formulierung 1 Wie lautet diese Gleichung in Wachstumsraten (Benutzen Sie die
Schreibweise g_i für die Wachstumsrate der Variablen i)?

Formulierung 2 Wie lautet die Fisher'sche Verkehrsgleichung/Quantitätsgleichung in
Wachstumsraten?

Aufgabe A 3.99 (3 Punkte) (Zur Lösung L 3.99)
Begründen Sie theoretisch über die Quantitätsgleichung, warum ein Anstieg der Inflationsrate dazu führt, dass Geld immer schneller wieder ausgegeben wird.

Aufgabe A 3.100 (8 Punkte) (Zur Lösung L 3.100)

(a) (2 Punkte) Wie lässt sich Geld charakterisieren?

(b) (6 Punkte)

Formulierung 1 Nennen Sie die drei Funktionen von Geld als auch die drei Motive,
aus denen heraus Geld nachgefragt wird.

Formulierung 2 (3 Punkte) Teil 1:

Formulierung 1 Welche Funktionen erfüllt es?

Formulierung 2 Nennen Sie drei Funktionen von Geld.

(3 Punkte) Teil 2:

Formulierung 1 Welche Nachfragegründe gibt es für Geld?

Formulierung 2 Welche drei Motive der Geldnachfrage gibt es?

Aufgabe A 3.101 (5 Punkte) (Zur Lösung L 3.101)

Formulierung 1 Was versteht man unter Inflation bzw. Deflation und wie lässt sich diese
messen?

Formulierung 2 Definieren Sie den Begriff Inflation.

Aufgabe A 3.102 (4 Punkte) (Zur Lösung L 3.102)
Formulierung 1 Welche Auswirkungen hat Inflation?
Formulierung 2 Wer sind bei Deflation und Inflation die Gewinner und die Verlierer und warum?

Aufgabe A 3.103 (4 Punkte) (Zur Lösung L 3.103)
Formulierung 1 Welche Auswirkungen hat Deflation?
Formulierung 2 Warum ist Deflation schädlich für die Wirtschaft? (Nennen Sie zwei Gründe.)
Formulierung 3 Wer sind bei Deflation die Gewinner und die Verlierer und warum?

Aufgabe A 3.104 (2 Punkte) (Zur Lösung L 3.104)
Worin liegt der Unterschied zur Cambridgegleichung (bezogen auf die Quantitätsgleichung)?

Aufgabe A 3.105 (4 Punkte) (Zur Lösung L 3.105)
Definieren Sie Inflation und Deflation?

Aufgabe A 3.106 (3 Punkte) (Zur Lösung L 3.106)
Angenommen es läge eine konstante Umlaufgeschwindigkeit des Geldes vor. Welche Auswirkungen könnte gemäß der Quantitätsgleichung eine expansive Geldpolitik (Ausweitung der Geldmenge) haben?

Aufgabe A 3.107 (4 Punkte) (Zur Lösung L 3.107)
Argumentieren Sie anhand der Quantitätsgleichung/Fisher'schen Verkehrsgleichung, warum eine Erhöhung der Geldmenge nicht notwendigerweise einen Anstieg des Preisniveaus nach sich zieht.

Aufgabe A 3.108 (4 Punkte) (Zur Lösung L 3.108)
Nennen Sie die zwei grundlegenden Gründe, die zur Entstehung von Inflation führen.

Aufgabe A 3.109 (1 Punkt) (Zur Lösung L 3.109)
Wie lautet die Quantitätsgleichung in absoluten Termen:

- $g_P + g_Y = g_M + g_V$
- $PM = VY$
- $MV = PY$
- $M + V = P + Y$

Aufgabe A 3.110 (5 Punkte) (Zur Lösung L 3.110)
Wofür steht die Umlaufgeschwindigkeit V bzw. warum kann sie Y steigern?

Aufgabe A 3.111 (4 Punkte) (Zur Lösung L 3.111)
Können Kronkorken oder Gewehrpatronen sinnvoll als Währung (Geld) genutzt werden?

Anwendungsaufgaben

Aufgabe A 3.112 (12 Punkte) (Zur Lösung L 3.112)
F ist der Leiter der Zentralbank in Mikronesien. Über Mikronesien ist bekannt, dass in den letzten Jahren jede mikronesische Rupie pro Jahr durchschnittlich viermal ausgegeben wurde.

(a) (3 Punkte) Wie hoch ist die Inflationsrate in Mikronesien unter der Annahme, dass F eine Geldmengenstrategie fährt, bei der die Geldmenge in jedem Jahr um 2 % ansteigt und dass ...

   (b) (3 Punkte) ... die Wirtschaft um 3 % wächst?
   (c) (3 Punkte) ... die Wirtschaft nur um 1 % wächst?

(d) (3 Punkte) Um wie viele Einheiten steigt das BIP von Mikronesien, wenn die 2 %-Geldmengenpolitik gefahren wird und gleichzeitig das Preisniveau von 120 auf 132 ansteigt?

Aufgabe A 3.113 (5 Punkte) (Zur Lösung L 3.113)
Für Makroatien sind die folgenden Wirtschaftsdaten bekannt:

Variable	2015	2016
BIP (Y)	9	?
Geldmenge (M)	6	3
Umlaufgeschwindigkeit (v)	3	3

Bestimmen Sie ausgehend von der Information, dass das Wirtschaftswachstum von 2015 auf 2016 bei $g_Y = 0{,}1$ liegt, das BIP in 2016, das Preisniveau von 2015 und die Inflationsrate.

Aufgabe A 3.114 (3 Punkte) (Zur Lösung L 3.114)
Um ein nominales BIP in Höhe von 6 Milliarden Brunei-Dollar zu erwirtschaften, stellt die Zentralbank von Brunei eine Geldmenge von 2 Milliarden Brunei-Dollar zur Verfügung. Wie hoch ist die Umlaufgeschwindigkeit des Geldes in Brunei?

Aufgabe A 3.115 (12 Punkte) (Zur Lösung L 3.115)
In einer Volkswirtschaft führt die Zentralbank eine Geldpolitik gemäß einer Politik durch, bei der sie die Geldmenge jedes Jahr um 2 % erhöht. Es gibt keine Veränderungen bei der Umlaufgeschwindigkeit.

(a) (4 Punkte) Wie hoch ist die Inflationsrate, wenn das Wirtschaftswachstum in den Jahren 2014 und 2015 bei 3 % bzw. bei 0,5 % liegt?
(b) (5 Punkte) Angenommen in 2014 liegt die Geldmenge bei 100 und die Umlaufgeschwindigkeit bei 2. Wie hoch ist das Wirtschaftswachstum in 2014 und in 2015, wenn das Preisniveau in 2014 bei 100 und in 2015 bei 102 liegt?

(c) (3 Punkte) Angenommen die Umlaufgeschwindigkeit liegt in 2014 bei 2 und das BIP bei 5. Wie hoch muss die Geldmenge sein, damit ein Preisniveau von 100 eingehalten werden kann?

Aufgabe A 3.116 (6 Punkte) (Zur Lösung L 3.116)
Gegeben sei die Quantitätsgleichung in Wachstumsraten.

Angenommen die Umlaufgeschwindigkeit bleibt konstant und das nominale Wirtschaftswachstum fällt von 7 % in 2008 aufgrund der Wirtschaftskrise auf 2 % in 2009. Die Zentralbank hält während der gesamten Zeit die Wachstumsrate der Geldmenge bei 4 %.

(a) (4 Punkte) Wie hoch ist die Inflationsrate in 2008 und wie hoch in 2009?
(b) (2 Punkte) Welche Auswirkungen hätte eine Anpassung des Geldmengenwachstums auf 0 % in 2009?

Aufgabe A 3.117 (2 Punkte) (Zur Lösung L 3.117)
Wie hoch ist die Umlaufgeschwindigkeit des Geldes in Land X?

Aufgabe A 3.118 (2 Punkte) (Zur Lösung L 3.118)
Bestimmen Sie für die folgenden Rahmendaten das Wirtschaftswachstum.

• Konstante Umlaufgeschwindigkeit,
• Inflationsrate 2,
• Wachstum der Geldmenge bei 3.

Aufgabe A 3.119 (6 Punkte) (Zur Lösung L 3.119)
Gegeben sei die Quantitätsgleichung in Wachstumsraten. Angenommen die Umlaufgeschwindigkeit bleibt konstant. Das nominale Wirtschaftswachstum fällt von 7 % in 2008 aufgrund der Wirtschaftskrise auf 2 % in 2009. Die Zentralbank hält während der gesamten Zeit die Wachstumsrate der Geldmenge bei 4 %.

(a) (4 Punkte) Wie hoch ist die Inflationsrate in 2008 und wie hoch in 2009?
(b) (2 Punkte) Welche Auswirkungen hätte eine Anpassung des Geldmengenwachstums auf 0 % in 2009?

Aufgabe A 3.120 (2 Punkte) (Zur Lösung L 3.120)
Angenommen die Umlaufgeschwindigkeit bleibt konstant. Das nominale Wirtschaftswachstum liegt 2009 bei 7 %. Die Zentralbank hält während der gesamten Zeit die Wachstumsrate der Geldmenge bei 4 %.

Wie hoch war die Inflationsrate in 2009?

Aufgabe A 3.121 (5 Punkte) (Zur Lösung L 3.121)
Im Jahr 2009 beträgt in Land I die Geldmenge 4 Einheiten und das nominale BIP 6 Einheiten. In Land II hingegen beträgt in 2009 die angebotene Geldmenge 3 Einheiten und das nominale BIP ebenfalls 6 Einheiten.

In welchem der beiden Länder zirkuliert das Geld schneller?

Aufgabe A 3.122 (2 Punkte) (Zur Lösung L 3.122)
Um ein nominales BIP in Höhe von 10 Billionen € zu erwirtschaften, stellt die Notenbank von Land X eine Geldmenge in Höhe von 4 Billionen € zur Verfügung.
Wie hoch ist die Umlaufgeschwindigkeit des Geldes in Land X?

Aufgabe A 3.123 (3 Punkte) (Zur Lösung L 3.123)
Die Wachstumsrate der Geldmenge beträgt 2 % und die Inflationsrate beträgt 5 %. Wurde das Ziel eines Wirtschaftswachstums von mindestens 3 % erreicht, wenn anzunehmen ist, dass die Umlaufgeschwindigkeit konstant bei 3 liegt? (Begründen Sie Ihre Antwort.)

Aufgabe A 3.124 (2 Punkte) (Zur Lösung L 3.124)
Wie hoch ist die Inflationsrate, wenn das reale Wirtschaftswachstum 2 %, die Wachstumsrate der Geldmenge 5 % und die Umlaufgeschwindigkeit konstant ist?

Aufgabe A 3.125 (4 Punkte) (Zur Lösung L 3.125)
Angenommen in einem Land I liegt das Wirtschaftswachstum bei 2 %, in einem Land II liegt dieses bei 4 %. Angenommen die Umlaufgeschwindigkeit ist konstant in beiden Ländern. Beide Länder lassen ihre Geldmenge um 2 % ansteigen. Berechnen Sie die Inflationsrate in beiden Ländern.

Aufgabe A 3.126 (5 Punkte) (Zur Lösung L 3.126)
In Land I liegt eine Inflationsrate von 3 % vor, in Land II liegt diese bei 4 %. Angenommen die Umlaufgeschwindigkeit ist konstant in beiden Ländern. Beide Länder planen ihre Geldmenge um 2 % ansteigen zu lassen. Für welches Land liegt das höhere Wirtschaftswachstum vor?

Aufgabe A 3.127 (5 Punkte) (Zur Lösung L 3.127)
Angenommen der Zinssatz zwischen zwei Ländern der Eurozone unterscheidet sich um 2 % (der niedrigere Zins sei der Deutschlands). Wie ist die Zinsdifferenz mit Blick auf das Land mit dem höheren Zins zu interpretieren? (Gehen Sie insbesondere auf den Aspekt der Staatsverschuldung ein.)

Aufgabe A 3.128 (4 Punkte) (Zur Lösung L 3.128)
In Land I wird eine stabilitätsorientierte Geldpolitik mit 2 % Wachstum der Geldmenge und 1 % Inflation pro Jahr realisiert. In Land II wächst die Geldmenge jedes Jahr um 7 % und die Inflationsrate liegt bei 5 %. Es ist anzunehmen, dass sich die Umlaufgeschwindigkeit in beiden Ländern im Zeitablauf nicht ändert.
Wie hoch ist das Wirtschaftswachstum in Land I und in Land II?

Aufgabe A 3.129 (2 Punkte) (Zur Lösung L 3.129)
Angenommen die Umlaufgeschwindigkeit bleibt konstant. Das nominale Wirtschaftswachstum liegt 2009 bei 7 %. Die Zentralbank hält während der gesamten Zeit die Wachstumsrate der Geldmenge bei 4 %.
Wie hoch war die Inflationsrate in 2009?

Aufgabe A 3.130 (9 Punkte) (Zur Lösung L 3.130)
Es gelten für Land I die folgenden Kennzahlen:

	2011	2012
BIP (real)	10	–
Preisniveau	–	1,10
Geldmenge (nominal)	–	7,5
Umlaufgeschwindigkeit	2	2
Inflationsrate	–	10 %

Angenommen die Gleichung $MV = PY$ bzw. $g_M + g_V = g_P + g_Y$ (g steht für Wachstumsraten) gilt.

(a) (3 Punkte) Bestimmen Sie die nominale Geldmenge für 2011.
(b) (2 Punkte) Wurde das Ziel eines Geldmengenwachstums von 10 % eingehalten?
(c) (2 Punkte) Wie hoch war das Wirtschaftswachstum von 2011 auf 2012?
(d) (2 Punkte) Wie hoch ist das BIP in 2012?

Aufgabe A 3.131 (4 Punkte) (Zur Lösung L 3.131)
Das Wirtschaftswachstum beträgt 2 % und das Wachstum der nominalen Geldmenge beträgt 3 %. Wurde das Ziel einer Inflationsrate von höchstens 2,5 % erreicht, wenn anzunehmen ist, dass die Umlaufgeschwindigkeit konstant bei 8 liegt? (Begründen Sie Ihre Antwort.)

Transferaufgaben

Aufgabe A 3.132 (4 Punkte) (Zur Lösung L 3.132)
Die beiden Wirtschaftsberater des Königs von Makroatien haben die folgenden Auffassungen zum Geldangebot:

- D: Wenn die Geldmenge erhöht wird, wirkt sich dies auf die Inflationsrate aus, wodurch sich die Preise erhöhen und die Bürger unzufriedener werden.
- P: Die Geldmenge muss erhöht werden, damit genug Geld vorhanden ist, dass die Wirtschaft wachsen kann, was nur bei einer genügend hohen Geldmenge möglich ist.

Welche der beiden Meinungen sollte der König bei Festsetzung des Geldmengenwachstums berücksichtigen?

Aufgabe A 3.133 (5 Punkte) (Zur Lösung L 3.133)
Der Herrscher von Wipolen möchte Mikronesien den Krieg erklären. Sein Berater rät ihm unter anderem aus wirtschaftspolitischen Gründen davon ab, weil er der Meinung ist, dass der Krieg negative wirtschaftliche Auswirkungen für Wipolen hat, selbst wenn Wipolen diesen gewinnen würde. Nehmen Sie Stellung zu dieser Aussage. (Die Notenbank in Wipolen kann als nicht unabhängig angesehen werden.)

Aufgabe A 3.134 (5 Punkte) (Zur Lösung L 3.134)
Angenommen die nominalen Einkommen in Makroatien steigen. Beschreiben Sie Situationen, in denen sich hieraus negative Effekte hinsichtlich des Preisniveaus ergeben.

Aufgabe A 3.135 (4 Punkte) (Zur Lösung L 3.135)
In Simbabwe herrscht eine Inflationsrate von etwa 2,2 Mio.%, welche Auswirkungen hat dies für die Wirtschaft von Simbabwe?

Aufgabe A 3.136 (4 Punkte) (Zur Lösung L 3.136)
Nennen Sie wirtschaftspolitische Maßnahmen, die eingesetzt werden können, um die Inflationsrate in einem Land zu reduzieren. (Nennen Sie mindestens zwei Ansätze.)

Aufgabe A 3.137 (8 Punkte) (Zur Lösung L 3.137)
Angenommen Deutschland rutscht in eine Deflationsphase ab: Beschreiben Sie die kurz- und mittelfristigen Effekte. Nennen Sie je zwei kurz- und zwei mittelfristige Effekte.

3.2.5 Devisenmarkt

Quick Check – Wahr oder falsch?

Aufgabe A 3.138 (10 Punkte) (Zur Lösung L 3.138)
(a) Ausländische Banknoten sind Devisen.
(b) Der Wechselkurs in Mengennotierung aus Sicht des Inlands entspricht dem Wechselkurs in Preisnotierung aus Sicht des Auslands.
(c) Eine reale Aufwertung bedeutet, dass der reale Wechselkurs sinkt.
(d) Der Kaufkraftparitätenwechselkurs gilt kurz-, mittel- und langfristig.
(e) Effektive Wechselkurse können verwendet werden, um einen objektiveren Wert einer Währung zu bestimmen.
(f) Die Zentralbank ist der einzige Akteur auf dem Devisenmarkt.
(g) Wird die Geldmenge erhöht, so steigt in einem System flexibler Wechselkurse auch der reale Wechselkurs q^* an.
(h) Inflation im Ausland kann zu einer Aufwertung der eigenen Währung führen.
(i) Ein Wechselkurs ist entweder fix oder flexibel.
(j) Ein Angebotsüberschuss auf dem Devisenmarkt beschreibt eine Situation, in der zu wenig ausländische Währung im Inland verfügbar ist.

Multiple Choice

Aufgabe A 3.139 (12 Punkte) (Zur Lösung L 3.139)
(a) (2 Punkte) Der reale Wechselkurs ...

    (I)   ... hängt nicht vom nominalen Wechselkurs ab.
    (II) ... entspricht dem nominalen Wechselkurs.
    (III) ... ist einheitslos.
    (IV) ... ist für alle Währungen gleich.

(b) (2 Punkte) Was geschieht bei der Erhöhung des inländischen Preisniveaus?

    (I)   Der reale Wechselkurs steigt.

    (II) Der reale Wechselkurs sinkt.

    (III) Der nominale Wechselkurs steigt.

    (IV) Es kommt zu einer realen Abwertung.

(c) (2 Punkte) Wenn sich der Saldo der Devisenbilanz erhöht ...

    (I)   ... liegt ein Überangebot auf dem Devisenmarkt vor.

    (II) ... liegt immer eine Überschussnachfrage auf dem Devisenmarkt vor.

    (III) ... wurde eine expansive Geldpolitik getätigt.

    (IV) ... steigt notwendigerweise die Inflation.

(d) (2 Punkte) Wer ist der zentrale Akteur auf dem Devisenmarkt?

    (I)   Zentralbank

    (II) Unternehmen

    (III) Staat

    (IV) Haushalte

(e) (2 Punkte) Der Kaufkraftparitätenwechselkurs ...

    (I)   ... ist kurzfristig konstant.

    (II) ... hängt vom nominalen Wechselkurs ab.

    (III) ... hängt positiv vom ausländischen Preisniveau ab.

    (IV) ... kann beliebige reellee Werte annehmen.

(f) (2 Punkte) Der Wechselkurs in Preisnotierung ...

    (I)   ... ist invers zum Wechselkurs in Mengennotierung.

    (II) ... kann in der Praxis beliebige reelle Werte annehmen.

    (III) ... ist die gebräuchliche Notierung.

    (IV) ... ist kurzfristig konstant.

Verständnisfragen

Aufgabe A 3.140 (5 Punkte) (Zur Lösung L 3.140)

Formulierung 1 Welche Nachteile weist ein fixes Wechselkursregime gegenüber einem flexiblen Wechselkursregime auf?

Formulierung 2 Diskutieren Sie Vor- und Nachteile eines Systems fixer Wechselkurse im Gegensatz zu einem System flexibler Wechselkurse.

Formulierung 3 Diskutieren Sie Vor- und Nachteile eines flexiblen Wechselkurssystems.

Aufgabe A 3.141 (9 Punkte) (Zur Lösung L 3.141)

(a) (5 Punkte) Wie kann die inländische Zentralbank auf dem Devisenmarkt intervenieren?

(b) (2 Punkte) Erläutern Sie, wie die inländische Zentralbank einen fixen Wechselkurs verteidigen kann, wenn zu diesem fixen Wechselkurs ein Überschussangebot am Markt herrscht?

(c) (2 Punkte) Was muss die Zentralbank bei einer Überschussnachfrage machen?

Aufgabe A 3.142 (2 Punkte) (Zur Lösung L 3.142)
Formulierung 1 Was sind Devisen?
Formulierung 2 Was versteht man unter Devisen?

Aufgabe A 3.143 (2 Punkte) (Zur Lösung L 3.143)
Formulierung 1 Skizzieren Sie den Devisenmarkt.
Formulierung 2 Stellen Sie das Gleichgewicht auf dem Devisenmarkt grafisch dar.

Aufgabe A 3.144 (6 Punkte) (Zur Lösung L 3.144)
Was versteht man unter dem realen Wechselkurs, unter dem effektiven Wechselkurs und dem Kaufkraftparitätenwechselkurs?

Aufgabe A 3.145 (2 Punkte) (Zur Lösung L 3.145)
Formulierung 1 Definieren Sie den Begriff der Auf- bzw. Abwertung.
Formulierung 2 Was versteht man unter Abwertung einer Währung?

Aufgabe A 3.146 (3 Punkte) (Zur Lösung L 3.146)
Was geschieht auf dem Devisenmarkt bei einem Angebotsüberschuss (Rechtsverschiebung der SS-Kurve) (fixe/flexible Wechselkurse)?

Aufgabe A 3.147 (2 Punkte) (Zur Lösung L 3.147)
Formulierung 1 Worin unterscheiden sich fixe von flexiblen Wechselkursen?
Formulierung 2 Was versteht man unter einem fixen Wechselkurs?

Aufgabe A 3.148 (3 Punkte) (Zur Lösung L 3.148)
Bedeutet (wenn sich sonst nichts ändert) eine Erhöhung der Nachfrage nach Devisen eine Auf- oder eine Abwertung der eigenen Währung? (Begründen Sie Ihre Aussage.)

Aufgabe A 3.149 (4 Punkte) (Zur Lösung L 3.149)
Nennen Sie zwei Auswirkungen (je 2 Punkte), die sich aus einer realen Abwertung des Wechselkurses ergeben können.

Aufgabe A 3.150 (2 Punkte) (Zur Lösung L 3.150)
Was ist ein Crawling Peg?

Aufgabe A 3.151 (3 Punkte) (Zur Lösung L 3.151)
Der Kaufkraftparitätenwechselkurs ist nur langfristig als passend anzusehen. Warum kann er trotz allem auch eine Hilfe für mittelfristige Entscheidungen sein?

Anwendungsaufgaben

Aufgabe A 3.152 (15 Punkte) (Zur Lösung L 3.152)
Ergänzen Sie die folgende Tabelle zu Wechselkursen und Preisniveaus in den drei Volkswirtschaften Mikronesien, Makroatien und Wipolen:
    Wechselkurse:

Nominal	Mikronesien	Makroatien	Wipolen
Mikronesien	1	?	?
Makroatien	1,2	1	0,36
Wipolen	?	?	1

Real	Mikronesien	Makroatien	Wipolen
Mikronesien	1	?	0,4
Makroatien	?	1	?
Wipolen	?	?	1

KKP	Mikronesien	Makroatien	Wipolen
Mikronesien	1	?	?
Makroatien	1,1	1	?
Wipolen	?	?	1

	Preisniveaus
Mikronesien	150
Makroatien	?
Wipolen	200

Aufgabe A 3.153 (**4 Punkte**) (Zur Lösung L 3.153)
Angenommen für Makroatien sind die folgenden Wirtschaftsdaten bekannt. Bestimmen Sie ausgehend von diesen Daten das BIP.

Variable	Wert
e	1,5
q^*	0,75
P^*	2
M	10.000.000
V	2

Aufgabe A 3.154 (**3 Punkte**) (Zur Lösung L 3.154)
In Bezug auf Wipolen weist Mikronesien einen nominalen Wechselkurs von $e = 1$ und einen realen Wechselkurs von $q^* = 2$ auf. Welche Aussagen können hieraus über das mikronesische Preisniveau und den Kaufkraftparitätenwechselkurs getroffen werden?

Aufgabe A 3.155 (**3 Punkte**) (Zur Lösung L 3.155)
Mikronesien, Makroatien und Wipolen führen eine gemeinsame Währung ein, sodass effektiv gilt: $e_{\text{Mikro, Makro}} = e_{\text{Mikro, Wipo}} = e_{\text{Makro, Wipo}} = 1$. Zusätzlich weisen die drei Länder die folgenden Preisniveaus auf: $P_{\text{Mikro}} = 150$, $P_{\text{Makro}} = 100$ und $P_{\text{Wipo}} = 200$. Welche Aussagen lassen sich über die realen Wechselkurse treffen? Warum können diese voneinander abweichen?

Aufgabe A 3.156 (3 Punkte) (Zur Lösung L 3.156)
Für die drei Länder Makroatien, Mikronesien und Wipolen sind die folgenden Preisniveaus bekannt:

Preisniveau	Wert
P_{Makro}	150
P_{Mikro}	150
P_{Wipo}	50

Außerdem sind die folgenden drei Wechselkurse bekannt:

Wechselkurs	Wert
$q^*_{\text{Mikro, Wipo}}$	2
$q^*_{\text{Makro, Mikro}}$	3
$q^*_{\text{Wipo, Makro}}$	2

Der nominale effektive Wechselkurs Makroatiens ergibt sich als gewichteter Durchschnitt der beiden Wechselkurse Makroatiens in der folgenden Form:

$$e_{\text{Makro}} = 0{,}75 e_{\text{Makro, Mikro}} + 0{,}25 e_{\text{Makro, Wipo}} \qquad (3.13)$$

Bestimmen Sie diesen effektiven Wechselkurs.

Aufgabe A 3.157 (4 Punkte) (Zur Lösung L 3.157)
Der Kaufkraftparitätenwechselkurs $\left(e = \frac{P}{P^*}\right)$ in einem Land sei $e = 3{,}0$. Kommt es zu einer Abwertung und in welcher Höhe, wenn ...

(a) (2 Punkte) ... das inländische Preisniveau um 50 % steigt?
(b) (2 Punkte) ... das ausländische Preisniveau um 50 % steigt?

Aufgabe A 3.158 (2 Punkte) (Zur Lösung L 3.158)
Der Wechselkurs beträgt 2,5 €/1 $, es werden Importe in Höhe von 30 $ getätigt. Bestimmen Sie für Exporte in Höhe von 20 € den Außenbeitrag.

Aufgabe A 3.159 (11 Punkte) (Zur Lösung L 3.159)
Der nominale Wechselkurs zwischen Land I und Land II beträgt in 2013 $e = 40$ und in 2014 $e = 100$.

(a) (1 Punkt) Gab es eine nominale Auf- oder Abwertung der Währung von Land I?
(b) (10 Punkte) Angenommen das Preisniveau in Land I beträgt in 2013 $P = 4000$ und in 2014 $P = 5000$. In Land II beträgt das Preisniveau in 2013 $P^* = 100$ und in 2014 $P^* = 100$.

(I) (4 Punkte) Berechnen Sie den realen Wechselkurs zwischen den beiden Ländern für 2013 und 2014.

(II) (4 Punkte) Berechnen Sie den KKP-Wechselkurs zwischen den beiden Ländern für 2013 und 2014.

(III) (2 Punkte) Ist anzunehmen, dass der Wechselkurs in 2015 höher oder niedriger als in 2014 sein wird?

Aufgabe A 3.160 (**10 Punkte**) (Zur Lösung L 3.160)
Für die beiden Länder 1 (Inland) und 2 (Ausland) sind folgende Preisniveauentwicklungen gegeben:

	Land 1	Land 2
2007	100	100
2008	150	50
2009	250	125

(a) (2 Punkte) Stellen Sie allgemein dar, wie sich der Kaufkraftparitätenwechselkurs bestimmt.

(b) (6 Punkte) Bestimmen Sie diesen jeweils für die Jahre 2007, 2008 und 2009 (2007: $e = 1$).

(c) (2 Punkte) Kam es von 2008 auf 2009 zu einer nominalen Aufwertung der Währung von Land 1? Begründen Sie Ihre Aussage kurz. (Ein Satz genügt.)

Aufgabe A 3.161 (**11 Punkte**) (Zur Lösung L 3.161)

	2004	2005	2006	2007
e	1	1,5	2	1
P	1	1,5	2	2
P^*	2	2,5	3	2,5

(a) (4 Punkte) Berechnen Sie ausgehend von der obigen Tabelle den realen und den Kaufkraftparitätenwechselkurs. Vergleichen Sie die beiden Wechselkurse.

(b) (2 Punkte) Ist für 2007 zu erwarten, dass der nominale Wechselkurs in Zukunft steigen oder fallen wird?

(c) (2 Punkte) Wann kam es zu einer realen Auf- und wann zu einer realen Abwertung?

(d) (3 Punkte) Angenommen 2008 liegen die Preisniveaus bei $P = 2{,}5$ und $P^* = 2{,}5$ und der nominale Wechselkurs bei 1. Die Notenbank versucht ein Regime fixer realer Wechselkurse mit $q^* = 1{,}5$ durchzusetzen. Muss sie zur Durchsetzung dieses Ziels in 2008 Devisen kaufen oder verkaufen?

Aufgabe A 3.162 (6 Punkte) (Zur Lösung L 3.162)
Bestimmen Sie für die folgenden Rahmendaten die Kaufkraftparitätenwechselkurse. Ist die Währung der Länder X, Y und Z jeweils über- oder unterbewertet?

	X	Y	Z
Preisniveau Inland:	100	150	150
Preisniveau Ausland:	150	100	200
Nominaler WK:	1	0,5	1,5

Aufgabe A 3.163 (6 Punkte) (Zur Lösung L 3.163)
Bestimmen Sie ausgehend von den wirtschaftlichen Rahmendaten den realen Wechselkurs. Kam es jeweils zu einer Auf- oder Abwertung?

	2009	2010	2011
Preisniveau Inland:	100	150	150
Preisniveau Ausland:	150	100	200
Nominaler WK:	1	0,5	1,5

Aufgabe A 3.164 (8 Punkte) (Zur Lösung L 3.164)
Gegeben sind die folgenden Wirtschaftsdaten:

	2009	2010
e (nominaler Wechselkurs)	2	1
P (inländisches Preisniveau)	150	200
P^* (ausländisches Preisniveau)	50	100

Bestimmen Sie für beide Jahre den Kaufkraftparitätenwechselkurs und den realen Wechselkurs.

Aufgabe A 3.165 (8 Punkte) (Zur Lösung L 3.165)
Gegeben sind die folgenden Wirtschaftsdaten:

	2009	2010
e (nominaler Wechselkurs)	2	1
P (inländisches Preisniveau)	50	75
P^* (ausländisches Preisniveau)	50	100

(a) (4 Punkte) Bestimmen Sie die Inflationsrate im Inland und im Ausland.
(b) (4 Punkte) Bestimmen Sie den Kaufkraftparitätenwechselkurs in 2009 und 2010.

Aufgabe A 3.166 (6 Punkte) (Zur Lösung L 3.166)
Gegeben sind die folgenden Werte: $P = 100$; $P^* = 200$ und $e = 0{,}5$

(a) (4 Punkte) Berechnen Sie den realen und den Kaufkraftparitätenwechselkurs.
(b) (2 Punkte) Wird der Außenbeitrag (Differenz zwischen Exporten und Importen) durch eine reale Aufwertung in der Regel steigen oder sinken?

Aufgabe A 3.167 (10 Punkte) (Zur Lösung L 3.167)
Gegeben sind die folgenden Wirtschaftsdaten:

	2009	2010
e (nominaler Wechselkurs)	2	1
P (inländisches Preisniveau)	50	75
P^* (ausländisches Preisniveau)	50	100

(a) (4 Punkte) Bestimmen Sie den Kaufkraftparitätenwechselkurs für 2009 und 2010.
(b) (2 Punkte) In welchem Jahr ist eine Aufwertung zu erwarten und warum?
(c) (2 Punkte) Bestimmen Sie die Inflationsrate im Inland.
(d) (2 Punkte) Wer wird bei einer hohen Inflationsrate schlechter gestellt, Gläubiger oder Schuldner?

Aufgabe A 3.168 (8 Punkte) (Zur Lösung L 3.168)
Gegeben sind die folgenden Rahmendaten:

	2009	2010
P	200	300
P^*	100	150

(a) (4 Punkte) Welchen Wert haben die Kaufkraftparitätenwechselkurse in 2009 bzw. 2010?
(b) (2 Punkte) Kam es von 2009 nach 2010 zu einer nominalen Abwertung oder Aufwertung?
(c) (2 Punkte) Der aktuelle (2010) nominale Wechselkurs liegt bei $e = 1$. Ist in der nahen Zukunft eine nominale Abwertung oder eine nominale Aufwertung zu erwarten?

Aufgabe A 3.169 (10 Punkte) (Zur Lösung L 3.169)
Ergänzen Sie die folgenden Tabellen.

Nominaler Wechselkurs e	Land I	Land II
Land I	1	?
Land II	?	1

Realer Wechselkurs q^*	Land I	Land II
Land I	1	?
Land II	2	1

KKP-Wechselkurs e_{KKP}	Land I	Land II
Land I	1	2
Land II	?	1

	Preisniveau P/P^*
Land I	1
Land II	?

Transferaufgaben

Aufgabe A 3.170 (14 Punkte) (Zur Lösung L 3.170)
Angenommen die drei Länder Mikronesien (kleine offene VW), Makroatien (große offene VW) und Wipolen (kleine offene VW) sind die einzigen Länder der Welt.

(a) (5 Punkte) Von Makroatien ist bekannt, dass die Zentralbank eine auf Preisniveaustabilität ausgerichtete Geldpolitik verfolgt und darüber hinaus unabhängig von der Regierung ist. Welche Vorteile kann ein fixer Wechselkurs für Mikronesien und Wipolen – in Bezug auf Makroatien – haben?

(b) (3 Punkte) Aufgrund seiner dominanten wirtschaftlichen Stellung exportiert Makroatien mehr nach Mikronesien, als es von dort importiert. Wie zeigt sich dies in Bezug auf den Wechselkurs zwischen dem Makroatien-Dollar und der mikronesischen Rupie?

(c) (6 Punkte) Die zwei Wirtschaftsberater des Königs bewerten die Situation wie folgt:

- D: Es ist sehr gut für Makroatien, diese dominierende wirtschaftliche Position zu haben, und wir sollten diese noch ausweiten. Am besten, indem wir Importverbote für mikronesische Waren verhängen.
- P: Die Weltwirtschaft kann langfristig nur funktionieren, wenn wir unsere Nachbarn nicht wirtschaftlich ausbluten lassen. Statt Importverboten sollte man eher eine freiwillige Exportbeschränkung in ausgewählten Branchen durchsetzen.

  (a) (3 Punkte) Welchem der beiden Ratschläge sollte der König folgen?
  (b) (3 Punkte) Welchem der beiden Ratschläge wird er wahrscheinlich folgen, wenn es sich um eine Wahlmonarchie handelt und seine zwanzigjährige Amtszeit demnächst abläuft?

Aufgabe A 3.171 (3 Punkte) (Zur Lösung L 3.171)
Über Mikronesien ist bekannt, dass es in den letzten Jahren ein stetiges nominales Wirtschaftswachstum verzeichnen konnte. Ferner wertete die mikronesische Rupie real auf. Welche Vermutung liegt hinsichtlich der Entwicklung des Preisniveaus nahe?

Aufgabe A 3.172 (6 Punkte) (Zur Lösung L 3.172)

Angenommen der Euro würde im Vergleich zum Dollar stark aufwerten. Welche Auswirkungen hätte das:

(a) (2 Punkte) auf die Exporte in die USA?

(b) (2 Punkte) auf die Importe aus den USA?

(c) (2 Punkte) für Sie als Tourist?

Aufgabe A 3.173 (3 Punkte) (Zur Lösung L 3.173)

Warum ist ein positiver Außenhandelsbilanzsaldo langfristig schlecht?

3.2.6 Finanzmärkte und Wirtschaftskrisen

Quick Check – Wahr oder falsch?

Aufgabe A 3.174 (5 Punkte) (Zur Lösung L 3.174)

(a) Die Staatsverschuldungskrise in der EU hat ihren Ursprung in den USA.

(b) Die Bankenkrise in den USA schwapte nur deshalb nach Europa über, da die USA ihre Finanzmärkte zu schwach regulieren.

(c) Der Grund für die Immobilienkrise in den USA findet sich in der Form der vergebenen Kredite.

(d) Quantitative Easing zielt auf eine Reduktion des inländischen Preisniveaus ab.

(e) Das Branson-Modell ist ein Modell einer kleinen offenen Volkswirtschaft.

Multiple Choice

Aufgabe A 3.175 (10 Punkte) (Zur Lösung L 3.175)

(a) (2 Punkte) Was war der ursprüngliche Auslöser für die Wirtschafts- und Finanzkrise?

  (I)   Griechische Staatsverschuldung

  (II) Schwache EU

  (III) Blase auf dem US Immobilienmarkt

  (IV) Spekulationen an den europäischen Börsen

(b) (2 Punkte) Welche Aussage trifft nicht auf den Aktienmarkt zu?

  (I)   Sehr volatil

  (II) Sehr kurzfristige Änderungen möglich

  (III) Interagiert mit dem Kreditmarkt

  (IV) Ist für die Inflation verantwortlich

(c) (2 Punkte) Quantitative Easing ...

  (I)   ... ist eine fiskalpolitische Maßnahme.

  (II) ... kommt dem Staat zugute.

  (III) ... hat keine Auswirkungen auf die Inflation.

  (IV) ... wird über den Aktienmarkt realisiert.

(d) (2 Punkte) Die Staatsverschuldungskrise in 2011, 2012…

    (I)   … betraff nur Griechenland.

    (II) … fand in den USA statt.

    (III) … war der Hauptgrund für den Brexit.

    (IV) … führte zu einer Erhöhung der deutschen Staatsverschuldung.

(e) (2 Punkte) Im Rahmen der transatlantischen Bankenkrise …

    (I)   … verloren die Assets europäischer Banken an Wert.

    (II) … gingen über 100 Banken in der EU bankrott.

    (III) … brach das US-amerikanische Finanzsystem zusammen.

    (IV) … hat die US-Regierung ihre Krise in die EU überwälzt.

Verständnisfragen

Aufgabe A 3.176 (15 Punkte) (Zur Lösung L 3.176)
Formulierung 1 Skizzieren Sie die Grundprobleme der transatlantischen Bankenkrise.

    (a) (5 Punkte) Erläutern Sie kurz die Hauptursachen der transatlantischen Bankenkrise.

    (b) (5 Punkte) Weshalb wurde aus der Bankenkrise eine Staatsfinanzierungskrise in der Eurozone?

    (c) (5 Punkte) Wie ist die Rolle expansiver Fiskalpolitik für die Überwindung der Rezession in 2008/2009 einzuordnen?

Formulierung 2 Beschreiben Sie in Stichpunkten, wie es von einer Immobilienkrise in den USA (2007/2008) zu einer nachfolgenden Staatsverschuldungskrise in einzelnen EU-Ländern kommen konnte.

Formulierung 3 (a) (8 Punkte) In welchen Schritten führte die Bankenkrise 2007/2008 zu der Staatsverschuldungskrise in der EU in 2011/2012?

    (b) (4 Punkte) Ist zu der Überwindung einer Rezession eher die Geldpolitik oder eher die Fiskalpolitik geeignet?

Formulierung 4 Argumentieren Sie, wie sich aus einer lokalen Immobilienkrise in den USA im Jahr 2007 eine Staatsverschuldungskrise in der EU im Jahr 2012 entwickeln konnte. Beschreiben Sie hierbei insbesondere die einzelnen Entwicklungsschritte.

Transferaufgaben

Aufgabe A 3.177 (5 Punkte) (Zur Lösung L 3.177)
Nennen Sie eine Möglichkeit, wie die transatlantische Bankenkrise hätte vermieden werden können.

Aufgabe A 3.178 (5 Punkte) (Zur Lösung L 3.178)
Welche Auswirkungen wird die Bankenkrise auf die Wirtschaftsleistung Deutschlands haben? Erläutern Sie kurz.

3.2.7 Phillipskurve

Quick Check – Wahr oder falsch?

Aufgabe A 3.179 (5 Punkte) (Zur Lösung L 3.179)
(a) Die Phillipskurve entspricht dem keynesianischen Denkansatz.
(b) Die Phillipskurve sieht gleich aus unabhängig davon, ob man die kurze, mittelfristige oder lange Sicht betrachtet.
(c) Die Monetaristen gehen davon aus, dass die Arbeitnehmer nominale Löhne bei ihren Lohnforderungen berücksichtigen.
(d) Die Phillipskurve ist einer der Gründe, dass nicht alle Ziele des Magischen Vierecks gleichzeitig erfüllt werden können.
(e) Bei adaptiven Erwartungen wird die Phillipskurve zu einer Senkrechten.

Multiple Choice

Aufgabe A 3.180 (10 Punkte) (Zur Lösung L 3.180)
(a) (2 Punkte) Die kurzfristige Phillipskurve ...

(I)   ... ist eine Parabel.
(II)   ... ist eine Hyperbel.
(III) ... ist S-förmig.
(IV) ... besitzt keine konkrete Form.

(b) (2 Punkte) Die Phillipskurve beschreibt ...

(I)   ... einen negativen Zusammenhang zwischen Inflation und Arbeitslosigkeit.
(II)   ... einen positiven Zusammenhang zwischen Inflation und Arbeitslosigkeit.
(III) ... die Erträge von hoch-innovativen Unternehmen.
(IV) ... ein Gleichgewicht auf dem Geldmarkt.

(c) (2 Punkte) Die langfristige Phillipskurve ...

(I)   ... entspricht der kurzfristigen.
(II)   ... ist senkrecht.
(III) ... entsteht durch eine Geldillusion.
(IV) ... ist waagerecht.

(d) (2 Punkte) Im Rahmen der Geldillusion ...

(I)   ... reagieren Haushalte nicht auf den Wertverlust des Geldes.
(II)   ... reagieren Haushalte auf die Inflation.
(III) ... ist das BIP mehr wert als ohne Geldillusion.
(IV) ... hat Geldpolitik keine Auswirkungen.

(e) (2 Punkte) Welche Aussage zur kurzfristigen Phillipskurve trifft nicht zu?

(I)   Sie entsteht durch eine Geldillusion.
(II)   Sie beschreibt seit den 70ern nicht mehr den langfristigen Trend.
(III) Sie entspricht der natürlichen Arbeitslosigkeit.
(IV) Sie ist senkrecht.

Verständnisfragen

Aufgabe A 3.181 (4 Punkte) (Zur Lösung L 3.181)
Formulierung 1 Skizzieren Sie die (kurzfristige) Phillipskurve grafisch und erläutern Sie den dargestellten Zusammenhang.
Formulierung 2 Skizzieren Sie ihren (der modifizierten Phillipskurve) Verlauf.
Formulierung 3 Zeichnen Sie eine kurzfristige und eine langfristige Phillipskurve in ein Diagramm. Erläutern Sie den unterschiedlichen Kurvenverlauf und gehen Sie dabei auf die Kritik der Monetaristen an der kurzfristigen keynesianischen Phillipskurve ein.
Formulierung 4 Skizzieren Sie grafisch die kurz- und die langfristige Phillipskurve.

Aufgabe A 3.182 (6 Punkte) (Zur Lösung L 3.182)
Formulierung 1 Stellen Sie einen makro- und einen mikroökonomischen Erklärungsansatz für die Phillipskurve dar.
Formulierung 2 Wie kann dieser Verlauf (der modifizierten Phillipskurve) theoretisch erklärt werden?
Formulierung 3 Begründen Sie aus mikro- oder makroökonomischer Perspektive heraus, weshalb ein negativer Zusammenhang zwischen der Inflationsrate und der Arbeitslosenquote angenommen werden kann.
Formulierung 4 Erklären Sie mikro- oder makroökonomisch die Lage der Phillipskurve.

Aufgabe A 3.183 (5 Punkte) (Zur Lösung L 3.183)
Stellen Sie die Kritik der Monetaristen an der kurzfristigen Phillipskurve dar.

Aufgabe A 3.184 (4 Punkte) (Zur Lösung L 3.184)
Was versteht man unter Erwartungen und wie kann man diese einteilen?

Aufgabe A 3.185 (3 Punkte) (Zur Lösung L 3.185)
Was geschieht mit der Phillipskurve, wenn adaptive Erwartungen vorliegen?

Aufgabe A 3.186 (2 Punkte) (Zur Lösung L 3.186)
Was geschieht mit der Phillipskurve bei rationalen Erwartungen?

Aufgabe A 3.187 (7 Punkte) (Zur Lösung L 3.187)
 (a) (2 Punkte) Welchen Zusammenhang stellt die modifizierte Phillipskurve dar?
 (b) (2 Punkte) Skizzieren Sie den Verlauf der Phillipskurve aus Sicht der Monetaristen.
 (c) (3 Punkte) Erläutern Sie diesen Verlauf.

Aufgabe A 3.188 (2 Punkte) (Zur Lösung L 3.188)
Erklären Sie den Begriff der natürlichen Arbeitslosenrate im Rahmen der monetaristischen Kritik an der Phillipskurve.

Aufgabe A 3.189 (3 Punkte) (Zur Lösung L 3.189)
Erläutern Sie, warum es gemäß der Phillipskurve kurzfristig einen negativen Zusammenhang von Inflation und Arbeitslosenquote gibt. (Maximal drei Sätze.)

Aufgabe A 3.190 (5 Punkte) (Zur Lösung L 3.190)

Diskutieren Sie Nachteile einer an der Theorie der Phillipskurve ausgerichteten Wirtschaftspolitik – Bezugnahme zu Argumenten der Monetaristen sollte erfolgen.

Aufgabe A 3.191 (2 Punkte) (Zur Lösung L 3.191)

Skizzieren Sie die Phillipskurve aus monetaristischer Sicht (Hinweis: natürliche Arbeitslosenquote).

Aufgabe A 3.192 (5 Punkte) (Zur Lösung L 3.192)

Formulierung 1 Welche Effekte einer expansiven (inflationären) Geldpolitik ergeben sich laut Phillipskurve kurzfristig und langfristig? (Begründen Sie Ihre Aussage.)

Formulierung 2 Hat aus monetaristischer Sicht eine expansive Geldpolitik, bei einer konstanten Wirtschaftsleistung, einen Effekt auf die Beschäftigung in einem Land? (Begründen Sie Ihre Aussage.)

Aufgabe A 3.193 (4 Punkte) (Zur Lösung L 3.193)

Formulierung 1 Warum wird die Phillipskurve langfristig betrachtet zu einer Senkrechten?

Formulierung 2 Nehmen Sie aus monetaristischer Sicht Stellung zu der Theorie der Phillipskurve. Gehen Sie hierbei insbesondere auf die Rolle von Erwartungen ein.

Aufgabe A 3.194 (4 Punkte) (Zur Lösung L 3.194)

(a) (2 Punkte) Welche Gruppierung innerhalb der VWL widerspricht der Theorie der Phillipskurve?

- Nur die Keynesianer
- Nur die Monetaristen
- Monetaristen und Keynesianer
- Keynesianer und Neoklassiker
- Nur die Neoklassiker

(b) (2 Punkte) In welchem Fall wird eine Phillipskurve unter rationalen Erwartungen dargestellt?

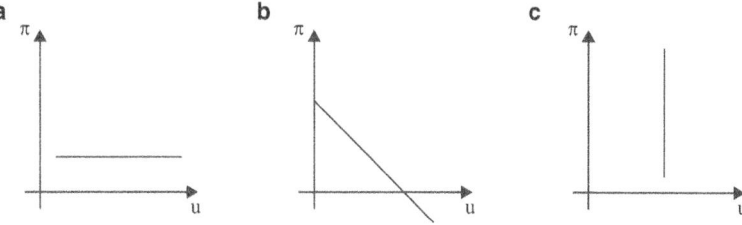

Anwendungsaufgaben

Aufgabe A 3.195 (**8 Punkte**) (Zur Lösung L 3.195)
Kurzfristig kann für Makroatien eine Phillipskurve der folgenden Form geschätzt werden:

$$\pi = 5/u - 1$$

(a) (2 Punkte) Wie sieht die langfristige Phillipskurve aus, wenn die Bürger zwar über adaptive Erwartungen hinsichtlich der Inflationsrate verfügen, aber keine Möglichkeiten haben, Einfluss auf ihren Lohnsatz zu nehmen?
(b) (2 Punkte) Angenommen das Niveau der natürlichen Arbeitslosigkeit ist immer dort erreicht, wo die Inflationsrate gerade 0 ist. Wie hoch ist die natürliche Arbeitslosigkeit in Makroatien?
(c) (4 Punkte) Angenommen eine Erhöhung der Geldmenge um 5 Einheiten zieht eine Erhöhung der Inflationsrate um 1 Prozentpunkt nach sich. Wie viel Geld muss die Zentralbank zusätzlich bereitstellen, um die Arbeitslosenquote in Makroatien kurzfristig von 5 Prozent auf 3 Prozent zu senken?

Aufgabe A 3.196 (**3 Punkte**) (Zur Lösung L 3.196)
In Wipolen hängt die Arbeitslosenquote kurzfristig von der Inflationsrate ab und der Zusammenhang lässt sich modellieren als $u = \frac{6}{\pi+2} + 2$. Langfristig stellt sich eine natürliche Arbeitslosigkeit von $u = 5$ ein.

Angenommen die Zentralbank lässt nur Schwankungen der Inflationsrate im Bereich von 0 bis 4 % zu. Welche Auswirkungen auf die Arbeitslosenquote sind maximal möglich?

Aufgabe A 3.197 (**7 Punkte**) (Zur Lösung L 3.197)
Deutschland besitzt etwa 82 Mio. Einwohner bei einer Arbeitslosenquote von etwa 10 % (0,10) und einer Inflationsrate von etwa 2 % (0,02). Die Phillipskurve sei gegeben durch die Funktion:

$$\pi(u) = \frac{0{,}202}{u} - 2$$

Um einer Bankenkrise entgegen zu wirken, wird die Geldmenge derart erhöht, dass die Inflation auf 5 % ansteigt.

(a) (4 Punkte) Wie wirkt sich dies auf den deutschen Arbeitsmarkt aus?
(b) (3 Punkte) Was geschieht, wenn man adaptive Erwartungen unterstellt und 10 % als die natürliche Arbeitslosenquote ansieht?

Aufgabe A 3.198 (**2 Punkte**) (Zur Lösung L 3.198)
Bestimmen Sie die Auswirkungen, die eine Änderung der Inflationsrate gemäß der gegebenen Phillipskurve auf dem Arbeitsmarkt hätte.

$$\pi(u) = \frac{0{,}025}{u} - 1$$

Aufgabe A 3.199 (**3 Punkte**) (Zur Lösung L 3.199)
Es wird angenommen, dass die Phillipskurve für Makroatien kurzfristig der Funktion: $\pi = -0{,}5u + 20$, folgt und die aktuelle Inflationsrate bei 5 % liegt. Um wie viele Prozentpunkte ändert sich die Inflationsrate, wenn die Arbeitslosenquote auf 6 % gesenkt werden kann. (Nutzen Sie 6 % als 6 in der Funktion.)

Transferaufgaben

Aufgabe A 3.200 (**5 Punkte**) (Zur Lösung L 3.200)
Der Zinssatz in Makroatien ist der niedrigste in den letzten zwanzig Jahren. Um die Wirtschaft in dem Land anzukurbeln, entscheidet sich die Zentralbank die Geldmenge zu erhöhen. Diskutieren Sie kurz- und langfristige Auswirkungen auf die Wirtschaft, insbesondere den Arbeitsmarkt in Makroatien.

Aufgabe A 3.201 (**5 Punkte**) (Zur Lösung L 3.201)
Wipolen befindet sich wirtschaftlich in einer prekären Situation. Um dieses Problem anzugehen, aber gleichzeitig nicht sein Gesicht nach außen hin zu verlieren, entscheidet sich der Herrscher von Wipolen in einer Nacht-und-Nebel-Aktion einen der bekanntesten Ökonomen Makroatiens einzufliegen. Dieser Ökonom ist insbesondere für seine monetaristische Grundeinstellung bekannt. Etwa ein Jahr später befindet sich Wipolen in einer Wirtschafts- und Währungskrise. Erklären Sie mit Ihrem volkswirtschaftlichen Wissen, wie es dazu kommen konnte.

Aufgabe A 3.202 (**3 Punkte**) (Zur Lösung L 3.202)
Der König von Makroatien möchte sich, finanziert durch eine Geldmengenerhöhung seitens der unabhängigen Zentralbank, einen neuen Palast bauen lassen. Er ist der Meinung, dass die Geldmengenerhöhung vielleicht einen Anstieg der Inflationsrate nach sich ziehen wird, allerdings sowohl kurz- als auch langfristig keinen Einfluss auf die Beschäftigungssituation in seinem Land haben wird. Sein erster Berater unterstützt ihn in dieser Hinsicht und ist sogar der Meinung, dass durch die Arbeit an dem Palast kurzfristig neue Arbeitsplätze geschaffen werden. Der zweite Berater allerdings ist gegen das Projekt des Königs, da zwar kurzfristig Arbeitsplätze geschaffen werden, diese allerdings langfristig wieder wegfallen werden und die Wirtschaft durch die erhöhte Inflation geschädigt wird und weitere Arbeitsplätze wegfallen werden.

Sollte der König dem ersten Berater folgen und seinen Plan weiterverfolgen oder sollte er besser auf den zweiten Berater hören?

Aufgabe A 3.203 (**4 Punkte**) (Zur Lösung L 3.203)
Der Erzherrscher von Wipolen entscheidet sich seiner Bevölkerung etwas Gutes zu tun und beschließt, dass, finanziert durch eine Geldmengenerhöhung seitens der Zentralbank, im nächsten Jahr jeder Einwohner ein Geschenk in Höhe von 10.000 wipolnischen Rubeln erhält. (Das durchschnittliche Monatseinkommen in Wipolen beträgt 40.000 wipolnische Rubel.) Welche Effekte werden sich kurz-, mittel- und langfristig ergeben?

Aufgabe A 3.204 (8 Punkte) (Zur Lösung L 3.204)
Der Direktor der mikronesischen Zentralbank argumentiert die Geldmenge zu erhöhen, weil er durch den Anstieg der Inflationsrate einen Gewinn an Arbeitsplätzen erwartet?

Nehmen Sie zu seiner Meinung Stellung und motivieren Sie die unterschiedlichen Sichtweisen ökonomisch.

(a) (4 Punkte) Aus keynesianischer (Phillipskurve) Sicht.
(b) (4 Punkte) Aus neoklassischer/monetaristischer Sicht.

3.3 Lösungen

3.3.1 Allgemein

Quick Check – Wahr oder falsch?

Lösung L 3.1 (10 Punkte) (Zur Aufgabenstellung A 3.1)
(a) Falsch
(b) Falsch
(c) Wahr
(d) Wahr
(e) Wahr
(f) Wahr
(g) Wahr
(h) Falsch
(i) Wahr
(j) Wahr
(k) Wahr
(l) Falsch
(m) Falsch
(n) Falsch
(o) Wahr

Multiple Choice

Lösung L 3.2 (12 Punkte) (Zur Aufgabenstellung A 3.2)
(a) (2 Punkte) (IV)
(b) (2 Punkte) (II)
(c) (2 Punkte) (IV)
(d) (2 Punkte) (I)
(e) (2 Punkte) (II)
(f) (2 Punkte) (I)

Verständnisfragen

Lösung L 3.3 (**4 Punkte**) (Zur Aufgabenstellung A 3.3)

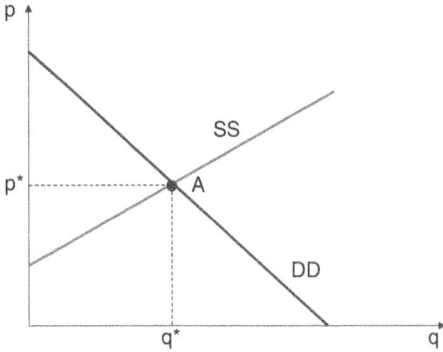

Die idealtypische Angebotsfunktion $p = aq + b$ und die idealtypische Nachfragefunktion $p = -cq + d$ gleichsetzen, ergibt: $aq + b = -cq + d$ bzw. $(a + c)q = d - b$ oder für die Gleichgewichtsmenge $q = \frac{d-b}{a+b}$ und somit für den Gleichgewichtspreis $p = a\frac{d-b}{a+b} + b = \frac{ad-ba+ab+bb}{a+b} = \frac{ad+bb}{a+b}$.

Lösung L 3.4 (**6 Punkte**) (Zur Aufgabenstellung A 3.4)

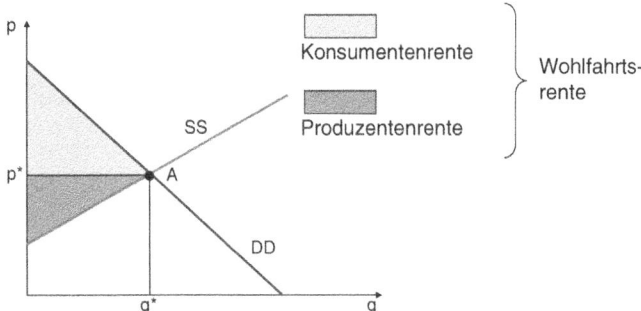

Berechnen lässt sich die Konsumenten- und Produzentenrente ausgehend von einer idealtypischen Angebotskurve ($p = bq + d$) und einer idealtypischen Nachfragekurve ($p = aq + c$).

Die Konsumentenrente ergibt sich in diesem Fall als: $KR = \frac{d-c}{a-b} \frac{c - a\frac{d-c}{a-b} - c}{2}$.

Die Produzentenrente ergibt sich in diesem Fall als: $PR = \frac{d-c}{a-b} \frac{a\frac{d-c}{a-b} + c - d}{2}$.

Lösung L 3.5 **(6 Punkte)** (Zur Aufgabenstellung A 3.5)
Bei einem Preisanstieg sind die Unternehmen eher geneigt mehr zu produzieren. Die Haushalte sind in diesem Fall allerdings weniger geneigt mehr zu kaufen.

Lösung L 3.6 **(4 Punkte)** (Zur Aufgabenstellung A 3.6)
Die Steigung der Nachfragekurve hängt davon ab, wie stark die Haushalte bei einem gegebenen Preis auf eine Änderung dieses Preises reagieren. Bei einer flachen Kurve (einer unelastischen Kurve) führt eine Preisänderung nur zu einer kleinen Änderung der Nachfrage, im Gegensatz zu einer steilen Kurve (einer elastischen Kurve), bei der im Fall einer Preisänderung eine starke Änderung der Nachfrage einsetzt.

Lösung L 3.7 **(12 Punkte)** (Zur Aufgabenstellung A 3.7)
Die Makromärkte sind:

- Gütermarkt (s. Abb. 3.11)
- Arbeitsmarkt (s. Abb. 3.12)
- Geldmarkt (s. Abb. 3.13)
- Devisenmarkt (s. Abb. 3.14)
- (Bonds- bzw. Aktienmarkt)

Lösung L 3.8 **(2 Punkte)** (Zur Aufgabenstellung A 3.8)
Ein Markt ist ein Ort, an dem Angebot und Nachfrage eines Gutes aufeinandertreffen.

Lösung L 3.9 **(6 Punkte)** (Zur Aufgabenstellung A 3.9)
(a) (3 Punkte) Die Haushalte versuchen ihren Nutzen dadurch zu maximieren, dass sie diejenige Kombination an Gütern nachfragen, die sie mit ihrem Budget finanzieren können und die den größten Nutzen aufweist.
(b) (3 Punkte) Die Haushalte bieten ihre Arbeitsleistung hinsichtlich des dadurch zu erzielenden Gewinns an. Sie setzen entsprechend diejenige Kombination an Arbeit und Freizeit um, die den Nutzen generiert.

Lösung L 3.10 **(6 Punkte)** (Zur Aufgabenstellung A 3.10)
(a) (3 Punkte) Die Unternehmen versuchen ihren Gewinn dadurch zu maximieren, dass sie diejenige Kombination an Inputs nutzen, die die geringsten Kosten verursacht.
(b) (3 Punkte) Die Unternehmen fragen Arbeitsleistung so nach, dass die vorgegebene Produktionsmenge – die den größten Gewinn generiert – dadurch gerade produziert werden kann.

Lösung L 3.11 **(8 Punkte)** (Zur Aufgabenstellung A 3.11)
(a) (3 Punkte) Ein Marktgleichgewicht entsteht, wenn die Steigungen von Angebots- und Nachfragefunktion in einem bestimmten Verhältnis zueinander stehen (siehe Cobweb-Theorem). In diesem Fall ist in der Ausgangssituation ein Preis für das Gut vorgegeben. Gemäß diesem Preis passen die Unternehmen ihre Produktion an und bieten in der nächsten Periode Güter auf dem Markt an. Das Angebot der Güter bestimmt

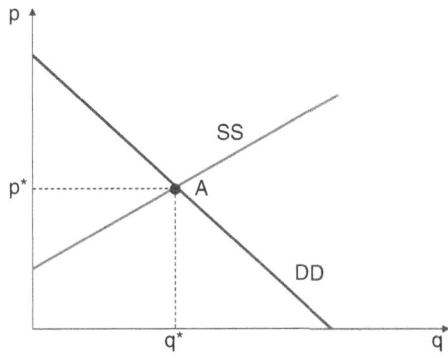

Abb. 3.11 Gütermarkt

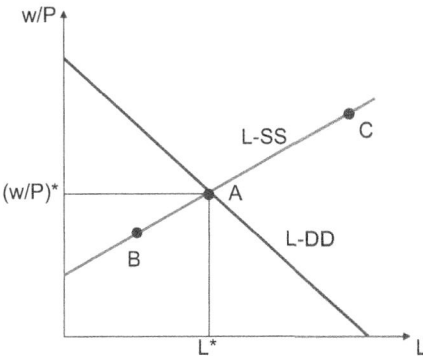

Abb. 3.12 Arbeitsmarkt

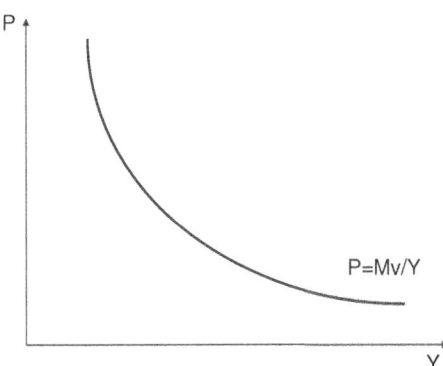

Abb. 3.13 Geldmarkt

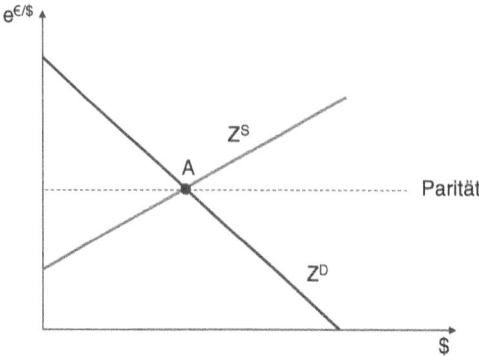

Abb. 3.14 Devisenmarkt

den Preis für die Güter. Dieser neue Preis führt zur einer erneuten Angebotsanpassung seitens der Unternehmen. Dieser Prozess konvergiert, wenn die Bedingung des Cobweb-Theorems gegeben ist, gegen das Marktgleichgewicht.

(b) (5 Punkte) Die Preisanpassung durch die Nachfrage nach den Gütern auf dem Markt bringt den Markt in ein Gleichgewicht.

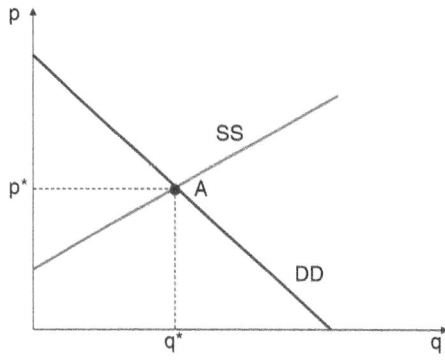

Lösung L 3.12 (4 Punkte) (Zur Aufgabenstellung A 3.12)

(a) (2 Punkte) Exogene Schocks sind Ereignisse, die außerhalb des Markts auftreten und den Markt aus dem Gleichgewicht werfen.

(b) (2 Punkte) Es stellt sich eine Situation außerhalb des Marktgleichgewichts ein.

Lösung L 3.13 (6 Punkte) (Zur Aufgabenstellung A 3.13)

(a) (2 Punkte) Vergleicht man im Rahmen einer Analyse zwei Gleichgewichtssituationen miteinander, so spricht man auch von einer komparativ-statischen Analyse.

(b) (4 Punkte) In einem Marktdiagramm kann man eine komparativ-statische Analyse durch den Vergleich zweier Gleichgewichtspunkte durchführen.

Lösung L 3.14 (4 Punkte) (Zur Aufgabenstellung A 3.14)
In beiden Fällen kann es passieren, dass das ursprüngliche Gleichgewicht nicht erreicht wird. Dies ist insbesondere der Fall, wenn Mindestpreise angesetzt werden, die höher als der Gleichgewichtspreis sind. In diesem Fall entsteht eine neue Angebotsfunktion, die aus dem Maximum von Mindestpreisgerade und alter Angebotsfunktion entsteht. In dem neuen Schnittpunkt wird eine geringere Menge des Gutes nachgefragt und die Preise sind höher. Die Konsumentenrente und der Gesamtnutzen der Haushalte reduziert sich, aber die Produzentenrente steigt. Bei Höchstpreisen, die unterhalb des Gleichgewichtspreises liegen, ergibt sich die neue Angebotsfunktion durch das Minimum von Höchstpreisgerade und der alten Angebotsfunktion. Im neuen Schnittpunkt von Angebot und Nachfrage werden mehr Güter nachgefragt und es liegt ein geringerer Preis vor; dies ist nur der Fall, wenn die Unternehmen bereit sind die höhere Menge zu dem geringeren Preis anzubieten, ansonsten existiert kein Gleichgewicht auf dem Markt, da es keinen Schnittpunkt von Angebot und Nachfrage gibt. Ferner reduziert sich die Produzentenrente und die Gewinne der Unternehmen reduzieren sich bzw. die Konsumentenrente steigt (sofern ein Gleichgewicht vorliegt).

Lösung L 3.15 (8 Punkte) (Zur Aufgabenstellung A 3.15)
Abb. 3.12 zeigt den idealtypischen Markt. Der Prohibitivpreis ergibt sich als p-Achsenabschnitt der Nachfragefunktion und die Sättigungsmenge als Nullstelle der Nachfragefunktion.

Lösung L 3.16 (4 Punkte) (Zur Aufgabenstellung A 3.16)

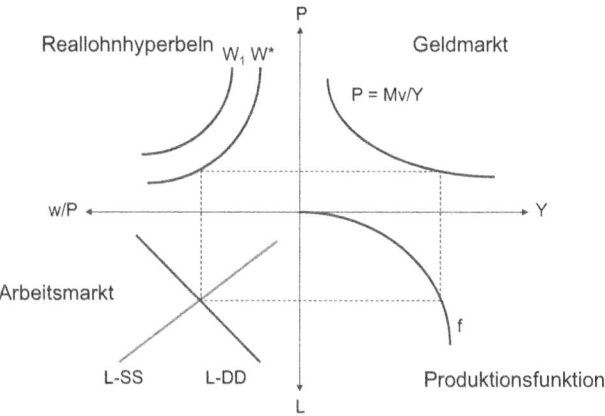

Lösung L 3.17 (3 Punkte) (Zur Aufgabenstellung A 3.17)
Durch Prozessinnovationen verschiebt sich die Angebotskurve nach unten. Dies bedeutet, dass sich die Konsumentenrente erhöht.

Lösung L 3.18 (2 Punkte) (Zur Aufgabenstellung A 3.18)
Der Prohibitivpreis ist der Preis, ab dem keiner das Gut mehr nachfragt.

Lösung L 3.19 (4 Punkte) (Zur Aufgabenstellung A 3.19)
Bei welchen der folgenden Märkte handelt es sich um klassische Makromärkte:

- Geldmarkt (klassischer Makromarkt)
- Zinsmarkt
- Devisenmarkt (klassischer Makromarkt)
- Anleihenmarkt
- Bondsmarkt (bisweilen klassischer Makromarkt)
- Kapitalmarkt (bisweilen klassischer Makromarkt)
- Außenhandelsmarkt
- Gütermarkt (klassischer Makromarkt)

Lösung L 3.20 (5 Punkte) (Zur Aufgabenstellung A 3.20)
Produktinnovationen erhöhen den Preis und die Menge, Prozessinnovationen reduzieren
den Preis und erhöhen die Menge, Mikronesien wird also die Gewinne aus den Innovationen abschöpfen und Wipolen bleibt nur die Rolle als Produzent ohne zusätzliche Gewinne,
höchstens durch eine billigere Produktion. Mikronesien wird sich daher langfristig zu einer
reicheren Volkswirtschaft entwickeln.

Lösung L 3.21 (10 Punkte) (Zur Aufgabenstellung A 3.21)
(a) (5 Punkte) Unter dem Angebot versteht man die Unternehmen, welche die betrachteten Güter zur Verfügung stellen. Unter der Nachfrage versteht man die Haushalte, die
   die von den Unternehmen angebotenen Güter zu Konsumzwecken nachfragen.
(b) (5 Punkte) Vorteil: mathematisch sehr einfach zu handhaben.
   Nachteil: sehr vereinfachte Form, zum Teil realitätsfremd.

Lösung L 3.22 (7 Punkte) (Zur Aufgabenstellung A 3.22)
(a) (2 Punkte) Die Elastizität beschreibt, um wie viel Prozent sich der Output erhöht,
   wenn der Input um ein Prozent erhöht wird.
(b) (2 Punkte) $\varepsilon_{f(x)}(x) = \frac{\partial f}{\partial x} \frac{x}{f(x)}$
(c) (3 Punkte)

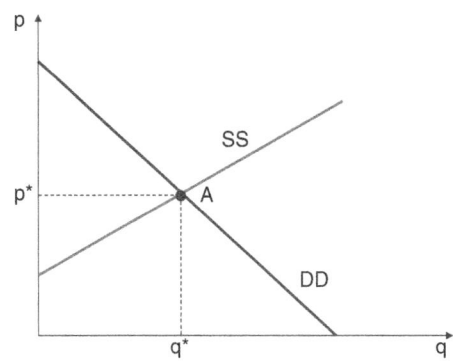

Anwendungsaufgaben

Lösung L 3.23 (7 Punkte) (Zur Aufgabenstellung A 3.23)

	Marktgleichgewicht	Prohibitivpreis	Sättigungsmenge
a) (2 Punkte)	$p = 1, q = 3$	$p = 2,5$	$q = 5$
b) (2 Punkte)	$p = 0,33\ldots, q = 1,33\ldots$	$p = 1$	$q = 2$
c) (3 Punkte)	$p = \ln(2), q = 1$	$p = \ln(3)$	$q = 2$

Lösung L 3.24 (10 Punkte) (Zur Aufgabenstellung A 3.24)
Gleichsetzen ergibt die theoretischen Marktgleichgewichte.

(a) (3 Punkte) Kein echtes Marktgleichgewicht, da $p = -1$ nicht zulässig ist
(b) (3 Punkte) Kein echtes Marktgleichgewicht, da $p = -1$ nicht zulässig ist
(c) (4 Punkte) Marktgleichgewicht bei $q = 0$; $p = 3$. Dieses Gleichgewicht ist allerdings ebenfalls nur von theoretischem Interesse, da bei $q = 0$ nicht gehandelt wird.

Lösung L 3.25 (7 Punkte) (Zur Aufgabenstellung A 3.25)

	Reales BIP 2014	Reales BIP 2015	Wachstumserwartung
Mikronesien	20 Mio.	25 Mio.	Ja
Makroatien	70 Mio.	60 Mio.	Nein
Wipolen	50 Mio.	50 Mio.	Nein

Lösung L 3.26 (5 Punkte) (Zur Aufgabenstellung A 3.26)
Das Programm von D bringt ein nominales Wachstum von 50 % und ein reales Wachstum von 30 %. Das Programm von P bringt ein nominales Wachstum von 200 % und reales Wachstum von 100 %. Der König entscheidet sich somit für das Programm von P.

Lösung L 3.27 (6 Punkte) (Zur Aufgabenstellung A 3.27)
Für Mikronesien gilt $\ln(p) = \ln(6 - 2p)$ und somit $p = 6 - 2p$ bzw. $3p = 6$. Dies ergibt $p = 2$ und damit $q = \ln(2)$.

Für Wipolen gilt $q = \frac{1}{2q+2}$ und somit $2q^2 + 2q = 1$ bzw. $q^2 + q - 0,5 = 0$. Diese quadratische Gleichung hat die Lösungen $q_1 = -0,5 + \sqrt{(0,75)} = 0,366$ und $q_2 = -0,5 - \sqrt{(0,75)} = -1,366$. Die zweite Lösung ist negativ und daher nicht zulässig. Somit ergibt sich für die erste Lösung $p = 2,732$.

Lösung L 3.28 (6 Punkte) (Zur Aufgabenstellung A 3.28)
Die Angebotsfunktion ergibt sich als Ableitung der Kostenfunktion, also als $p = 2q$.

Für den weltweiten Rhodiummarkt ist bekannt, dass sich die Nachfrage nach Rhodium durch die Funktion $q = -2p + 5$ beschreiben lässt. Ferner ist bekannt, dass die gesamtwirtschaftliche Kostenfunktion des Marktes die Form $K(q) = q^2 + 1$ aufweist.

(a) (3 Punkte) Einsetzen ergibt $q = -2 \cdot 2q + 5$ und damit für die Gleichgewichtsmenge $q = 1$ bzw. für den Gleichgewichtspreis $p = 2$.

(b) (2 Punkte) $q = 0$ in die Nachfragefunktion einsetzen, ergibt $0 = -2p + 5$ und somit den Prohibitivpreis $p = 2{,}5$.

(c) (1 Punkt) Einsetzen von $p = 0$ in die Nachfragefunktion ergibt $q = -2 \cdot 0 + 5 = 5$ und somit liegt die Sättigungsmenge bei $q = 5$.

Lösung L 3.29 (**6 Punkte**) (Zur Aufgabenstellung A 3.29)
Gleichsetzen mit dem ersten Abschnitt ergibt $0{,}5p + 5 = -2p + 15$ und somit $2{,}5p = 10$ bzw. für den Preis $p = 4$, somit liegt ein Schnittpunkt in diesem Abschnitt vor. Gleichsetzen mit dem zweiten Abschnitt ergibt $-2p + 15 = 3p - 10$ und somit $5p = 25$ und somit $p = 5$. Da dieses p nicht im Definitionsbereich ($p > 6$) liegt, existiert dieser Schnittpunkt nicht. Das heißt, es liegt nur ein Schnittpunkt vor bei $p = 4$ und $q = 7$.

Durch die Änderung der Nachfragekurve entsteht ein neuer Schnittpunkt. Erneut beide Abschnitte prüfen. Mit dem ersten Abschnitt ergibt sich ein Schnittpunkt bei $-0{,}5p + 15 = 0{,}5p + 5$ und somit $p = 10$. Dieser Wert liegt außerhalb des Definitionsbereichs und der entsprechende Schnittpunkt ist nicht zulässig. Gleichsetzen mit dem zweiten Abschnitt ergibt $-0{,}5p + 15 = 3p - 10$ und somit $3{,}5p = 25$ bzw. für den Preis $p = 7{,}143$ und für die Menge $q = 11{,}429$. Dieser Schnittpunkt ist zulässig.

Durch die Drehung erhöhen sich Preis und Menge.

Lösung L 3.30 (**3 Punkte**) (Zur Aufgabenstellung A 3.30)
Gleichsetzen ergibt $p^2 + 5 = -2p + 8$ und somit die quadratische Gleichung $p^2 + 2p - 3 = 0$. Diese Gleichung hat die beiden Lösungen $p_1 = -1 + \sqrt{(1+3)} = 1$ und $p_2 = -1 - 2 = -3$. Da die zweite Lösung negativ ist, ist sie nicht zulässig. Die Gleichgewichtsmenge bzgl. der ersten Lösung lautet $q = 6$.

Lösung L 3.31 (**3 Punkte**) (Zur Aufgabenstellung A 3.31)
Gleichsetzen ergibt $2q^2 + q + 1 = -5q + 7$ und somit die quadratische Gleichung $2q^2 + 6q - 6 = 0$ bzw. $q^2 + 3q - 3 = 0$. Diese Gleichung hat die Lösungen $q_1 = -1{,}5 + \sqrt{5{,}25} = 0{,}7913$ und $q_2 = -1{,}5 - \sqrt{5{,}25}$. Da die zweite Lösung negativ ist, ist sie nicht zulässig. Der Gleichgewichtspreis zur ersten Lösung beträgt $p = 3{,}0436$.

Lösung L 3.32 (**4 Punkte**) (Zur Aufgabenstellung A 3.32)
(a) (3 Punkte) Kurvengleichsetzen ergibt: $-2q + 5 = 2q + 2$ bzw. $4q = 3$ oder für die Gleichgewichtsmenge $q = 0{,}75$ und für den Gleichgewichtspreis $p = 3{,}5$.

(b) (1 Punkte) Prohibitivpreis bedeutet, dass die nachgefragte Menge 0 wird. $p = -2 \cdot 0 + 5 = 5$.

Lösung L 3.33 (**10 Punkte**) (Zur Aufgabenstellung A 3.33)
(a) (5 Punkte) Gleichsetzen der Kurven $1 - q = \sqrt{q^2 - 0{,}5}$ bzw. $1 - 2q + q^2 = q^2 - 0{,}5$ bzw. $1{,}5 = 2q$, entsprechend beträgt die Gleichgewichtsmenge $q = 0{,}75$.

(b) (2 Punkte) Gleichsetzen der Kurven $1 - q = \sqrt{q^2 + 2}$ bzw. $1 - 2q + q^2 = q^2 + 2$ bzw. $-1 = 2q$, entsprechend beträgt die Gleichgewichtsmenge $q = -0{,}5$.

(c) (3 Punkte) Da dieser Wert zwar mathematisch, aber nicht praktisch möglich ist, bedeutet es, dass in diesem Fall kein Marktgleichgewicht existiert.

Lösung L 3.34 (6 Punkte) (Zur Aufgabenstellung A 3.34)

(a) (2 Punkte) Gleichsetzen der Kurven ergibt $-2 + p = 10 - p$ bzw. $2p = 12$ und somit für den Gleichgewichtspreis $p = 6$ und die Gleichgewichtsmenge $q = -2 + 6 = 4$.

(b) (2 Punkte) Gleichsetzen der Kurven ergibt $p = \frac{1}{p}$ bzw. $p^2 = 1$ und somit für den Gleichgewichtspreis $p = 1$ und die Gleichgewichtsmenge $q = 1$.

(c) (2 Punkte) Gleichsetzen der Kurven ergibt $p = \sqrt{p}$ bzw. $p^2 = p$ und somit für den Gleichgewichtspreis $p = 1$ und die Gleichgewichtsmenge $q = 1$.

Lösung L 3.35 (6 Punkte) (Zur Aufgabenstellung A 3.35)

Für die Neukunden gilt in Situation I: $\varepsilon_q(p) = \dfrac{\frac{15-20}{0,5\cdot(15+20)}}{\frac{4-2}{0,5\cdot(4+2)}} = \dfrac{-2/7}{2/3} = -0,4286$

Für die Neukunden gilt in Situation II: $\varepsilon_q(p) = \dfrac{\frac{6-12}{0,5\cdot(6+12)}}{\frac{8-6}{0,5\cdot(8+6)}} = \dfrac{-2/3}{2/7} = -2,3333$

Für die Bestandskunden gilt in Situation I: $\varepsilon_q(p) = \dfrac{\frac{36-40}{0,5\cdot(36+40)}}{\frac{4-2}{0,5\cdot4+2}} = \dfrac{-4/38}{2/3} = -0,1579$

Für die Bestandskunden gilt in Situation II: $\varepsilon_q(p) = \dfrac{\frac{24-30}{0,5\cdot(24+30)}}{\frac{8-6}{0,5\cdot(8+6)}} = \dfrac{-2/9}{2/7} = -0,7778$

Lösung L 3.36 (6 Punkte) (Zur Aufgabenstellung A 3.36)

Für die Neukunden gilt in Situation I: $\varepsilon_q(p) = \dfrac{\frac{100.000-150.000}{0,5\cdot(100.000+150.000)}}{\frac{4-2}{0,5\cdot(4+2)}} = 0,6$

Für die Neukunden gilt in Situation II: $\varepsilon_q(p) = \dfrac{\frac{20.000-30.000}{0,5\cdot(20.000+30.000)}}{\frac{8-6}{0,5\cdot(8+6)}} = 1,4$

Für die Bestandskunden gilt in Situation I: $\varepsilon_q(p) = \dfrac{\frac{350.000-450.000}{0,5\cdot(350.000+450.000)}}{\frac{4-2}{0,5\cdot(4+2)}} = 0,375$

Für die Bestandskunden gilt in Situation II: $\varepsilon_q(p) = \dfrac{\frac{45.000-60.000}{0,5\cdot(45.000+60.000)}}{\frac{8-6}{0,5\cdot(8+6)}} = 1$

Lösung L 3.37 (6 Punkte) (Zur Aufgabenstellung A 3.37)

Für die Neukunden gilt in Situation I: $\varepsilon_q(p) = \dfrac{\frac{800-1.000}{0,5\cdot(800+1.000)}}{\frac{4-2}{0,5\cdot(4+2)}} = 0,3333$

Für die Neukunden gilt in Situation II: $\varepsilon_q(p) = \dfrac{\frac{500-700}{0,5\cdot(500+700)}}{\frac{8-6}{0,5\cdot(8+6)}} = 1,1667$

Für die Bestandskunden gilt in Situation I: $\varepsilon_q(p) = \dfrac{\frac{1.300-1.400}{0,5\cdot(1.300+1.400)}}{\frac{4-2}{0,5\cdot(4+2)}} = 0,2222$

Für die Bestandskunden gilt in Situation II: $\varepsilon_q(p) = \dfrac{\frac{500-500}{0,5\cdot(500+500)}}{\frac{8-6}{0,5\cdot(8+6)}} = 0$

Lösung L 3.38 (6 Punkte) (Zur Aufgabenstellung A 3.38)

Für die Neukunden gilt in Situation I: $\varepsilon_q(E) = \dfrac{\frac{120-100}{0,5\cdot(100+120)}}{\frac{1.500-1.000}{0,5\cdot(1.000+1.500)}} = 0,4545$

Für die Neukunden gilt in Situation II: $\varepsilon_q(E) = \dfrac{\frac{200-150}{0,5\cdot(150+200)}}{\frac{3.000-2.000}{0,5\cdot(2.000+3.000)}} = 0,7143$

Für die Bestandskunden gilt in Situation I: $\varepsilon_q(E) = \frac{\frac{80-20}{0,5\cdot(80+20)}}{\frac{1.500-1.000}{0,5\cdot(1.500+1.000)}} = 3$

Für die Bestandskunden gilt in Situation II: $\varepsilon_q(E) = \frac{\frac{250-120}{0,5\cdot(250+120)}}{\frac{3.000-2.000}{0,5\cdot(3.000+2.000)}} = 1,7568$

Lösung L 3.39 (**6 Punkte**) (Zur Aufgabenstellung A 3.39)

Für die Standardprodukte gilt in Situation I: $\varepsilon_q(p) = \frac{\frac{150.000-100.000}{0,5\cdot(150.000+100.000)}}{\frac{4-2}{0,5\cdot(4+2)}} = 0,6$

Für die Standardprodukte gilt in Situation II: $\varepsilon_q(p) = \frac{\frac{450.000-250.000}{0,5\cdot(450.000+250.000)}}{\frac{8-6}{0,5\cdot(8+6)}} = 2$

Für die Individualprodukte gilt in Situation I: $\varepsilon_q(p) = \frac{\frac{11.000-10.000}{0,5\cdot(11.000+10.000)}}{\frac{4-2}{0,5\cdot(4+2)}} = 0,1304$

Für die Individualprodukte gilt in Situation II: $\varepsilon_q(p) = \frac{\frac{12.500-12.000}{0,5\cdot(12.500+12.000)}}{\frac{8-6}{0,5\cdot(8+6)}} = 0,1429$

Lösung L 3.40 (**6 Punkte**) (Zur Aufgabenstellung A 3.40)

1. (2 Punkte) $\varepsilon_{q;AN}^{I} = 1,5$

   $\varepsilon_{q;AN}^{II} = 1,75$

   $\varepsilon_{q;NF}^{I} = 3$

   $\varepsilon_{q;NF}^{II} = 1,4$

2. (2 Punkte) $\varepsilon_{q;AN}^{I} = 0,6923$

   $\varepsilon_{q;AN}^{II} = 0,6363$

   $\varepsilon_{q;NF}^{I} = 0,4479$

   $\varepsilon_{q;NF}^{II} = 0,3169$

3. (2 Punkte) $\varepsilon_{q;AN}^{I} = 0,9264$

   $\varepsilon_{q;AN}^{II} = 0,9074$

   $\varepsilon_{q;NF}^{I} = 0,2903$

   $\varepsilon_{q;NF}^{II} = 0,2121$

4. (2 Punkte) $\varepsilon_{q;AN}^{I} = 0,2195$

   $\varepsilon_{q;AN}^{II} = 0,1794$

   $\varepsilon_{q;NF}^{I} = 0,4482$

   $\varepsilon_{q;NF}^{II} = 0,5321$

Lösung L 3.41 (**20 Punkte**) (Zur Aufgabenstellung A 3.41)

1. (2 Punkte) $\varepsilon_p(x) = \frac{-3x}{-3x+45}$

2. (2 Punkte) $\varepsilon_p(x) = -\frac{1}{1+0,5x}$

3. (2 Punkte) $\varepsilon_p(x) = \frac{x}{2x^{\tilde{}}18\sqrt{2x}}$

4. (2 Punkte) $\varepsilon_p(x) = -\frac{x}{1+x} \cdot \frac{1}{25-ln(1+x)}$

5. (2 Punkte) $\varepsilon_p(x) = -0,5x$

6. (2 Punkte) $\varepsilon_p(x) = \frac{1+x^2}{1-x^2}$

7. (2 Punkte) $\varepsilon_p(x) = \frac{x^2}{x^2-10}$
8. (2 Punkte) $\varepsilon_p(x) = -\frac{x}{2+2x}$
9. (2 Punkte) $\varepsilon_p(x) = -4x^2$
10. (2 Punkte) $\varepsilon_p(x) = -\frac{2x}{(1+2x)ln(1+2x)}$

Lösung L 3.42 (36 Punkte) (Zur Aufgabenstellung A 3.42)

1. (3 Punkte) $\varepsilon_q(p) = \frac{\frac{3-2}{2,5}}{7-56} = 1,2$

2. (3 Punkte) $\varepsilon_q(p) = \frac{\frac{3-4}{3,5}}{3-22,5} = -0,7143$

3. (3 Punkte) $\varepsilon_q(p) = \frac{\frac{7,5-7}{7,25}}{4-23} = 0,1034$

4. (3 Punkte) $\varepsilon_q(p) = \frac{\frac{0,5-1}{0,75}}{10-99,5} = -6,3333$

5. (3 Punkte) $\varepsilon_q(p) = \frac{\frac{5,35-5,4}{5,375}}{1,15-11,125} = -0,2093$

6. (3 Punkte) $q_{21} = 19,59$ und $q_{22} = 19,58$ und somit $\varepsilon_q(p) = \frac{\frac{19,58-19,59}{19,585}}{2-11,5} = -0,0008$

7. (3 Punkte) $q_{21} = 10,8$ und $q_{22} = 11$ und somit $\varepsilon_q(p) = \frac{\frac{11-10,8}{10,9}}{5-44,5} = 0,0826$

8. (3 Punkte) $q_{21} = 4,7$ und $q_{22} = 4,65$ und somit $\varepsilon_q(p) = \frac{\frac{4,65-4,7}{4,675}}{2-1,51,75} = -0,0374$

9. (3 Punkte) $q_{21} = 7,6$ und $q_{22} = 7,52$ und somit $\varepsilon_q(p) = \frac{\frac{7,52-7,6}{7,56}}{0,6-0,50,55} = -0,0582$

10. (3 Punkte) $q_{21} = 4,8$ und $q_{22} = 4,76$ und somit $\varepsilon_q(p) = \frac{\frac{4,76-4,8}{4,78}}{1,2-11,1} = -0,046$

11. (3 Punkte) $q_{21} = 10$ und $q_{22} = 7$ und somit $\varepsilon_q(p) = \frac{\frac{7-10}{8,5}}{2-11,5} = -0,5294$

12. (3 Punkte) $q_{21} = 24$ und $q_{22} = 34$ und somit $\varepsilon_q(p) = \frac{\frac{34-24}{29}}{3-12} = 0,3448$

Lösung L 3.43 (40 Punkte) (Zur Aufgabenstellung A 3.43)
Im ersten Fall ergibt sich eine relative Preisänderung von $\frac{5-3}{3} = 0,6667$. Im zweiten Fall liegt die relative Preisänderung bei $\frac{6-1}{1} = 5$.

1. (4 Punkte) $q_{11} = 20, q_{12} = 16$ und somit $\varepsilon_1 = -0,3$ bzw. $q_{11} = 24, q_{12} = 14$ und somit $\varepsilon_2 = -\frac{1}{12}$

2. (4 Punkte) $q_{11} = 12, q_{12} = 13$ und somit $\varepsilon_1 = \frac{9}{122}$ bzw. $q_{11} = 11,4, q_{12} = 13,4$ und somit $\varepsilon_2 = \frac{2}{57}$

3. (4 Punkte) $q_{11} = 16,15, q_{12} = 16,25$ und somit $\varepsilon_1 = \frac{3}{323}$ bzw. $q_{11} = 16,05, q_{12} = 16,3$ und somit $\varepsilon_2 = -\frac{3}{1605}$

4. (4 Punkte) $q_{11} = 41,4, q_{12} = 41$ und somit $\varepsilon_1 = -\frac{1}{69}$ bzw. $q_{11} = 41,8, q_{12} = 40,8$ und somit $\varepsilon_2 = -\frac{1}{290}$

5. (4 Punkte) $q_{11} = 10, q_{12} = 12$ und somit $\varepsilon_1 = 0,3$ bzw. $q_{11} = 8, q_{12} = 13$ und somit $\varepsilon_2 = \frac{1}{8}$

6. (4 Punkte) $q_{11} = 13,2, q_{12} = 13,6$ und somit $\varepsilon_1 = \frac{1}{22}$ bzw. $q_{11} = 12,8, q_{12} = 13,8$ und somit $\varepsilon_2 = \frac{1}{640}$

7. (4 Punkte) $q_{11} = 14,4, q_{12} = 16$ und somit $\varepsilon_1 = \frac{1}{6}$ bzw. $q_{11} = 12,8, q_{12} = 16,8$ und somit $\varepsilon_2 = \frac{1}{16}$

8. (4 Punkte) $q_{11} = 24, q_{12} = 20$ und somit $\varepsilon_1 = -\frac{1}{3}$ bzw. $q_{11} = 28, q_{12} = 18$ und somit $\varepsilon_2 = -\frac{1}{14}$

9. (4 Punkte) $q_{11} = 17, q_{12} = 17$ und somit $\varepsilon_1 = 0$ bzw. $q_{11} = 17, q_{12} = 17$ und somit $\varepsilon_2 = 0$

10. (4 Punkte) $q_{11} = 7, q_{12} = 5$ und somit $\varepsilon_1 = -\frac{3}{7}$ bzw. $q_{11} = 9, q_{12} = 4$ und somit $\varepsilon_2 = -\frac{1}{9}$

Lösung L 3.44 (70 Punkte) (Zur Aufgabenstellung A 3.44)

1. (7 Punkte)

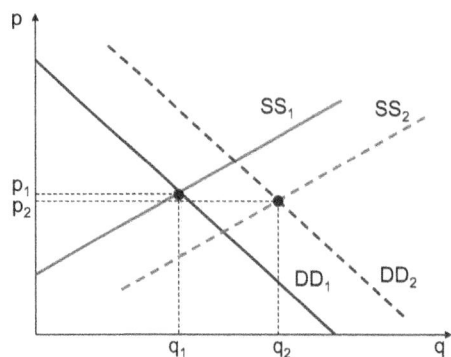

Das BIP wird steigen und der Effekt auf den Preis ist ungewiss.

2. (7 Punkte)

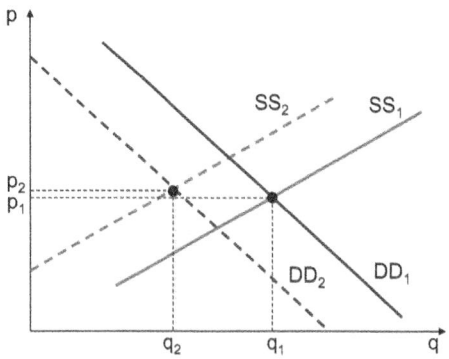

Das BIP wird sinken und der Effekt auf den Preis ist ungewiss.

3. (7 Punkte)

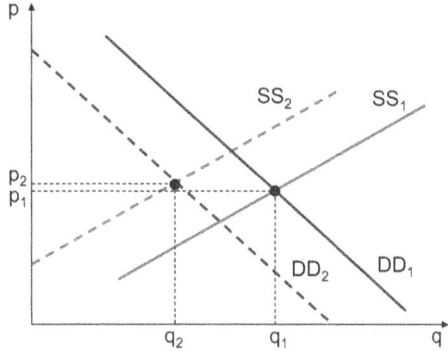

Das BIP wird sinken und der Effekt auf den Preis ist ungewiss.

4. (7 Punkte)

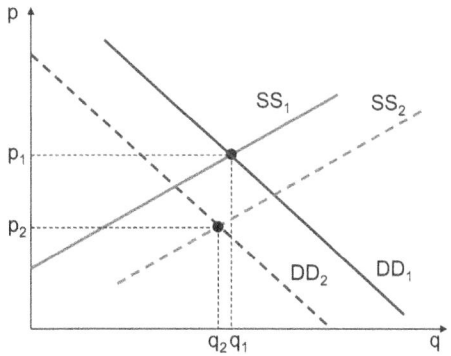

Der Effekt auf das BIP ist ungewiss, aber der Preis wird sinken.

5. (7 Punkte)

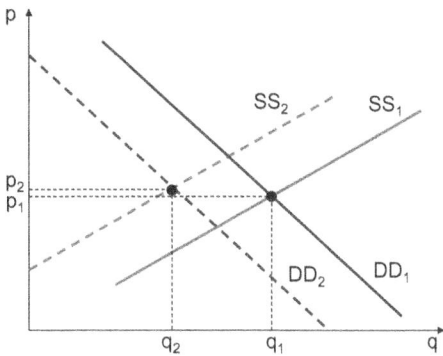

Das BIP wird sinken und der Effekt auf den Preis ist ungewiss.

6. (7 Punkte)

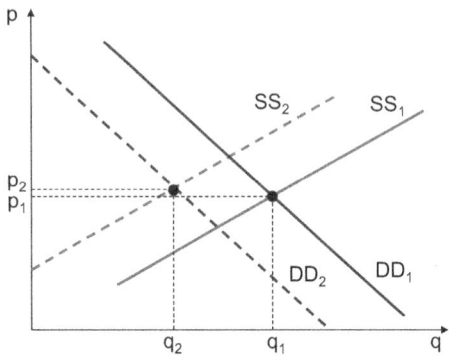

Das BIP wird sinken und der Effekt auf den Preis ist ungewiss.

7. (7 Punkte)

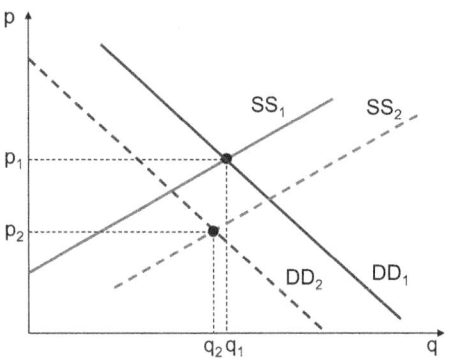

Der Effekt auf das BIP ist ungewiss, aber der Preis wird sinken.

8. (7 Punkte)

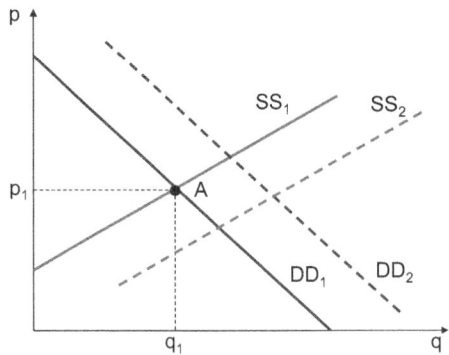

Das BIP wird steigen und der Effekt auf den Preis ist ungewiss.

9. (7 Punkte)

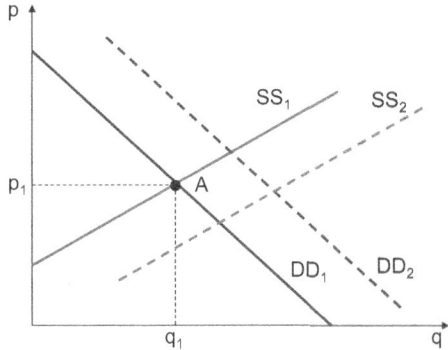

Das BIP wird steigen und der Effekt auf den Preis ist ungewiss.

10. (7 Punkte)

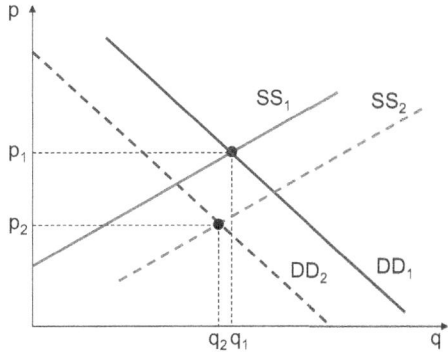

Der Effekt auf das BIP ist ungewiss, aber der Preis wird sinken.

Transferaufgaben

Lösung L 3.45 (5 Punkte) (Zur Aufgabenstellung A 3.45)
Durch die Steuer erhöht sich der Preis für Zigaretten unabhängig von der Anzahl der nach-
gefragten Zigaretten. Die Angebotskurve verschiebt sich nach oben um den Betrag der
Steuer.

Lösung L 3.46 (5 Punkte) (Zur Aufgabenstellung A 3.46)
Güter, die sehr leicht durch andere Güter substituiert werden können, weisen eine hohe Preiselastizität auf, während Güter, die nur schwer durch andere Güter ersetzt werden
können, eine niedrige Preiselastizität aufweisen. Dies bedeutet insbesondere, dass je mo-
nopolistischer (je größer die Marktmacht) die Angebotsseite aufgestellt ist, umso geringer
ist die Preiselastizität.

Lösung L 3.47 (**6 Punkte**) (Zur Aufgabenstellung A 3.47)
(a) (3 Punkte) Ist die Nachfrage nach dem Gut, das das Unternehmen anbietet, sehr starr, also unelastisch, werden wenig Nachfrager bei einer Preiserhöhung auf den Konsum des Produktes verzichten und das Unternehmen kann durch Preissteigerungen seinen Gewinn erhöhen.
(b) (3 Punkte) Da die Einführung einer Steuer wie eine Preiserhöhung wirkt, kann der Staat durch die Besteuerung sehr unelastisch nachgefragter Güter seine Steuerein- nahmen erhöhen. Durch die Besteuerung sehr elastischer Güter kann der Staat den Konsum dieser nach unten regulieren.

3.3.2 Gütermarkt

Multiple Choice

Lösung L 3.48 (**10 Punkte**) (Zur Aufgabenstellung A 3.48)
(a) (2 Punkte) (IV)
(b) (2 Punkte) (II)
(c) (2 Punkte) (I)
(d) (2 Punkte) (I)
(e) (2 Punkte) (III)

Verständnisfragen

Lösung L 3.49 (**5 Punkte**) (Zur Aufgabenstellung A 3.49)
Mineralwasscr hat die folgenden Eigenschaften als Gut: privates Gut, heterogenes Gut, Substitutionsgut, knappes Gut, materielles Gut, Konsumgut, Verbrauchsgut, normales Gut, handelbares Gut, Erfahrungsgut.

Lösung L 3.50 (**4 Punkte**) (Zur Aufgabenstellung A 3.50)
(a) (2 Punkte) Ein Numéraire-Gut wird als Maßeinheit für andere Güter genutzt. Das Austauschverhältnis zwischen Gütern wird durch das Numéraire-Gut quantifiziert.
(b) (2 Punkte) Geld erfüllt die Voraussetzungen eines Numéraire-Gutes.

Lösung L 3.51 (**15 Punkte**) (Zur Aufgabenstellung A 3.51)
Musikstück: heterogenes Gut, (meistens) Komplementärgut, Substitutionsgut, priva- tes Gut, immaterielles Gut, Gebrauchsgut, superiores Gut, Erfahrungs- gut.
Mathevorlesung: heterogenes Gut, Substitutionsgut, knappes Gut, privates Gut, immate- rielles Gut, Konsumgut, superiores Gut, nichthandelbares Gut, Erfah- rungsgut.
Taschenrechner: heterogenes Gut, knappes Gut, privates Gut, materielles Gut, Konsum- gut, Gebrauchsgut, normales Gut, handelbares Gut, Inspektionsgut.

Lösung L 3.52 (6 Punkte) (Zur Aufgabenstellung A 3.52)

Inferiore Güter werden bei steigendem Einkommen weniger nachgefragt (Kleidung von Kik). Normale Güter werden bei einem höheren Preis weniger nachgefragt (Autos). Giffengüter werden bei einem höheren Preis vermehrt nachgefragt (Luxusuhren).

Lösung L 3.53 (10 Punkte) (Zur Aufgabenstellung A 3.53)

(a) (6 Punkte) Bei Inspektionsgütern kann bereits vor dem Konsum die Qualität überprüft werden. Bei Erfahrungsgütern muss das Gut konsumiert werden, bevor ein Urteil über die Qualität möglich ist. Bei Vertrauensgütern kann die Qualität auch nach dem Konsum nicht festgestellt werden und es muss darauf vertraut werden, dass ein bestimmtes Qualitätsniveau vorliegt.

(b) (4 Punkte) Brot ist ein Inspektionsgut, da die Qualität bereits vor dem Konsum erkennbar ist. Hochschulbildung ist ein Vertrauensgut, da der wahre Nutzen selbst nach dem Konsum eventuell nicht zu erkennen ist.

Lösung L 3.54 (15 Punkte) (Zur Aufgabenstellung A 3.54)

Homogene Güter	Elektrische Energie
Heterogene Güter	Die meisten Güter, Autos
Substitutionsgüter	Weizenbrot – Roggenbrot
Komplementärgüter	Tabak – Pfeife
Freie Güter	In der Reinform nicht existent/nah dran: Luft, Sand
Knappe Güter	Birnen
Materielle Güter	Tomaten
Immaterielle Güter	Kinobesuch, Bildung
Konsumgüter	Gurken
Investitionsgüter	Produktionsmaschinen
Gebrauchsgüter	Playstation
Verbrauchsgüter	Döner
Normale Güter	Die meisten Güter, Ananas
Giffengüter	Vebleneffekt bei Luxusgütern, Brot
Inferiore Güter	Einfaches Brot
Superiore Güter	Champagner
Handelbare Güter	Chips
Nichthandelbare Güter	Friseurbesuch
Erfahrungsgüter	Vorlesung
Vertrauensgüter	Medikamente
Inspektionsgüter	Erdbeeren
Virtuelle Güter	Pay-to-play, DLC
Modegüter	Kunstwerke
Sammelgüter	Oldtimer

Lösung L 3.55 (5 Punkte) (Zur Aufgabenstellung A 3.55)

(a) (3 Punkte) Beide Güterarten kennzeichnen sich durch den Grad an Rivalität im Konsum und die Ausschließbarkeit vom Konsum. Bei privaten Gütern liegt sowohl Rivalität als auch Ausschließbarkeit vor, bei öffentlichen Gütern weder noch.

(b) (2 Punkte) Ein Beispiel für private Güter sind Kissen, während es für öffentliche Güter Leuchttürme sind.

Lösung L 3.56 (6 Punkte) (Zur Aufgabenstellung A 3.56)
(a) (4 Punkte) Substitutionsgüter: Ein Gut lässt sich durch ein anderes, ähnliches Gut ersetzen. Komplementärgüter: Ein Gut ist notwendig für den Konsum eines anderen Gutes.
(b) (2 Punkte) Substitutionsgut: Verschiedene Brotsorten. Komplementärgut: Tabak und Pfeife

Lösung L 3.57 (3 Punkte) (Zur Aufgabenstellung A 3.57)
Kosten zur Bereitstellung von öffentlichen Gütern können den Nutzern nicht direkt zugeordnet werden, somit können diese auch nicht dazu gebracht werden, die Kosten zu übernehmen, und es steht kein Geld zur Finanzierung der Güter zur Verfügung. Die öffentlichen Güter würden somit nicht realisiert werden.

3.3.3 Arbeitsmarkt

Quick Check – Wahr oder falsch?

Lösung L 3.58 (10 Punkte) (Zur Aufgabenstellung A 3.58)
(a) Falsch
(b) Falsch
(c) Wahr
(d) Wahr
(e) Falsch
(f) Falsch
(g) Wahr
(h) Falsch
(i) Wahr
(j) Wahr

Multiple Choice

Lösung L 3.59 (10 Punkte) (Zur Aufgabenstellung A 3.59)
(a) (2 Punkte) (II)
(b) (2 Punkte) (I)
(c) (2 Punkte) (II)
(d) (2 Punkte) (II)
(e) (2 Punkte) (I)
(f) (2 Punkte) (IV)

Verständnisfragen

Lösung L 3.60 (2 Punkte) (Zur Aufgabenstellung A 3.60)
Bei Vollbeschäftigung liegt ein Gleichgewicht auf dem Arbeitsmarkt vor. Alle, die Arbeit wollen, haben auch Arbeit.

Lösung L 3.61 (10 Punkte) (Zur Aufgabenstellung A 3.61)
Friktionelle Arbeitslosigkeit: Arbeitslosigkeit zwischen zwei Jobs oder zwischen Schule und Uni.
Saisonelle Arbeitslosigkeit: Arbeitslosigkeit zur einer bestimmten Zeit im Jahr mit jährlichen Wiederholungen.
Konjunkturelle Arbeitslosigkeit: Arbeitslosigkeit bedingt durch wirtschaftlichen Abschwung in einer Rezessionsphase (meistens primärer und sekundärer Sektor).
Strukturelle Arbeitslosigkeit: Bedingt durch Strukturwandel, zum Beispiel durch Obsoletwerden einzelner Wirtschaftszweige.
Verdeckte Arbeitslosigkeit: Arbeitslose, die nicht als Arbeitslose gemeldet sind.

Lösung L 3.62 (5 Punkte) (Zur Aufgabenstellung A 3.62)
 (a) (2 Punkte) Sind die Mindestpreise höher als der Gleichgewichtspreis, kann ein Angebotsüberschuss eintreten.
 (b) (3 Punkte) Bei Höchstpreisen kann ein Nachfrageüberschuss entstehen, wenn die Höchstpreise niedriger sind als der Gleichgewichtspreis.

Lösung L 3.63 (9 Punkte) (Zur Aufgabenstellung A 3.63)
 (a) (5 Punkte) Die Grundidee ist, dass die Unternehmen zusätzlich Arbeiter beschäftigen, solange der dadurch generierte Gewinn nicht negativ wird, also solange bis der zu zahlende Lohn gleich dem Grenzprodukt der Arbeit (Ableitung der Produktionsfunktion nach der Arbeit) ist. Aus dieser Gleichgewichtsbedingung ergibt sich die Anzahl der zum gegebenen Lohn nachgefragten Arbeiter. Variiert man den Lohn, so erhält man für jeden Lohn eine entsprechende Arbeitsnachfrage. Für eine Cobb-Douglas-Produktionsfunktion gilt: $w = (1 - \beta)AL^{-\beta}K^{\beta}$ bzw. $L = \left(\frac{(1-\beta)AK^{\beta}}{w} \right)^{\frac{1}{\beta}}$.
 (b) (2 Punkte) Die Arbeitsnachfrage hat eine negative Steigung.
 (c) (2 Punkte)

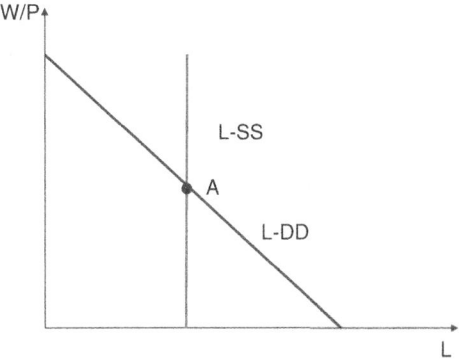

Lösung L 3.64 (**5 Punkte**) (Zur Aufgabenstellung A 3.64)

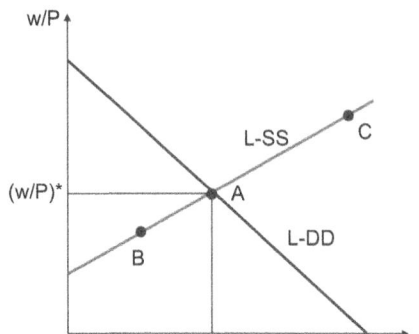

Hier ist ein Angebotsüberschuss (ΔN) bereits eingezeichnet. Ein Nachfrageüberschuss ist das Pendant unterhalb des Gleichgewichtspunkts.

Lösung L 3.65 (**5 Punkte**) (Zur Aufgabenstellung A 3.65)
Wird ein Mindestlohn eingeführt, so hat dieser entweder keinen (wenn der Mindestlohn geringer ist als der Gleichgewichtslohn) oder einen negativen Effekt auf die Beschäftigung (wenn der Mindestlohn höher ist als der Gleichgewichtslohn).

Lösung L 3.66 (**5 Punkte**) (Zur Aufgabenstellung A 3.66)
Wird ein Mindestlohn eingeführt, so hat dieser entweder keinen (wenn der Mindestlohn geringer ist als der Gleichgewichtslohn) oder einen negativen Effekt auf die Beschäftigung (wenn der Mindestlohn höher ist als der Gleichgewichtslohn). Entsprechend ist zunächst der Gleichgewichtslohn zu bestimmen. Im Anschluss ist zu bestimmen, wie viele Arbeiter bei gegebenem Mindestlohn nachgefragt und wie viele angeboten werden. Aus den angebotenen Arbeitern ergibt sich die freiwillige Arbeitslosigkeit und aus der Differenz von nachgefragten und angebotenen Arbeitern die zusätzlich noch vorliegende unfreiwillige Arbeitslosigkeit.

Lösung L 3.67 (**6 Punkte**) (Zur Aufgabenstellung A 3.67)
(a) (1 Punkt) Beim Übergang von Zivildienst zur Universität – friktionelle Arbeitslosigkeit.
(b) (1 Punkt) Bananenpflücker in Australien – saisonale Arbeitslosigkeit.
(c) (1 Punkt) Stahlarbeiter im Ruhrgebiet – strukturelle Arbeitslosigkeit.
(d) (1 Punkt) Obdachlose – verdeckte Arbeitslosigkeit.
(e) (1 Punkt) Kutscher zu Beginn des 20. Jahrhunderts – strukturelle Arbeitslosigkeit.
(f) (1 Punkt) Banker während der Bankenkrise – konjunkturelle/strukturelle Arbeitslosigkeit.

Lösung L 3.68 (**2 Punkte**) (Zur Aufgabenstellung A 3.68)
Arbeitslosigkeit zu einer bestimmten Zeit im Jahr mit jährlichen Wiederholungen.

Lösung L 3.69 (**3 Punkte**) (Zur Aufgabenstellung A 3.69)
Bei Vollbeschäftigung hat jeder, der Arbeit will, auch Arbeit. Dies bedeutet aber, dass es trotz allem Personen geben kann, die freiwillig arbeitslos sind, da sie nicht bereit sind zu dem Gleichgewichtslohn zu arbeiten.

Lösung L 3.70 (**5 Punkte**) (Zur Aufgabenstellung A 3.70)
Ein gegensätzlicher Effekt kann in solchen Branchen auftreten, in denen das Mehreinkommen, das durch Mindestlöhne generiert wird, auch wieder in diese Branchen zurückfließt.

Lösung L 3.71 (**5 Punkte**) (Zur Aufgabenstellung A 3.71)
Vollbeschäftigung ist nur dann wünschenswert, wenn die Wirtschaft auch sonst eine positive Entwicklung aufweist und die Vollbeschäftigung nicht auf Kosten anderer Faktoren erreicht wird.

Anwendungsaufgaben

Lösung L 3.72 (**8 Punkte**) (Zur Aufgabenstellung A 3.72)
(a) (4 Punkte) Gleichsetzen ergibt $3L - 1000 = -L + 3000$ und somit $4L = 4000$ bzw. $L = 1000$ und $\frac{w}{P} = 2000$.
(b) (4 Punkte) $1100 - 1000 = 100$ Personen sind freiwillig arbeitslos. Die Arbeitslosenquote beträgt $\frac{100}{1100} = 9{,}09\%$.

Lösung L 3.73 (**8 Punkte**) (Zur Aufgabenstellung A 3.73)
(a) (4 Punkte) Gleichsetzen von Angebot und Nachfrage ergibt $-L + 2000 = 3L - 1000$ und damit $4L = 3000$ bzw. $L = 750$. Somit haben 250 ihren Job verloren. Vorher waren $L = 1000$ beschäftigt, aktuell sind es nur noch $L = 750$.
(b) (4 Punkte) Der Gleichgewichtslohn liegt in diesem Fall bei $\frac{w}{P} = 1250$. Dieser ist niedriger als der fixe Lohn, daher wirkt der fixe Lohn wie ein Mindestlohn und es gilt $\frac{w}{P} = 2000$, was zu einem neuen Schnittpunkt mit $L = 0$ führt (Gleichsetzen ergibt $2000 = -L + 2000$). Dies bedeutet, dass alle Personen arbeitslos werden.

Lösung L 3.74 (**24 Punkte**) (Zur Aufgabenstellung A 3.74)
(a) (9 Punkte) Für Mikronesien ergibt Gleichsetzen $20L + 5000 = -10L + 35.000$ und somit $30L = 30.000$ bzw. für die Beschäftigtenzahl im Gleichgewicht $L = 1000$ und den Lohn bei Vollbeschäftigung $\frac{w}{P} = 25.000$.
Für Makroatien ergibt Gleichsetzen $40L - 300.000 = -20L + 2.700.000$ und somit $60L = 3.000.000$ bzw. für die Beschäftigtenzahl im Gleichgewicht $L = 50.000$ und den Lohn bei Vollbeschäftigung $\frac{w}{P} = 1.700.000$.
Für Wipolen ergibt Gleichsetzen $30L - 1.600.000 = -50L + 6.400.000$ und somit $80L = 8.000.000$ bzw. für die Beschäftigtenzahl im Gleichgewicht $L = 100.000$ und den Lohn bei Vollbeschäftigung $\frac{w}{P} = 1.400.000$.
(b) (6 Punkte) Da der Mindestlohn in Makroatien und Wipolen geringer als der Gleichgewichtslohn ist, gibt es in diesen beiden Ländern keine Beschäftigungseffekte. In Mikronesien liegt der Mindestlohn über dem Gleichgewichtslohn. Hier ergibt sich bei ei-

nem Mindestlohn von 27.000 ein Arbeitsangebot von $27.000 = 20L + 5000$ bzw. $L = 1100$. Die Nachfrage ändert sich bei diesem Mindestlohn zu $27.000 = -10L + 35.000$ bzw. $L = 800$. Dies bedeutet, dass bei einem Mindestlohn von 27.000 nur noch 800 Arbeiter nachgefragt werden, also 200 zusätzliche Bewohner arbeitslos werden.

(c) (9 Punkte) Bestimmen der arbeitsfähigen Bevölkerung L_{pot}. Mikronesien: $0,9L_{pot} = 1000$ und damit $L_{pot} = 1111$. Makroatien: $0,9L_{pot} = 50.000$ und damit $L_{pot} = 55.556$. Wipolen: $0,9L_{pot} = 100.000$ und damit $L_{pot} = 111.111$. Im Gleichgewicht sind alle Arbeitslosen freiwillig arbeitslos. Genauso sieht es bei der Einführung eines Mindestlohns aus. In Mikronesien sind von den 1111 Bewohnern 500 beschäftigt und 611 arbeitslos. Aus (b) kann entnommen werden, dass 1100 arbeiten wollen. Damit sind 11 Personen freiwillig arbeitslos und 600 Personen unfreiwillig arbeitslos.

Lösung L 3.75 (**6 Punkte**) (Zur Aufgabenstellung A 3.75)

(a) (3 Punkte) Gleichsetzen von Angebot und Nachfrage ergibt $3,5L - 15 = -3,5L + 20$ und somit $7L = 35$ bzw. $L = 7$ für die Beschäftigung und $\frac{w}{P} = 10,5$ für den gleichgewichtigen Lohnsatz.

(b) (3 Punkte) Bei einem Lohnsatz von 15 werden $15 = -3,5L + 20$ und damit $5 = 3,5L$ bzw. $L = 1,4286$ beschäftigt. Insgesamt verlieren von den 70.000 Beschäftigten im Gleichgewicht alle bis auf 14.286 ihren Job, also insgesamt 55.714, was 79,6 % aller Beschäftigten entspricht.

Lösung L 3.76 (**8 Punkte**) (Zur Aufgabenstellung A 3.76)

(a) (4 Punkte) Einsetzen der Nachfragefunktion in die Angebotsfunktion ergibt $L = 2(650 - 3L) + 100 = 1300 - 6L + 100$ und somit $7L = 1400$ bzw. eine Beschäftigung von $L = 200$ und einen Lohnsatz von $\frac{w}{P} = 50$ im Gleichgewicht.

(b) (4 Punkte) Bei einem Lohnsatz von 300 würden $L = 600 + 100 - 700$ Personen arbeiten wollen und die Unternehmen würden $300 = -3L + 650$ bzw. $L = 117$ Personen nachfragen. Entsprechend werden 883 Personen beschäftigt, die ohne das Recht auf Arbeit keinen Job bekommen hätten. Von diesen 883 Personen wollen $700 - 117 = 583$ Personen arbeiten und 300 werden zur Arbeit gezwungen, obwohl sie nicht arbeiten wollen. Vergleicht man diese Situation mit dem Ergebnis, dass sich bei Vorliegen von Wettbewerb und einer freien Arbeitswahl einstellt (Gleichgewichtssituation), so sind im Gleichgewicht 800 Personen eingestellt, die bei Wettbewerb keinen Job hätten, allerdings wären alle 800 Personen freiwillig arbeitslos.

Lösung L 3.77 (**6 Punkte**) (Zur Aufgabenstellung A 3.77)

(a) (4 Punkte) Bei einem Reallohn von 2000 ergibt sich die Nachfrage als $2000 = -4L + 5000$ bzw. $L = 750$. Das Angebot ergibt sich in diesem Fall aus $2000 = 0,5L + 500$ bzw. $L = 3000$. Dies würde bedeuten, dass 2250 arbeitslos sind. Da in der Volkswirtschaft allerdings nur 1250 Personen leben, sind in diesem Fall 500 Personen unfreiwillig arbeitslos.

(b) (2 Punkte) Gleichsetzen der Kurven ergibt $0,5L + 500 = -4L + 5000$ bzw. $4,5L = 4500$ oder $L = 1000$ für die Anzahl der Beschäftigten im Gleichgewicht. Das bedeutet, dass im Gleichgewicht $1000/1250 = 0,8$ einen Jobs haben. Entsprechend sind $0,2 = 20\%$ freiwillig arbeitslos.

Lösung L 3.78 (16 Punkte) (Zur Aufgabenstellung A 3.78)

(a) (4 Punkte) Gleichsetzen der Kurven ergibt $-L + 3000 = 2L + 300$ bzw. $3L = 2700$ und entsprechend für die Anzahl der Beschäftigten $L = 900$. Somit haben 900 Menschen bei Vollbeschäftigung einen Job.

(b) (2 Punkte) Der Lohnsatz bei Vollbeschäftigung ergibt sich durch Einsetzen als $\frac{w}{P} = -900 + 3000 = 2100$.

(c) (2 Punkte) Da in dem Land 1000 Menschen leben, beträgt die Arbeitslosenquote 10 % bei Vollbeschäftigung.

(d) (4 Punkte) Da der Mindestlohn unter dem Gleichgewichtslohn liegt, wird sich keine Änderung auf dem Arbeitsmarkt einstellen.

(e) (4 Punkte) Da der Mindestlohn über dem Gleichgewichtslohn liegt, werden weniger Arbeiter nachgefragt. Entsprechend der Nachfragekurve ergibt sich $2200 = -L + 3000$ bzw. $L = 800$. Aber es wollen gemäß der Angebotskurve $2200 = 2L + 300$ bzw. $L = 950$ arbeiten. Das heißt, neben einer freiwilligen Arbeitslosigkeit von 50 bzw. $\frac{1000-950}{1000} = 5\%$ kommt es zu zusätzlicher unfreiwilliger Arbeitslosigkeit in Höhe von 100. Insgesamt sind 200 arbeitslos, dies sind 100 mehr als bei Vollbeschäftigung.

Lösung L 3.79 (9 Punkte) (Zur Aufgabenstellung A 3.79)

(a) (4 Punkte) Gleichsetzen der Kurven ergibt $1{,}9L - 100 = -0{,}1L + 500$ bzw. $2L = 600$ und somit $L = 300$ für die Beschäftigung und $\frac{w}{P} = -0{,}1 \cdot 300 + 500 = 470$ für den Reallohn.

(b) (5 Punkte) Es wird sich zusätzliche unfreiwillige Arbeitslosigkeit ergeben.

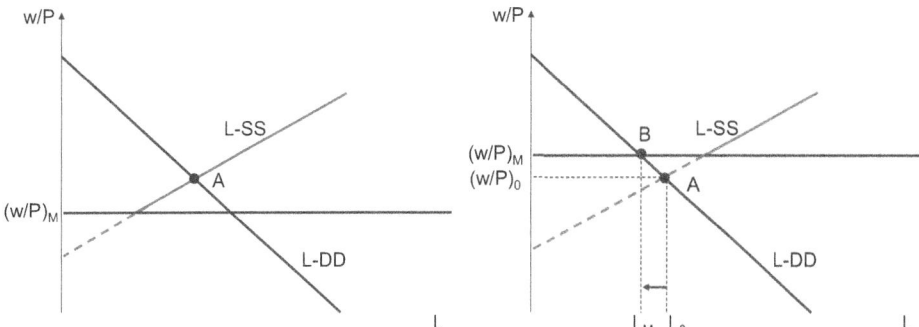

Lösung L 3.80 (5 Punkte) (Zur Aufgabenstellung A 3.80)

Gleichsetzen der Kurven ergibt $2000 + 2L = 5000 - 3L$ bzw. $5L = 3000$ und somit für die Beschäftigung im Gleichgewicht $L = 600$ und den Lohn $\frac{w}{P} = 2 \cdot 600 + 2000 = 3200$.

Lösung L 3.81 (4 Punkte) (Zur Aufgabenstellung A 3.81)

Gleichsetzen ergibt $L + 200 = -2L + 2000$ bzw. $3L = 1800$ und somit für die Beschäftigten im Gleichgewicht $L = 600$.

Lösung L 3.82 (8 Punkte) (Zur Aufgabenstellung A 3.82)

(a) (4 Punkte) Gleichsetzen ergibt $1{,}9L - 100 = -0{,}1L + 500$ bzw. $2L = 600$ und somit für die Beschäftigten im Gleichgewicht $L = 300$ und den Gleichgewichtslohn $\frac{w}{P} = -0{,}1 \cdot 300 + 500 = 470$.

(b) (4 Punkte) Es entsteht zusätzliche unfreiwillige Arbeitslosigkeit.

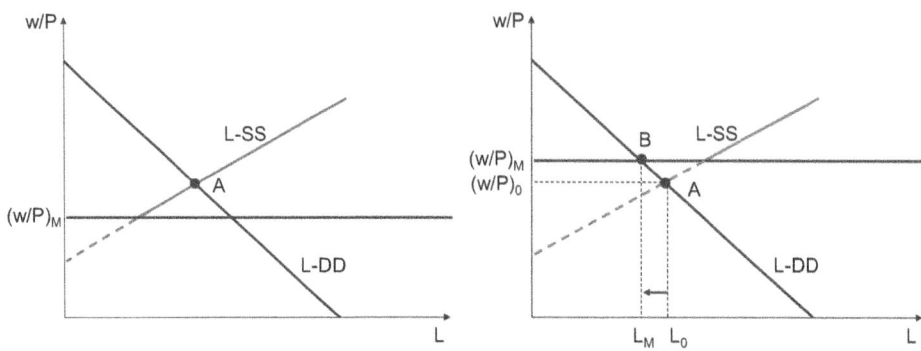

Lösung L 3.83 (6 Punkte) (Zur Aufgabenstellung A 3.83)
(a) (2 Punkte) Arbeitslosigkeit zwischen zwei Jobs oder zwischen Schule und Uni.
(b) (4 Punkte) Gleichsetzen ergibt $3,8L - 2000 = -1,2L + 3000$ bzw. $5L = 5000$ und somit für die Beschäftigung im Gleichgewicht $L = 1000$.

Lösung L 3.84 (5 Punkte) (Zur Aufgabenstellung A 3.84)
Gleichsetzen ergibt $3,8L - 2000 = -1,2L + 3000$ und somit für die Beschäftigung im Gleichgewicht $L = 1000$ und somit als Beschäftigungsquote 0,1 oder 10 %.

Lösung L 3.85 (7 Punkte) (Zur Aufgabenstellung A 3.85)
(a) (3 Punkte) Setze $L = 0$ in die Angebotskurve ein. $\frac{w}{P} = 500$.
(b) (4 Punkte) Gleichsetzen der Kurven ergibt $-2L + 3000 = 0,5L + 500$ bzw. $2,5L = 2500$ und somit für die Beschäftigung im Gleichgewicht $L = 1000$.

Lösung L 3.86 (5 Punkte) (Zur Aufgabenstellung A 3.86)
Gleichsetzen ergibt $-1,5L + 40.000.000 = 0,5L + 4.000.000$ bzw. $2L = 36.000.000$ und somit für die Beschäftigung im Gleichgewicht $L = 18.000.000$ und für den Gleichgewichtslohnsatz $\frac{w}{P} = 0,5 \cdot 18.000.000 + 4.000.000 = 13.000.000$.

Lösung L 3.87 (9 Punkte) (Zur Aufgabenstellung A 3.87)
(a) (5 Punkte) Gleichsetzen ergibt $-3L + 3000 = L - 200$ bzw. $4L = 3200$ und somit für die Beschäftigung im Gleichgewicht $L = 800$. Bei einer Gesamtbevölkerung sind im Gleichgewicht 20 % arbeitslos.
(b) (4 Punkte) Der Gleichgewichtslohn liegt bei $\frac{w}{P} = 800 - 200 = 600$, somit liegt der Mindestlohn unter dem Gleichgewichtslohn und es ergeben sich keine Auswirkungen.

Lösung L 3.88 (8 Punkte) (Zur Aufgabenstellung A 3.88)
(a) (4 Punkte) Gleichsetzen ergibt $-2L + 2000 = 2L - 400$ bzw. $4L = 2400$ und somit für die Beschäftigung im Gleichgewicht $L = 600$ und den Reallohn $\frac{w}{P} = 2 \cdot 600 - 400 = 800$.

(b) (4 Punkte) Die Arbeitsnachfragekurve wird sich nach unten verschieben. Hierdurch wird sich ein neues Gleichgewicht ergeben mit einem niedrigeren Reallohn und einer niedrigeren Beschäftigung.

Lösung L 3.89 (5 Punkte) (Zur Aufgabenstellung A 3.89)
Gleichsetzen ergibt $-2.9L + 20.000.000 = 0{,}1L + 8.000.000$ bzw. $3L = 12.000.000$ und somit für die Beschäftigung im Gleichgewicht $L = 4.000.000$, somit sind bei Vollbeschäftigung 50 % der Bevölkerung beschäftigt.

Lösung L 3.90 (4 Punkte) (Zur Aufgabenstellung A 3.90)
Gleichsetzen ergibt $3{,}8L - 2000 = -1{,}2 + 3000$ bzw. $5L = 5000$ und somit für die Beschäftigung im Gleichgewicht $L = 1000$.

Lösung L 3.91 (5 Punkte) (Zur Aufgabenstellung A 3.91)
Gleichsetzen ergibt $1000 + 3L = 3000 - L$ bzw. $4L = 2000$ und somit für die Beschäftigung im Gleichgewicht $L = 500$ und den Reallohnsatz $\frac{w}{P} = 1000 + 3 \cdot 500 = 2500$.

Transferaufgaben

Lösung L 3.92 (5 Punkte) (Zur Aufgabenstellung A 3.92)
Hartz IV funktioniert ähnlich wie ein Mindestlohn, kann also zu zusätzlicher Arbeitslosigkeit führen.

Lösung L 3.93 (5 Punkte) (Zur Aufgabenstellung A 3.93)
Da friktionelle Arbeitslosigkeit lediglich kurzfristig ist, liegt bei struktureller Arbeitslosigkeit zumeist ein langfristiges Problem vor, welches allein durch die Neuqualifizierung der Arbeitskräfte behoben werden kann. Gerade in Deutschland ist ein größerer Teil der strukturellen Arbeitslosigkeit im Bereich der niedrig qualifizierten Arbeiter entstanden, während neue Jobs vermehrt im höher qualifizierten Bereich entstanden sind, was ein zusätzliches Problem bei der Qualifizierung von Arbeitslosen darstellt.

Lösung L 3.94 (5 Punkte) (Zur Aufgabenstellung A 3.94)
Die Arbeitsnachfrage nach Ungelernten ist in Deutschland sehr niedrig, weil ein großer Teil der Jobs hoch qualifizierte Fachkräfte erfordert. Zusätzlich verschiebt sich die Arbeitsnachfrage durch den erhöhten Einsatz von Maschinen weiter nach unten. Da aufgrund einer starken Präsenz von Gewerkschaften die Löhne allerdings verhältnismäßig hoch bzw. höher als der sinkende Durchschnittslohn sind, entsteht Arbeitslosigkeit.

Lösung L 3.95 (5 Punkte) (Zur Aufgabenstellung A 3.95)
Die Nachteile ergeben sich direkt aus den oben beschriebenen Effekten, dass Mindestlöhne die Kosten für Arbeiter erhöhen und es für Unternehmen günstiger sein kann, sie zum Beispiel durch Maschinen zu ersetzen. Entsprechend können Mindestlöhne, wenn sie zu hoch angesetzt werden, zusätzliche Arbeitslosigkeit erzeugen. Wenn allerdings angenommen werden kann, dass die Arbeiter, die von den Mindestlöhnen profitieren, diese auch wieder in dem Marktsegment konsumieren, in dem sie tätig sind, können Mindest-

löhne nicht nur die wirtschaftliche Situation der Haushalte verbessern, sondern auch Unternehmen motivieren Arbeitskräfte nicht zu ersetzen, sodass es nicht zu der erwarteten Erhöhung der Arbeitslosenquote kommt. Von einer sozialen Perspektive aus haben Mindestlöhne den Vorteil, dass sie die wirtschaftliche und damit verbunden auch die soziale Situation der Betroffenen verbessern können, was sich dann wiederum positiv auf die gesamtwirtschaftliche Situation auswirken kann.

3.3.4 Geldmarkt

Quick Check – Wahr oder falsch?

Lösung L 3.96 (**10 Punkte**) (Zur Aufgabenstellung A 3.96)
 (a) Wahr
 (b) Falsch
 (c) Wahr
 (d) Falsch
 (e) Wahr
 (f) Wahr
 (g) Falsch
 (h) Falsch
 (i) Wahr
 (j) Wahr

Multiple Choice

Lösung L 3.97 (**10 Punkte**) (Zur Aufgabenstellung A 3.97)
 (a) (2 Punkte) (III)
 (b) (2 Punkte) (III)
 (c) (2 Punkte) (IV)
 (d) (2 Punkte) (I)
 (e) (2 Punkte) (IV)

Verständnisfragen

Lösung L 3.98 (**4 Punkte**) (Zur Aufgabenstellung A 3.98)
 (a) (2 Punkte) $MV = PY$
 (b) (2 Punkte) $g_M + g_V = g_P + g_Y$

Lösung L 3.99 (**3 Punkte**) (Zur Aufgabenstellung A 3.99)
Angenommen die Geldmenge und das BIP bleiben konstant oder erhöhen sich immer um die gleiche Rate, so ergibt sich aus der Quantitätsgleichung $g_P + 0 = 0 + g_V$. Eine positive Inflationsrate führt somit zu einem Anstieg der Umlaufgeschwindigkeit.

Lösung L 3.100 (8 Punkte) (Zur Aufgabenstellung A 3.100)

(a) (2 Punkte) Geld lässt sich durch seine Funktion charakterisieren bzw. durch seine Eigenschaft als Numéraire-Gut.

(b) (3 Punkte)

Recheneinheit:	Der Wert eines jeden anderen Gutes kann in Einheiten dieses Gutes angegeben werden.
Transaktionsmittel:	Einheiten von Geld müssen einfach von einer Person an eine andere weitergegeben werden können.
Wertaufbewahrungsmittel:	Geld soll nicht an Wert verlieren, nur weil es nicht sofort wieder gegen andere Güter eingetauscht wird.

(c) (3 Punkte)

Transaktionsmotiv (Symbol: m^T):	um es als Tauschersatzmittel zu nutzen.
Spekulationsmotiv (Symbol: m^S):	um es in Zeiten, in denen es nicht benötigt wird, sparen zu können.
Vorsichtsmotiv (Symbol: m^V):	um damit für eine ungewisse Zukunft vorzusorgen.

Lösung L 3.101 (5 Punkte) (Zur Aufgabenstellung A 3.101)

Ein Anstieg des Preises bzw. des durchschnittlichen Preises aller Güter einer Volkswirtschaft – des Preisniveaus – nennt man auch Inflation. Ein Sinken des Preisniveaus nennt man auch Deflation.

Messen lässt sich Inflation, indem die Preise eines repräsentativen Warenkorbs gemessen werden. Der repräsentative Warenkorb enthält die wichtigsten Konsum- bzw. Gebrauchsgüter. Die Preise der Güter des Warenkorbs sind zu gewichten mit dem Anteil an dem Gesamtkonsum, den die Güter ausmachen.

Lösung L 3.102 (4 Punkte) (Zur Aufgabenstellung A 3.102)

Durch Inflation steigen die Preise bzw. Geld verliert seine Kaufkraft. Entsprechend werden Gläubiger schlechter gestellt und Schuldner besser gestellt. Als Konsequenz werden Kredite nur noch zu sehr hohen (eventuell variablen) Zinsen vergeben (in diesem Kontext ist insbesondere von nominalen Zinsen die Rede), insbesondere da weniger gespart wird. Dies bedeutet aber einen Rückgang der Investitionstätigkeit. Eine geringe Inflationsrate kann allerdings positive Effekte haben, da hierdurch Renditeerwartungen an Unternehmen entstehen und diese gezwungen sind rentabler zu arbeiten.

Lösung L 3.103 (4 Punkte) (Zur Aufgabenstellung A 3.103)

Deflation an sich hat Effekte invers zu denen von Inflation. Die Gläubiger werden besser gestellt, während Schuldner schlechter gestellt werden. Es wird mehr gespart und entsprechend sinken die Zinsen (in diesem Kontext ist insbesondere von nominalen Zinsen die Rede). Allerdings entfällt durch das Sparen der Konsum und somit reduziert sich der Konsum der Unternehmen.

Lösung L 3.104 (2 Punkte) (Zur Aufgabenstellung A 3.104)
Die Cambridgegleichung sagt das Gleiche aus wie die Quantitätsgleichung, ist nur anders formuliert.

Lösung L 3.105 (4 Punkte) (Zur Aufgabenstellung A 3.105)
Inflation ist ein Anstieg des Preisniveaus, während Deflation ein Absinken des Preisniveaus ist.

Lösung L 3.106 (3 Punkte) (Zur Aufgabenstellung A 3.106)
Die expansive Geldpolitik führt entweder zu einem höheren BIP (Wirtschaftswachstum) oder zu höheren Preisen (Inflation).

Lösung L 3.107 (4 Punkte) (Zur Aufgabenstellung A 3.107)
Die Erhöhung der Geldmenge kann neben dem Anstieg des Preisniveaus auch zu Wirtschaftswachstum und einem Anstieg des BIPs führen oder zu einer Reduktion der Umlaufgeschwindigkeit.

Lösung L 3.108 (4 Punkte) (Zur Aufgabenstellung A 3.108)
Die Geldmenge wird erhöht (es ist zuviel Geld vorhanden) oder die Gütermenge reduziert sich (die Güter werden rarer und somit teurer).

Lösung L 3.109 (1 Punkt) (Zur Aufgabenstellung A 3.109)

$$MV = PY$$

Lösung L 3.110 (5 Punkte) (Zur Aufgabenstellung A 3.110)
Die Umlaufgeschwindigkeit gibt an, wie oft jede Geldeinheit im Durchschnitt pro Periode ausgegeben wird. Ein Anstieg der Umlaufgeschwindigkeit kann zu einem höheren Konsum und damit zu einem höheren Wirtschaftswachstum führen.

Lösung L 3.111 (4 Punkte) (Zur Aufgabenstellung A 3.111)
Beide Güter können problemlos als Recheneinheiten oder als Transaktionsmittel genutzt werden. An sich erfüllen beide Güter auch die Werterhaltungsfunktion. Bei Patronen kann darüber diskutiert werden, ob die Funktionalität (nasse Patronen können nicht mehr sinnvoll genutzt werden) entscheidend für den Werterhalt sind. An sich erfüllen aber beide Güter alle drei Funktionen von Geld und können entsprechend verwendet werden.

Anwendungsaufgaben

Lösung L 3.112 (12 Punkte) (Zur Aufgabenstellung A 3.112)
  (a) (3 Punkte) Bei einem Wachstum von 3 % beträgt die Inflationsrate $g_P = g_M + g_V - g_Y = 0{,}02 + 0{,}00 - 0{,}03 = -0{,}01$, also -1%. Bei einem Wachstum von 1 % beträgt die Inflation $g_P = 0{,}02 + 0{,}00 - 0{,}01 = 0{,}01$, also 1 %.

(b) (3 Punkte) Der Preisanstieg bedeutet eine Inflationsrate von $g_P = \frac{132-120}{120} = 0,1$, also
von 10 %. Dies bedeutet ein Wirtschafswachstum von $g_Y = g_M + g_V - g_P = 0,02 + 0,00 - 0,10 = -0,08$. Das reale BIP schrumpft um 8 %.

Lösung L 3.113 (5 Punkte) (Zur Aufgabenstellung A 3.113)
Für das BIP gilt $Y_{2016} = (1 + g_Y)Y_{2015} = 1,1 \cdot 9 = 9,9$.

Das Preiniveau von 2015 und 2016 ergibt aus der Quantitätsgleichung $MV = PY$ und
somit für 2015 $6 \cdot 3 = P \cdot 9$ bzw. $P = 2,67$ und für 2016 $3 \cdot 3 = P \cdot 9,9$ bzw. $P = 0,91$.

Die Inflationsrate ergibt sich als Wachstumsrate des Preisniveaus $\pi = g_P = \frac{0,91-2,67}{2,67} = -0,66 = -66\%$.

Lösung L 3.114 (3 Punkte) (Zur Aufgabenstellung A 3.114)
Die Umlaufgeschwindigkeit ergibt sich aus: $V = \frac{YP}{M} = 6/2 = 3$.

Lösung L 3.115 (12 Punkte) (Zur Aufgabenstellung A 3.115)
(a) (4 Punkte) Die Inflationsrate für 2014 ergibt sich als $g_P = g_M + g_V - g_Y = 0,02 + 0,00 - 0,03 = -0,01$, also -1% und für 2015 als $g_P = g_M + g_V - g_Y = 0,02 + 0,00 - 0,005 = 0,015$, also 1,5 %.
(b) (5 Punkte) Das BIP in 2014 ergibt sich als $Y = \frac{100 \cdot 2}{100} = 2$ und das BIP in 2015 ergibt
sich als $Y = \frac{100 \cdot 2}{102} = 1,96$. Somit liegt das Wirtschaftswachstum bei $g_Y = \frac{1,96-2}{2} = -0,02$, also bei -2%.
(c) (3 Punkte) Die Geldmenge ergibt sich aus $M = \frac{5 \cdot 100}{2} = 250$. Die Geldmenge muss
hierzu 250 betragen.

Lösung L 3.116 (6 Punkte) (Zur Aufgabenstellung A 3.116)
(a) (4 Punkte) In 2008 ergibt sich die Inflationsrate als $g_P = 0,07 + 0,00 - 0,04 = 0,03$,
also 3 %, und in 2009 als $g_P = 0,02 + 0,00 - 0,04 = -0,02$, also -2%.
(b) (2 Punkte) In diesem Fall würde sich die Inflation auf $g_P = 0,02 + 0,00 - 0,00 = 0,02$,
also auf 2 % erhöhen.

Lösung L 3.117 (6 Punkte) (Zur Aufgabenstellung A 3.117)
Die Umlaufgeschwindigkeit beträgt $V = \frac{PY}{M} = \frac{10^{13}}{4 \cdot 10^{12}} = 2,5$.

Lösung L 3.118 (2 Punkte) (Zur Aufgabenstellung A 3.118)
Das Wirtschaftswachstum ergibt sich als $g_Y = 0,03 + 0,00 - 0,02 = 0,01$, also 1 %.

Lösung L 3.119 (6 Punkte) (Zur Aufgabenstellung A 3.119)
(a) (4 Punkte) In 2008 $g_P = 0,04 + 0,00 - 0,07 = -0,03$, also -3%, und in 2009 $g_P = 0,04 + 0,00 - 0,02 = 0,02$, also 2 %.
(b) (2 Punkte) In diesem Fall würde die Inflation auf $g_P = 0,00 + 0,00 - 0,02 = -0,02$,
also -2% sinken.

Lösung L 3.120 (2 Punkte) (Zur Aufgabenstellung A 3.120)
Die Inflationsrate beträgt $g_P = 0,04 + 0,00 - 0,07 = -0,03$, also -3%.

Lösung L 3.121 (4 Punkte) (Zur Aufgabenstellung A 3.121)
Im Jahr 2009 beträgt in Land I die Geldmenge 4 Einheiten und das nominale BIP 6 Einheiten. In Land II hingegen beträgt in 2009 die angebotene Geldmenge 3 Einheiten und das nominale BIP ebenfalls 6 Einheiten.

Die Umlaufgeschwindigkeit beträgt in Land I $V = \frac{6}{4} = 1{,}5$ und in Land II $V = \frac{6}{3} = 2$. Das Geld zirkuliert somit in Land II schneller.

Lösung L 3.122 (2 Punkte) (Zur Aufgabenstellung A 3.122)
Die Umlaufgeschwindigkeit ergibt sich als $V = \frac{10^{13}}{4 \cdot 10^{12}} = 2{,}5$.

Lösung L 3.123 (3 Punkte) (Zur Aufgabenstellung A 3.123)
Das Wirtschaftswachstum beträgt $g_Y = 0{,}02 + 0{,}00 - 0{,}05 = -0{,}03$, also $-3\,\%$. Das Ziel eines Wachstums von $3\,\%$ wurde somit nicht erreicht.

Lösung L 3.124 (2 Punkte) (Zur Aufgabenstellung A 3.124)
Die Inflationsrate beträgt $g_P = 0{,}05 + 0{,}00 - 0{,}02 = 0{,}03$, also $3\,\%$.

Lösung L 3.125 (4 Punkte) (Zur Aufgabenstellung A 3.125)
In Land I $g_P = 0{,}02 + 0{,}00 - 0{,}02 = 0{,}00$, also bei $0\,\%$, und in Land II $g_P = 0{,}02 + 0{,}00 - 0{,}04 = -0{,}02$, also bei $-2\,\%$.

Lösung L 3.126 (5 Punkte) (Zur Aufgabenstellung A 3.126)
In Land I $g_Y = 0{,}02 + 0{,}00 - 0{,}03 = -0{,}01$, also bei $-1\,\%$, und in Land II $g_Y = 0{,}02 + 0{,}00 - 0{,}04 = -0{,}02$, also bei $-2\,\%$. Das Wirtschaftswachstum in Land I ist somit höher.

Lösung L 3.127 (5 Punkte) (Zur Aufgabenstellung A 3.127)
Das Land mit dem höheren Zins wird mehr Probleme damit haben, langfristig einen stabilen Haushalt aufzustellen, und muss sich in der Zukunft eventuell stärker verschulden, was seine Bonität verschlechtern wird. Auch wird der Zins als Indikator für die Anlagesicherheit gesehen. Entsprechend werden vermehrt Investitionen in dem Land mit dem niedrigeren Zins (hier Deutschland) getätigt, wodurch der Zins noch weiter sinkt. Das Land mit dem niedrigen Zins profitiert somit durch den hohen Zins in dem anderen Land.

Lösung L 3.128 (4 Punkte) (Zur Aufgabenstellung A 3.128)
In Land I $g_Y = 0{,}02 + 0{,}00 - 0{,}01 = 0{,}01$, also $1\,\%$ Wirtschaftswachstum. In Land II $g_Y = 0{,}07 + 0{,}00 - 0{,}05 = 0{,}02$, also $2\,\%$ Wirtschaftswachstum.

Lösung L 3.129 (2 Punkte) (Zur Aufgabenstellung A 3.129)
Angenommen die Umlaufgeschwindigkeit bleibt konstant. Das nominale Wirtschaftswachstum liegt 2009 bei $7\,\%$. Die Zentralbank hält während der gesamten Zeit die Wachstumsrate der Geldmenge bei $4\,\%$.

$$g_P = 0{,}04 + 0{,}00 - 0{,}07 = -0{,}03,$$

also $3\,\%$.

Lösung L 3.130 (**9 Punkte**) (Zur Aufgabenstellung A 3.130)

(a) (3 Punkte) Aus der Inflationsrate von 10 % ergibt sich, dass das Preisniveau in 2011 $P = 1,00$ war, somit ergibt sich $M = \frac{10 \cdot 1,00}{2} = 5$.

(b) (2 Punkte) Das BIP in 2012 ergibt sich als $Y = \frac{7,5 \cdot 2}{1,10} = 12,73$. Somit ergibt sich das Wirtschaftswachstum als $g_Y = \frac{12,73-10}{10} = 0,273$ also 27,3 %. Das Ziel wurde somit erreicht.

(c) (2 Punkte) 27,3 %

(d) (2 Punkte) $Y = 12,73$

Lösung L 3.131 (**4 Punkte**) (Zur Aufgabenstellung A 3.131)

$g_P = g_M + g_V - g_Y = 0,03 + 0 - 0,02 = 0,01 < 0,025$. Das Ziel wurde somit erreicht.

Transferaufgaben

Lösung L 3.132 (**4 Punkte**) (Zur Aufgabenstellung A 3.132)

Beide Berater haben recht. Eine zu geringe Geldmenge behindert das Wirtschaftswachstum. Wächst die Geldmenge allerdings schneller als die Wirtschaft, so entsteht Inflation und bedeutet Preisanstiege für die Bevölkerung.

Lösung L 3.133 (**5 Punkte**) (Zur Aufgabenstellung A 3.133)

Ein Krieg geht zumeist mit hohen Kosten einher. Um den Krieg zu finanzieren, müsste Wipolen sich verschulden. Dies ist über die abhängige Zentralbank durch eine Erhöhung der Geldmenge möglich. Da dieser Geldmengenerhöhung allerdings kein entsprechend hohes Wirtschaftswachstum gegenübersteht, ist davon auszugehen, dass es zu Inflation kommt. Dies gilt umso mehr, wenn der Handel zwischen Wipolen und Mikronesien ausfällt, was ebenfalls die Wirtschaftsleistung senken würde und potenziell auch zu einer Reduktion der Gütervielfalt führen würde bzw. einem Mangel an Ressourcen und Vorprodukten aus Mikronesien.

Lösung L 3.134 (**5 Punkte**) (Zur Aufgabenstellung A 3.134)

Das nominale Einkommen setzt sich aus dem realen Einkommen und dem Preisniveau zusammen. Wenn die nominalen Einkommen steigen, kann dies auf eine Erhöhung des realen BIPs, aber auch auf eine Erhöhung des Preisniveaus zurückgeführt werden. In allen Situationen, in denen die nominalen Einkommen steigen, die realen Einkommen allerdings weniger stark steigen oder fallen, erhöht sich das Preisniveau. Da das reale BIP als produzierte Gütermenge interpretiert werden kann, bedeutet eine Erhöhung der Nominaleinkommen bei gleicher oder abnehmender Produktion (konstante oder abnehmende Produktivität) eine höhere Inflation.

Lösung L 3.135 (**4 Punkte**) (Zur Aufgabenstellung A 3.135)

Durch die hohe Inflationsrate ist eine langfristige Planung ausgeschlossen. Auch werden keine Spareinlagen mehr getätigt und entsprechend steht kein Kapital für Investitionen zur Verfügung. Auch verliert die Bevölkerung das Vertrauen in die Währung und weicht in Ersatzwährungen aus.

Lösung L 3.136 (4 Punkte) (Zur Aufgabenstellung A 3.136)
Steigerung des Wirtschaftswachstums durch expansive Fiskalpolitik oder restriktive Geldpolitik.

Lösung L 3.137 (8 Punkte) (Zur Aufgabenstellung A 3.137)
Kurzfristig erfolgt ein Anstieg der Spareinlagen und ein Rückgang der Kreditnachfrage.

   Mittelfristig erfolgt ein Rückgang des Konsums und infolgedessen ein wirtschaftlicher Abschwung.

3.3.5 Devisenmarkt

Quick Check – Wahr oder falsch?

Lösung L 3.138 (10 Punkte) (Zur Aufgabenstellung A 3.138)
 (a) Falsch
 (b) Wahr
 (c) Wahr
 (d) Falsch
 (e) Wahr
 (f) Wahr
 (g) Wahr
 (h) Wahr
 (i) Falsch
 (j) Falsch

Lösung L 3.139 (10 Punkte) (Zur Aufgabenstellung A 3.139)
 (a) (2 Punkte) (III)
 (b) (2 Punkte) (I)
 (c) (2 Punkte) (I)
 (d) (2 Punkte) (I)
 (e) (2 Punkte) (I)
 (f) (2 Punkte) (I)

Verständnisfragen

Lösung L 3.140 (5 Punkte) (Zur Aufgabenstellung A 3.140)
Die Zentralbank muss aktive Geldpolitik betreiben, um den Wechselkurs zu halten. Ferner werden Entwicklungen der ausländischen Wirtschaft in die inländische importiert. Dies kann im Fall von Inflation Nachteile aufweisen.

Lösung L 3.141 (9 Punkte) (Zur Aufgabenstellung A 3.141)
 (a) (5 Punkte) Sie kann Devisen kaufen und verkaufen und die inländische Geldmenge erhöhen und verringern.
 (b) (2 Punkte) Sie kann den Überschuss aufkaufen.
 (c) (2 Punkte) In diesem Fall muss sie zusätzlich Devisen aus ihren Reserven verkaufen.

Lösung L 3.142 (2 Punkte) (Zur Aufgabenstellung A 3.142)
Devisen sind Forderungen auf ausländische Währungen.

Lösung L 3.143 (2 Punkte) (Zur Aufgabenstellung A 3.143)

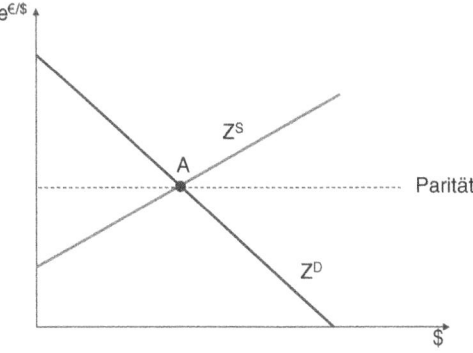

Lösung L 3.144 (6 Punkte) (Zur Aufgabenstellung A 3.144)
Der reale Wechselkurs gibt das Austauschverhältnis zwischen repräsentativen Warenkörben aus zwei Ländern wieder. Der effektive Wechselkurs gibt den durchschnittlichen Wechselkurs zu einem Korb der wichtigsten (ausgewählten) Währungen wieder. Der Kaufkraftparitätenwechselkurs ist ein langfristiger Wechselkurs, der lediglich das Verhältnis der Preisniveaus zueinander berücksichtigt, da angenommen ist, dass langfristig allein dieses Verhältnis relevant ist und alle anderen Störungen durch Arbitrage verschwinden.

Lösung L 3.145 (2 Punkte) (Zur Aufgabenstellung A 3.145)
Steigt der Wert einer Währung im Vergleich zu einer anderen Währung und erhöht sich infolge der Wechselkurs, so spricht man von einer Aufwertung. Sinkt der Wert, so spricht man von einer Abwertung.

Lösung L 3.146 (3 Punkte) (Zur Aufgabenstellung A 3.146)
Bei flexiblen Wechselkursen reagiert die Zentralbank nicht und der Wechselkurs wird die heimische Währung aufwerten. Bei fixen Wechselkursen wird die Zentralbank eingreifen und den Überschuss aufkaufen.

Lösung L 3.147 (2 Punkte) (Zur Aufgabenstellung A 3.147)
Bei fixen Wechselkursen ändert sich der Wechselkurs nicht. Die Zentralbank greift durch geldpolitische Maßnahmen ein, um diesen auf dem gleichen Niveau zu halten.

Lösung L 3.148 (3 Punkte) (Zur Aufgabenstellung A 3.148)
Bei einer erhöhten Nachfrage nach Devisen wird die heimische Währung weniger nachgefragt und verliert daher an Wert, sie wertet ab.

Lösung L 3.149 (4 Punkte) (Zur Aufgabenstellung A 3.149)
Exporte werden ansteigen und Importe werden sinken. Zusätzlich wird das Land interessanter für Direktinvestitionen.

Lösung L 3.150 (2 Punkte) (Zur Aufgabenstellung A 3.150)
Unter einem Crawling Peg versteht man ein Wechselkursregime, bei dem der Wechselkurs in bestimmten Abständen systematisch angepasst (angehoben) wird.

Lösung L 3.151 (3 Punkte) (Zur Aufgabenstellung A 3.151)
Wenn der aktuelle Wechselkurs unterhalb/oberhalb des KKP-Wechselkurses liegt, so ist anzunehmen, dass er mittelfristig wieder steigen/fallen wird, da im Durchschnitt der KKP-Wechselkurs eingehalten wird.

Anwendungsaufgaben

Lösung L 3.152 (15 Punkte) (Zur Aufgabenstellung A 3.152)
Um die Tabelle auszufüllen, werden sowohl die Formel für den realen Wechselkurs als auch der Kaufkraftparitätenwechselkurs herangezogen und sukzessive angewendet.

Nominal	Mikronesien	Makroatien	Wipolen
Mikronesien	1	**0,83...**	**0,3**
Makroatien	1,2	1	0,36
Wipolen	**3,33...**	**2,77...**	1

Real	Mikronesien	Makroatien	Wipolen
Mikronesien	1	**0,9166**	0,4
Makroatien	**1,09...**	1	**0,436...**
Wipolen	**2,5**	**2,2916...**	1

KKP	Mikronesien	Makroatien	Wipolen
Mikronesien	1	**0,90...**	**0,75**
Makroatien	1,1	1	**0,825**
Wipolen	**1,33...**	**1,21...**	1

	Preisniveaus
Mikronesien	150
Makroatien	**165**
Wipolen	200

Lösung L 3.153 (4 Punkte) (Zur Aufgabenstellung A 3.153)
Zunächst kann über den realen Wechselkurs das inländische Preisniveau bestimmt werden: $q^* = e\frac{P^*}{P}$ und somit $0{,}75 = 1{,}5\frac{2}{P}$ bzw. $P = 4$. In einem zweiten Schritt kann die

Quantitätsgleichung verwendet werden, um das BIP zu bestimmen. $MV = PY$ und somit $10.000.000 \cdot 2 = 4 \cdot Y$ bzw. $Y = 5.000.000$.

Lösung L 3.154 (**3 Punkte**) (Zur Aufgabenstellung A 3.154)
Mikronesien ist hier das Inland und entsprechend ergibt sich aus einem realen Wechselkurs von 2, dass das wipolnische Preisniveau doppelt so hoch ist wie das mikronesische Preisniveau. Da sich der Kaufkraftparitätenwechselkurs als Inverse dieses Verhältnisses ergibt, beträgt er 0,5.

Lösung L 3.155 (**3 Punkte**) (Zur Aufgabenstellung A 3.155)
Da bei realen Wechselkursen das Austauschverhältnis für repräsentative Warenkörbe betrachtet wird, spielt das Preisniveau in den jeweiligen Ländern eine essenzielle Rolle und bei unterschiedlichen Preisniveaus können sich unterschiedliche reale Wechselkurse ergeben.

$$q^*_{\text{Mikro, Makro}} = 0,67, \quad q^*_{\text{Makro, Mikro}} = 1,5, \quad q^*_{\text{Mikro, Wipo}} = 1,33,$$
$$q^*_{\text{Wipo, Mikro}} = 0,75, \quad q^*_{\text{Makro, Wipo}} = 2, \quad q^*_{\text{Wipo, Makro}} = 0,5$$

Lösung L 3.156 (**3 Punkte**) (Zur Aufgabenstellung A 3.156)
Bestimmen der beiden Wechselkurse $e_{\text{Makro, Mikro}}$ und $e_{\text{Makro, Wipo}}$ über die Formel für den realen Wechselkurs $q^*_{\text{Makro, Mikro}} = e_{\text{Makro, Mikro}} \frac{P_{\text{Mikro}}}{P_{\text{Makro}}} = e_{\text{Makro, Mikro}} \frac{150}{150} = 3$ bzw. $e_{\text{Makro, Mikro}} = 3$ und $q^*_{\text{Makro, Wipo}} = e_{\text{Makro, Wipo}} \frac{P_{\text{Wipo}}}{P_{\text{Makro}}} = e_{\text{Makro, Wipo}} \frac{50}{150} = 2$ bzw. $e_{\text{Makro, Wipo}} = 6$. Entsprechend ergibt sich der nominale effektive Wechselkurs für Makroatien als $e_{\text{Makro}} = 0,75 \cdot 3 + 0,25 \cdot 6 = 2,25 + 1,5 = 3,75$.

Lösung L 3.157 (**4 Punkte**) (Zur Aufgabenstellung A 3.157)
(a) (2 Punkte) Wenn das inländische Preisniveau steigt, erhöht sich der Kaufkraftparitätenwechselkurs, somit wertet die Währung auf.
(b) (2 Punkte) Entsprechend umgekehrt wertet die Währung ab.

Lösung L 3.158 (**2 Punkte**) (Zur Aufgabenstellung A 3.158)
Der Außenbeitrag beträgt: $20\,\text{Euro} - 2,5\,\text{Euro}/1\,\text{Dollar} \cdot 30\,\text{Dollar} = -55\,\text{Euro}$.

Lösung L 3.159 (**11 Punkte**) (Zur Aufgabenstellung A 3.159)
(a) (1 Punkt) Da der nominale Wechselkurs angestiegen ist, gab es eine nominale Aufwertung.
(b) (10 Punkte) Angenommen das Preisniveau in Land I beträgt in 2013 $P = 4000$ und in 2014 $P = 5000$. In Land II beträgt das Preisniveau in 2013 $P^* = 100$ und in 2014 $P^* = 100$.

   (I)   (4 Punkte) In 2013 $q^* = 40 \cdot \frac{100}{4000} = 1$ und in 2014 $q^* = 100 \cdot \frac{100}{5000} = 2$.

   (II)   (4 Punkte) In 2013 $e_{\text{KKP}} = \frac{4000}{100} = 40$ und in 2014 $e_{\text{KKP}} = \frac{5000}{100} = 50$.

   (III) (2 Punkte) Da die Währung in 2014 unterbewertet ist, ist anzunehmen, dass der Wechselkurs in 2015 höher sein wird.

Lösung L 3.160 (**10 Punkte**) (Zur Aufgabenstellung A 3.160)
- (a) (2 Punkte) $e_{KKP} = \frac{P}{P^*}$
- (b) (6 Punkte) Für 2007 $e_{KKP} = \frac{100}{100} = 1$, für 2008 $e_{KKP} = \frac{150}{50} = 3$ und für 2009 $e_{KKP} = \frac{250}{125} = 2$.
- (c) (2 Punkte) Da der Wechselkurs e_{KKP} von 2008 auf 2009 gesunken ist, kam es zu einer Abwertung der inländischen Währung.

Lösung L 3.161 (**7 Punkte**) (Zur Aufgabenstellung A 3.161)
- (a) (4 Punkte)

	2004	2005	2006	2007
e_{KKP}	0,5	0,6	0,66	0,8
q^*	2	2,5	3	1,25

- (b) (2 Punkte) Da der reale Wechselkurs q dem KKP-Wechselkurs entspricht, kann hierüber keine Aussage getroffen werden.
- (c) (2 Punkte) Von 2004 auf 2005 und von 2005 auf 2006 kam es zu einer realen Abwertung, von 2006 auf 2007 zu einer realen Aufwertung.
- (d) (3 Punkte) Der reale Wechselkurs beträgt dann $q^* = 1 \cdot \frac{2,5}{2,5} = 1$. Die Währung muss also abwerten, um den Zielkurs zu erreichen. Eine Abwertung wird durch den Verkauf von Devisen erreicht.

Lösung L 3.162 (**6 Punkte**) (Zur Aufgabenstellung A 3.162)
In Land X gilt $e_{KKP} = \frac{100}{150} = 0,66$, in Land Y $e_{KKP} = \frac{150}{100} = 1,5$ und in Land Z $e_{KKP} = \frac{150}{200} = 0,75$. In Land X und Z ist die Währung jeweils überbewertet und in Land Y ist sie unterbewertet.

Lösung L 3.163 (**6 Punkte**) (Zur Aufgabenstellung A 3.163)
In 2009 gilt $q^* = 1 \cdot \frac{150}{100} = 1,5$, in 2010 $q^* = 0,5 \cdot \frac{100}{150} = 0,33$ und in 2011 $q^* = 1,5 \cdot \frac{200}{150} = 2$. Von 2009 auf 2010 kam es zu einer Abwertung und von 2010 auf 2011 kam es zu einer Aufwertung.

Lösung L 3.164 (**8 Punkte**) (Zur Aufgabenstellung A 3.164)
In 2009 gilt $e_{KKP} = \frac{150}{50} = 3$ und $q^* = 2\frac{50}{150} = 0,66$ und in 2010 $e_{KKP} = \frac{200}{100} = 2$ und $q^* = 1\frac{100}{200} = 0,5$.

Lösung L 3.165 (**8 Punkte**) (Zur Aufgabenstellung A 3.165)
- (a) (4 Punkte) Im Inland $\pi = \frac{75-50}{50} = 0,5$, also 50 %, und im Ausland $\pi = \frac{100-50}{50} = 1$, also 100 %.
- (b) (4 Punkte) In 2009 $e_{KKP} = \frac{50}{50} = 1$ und in 2010 $e_{KKP} = \frac{75}{100} = 0,75$.

Lösung L 3.166 (6 Punkte) (Zur Aufgabenstellung A 3.166)

(a) (4 Punkte) Nutze die Formeln für den realen und den KKP-Wechselkurs $q^* = 0,5 \cdot \frac{200}{100} = 1$ und $e_{\text{KKP}} = \frac{100}{200} = 0,5$.

(b) (2 Punkte) Durch die Aufwertung steigen die Importe und sinken die Exporte, somit wird der Außenbeitrag sinken.

Lösung L 3.167 (10 Punkte) (Zur Aufgabenstellung A 3.167)

(a) (4 Punkte) In 2009 gilt $e_{\text{KKP}} = \frac{50}{50} = 1$ und in 2010 gilt $e_{\text{KKP}} = \frac{75}{100} = 0,75$.

(b) (2 Punkte) In beiden Jahren liegt der Wechselkurs über dem KKP-Wechselkurs, somit ist in beiden Jahren eine Abwertung, aber keine Aufwertung zu erwarten.

(c) (2 Punkte) Berechne die Wachstumsrate des Preisniveaus $g_P = \frac{75-50}{50} = 0,5$, also 50 %.

(d) (2 Punkte) Bei einer positiven Inflation werden die Gläubiger schlechter gestellt.

Lösung L 3.168 (8 Punkte) (Zur Aufgabenstellung A 3.168)

(a) (4 Punkte) In 2009 gilt $e_{\text{KKP}} = \frac{200}{100} = 2$ und in 2010 gilt $e_{\text{KKP}} = \frac{300}{150} = 2$.

(b) (2 Punkte) Da der Wechselkurs gleichgeblieben ist, kam es weder zu einer Auf- noch zu einer Abwertung.

(c) (2 Punkte) Da der Wechselkurs kleiner als der KKP-Wechselkurs ist, ist anzunehmen, dass er in Zukunft steigen wird.

Lösung L 3.169 (10 Punkte) (Zur Aufgabenstellung A 3.169)

Ergänzen Sie die folgenden Tabellen.

Nominaler Wechselkurs e	Land I	Land II
Land I	1	1
Land II	1	1

Realer Wechselkurs q^*	Land I	Land II
Land I	1	0,5
Land II	2	1

KKP-Wechselkurs e_{KKP}	Land I	Land II
Land I	1	2
Land II	0,5	1

	Preisniveau P/P^*
Land I	1
Land II	0,5

Transferaufgaben

Lösung L 3.170 (**14 Punkte**) (Zur Aufgabenstellung A 3.170)
(a) (5 Punkte) Der Handel mit Makroatien wird einfacher und dadurch entsteht mehr Handel. Es ergibt sich eine stabilere Wirtschaft. Es entsteht mehr Tourismus und es besteht weniger Kriegspotenzial.
(b) (3 Punkte) Da der Dollar vermehrt nachgefragt wird, während die Rupie weniger nachgefragt wird, wird die Rupie abwerten und der Dollar aufwerten.
(c) (6 Punkte) Der Ratschlag von P sollte umgesetzt werden, aber der Ratschlag von D wird wahrscheinlich umgesetzt, da sich dieser dem Volk besser verkaufen lässt.

Lösung L 3.171 (**3 Punkte**) (Zur Aufgabenstellung A 3.171)
Ein nominales Wachstum kann durch einen Anstieg des realen BIPs oder durch einen Anstieg des Preisniveaus entstehen. Ebenso kann ein Anstieg des Preisniveaus zu einem Absinken des realen Wechselkurses q^* und damit zu einer realen Aufwertung führen. Die Vermutung liegt somit nahe, dass es zu einem Anstieg des Preisniveaus kam.

Lösung L 3.172 (**6 Punkte**) (Zur Aufgabenstellung A 3.172)
(a) (2 Punkte) Die Exporte aus der Eurozone würden sinken.
(b) (2 Punkte) Die Importe in die Eurozone würden steigen.
(c) (2 Punkte) Außerhalb der Eurozone wird es günstiger Urlaub zu machen.

Lösung L 3.173 (**3 Punkte**) (Zur Aufgabenstellung A 3.173)
Der positive Außenhandelsbilanzsaldo sagt aus, dass ein anderes Land einen negativen Saldo aufweisen muss. Dies bedeutet aber, dass in diesem Land Devisen fehlen und es eventuell Auslandsschulden anhäufen wird.

3.3.6 Finanzmärkte und Wirtschaftskrisen

Quick Check – Wahr oder falsch?

Lösung L 3.174 (**5 Punkte**) (Zur Aufgabenstellung A 3.174)
(a) Wahr
(b) Falsch
(c) Wahr
(d) Wahr
(e) Wahr

Multiple Choice

Lösung L 3.175 (**5 Punkte**) (Zur Aufgabenstellung A 3.175)
(a) (2 Punkte) (III)
(b) (2 Punkte) (IV)
(c) (2 Punkte) (II)
(d) (2 Punkte) (IV)
(e) (2 Punkte) (I)

Verständnisfragen

Lösung L 3.176 (**15 Punkte**) (Zur Aufgabenstellung A 3.176)

(a) (5 Punkte) In den USA wurde eine freizügige Kreditvergabe zur Finanzierung des Häuserbaus, bei der variable Zinsen angesetzt wurden, praktiziert. Während dies in einer Phase niedriger Zinsen und eines wirtschaftlichen Aufschwungs kein Problem darstellte, fielen im Rahmen eines wirtschaftlichen Abschwungs, verbunden mit einem Anstieg der Zinsen, zunehmend mehr Immobilienkredite aus. Viele der Kredite waren lediglich durch den Gegenwert des finanzierten Hauses abgesichert. Durch den Ausfall der Kredite fielen den Banken die Häuser, welche als Sicherungsgrundlage dienten, zu. Durch dieses Überangebot an Immobilien sanken die Preise für Immobilien und somit der Wert der Sicherungsgrundlagen bei den Banken. Durch die internationalen Verflechtungen auf den Finanzmärkten weitete sich die Krise von den USA auch auf Europa aus.

(b) (5 Punkte) Durch die Bankenkrise kam es auch zu einem Rückgang von Investitionen und einem wirtschaftlichen Abschwung, sodass aus der Banken- eine Wirtschaftskrise in der EU wurde. Die Staaten versuchten dieser Krise entgegenzutreten und die Wirtschaft bzw. den Finanzsektor finanziell zu unterstützen. Dies führte zu einer höheren Staatsverschuldung bei insgesamt höheren Zinsen, was insbesondere in wirtschaftlich schwächeren Ländern zu einer Verschuldungskrise führte. Diese führte in der Eurozone durch gegenseitige Unterstützung der Länder, um den Euro als gemeinsame Währung zu stützen, zu weiterer Verschuldung auch in wirtschaftlich stärkeren Ländern und somit zur Staatsfinanzierungskrise.

(c) (5 Punkte) Das keynesianische Modell spricht sich für eine expansive Fiskalpolitik, finanziert durch zusätzliche Staatsverschuldung, in einer Rezessions- bzw. Depressionsphase aus, daher ist diese Politik in dem Kontext positiv zu bewerten.

Transferaufgaben

Lösung L 3.177 (**5 Punkte**) (Zur Aufgabenstellung A 3.177)

Durch eine strengere Kontrolle bei der Vergabe von Krediten hätte der Immobilien- und damit der Bankenkrise bereits im Vorhinein entgegengewirkt werden können. Ebenso hätte eine strengere Bankenaufsicht für mehr Transparenz sorgen können und den Kauf und Verkauf von schlecht gesicherten Anlagen steuern bzw. unterbinden können.

Lösung L 3.178 (**5 Punkte**) (Zur Aufgabenstellung A 3.178)

Direkt im Anschluss an die Bankenkrise war es für Unternehmen in Deutschland schwierig, Kredite zu Investitionszwecken zu erhalten. Somit gingen nicht nur die Investitionen, sondern infolge auch das BIP zurück. Mittelfristig bestand ein Misstrauensverhältnis zwischen den Banken. Langfristig ergab sich durch die Bankenkrise ein entsprechender Rückgang der Wirtschaftsleistung, den Deutschland durch eine zusätzliche Verschuldung und die Konjunkturprogramme abzumildern versuchte.

3.3.7 Phillipskurve

Quick Check – Wahr oder falsch?

Lösung L 3.179 (**5 Punkte**) (Zur Aufgabenstellung A 3.179)
(a) Wahr
(b) Falsch
(c) Falsch
(d) Wahr
(e) Falsch

Multiple Choice

Lösung L 3.180 (**10 Punkte**) (Zur Aufgabenstellung A 3.180)
(a) (2 Punkte) (II)
(b) (2 Punkte) (I)
(c) (2 Punkte) (II)
(d) (2 Punkte) (I)
(e) (2 Punkte) (I)

Verständnisfragen

Lösung L 3.181 (**4 Punkte**) (Zur Aufgabenstellung A 3.181)

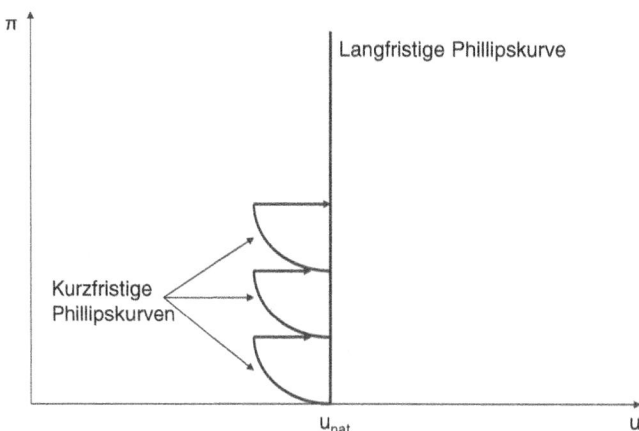

Der Zusammenhang ist negativ. Dies bedeutet, dass eine Erhöhung der Inflationsrate ein Absinken der Arbeitslosigkeit nach sich zieht.

Lösung L 3.182 (**6 Punkte**) (Zur Aufgabenstellung A 3.182)
Makroökonomisch: Zum einen bedeutet ein Anstieg der Nachfrage (unabhängig davon, wodurch dieser ausgelöst wurde) eine Erhöhung des Preisniveaus (weil die Nachfrage

nach den Gütern ansteigt und diese somit knapper werden) und einen Anstieg des Outputs (da die Unternehmen versuchen die zusätzliche Nachfrage zu befriedigen). Hierzu müssen allerdings zusätzliche Arbeiter beschäftigt werden, sodass die Arbeitslosenquote zurückgeht. Ein Anstieg der Nachfrage erhöht somit die Inflation und verringert die Arbeitslosigkeit.

Mikroökonomisch: Andererseits ist es bei einer geringen Arbeitslosigkeit schwierig, neue Arbeiter zu finden, daher steigen die Löhne an. Um diese Löhne bezahlen zu können, erhöhen die Unternehmen die Preise ihrer Güter, wodurch das Preisniveau ansteigt. Umgekehrt sinken bei hoher Arbeitslosigkeit die Löhne und Unternehmen können günstiger produzieren. (Hier wird immer angenommen, dass Unternehmen Einsparungen und Kosten direkt an die Kunden weitergeben.)

Lösung L 3.183 (**5 Punkte**) (Zur Aufgabenstellung A 3.183)
Von den Monetaristen/Milton Friedman wurde an diesem Ansatz kritisiert, dass Arbeiter rational handelnd bei ihren Lohnforderungen nicht den Nominallohn (was auf dem Gehaltsscheck steht) betrachten, sondern den Reallohn (was sie sich tatsächlich mit dem Lohn kaufen können). Daher gibt es bei einer Änderung des Preisniveaus sofort Lohnverhandlungen, die den Reallohn wieder anpassen, sodass Arbeiter für ein Unternehmen nie real günstiger werden und es eventuell geneigt ist weitere Arbeiter einzustellen. Ein Zusammenhang zwischen Inflation und Arbeitslosigkeit wird somit ausgeschlossen.

Lösung L 3.184 (**4 Punkte**) (Zur Aufgabenstellung A 3.184)
Erwartungen sind Annahmen über das zukünftige Niveau einer Größe. Im Rahmen der VWL unterscheidet man meistens zwischen adaptiven Erwartungen, Erwartungen, die regelmäßig an der tatsächlichen Entwicklung gemessen und entsprechend angepasst werden. Dies ist notwendig, wenn unvollständige Informationen über die Zukunft vorliegen.

Die Idealsituation sind rationale Erwartungen. In diesem Fall wird angenommen, dass die tatsächliche Entwicklung fehlerfrei prognostiziert werden kann. Die Erwartungen weichen somit nicht von der tatsächlichen Entwicklung ab. Hierzu sind vollständige Informationen notwendig.

Lösung L 3.185 (**3 Punkte**) (Zur Aufgabenstellung A 3.185)
Zu dem Zeitpunkt, zu dem die Erwartungen angepasst werden, fällt die Arbeitslosigkeit auf ihr Ausgangsniveau zurück. Der negative Zusammenhang zwischen Inflation und Arbeitslosenquote besteht somit nur zwischen zwei Anpassungszeitpunkten. Langfristig wird die Phillipskurve somit senkrecht.

Lösung L 3.186 (**2 Punkte**) (Zur Aufgabenstellung A 3.186)
Bei rationalen Erwartungen ist die Phillipskurve stets eine Senkrechte, da kein Zusammenhang zwischen Inflation und Arbeitslosigkeit besteht. Es wird stets entsprechend der tatsächlichen Entwicklung gehandelt.

Lösung L 3.187 (**7 Punkte**) (Zur Aufgabenstellung A 3.187)
(a) (2 Punkte) Die Phillipskurve beschreibt den Zusammenhang von Inflation und Arbeitslosenquote.

(b) (2 Punkte) Die Phillipskurve ist eine Senkrechte.

(c) (3 Punkte) Die Phillipskurve ist eine Hyperbel, die einen negativen Zusammenhang zwischen Inflation und Arbeitslosenquote darstellt.

Lösung L 3.188 (2 Punkte) (Zur Aufgabenstellung A 3.188)
Die natürliche Arbeitslosenrate ist das Niveau, auf welches bei adaptiven Erwartungen nach einer Anpassung der Erwartung immer zurückgefallen wird. Bei rationalen Erwartungen beschreibt die natürliche Arbeitslosenrate die Lage der Phillipskurve. Die natürliche Arbeitslosenrate ist unabhängig von der Inflation.

Lösung L 3.189 (3 Punkte) (Zur Aufgabenstellung A 3.189)
Unterstellt man adaptive Erwartungen, so existiert lediglich kurzfristig ein Zusammenhang zwischen Inflation und Arbeitslosigkeit. Als Motivation für den negativen Zusammenhang zwischen den beiden Größen können makro- als auch mikroökonomische Erklärungsansätze herangezogen werden.

Lösung L 3.190 (5 Punkte) (Zur Aufgabenstellung A 3.190)
Da die Phillipskurve nur kurzfristig einen Zusammenhang zwischen Inflation und Arbeitslosigkeit annimmt, wären alle Arbeitsmarkteffekte einer entsprechenden Politik nur kurzfristig. Langfristig würde sich lediglich die Inflation ändern – insbesondere wenn ein positiver Arbeitsmarkteffekt angestebt wird, würde sie sich erhöhen -, die Arbeitslosenquote würde allerdings unverändert bleiben.

Lösung L 3.191 (2 Punkte) (Zur Aufgabenstellung A 3.191)
Die Phillipskurve aus monetaristischer Sicht entspricht der Darstellung der langfristigen Phillipskurve.

Lösung L 3.192 (5 Punkte) (Zur Aufgabenstellung A 3.192)
Eine inflationäre Geldpolitik erhöht die Inflationsrate. Kurzfristig ist gemäß der Phillipskurve somit anzunehmen, dass die Arbeitslosigkeit sinken wird. Langfristig kommt es allerdings zu Lohnanpassungen und der positive Effekt auf die Arbeitslosigkeit entfällt. Die Arbeitslosenquote steigt langfristig wieder auf ihr Ausgangsniveau. Durch die Inflation haben sich langfristig lediglich die Preise erhöht.

Lösung L 3.193 (4 Punkte) (Zur Aufgabenstellung A 3.193)
Aufgrund der Betrachtung von Reallöhnen, anstelle von Nominallöhnen, bei Gehaltsforderungen existiert keine Geldillusion und der Kosteneinspareffekt durch Inflation (Absinken der Reallöhne) entfällt. Da Löhne allerdings nur zu bestimmten Zeitpunkten angepasst werden (ausgerichtet an den Erwartungen über die zukünftige Entwicklung der Inflationsrate), besteht in den Zeiträumen zwischen zwei Lohnanpassungen der Phillipskurveneffekt kurzfristig weiter.

Lösung L 3.194 (4 Punkte) (Zur Aufgabenstellung A 3.194)
(a) (2 Punkte) Die Monetaristen widersprechen der Theorie der Phillipskurve.

(b) (2 Punkte) In Abbildung c) wird eine Phillipskurve mit rationalen Erwartungen dargestellt.

Anwendungsaufgaben

Lösung L 3.195 (**8 Punkte**) (Zur Aufgabenstellung A 3.195)
  (a) (2 Punkte) Sie sieht genauso aus wie die kurzfristige Kurve, da die Inflationserwartungen sich nicht in den Löhnen widerspiegeln werden.
  (b) (2 Punkte) Einsetzen von $\pi = 0$ liefert $0 = 5/u - 1$ und somit $u = 5\%$.
  (c) (4 Punkte) Für 3 % Arbeitslosigkeit muss die Inflation $\pi = 5/3 - 1 = 0{,}66$ betragen. Für 5 % Arbeitslosigkeit gemäß (b) nur $\pi = 0$. Um eine Steigung der Inflation um 0,66 zu erreichen, muss die Geldmenge um $0{,}66 \cdot 5 = 3{,}33$ Einheiten erhöht werden.

Lösung L 3.196 (**3 Punkte**) (Zur Aufgabenstellung A 3.196)
Bei einer Inflationsrate von $\pi = 0\%$ wäre die Arbeitslosenquote bei $u = 6/2 + 2 = 5\%$.
Bei einer Inflationsrate von $\pi = 4\%$ wäre die Arbeitslosenquote bei $u = 6/6 + 2 = 3\%$.
Das heißt, kurzfristig kann die Arbeitslosenquote um 2 Prozentpunkte gesenkt werden. Langfristig würde sie diese 2 Prozentpunkte allerdings wieder zulegen.

Lösung L 3.197 (**7 Punkte**) (Zur Aufgabenstellung A 3.197)
  (a) (4 Punkte) Einsetzen in die Gleichung ergibt: $0{,}05 = \frac{0{,}202}{u} - 2$ und somit $2{,}05 = \frac{0{,}202}{u}$ bzw. $u = \frac{0{,}202}{2{,}05} = 0{,}0985$. Die Arbeitslosigkeit sinkt somit auf 9,85 %, also um 0,15 Prozentpunkte.
  (b) (3 Punkte) Kurzfristig gibt es ein Absinken der Arbeitslosenquote, wie unter (a) berechnet, langfristig wird die Arbeitslosenquote allerdings wieder auf 10 % steigen.

Lösung L 3.198 (**2 Punkte**) (Zur Aufgabenstellung A 3.198)
Bestimmen der ersten Ableitung:

$$\frac{d\pi}{du} = -\frac{0{,}025}{u^2}$$

Um diesen Wert sinkt die Arbeitslosenquote abhängig vom aktuellen Niveau u, wenn die Inflation um einen Prozentpunkt erhöht wird.

Lösung L 3.199 (**3 Punkte**) (Zur Aufgabenstellung A 3.199)
Die aktuelle Arbeitslosenquote ergibt sich aus $5 = -0{,}5u + 20$ und beträgt somit $u = 50$ bzw. 50 %. Für eine Arbeitslosenquote von 6 % ergibt sich die Inflation als $\pi = -0{,}5 \cdot 6 + 20 = 17$. Um eine Arbeitslosenquote von 6 % zu erreichen, muss die Inflationsrate somit auf 17 %, also um 12 Prozentpunkte erhöht werden.

Transferaufgaben

Lösung L 3.200 (**5 Punkte**) (Zur Aufgabenstellung A 3.200)
Kurzfristig passiert gar nichts, langfristig steigt die Inflationsrate und sinkt eventuell die Arbeitslosenrate.

Lösung L 3.201 (**5 Punkte**) (Zur Aufgabenstellung A 3.201)
Die bereits entstehende Krise konnte nicht allein mittels einer Geldpolitik behoben werden, zum Beispiel wegen des Wechselkursregimes oder des Vorliegens einer Investitions- oder Liquiditätsfalle. Liegt zusätzlich noch ein fixer Wechselkurs vor, so ist nach dem Mundell-Fleming-Modell zu erwarten, dass Geldpolitik keinen Effekt hat, außer die Inflation zu erhöhen.

Lösung L 3.202 (**3 Punkte**) (Zur Aufgabenstellung A 3.202)
Nach Ansicht der Monetaristen stellt sich langfristig die natürliche Arbeitslosenquote ein. Alle kurzfristig entstandenen Jobs fallen wieder weg. Das Problem der hohen Inflation bzw. der dadurch erhöhten Preise bleibt allerdings bestehen und kann schädlich für die Wirtschaft sein, da es unter anderem Investitionen hemmt. Der König sollte daher besser auf den zweiten Berater hören.

Lösung L 3.203 (**4 Punkte**) (Zur Aufgabenstellung A 3.203)
Kurzfristig werden durch das zusätzlich vorhandene Geld neue Jobs entstehen und die Menschen werden mehr konsumieren können. Da es sich allerdings nur um eine einmalige Zahlung handelt und sich durch das zusätzliche Geld und die höhere Nachfrage die Preise langfristig erhöhen, wird es auf mittlere bis lange Sicht zu Nachteilen für die Bevölkerung kommen. Insbesondere werden auch die kurzfristig entstandenen Jobs wieder wegfallen und es wird sich die anfangs bestehende natürliche Arbeitslosenquote wieder einstellen.

Lösung L 3.204 (**8 Punkte**) (Zur Aufgabenstellung A 3.204)
(a) (4 Punkte) Aus keynesianischer Sicht wird ein negativer Zusammenhang zwischen Inflation und Arbeitslosenquote unterstellt, der kurz- als auch langfristig besteht. Daher ist aus dieser Perspektive heraus die Argumentation nachzuvollziehen und macht Sinn.

(b) (4 Punkte) Aus neoklassisch/monetaristischer Sicht gilt der negative Zusammenhang lediglich kurzfristig. Dies bedeutet, dass langfristig lediglich die negativen Effekte der Inflation zum Tragen kommen, sich allerdings kein langfristiger Effekt auf dem Arbeitsmarkt ergeben wird. Die Argumentation kann aus dieser Sicht heraus somit nicht unterstützt werden.

Keynesianismus

4

4.1 Theoretische Grundlagen

4.1.1 Einführung Keynesianismus

Der Keynesianismus unterscheidet sich bereits in seinen Grundannahmen von der neoklassischen Betrachtungsweise. Die Eigenschaften des Keynesianismus sind:

- Produktion und Beschäftigung ergeben sich aus dem Güter- und nicht dem Arbeitsmarkt.
- Entstehung unfreiwilliger Arbeitslosigkeit möglich.
- Kein linearer Zusammenhang zwischen Spar- und Investitionsquote.
- Quantitätstheorie des Geldes gilt nur bei Vollbeschäftigung.
- Effektive Nachfrage.

Gerade der letzte Punkt der effektiven Nachfrage ist hierbei besonders hervorzuheben. Während in der Neoklassik Nachfrage bereits aus einem Nachfragewunsch heraus entsteht, wird im Keynesianismus gefordert, dass Nachfrage nur dann entstehen kann, wenn neben dem reinen Nachfragewunsch auch die finanziellen Möglichkeiten vorliegen, den Nachfragewunsch zu realisieren. Man spricht in diesem Fall von effektiver Nachfrage. Dies zeigt insbesondere, dass der Fokus im Keynesianismus auf die Nachfrage gerichtet, also nachfrageorientiert (arbeitnehmerorientiert), ist, im Gegensatz zu der angebotsorientierten (arbeitgeberorientierten) Neoklassik.

Während die neoklassische Theorie auf eine Situation ausgelegt ist, in der die Wirtschaft im Gleichgewicht ist (keine Arbeitslosigkeit), ist die keynesianische Theorie auf eine Krisensituation hin ausgelegt (Arbeitslosigkeit ist möglich).

Darüber hinaus ist die neoklassische Theorie angebotsorientiert (die Unternehmen stehen im Vordergrund), während die keynesianische Theorie nachfrageorientiert ist (die Haushalte stehen im Vordergrund).

© Springer-Verlag GmbH Deutschland, ein Teil von Springer Nature 2019
J. K. Perret und P. J. J. Welfens, *Arbeitsbuch Makroökonomik und Wirtschaftspolitik*, https://doi.org/10.1007/978-3-662-58184-1_4

Konsum- und Sparfunktion

Im einfachsten Ansatz wird davon ausgegangen, dass die Höhe der Konsumausgaben zum einen von der Menge an verfügbarem Einkommen abhängt (ein Prozentsatz c des Einkommens wird ausgegeben) und zum anderen aus lebensnotwendigen Gütern besteht (diese kosten C_0 Geldeinheiten). Dann kann man den Konsum als Funktion vom Einkommen Y schreiben als:

$$C(Y) = cY + C_0$$

Bedenkt man, dass die Haushalte entweder nur konsumieren oder sparen können, dann gilt, dass die Höhe des gesparten Geldes $S = Y - C$ entspricht. Zusammen mit der obigen Gleichung heißt dies:

$$S(Y) = (1 - c)Y - C_0$$

oder mit $s = (1 - c)$

$$S(Y) = sY - C_0$$

Werden vom Staat Steuern erhoben, verringern diese die gesparte und die konsumierte Menge, sodass die Konsum- und Sparfunktion wie folgt aussehen:

$$C(Y) = c(Y - T) + C_0$$
$$S(Y) = s(Y - T) - C_0$$

Einnahmen-Ausgaben-Modell/Keynesianisches Kreuz

Das Einnahmen-Ausgaben-Modell basiert auf der keynesianischen Idee der effektiven Nachfrage. Nachfrage entsteht nur dann, wenn neben dem Nachfragewunsch auch das notwendige Einkommen vorhanden ist, um diesen zu realisieren. In anderen Worten ist eine effektive Nachfrage genau dann realisiert, wenn Y^d, die Güternachfrage, dem Einkommen Y entspricht, wenn somit gilt $Y^d = Y$. Ferner liegt ein Gleichgewicht auf dem Gütermarkt vor, wenn das Güterangebot Y^a der Güternachfrage Y^d entspricht, wenn somit gilt $Y^a = Y = Y^d$. Der erste Teil dieser Bedingung ergibt sich aus der Entstehungsrechnung der volkswirtschaftlichen Gesamtrechnung, da diese das Angebot von Gütern und Dienstleistungen beschreibt.

Die Güternachfrage ergibt sich aus dem Konsum von Haushalten und Unternehmen. Es gilt daher $Y^d = C(Y) + I(r)$ oder unter Annahme einer linearen Konsumfunktion $Y^d = cY + C_0 + I(r)$. Die Güternachfrage ergibt sich somit als Funktion des Einkommens Y und kann in ein $Y^d - Y$-Diagramm eingezeichnet werden. Betrachtet man die Bedingung für die effektive Nachfrage $Y^d = Y$ ebenfalls als eine Funktion von Y, so wird sie zur ersten Winkelhalbierenden. Zeichnet man beide Funktionen in ein gemeinsames Diagramm wie in Abb. 4.1, so zeigt der Schnittpunkt das Gleichgewicht (Ausgleich von Angebot und Nachfrage) auf dem Gütermarkt.

Fügt man den Staat als Akteur ein, so erhöht er durch die Staatsnachfrage G die gesamtwirtschaftliche Nachfrage Y^d und somit verschiebt sich die Konsumfunktion nach oben wie in Abb. 4.2.

Betrachtet man eine offene Volkswirtschaft, so erhöhen Exporte die Güternachfrage, während Importe die Güternachfrage (nach heimischen Gütern) reduzieren. Die Lage der Güternachfrage hängt somit von der Höhe der Nettoexporte ab. Die folgende Abb. 4.3 veranschaulicht den Zusammenhang für die Situation eines Leistungsbilanzüberschusses als auch eines Leistungsbilanzdefizits.

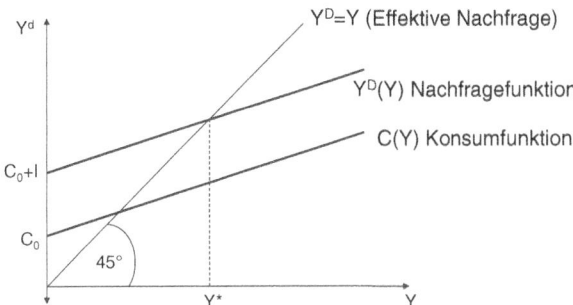

Abb. 4.1 Einnahmen-Ausgaben-Modell einer geschlossenen Volkswirtschaft

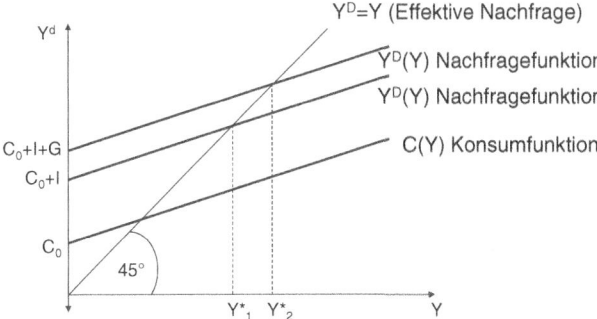

Abb. 4.2 Einnahmen-Ausgaben-Modell einer geschlossenen Volkswirtschaft mit Staatstätigkeit

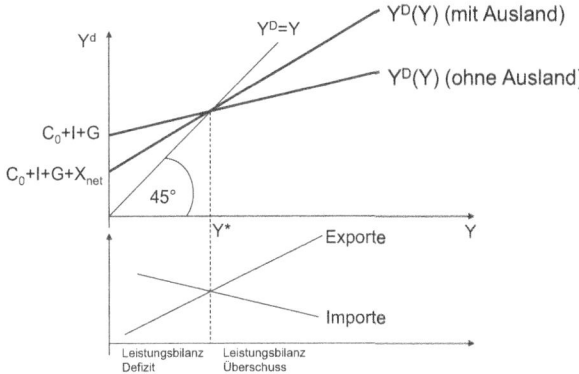

Abb. 4.3 Einnahmen-Ausgaben-Modell einer offenen Volkswirtschaft

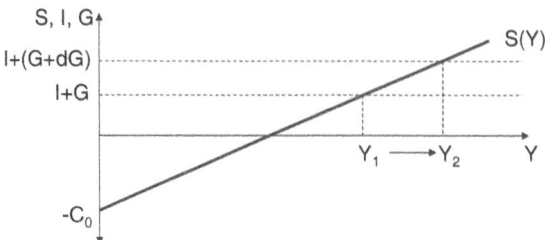

Abb. 4.4 Bestimmung des Gleichgewichtseinkommens

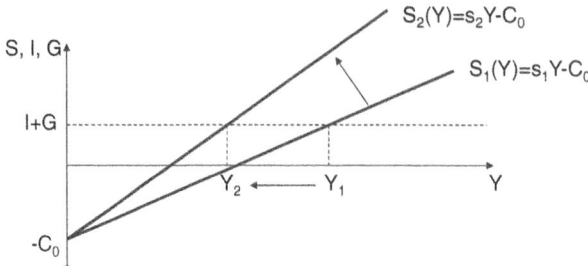

Abb. 4.5 Sparparadoxon

Wirtschaftliches Gleichgewicht

Beginnt man mit der Verwendungsgleichung, so kann man das gesamtwirtschaftliche Einkommen Y berechnen, indem man die Gleichung nach Y auflöst:

$$Y = \frac{C_0 + I(r) + G}{s}$$

Die Investitionen sind hierbei abhängig vom Zinssatz, denn wenn der Zinssatz niedriger ist, ist es günstiger, neue Kredite aufzunehmen, um Investitionen zu tätigen. Daher wird bei einem hohen Zinssatz weniger investiert als bei einem niedrigen. Diesen Wert von Y nennt man auch Gleichgewichtseinkommen. Grafisch lässt er sich wie in Abb. 4.4 bestimmen.

Sparparadoxon

An der Formel für das Gleichgewichtseinkommen sieht man bereits, wenn die Sparquote größer wird, dann verringert sich das Einkommen. Sparen ist daher für die Gesamtwirtschaft etwas Schlechtes. Wenn der einzelne Haushalt spart, ist dies für ihn allerdings positiv, da er durch das Sparen für eine unsichere Zukunft vorsorgen kann.

Daher ist Sparen im Keynesianismus für den Einzelnen etwas Gutes, für die Gesamtwirtschaft allerdings etwas Schlechtes. Der Rückgang des Einkommens bei einer Erhöhung der Sparquote kann auch grafisch wie in Abb. 4.5 gezeigt werden.

Die Abbildung zeigt, dass eine Erhöhung der Sparquote von s_1 auf s_2 die Sparfunktion nach oben dreht und somit ein neuer Schnittpunkt weiter links, bei einem niedrigeren BIP entsteht.

4.1.2 IS-LM-Modell

Das IS-LM-Modell ist ein einfaches Modell einer kleinen geschlossenen Volkswirtschaft. Dies bedeutet, dass es in diesem Modell keinen Außenhandel gibt.

Innerhalb des Modells besteht die gesamte Volkswirtschaft nur aus einem Güter- und aus einem Geldmarkt. Der Arbeitsmarkt wird hier zunächst nicht betrachtet.

Darüber hinaus kann festgehalten werden, dass es sich um ein kurz- bis mittelfristiges Model handelt. Dies bedeutet insbesondere, dass die Preise als konstant betrachtet werden können.

Gütermarkt (IS-Kurve)

Ebenso wie beim Gleichgewichtseinkommen ist hier der Ausgangspunkt die Verwendungsgleichung, da diese auf der rechten Seite all die Nachfrage nach Gütern enthält, die entweder von den Haushalten (Konsum), den Unternehmen (Investitionen) oder dem Staat (Staatsausgaben) zwecks Konsum nachgefragt werden. Das BIP auf der linken Seite stellt die Menge aller angebotenen Güter dar (Man kann hierzu bedenken, dass die Entstehungsrechnung ebenso zum BIP führt und hierdurch das Angebot der erstellten Güter und Dienstleistungen modelliert wird.).

Die Verwendungsgleichung gilt nur dann, wenn die Menge an gespartem Geld genau der Menge an investiertem Geld entspricht, daher auch der Name I(nvestment)S(avings)-Kurve. Dies kann einfach dadurch motiviert werden, indem in der Verwendungsgleichung der Konsum durch eine lineare Konsumfunktion modelliert wird. Bringt man in diesem Fall den Teil des Konsums, der vom Einkommen abhängt auf die linke Seite der Gleichung, so ergibt sich die folgende Gleichung:

$$(1-c) \cdot Y = C_0 + I + G$$

Die linke Seite beschreibt dann das Einkommen, das nicht konsumiert und somit gespart wird. Diese Ersparnisse werden dann von den Banken oder anderen Finanzintermediären in Form von Kredite umverteilt. Zum einen gehen die Kredite an Haushalte (zur Finanzierung des autonomen Konsums), zum anderen an die Unternehmen (zur Finanzierung von Nettoinvestitionen) und an den Staat (in diesem Fall wird davon ausgegangen, dass der Staat seine Ausgaben nur durch Kreditaufnahmen finanzieren kann).

Die Verwendungsgleichung wird allerdings nicht wie oben nach Y, sondern nach r umgestellt.

Die Formel für die IS-Kurve hängt davon ab, welche Form die Investitionsfunktion aufweist. Liegt eine lineare Investitionsfunktion vor:

$$I(r) = -ar + I_0$$

dann kann man die IS-Kurve einfach bestimmen als (es ist allerdings einfacher, es jedes Mal Schritt für Schritt auszurechnen):

$$r = -\frac{s}{a}Y + \frac{C_0 + I_0 + G}{a}$$

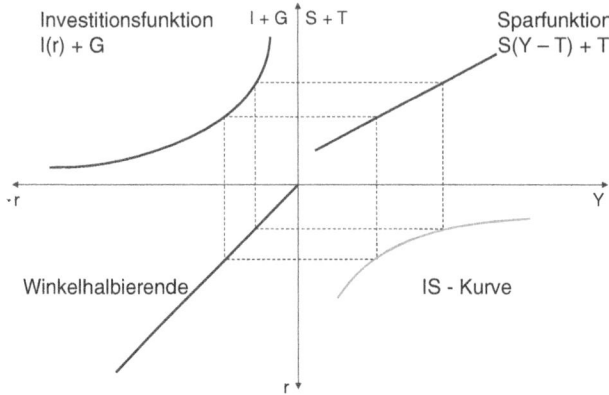

Abb. 4.6 Grafische Herleitung der IS-Kurve

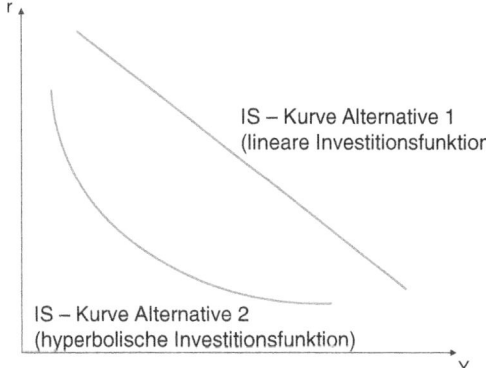

Abb. 4.7 Idealtypische Form der IS-Kurve

Grafisch lässt sich die IS-Kurve aus der Investitions- und Sparfunktion wie in Abb. 4.6 herleiten.

Dies bedeutet, dass die IS-Kurve einen der beiden idealtypischen Verläufe aufweist. Die Form der IS-Kurve ist dabei von der Form der Investitionsfunktion abhängig und kann die Ausprägungen, die in Abb. 4.7 dargestellt, sind annehmen.

Geldmarkt (LM-Kurve)

Beim Geldmarkt wurde bereits angesprochen, dass Geld von der Zentralbank angeboten wird (in der Höhe von M/P) und aus drei zentralen Motiven heraus nachgefragt wird.

Transaktionsmotiv/-kasse: $m^T(Y)$
Spekulationsmotiv/-kasse: $m^S(r)$
Vorsichtsmotiv/-kasse: $m^V(Y, r)$

Ein Gleichgewicht auf dem Geldmarkt liegt daher vor, wenn die angebotene Menge Geld der nachgefragten Menge Geld entspricht, also wenn gilt:

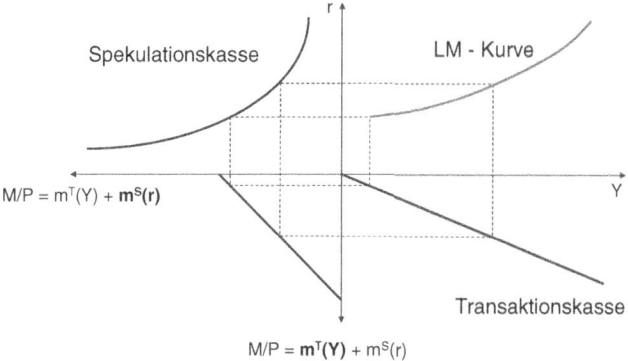

Abb. 4.8 Grafische Herleitung der LM-Kurve

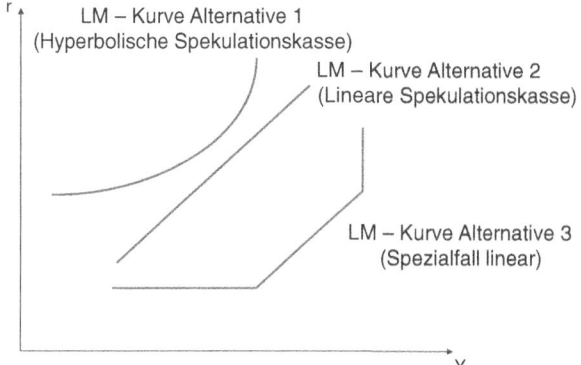

Abb. 4.9 Idealtypische Form der LM-Kurve

$$\frac{M}{P} = m^T(Y) + m^S(r) + m^V(Y,r)$$

Es liegt daher dann ein Gleichgewicht auf dem Geldmarkt vor, wenn die L(iquidity) der Nachfrager dem M(oney) Angebot der Zentralbank entspricht. Daher der Name LM-Kurve.

Meistens wird bei uns die Geldnachfrage aus dem Vorsichtsmotiv heraus weggelassen. Formt man diese Gleichung nach r um, so erhält man die LM-Kurve.

Grafisch lässt sich die LM-Kurve aus der Transaktionskasse und der Spekulationskasse in Kombination mit der Gleichgewichtsbedingung wie in Abb. 4.8 herleiten.

Dies bedeutet, dass die LM-Kurve einen der drei folgenden idealtypischen Verläufe aufweist, wobei die dritte Alternative der zweiten entspricht und lediglich um zwei Sonderfälle ergänzt wurde. Die Form der LM-Kurve ist dabei von der Form der Modellierung der Spekulationskasse abhängig, wie sich in Abb. 4.9 zeigt.

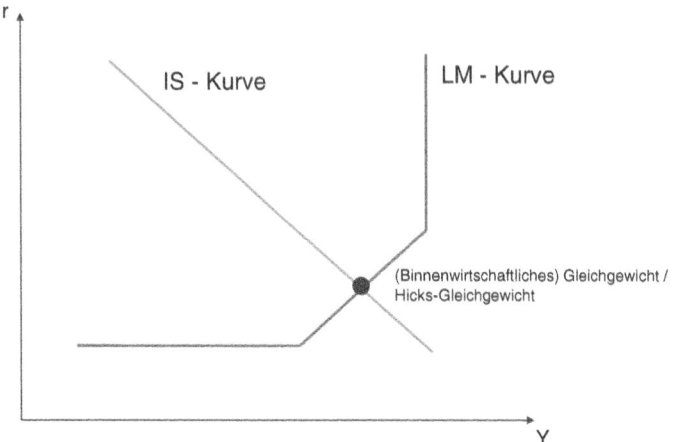

Abb. 4.10 Idealtypisches IS-LM-Modell

IS-LM-Gesamtmodell

Zeichnet man die IS- und die LM-Kurve in ein gemeinsames Schaubild, wie in Abb. 4.10, so wird der Schnittpunkt auch als Hicks-Gleichgewicht oder als binnenwirtschaftliches Gleichgewicht bezeichnet.

Die IS-Kurve verschiebt sich nach oben bzw. nach rechts, wenn sich die Staatsausgaben erhöhen, und nach unten bzw. nach links, wenn sich die Staatsausgaben verringern. Da eine Erhöhung der Steuern die gegenteilige Wirkung von Staatsausgaben hat (den Haushalten steht danach weniger Einkommen zur Verfügung), führt eine Verringerung der Steuern zu einer Verschiebung der IS-Kurve nach rechts. Wie man an der Gleichung oben erkennt, hat die Geldmenge keinen Einfluss auf die Lage der IS-Kurve.

Die LM-Kurve verschiebt sich nach rechts, wenn sich die Geldmenge erhöht, und nach links, wenn sich die Geldmenge verringert. An der Gleichung erkennt man, dass die Staatsausgaben keinen Einfluss auf die LM-Kurve haben.

Die Auswirkungen von Fiskal- und Geldpolitik lassen sich auch aus den Abbildungen der letzten beiden Abschnitte herleiten.

Sonderfälle

Liquiditätsfalle

Befindet sich der Zinssatz auf einem sehr niedrigen Niveau und ist anzunehmen, dass dieser nicht weiter fällt, wird die LM-Kurve zu einer Waagerechten. In diesem Fall wird Geldpolitik ineffizient (insbesondere expansive), da diese die LM-Kurve lediglich zur Seite verschiebt. Lediglich eine sehr starke Verknappung der Geldmenge, welche einen Anstieg des Zinses herbeiführt, hat hier einen Einfluss. Ein positiver Effekt kann allerdings nur mithilfe expansiver Fiskalpolitik erreicht werden.

Grafisch lässt sich die Liquiditätsfalle und die Unwirksamkeit von Geldpolitik wie in Abb. 4.11 veranschaulichen.

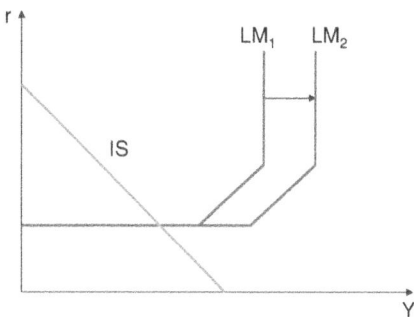

Abb. 4.11 Liquiditätsfalle

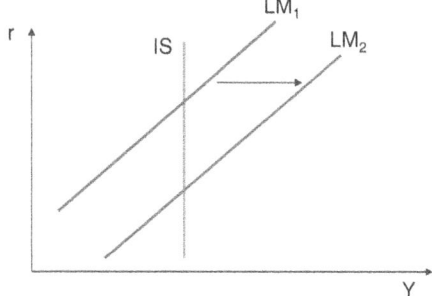

Abb. 4.12 Investitionsfalle

Investitionsfalle

Werden nur noch Reinvestitionen getätigt, sprich die Höhe der Investitionen ist unabhängig vom Zinssatz, so liegt eine Investitionsfalle vor. Die IS-Kurve ist in diesem Fall eine Senkrechte. Geldpolitik hat in diesem Fall lediglich einen Effekt auf den Zinssatz, allerdings keinen auf das Einkommen.

Einzig eine expansive Fiskalpolitik kann durch eine Rechtsverschiebung der IS-Kurve zu einer Änderung des Einkommens führen.

Grafisch lässt sich die Investitionsfalle und die Unwirksamkeit von Geldpolitik wie in Abb. 4.12 veranschaulichen.

4.1.3 Mundell-Fleming-Modell

Während das IS-LM-Modell ein Modell einer kleinen geschlossenen Volkswirtschaft ist, ist das Mundell-Fleming-Modell ein Modell einer kleinen offenen Volkswirtschaft. In Ergänzung zu dem Güter- und dem Geldmarkt wird noch der Devisenmarkt betrachtet.

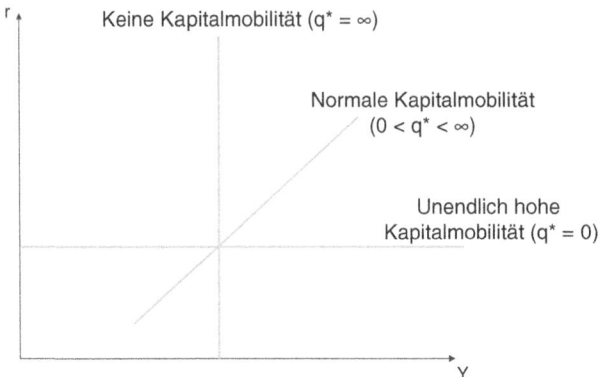

Abb. 4.13 ZZ-Kurve bei variabler Kapitalmobilität

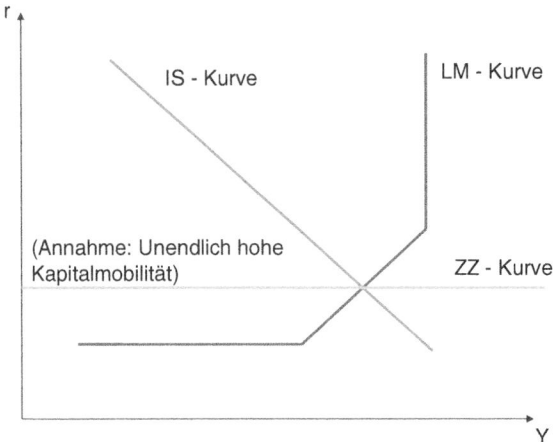

Abb. 4.14 Mundell-Fleming-Modell bei unendlich hoher Kapitalmobilität

Kapitalmobilität und ZZ-Kurve

Während die IS- und LM-Kurve die Gleichgewichte auf dem Güter- und Geldmarkt beschreiben, beschreibt die ZZ-Kurve die Gleichgewichte auf dem Devisenmarkt. ZZ steht hierbei als Abkürzung für die Zahlungsbilanz. Ist die Zahlungsbilanz ausgeglichen, so liegt ein außenwirtschaftliches Gleichgewicht vor und der Devisenmarkt ist im Gleichgewicht. An der Lage der ZZ-Kurve lässt sich auch die Kapitalmobilität zwischen den beiden betrachteten Ländern ablesen. Ist die ZZ-Kurve steigend, so liegt eine normale Kapitalmobilität vor. Kapitaltransfer ist in dieser Situation möglich, unterliegt aber ein paar Hemmnissen. Ist die ZZ-Kurve waagerecht, so liegen keine Barrieren hinsichtlich des Kapitalverkehrs vor. (Dies ist bei uns in den meisten Fällen die Standardannahme.) Ist die ZZ-Kurve hingegen senkrecht, so ist der Transfer von Kapital von einem Land in ein anderes nicht möglich. Abb. 4.13 fasst die möglichen Ausprägungen der ZZ-Kurve in einer Darstellung zusammen.

Mundell-Fleming-Gesamtmodell

Fügt man die IS-, LM- und ZZ-Kurve in einem Diagramm wie in Abb. 4.14 zusammen, so erhält man das Mundell-Fleming-Modell. Schneiden sich alle drei Kurven in einem gemeinsamen Punkt, so bezeichnet dieser ein gesamtwirtschaftliches Gleichgewicht. Schneiden sich lediglich jeweils zwei Kurven, so existieren ein binnenwirtschaftliches Gleichgewicht (Schnittpunkt IS- und LM-Kurve) und zwei außenwirtschaftliche Gleichgewichte. Diese Situation ist allerdings, wie man im Kontext von Wirtschaftspolitik im Mundell-Fleming-Modell sehen wird, nicht stabil und es werden sich Anpassungsprozesse einstellen, sodass am Ende wieder ein gesamtwirtschaftliches Gleichgewicht vorliegt.

4.1.4 AS-AD-Modell

AD-Kurve – Gesamtwirtschaftliche Nachfragekurve

Im vorhergenden Kapitel wurde gezeigt, dass sich unter normalen Bedingungen im Rahmen des Mundell-Fleming-Modells langfristig ein gesamtwirtschaftliches Gleichgewicht einstellt[1]. Ferner konnte an der genutzten Modellierung der LM-Kurve und den Argumenten zur ZZ-Kurve entnommen werden, dass die Lage beider Kurven vom Preisniveau P abhängt. Dies bedeutet aber, dass das gesamtwirtschaftliche Gleichgewicht ebenso vom Preisniveau abhängt. Betrachtet man alle Gleichgewichte, die sich durch Variation von P ergeben, erhält man – sofern man diese Punkte in ein $Y - P$-Diagramm einzeichnet – eine Kurve, die in Abhängigkeit vom BIP Y – als gesamtwirtschaftliche Menge aller produzierten Güter und Dienstleistungen – und dem gesamtwirtschaftlichen Preisniveau P alle Punkte anzeigt für die sich die Volkswirtschaft im Gleichgewicht befindet. Diese Kurve bezeichnet man auch als AD (aggregated demand – gesamtwirtschaftliche Nachfrage) Kurve.

Die negative Steigung der AD-Kurve lässt sich über die drei Bestandteile des Mundell-Fleming-Modells motivieren:

Vermögenseffekt nach Pigou – Gütermarkt

Ein Sinken des Preisniveaus P bedeutet, dass alle Akteure für die gleiche Menge Geld mehr Güter und Dienstleistungen konsumieren können. Dies erhöht gemäß der Verwendungsgleichung das BIP über einen Anstieg der Nachfrage. Es kann passieren, dass bei flexiblen Wechselkursen Effekte in Bezug auf den Außenhandel zu einer Anpassung des Wechselkurses führen, die den Wechselkurseffekt aufheben. Die Argumentation in diesem Fall ist analog zu der Diskussion expansiver Fiskalpolitik bei flexiblen Wechselkursen.

Zinseffekt nach Keynes – Geldmarkt

Um die Effekte über den Geldmarkt zu erklären kann entweder die oben benutzte Modellierung der LM-Kurve herangezogen werden:

---

[1] Ausgenommen der Situation, dass zwei oder drei der Kurven parallel verlaufen.

$$\frac{M}{P} = h'Y - h''r$$

Sinkt hierbei das Preisniveau P, so hat dies die gleichen Effekte wie expansive Geldpolitik und kann das BIP steigen lassen. Dieser Effekt kann bei Vorliegen eines fixen Wechsel-kurses durch Zentralbankpolitik zur Stützung des Wechselkurses aufgehoben werden.

Ein zweiter Ansatz ist etwas allgemeiner und geht davon aus, dass die Geldnachfrage aus dem Transaktionsmotiv heraus abnimmt[2] und mehr Geld zur Bedienung der Nachfrage aus dem Spekulationsmotiv heraus vorliegt. Dies senkt den Zins als Preis für Geld zu Spekulationszwecken.

Die Zinssenkung wiederum bedingt einen Anstieg der Investitionen, der zu einer Stei-gerung der Nachfrage und somit des BIPs führt.

Wechselkurseffekt nach Mundell und Fleming – Devisenmarkt

Wie im vorherigen Abschnitt dargestellt sinken die Zinsen bei einem Sinken des Preisnive-aus. Dies macht eine Investition im Inland unattraktiver und führt zu einem Rückgang bzw. einem Abzug von Direktinvestitionen. Dies wiederum führt zu einer Abwertung der hei-mischen Währung bei flexiblen Wechselkursen und somit einem Anstieg der Nettoexporte und des BIPs oder einer restriktiven Geldpolitik seitens der Zentralbank, die die Wechsel-kursänderung wieder komplett aufhebt. Eine solche Politik in beim Vorliegen eines fixen Wechselkurssystems zu erwarten.

Zusammenfassend lässt sich somit festhalten, dass, abhängig vom Wechselkursregime ein Sinken des Preisniveaus entweder keine Auswirkungen oder einen Anstieg des BIPs zur Folge hat. Da alle drei Effekte gleichzeitig auftreten, der Vermögenseffekt allerdings nur bei flexiblen Wechselkursen und Zins- und Wechselkurseffekte nur bei fixen Wech-selkursen konterkarriert werden, besteht immer zu einem gewissen Grad ein negativer Zu-sammenhang zwischen BIP und Preisniveau.

AS-Kurve – Gesamtwirtschaftliche Angebotskurve

Die AS-Kurve (aggregated supply – gesamtwirtschaftliches Angebot) ergibt sich aus dem Gleichgewicht auf dem Arbeitsmarkt über zwei Schritte.

Zum einen ergibt sich aus dem Gleichgewicht der Gleichgewichtslohn. Hierbei handelt es sich um einen Reallohn, der entsprechend in einem Verhältnis zum Preisniveau P steht. Andererseits ergibt sich aus dem Arbeitsmarkt die Beschäftigung bei Vollbeschäftigung L. Eingesetzt in eine unterstellte Produktionsfunktion ergibt sich das BIP Y. Die folgende Abbildung 4.15 fasst diese Zusammenhänge zusammen.

Die Abbildung zeigt auch direkt, dass sich ein positiver Zusammenhang zwischen BIP und Preisniveau ergibt. Ferner zeigt sie, dass alle Änderungen, die die Lage der Produk-tionsfunktion betreffen, insbesodere aber arbeitsvermehrender technischer Fortschritt, auf die Lage der AS-Kurve auswirken werden. Dies gilt auch für Situationen, die zu einer Verschiebung des Gleichgewichts auf dem Arbeitsmarkt führen.

---

[2] Die Geldnachfrage aus dem Transaktionsmotiv heraus sinkt, da durch gesunkene Preise bei gleicher Menge an konsumierten Gütern weniger Geld zur Bezahlung benötigt wird.

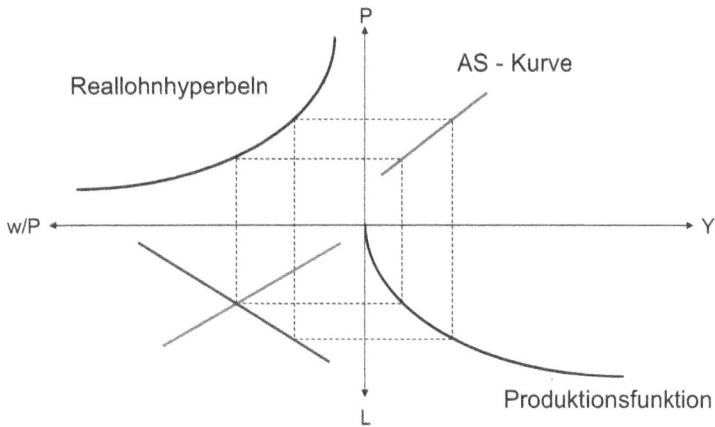

Abb. 4.15 Herleitung der AS-Kurve

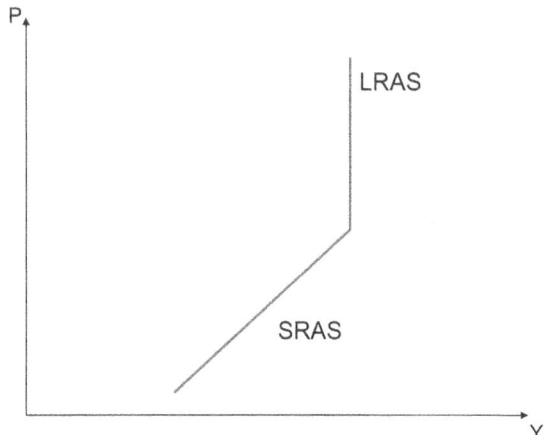

Abb. 4.16 Gesamte AS-Kurve

Bei der hier motivierten AS-Kurve handelt es sich um die kurzfristige SRAS (short-run AS) Kurve. Die SRAS Kurve gilt solange das Produktionspotential noch nicht komplett ausgeschöpft ist. Ist das Produktionspotential ausgeschöpft, so reagiert die AS-Kurve nicht auf weitere Preisänderungen und wird senkrecht. In diesem Fall spricht man auch von der LRAS (long-run AS). Auch wenn kurzfristig und langfristig eine zeitliche Dynamik implizieren, können beide Teile zusammen in einem Diagramm wie in Abbildung 4.16 dargestellt werden.

Dies bedeutet, dass ein signifikanter Rückgang des Preisniveaus wieder zu einer Unterauslastung des Produktionspotentials führen kann.

4.1.5 Fiskal- und Geldpolitik

Unter Fiskalpolitik können alle wirtschaftspolitischen Handlungen seitens der Staates verstanden werden. In der engeren Definition versteht man allerdings allein Politik hinsichtlich der Staatsausgaben und die Steuer- und Preispolitik seitens des Staates darunter. Hier betrachten wir insbesondere den zweiten Teil im Detail.

Unter Geldpolitik werden wirtschaftspolitische Maßnahmen seitens der Zentralbank die Geldmenge betreffend zusammengefasst. Die Darstellung der Maßnahmen im Rahmen dieses Buchs richtet sich an den Instrumenten der EZB aus.

Fiskalpolitik

Greift der Staat in den Markt ein, so kann er entweder Preis- oder Mengenpolitik betreiben. Während eine Mengenpolitik abgesehen von der Einführung von Quoten bzw. des Verbots bestimmter Güter eher unüblich ist und auch Quoten eher Verbreitung im Rahmen der Handelpolitik finden, soll an dieser Stelle lediglich Bezug auf staatliche Preispolitik genommen werden. In diesem Zusammenhang kann zentral unterschieden werden zwischen Steuern und Subventionen auf der einen Seite und der Setzung von Höchst- und Mindestpreisen auf der anderen Seite.

Steuer- und Subventionspolitik

Führt der Staat eine Steuer ein, so verteuert dies das entsprechende Gut. Für Haushalte erhöht sich der zu zahlende Preise, was eine Reduktion der Nachfrage nach sich zieht und gleichbedeutend ist mit einer Verschiebung der Nachfragekurve nach unten um den Betrag der Steuer. Für Unternehmen erhöht eine Steuer die Produktionskosten und verschiebt somit die Angebotskurve nach oben um den Betrag der Steuer.

Subventionen wirken sich entsprechend gegensätzlich aus. Sie machen für Haushalte den Konsum und für Unternehmen die Produktion günstiger. Die jeweiligen Kurven verschieben sich somit in Höhe der Subvention nach oben (Nachfrage) bzw. nach unten (Angebot). Jetzt erzeugt die Einführung einer Steuer bzw. einer Subvention zwar ein neues

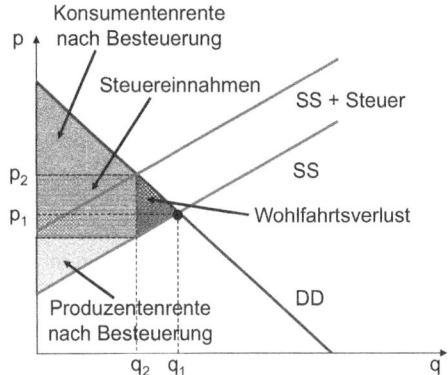

Abb. 4.17 Wohlfahrtsentwicklung bei Einführung einer Steuer

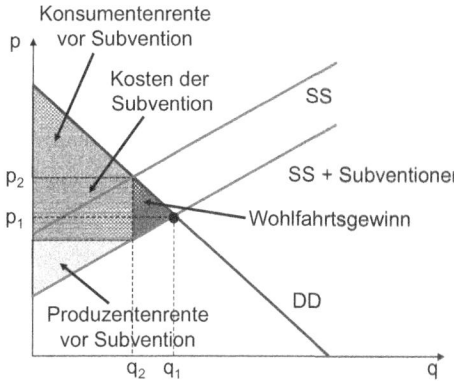

Abb. 4.18 Wohlfahrtsentwicklung bei Einführung einer Subvention

Marktgleichgewicht zu höheren bzw. niedrigeren Preisen allerdings kommen die Preisanstiege den Unternehmen nicht zugute und die Preisreduktionen sind auch nicht von ihnen zu tragen. Auch beeinflusst die Einführung einer Steuer bzw. einer Subvention die gesamtwirtschaftliche Wohlfahrt. Die genauen Effekte werden durch Abbildungen 4.17 und 4.18 zusammenfassend dargestellt. Hierbei wurde jeweils nur der Fall dargestellt, dass Unternehmen besteuert bzw. subventioniert werden. Die Situation für Haushalte zeigt sich allerdings in ähnlicher Weise, da das Gleichgewicht unabhängig davon ist welche Partei besteuert oder subventioniert wird.

Höchst- und Mindestpreise
Durch die Setzung eines Höchstpreises beschränkt der Staat die Angebotsfunktion nach unten hin, während er sie bei der Einführung eines Mindestpreises nach oben hin beschränkt. Solange sich das Marktgleichgewicht im normalen Bereich der Angebotskurve befindet, ergeben sich keine direkten Auswirkungen.

Liegt das Marktgleichgewicht allerdings oberhalb eines Höchstpreises, so entsteht ein Nachfrageüberschuss, da durch die Preisbeschränkung das Angebot zurückgefahren wird.

Genau gegensätzlich wirkt sich ein Gleichgewicht unterhalb eines Mindestpreises aus. Hier ergibt sich ein Angebotsüberschuss, da das Angebot profitabler wird. Ein Beispiel zu Mindestpreisen fand sich bereits in einem früheren Kapitel zu Mindestlöhnen.

Abbildungen 4.19 und 4.20 fassen die Situationen für Höchst- und Mindestpreise zusammen.

Geldpolitk
Während in späteren Abschnitten vereinfachend nur noch davon ausgegangen wird, dass die Geldmenge erhöht (expansive Geldpolitik) oder verringert (restriktive Geldpolitik) wird, soll zunächst dargestellt werden wie die Zentralbank in diesem Zusammenhang im Detail vorgeht, da sie weder mit Haushalten noch mit Unternehmen direkt in Kontakt tritt. Die hier vorgestellten geldpolitischen Instrumente sind nicht die einzig möglichen, aber die gängigsten in Westeuropa und den USA.

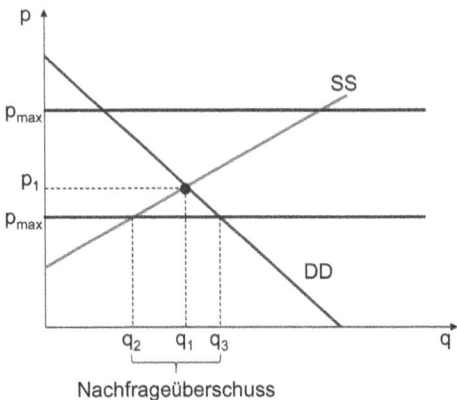

Abb. 4.19 Effekte eines Höchstpreises

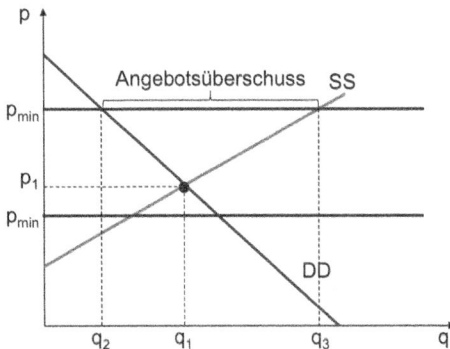

Abb. 4.20 Effekte einer Mindestpreises

Ziele einer Zentralbank

Die meisten unabhängigen Zentralbanken der westlichen Welt verfolgen als primäres Ziel die Gewährung von Preisniveaustabilität. Als sekundäres Ziel kommt meist noch hinzu die Wirtschaft bzw. Wirtschaftspolitik des jeweiligen Landes zu stützen. In Ländern mit einer vom Staat abhängigen Zentralbank wird diesem Ziel häufig Vorrang vor dem Ziel der Preisniveaustabilität gewährt. Als Nebenaufgabe übernimmt die Zentralbank auch die Aufgabe der Verwaltung der Devisenreserven und damit die Wechselkurspolitik – bei Vorliegen eines fixen Wechselkurses insbesondere die Wahrung der Parität.

Eine Möglichkeit wie die Zentralbank durch aktive Geldpolitik die Wirtschaftspolitik und den Staat stützen kann findet sich im Konzept der quantitativen Lockerung (quantitativ easing).

Quantitative Easing

Unter *Quantitative Easing – Quantitativer Lockerung* versteht man, wenn zur Bekämpfung einer Deflation (wenn selbst sehr niedrige Zinsen zu keiner Erhöhung der Investitionen führen) die Zentralbank die Geldmenge durch den Ankauf von privaten Anleihen bzw. Staatsanleihen erhöht.

Die Geldmenge steigt dabei durch QE nicht unbedingt in inflationärer Weise an, da die Zentralbank die Möglichkeit hat, die Liquiditätseffekte von QE durch andere Maßnahmen abzumildern.

Mindestreservepolitik

Auch wenn das tatsächlche Vorgehen im Rahmen der Mindestreservepolitik wesentlich komplexer ist[3] kann die zentrale Wirkung einer Mindestreserve auch in vereinfachter Form dargestellt werden.

Die Zentralbank legt einen Prozentsatz fest, der bestimmt wie viel der Spareinlagen die einzelnen Banken bei der EZB als Rücklage, für den Fall eines Zahlungsausfalls, halten müssen. Die Absicht der Zentralbank besteht darin, auf Rücklagen zurückgreifen zu können, sollte eine Bank einmal pleite gehen und die Sparer aufgrund eines Einlagenschutzes entschädigt werden müssen. Entsprechend liegt der Mindestreservesatz in Krisenzeiten und auf weniger gut entwickelten oder volatilen Finanzmärkten meist höher.

Da Banken auch einander Geld leihen können, kann einmal von der Zentralbank ausgegebenes Geld durch mehrere Banken wandern bevor es bei den Haushalten als em Endverbrauchern landet. Mit jedem dieser Schritte erhöht sich auch die Geldmenge. Allerdings nimmt die mögliche Erhöhung der Geldmenge mit jeder weiteren Transaktion ab, da ein Teil des geliehenen Geldes wieder als Mindestreserve bei der Zentralbank zurückgelegt werden muss.

Exerziert man dieses Leihen-und-Verleihen Schema beliebig lange durch, so erkennt man, dass die nach jedem Schritt verfügbare Geldmenge sich um den Faktor $(1 - m)$ verringt (Mit m als Mindestreservesatz.). Stellt die Zentralbank einen Euro bereit, so erhöht dieser im ersten Schritt die Geldmenge um 1, im zweiten Schritt erhöht er sie noch um $1 \cdot (1 - m)$ und im dritten Schritt um $1 \cdot (1 - m)^2$ usw.. Die gesamte Erhöhung der Geldmenge ergibt sich entsprechend über eine geometrische Reihe als $\frac{1}{m}$.

Eine Bank kann auch über die Mindestreserve hinaus Geld bei der Zentralbank anlegen. Diese Einlagen wird allerdings meist nur sehr gering verzinst. Aktuell liegt die Verzinsung bei der EZB mit -0,4% sogar im negativen Bereich.

Beispiel

Bei einem Mindestreservesatz von 5% kann ein Euro Zentralbankgeld die Geldmenge um bis zu 20 Euro erhöhen. Wie viel dieses Geldschöpfungspotentials allerdings ausgenutzt wird ist ungewiss und hängt von der Beschaffenheit des Interbankenmarkts ab.

Ständige Fazilitäten

Die ständigen Fazilitäten funktionieren wie ein Notfalltopf seitens der Zentralbank. Jede Bank kann sich mehr oder weniger zu jeder Zeit daran bedienen und Geld von der Zentralbank leihen, allerdings liegt der Preis, der dafür zu zahlen ist, der Zins, wesentlich höher als der normale Marktzins. Banken sind somit meist nur daran interessiert sich kurzfristig aus diesem Topf zu bedienen.

---

[3] Siehe hierzu auch entsprechende Regularien wie in Basel II oder Basel III verankert.

An der EZB unterscheidet man zwischen der Einlagefazilität und der Spitzenrefinanzierungsfazilität. Innerhalb dieser beiden Vorgaben bewegt sich der Zinssatz zu dem Geld geliegen werden kann. Diese Zinssätze werden auch als Leitzins bezeichnet.

Zins- und Mengentender
Während die ständigen Fazilitäten nur in dringlichen Fällen zurate gezogen werden, wird die Idee der Zuteilung einer verfügbaren Menge an Geld gemessen an der Dringlichkeit, mit der die einzelnen Banken es benötigen auch durch Tenderverfahren realisiert.

Bei einem Mengentender gibt die Zentralbank die Höhe des Kreditvolumens vor sowie den Zins, der hierfür zu zahlen ist. Die einzelnen Banken rufen dann aus wie viel des verfügbaren Kreditvolumens sie wünschen. Übersteigt die gewünschte Kreditmenge die verfügbare Menge, so wird die gesamte Kreditsumme anteilsmäßig im Verhältnis zum relativen Anteil an der Gesamtnachfrage vergeben.

Beispiel
Die Zentralbank vergibt 10 Mio. an drei Banken. Die erste Bank fragt 8 Mio. an und die anderen beiden Banken jeweils 4 Mio.. Da die Gesamtnachfrage von 16 Mio. das gesamte Kreditvolumen übersteigt, betrachtet man die relativen Anteile an der Gesamtnachfrage. Hier betragen sie 50%, 25% und 25%. Entsprechend erhält die erste Bank 5 Mio. und die anderen beiden Banken erhalten jeweils 2,5 Mio..

Bei einem Zinstender gibt die Zentralbank nur die Menge an zu vergebenden Krediten an. Die Banken rufen dann Mengen und Zinssätze aus. Die Zentralbank vergibt die Kredite in absteigender Reihenfolge gemäß der Zinsgebote. Dies stellt sicher, dass die Banken, die das Geld am dringensten brauchen und daher auch bereit sind mehr dafür zu zahlen einen höheren Anteil erhalten. Beim zu zahlenden Zins unterscheidet man zwischen der amerikanischen Variante (jeder zahlt den Zins, den er ausgerufen hat) und der holländischen Variante (jeder zahlt den Zins, den der letzte Bieter bereit war zu zahlen).

Beispiel
Die Zentralbank stellt ein Kreditvolumen von 10 Mio. zur Verfügung. Hiervon fragt Bank 1 4 Mio. zu einem Zins von 3% nach, Bank 2 fragt 7 Mio. zu einem Zins von 2% nach und Bank 3 fragt 5 Mio. zu einem Zins von 2,5% nach. Es erhalten dann Bank 1 4 Mio., Bank 3 5 Mio. und Bank 2 1 Mio.. Nach der amerikanischen Variante der Zinssetzung zahlen alle den gebotenen Zins, nach der holländischen Variante zahlen alle nur einen Zins von 2%.

Offenmarktgeschäfte
Die Zentralbank kann auch aktiv auf den freien Finanzmärkten als Anbieter oder Nachfrager auftreten und Wertpapiere kaufen und verkaufen. Da sie diese mit Zentralbankgeld bezahlt bzw. bei Verkauf Geld aus dem Markt entnimmt, kann sie hierdurch ebenfalls Einfluss auf die Geldmenge nehmen.

4.1.6 Wirtschaftspolitik im IS-LM-Modell

Auswirkungen expansiver und restriktiver Fiskal- und Geldpolitik im Mundell-Fleming-Modell:

Expansive Fiskalpolitik

Durch eine expansive Fiskalpolitik – in Form einer Erhöhung der Staatsausgaben – verschiebt sich die Summe aus Investitionsfunktion und Staatsausgaben nach oben bzw. nach rechts. Dies bedeutet praktisch, dass durch die Staatsausgaben die Nachfrage nach Gütern steigt. Um diese zusätzliche Nachfrage zu befriedigen, müssen mehr Güter produziert werden und es wird mehr Arbeit und Kapital eingesetzt. Dies bedeutet aber, dass sich das Einkommen (sowohl der Haushalte als auch der Unternehmen) – hier gemessen durch das BIP – steigert. Andererseits wird zur Finanzierung der Fiskalpolitik Geld benötigt. Angenommen dieses Geld wird nicht durch Steuern, sondern durch Kredite finanziert, so steigert der Staat seine Nachfrage nach Geld. Allerdings erhöht die Fiskalpolitik nicht die Sparneigung der Haushalte. Es wird also genauso viel Geld gespart wie zuvor, aber mehr davon nachgefragt, somit steigt der Preis für Geld, der Zins.

Durch eine expansive Fiskalpolitik – in Form einer Steuersenkung – steht den Haushalten mehr Geld für den Konsum und den Unternehmen mehr Geld für Investitionszwecke zur Verfügung. Der Anstieg beider Größen führt zum einen zu einer erhöhten Güternachfrage und damit zu einem Anstieg des Einkommens, da mehr produziert werden muss. Zum anderen wird auch mehr Geld aus dem Transaktionsmotiv heraus nachgefragt. Für ein Gleichgewicht auf dem Geldmarkt muss entsprechend der Zins ansteigen, sodass die Geldnachfrage aus dem Spekulationsmotiv heraus abnimmt. Diese Argumentationskette lässt sich grafisch durch Abb. 4.21 veranschaulichen.

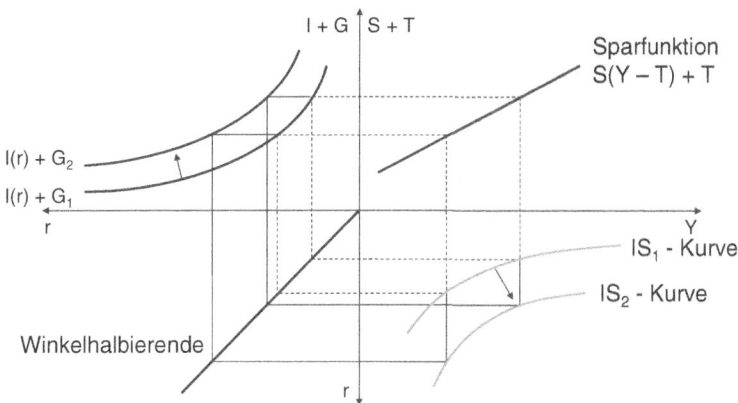

Abb. 4.21 Expansive Fiskalpolitik im IS-LM-Modell

Reduziert man die Darstellung auf das Y-r-Diagramm, so zeigt sich expansive Fiskalpolitik wie in Abb. 4.22.

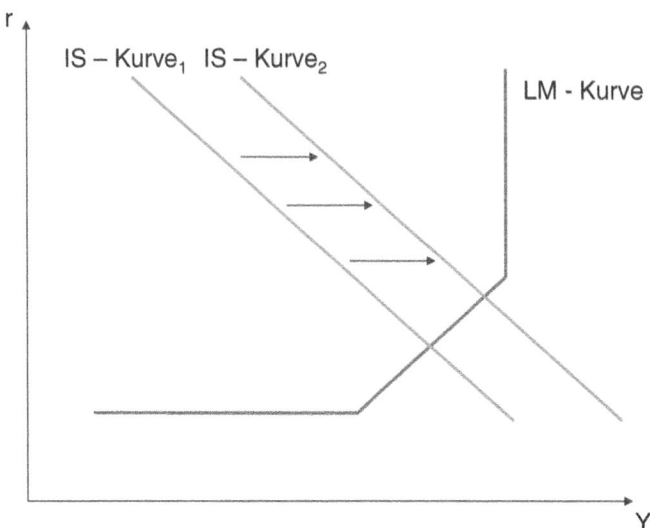

Abb. 4.22 Expansive Fiskalpolitik im IS-LM-Modell

Expansive Geldpolitik

Bei expansiver Geldpolitik stellt die Zentralbank eine höhere Geldmenge zur Verfügung. Da sich das Angebot an Geld ausweitet, reduziert sich der Preis für Geld und der Zins sinkt. Dies bedeutet aber auch, dass mehr Geld zu Spekulationszwecken nachgefragt wird. Allerdings wird nicht das zusätzliche Geld zu Spekulationszwecken nachgefragt. Der Teil des zusätzlich vorhandenen Geldes, der nicht zu Spekulationszwecken nachgefragt wird, wird zu Transaktionszwecken nachgefragt. Durch den Anstieg der Transaktionen kommt es schließlich zu einer erhöhten Nachfrage und damit zu einem Anstieg des Einkommens. Diese Argumentationskette lässt sich grafisch durch Abb. 4.23 veranschaulichen.

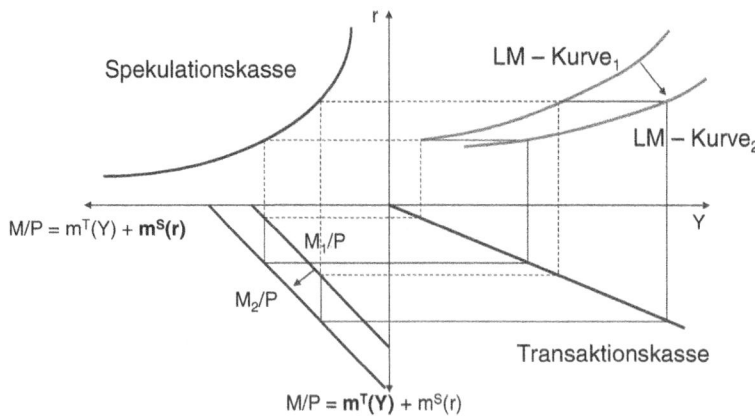

Abb. 4.23 Expansive Geldpolitik im IS-LM-Modell

Reduziert man die Darstellung auf das Y-r-Diagramm, so zeigt sich expansive Geldpolitik wie in Abb. 4.24.

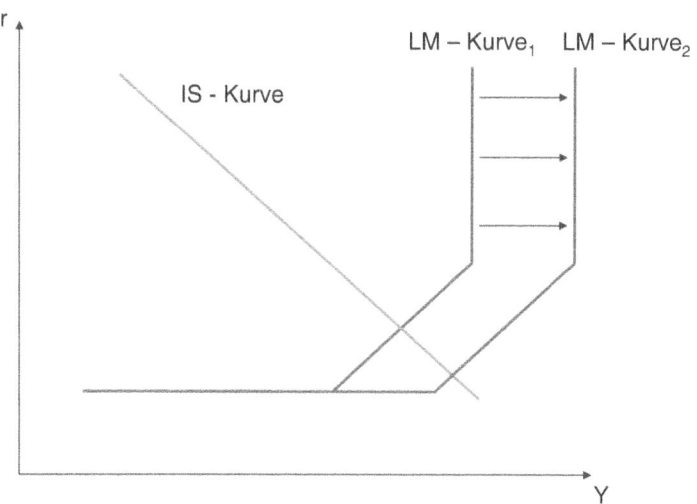

Abb. 4.24 Expansive Geldpolitik im IS-LM-Modell

4.1.7 Wirtschaftspolitik im Mundell-Fleming-Modell

Auswirkungen expansiver und restriktiver Fiskal- und Geldpolitik im Mundell-Fleming-Modell:

Expansive Fiskalpolitik

Flexible Wechselkurse (s. Abb. 4.25)
(I)   Erhöhung der Staatsausgaben (oder Senkung der Steuern) führt zu einer Rechtsverschiebung der IS-Kurve.
(II) Es entsteht ein neuer Schnittpunkt mit der LM-Kurve (höheres Y und höheres r). Der Schnittpunkt liegt oberhalb der ZZ-Kurve.
(III) Nettokapitalzuflüsse/-importe steigen (aufgrund der Zinsänderung). Dies führt zu einem Angebotsüberschuss auf dem Devisenmarkt. Es kommt zu einer Aufwertung.
(IV) Durch die Aufwertung ändert sich der Außenbeitrag. Dies verschiebt die IS-Kurve wieder nach links.
(V)   Es entsteht ein neuer Schnittpunkt von IS- und LM-Kurve, der mit dem alten Schnittpunkt übereinstimmt.

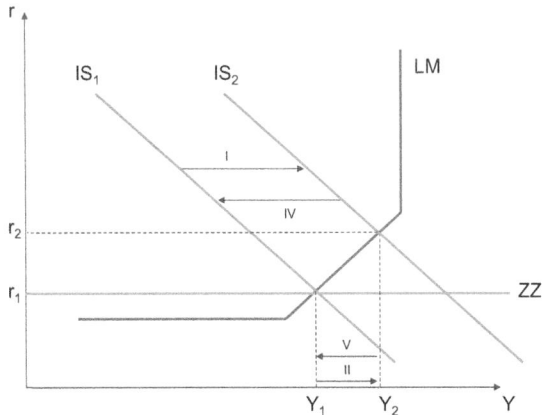

Abb. 4.25 Expansive Fiskalpolitik bei flexiblen Wechselkursen

Fixe Wechselkurse (s. Abb. 4.26)

(I)   Erhöhung der Staatsausgaben (oder Senkung der Steuern) führt zu einer Rechtsver-
      schiebung der IS-Kurve.

(II) Es entsteht ein neuer Schnittpunkt mit der LM-Kurve (höheres Y und höheres r).
      Der Schnittpunkt liegt oberhalb der ZZ-Kurve.

(III) Nettokapitalzuflüsse/-importe steigen (aufgrund der Zinsänderung). Dies führt zu
      einem Angebotsüberschuss auf dem Devisenmarkt. Es würde zu einer Aufwertung
      kommen.

(IV) Aber die Zentralbank kauft den Überschuss auf, um die Parität zu verteidigen. Dies
      finanziert sie durch eine Erhöhung der Geldmenge. Eine Erhöhung der Geldmenge
      führt zu einer Rechtsverschiebung der LM-Kurve.

(V)   Der Geldmengenanstieg ist gerade so groß, dass der Überschuss an Devisen aufge-
      kauft werden kann. Der Wechselkurs bleibt unverändert.

(VI) Es entsteht ein neuer Schnittpunkt mit dem Ausgangszinssatz, aber höherem Y.

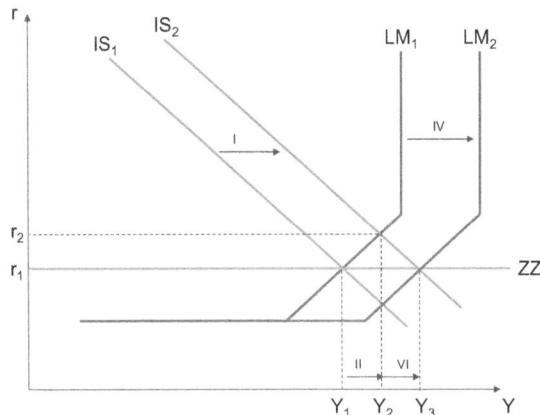

Abb. 4.26 Expansive Fiskalpolitik bei fixen Wechselkursen

Restriktive Fiskalpolitik

Flexible Wechselkurse (s. Abb. 4.27)

(I)   Senkung der Staatsausgaben (oder Erhöhung der Steuern) führt zu einer Linksver-
      schiebung der IS-Kurve.

(II) Es entsteht ein neuer Schnittpunkt mit der LM-Kurve (kleineres Y und niedrigeres
      r). Der Schnittpunkt liegt unterhalb der ZZ-Kurve.

(III) Nettokapitalabflüsse/-exporte steigen (aufgrund der Zinsänderung). Dies führt zu
      einem Nachfrageüberschuss auf dem Devisenmarkt. Es kommt zu einer Abwertung.

(IV) Durch die Abwertung ändert sich der Außenbeitrag. Dies verschiebt die IS-Kurve
      wieder nach rechts.

(V)   Es entsteht ein neuer Schnittpunkt von IS- und LM-Kurve, der mit dem alten Schnitt-
      punkt übereinstimmt.

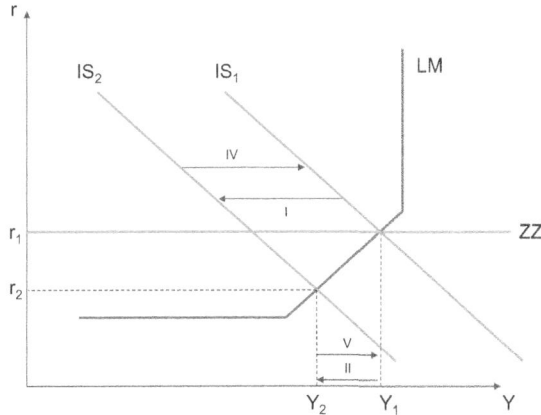

Abb. 4.27 Restriktive Fiskalpolitik bei flexiblen Wechselkursen

Fixe Wechselkurse (s. Abb. 4.28)

(I)   Senkung der Staatsausgaben (oder Erhöhung der Steuern) führt zu einer Linksver-
      schiebung der IS-Kurve.

(II) Es entsteht ein neuer Schnittpunkt mit der LM-Kurve (kleineres Y und niedrigeres
      r). Der Schnittpunkt liegt unterhalb der ZZ-Kurve.

(III) Nettokapitalabflüsse/-exporte steigen (aufgrund der Zinsänderung). Dies führt zu
      einem Nachfrageüberschuss auf dem Devisenmarkt. Es würde zu einer Abwertung
      kommen.

(IV) Aber die Zentralbank verkauft Devisen, um die Parität zu verteidigen. Hierdurch
      nimmt sie Geld aus dem Markt und senkt die Geldmenge. Ein Sinken der Geldmenge
      führt zu einer Linksverschiebung der LM-Kurve.

(V)   Die Geldmengenreduktion ist gerade so groß, dass die Nachfrage nach Devisen ge-
      deckt ist. Der Wechselkurs bleibt unverändert.

(VI) Es entsteht ein neuer Schnittpunkt mit dem Ausgangszinssatz, aber niedrigerem Y.

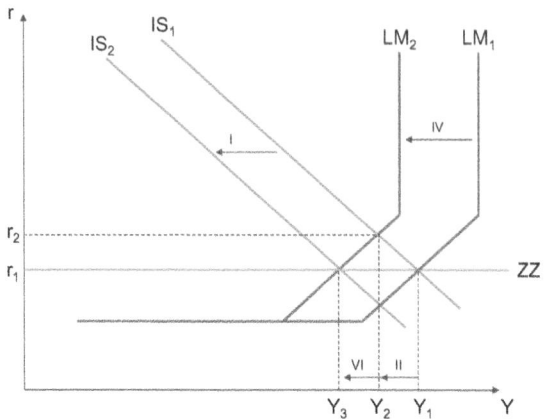

Abb. 4.28 Restriktive Fiskalpolitik bei fixen Wechselkursen

Expansive Geldpolitik

Flexible Wechselkurse (s. Abb. 4.29)

(I)   Erhöhung der Geldmenge führt zu einer Rechtsverschiebung der LM-Kurve.

(II)   Es entsteht ein neuer Schnittpunkt mit der IS-Kurve (höheres Y und geringeres r). Der Schnittpunkt liegt unterhalb der ZZ-Kurve.

(III) Die Zinssenkung führt zu Kapitalexporten. Dies führt zu einer steigenden Devisennachfrage, was zu einer Abwertung der Währung führt.

(IV)   Durch eine Abwertung der Währung erhöhen sich die Nettogüterexporte. Dies führt zu einer Rechtsverschiebung der IS-Kurve.

(V)   Es entsteht ein neuer Schnittpunkt mit der LM-Kurve (höheres Y und Ausgangsniveau von r).

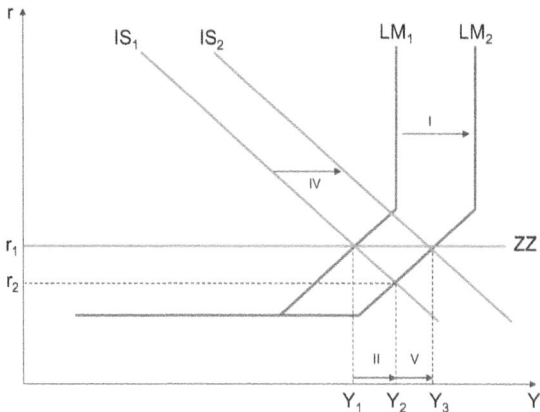

Abb. 4.29 Expansive Geldpolitik bei flexiblen Wechselkursen

Fixe Wechselkurse (s. Abb. 4.30)

(I)   Erhöhung der Geldmenge führt zu einer Rechtsverschiebung der LM-Kurve.

(II)   Es entsteht ein neuer Schnittpunkt mit der IS-Kurve (höheres Y und geringeres r). Der Schnittpunkt liegt unterhalb der ZZ-Kurve.

(III) Die Zinssenkung führt zu Kapitalexporten. Dies führt zu einer steigenden Devisennachfrage, was zu einer Abwertung der Währung führen würde.

(IV)   Um die Parität zu halten, muss die Zentralbank Devisenreserven verkaufen.

(V)   Dies bedeutet eine Reduktion der Geldmenge und zwar in der Höhe, in der sie zuvor erhöht wurde.

(VI)   Der neue Schnittpunkt entspricht dem Ausgangsschnittpunkt, sodass keine Erhöhung von Y eingetreten ist.

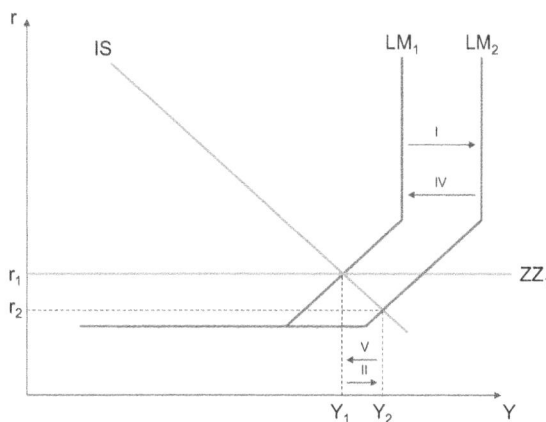

Abb. 4.30 Expansive Geldpolitik bei fixen Wechselkursen

Restriktive Geldpolitik

Flexible Wechselkurse (s. Abb. 4.31)

(I)   Reduktion der Geldmenge führt zu einer Linksverschiebung der LM-Kurve.

(II)   Es entsteht ein neuer Schnittpunkt mit der IS-Kurve (kleineres Y und höheres r). Der Schnittpunkt liegt oberhalb der ZZ-Kurve.

(III) Die Zinserhöhung führt zu Kapitalimporten. Dies führt zu einem steigenden Devisenangebot, was zu einer Aufwertung der Währung führt.

(IV)   Durch eine Aufwertung der Währung verringern sich die Nettogüterexporte. Dies führt zu einer Linksverschiebung der IS-Kurve.

(V)   Es entsteht ein neuer Schnittpunkt mit der LM-Kurve (niedrigeres Y und Ausgangsniveau von r).

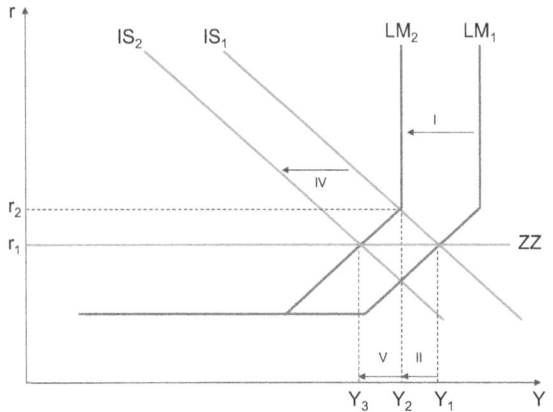

Abb. 4.31 Restriktive Geldpolitik bei flexiblen Wechselkursen

Fixe Wechselkurse (s. Abb. 4.32)

(I)   Reduktion der Geldmenge führt zu einer Linksverschiebung der LM-Kurve.

(II)   Es entsteht ein neuer Schnittpunkt mit der IS-Kurve (niedrigeres Y und höheres r). Der Schnittpunkt liegt oberhalb der ZZ-Kurve.

(III)   Die Zinserhöhung führt zu Kapitalimporten. Dies führt zu einem steigenden Devisenangebot, was zu einer Aufwertung der Währung führen würde.

(IV)   Um die Parität zu halten, muss die Zentralbank Devisen aufkaufen.

(V)   Dies bedeutet eine Erhöhung der Geldmenge und zwar in der Höhe, in der sie zuvor verringert wurde.

(VI)   Der neue Schnittpunkt entspricht dem Ausgangsschnittpunkt, sodass keine Änderung von Y eingetreten ist.

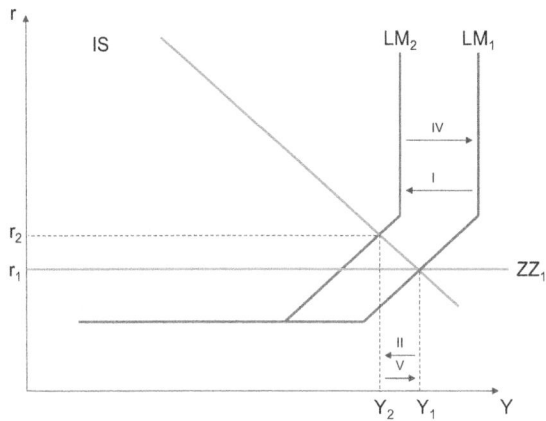

Abb. 4.32 Restriktive Geldpolitik bei fixen Wechselkursen

4.1.8 Wirtschaftspolitik im AS-AD-Modell

Durch die enge Bindung an das Mundell-Fleming-Modell spiegeln sich alle Effekte des Mundell-Fleming-Modells in ähnlicher Weise in der Lage der AD-Kurve wieder. Dies bedeutet, dass expansive Politik, sofern sie wirksam ist zu einer Rechtsverschiebung der Kurve führt und restriktive Politik sofern sie wirksam ist zu einer Linksverschiebung der AD-Kurve führt. Dies gilt allgemein für alle Politiken, die nachfragesteigernd oder senkend sind.

Alle Politiken, die zu einer höheren Beschäftigung führen oder ihre Wirksamkeit (Produktivität) steigern, führen zu einer Rechtsverschiebung der AS-Kurve bzw. bei einem Rückgang der Beschäftigung zu einer Linksverschiebung der AS-Kurve.

4.1.9 Effekte der Wirtschaftspolitik

Crowding-Out (einfache Variante)

Staatsausgaben können entweder durch Kredite oder durch Steuern finanziert werden.

Wenn Steuern erhoben werden, verringert sich das verfügbare Einkommen ($Y - T$) der Haushalte. Da die Menge der Ersparnisse vom Einkommen abhängt, wird weniger gespart. Das Angebot an Geld bei den Banken nimmt ab, da es knapper wird, daher werden Kredite teurer. Da die Kredite teurer sind, werden sie von Unternehmen zu Investitionszwecken weniger häufig nachgefragt. Der Staat vertreibt somit durch Staatsausgaben die privaten Investitionen.

Dies kann mathematisch wie folgt erklärt werden. Durch ein Sinken der Ersparnisse und konstanten Staatsausgaben und Steuern ergibt sich aus der Gleichgewichtsbedingung ($S(Y - T) + T = I(r) + G$), dass auch $I(r)$ sinken muss. Dies ist allerdings nur der Fall, wenn der Zins r sinkt. Alternativ kann man den Effekt dadurch erklären, dass sich durch die Erhöhung der Steuern der Konsum verringert und somit auch das BIP. Dies bedeutet aber, dass auch die Transaktionskasse ($m^T(Y)$) geringer ausfällt. Um ein Gleichgewicht auf dem Geldmarkt zu erreichen, muss der Zins soweit gesenkt werden, bis die Änderung der Spekulationskasse derjenigen der Transaktionskasse entspricht. Durch diese Zinsänderung kommt es zu einer Erhöhung der Investitionen und damit einem Anstieg des BIP. In dieser Situation sind, wie auch bei der ersten Variante, die Zinsen insgesamt betrachtet niedriger und das BIP geringer.

Wenn Kredite vom Staat nachgefragt werden, reduziert er die Menge an Geld, die den Unternehmen für Kredite zur Verfügung stehen, daher werden Kredite für Unternehmen teurer. Diese fragen daher weniger Kredite zu Investitionszwecken nach. Die expansive Fiskalpolitik vertreibt auch hier die privaten Investitionen. Diese Wirkungskette lässt sich über Abb. 4.33 veranschaulichen.

Crowding-Out (komplexe Variante)

Verschuldet der Staat sich durch die Ausgabe von Staatsverschuldungstiteln, so kann angenommen werden, dass diese von Haushalten gehalten werden. Die Haushalte erhöhen somit ihren Vermögensbestand. Da der Konsum, in einer erweiterten Fassung, vom Ver-

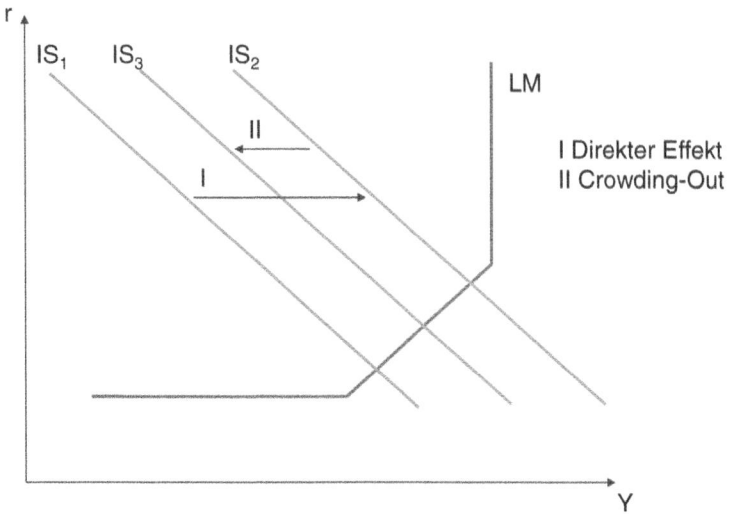

Abb. 4.33 Crowding-Out – einfache Variante

mögen ebenso positiv abhängt wie vom Einkommen, kann angenommen werden, dass der Konsum steigt und die IS-Kurve sich zusätzlich nach rechts verschiebt.

Da durch die Nachfrage nach Staatsverschuldungstiteln die Nachfrage nach Geld zurückgeht, verschiebt sich die LM-Kurve nach links. Durch jeden Schritt steigt der Zins, sodass die Investitionen seitens der Unternehmen stetig abnehmen. Diese Wirkungskette lässt sich durch Abb. 4.34 veranschaulichen.

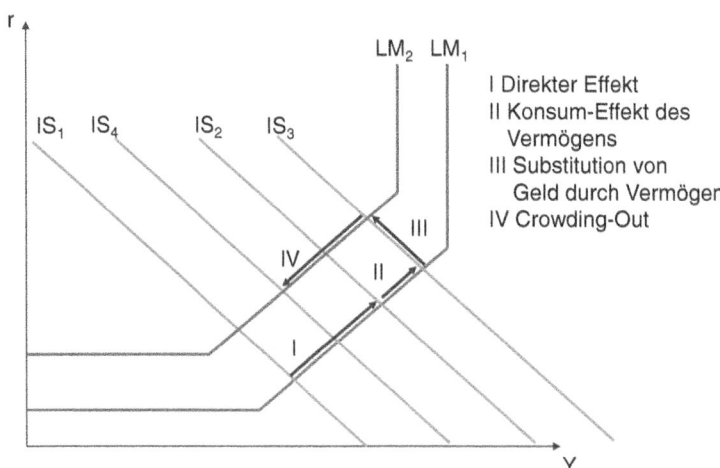

Abb. 4.34 Crowding-Out – komplexe Variante

Akzeleratoreffekt

Ist die Wirtschaft voll ausgelastet, müssen die Unternehmen ihre Produktionskapazitäten ausweiten, um die durch Fiskalpolitik erhöhte Nachfrage nach Gütern befriedigen zu können. Dies führt zu zusätzlichen Investitionen und daher zu einer erneuten Verschiebung der IS-Kurve nach rechts.

Multiplikatoreffekt

Expansive Fiskalpolitik kommt letzten Endes wieder den Haushalten oder den Unternehmen zugute und erhöht deren Einkommen. Ihnen steht dann mehr Einkommen zur Verfügung, welches sie ebenfalls konsumieren können. Durch diesen zusätzlichen Konsum verschiebt sich die IS-Kurve noch weiter nach rechts.

Keynes-Effekt

Durch eine Senkung des Preisniveaus P im Kontext einer Deflation kommt es zu einem Anstieg der realen Geldmenge M/P, sodass der Preisschock wie expansive Geldpolitik wirkt und zu einer Rechtsverschiebung der LM-Kurve führt.

Pigou-Effekt

Durch eine Senkung des Preisniveaus P werden Güter aus Sicht der Konsumenten günstiger, sodass der Konsum ansteigt. Ein Anstieg des Konsums bedeutet eine erhöhte Güternachfrage und somit verschiebt sich die IS-Kurve nach rechts.

4.1.10 Politikmultiplikatoren

(I)   Bestimme das totale Differenzial aller relevanten Gleichungen.

(II) Schreibe das entstehende Gleichungssystem in Matrixform. Links stehen die endogenen Variablen (z. B. dY, di/dr, de/dq^*). Rechts stehen die exogenen Variablen (z. B. $dM/dM/P$, dP, dY^*, dG).

(III) Klammere alle Differenziale ($d???$) aus.

(IV) Bestimme die Systemdeterminante = Determinante der Matrix auf der linken Seite des Gleichungssystems.

(V)   Wenn ein Multiplikator bestimmt werden soll, setze alle unwichtigen exogenen Differenziale gleich null. Beim Multiplikator dX/dZ können alle Spalten außer der dZ-Spalte gestrichen werden.

(VI) Teile beide Seiten durch das einzige noch rechts stehende Differenzial. Das Gleichungssystem sieht jetzt aus wie ein typisches lineares Gleichungssystem.

(VII) Löse das lineare Gleichungssystem (z. B. mit der Cramer'schen Regel).

(VIII) Cramer'sche Regel: Beim Multiplikator dX/dZ ersetze die dX-Spalte der Matrix auf der rechten Seite durch die Spalte auf der linken Seite und berechne die Determinante der modifizierten Matrix. Wird diese Determinante durch die Systemdeterminante geteilt, so erhält man den gesuchten Multiplikator.

4.2 Aufgaben

4.2.1 Grundlagen

Quick Check – Wahr oder falsch?

Aufgabe A 4.1 (5 Punkte) (Zur Lösung L 4.1)
(a) Der Konsum hängt primär vom Zinssatz ab.
(b) Das keynesianische Modell ist langfristig ausgelegt.
(c) Die Staatsausgaben sind im keynesianischen Modell exogen.
(d) Der Nachfragebegriff in der Neoklassik stimmt mit dem von Keynes überein.
(e) Bei steigenden Zinsen steigen auch die Investitionen.

Multiple Choice

Aufgabe A 4.2 (8 Punkte) (Zur Lösung L 4.2)
(a) (2 Punkte) Im Rahmen der effektiven Nachfrage ...

    (I)   ... stimmen Nachfragewunsch und tatsächliche Nachfrage überein.
    (II) ... wird mehr nachgefragt als im Rahmen der klassischen Theorie.
    (III) ... liegt ein Nachfrageüberschuss vor.
    (IV) ... liegen neben dem Nachfragewunsch auch die notwendigen finanziellen Mittel vor.

(b) (2 Punkte) Die Keynesianische Theorie entwickelte sich ...

    (I)   ... im Rahmen der Industrialisierung.
    (II) ... in sozialistischen Kreisen.
    (III) ... aus der Theorie von Karl Marx.
    (IV) ... im Kontext der Weltwirtschaftskrise in den 1920ern.

(c) (2 Punkte) Das Sparparadoxon besagt, dass mehr Sparen ...

    (I)   ... das BIP steigert.
    (II) ... das BIP senkt.
    (III) ... für die Gemeinschaft gut ist.
    (IV) ... für den einzelnen schlecht ist.

(d) (2 Punkte) Das Gleichgewichtseinkommen ...

    (I)   ... ergibt sich aus der Verteilungsgleichung.
    (II) ... sinkt bei einer Erhöhung der Sparquote.
    (III) ... steigt bei einer Erhöhung der Sparquote.
    (IV) ... reagiert auf die Geldpolitik der Zentralbank.

Verständnisfragen

Aufgabe A 4.3 (5 Punkte) (Zur Lösung L 4.3)
Wie entsteht die Angebotsorientierung bei Keynes? Was versteht man hier unter dem Begriff der effektiven Nachfrage?

Aufgabe A 4.4 (5 Punkte) (Zur Lösung L 4.4)
Welche Faktoren haben einen Einfluss auf den Konsum?

Aufgabe A 4.5 (3 Punkte) (Zur Lösung L 4.5)
Diskutieren Sie den Aufbau einer typischen Konsumfunktion.

Aufgabe A 4.6 (3 Punkte) (Zur Lösung L 4.6)
Leiten Sie, ausgehend von einer einfachen Verwendungsgleichung und der Konsumfunktion, die Sparfunktion her.

Aufgabe A 4.7 (5 Punkte) (Zur Lösung L 4.7)
Welche Faktoren haben einen Einfluss auf die Investitionen?

Aufgabe A 4.8 (3 Punkte) (Zur Lösung L 4.8)
Warum spielen im keynesianischen Standardmodell Preise keine Rolle? In Bezug auf welche konjunkturelle Situation hat Keynes seine Theorie entwickelt? (Begründen Sie ihre Aussagen.)

Aufgabe A 4.9 (4 Punkte) (Zur Lösung L 4.9)
Gegeben sind die Konsumquote c und der autonome Konsum C_0. Stellen Sie grafisch die Konsumfunktion dar und leiten Sie die Sparfunktion daraus her.

Anwendungsaufgaben

Aufgabe A 4.10 (12 Punkte) (Zur Lösung L 4.10)
Der private Konsum in den drei Volkswirtschaften Mikronesien, Makroatien und Wipolen lässt sich durch die folgenden Konsumfunktionen beschreiben.

	Konsumfunktion
Mikronesien	$C(Y) = 0{,}3Y + 3$
Makroatien	$C(Y) = (0{,}1Y)^2 + 1$
Wipolen	$C(Y) = (Y + 1)^{0,5} + 2$

(a) (6 Punkte) Leiten Sie jeweils die Sparfunktion her.
(b) (6 Punkte) Wie lautet jeweils die marginale Konsumneigung?

Aufgabe A 4.11 (3 Punkte) (Zur Lösung L 4.11)
Gegeben ist die Konsumfunktion $C(Y) = 0{,}3Y + 10$. Bestimmen Sie die marginale Konsumneigung und die Sparquote.

Aufgabe A 4.12 (3 Punkte) (Zur Lösung L 4.12)
(a) (2 Punkte) Leiten sie ausgehend von einer Konsumquote von 0,8 und einem autonomen Konsum von 9 die entsprechende Konsum- und die Sparfunktion her.
(b) (1 Punkt) Berechnen Sie den Einkommensmultiplikator.

Aufgabe A 4.13 (4 Punkte) (Zur Lösung L 4.13)
Bestimmen Sie für die vorgegebenen Rahmendaten die zugehörige Konsum- und Sparfunktion.

Variable	Wert
Konsumquote	0,6
Autonomer Konsum	50

4.2.2 Gleichgewichtseinkommen

Quick Check – Wahr oder falsch?

Aufgabe A 4.14 (5 Punkte) (Zur Lösung L 4.14)
(a) Höhere Staatsausgaben führen zu einem höheren Gleichgewichtseinkommen.
(b) Mit dem keynesianischen Kreuz bestimmt man die Situation, in der eine effektive Nachfrage realisiert wird.
(c) Das keynesianische Kreuz lässt sich auch auf offene Volkswirtschaften anwenden.
(d) Eine Steuererhöhung erhöht das Gleichgewichtseinkommen.
(e) Den Einkommensmultiplikator erhält man durch Ableiten des Gleichgewichtseinkommens nach den Staatsausgaben.

Verständnisfragen

Aufgabe A 4.15 (5 Punkte) (Zur Lösung L 4.15)
Stellen Sie das Einnahmen-Ausgaben-Modell mathematisch dar.

Aufgabe A 4.16 (5 Punkte) (Zur Lösung L 4.16)
Skizzieren Sie das Einnahmen-Ausgaben-Modell (keynesianisches Kreuz) grafisch.

Aufgabe A 4.17 (5 Punkte) (Zur Lösung L 4.17)
Skizzieren Sie die Auswirkungen von Staatsausgaben im Rahmen des Einnahmen-Ausgaben-Modells (keynesianisches Kreuz) grafisch.

Aufgabe A 4.18 (5 Punkte) (Zur Lösung L 4.18)
Skizzieren Sie die Auswirkungen von Außenhandel im Rahmen des Einnahmen-Ausgaben-Modells (keynesianisches Kreuz) grafisch.

Aufgabe A 4.19 (3 Punkte) (Zur Lösung L 4.19)
Leiten Sie die gesamtwirtschaftliche Gleichgewichtsbedingung mithilfe der makroökonomischen Verwendungsgleichung her.

Aufgabe A 4.20 (3 Punkte) (Zur Lösung L 4.20)
Skizzieren Sie die gesamtwirtschaftliche Gleichgewichtsbedingung und leiten Sie grafisch das Gleichgewichtseinkommen her.

Aufgabe A 4.21 (5 Punkte) (Zur Lösung L 4.21)
Was geschieht mit dem Gleichgewichtseinkommen bei einer Erhöhung der Staatsausgaben bzw. der Sparquote?

Aufgabe A 4.22 (3 Punkte) (Zur Lösung L 4.22)
Wie wirkt sich expansive Fiskalpolitik (Erhöhung der Staatsausgaben) auf das Gleichgewichtseinkommen aus?

Aufgabe A 4.23 (2 Punkte) (Zur Lösung L 4.23)
Was bedeutet es, wenn der Einkommensmultiplikator einen Wert von 2 annimmt?

Aufgabe A 4.24 (2 Punkte) (Zur Lösung L 4.24)
Geben Sie aus keynesianischer Sicht (Einnahmen/Ausgaben-Modell) die Gleichgewichtsbedingung des Gütermarkts an.

Aufgabe A 4.25 (5 Punkte) (Zur Lösung L 4.25)
(a) (2 Punkte) Stellen Sie die Gleichgewichtsbedingung des Gütermarkts nach dem BIP (Y) um.
(b) (3 Punkt) Bestimmen Sie ausgehend von den Ergebnissen des ersten Aufgabeanteils den Einkommensmultiplikator $\left(\frac{dY}{dG}\right)$.

Aufgabe A 4.26 (2 Punkte) (Zur Lösung L 4.26)
Angenommen der Einkommensmultiplikator beträgt 2. Interpretieren Sie diesen Wert im Rahmen expansiver Fiskalpolitik.

Aufgabe A 4.27 (3 Punkte) (Zur Lösung L 4.27)
Leiten Sie aus der Gleichgewichtsbedingung des keynesianischen Gütermarktes den Einkommensmultiplikator $dY/dG = 1/s$ her.

Anwendungsaufgaben

Aufgabe A 4.28 (3 Punkte) (Zur Lösung L 4.28)
Berechnen Sie ausgehend von der mikronesischen Konsumfunktion $C(Y) = 0{,}3Y + 3$ das
Gleichgewichtseinkommen, wenn die weiteren Informationen aus unten stehender Tabelle
entnommen werden können.

	Staatsausgaben	Steuern	Investitionsfunktion
Mikronesien	5	$0{,}1Y$	$I(r) = -2r + 2$

Aufgabe A 4.29 (3 Punkte) (Zur Lösung L 4.29)
  (a) (1 Punkt) Bestimmen Sie unter Bezug auf die Konsumfunktion Mikronesiens von
      $C(Y) = 0{,}3Y + 3$ den Einkommensmultiplikator.
  (b) (2 Punkte) Welchen Einfluss auf das BIP wird der vom Staat finanzierte Bau eines
      Kindergartens für 2,3 Mio. Geldeinheiten haben?

Aufgabe A 4.30 (8 Punkte) (Zur Lösung L 4.30)
Sei $C(Y) = 10 + 0{,}3Y$, $I(r) = \frac{0{,}2}{r}$ und $G = 4$.

  (a) (4 Punkte) Setzen Sie diese Größen in die Verwendungsgleichung einer geschlosse-
      nen Volkswirtschaft ein und lösen Sie das Ergebnis nach Y auf.
  (b) (4 Punkte) Berechnen Sie die Ableitung $\frac{dY}{dr}$. Ist diese positiv oder negativ?

Aufgabe A 4.31 (6 Punkte) (Zur Lösung L 4.31)
Die Staatsausgaben betragen 4 Einheiten, die Konsumfunktion lautet: $C(Y) = 0{,}3Y + 3$
und es werden Investitionen in Höhe von 3 Einheiten getätigt.

  (a) (3 Punkte) Berechnen Sie das Gleichgewichtseinkommen.
  (b) (1 Punkte) Berechnen Sie den Einkommensmultiplikator.
  (c) (2 Punkte) Um wie viele Einheiten erhöht sich das Gleichgewichtseinkommen, wenn
      der Staat seine Ausgaben auf 5 Einheiten erhöht?

Aufgabe A 4.32 (4 Punkte) (Zur Lösung L 4.32)
Bestimmen Sie bzgl. der vorgegebenen Rahmendaten das Gleichgewichtseinkommen.

Variable	Wert
Private Investitionen	100
Öffentliche Investitionen	20
Autonomer Konsum	10
Sparquote	0,2

4.2.3 Sparparadoxon

Quick Check – Wahr oder falsch?

Aufgabe A 4.33 (5 Punkte) (Zur Lösung L 4.33)
(a) Beim Sparparadoxon wird durch das Sparen jeder Haushalt für sich schlechter gestellt.
(b) Eine Erhöhung der Sparquote reduziert das gesamtwirtschaftliche Einkommen.
(c) Das Sparparadoxon lässt sich mathematisch durch eine Ableitung des Gleichgewichtseinkommens nach der Sparquote zeigen.
(d) Die Ableitung des Gleichgewichtseinkommens nach der Sparquote ist immer positiv.
(e) Das Sparparadoxon heißt Paradoxon, weil Sparen gleichzeitig gut und schlecht ist.

Verständnisfragen

Aufgabe A 4.34 (4 Punkte) (Zur Lösung L 4.34)
Formulierung 1 Verdeutlichen Sie das Sparparadoxon grafisch oder mathematisch.
Formulierung 2 Stellen Sie das Sparparadoxon grafisch dar. (Bitte benennen Sie alle Kurven und Achsen.)
Formulierung 3 Stellen Sie grafisch die Sparquote als auch die Auswirkungen einer Erhöhung der Sparquote auf das Gleichgewichtseinkommen im Rahmen des keynesianischen Unterbeschäftigungsmodells dar.

Aufgabe A 4.35 (3 Punkte) (Zur Lösung L 4.35)
In einer Volkswirtschaft können sich einzelwirtschaftlich sinnvolle Entscheidungen gesamtwirtschaftlich negativ auswirken. Erläutern Sie diesen Sachverhalt grafisch und verbal anhand der Sparentscheidung der Individuen. Wie wird dieser Unterschied zwischen einzel- und gesamtwirtschaftlicher Perspektive bei der Sparentscheidung bezeichnet? (Betrachten Sie den Fall einer Erhöhung der Sparquote und den Effekt auf das Gleichgewichtseinkommen.)

Aufgabe A 4.36 (3 Punkte) (Zur Lösung L 4.36)
(a) (2 Punkte) Welche Auswirkungen hat eine Erhöhung der Sparquote auf das Gleichgewichtseinkommen?
(b) (1 Punkt) Wie nennt man das im ersten Teil beschriebene Phänomen?

Aufgabe A 4.37 (3 Punkte) (Zur Lösung L 4.37)
Angenommen durch staatliche Maßnahmen wird die allgemeine Sparneigung (s) erhöht, welche Auswirkungen hat dies auf das Gleichgewichtseinkommen? Wie nennt man dieses Phänomen?

Aufgabe A 4.38 (9 Punkte) (Zur Lösung L 4.38)
Die Sparquote sinkt. Welche Auswirkungen hat dies auf das Pro-Kopf-Einkommen?
Begründen Sie kurz ihre Aussagen: (Ein Satz genügt.)

(a) (2 Punkte) im neoklassischen Wachstumsmodell?
(b) (2 Punkte) im einfachen Eingaben-Ausgaben-Modell (IS-LM-Modell)?
(c) (5 Punkte) Was geschieht in beiden Modellen mit dem Pro-Kopf-Konsum?

Aufgabe A 4.39 (**4 Punkte**) (Zur Lösung L 4.39)

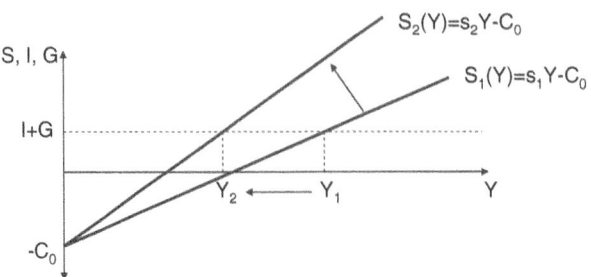

(a) (1 Punkt) Welcher Sachverhalt wird in dem obigen Diagramm dargestellt?
(b) (3 Punkte) Erläutern Sie kurz die dargestellte Problematik und verdeutlichen Sie,
     warum man von einem Sparparadoxon spricht.

Aufgabe A 4.40 (**3 Punkte**) (Zur Lösung L 4.40)
Was versteht man unter dem Sparparadoxon?

Aufgabe A 4.41 (**3 Punkte**) (Zur Lösung L 4.41)
Ist eine Erhöhung der Sparneigung im keynesianischen Modell einer geschlossenen Volkswirtschaft (Einnahmen-Ausgaben-Modell) positiv oder negativ hinsichtlich der Entwicklung des gesamtwirtschaftlichen Einkommens zu bewerten? Begründen Sie Ihre Aussage
durch die Nennung des Phänomens, welches in diesem Kontext zum Tragen kommt.

Aufgabe A 4.42 (**8 Punkte**) (Zur Lösung L 4.42)
(a) (3 Punkte) Warum wird im Kontext des keynesianischen Modells oft der Begriff des
     Sparparadoxons benutzt? Was besagt dieses Paradoxon?
(b) (2 Punkte) Welchen Einfluss hat eine Erhöhung der Sparquote im Kontext des keynes-
     ianischen Modells auf den Konsum?
(c) (3 Punkte) Welchen Einfluss hat eine Erhöhung der Sparquote im Kontext des neo-
     klassischen Modells auf den Konsum?

Aufgabe A 4.43 (**4 Punkte**) (Zur Lösung L 4.43)
Angenommen die Sparquote in einem Land geht zurück.

(a) (2 Punkte) Welche Entwicklung des BIPs ist aus neoklassischer Sicht zu erwarten?
(b) (2 Punkte) Welche Entwicklung des BIPs ist aus keynesianischer Sicht zu erwarten?

Aufgabe A 4.44 (3 Punkte) (Zur Lösung L 4.44)
Angenommen durch staatliche Maßnahmen wird die allgemeine Sparneigung (s) erhöht, welche Auswirkungen hat dies auf das Gleichgewichtseinkommen? Wie nennt man dieses Phänomen?

Aufgabe A 4.45 (3 Punkte) (Zur Lösung L 4.45)
Wie funktioniert das Sparparadoxon?

Aufgabe A 4.46 (3 Punkte) (Zur Lösung L 4.46)
In Land I bemerken die Volkswirte, dass ein Anstieg der Sparquote mit einem Rückgang des BIPs einhergeht. Argumentieren Sie volkswirtschaftlich, wie dieser Zusammenhang entstehen kann.

Aufgabe A 4.47 (3 Punkte) (Zur Lösung L 4.47)
Erläutern Sie, warum das sogenannte Sparparadoxon für Deutschland ein Problem darstellen kann.

Anwendungsaufgaben

Aufgabe A 4.48 (5 Punkte) (Zur Lösung L 4.48)
Die mikronesische Regierung denkt über ein Politikprogramm nach, das für die Bevölkerung den gleichen Nutzen hat wie 4 Einheiten zusätzlichen BIPs, allerdings eine Erhöhung der Sparquote auf 0,8 bedeuten würde. Soll die Regierung sich bei einem Zinssatz von 2 % für oder gegen das Programm entscheiden? Argumentieren Sie ausgehend von einer Konsumfunktion von $C(Y) = 0,3Y + 3$, einer Investitionsfunktion von $I(r) = -2r + 2$, Staatsausgaben in Höhe von 5 und Steuereinnahmen in Höhe von $T = 0,1Y$.

Aufgabe A 4.49 (6 Punkte) (Zur Lösung L 4.49)
Gegeben ist die Sparfunktion $S(Y) = 0,2Y - 3$ und die Summe aus Investitionen und Staatsausgaben beträgt 7.

(a) (5 Punkte) Wie verändert sich das Gleichgewichtseinkommen, wenn die Sparquote auf 0,4 steigt?
(b) (1 Punkt) Wie nennt man dieses Phänomen?

Aufgabe A 4.50 (9 Punkte) (Zur Lösung L 4.50)
(a) (2 Punkte) Was besagt das Sparparadoxon?
(b) (1 Punkt) Leiten Sie für eine marginale Konsumneigung von 0,7 und einen autonomen Konsum von 3 die Sparfunktion her.
(c) (2 Punkte) Wie verändert sich die Lage der Sparfunktion, wenn sich die marginale Konsumneigung auf 0,6 ändert?
(d) (4 Punkte) Angenommen die Summe aus Investitionen und Staatsausgaben beträgt 4. Wie verändert sich das Gleichgewichtseinkommen infolge der im dritten Teil genannten Verringerung der Konsumneigung und wie nennt man diesen Effekt? Zeigen sie dies in der Grafik des dritten Aufgabenteils.

4.2.4 Gütermarkt – IS-Kurve

Quick Check – Wahr oder falsch?

Aufgabe A 4.51 **(5 Punkte)** (Zur Lösung L 4.51)
(a) Das IS der IS-Kurve steht für das Gleichgewicht von Sparen und Investieren.
(b) Die IS-Kurve beschreibt den Ort aller Gleichgewichte auf dem Geldmarkt.
(c) Die IS-Kurve erhält man durch Umformen der Verwendungsgleichung nach dem Zinssatz.
(d) Die IS-Kurve kann auch eine positive Steigung aufweisen.
(e) Exporte und Importe können die Lage der IS-Kurve beeinflussen.

Verständnisfragen

Aufgabe A 4.52 **(11 Punkte)** (Zur Lösung L 4.52)
Formulierung 1 Was stellt die IS-Kurve dar? Geben Sie eine Formel für ihren Verlauf (in einer geschlossenen Wirtschaft) an. Leiten Sie die Kurve grafisch her.
Formulierung 2 Welche Eigenschaft haben alle Punkte, die auf der IS-Kurve liegen?
Formulierung 3 Geben Sie eine Formel für ihren Verlauf (in einer geschlossenen Wirtschaft) an.
Formulierung 4 Stellen Sie den idealtypischen Verlauf der IS-Kurve dar.

Aufgabe A 4.53 **(4 Punkte)** (Zur Lösung L 4.53)
Leiten Sie die IS-Kurve mathematisch her.

Aufgabe A 4.54 **(2 Punkte)** (Zur Lösung L 4.54)
Nennen Sie mindestens einen Aspekt, der zu einer senkrechten IS-Kurve führen kann.

Aufgabe A 4.55 **(4 Punkte)** (Zur Lösung L 4.55)
Leiten Sie die IS-Kurve grafisch her.

Anwendungsaufgaben

Aufgabe A 4.56 **(6 Punkte)** (Zur Lösung L 4.56)
Für die Volkswirtschaft Makroatien sind die folgenden Daten zu dem Gütermarkt bekannt:

Variable	Wert
Konsumquote	0,25
Autonomer Konsum	1
Staatsausgaben	1
Investitionsfunktion	$I(r) = -0{,}5r + 1$
Steuern	0

Leiten Sie hieraus grafisch die IS-Kurve her.

Aufgabe A 4.57 (**6 Punkte**) (Zur Lösung L 4.57)

Angenommen der makroatische Staat konsumiert Güter und Dienstleistungen in Höhe von 4 Mrd. GE (Geldeinheiten), erhebt aber keine Steuern. Ferner sparen die Haushalte ihr Einkommen gemäß der folgenden Funktion:

$$S(Y) = 0{,}2Y - 1$$

Auch werden von den Unternehmen Investitionen gemäß des folgenden Zusammenhangs getätigt:

$$I(r) = -r + 2$$

Leiten Sie mathematisch die IS-Kurve her.

Aufgabe A 4.58 (**3 Punkte**) (Zur Lösung L 4.58)

Bestimmen Sie für Mikronesien ausgehend von einer Sparquote von $s = 0{,}3$, Steuern in Höhe von $T = 1$, Staatsausgaben in Höhe von $G = 3$, einer Investitionsfunktion der Form $I(r) = -2r + 10$ und der Information, dass ein BIP von $Y = 10$ nur bei einem Zins von $r = 2$ realisiert werden kann, die IS-Kurve.

Aufgabe A 4.59 (**3 Punkte**) (Zur Lösung L 4.59)

Es sind die folgenden Daten für Mikronesien bekannt: $C_0 = 5$, $\frac{dC}{dY} = 0{,}3$, $T = G = 2$ und $I = S$ ist gegeben an der Stelle $(Y; r) = (10; 2)$. Bestimmen Sie für eine Investitionsfunktion der Form $I(r) = -0{,}2r + \alpha$ die IS-Kurve.

Aufgabe A 4.60 (**4 Punkte**) (Zur Lösung L 4.60)

Die Steuern in Wipolen ergeben sich aus einer Konsum- und einer Kapitalsteuer, sodass sie geschrieben werden können als $T = 0{,}2 \cdot C + 0{,}05 \cdot S$.

    Bestimmen Sie davon ausgehend und für $G = 100$, $C = 0{,}3Y + 5$ und $I = 20 - 0{,}5r$ die IS-Kurve.

Aufgabe A 4.61 (**17 Punkte**) (Zur Lösung L 4.61)

Wipolen tätigt Ausgaben in Höhe von 3 Einheiten, erhebt aber keine Steuern. Die Sparquote beträgt $s = 0{,}2$ und es liegt ein autonomer Konsum in Höhe von 2 Einheiten vor.

(a) (4 Punkte) Bestimmen Sie für $I(r) = -r$ auf mathematischem Weg die IS-Kurve.
(b) (2 Punkte) Skizzieren Sie diese.
(c) (3 Punkte) Wie verändert sich die IS-Kurve, wenn die Steuern T auf 1 Einheit steigen?
(d) (2 Punkte) Was passiert, wenn die Sparquote sich auf $s = 0{,}3$ ändert?
(e) (6 Punkte) Bestimmen Sie für $I(r) = \frac{1}{r}$ auf grafischem Weg die IS-Kurve.

Aufgabe A 4.62 (**4 Punkte**) (Zur Lösung L 4.62)

Leiten Sie ausgehend von den folgenden Rahmendaten die IS-Kurve mathematisch her.

Variable	Wert
Konsumfunktion	$C = 0{,}8Y + 200$
Investitionsfunktion	$I = 50 - r$
Staatsausgaben	100
Keine Steuern	

Aufgabe A 4.63 (**4 Punkte**) (Zur Lösung L 4.63)
Angenommen der Staat konsumiert Güter und Dienstleistungen in Höhe von 4 Mrd. GE (Geldeinheiten), erhebt aber keine Steuern. Ferner sparen die Haushalte ihr Einkommen gemäß der folgenden Funktion:

$$S(Y) = 0{,}2Y - 1$$

Auch werden von den Unternehmen Investitionen gemäß des folgenden Zusammenhangs getätigt:

$$I(r) = -r + 2$$

Leiten Sie mathematisch die IS-Kurve her.

Aufgabe A 4.64 (**4 Punkte**) (Zur Lösung L 4.64)
Leiten Sie ausgehend von den folgenden Informationen die IS-Kurve her:

$$c = 0{,}8; \quad C_0 = 1; \quad I(r) = -r + 2; \quad G = 2 \quad \text{und} \quad T = 0$$

Aufgabe A 4.65 (**4 Punkte**) (Zur Lösung L 4.65)
Leiten Sie aus den folgenden Angaben die IS-Kurve her:

$$s = 0{,}5; \quad C_0 = 2; \quad T = 0; \quad G = 3 \quad \text{und} \quad I(r) = -r + 1$$

Aufgabe A 4.66 (**4 Punkte**) (Zur Lösung L 4.66)
Angenommen es gilt:

$$S(Y) = 0{,}1Y - 1; \quad I(r) = -0{,}3r \quad \text{und} \quad G = 2$$

Leiten Sie für diese Werte die IS-Kurve mathematisch her.

Aufgabe A 4.67 (**4 Punkte**) (Zur Lösung L 4.67)
Leiten Sie ausgehend von den folgenden Rahmendaten die IS-Kurve her.

Variable	Wert
Konsumquote	0,7
Autonomer Konsum	20
Steuerquote	0 %
Staatsausgaben	100
Investitionsfunktion	$I = -r + 20$

Aufgabe A 4.68 (**6 Punkte**) (Zur Lösung L 4.68)
In dieser Aufgabe A geht es um die Berechnung des IS-LM-Modells (r ist Realzins, Y ist Realeinkommen). Es gilt: Investitionsfunktion: $I(r) = 80 - 5r$, Staatsausgaben: $G = 40$, autonomer Konsum: $C_0 = 20$, Sparneigung: $s = 0{,}5$, Steuern werden nicht erhoben: $T = 0$.

(a) (2 Punkte) Leiten Sie im allgemeinen Fall, ausgehend von einer linearen Konsumfunktion, die Sparfunktion $S(Y)$ her.

(b) (4 Punkte) Leiten Sie die IS-Kurve her. Gehen Sie dafür von der Gleichgewichtsbedingung auf dem Gütermarkt aus, setzen Sie die Werte und Funktionen ein und formen Sie die Gleichung nach r um, sodass Sie eine Funktion $r(Y)$ erhalten.

Aufgabe A 4.69 (6 Punkte) (Zur Lösung L 4.69)
Angenommen der Staat tätigt Ausgaben in Höhe von 4. Diese finanziert der Staat durch Steuereinnahmen in Höhe von 2 und eine zusätzliche Staatsverschuldung in Höhe von 2. Zusätzlich konsumieren Haushalte 50 % ihres Einkommens bei einem autonomen Konsum in Höhe von 1. Unternehmen investieren gemäß der Investitionsfunktion $I(r) = -r + 3$.

(a) (4 Punkte) Bestimmen Sie ausgehend von diesen Daten die IS-Kurve.

(b) (2 Punkte) Angenommen der Staat erhöht zu einem späteren Zeitpunkt seine Staatsausgaben von 4 Einheiten auf 5. Wie verändert sich die Lage der IS-Kurve?

4.2.5 Geldmarkt – LM-Kurve

Quick Check – Wahr oder falsch?

Aufgabe A 4.70 (5 Punkte) (Zur Lösung L 4.70)

(a) Das L in der LM-Kurve beschreibt die Geldnachfrage.

(b) Importe können die Lage der LM-Kurve beeinflussen.

(c) Alle Punkte auf der LM-Kurve beschreiben ein mögliches Gleichgewicht des Geldmarkts.

(d) Die Zentralbank ist der einzige Akteur, der das Geldangebot beeinflussen kann.

(e) Die LM-Kurve kann waagerecht, senkrecht oder steigend sein, aber nie fallend sein.

Verständnisfragen

Aufgabe A 4.71 (4 Punkte) (Zur Lösung L 4.71)
Leiten Sie die LM-Kurve grafisch her. (Wählen Sie alternativ die 2-Felder- oder die 4-Felder-Herleitung.)

Aufgabe A 4.72 (4 Punkte) (Zur Lösung L 4.72)

(a) (2 Punkte)

Formulierung 1 Was stellt die LM-Kurve dar?
Formulierung 2 Was gibt die LM-Kurve an?
Formulierung 3 Welche Eigenschaft haben alle Punkte, die auf der LM-Kurve liegen?

(b) (2 Punkte)

Formulierung 1 Stellen Sie den idealtypischen Verlauf der LM-Kurve dar.
Formulierung 2 Geben Sie eine Formel für den Verlauf der LM-Kurve an.

Aufgabe A 4.73 (5 Punkte) (Zur Lösung L 4.73)

Formulierung 1 Diskutieren Sie über Geldangebot und -nachfrage eine Möglichkeit, die LM-Kurve mathematisch herzuleiten.

Formulierung 2 Erläutern Sie allgemein, wie man die LM-Kurve herleiten kann (grafisch oder mathematisch).

Aufgabe A 4.74 (5 Punkte) (Zur Lösung L 4.74)

Welche Bereiche unterscheidet man bei der LM-Kurve und wo sind etwaige Besonderheiten zu finden?

Anwendungsaufgaben

Aufgabe A 4.75 (4 Punkte) (Zur Lösung L 4.75)

Für die Volkswirtschaft Wipolen sind die folgenden Daten zu dem Geldmarkt bekannt:

Motiv der Geldnachfrage	Form
Transaktionskasse	$m^T = 2Y + 3$
Spekulationskasse	$m^S = -r + 1$
Vorsichtskasse	$m^V = 3Y - 2r$

Leiten Sie hieraus mathematisch die LM-Kurve her, wenn die wipolnische Zentralbank Geld in Höhe von 5 Einheiten anbietet.

Aufgabe A 4.76 (3 Punkte) (Zur Lösung L 4.76)

Über Mikronesien ist bekannt, dass sich die Nachfrage nach Geld gemäß der folgenden Funktion bestimmen lässt: $m^T = 2Y - 1$.

Darüber hinaus wird Geld aus dem Spekulationsmotiv heraus nachgefragt $m^S = -10r + 5$ sowie aus dem Vorsichtsmotiv heraus $m^V = Y - 5r$.

Die Zentralbank bietet eine reale Geldmenge in Höhe von $M/P = 19$ an.

Bestimmen Sie hieraus eine Kennlinie aller Gleichgewichte des mikronesischen Geldmarkts.

Aufgabe A 4.77 (4 Punkte) (Zur Lösung L 4.77)

Die Geldnachfrage aus dem Transaktions- und dem Spekulationsmotiv heraus lässt sich für Wipolen und Mikronesien wie folgt beschreiben:

Motiv der Geldnachfrage	Form
m^T_{Mikro}	$2Y - 1$
m^T_{Wipo}	$3Y + 1$
$m^S_{Mikro} = m^S_{Wipo}$	$-r + 2$

Beide Länder entscheiden sich eine gemeinsame Währung einzuführen. Das Geldangebot wird von einer gemeinsamen Zentralbank bereitgestellt. Insgesamt werden $\frac{M}{P} = 20$ Geldeinheiten bereitgestellt.

Bestimmen Sie die Gleichung der Gerade aller Gleichgewichte des gemeinsamen Geldmarkts.

Aufgabe A 4.78 (**4 Punkte**) (Zur Lösung L 4.78)
Für Makroatien gilt: $m^T = 3Y + 1$; $m^S = -0{,}5r + 2$ und $M = 5$.

Bestimmen Sie ausgehend von der Information, dass ein Gleichgewicht bei der Kombination $Y = 2$ und $r = 1$ vorliegt, das Preisniveau Makroatiens.

Aufgabe A 4.79 (**14 Punkte**) (Zur Lösung L 4.79)
Wenn die Spekulationskasse gegeben ist als $m^S(r) = 2 - r$ und die Transaktionskasse als $m^T(Y) = 2Y + 4$ und weiterhin angenommen wird, dass kein Geld zu Vorsichtszwecken nachgefragt wird. Das reale Geldangebot beträgt 10 Einheiten.

(a) (4 Punkte) Leiten Sie die LM-Kurve mathematisch her.
(b) (3 Punkte) Das Gleichgewicht auf dem Gütermarkt wird durch die IS-Kurve $Y = 12 - 2r$ beschrieben. Bestimmen Sie für die LM-Kurve aus dem ersten Teil der Aufgabe A den Schnittpunkt von IS- und LM-Kurve.
(c) (5 Punkte) Bestimmen Sie für den Schnittpunkt, der zuvor bestimmt wurde, bei einem Preisniveau von $P = 2$ die notwendige nominale Geldmenge, die für ein Gleichgewicht auf dem Geldmarkt notwendig ist.
(d) (2 Punkte) Die IS-Kurve ist gegeben durch $r = 2$ (sehr elastisches Güterangebot). Was passiert wenn die LM-Kurve eine klassische Gestalt der Form $r = 0{,}01$ (sehr geringe Zinsen) besitzt?

Aufgabe A 4.80 (**4 Punkte**) (Zur Lösung L 4.80)
Angenommen die gesamte in der Volkswirtschaft von der Zentralbank angebotene Geldmenge $\frac{M}{P}$ beträgt 4 Mrd. GE (Geldeinheiten). Ferner wird Realkasse zu Transaktionszwecken ($m^T(Y)$) abhängig vom BIP gemäß dem folgenden Zusammenhang nachgefragt:

$$m^T(Y) = 2Y + 1$$

Ferner wird die Realkasse zu Spekulationszwecken ($m^S(Y)$) abhängig vom Realzins (erwartete Inflationsrate gleich null) nachgefragt. Hier lautet der Zusammenhang:

$$m^S(r) = -r + 2$$

(a) (2 Punkte) Bestimmen Sie den Gleichgewichtspunkt bei $r = 1$.
(b) (2 Punkte) Die ZZ-Kurve lautet: $r = 1 + Y$. Liegt im Gleichgewichtspunkt auch ein außenwirtschaftliches Gleichgewicht vor?

Aufgabe A 4.81 (**4 Punkte**) (Zur Lösung L 4.81)
Leiten Sie ausgehend von den folgenden Rahmendaten die LM-Kurve mathematisch her. Es liegt keine Geldnachfrage aus dem Vorsichtsmotiv heraus vor und das Geldangebot beträgt 1000.

Geldnachfrage zu Transaktionszwecken:

$$m^T(Y) = 1{,}8Y + 100$$

Geldnachfrage zu Spekulationszwecken:

$$m^S(r) = -r + 200$$

Aufgabe A 4.82 (4 Punkte) (Zur Lösung L 4.82)
Angenommen die Zentralbank bietet eine Geldmenge in Höhe von 6 Einheiten an. Ferner wird Geld gemäß den folgenden Funktionen zu Transaktions- und zu Spekulationszwecken nachgefragt:

$$m^T(Y) = 2Y - 2$$
$$m^S(r) = -r + 3$$

Leiten Sie mathematisch die LM-Kurve her.

Aufgabe A 4.83 (4 Punkte) (Zur Lösung L 4.83)
Angenommen in einer Volkswirtschaft wird Geld gemäß den folgenden drei Funktionen nachgefragt:

$$m^T = 2Y + 2$$
$$m^S = -r + 1$$
$$m^V = 0$$

Ferner bietet die Zentralbank eine reale Geldmenge (M/P) in Höhe von 5 an. Leiten Sie damit die LM-Kurve her.

Aufgabe A 4.84 (4 Punkte) (Zur Lösung L 4.84)
Leiten Sie aus den folgenden Angaben die LM-Kurve her:

$$m^T(Y) = 2Y - 1; \quad m^S(r) = -2r + 1 \quad \text{und} \quad \frac{M}{P} = 6$$

Aufgabe A 4.85 (4 Punkte) (Zur Lösung L 4.85)
Leiten Sie ausgehend von den folgenden Informationen die LM-Kurve her:

$$M/P = 5; \quad m^T(Y) = 2Y - 1; \quad m^S(r) = -r + 2; \quad G = 2; \quad m^V(Y, r) = 0$$

Transferaufgaben

Aufgabe A 4.86 (**4 Punkte**) (Zur Lösung L 4.86)
Angenommen zwei Länder bilden eine Währungsunion. Skizzieren Sie, wie sich aus den einzelnen IS-Kurven und der gemeinsamen LM-Kurve das Hicks-Gleichgewicht der gesamten Währungsunion bestimmen lässt.

4.2.6 IS-LM-Modell

Quick Check – Wahr oder falsch?

Aufgabe A 4.87 (**5 Punkte**) (Zur Lösung L 4.87)
(a) Das Preisniveau ist im IS-LM-Modell konstant und exogen.
(b) Es spielt keine Rolle, ob man den nominalen oder den realen Zins im IS-LM-Modell betrachtet.
(c) Das IS-LM-Modell umfasst neben dem Güter- auch den Arbeitsmarkt.
(d) Das IS-LM-Modell ist ein Modell einer großen offenen Volkswirtschaft.
(e) Die beiden endogenen Variablen im IS-LM-Modell sind das BIP und der Zinssatz.

Multiple Choice

Aufgabe A 4.88 (**12 Punkte**) (Zur Lösung L 4.88)
(a) (2 Punkte) Die endogenen Größen im IS-LM-Modell sind ...

    (I)   ... Y und r.
    (II) ... Y und P.
    (III) ... L und K.
    (IV) ... I und L.

(b) (2 Punkte) Welche Aussage über die IS-Kurve im Rahmen des IS-LM-Modells trifft nicht zu?

    (I)   Die IS-Kurve ergibt sich aus der Verwendungsgleichung.
    (II) Die IS-Kurve stellt alle Kombinationen von Y und r dar, für die der Gütermarkt im Gleichgewicht ist.
    (III) Die IS-Kurve ist ein Modell einer offenen Volkswirtschaft.
    (IV) Die IS-Kurve verschiebt sich bei expansiver Fiskalpolitik.

(c) (2 Punkte) Beim Vorliegen einer Investitionsfalle ist ...

    (I)   ... die LM-Kurve waagerecht.
    (II) ... die IS-Kurve senkrecht.
    (III) ... die LM-Kurve senkrecht.
    (IV) ... die IS-Kurve waagerecht.

(d) (2 Punkte) Beim Vorliegen einer Liquiditätsfalle ist ...

    (I)   ... die LM-Kurve waagerecht.
    (II) ... die LM-Kurve senkrecht.
    (III) ... die IS-Kurve senkrecht.
    (IV) ... Fiskalpolitik wirkungslos.

(e) (2 Punkte) Welche Aussage zu expansiver Fiskalpolitik trifft nicht zu?

    (I)   Sie erhöht den Zins im Gleichgewicht.
    (II) Sie erhöht das BIP im Gleichgewicht.
    (III) Sie erhöht die Staatsverschuldung.
    (IV) Sie wird durch den Staat initiiert.

(f) (2 Punkte) Das I im IS-LM-Modell steht für welchen Begriff?

    (I)   Innovation
    (II) Inflation
    (III) Improved
    (IV) Investment

Verständnisfragen

Aufgabe A 4.89 (2 Punkte) (Zur Lösung L 4.89)
Skizzieren Sie grafisch das IS-LM-Modell (im Rahmen eines Gesamtmodells).

Aufgabe A 4.90 (3 Punkte) (Zur Lösung L 4.90)
Welche Wirkung hat in dem Gesamtmodell ein Ungleichgewicht von IS- und LM-Kurve?

Aufgabe A 4.91 (2 Punkte) (Zur Lösung L 4.91)
Warum spielt die Inflation im Rahmen des IS-LM-Modells keine Rolle?

Anwendungsaufgaben

Aufgabe A 4.92 (10 Punkte) (Zur Lösung L 4.92)
Der Güter- und der Geldmarkt in Wipolen lassen sich wie folgt beschreiben:

Gütermarkt	$r(Y) = -0{,}5Y + 5$
Geldmarkt	$r(Y) = 2Y - 2$

(a) (3 Punkte) Wie hoch sind das BIP und der Zins, wenn sich die wipolnische Wirtschaft im Gleichgewicht befindet?

(b) (2 Punkte) Was passiert, wenn der Zinssatz sich dem internationalen Zinssatz von 2 anpasst?

(c) (5 Punkte) Die wipolnische Regierung diskutiert ein Politikprogramm, durch welches Arbeitsplätze im Wert von 2 Geldeinheiten geschaffen werden können. Hierzu müssen allerdings die Steuern auf 1 Geldeinheit erhöht werden (vorher wurden keine

Steuern erhoben). Lohnt sich dieses Politikprogramm, wenn die Investitionsfunktion die Form $-r + 1$ hat?

Aufgabe A 4.93 (4 Punkte) (Zur Lösung L 4.93)
Der Gütermarkt Makroatiens lässt sich durch die IS-Kurve $r = -0,3Y + 12$ beschreiben. Darüber hinaus ist bekannt, dass das binnenwirtschaftliche Gleichgewicht bei $(10; 9)$ liegt. Bestimmen Sie ausgehend von dieser Information den Parameter α, wenn bekannt ist, dass die LM-Kurve die Form hat:

$$r = 0,7Y + \alpha \tag{4.1}$$

Aufgabe A 4.94 (8 Punkte) (Zur Lösung L 4.94)
Durch eine Änderung der Sparquote verschiebt sich die wipolnische IS-Kurve von der Ausgangssituation $r = -0,4Y + 8$ nach $r = -0,3Y + 8$. Angenommen die LM-Kurve lautet $r = 0,6Y - 1$.

(a) (6 Punkte) Bestimmen Sie die Änderung des BIPs, die durch die Änderung der Sparquote hervorgerufen wird.
(b) (2 Punkte) Beantworten Sie durch Ihr Hintergrundwissen über das keynesianische Modell, ob die Verschiebung der IS-Kurve durch eine Erhöhung oder durch eine Verringerung der Sparquote hervorgerufen wurde.

Aufgabe A 4.95 (3 Punkte) (Zur Lösung L 4.95)
Über die Zentralbank Mikronesiens ist bekannt, dass sie den Leitzins nie unter 0,3 sinken lässt. In einer normalen wirtschaftlichen Situation folgt die LM-Kurve dem Verlauf $r = 0,2Y - 2$. Ab welchem BIP befindet sich Mikronesien in einer Liquiditätsfalle?

Aufgabe A 4.96 (3 Punkte) (Zur Lösung L 4.96)
Bestimmen Sie zu der gegebenen IS- und LM-Kurve das Hicks-Gleichgewicht.

IS-Kurve	$r = 350 - 0,2Y$
LM-Kurve	$r = 1,8Y - 700$

Aufgabe A 4.97 (13 Punkte) (Zur Lösung L 4.97)
Die Konsumfunktion ist gegeben als $C(Y) = 0,6Y + 2$, die Investitionsfunktion hat die Form $I(r) = 1 - r$ und die Staatsausgaben betragen 2. Es werden keine Steuern erhoben.

(a) (4 Punkte) Bestimmen Sie für oben genannte Werte mathematisch die IS-Kurve. (Geben Sie die Gleichung der IS-Kurve an.)
(b) (3 Punkte) Die LM-Kurve ist gegeben als $r = 0,6Y + 3$. Berechnen Sie die Gleichgewichtswerte für Y und r.
(c) (6 Punkte) Wie lautet der Fiskalmultiplikator (Erhöhung des Staatsverbrauchs)?

Aufgabe A 4.98 (6 Punkte) (Zur Lösung L 4.98)

Die Heimatmärkte in Land I und Land II lassen sich durch die folgenden Gleichungen beschreiben:

	Land I	Land II
Gütermarkt	$r = -0,3Y + 5$	$r^* = -2Y^* + 10,9$
Geldmarkt	$r = 0,7Y - 2$	$r^* = Y^* - 1,1$

Berechnen Sie für beide Länder das binnenwirtschaftliche Gleichgewicht.

Aufgabe A 4.99 (11 Punkte) (Zur Lösung L 4.99)

Eine Volkswirtschaft wird durch die folgenden Zusammenhänge beschrieben:

Gütermarkt	Geldmarkt
Konsum $C(Y) = 0,7Y + 4$	Geldangebot $\frac{M}{P} = 7$
Investitionen $I(r) = -3r + 3$	Transaktionskasse $m^T(Y) = 0,4Y + 2$
Staatsausgaben $G = 2$	Spekulationskasse $m^S(r) = -2r - 1$
Steuern 0	Vorsichtskasse 0

(a) (4 Punkte) Leiten Sie die IS-Kurve her.
(b) (4 Punkte) Leiten Sie die LM-Kurve her.
(c) (3 Punkte) Wie hoch ist das Gleichgewichtseinkommen?

Aufgabe A 4.100 (11 Punkte) (Zur Lösung L 4.100)

Eine geschlossene Volkswirtschaft wird durch die folgenden Zusammenhänge beschrieben:

Gütermarkt	Geldmarkt
Konsum $C(Y) = 0,8Y + 7$	Geldangebot $\frac{M}{P} = 5$
Investitionen $I(r) = -2r + 1$	Transaktionskasse $m^T(Y) = 0,5Y + 1$
Staatsausgaben $G = 4$	Spekulationskasse $m^S(r) = -r - 2$
Steuern 0	Vorsichtskasse 0

(a) (4 Punkte) Leiten Sie mathematisch die IS-Kurve her (Hinweis: Verwendungsgleichung).
(b) (4 Punkte) Leiten Sie mathematisch die LM-Kurve her (Hinweis: Geldmarktgleichgewicht).
(c) (3 Punkte) Wie hoch ist der Gleichgewichtszinssatz?

Aufgabe A 4.101 (5 Punkte) (Zur Lösung L 4.101)

Angenommen es gelten die folgenden Angaben für die IS- und die LM-Kurve:

$$r = -0,4Y + 3 \quad \text{(IS-Kurve)}$$
$$r = 0,6Y - 4 \quad \text{(LM-Kurve)}$$

Liegt ein gesamtwirtschaftliches Gleichgewicht vor, wenn eine unendliche hohe Kapitalmobilität vorliegt und der Weltzinssatz bei $r = 1$ liegt? (Begründen Sie Ihre Antwort.)

Transferaufgaben

Aufgabe A 4.102 (2 Punkte) (Zur Lösung L 4.102)
Nennen Sie eine Möglichkeit innerhalb des IS-LM-Modells (Einnahmen-Ausgaben-Modells), das Einkommen zu erhöhen.

Aufgabe A 4.103 (2 Punkte) (Zur Lösung L 4.103)
Nennen Sie eine Möglichkeit innerhalb des IS-LM-Modells (Einnahmen-Ausgaben-Modells), den Zinssatz zu senken.

4.2.7 Sonderfälle und besondere Effekte

Quick Check – Wahr oder falsch?

Aufgabe A 4.104 (5 Punkte) (Zur Lösung L 4.104)
(a) Wenn die IS-Kurve senkrecht wird, haben Zinsentwicklungen keinen Einfluss auf die Investitionstätigkeit seitens der Unternehmen.
(b) Bei der Liquiditätsfalle wird angenommen, dass der Zins beliebig tief fallen kann.
(c) Sowohl bei der Investitions- als auch bei der Liquiditätsfalle ist expansive Geldpolitik die bestmögliche Politikoption.
(d) Ein Crowding-Out tritt bei jeder Form (expansiv und restriktiv) von Fiskalpolitik auf.
(e) Effekte einer externen Änderung des Preisniveaus fasst man unter dem Multiplikatoreffekt zusammen.

Verständnisfragen

Aufgabe A 4.105 (5 Punkte) (Zur Lösung L 4.105)
Formulierung 1 Was versteht man unter der Investitionsfalle? Skizzieren Sie diese Situation im Rahmen des IS-LM-Modells grafisch.
Formulierung 2 Was versteht man unter der Investitionsfalle? Wie sieht in diesem Fall die IS-Kurve aus?
Formulierung 3 Skizzieren Sie grafisch eine gesamtwirtschaftliche Gleichgewichtssituation im Rahmen des IS-LM-Modells. Es soll eine Investitionsfalle vorliegen. (Beschriften Sie Ihre Kurven.) Zeigen Sie grafisch, dass eine expansive Geldpolitik keinen Effekt auf das BIP hat.

Aufgabe A 4.106 (5 Punkte) (Zur Lösung L 4.106)
Formulierung 1 Was versteht man unter der Liquiditätsfalle? Skizzieren Sie diese Situation im Rahmen des IS-LM-Modells grafisch.
Formulierung 2 Einige Experten behaupten, die USA befinden sich in der Situation der Liquiditätsfalle. Zeichnen Sie eine solche Situation im IS-LM-Modell ein.

Formulierung 3 Was versteht man unter der Liquiditätsfalle? Wie sieht in diesem Fall die LM-Kurve aus?

Formulierung 4 Skizzieren Sie grafisch eine gesamtwirtschaftliche Gleichgewichtssituation im Rahmen des IS-LM-Modells. Es soll eine Liquiditätsfalle vorliegen. (Beschriften Sie Ihre Kurven.) Zeigen Sie hieran grafisch, dass eine expansive Geldpolitik unwirksam ist.

Aufgabe A 4.107 (2 Punkte) (Zur Lösung L 4.107)
Nennen Sie ein Beispiel für einen Crowding-Out-Effekt.

Aufgabe A 4.108 (3 Punkte) (Zur Lösung L 4.108)
Skizzieren Sie grafisch den Crowding-Out-Effekt im Rahmen des IS-LM-Modells.

Aufgabe A 4.109 (6 Punkte) (Zur Lösung L 4.109)
Beschreiben Sie den Keynes-Effekt und den Pigou-Effekt.

Aufgabe A 4.110 (6 Punkte) (Zur Lösung L 4.110)
Formulierung 1 (a) (3 Punkte) Beschreiben Sie den Multiplikatoreffekt?
              (b) (3 Punkte) Beschreiben Sie den Akzeleratoreffekt?
Formulierung 2 (6 Punkte) Erläutern Sie den Multiplikator- und den Akzeleratoreffekt expansiver Fiskalpolitik.

Aufgabe A 4.111 (3 Punkte) (Zur Lösung L 4.111)
Was versteht man unter einem Crowding-Out und wie kann ein solcher Effekt entstehen?

Aufgabe A 4.112 (2 Punkte) (Zur Lösung L 4.112)
Nennen Sie mindestens einen Aspekt, der zu einer waagerechten LM-Kurve führen kann.

Aufgabe A 4.113 (5 Punkte) (Zur Lösung L 4.113)
Erläutern Sie die Anpassungsvorgänge, die im Kontext eines Crowding-Out zum Tragen kommen (berücksichtigen Sie hierbei insbesondere auch den Vermögensbestand A').

Aufgabe A 4.114 (5 Punkte) (Zur Lösung L 4.114)
Stellen Sie das Phänomen des Crowding-Out grafisch dar unter der Annahme, dass die reale Geldnachfrage sowohl vom Einkommen, dem Zinssatz als auch dem realen Nettovermögen abhängt, zudem soll der Konsum positiv vom Vermögen abhängen.

Aufgabe A 4.115 (5 Punkte) (Zur Lösung L 4.115)

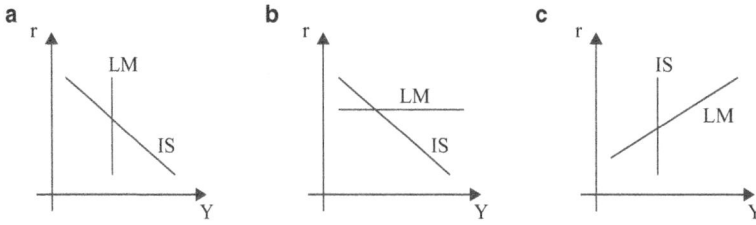

(a) (3 Punkte) Welche der obigen Abbildungen beschreibt am besten ein IS-LM-Modell im Fall sehr niedriger Zinsen?

(b) (2 Punkte) Wie nennt man diese Situation?

Anwendungsaufgaben

Aufgabe A 4.116 (14 Punkte) (Zur Lösung L 4.116)

Die Heimatmärkte in Land I und Land II (zwei geschlossene Volkswirtschaften) lassen sich durch die folgenden Gleichungen beschreiben:

	Land I	Land II
Gütermarkt	$r = -0,1Y + 5$	$r^* = -2Y^* + 8$
Geldmarkt	$r = 2$	$r^* = 2$

(a) (6 Punkte) Berechnen Sie für beide Länder das binnenwirtschaftliche Gleichgewicht (je 3 Punkte).

(b) (4 Punkte) Ist anzunehmen, dass sich die Länder in einer Liquiditäts- oder einer Investitionsfalle befinden?

(c) (4 Punkte) Was passiert mit dem BIP in Land I und Land II, wenn sich Land I von Land II einen Kredit in Höhe von 2 Einheiten leiht und hiermit seine Staatsausgaben erhöht? Bedenken Sie, dass das Geld in Land II für Staatsausgaben fehlen wird.

Transferaufgaben

Aufgabe A 4.117 (5 Punkte) (Zur Lösung L 4.117)

Durch eine Umwälzung der wirtschaftlichen Strukturen in Makroatien sind die privaten Investoren sehr skeptisch was Investitionen in ihre Unternehmen angeht und verschieben alle wirtschaftlichen Tätigkeiten bis auf die allernötigsten in die Zukunft. Außerdem hat die Zentralbank von Makroatien versucht die Wirtschaft durch wiederholtes Absenken der Zinsen anzukurbeln, sodass sich der Zinssatz momentan auf dem niedrigsten Niveau seit dem Bestehen der makroatischen Zentralbank befindet. Die Regierung von Makroatien überlegt, ob zur Verbesserung der wirtschaftlichen Leistung eine Steuersenkung oder eine weitere Ausdehnung der Kreditvergabe hilfreich sein kann. Was würden Sie ihr aus keynesianischer Sicht raten?

Aufgabe A 4.118 (6 Punkte) (Zur Lösung L 4.118)

Der Leitzins in der Eurozone ist der bisher niedrigste Zinssatz in der Geschichte der EZB. Es ist zu erwarten, dass der Zins nicht weiter sinken wird.

Um gegen die internationale Finanzkrise vorzugehen, stellt die Europäische Zentralbank zusätzliche finanzielle Mittel zur Verfügung (expansive Geldpolitik). Welche Konsequenzen sind zu erwarten? Argumentieren Sie aus keynesianischer Sicht im IS-LM-Modell unter Benutzung ökonomischer Begriffe und Konzepte und stellen Sie den Zusammenhang grafisch dar.

4.2.8 Fiskal- und Geldpolitik – Allgemein

Quick Check – Wahr oder falsch?

Aufgabe A 4.119 (5 Punkte) (Zur Lösung L 4.119)
(a) Steuererhöhungen sind Bestandteil expansiver Fiskalpolitik.
(b) Ein Ziel der Fiskalpolitik ist es, konjunkturelle Schwankungen auszugleichen.
(c) Durch eine quantitative Lockerung kann der Staat die Situation der Zentralbank stützen.
(d) Durch restriktive Geldpolitik verringert sich auch der Zinssatz.
(e) Die Effekte expansiver Geldpolitik können durch restriktive Fiskalpolitik aufgehoben werden.

Multiple Choice

Aufgabe A 4.120 (10 Punkte) (Zur Lösung L 4.120)
(a) (2 Punkte) Bei einer Steuersenkung handelt es sich um ...

   (I)   ... restriktive Fiskalpolitik.
   (II) ... expansive Fiskalpolitik.
   (III) ... restriktive Geldpolitik.
   (IV) ... weder um Geld- noch um Fiskalpolitik.

(b) (2 Punkte) Wobei handelt es sich um kein Standardwerkzeug der Geldpolitik der EZB?

   (I)   Kreditvergabe an die EU Mitgliedsstaaten
   (II) Mindestreservepolitik
   (III) Zinstenderverfahren
   (IV) Ständige Fazilitäten

(c) (2 Punkte) Was gibt die Zentralbank bei einem Mengentender vor?

   (I)   Nur die Kreditmenge
   (II) Nur den Zins
   (III) Den Zins und die Kreditmenge
   (IV) Die Kreditmenge und die Anzahl der beiteiligten Kreditinstitute

(d) (2 Punkte) Eine Erhöhung der Beamtenbezüge ...

   (I)   ... ist restriktive Fiskalpolitik.
   (II) ... ist expansive Fiskalpolitik.
   (III) ... hat keinen Bezug zur Fiskalpolitik.
   (IV) ... ist neutrale Fiskalpolitik.

(e) (2 Punkte) Bei einem Mindestreservesatz von 2% kann jeder Euro Zentralbankgeld die Geldmenge um bis zu ... Euro erhöhen.

   (I)   10
   (II) 5

    (III) 50
    (IV) 100

Verständnisfragen

Aufgabe A 4.121 (10 Punkte) (Zur Lösung L 4.121)
Bei welchen politischen Maßnahmen handelt es sich um fiskalpolitische und bei welchen um geldpolitische Maßnahmen?

(a) (1 Punkt) Errichtung von staatlichen Hochschulen
(b) (1 Punkt) Privatisierung von Staatsfirmen
(c) (1 Punkt) Liberalisierung des Strommarktes
(d) (1 Punkt) Einführung von Studiengebühren
(e) (1 Punkt) Vergabe von Studienkrediten
(f) (1 Punkt) Errichtung einer Diktatur
(g) (1 Punkt) Einführung des Kommunismus als Staatsform
(h) (1 Punkt) Ankauf von Bundesschatzbriefen
(i) (1 Punkt) Abwrackprämie
(j) (1 Punkt) Bezahlung von Staatsschulden durch Senkung des Nominalzinssatzes

Aufgabe A 4.122 (2 Punkte) (Zur Lösung L 4.122)
Formulierung 1 Was versteht man unter Fiskalpolitik?
Formulierung 2 Was versteht man unter Fiskalpolitik? Welche Ausprägungen kann diese annehmen?

Aufgabe A 4.123 (3 Punkte) (Zur Lösung L 4.123)
Wie wirkt expansive Fiskalpolitik im neoklassischen Modell?

Aufgabe A 4.124 (2 Punkte) (Zur Lösung L 4.124)
Wie wirkt expansive Fiskalpolitik im IS-LM-Modell?

Aufgabe A 4.125 (2 Punkte) (Zur Lösung L 4.125)
Was versteht man unter Geldpolitik?

Aufgabe A 4.126 (4 Punkte) (Zur Lösung L 4.126)
Welche Wirkungen hat expansive Geldpolitik?

Aufgabe A 4.127 (6 Punkte) (Zur Lösung L 4.127)
Nennen Sie zwei Probleme, die bei einer expansiven Fiskalpolitik auftreten können.

Aufgabe A 4.128 (2 Punkte) (Zur Lösung L 4.128)
Formulierung 1 Nennen Sie je ein konkretes Beispiel für expansive und restriktive Fiskalpolitik.
Formulierung 2 Geben Sie ein konkretes Beispiel für expansive und ein konkretes Beispiel für restriktive Fiskalpolitik. (Änderung von Steuern bzw. Staatsausgaben zählen nicht als Antworten.)

Aufgabe A 4.129 **(5 Punkte)** (Zur Lösung L 4.129)
Über welche Möglichkeiten (ökonomische Maßnahmen) verfügt die Zentralbank eines
Staates, um konjunkturelle Schwankungen der Wirtschaftsentwicklung auszugleichen?
(Begründen Sie Ihre Aussagen ökonomisch.)

Aufgabe A 4.130 **(3 Punkte)** (Zur Lösung L 4.164)
Bei welchen der folgenden Aktionen handelt es sich um typische fiskalpolitische Vorgänge? (Es sind nur drei Antworten erlaubt.)

- Steuererhöhung.
- Kreditvergabe an Nachbarländer.
- Aufhebung der Pressefreiheit.
- Privatisierung von Staatseigentum.
- Bau von Autobahnen.
- Beitritt zur Eurozone.

Aufgabe A 4.131 **(5 Punkte)** (Zur Lösung L 4.130)
Formulierung 1 Was versteht man unter antizyklischer Fiskalpolitik? Warum sollte Fis-
                kalpolitik idealerweise immer antizyklisch konzipiert sein?
Formulierung 2 Was ist antizyklische Fiskalpolitik?

Aufgabe A 4.132 **(3 Punkte)** (Zur Lösung L 4.131)
Nennen Sie mindestens drei Grundelemente nachfrageorientierter Stabilitätspolitik.

Aufgabe A 4.133 **(3 Punkte)** (Zur Lösung L 4.132)
Was versteht man unter Quantitative Easing (quantitative Lockerung)?

Aufgabe A 4.134 **(3 Punkte)** (Zur Lösung L 4.133)
Bedeutet Quantitative Easing, dass es automatisch zu einer Inflation kommt?

Aufgabe A 4.135 **(4 Punkte)** (Zur Lösung L 4.134)
Welche kurzfristigen Effekte hat Quantitative Easing?

Aufgabe A 4.136 **(4 Punkte)** (Zur Lösung L 4.135)
Welche mittelfristigen Quantitative-Easing-Effekte entstehen?

Aufgabe A 4.137 **(5 Punkte)** (Zur Lösung L 4.136)
Bei einer Quantitative-Easing-Politik beobachtet man eine Erhöhung der Aktienkurse. Wie
ist das zu erklären?

Aufgabe A 4.138 **(4 Punkte)** (Zur Lösung L 4.137)
Welche Aspekte von Quantitative Easing ergeben sich im Zwei-Länder-Modell?

Aufgabe A 4.139 **(4 Punkte)** (Zur Lösung L 4.138)
Welche Problemaspekte bei Quantitative Easing gibt es?

Aufgabe A 4.140 (5 Punkte) (Zur Lösung L 4.139)
Inwiefern kann Quantitative Easing mit Kursblasen am Aktienmarkt im In- und Ausland einhergehen?

Aufgabe A 4.141 (5 Punkte) (Zur Lösung L 4.140)
Weshalb könnte Quantitative Easing unsolide Haushaltsfinanzierung begünstigen?

Aufgabe A 4.142 (3 Punkte) (Zur Lösung L 4.141)
Wie ergibt sich die langfristige Staatsschuldenquote?

Aufgabe A 4.143 (5 Punkte) (Zur Lösung L 4.142)
Inwiefern können Zähler- und Nennergröße bei der Domar-Formel für die langfristige Schuldenquote miteinander verbunden sein?

Aufgabe A 4.144 (5 Punkte) (Zur Lösung L 4.143)
Wie hoch wird die langfristige Schuldenquote in Deutschland maximal sein, wenn man die Verfassung beachtet und 1,5 % Wachstumsrate annimmt?

Aufgabe A 4.145 (3 Punkte) (Zur Lösung L 4.144)
Wie kann die Risikoprämie im Kapitalmarkt gemessen werden?

Aufgabe A 4.146 (2 Punkte) (Zur Lösung L 4.145)
Wie hoch sind die Obergrenzen für Defizitquote und Schuldenquote im Maastrichter Vertrag für Eurobeitrittskandidaten bzw. im Stabilitäts- und Wachstumspakt für Länder der Eurozone?

Aufgabe A 4.147 (5 Punkte) (Zur Lösung L 4.146)
Wie kann die Europäische Kommission bei einem Überschreiten der 3 %-Defizitgrenze reagieren?

Aufgabe A 4.148 (10 Punkte) (Zur Lösung L 4.147)
Beschreiben Sie die klassischen geldpolitischen Instrumente der EZB.

Aufgabe A 4.149 (4 Punkte) (Zur Lösung L 4.148)
Unterscheiden Sie Zins- von Mengentendern.

Aufgabe A 4.150 (5 Punkte) (Zur Lösung L 4.149)
Angenommen der Mindestreservesatz beträgt 2%.

1. (3 Punkte) Was sagt dies über die Stabilität des betroffenen Finanzsystems aus?
2. (2 Punkte) Um wieviel Geldeinheiten kann jede Einheit Zentralbankgeld die Geldmenge maximal erhöhen?

Aufgabe A 4.151 (4 Punkte) (Zur Lösung L 4.150)
Welche Auswirkungen ergeben sich für die Effektivität der Geldpolitik, wenn die EZB den Mindestreservesatz von 2% auf 1% senkt?

Aufgabe A 4.152 (24 Punkte) (Zur Lösung L 4.151)

Im Rahmen eines Mengentenders stellt die Zentralbank 20 Mio.€zu einem Zinssatz von 3% bereit. Bestimmen Sie ausgehend von den folgenden Geboten der bietenden Banken, die Höhe des Anteils der jeder Bank zugeteilt wird.

1. (4 Punkte)

   - Bank 1: 7 Mio.
   - Bank 2: 5 Mio.
   - Bank 3: 10 Mio.
   - Bank 4: 15 Mio.

2. (4 Punkte)

   - Bank 1: 12 Mio.
   - Bank 2: 20 Mio.
   - Bank 3: 1 Mio.
   - Bank 4: 2 Mio.

3. (4 Punkte)

   - Bank 1: 7 Mio.
   - Bank 2: 3 Mio.
   - Bank 3: 3 Mio.
   - Bank 4: 1 Mio.
   - Bank 5: 2 Mio.

4. (4 Punkte)

   - Bank 1: 20 Mio.
   - Bank 2: 18 Mio.
   - Bank 3: 20 Mio.

5. (4 Punkte)

   - Bank 1: 8 Mio.
   - Bank 2: 7 Mio.
   - Bank 3: 12 Mio.
   - Bank 4: 9 Mio.

6. (4 Punkte)

   - Bank 1: 3 Mio.
   - Bank 2: 20 Mio.
   - Bank 3: 1 Mio.
   - Bank 4: 4 Mio.

Aufgabe A 4.153 (30 Punkte) (Zur Lösung L 4.152)

Im Rahmen eines Zinstenders stellt die Zentralbank 8 Mio. €zur Verfügung. Bestimmen Sie ausgehend von den folgenden Geboten der Banken, den Anteil der jeder Bank zugeteilt wird sowie den jeweils zu zahlenden Zins nach der amerikanischen und nach der holländischen Variante.

1. (5 Punkte)

   - Bank 1: 5 Mio. zu 3%
   - Bank 2: 7 Mio. zu 2%
   - Bank 3: 2 Mio. zu 4%
   - Bank 4: 1 Mio. zu 2%

2. (5 Punkte)

   - Bank 1: 3 Mio. zu 2,5%
   - Bank 2: 5 Mio. zu 3%
   - Bank 3: 6 Mio. zu 1%

3. (5 Punkte)

   - Bank 1: 8 Mio. zu 4%
   - Bank 2: 6 Mio. zu 3,5%
   - Bank 3: 7 Mio. zu 3%

4. (5 Punkte)

   - Bank 1: 1 Mio. zu 2%
   - Bank 2: 1 Mio. zu 1%
   - Bank 3: 0,5 Mio. zu 1%
   - Bank 4: 5 Mio. zu 3%

5. (5 Punkte)

   - Bank 1: 1 Mio. zu 2%
   - Bank 2: 3 Mio. zu 3%
   - Bank 3: 7 Mio. 3,5%
   - Bank 4: 4 Mio. zu 2%

6. (5 Punkte)

   - Bank 1: 3 Mio. zu 1,5%
   - Bank 2: 4 Mio. zu 0,5%
   - Bank 3: 17 Mio. zu 0%

Aufgabe A 4.154 (**3 Punkte**) (Zur Lösung L 4.153)
Argumentieren Sie in welchen Situationen ein Zinstender und in welchen ein Mengentender vorzuziehen ist.

Aufgabe A 4.155 (**3 Punkte**) (Zur Lösung L 4.154)
Was kann passieren, wenn die Zentralbank zu stark Geldpolitik über Offenmarktgeschäfte betreibt?

Aufgabe A 4.156 (3 Punkte) (Zur Lösung L 4.155)
Welche geldpolitischen Instrumente sind besonders geeignet das Sekundärziel der EZB anzugehen?

Aufgabe A 4.157 (4 Punkte) (Zur Lösung L 4.156)
Welche Ziele verfolgt die EZB?

Aufgabe A 4.158 (3 Punkte) (Zur Lösung L 4.157)
Wie kann die Wahrung der Wechselkursparität zu einem Konflikt in Bezug auf das Primärziel der Preisniveaustabilität führen?

Aufgabe A 4.159 (4 Punkte) (Zur Lösung L 4.158)
Makroatien versucht über eine gezielte Abwertung der eigenen Währung seine außenwirtschaftliche Stellung zu stärken. Welche Folgen können sich hieraus bezüglich der Inflation im Inland ergeben?

4.2.9 Fiskal- und Geldpolitik im IS-LM-Modell

Quick Check – Wahr oder falsch?

Aufgabe A 4.160 (5 Punkte) (Zur Lösung L 4.159)
(a) Geldpolitik ist die einzige Möglichkeit eine Investitionsfalle wirkungsvoll anzugehen.
(b) Fiskalpolitik ist die einzige Möglichkeit eine Liquiditätsfalle wirkungsvoll anzugehen.
(c) Mathematisch betrachtet verschiebt expansive Fiskalpolitik die IS-Kurve nach oben.
(d) Im IS-LM-Modell hängt die Wirksamkeit der Geldpolitik vom Wechselkursregime ab.
(e) Fiskalpoltik wirkt sich auf die Lage der LM-Kurve aus.

Verständnisfragen

Aufgabe A 4.161 (2 Punkte) (Zur Lösung L 4.160)
Wie wirkt expansive Geldpolitik im IS-LM-Modell?

Aufgabe A 4.162 (18 Punkte) (Zur Lösung L 4.161)
Formulierung 1 Zeichnen Sie die IS- und die LM-Kurve in ein Diagramm und erläutern Sie grafisch und verbal die Effekte expansiver Geldpolitik und expansiver Fiskalpolitik.
Formulierung 2 Skizzieren Sie allgemein die IS- und die LM-Kurve. Stellen Sie anhand dieses Diagramms kurz die Auswirkungen expansiver Geldpolitik und expansiver Fiskalpolitik auf die IS- bzw. die LM-Kurve dar.

Aufgabe A 4.163 (6 Punkte) (Zur Lösung L 4.162)
(a) (3 Punkte) Skizzieren Sie grafisch die Auswirkungen einer expansiven Geldpolitik in einer geschlossenen Volkswirtschaft. (Bitte benennen Sie alle Kurven und Achsen.)

(b) (3 Punkte) Es sei angenommen, dass sich das betrachtete Land in einer Liquiditäts-
    falle befindet. Ist es im Rahmen des IS-LM-Modells empfehlenswert, die Steuern zu
    senken? (Begründen Sie Ihre Aussagen.)

Aufgabe A 4.164 (5 Punkte) (Zur Lösung L 4.163)
Skizzieren Sie grafisch die Effekte einer Steuererhöhung im Rahmen des IS-LM-Modells.
(Bitte benennen Sie alle Kurven und Achsen.)

Aufgabe A 4.165 (5 Punkte) (Zur Lösung L 4.165)
Leiten Sie grafisch im Kontext des Eingaben-Ausgaben-Modells (keynesianisches Kreuz)
das Gleichgewicht auf dem Gütermarkt her und zeigen Sie Auswirkungen einer restriktiven Fiskalpolitik.

Anwendungsaufgaben

Aufgabe A 4.166 (23 Punkte) (Zur Lösung L 4.166)
Angenommen der Gütermarkt in Makroatien und in Wipolen lässt sich wie folgt beschreiben:

Land	IS-Kurve
Makroatien	$r = -0,5Y + 4$
Wipolen	$r = -0,25Y + 2$

Die Geldmärkte in den beiden Ländern lassen sich wie folgt beschreiben:

Land	LM-Kurve
Makroatien	$r = 2Y - 1$
Wipolen	$r = Y - 2$

(a) (9 Punkte) Aufgrund der angespannten politischen Lage gibt es keinerlei wirtschaft-
    liche Beziehungen zwischen den beiden Ländern. Liegt trotzdem der gleiche Zinssatz
    in beiden Ländern vor?
(b) (2 Punkte) In welches Land würden bei einer wirtschaftlichen Öffnung zunächst die
    meisten Kapitaltransfers getätigt werden?
(c) (12 Punkte) Angenommen es kommt zu einem Krieg zwischen Makroatien und Wi-
    polen. Hierbei sind drei Szenarien denkbar. Diskutieren Sie die Auswirkungen im
    Rahmen des IS-LM-Modells.

   (I) (4 Punkte) Makroatien besiegt Wipolen, welches fortan jede Periode Reparati-
        onszahlungen in Höhe von 2 Einheiten an Makroatien zahlen muss.
   (II) (4 Punkte) Makroatien besiegt Wipolen und beide Länder sind nach dem Krieg
        souveräne Staaten. Durch den Krieg wurde allerdings in beiden Ländern die In-
        frastruktur so stark zerstört, dass der Staat in jeder Periode die Ausgaben um 2
        Einheiten erhöhen muss, um diese wieder herzustellen.

(III) (4 Punkte) Makroatien und Wipolen werden zu dem Großstaat Makrolen vereinigt. Aufgrund einer gleichbleibenden Geldpolitik wird die Struktur des Geldmarktes von Makroatien übernommen. Die Güternachfrage aus beiden Ländern allerdings summiert sich auf.

Aufgabe A 4.167 (**3 Punkte**) (Zur Lösung L 4.167)
Güter- und Geldmarkt in Makroatien lassen sich durch die folgenden Gleichungen beschreiben (angenommen die Investitionsfunktion hat die Form $I(r) = -r + 1$):

$$r = -0{,}5Y + 4 \quad \text{(IS-Kurve)}$$
$$r = 2Y - 1 \quad \text{(LM-Kurve)}$$

Zum Ankurbeln der Wirtschaft stehen die folgenden beiden Alternativen zur Wahl:

- Infrastrukturinvestitionen in Höhe von 3 Geldeinheiten, finanziert durch eine Staatsverschuldung von einer Geldeinheit und einer Steuererhöhung von 2 Geldeinheiten.
- Bereitstellung von Bildungskrediten durch die Zentralbank (sie ist hier nicht unabhängig) in Höhe von einer Einheit, die auch komplett nachgefragt werden.

Für welche dieser beiden Alternativen sollte sich der König von Makroatien entscheiden, wenn er seine Entscheidung allein basierend auf dem IS-LM-Modell fällt?

Aufgabe A 4.168 (**75 Punkte**) (Zur Lösung L 4.168)
Betrachten Sie die folgenden Sets von Angebot- und Nachfrage-Kurven und berechnen Sie die Änderung der Wohlfahrtsrente (Anteil der Konsumentenrente und Anteil der Produzentenrente) bei der Einführung einer Stücksteuer ...

(a) ... in Höhe von 5 Geldeinheiten bei Besteuerung des Anbieters.
(b) ... in Höhe von 5 Geldeinheiten bei Besteuerung des Nachfragers.
(c) ... in Höhe von 10% bei Besteuerung des Nachfragers.
(d) ... in Höhe von -1 Geldeinheit (also einer Subvention) der Anbieter.

1. (15 Punkte) NF: $p = -2q + 18$ und AN: $p = q + 3$
2. (15 Punkte) NF: $p = -q + 20$ und AN: $p = 2q + 2$
3. (15 Punkte) NF: $p = -0{,}5q + 25$ und AN: $p = 1{,}5q + 1$
4. (15 Punkte) NF: $p = -q + 28$ und AN: $p = 4q + 3$
5. (15 Punkte) NF: $p = -0{,}5q + 22$ und AN: $p = 3q - 13$

Aufgabe A 4.169 (**80 Punkte**) (Zur Lösung L 4.169)
Betrachten Sie die folgenden Kombinationen aus Angebots- und Nachfrage-Kurven. Welche Auswirkungen werden sich jeweils ergeben?

(a) Angenommen die Regierung setzt einen Mindestpreis in Höhe von 10 durch.
(b) Angenommen die Regierung setzt einen Höchstpreis in Höhe von 5 durch.

1. (8 Punkte) AN: $p = q + 1$ und NF: $p = -2q + 19$
2. (8 Punkte) AN: $p = 0{,}5q - 1$ und NF: $p = -0{,}5q + 14$
3. (8 Punkte) AN: $p = q - 2$ und NF: $p = -0{,}5q + 13$

4. (8 Punkte) AN: $p = 2q - 3$ und NF: $p = -0,5q + 9,5$
5. (8 Punkte) AN: $p = 0,2q$ und NF: $p = -1,8q + 18$
6. (8 Punkte) AN: $p = 0,3q + 1$ und NF: $p = -0,7q + 8$
7. (8 Punkte) AN: $p = q - 1$ und NF: $p = -q + 1$
8. (8 Punkte) AN: $p = 0,7q + 1$ und NF: $p = -1,3q + 13$
9. (8 Punkte) AN: $p = 0,4q - 3$ und NF: $p = -0,6q + 11$
10. (8 Punkte) AN: $p = q - 2$ und NF: $p = -q + 6$

Transferaufgaben

Aufgabe A 4.170 (4 Punkte) (Zur Lösung L 4.170)
Welche Wirtschaftspolitik empfehlen Sie ausgehend von einer Rezession? Begründen Sie ihre Aussage. (Zwei Sätze genügen.)

Aufgabe A 4.171 (6 Punkte) (Zur Lösung L 4.171)
Prof. S. ist der Meinung, dass in Phasen eines wirtschaftlichen Booms der Staat eine restriktive Fiskalpolitik betreiben sollte. Diskutieren Sie diese Meinung, indem sie mindestens 3 Argumente dafür oder dagegen anführen.

Aufgabe A 4.172 (6 Punkte) (Zur Lösung L 4.172)
Nennen Sie drei (in der Realität auch existente) Situationen, in denen von einer expansiven Geldpolitik seitens der Zentralbank abzuraten ist.

4.2.10 Politikmultiplikatoren

Quick Check – Wahr oder falsch?

Aufgabe A 4.173 (5 Punkte) (Zur Lösung L 4.173)
(a) Multiplikatoren können nur für die Effekte von Fiskal- und Geldpolitik berechnet werden.
(b) Die Politikmultiplikatoren im Rahmen des IS-LM-Modells erhält man durch Ableiten der IS-Kurve (Fiskalpolitik) bzw. LM-Kurve (Geldpolitik).
(c) Ein großer Fiskalmultiplikator kann dann Nachteile haben, wenn die Politik gezwungen ist Sparmaßnahmen zu ergreifen.
(d) Der Multiplikator $\frac{dY}{ds}$ sagt aus, um wie viele Einheiten sich Y verändert, wenn s um ein Prozent erhöht wird.
(e) Der Einkommensmultiplikator lautet immer $\frac{dY}{dG} = \frac{1}{s}$.

Verständnisfragen

Aufgabe A 4.174 (3 Punkte) (Zur Lösung L 4.174)
Welchen Vorteil hat es, wenn der Multiplikator $\frac{dY}{dG}$ größer ist?

Aufgabe A 4.175 (5 Punkte) (Zur Lösung L 4.175)
(a) (2 Punkte) Was sagt der Multiplikator $\frac{dr}{dM/P}$ aus?
(b) (3 Punkte) Ist es stabilitätspolitisch betrachtet besser, wenn dieser Multiplikator absolut größer oder kleiner ist? (Begründen Sie Ihre Aussage.)

Aufgabe A 4.176 (2 Punkte) (Zur Lösung L 4.176)
Was sagt der Multiplikator $\frac{dY}{dM/P}$ aus?

Aufgabe A 4.177 (4 Punkte) (Zur Lösung L 4.177)
(a) (2 Punkte) Was sagt der Multiplikator $\frac{dY}{ds}$ aus?
(b) (1 Punkte) Interpretieren Sie sein negatives Vorzeichen.
(c) (1 Punkte) Wie bezeichnet man das durch den Multiplikator motivierte Phänomen?

Anwendungsaufgaben

Aufgabe A 4.178 (8 Punkte) (Zur Lösung L 4.178)
Die IS- und die LM-Kurve sind wie folgt gegeben:

$$S(Y) = I(r) + G \qquad \text{(IS-Kurve)}$$

$$\frac{M}{P} = m^T(Y) + m^S(r) \qquad \text{(LM-Kurve)}$$

Mit $S(Y) = sY - C_0$; $m^T(Y) = hY$; $m^S(r) = -h'r$; $I(r) = -ar$.

(a) (6 Punkte) Bestimmen Sie die Multiplikatoren $\frac{dY}{dG}$ und $\frac{dr}{dM/P}$.
(b) (2 Punkte) Angenommen die Sparquote in Wipolen beträgt 0,2 und es werden nur autonome Investitionen in Höhe von 2 getätigt. Darüber hinaus beträgt das reale Geldangebot 5 Einheiten und die Nachfrage nach Geld zu Transaktionszwecken lässt sich schreiben als: $m^T(Y) = Y + 1$, die Nachfrage nach Geld aus der Spekulationskasse beträgt: $m^S(r) = -r + 2$.
Wie hoch ist der Zugewinn bei einer Erhöhung der Geldmenge um eine Einheit auf das BIP?

Aufgabe A 4.179 (6 Punkte) (Zur Lösung L 4.179)
Das IS-LM-Modell ist gegeben durch die Gleichungen:

$$G = (1 - c)Y + br \qquad \text{(IS-Kurve)}$$

$$\frac{M}{P} = hY - h'r \qquad \text{(LM-Kurve)}$$

Bestimmen Sie analog zu dem Verfahren aus dem Theorieteil den Multiplikator $\frac{dr}{dG}$ und geben Sie an, ob dieser positiv oder negativ ist.

Aufgabe A 4.180 (6 Punkte) (Zur Lösung L 4.180)
Das IS-LM-Modell ist gegeben durch die Gleichungen (Parameter $c, b, h, h' > 0$):

$$G = (1-c)Y + br \quad \text{(IS-Kurve)}$$

$$\frac{M}{P} = hY - h'r \qquad \text{(LM-Kurve)}$$

Berechnen Sie den Einkommensmultiplikator für eine expansive Geldpolitik: $\frac{dr}{dM/P}$.

Aufgabe A 4.181 (4 Punkte) (Zur Lösung L 4.181)
(a) (2 Punkte) Angenommen $h = h' = 1$ und $s = b = 0{,}1$. Berechnen Sie in diesem Fall den Multiplikator $\frac{dr}{dM/P}$. Nutzen Sie hierzu, sofern Sie den entsprechenden Multiplikator $\frac{dr}{dM/P}$ noch nicht in einer vorhergehenden Aufgabe berechnet haben, die Formel $\frac{dr}{dM/P} = \frac{0{,}1}{s+h'bh}$.
(b) (2 Punkte) Was sagt der Multiplikator $\frac{dr}{dM/P}$ aus?

Aufgabe A 4.182 (5 Punkte) (Zur Lösung L 4.182)
(a) (2 Punkte) Angenommen $h = h' = 1$ und $s = b = 0{,}1$. Berechnen Sie in diesem Fall den Einkommensmultiplikator. Nutzen Sie hierzu, sofern Sie den entsprechenden Multiplikator noch nicht in einer vorhergehenden Aufgabe berechnet haben, die Formel $\frac{dY}{dG} = \frac{0{,}1}{s+h'bh}$.
(b) (3 Punkte) Ist es für ein Land vorteilhafter, einen kleinen oder einen großen Einkommensmultiplikator zu haben?

Aufgabe A 4.183 (10 Punkte) (Zur Lösung L 4.183)
Bestimmen Sie für das wie folgt gegebene IS-LM-Modell die Multiplikatoren $\frac{dY}{ds}$; $\frac{dr}{ds}$; $\frac{dY}{dP}$.

$$G = (1-c)Y + br \quad \text{(IS-Kurve)}$$

$$\frac{M}{P} = hY - h'r \qquad \text{(LM-Kurve)}$$

4.2.11 Kapitalmobilität

Quick Check – Wahr oder falsch?

Aufgabe A 4.184 (5 Punkte) (Zur Lösung L 4.184)
(a) Die ZZ-Kurve beschreibt alle Kombinationen von BIP und Zinssatz, für die die Zahlungsbilanz ausgeglichen ist.
(b) Je steiler die ZZ-Kurve ist, umso größer ist die Kapitalmobilität.
(c) Die Zentralbank bestimmt Devisenangebot und -nachfrage.
(d) In einer geschlossenen Volkswirtschaft sind auf dem Devisenmarkt BIP und Zinssatz voneinander unabhängig.
(e) Die ZZ-Kurve kann nicht zu einer sinkenden Geraden werden.

Verständnisfragen

Aufgabe A 4.185 (3 Punkte) (Zur Lösung L 4.185)
Die ZZ-Kurve ist gegeben als $r = 3$. Was sagt dies über die internationale Kapitalmobilität
aus? Deuten Sie diesen Sachverhalt.

Aufgabe A 4.186 (5 Punkte) (Zur Lösung L 4.186)
(a) (3 Punkte) Beschreiben Sie ein Gleichgewicht auf dem Devisenmarkt.
(b) (2 Punkte) Wie ergibt sich hieraus die ZZ-Kurve?

Aufgabe A 4.187 (5 Punkte) (Zur Lösung L 4.187)
(a) (2 Punkte) Was versteht man unter Kapitalmobilität?
(b) (3 Punkte)

      Formulierung 1 Skizzieren Sie die ZZ-Kurve für unterschiedlich hohe Kapitalmobi-
                    litäten.
      Formulierung 2 Skizzieren Sie die ZZ-Kurve bei unendlich hoher Kapitalmobilität.

Aufgabe A 4.188 (2 Punkte) (Zur Lösung L 4.188)
Wie lautet die Gleichung (Bedingung) für Gleichgewicht auf dem Devisenmarkt (ZZ-
Kurve)?

Aufgabe A 4.189 (1 Punkt) (Zur Lösung L 4.189)
In welchem Fall spricht man von einer unendlichen Kapitalmobilität?

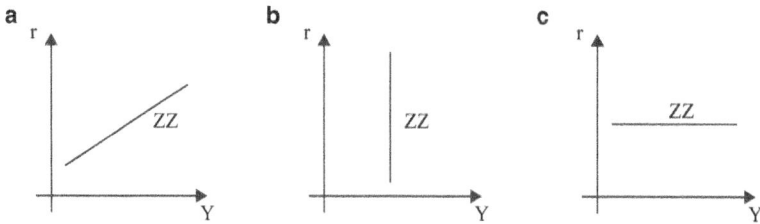

Aufgabe A 4.190 (4 Punkte) (Zur Lösung L 4.190)
Betrachten Sie das keynesianische Modell für eine offene Volkswirtschaft (Mundell-
Fleming-Modell).

(a) (2 Punkte) Was gibt die ZZ-Kurve an?
(b) (2 Punkte) Was bedeutet die Steigung der ZZ-Kurve in Hinsicht auf die internationale
    Kapitalmobilität?

Aufgabe A 4.191 (2 Punkte) (Zur Lösung L 4.191)
Was stellt die ZZ-Kurve dar?

Anwendungsaufgaben

Aufgabe A 4.192 (**5 Punkte**) (Zur Lösung L 4.192)
Bestimmen Sie bei unendlich hoher Kapitalmobilität den Weltmarktzins, wenn die IS-Kurve die Form $Y = 10 - r$ und die LM-Kurve die Form $Y = 2 + 3r$ aufweist. Ferner sei angenommen, dass das binnenwirtschaftliche mit dem außenwirtschaftlichen Gleichgewicht übereinstimmt.

Transferaufgaben

Aufgabe A 4.193 (**4 Punkte**) (Zur Lösung L 4.193)
Mikronesien und Wipolen entschließen sich ihre Finanzmarktpolitik stärker aufeinander abzustimmen.

(a) (2 Punkte) Welchen Effekt hat dies auf die Lage der ZZ-Kurve, wenn der betrachtete Heimatmarkt Mikronesien ist?
(b) (2 Punkte) Welchen Effekt hat es, wenn der betrachtete Heimatmarkt Wipolen ist?

4.2.12 Mundell-Fleming-Modell

Quick Check – Wahr oder falsch?

Aufgabe A 4.194 (**5 Punkte**) (Zur Lösung L 4.194)
(a) Im Mundell-Fleming-Modell kann höchstens ein gesamtwirtschaftliches Gleichgewicht vorliegen, bei dem alle drei Märkte im Gleichgewicht sind.
(b) Das Mundell-Fleming-Modell ist ein Modell einer geschlossenen Volkswirtschaft.
(c) Liegt nicht gerade ein Sonderfall vor, so stellt sich im Mundell-Fleming-Modell immer automatisch ein gesamtwirtschaftliches Gleichgewicht ein.
(d) Die grafische Darstellung einer Gleichgewichtssituation im Mundell-Fleming-Modell sieht für ein System fixer Wechselkurse anders aus als für ein System flexibler Wechselkurse.
(e) Das Mundell-Fleming-Modell ist ein kurz- bis mittelfristiges Modell.

Multiple Choice

Aufgabe A 4.195 (**10 Punkte**) (Zur Lösung L 4.195)
(a) (2 Punkte) Bei einer senkrechten ZZ-Kurve ist Kapital ...

(I) ... überproportional mobil.
(II) ... unterproportional mobil.
(III) ... genau in einem proportionalen Verhältnis mobil.
(IV) ... komplett immobil.

(b) (2 Punkte) Im Mundell-Fleming-Modell gibt es kurzfristig ...

(I)   ... immer drei Gleichgewichte.
(II) ... immer ein eindeutiges Gleichgewicht.
(III) ... mindestens ein Gleichgewicht.
(IV) ... auch die Möglichkeit, dass kein Gleichgewicht existiert.

(c) (2 Punkte) Im Mundell-Fleming-Modell gibt es langfristig ...

(I)   ... genau ein Gleichgewicht.
(II) ... bis zu drei Gleichgewichte.
(III) ... mindestens ein Gleichgewicht.
(IV) ... auch die Möglichkeit, dass sich kein Gleichgewicht einstellt.

(d) (2 Punkte) Expansive Geldpolitik im Mundell-Fleming-Modell ...

(I)   ... erhöht immer das BIP.
(II) ... erhöht immer den Zins.
(III) ... kann das BIP senken.
(IV) ... kann auch keine Auswirkungen haben.

(e) (2 Punkte) Die Wirksamkeit von Geld- und Fiskalpolitik im Mundell-Fleming-Modell
    hängt auch ab von ...

(I)   ... der Flexibilität des Wechselkurses.
(II) ... der Institution, die die Politik initiiert.
(III) ... der Höhe der Politikausgaben.
(IV) ... der Flexibilität des Steuersystems.

Verständnisfragen

Aufgabe A 4.196 (2 Punkte) (Zur Lösung L 4.196)
Worin unterscheidet sich das Mundell-Fleming-Modell vom IS-LM-Modell?

Aufgabe A 4.197 (3 Punkte) (Zur Lösung L 4.197)
Formulierung 1 Skizzieren Sie grafisch das Mundell-Fleming-Modell (IS-LM-Modell einer offenen Volkswirtschaft).
Formulierung 2 Stellen Sie das Mundell-Fleming-Modell grafisch dar.
Formulierung 3 Skizzieren Sie in einem Diagramm das keynesianische Modell einer offenen Volkswirtschaft.

Aufgabe A 4.198 (2 Punkte) (Zur Lösung L 4.198)
Warum spielt die Inflation im Rahmen des Mundell-Fleming-Modells keine Rolle?

Aufgabe A 4.199 (3 Punkte) (Zur Lösung L 4.199)
Skizzieren Sie das Mundell-Fleming-Modell für eine Volkswirtschaft mit normaler Kapitalmobilität, die sich in einer Investitions- und einer Liquiditätsfalle befindet und in der ein gesamtwirtschaftliches Gleichgewicht vorliegt.

Aufgabe A 4.200 (3 Punkte) (Zur Lösung L 4.200)
Skizzieren Sie grafisch eine gesamtwirtschaftliche Gleichgewichtssituation im Rahmen des Mundell-Fleming-Modells. Es soll keine Kapitalmobilität vorliegen.

Aufgabe A 4.201 (5 Punkte) (Zur Lösung L 4.201)
(a) (3 Punkte) Skizzieren Sie grafisch eine gesamtwirtschaftliche Gleichgewichtssituation im Rahmen des Mundell-Fleming-Modells. Es soll eine normale Kapitalmobilität vorliegen.
(b) (2 Punkte) In welcher Situation wird die ZZ-Kurve waagerecht, in welcher Situation senkrecht?

Aufgabe A 4.202 (4 Punkte) (Zur Lösung L 4.202)
Skizzieren Sie grafisch eine gesamtwirtschaftliche Gleichgewichtssituation im Rahmen des Mundell-Fleming-Modells. Es soll eine Liquiditätsfalle bei einer normalen Kapitalmobilität vorliegen. (Beschriften Sie Ihre Kurven.)

Anwendungsaufgaben

Aufgabe A 4.203 (10 Punkte) (Zur Lösung L 4.203)
Die Heimatmärkte in Mikronesien und Wipolen lassen sich durch die folgenden Gleichungen beschreiben:

	Mikronesien	Wipolen
Gütermarkt	$r(Y) = -0{,}2Y + 7$	$r(Y) = -0{,}1Y + 4$
Geldmarkt	$r(Y) = 0{,}8Y - 1$	$r(Y) = 0{,}9Y - 3$

Darüber hinaus lässt sich der Devisenmarkt, der die wirtschaftlichen Aktivitäten der beiden Länder verbindet, durch die folgende Gleichung beschreiben:

$$r(Y) = 2{,}1Y - 11{,}4$$

Berechnen sie die gesamtwirtschaftlichen Gleichgewichte in Mikronesien und Wipolen.

Aufgabe A 4.204 (11 Punkte) (Zur Lösung L 4.204)
Durch einen Schock auf dem Geldmarkt verändert sich die LM-Kurve für Wipolen (im Vergleich zum Aufgabenteil (a) der vorhergehenden Aufgabe) wie folgt:

$$r(Y) = 0{,}9Y - 2$$

(a) (4 Punkte) Welchen Effekt hat dies auf das gesamtwirtschaftliche Gleichgewicht, wenn Wipolen eine kleine offene Volkswirtschaft ist?
(b) (3 Punkte) Welchen Effekt hat dies auf das gesamtwirtschaftliche Gleichgewicht, wenn Wipolen eine große offene Volkswirtschaft ist?
(c) (4 Punkte) Welche Effekte ergeben sich, wenn sich ferner die ZZ-Kurve wie folgt ändert: $r(Y) = 3{,}4$?

Aufgabe A 4.205 **(13 Punkte)** (Zur Lösung L 4.205)
Die Güter- und Geldmärkte Mikronesiens und Makroatiens lassen sich durch die folgenden Funktionen beschreiben:

	IS-Kurve	LM-Kurve
Mikronesien	$Y = 5$	$r = 0{,}5Y - 1$
Makroatien	$r = -Y + 2$	$r = Y - 1$

Die Gleichgewichtslinie des Devisenmarkts zwischen Mikronesien und Makroatien ist gegeben durch $r = 0{,}3Y$.

(a) (6 Punkte) Bestimmen Sie die binnenwirtschaftlichen Gleichgewichte.
(b) (3 Punkte) Liegt in beiden Ländern auch ein gesamtwirtschaftliches Gleichgewicht vor?
(c) (4 Punkte) Im Rahmen wirtschaftlicher Integration wird ein freier Kapitalverkehr zwischen den beiden Ländern realisiert. Welche Auswirkungen hat dies auf die gesamtwirtschaftlichen Gleichgewichte, wenn ein globaler Zinssatz von $r = 1{,}5$ realisiert wird, und welche, wenn ein Zinssatz von $r = 2$ realisiert wird?

Aufgabe A 4.206 **(15 Punkte)** (Zur Lösung L 4.206)
Die Gleichgewichte auf dem Gütermarkt Makroatiens lassen sich durch die Funktion $r = -0{,}8Y + 8$ beschreiben. Ferner ist die Zentralbank der Befehlsgewalt des Königs untergeordnet. Um seine politischen Ziele umzusetzen benötigt der König finanzielle Mittel, die das Staatsbudget überschreiten. Er möchte allerdings die Steuern nicht erhöhen, da dies seinem Ansehen in der Bevölkerung schaden würde. Da er auch nichts von Staatsverschuldung hält, erlässt er, dass die Zentralbank die Geldmenge erhöht und ihm dieses Geld zur Verfügung stellt.

Diese Aktion führt dazu, dass sich die LM-Kurve von $r = 1{,}2Y - 2$ zu $r = 1{,}2Y - 12$ verschiebt.

(a) (6 Punkte) Bestimmen Sie die Änderungen des binnenwirtschaftlichen Gleichgewichts, wenn davon ausgegangen wird, dass das Geld für die Ausgaben des Königs wieder der Bevölkerung zugutekommt (expansive Geldpolitik somit wie in der Theorie angenommen funktioniert).
(b) (3 Punkte) Angenommen der Devisenmarkt lässt sich durch den Weltzinssatz $r = 6$ beschreiben. Liegt vor oder nach der Aktion ein gesamtwirtschaftliches Gleichgewicht vor?
(c) (3 Punkte) Das Geld ($\frac{M}{P} = 10$), das sich der König in der ersten Periode hat bereitstellen lassen, setzt er in der zweiten Periode für eigene Investitionsprojekte um. Welche Effekte ergeben sich für die makroatische Wirtschaft (das BIP), wenn die Investitionsfunktion von Makroatien die Form $I(r) = -r + \beta$ hat?
(d) (3 Punkte) Wie verändert sich das Ergebnis von c), wenn 20 % des Geldes zu korrupten Staatsbeamten verschwindet?

Aufgabe A 4.207 **(8 Punkte)** (Zur Lösung L 4.207)
Der makroatische Geldmarkt wird durch die Gleichung $r = 5Y - 4$ und der makroatische Gütermarkt durch die Gleichung $r = -3Y + 12$ beschrieben.

(a) (5 Punkte) Bestimmen Sie, sofern eins vorliegt, das gesamtwirtschaftliche Gleichgewicht oder die beiden außenwirtschaftlichen Gleichgewichte, wenn der Weltzinssatz bei $r = 6$ liegt.

(b) (4 Punkte) Durch Marktmanipulationen der größten Banken Makroatiens und Wipolens wird der Weltzinssatz künstlich auf $r = 7$ getrieben. Welche Auswirkungen ergeben sich für die makroatische Wirtschaft, wenn der makroatische Dollar an keine andere Währung gebunden ist?

Aufgabe A 4.208 (7 Punkte) (Zur Lösung L 4.208)
Bestimmen Sie hinsichtlich der gegebenen Gleichgewichtskurven, ob es ein gesamtwirtschaftliches Gleichgewicht gibt, bzw. bestimmen Sie gegebenenfalls alle Gleichgewichte.

$$\begin{aligned}
\text{IS-Kurve} \quad & r = 350 - 0{,}2Y \\
\text{LM-Kurve} \quad & r = 1{,}8Y - 700 \\
\text{ZZ-Kurve} \quad & r = 300
\end{aligned}$$

Aufgabe A 4.209 (8 Punkte) (Zur Lösung L 4.209)
Angenommen die gesamte in der Volkswirtschaft von der Zentralbank angebotene Geldmenge $\left(\frac{M}{P}\right)$ beträgt 4 Mrd. GE (Geldeinheiten). Ferner wird die Realkasse zu Transaktionszwecken ($m^T(Y)$) abhängig vom BIP gemäß $m^T(Y) = 2Y + 1$ nachgefragt. Ebenso wird auch die Realkasse zu Spekulationszwecken ($m^S(Y)$) abhängig vom Realzins (erwartete Inflationsrate gleich null) nachgefragt. Hier lautet der Zusammenhang $m^S(r) = -r + 2$.

(a) (4 Punkte) Leiten Sie mathematisch die LM-Kurve her.

(b) (2 Punkte) Bestimmen Sie den Gleichgewichtspunkt bei $r = 1$.

(c) (2 Punkte) Die ZZ-Kurve lautet: $r = 1 + Y$. Liegt im Gleichgewichtspunkt auch ein außenwirtschaftliches Gleichgewicht vor?

Aufgabe A 4.210 (6 Punkte) (Zur Lösung L 4.210)
Angenommen es gelten die folgenden Angaben für die IS- und die LM-Kurve:

$$\begin{aligned}
r &= -0{,}2Y + 4 \quad \text{(IS-Kurve)} \\
r &= 0{,}8Y - 1 \quad \text{(LM-Kurve)}
\end{aligned}$$

Liegt ein gesamtwirtschaftliches Gleichgewicht vor, wenn eine unendliche hohe Kapitalmobilität vorliegt und der Weltzinssatz bei $r = 3$ liegt? (Begründen Sie Ihre Antwort.)

Aufgabe A 4.211 (6 Punkte) (Zur Lösung L 4.211)
Angenommen die IS-, LM- und ZZ-Kurve lauten:

$$\begin{aligned}
r &= -3Y + 8 \quad \text{(IS-Kurve)} \\
r &= 2Y - 2 \quad \text{(LM-Kurve)} \\
r &= 2 \quad \text{(ZZ-Kurve)}
\end{aligned}$$

Liegt in diesem Fall ein gesamtwirtschaftliches Gleichgewicht vor? Sollte dies der Fall sein, berechnen Sie dieses.

Aufgabe A 4.212 (3 Punkte) (Zur Lösung L 4.212)
Bestimmen Sie das gesamtwirtschaftliche Gleichgewicht im Rahmen des Mundell-Fleming-Modells unter der Annahme, dass ein solches existiert, der Weltzinssatz bei $r = 2$ liegt und die IS-Kurve die folgende Form hat:

$$r = -0{,}5Y + 5$$

Aufgabe A 4.213 (6 Punkte) (Zur Lösung L 4.213)
Geben Sie ausgehend von den folgenden drei Kurven das gesamtwirtschaftliche Gleichgewicht an.

IS-Kurve	$-2Y + 100$
LM-Kurve	$Y - 20$
ZZ-Kurve	$r = 20$

Aufgabe A 4.214 (8 Punkte) (Zur Lösung L 4.214)
Betrachtet sei eine offene Volkswirtschaft, die sich in einer Liquiditätsfalle befindet (LM-Kurve: $r = 8$). Angenommen die Kapitalmobilität bestimmt sich wie folgt: (ZZ-Kurve: $r = 2Y + 2$).

(a) (3 Punkte) Bestimmen Sie das gesamtwirtschaftliche Gleichgewicht, wenn die IS-Kurve die Form: $r = -Y + 11$ aufweist.

(b) (5 Punkte) Skizzieren Sie grafisch die Auswirkungen einer restriktiven Geldpolitik im oben geschilderten Fall.

Aufgabe A 4.215 (13 Punkte) (Zur Lösung L 4.215)
Gegeben sind die IS- und die LM-Kurve wie folgt:

IS-Kurve	$r(Y) = -2Y + 10$
LM-Kurve	$r(Y) = Y - 2$

(a) (5 Punkte) Bestimmen Sie das binnenwirtschaftliche Gleichgewicht.

(b) (2 Punkte) Angenommen der Weltzinssatz liegt bei $r = 2$ und Kapital ist vollständig mobil. Liegt in diesem Fall auch ein gesamtwirtschaftliches Gleichgewicht vor?

(c) (6 Punkte) Angenommen im Mundell-Fleming-Modell liegt das binnenwirtschaftliche Gleichgewicht bei $(Y; r) = (2; 3)$ und der Weltzinssatz liegt bei $r = 4$. Welche Effekte, insbesondere bzgl. des BIPs, ergeben sich, wenn der Staat ein flexibles Wechselkursregime aufweist? Beschreiben Sie den Transmissionsweg ausführlich (bis sich wieder ein stabiles gesamtwirtschaftliches Gleichgewicht einstellt) und geben Sie mindestens zwei essenzielle Schritte dessen an.

Aufgabe A 4.216 (100 Punkte) (Zur Lösung L 4.216)
Gehen Sie von den folgenden IS-, LM- und ZZ-Kurven aus und bestimmen Sie, unter Annahme eines flexiblen Wechselkurses, die temporären und das langfristige Gleichgewicht im Rahmen des Mundell-Fleming-Modells.

1. (10 Punkte)

$$
\begin{aligned}
\text{IS-Kurve:} &\quad r = -5Y + 80 \\
\text{LM-Kurve:} &\quad r = 2Y - 2 \\
\text{ZZ-Kurve:} &\quad r = 0,5Y + 1
\end{aligned}
$$

2. (10 Punkte)

$$
\begin{aligned}
\text{IS-Kurve:} &\quad r = -3Y + 40 \\
\text{LM-Kurve:} &\quad r = Y + 1 \\
\text{ZZ-Kurve:} &\quad r = 0,2Y + 1
\end{aligned}
$$

3. (10 Punkte)

$$
\begin{aligned}
\text{IS-Kurve:} &\quad r = -Y + 20 \\
\text{LM-Kurve:} &\quad r = 1,5Y + 3 \\
\text{ZZ-Kurve:} &\quad r = 0,5Y + 4
\end{aligned}
$$

4. (10 Punkte)

$$
\begin{aligned}
\text{IS-Kurve:} &\quad r = -0,5Y + 15 \\
\text{LM-Kurve:} &\quad r = 2Y - 3 \\
\text{ZZ-Kurve:} &\quad r = Y
\end{aligned}
$$

5. (10 Punkte)

$$
\begin{aligned}
\text{IS-Kurve:} &\quad r = -0,3Y + 10 \\
\text{LM-Kurve:} &\quad r = 0,7Y - 1 \\
\text{ZZ-Kurve:} &\quad r = 0,2Y + 1
\end{aligned}
$$

6. (10 Punkte)

$$
\begin{aligned}
\text{IS-Kurve:} &\quad r = -0,1Y + 6 \\
\text{LM-Kurve:} &\quad r = 3 \\
\text{ZZ-Kurve:} &\quad r = 0,1Y + 1
\end{aligned}
$$

7. (10 Punkte)

$$
\begin{aligned}
\text{IS-Kurve:} &\quad r = -0,4Y + 10 \\
\text{LM-Kurve:} &\quad r = Y + 0,5 \\
\text{ZZ-Kurve:} &\quad r = 2
\end{aligned}
$$

8. (10 Punkte)

$$
\begin{aligned}
\text{IS-Kurve:} &\quad r = -Y + 20 \\
\text{LM-Kurve:} &\quad r = 2 \\
\text{ZZ-Kurve:} &\quad r = 0,8Y + 1
\end{aligned}
$$

9. (10 Punkte)

> IS-Kurve: $r = -2Y + 10$
> LM-Kurve: $r = Y - 2$
> ZZ-Kurve: $r = 1$

10. (10 Punkte)

> IS-Kurve: $r = -0,4Y + 8$
> LM-Kurve: $r = 0,6Y + 1$
> ZZ-Kurve: $r = 3$

4.2.13 Fiskal- und Geldpolitik im Mundell-Fleming-Modell

Quick Check – Wahr oder falsch?

Aufgabe A 4.217 (5 Punkte) (Zur Lösung L 4.217)
(a) Expansive Fiskalpolitik hat die gleichen mittelfristigen Effekte wie expansive Geld-politik.
(b) Der Grad an Flexibilität des Wechselkursregimes beeinflusst, wie schnell sich nach einem geldpolitischen Schock wieder ein gesamtwirtschaftliches Gleichgewicht ein-stellt.
(c) Durch expansive Fiskalpolitik kann sich nie das BIP verringern.
(d) Auch im Mundell-Fleming-Modell treten Multiplikator- und Akzeleratoreffekte der Fiskalpolitik auf.
(e) Steuererhöhung haben im Mundell-Fleming-Modell entweder keine oder positive Ef-fekte auf das BIP.

Verständnisfragen

Aufgabe A 4.218 (12 Punkte) (Zur Lösung L 4.218)
Wie wirkt expansive Fiskalpolitik im Mundell-Fleming-Modell? Unterscheiden Sie zwi-schen flexiblen und fixen Wechselkursen.

Aufgabe A 4.219 (12 Punkte) (Zur Lösung L 4.219)
Wie wirkt expansive Geldpolitik im Mundell-Fleming-Modell? Unterscheiden Sie flexible und fixe Wechselkurse.

Aufgabe A 4.220 (10 Punkte) (Zur Lösung L 4.220)
Aufgrund der Finanzkrise erhöht der Staat die Geldmenge, um die Konjunktur anzukur-beln. Welche Konsequenzen ergeben sich im Rahmen des Mundell-Fleming-Modells (IS-LM-Modells einer offenen Volkswirtschaft) bei flexiblen Wechselkursen? (Argumentieren Sie anhand einer Skizze und erläutern Sie kurz.)

Aufgabe A 4.221 (10 Punkte) (Zur Lösung L 4.221)
Aufgrund der Finanzkrise erhöht der Staat die Geldmenge, um die Konjunktur anzukurbeln. Welche Konsequenzen ergeben sich im Rahmen des Mundell-Fleming-Modells (IS-LM-Modells einer offenen Volkswirtschaft) bei fixen Wechselkursen? (Argumentieren Sie anhand einer Skizze und erläutern Sie kurz.)

Aufgabe A 4.222 (4 Punkte) (Zur Lösung L 4.222)
Wenn Sie als Notenbank eines kleinen Landes die Geldmenge steuern wollen und sich für oder gegen ein System fixer Wechselkurse entscheiden können, für welches würden Sie sich entscheiden? Argumentieren Sie im Rahmen des Mundell-Fleming Modells unter Benutzung ökonomischer Begriffe und Konzepte.

Aufgabe A 4.223 (10 Punkte) (Zur Lösung L 4.223)
Stellen Sie grafisch und in Worten die Auswirkungen expansiver Geldpolitik bei fixen Wechselkursen im Rahmen des Mundell-Fleming-Modells dar.

Aufgabe A 4.224 (10 Punkte) (Zur Lösung L 4.224)
Betrachten Sie das keynesianische Modell für eine offene Volkswirtschaft (Mundell-Fleming-Modell).

Erläutern Sie grafisch und mit eigenen Worten, was eine expansive Fiskalpolitik bei fixen Wechselkursen für Auswirkungen hat.

Aufgabe A 4.225 (10 Punkte) (Zur Lösung L 4.225)
(a) (6 Punkte) Welche Auswirkungen hat eine Steuererhöhung im Rahmen des Mundell-Fleming-Modells, angenommen dass ein System fixer Wechselkurse vorliegt? (Geben Sie mindestens drei Schritte im Transmissionsweg hin zu einem neuen Gleichgewicht an.)
(b) (4 Punkte) Geben Sie hierzu eine grafische Darstellung an.

Aufgabe A 4.226 (12 Punkte) (Zur Lösung L 4.226)
(a) (8 Punkte) Welche Auswirkungen hat eine Steuersenkung im Rahmen des Mundell-Fleming-Modells, angenommen dass ein System flexibler Wechselkurse vorliegt? (Geben Sie mindestens vier Schritte im Transmissionsweg an.)
(b) (4 Punkte) Geben Sie hierzu eine grafische Darstellung an.

Aufgabe A 4.227 (10 Punkte) (Zur Lösung L 4.227)
(a) (6 Punkte) Welche Auswirkungen hat eine Steuersenkung im Rahmen des Mundell-Fleming-Modells, angenommen dass ein System fixer Wechselkurse vorliegt? (Geben Sie mindestens drei Schritte im Transmissionsweg an.)
(b) (4 Punkte) Geben Sie hierzu eine grafische Darstellung an.

Aufgabe A 4.228 (12 Punkte) (Zur Lösung L 4.228)
(a) (4 Punkte) Skizzieren Sie grafisch die Auswirkungen einer expansiven Geldpolitik bei fixen Wechselkursen.

(b) (8 Punkte) Beschreiben Sie anhand der Skizze aus (a) die wichtigsten Schritte des gesamten sich ergebenden Anpassungsprozesses. (Gehen Sie auf mindestens vier Punkte ein.)

Aufgabe A 4.229 (5 Punkte) (Zur Lösung L 4.229)
Einem Land, welches den Wechselkurs seiner Währung an eine Leitwährung geknüpft hat,
stehen zwei Alternative zur Verbesserung der Wirtschaftsleistung zur Verfügung:

- Investitionen in die Hochschulinfrastruktur.
- Bereitstellen von zusätzlichen Kreditfazilitäten seitens der Zentralbank.

Argumentieren Sie aus der Sicht eines keynesianisch orientierten Wirtschaftsberaters und
unter Verwendung des Mundell-Fleming-Modells, welche der beiden Möglichkeiten zu
bevorzugen ist.

Aufgabe A 4.230 (14 Punkte) (Zur Lösung L 4.230)
 (a) (2 Punkte) Geben Sie ein Beispiel für expansive und ein Beispiel für restriktive Fiskalpolitik.
 (b) (4 Punkte) Skizzieren Sie grafisch die Auswirkungen einer expansiven Fiskalpolitik
bei flexiblen Wechselkursen.
 (c) (8 Punkte) Beschreiben Sie anhand der Skizze aus dem zweiten Teil die wichtigsten
Schritte des sich ergebenden Anpassungsprozesses. (Gehen Sie auf mindestens vier
Punkte ein.)

Aufgabe A 4.231 (4 Punkte) (Zur Lösung L 4.231)
Nennen Sie je zwei Argumente (je 2 Punkte) gegen eine expansive Fiskal- bzw. eine expansive Geldpolitik zur Lösung der Staatsschuldenkrise in der EU.

Aufgabe A 4.232 (6 Punkte) (Zur Lösung L 4.232)
Beschreiben Sie grafisch und durch eine volkswirtschaftlich logische Folgerungskette,
welche Auswirkungen eine expansive Geldpolitik im Rahmen des Mundell-Fleming-
Modells einer kleinen offenen Volkswirtschaft bei flexiblen Wechselkursen hat.

Aufgabe A 4.233 (10 Punkte) (Zur Lösung L 4.233)
Stellen Sie grafisch und in Worten die Auswirkungen expansiver Geldpolitik bei fixen
Wechselkursen im Rahmen des Mundell-Fleming-Modells dar.

Aufgabe A 4.234 (3 Punkte) (Zur Lösung L 4.234)
Was ist im Kontext des Mundell-Fleming-Modells in Hinsicht auf eine gewünschte Erhöhung des Bruttoinlandsprodukts unter der Annahme von flexiblen Wechselkursen zu
bevorzugen und warum? (Begründen Sie Ihre Aussagen.)

- Eine Steuererhöhung.
- Der Bau neuer staatlicher Hochschulen.
- Bereitstellung von zusätzlichem Geld durch die Zentralbank.

Anwendungsaufgaben

Aufgabe A 4.235 (17 Punkte) (Zur Lösung L 4.235)
Die Heimatmärkte in Land I und Land II lassen sich durch die folgenden Gleichungen beschreiben:

	Land I	Land II
Gütermarkt	$r = -0,3Y + 5$	$r^* = -2Y^* + 10,9$
Geldmarkt	$r = 0,7Y - 2$	$r^* = Y^* - 1,1$

(a) (10 Punkte) Berechnen Sie für beide Länder das binnenwirtschaftliche Gleichgewicht.

(b) (2 Punkte) In welchem der beiden Länder liegt auch ein außenwirtschaftliches Gleichgewicht vor, wenn der Weltzins (die ZZ-Kurve) bei $r = r^* = 2,9$ liegt?

(c) (5 Punkte) Angenommen beide Länder haben flexible Wechselkurse untereinander. Was passiert in Land I, wenn die reale Geldmenge erhöht wird? (Geben Sie mindestens fünf Zwischenschritte in ihrer Begründung an.)

Aufgabe A 4.236 (9 Punkte) (Zur Lösung L 4.236)
Betrachtet sei eine offene Volkswirtschaft, die sich in einer Liquiditätsfalle befindet (LM-Kurve: $r = 5$). Angenommen es liegt keine Kapitalmobilität vor (ZZ-Kurve: $Y = 2$).

(a) (5 Punkte) Bestimmen Sie das gesamtwirtschaftliche Gleichgewicht, wenn die IS-Kurve die Form: $r = 2Y + 1$ aufweist.

(b) (4 Punkte) Skizzieren Sie grafisch die Auswirkungen einer expansiven Geldpolitik im oben geschilderten Fall.

Transferaufgaben

Aufgabe A 4.237 (5 Punkte) (Zur Lösung L 4.237)
Der König von Makroatien beabsichtigt die Wirtschaft in seinem Land anzukurbeln (das BIP zu steigern), hierzu schlagen ihm seine Wirtschaftsberater die folgenden Politikoptionen vor:

(a) (1 Punkt) Senken des Mehrwertsteuersatzes.

(b) (1 Punkt) Stärkung exportorientierter Wirtschaftssektoren.

(c) (1 Punkt) Bereitstellung von zusätzlichen Kreditfazilitäten seitens der Zentralbank.

(d) (1 Punkt) Bau neuer Kinderspielplätze.

(e) (1 Punkt) Abriss alter Regierungsgebäude.

Welche dieser Optionen sind zu befürworten, wenn Makroatien seine Währung an keine andere gebunden hat?

Aufgabe A 4.238 (9 Punkte) (Zur Lösung L 4.238)
Die Herrscherin von Mikronesien ist überzeugt davon, dass staatliche Investitionen, insbesondere in die Bildungspolitik, nur positive Effekte nach sich ziehen, schließlich handelt

es sich um expansive Fiskalpolitik. Um die Bevölkerung nicht unnötig zu belasten, sollen die Investitionen durch die Ausgabe von Staatsschuldverschreibungen finanziert werden.

(a) (5 Punkte) Argumentieren Sie, inwieweit ihre Idee wirtschaftlich haltbar ist und inwieweit Probleme auftreten können.

(b) (4 Punkte) Veranschaulichen Sie dies anhand einer Grafik.

Aufgabe A 4.239 (6 Punkte) (Zur Lösung L 4.239)
Wipolen hat gerade erst den Wechsel von einer sozialistischen Zentralverwaltungswirtschaft hin zu einer Markwirtschaft hinter sich. Hiermit verbunden war auch eine Öffnung der Volkswirtschaft zum Weltmarkt, wobei der wipolnische Rubel fest an den makroatischen Dollar und die mikronesische Rupie gebunden ist.

Die Wirtschaft wird fast ausschließlich von sogenannten Oligarchen gesteuert (wenige Personen, denen fast alle Unternehmen gehören). Die Oligarchen haben allein die Absicht, möglichst viel aktuellen Gewinn aus ihren Unternehmen zu holen, daher werden Investitionen nur dann getätigt, wenn es unbedingt nötig ist.

Da die Zentralbank noch nicht unabhängig ist, kann der Herrscher von Wipolen sowohl Geld- als auch Fiskalpolitik betreiben.

Welche der folgenden Politikoptionen können helfen, die wirtschaftliche Leistungsfähigkeit des Landes wieder aufzubauen (kurzfristig sowie langfristig) und warum?

(a) (1 Punkt) Einfachere Kreditvergabe an Haushalte und Gründer
(b) (1 Punkt) Bekämpfung der Korruption
(c) (1 Punkt) Förderung des Bergbausektors (Wipolen liefert viele Rohstoffe ins Ausland)
(d) (1 Punkt) Staatliche Förderung von Innovationszentren
(e) (1 Punkt) Abwrackprämie für alte Autos
(f) (1 Punkt) Privatisierung staatlicher Betriebe

Aufgabe A 4.240 (5 Punkte) (Zur Lösung L 4.240)
Nehmen Sie aus keynesianischer Sicht Stellung zu der Tatsache, dass Deutschland während der Wirtschafts- und Finanzkrise (2008/2009) durch Konjunkturpakete (Fiskalpolitik) versucht hat, die Wirtschaft anzukurbeln.

Aufgabe A 4.241 (3 Punkte) (Zur Lösung L 4.241)
Argumentieren Sie, warum (unter anderem in der Eurozone) eine expansive Fiskalpolitik bei fixen Wechselkursen mittelfristig nicht unbedingt nur positive Effekte nach sich zieht.

4.2.14 Politikmultiplikatoren

Aufgabe A 4.242 (13 Punkte) (Zur Lösung L 4.242)
Die IS-, LM- und ZZ-Kurve lauten wie folgt:

$$S(Y) = I(r) + G \qquad \text{(IS-Kurve)}$$
$$M/P = m^T(Y) + m^S(r) \qquad \text{(LM-Kurve)}$$
$$r - r^* = xY^* - jq^*Y \qquad \text{(ZZ-Kurve)}$$

Mit $S(Y) = sY - C_0$; $m^T(Y) = hY$; $m^S(r) = -h'r$

(a) (9 Punkte) Bestimmen Sie den Multiplikator $\frac{dY}{dG}$.

(b) (4 Punkte) Um wie viele Einheiten verändert sich das BIP in Mikronesien, wenn Forschungsförderungen in Höhe von 3 Geldeinheiten getätigt werden, wobei die restlichen Kennzahlen für Mikronesien wie folgt lauten:

$$s = 0{,}2; \quad C_0 = 2; \quad I(r) = -r + 1; \quad M/P = 6; \quad Y^* = 5; \quad q^* = 1;$$
$$h = 0{,}1; \quad h' = 0{,}1; \quad r^* = 2; \quad x = 0{,}2; \quad j = 0{,}1$$

4.2.15 AS-AD-Modell

Multiple Choice

Aufgabe A 4.243 **(10 Punkte)** (Zur Lösung L 4.243)

(a) (2 Punkte) Die AD-Kurve ergibt sich ...

    (I)   ... aus dem Gleichgewicht des Mundell-Fleming-Modells.

    (II) ... aus dem Arbeitsmarkt.

    (III) ... aus dem Kapitalmarkt.

    (IV) ... aus Geld- und Arbeitsmarkt.

(b) (2 Punkte) Die AS-Kurve ergibt sich ...

    (I)   ... aus dem Gleichgewicht des Mundell-Fleming-Modells.

    (II) ... aus dem Arbeitsmarkt.

    (III) ... aus Kredit- und Aktienmarkt.

    (IV) ... aus zwei beliebigen unabhängigen Makromärkten.

(c) (2 Punkte) Die exogenen Variablen im AS-AD-Modell umfassen unter anderem:

    (I)   BIP Y

    (II) Wechselkurs q

    (III) Geldmenge M

    (IV) Zins r

(d) (2 Punkte) Die AS-Kurve wird langfristig ...

    (I)   ... waagerecht.

    (II) ... fallend.

    (III) ... steigend.

    (IV) ... senkrecht.

(e) (2 Punkte) Welche Aussage trifft nicht auf expansive Geldpolitik im AS-AD-Modell zu?

    (I)   Die AS-Kurve verschiebt sich nach rechts.

    (II) Die AD-Kurve verschiebt sich nach rechts.

    (III) Die Preise im Gleichgewicht sinken.

    (IV) Das BIP im Gleichgewicht sinkt.

Aufgabe A 4.244 (**3 Punkte**) (Zur Lösung L 4.244)
Der Herrscher von Wipolen setzt sich dafür ein, den wipolnischen Arbeitsmarkt durch entsprechende Gesetze wesentlich flexibler zu gestalten. Welche Konsequenzen ergeben sich im Rahmen des AS-AD-Modells durch ein flexibleres Arbeitsrecht?

Aufgabe A 4.245 (**30 Punkte**) (Zur Lösung L 4.245)
Welche Auswirkungen haben die folgenden wirtschaftspolitischen Maßnahmen auf das Gleichgewicht im Rahmen des AS-AD-Modells?

1. (3 Punkte) Zentralbank reduziert den Zins für ständige Fazilitäten
2. (3 Punkte) Umsetzung eines Handelsabkommens
3. (3 Punkte) Einrichtung einer Sonderwirtschaftszone
4. (3 Punkte) Konsumrückgang aufgrund einer Wirtschaftskrise
5. (3 Punkte) Aufwertung der heimischen Währung
6. (3 Punkte) Ausbau der Verkehrsinfrastruktur
7. (3 Punkte) Bereitstellung von zusätzlichen Studienkrediten
8. (3 Punkte) Anstieg der Migration
9. (3 Punkte) Einführung einer Importquote
10. (3 Punkte) Erhöhung des Mindestreservesatzes

Aufgabe A 4.246 (**30 Punkte**) (Zur Lösung L 4.246)
Welche Effekte ergeben sich aus den folgenden wirtschaftspolitischen Maßnahmen in Bezug auf das BIP und das Preisniveau im Rahmen des AS-AD-Modells?

1. (3 Punkte) Programm zur Förderung von KMUs
2. (3 Punkte) Erhöhung des Mindestreservesatzes
3. (3 Punkte) Anstieg der Migration
4. (3 Punkte) Exportsubventionierung
5. (3 Punkte) Einrichtung einer Sonderwirtschaftszone
6. (3 Punkte) Ausbau des öffentlichen Nahverkehrsnetzes
7. (3 Punkte) Abwrackprämie
8. (3 Punkte) Verbot ausgewählter Lebensmittel
9. (3 Punkte) Abschreibungsmöglichkeiten bei Digitalisierung
10. (3 Punkte) Erhöhung der Abgeordnetengehälter

4.3 Lösungen

4.3.1 Grundlagen

Quick Check – Wahr oder falsch?

Lösung L 4.1 (**5 Punkte**) (Zur Aufgabenstellung A 4.1)
(a) Falsch
(b) Falsch

(c) Wahr

(d) Falsch

(e) Falsch

Multiple Choice

Lösung L 4.2 (8 Punkte) (Zur Aufgabenstellung A 4.2)

(a) (2 Punkte) (IV)

(b) (2 Punkte) (IV)

(c) (2 Punkte) (II)

(d) (2 Punkte) (II)

Verständnisfragen

Lösung L 4.3 (5 Punkte) (Zur Aufgabenstellung A 4.3)
Bei Keynes ergibt sich das Angebot aus der Nachfrage im Rahmen des Konzepts der effektiven Nachfrage. Effektive Nachfrage bedeutet, dass die Nachfrage erst dann entsteht, wenn neben dem Nachfragewunsch auch die notwendigen finanziellen Mittel vorhanden sind, um den Nachfragewunsch zu realisieren.

Lösung L 4.4 (5 Punkte) (Zur Aufgabenstellung A 4.4)
Primär wird der Konsum durch das verfügbare Einkommen beeinflusst. Sekundär kommen noch Faktoren wie das langfristig erwartete Einkommen, Zinsen, Inflation, Steuersatz, wirtschaftliche Stabilität, außenwirtschaftliche Situation oder die persönliche Risikobereitschaft hinzu.

Lösung L 4.5 (3 Punkte) (Zur Aufgabenstellung A 4.5)
Die idealtypische lineare Konsumfunktion hat die Form $C(Y) = cY + C_0$, wobei c die marginale Konsumneigung (der Anteil des Einkommen der verkonsumiert wird) ist und C_0 der autonome Konsum ist (derjenige Konsum, der auch ohne Einkommen erfolgt).

Lösung L 4.6 (3 Punkte) (Zur Aufgabenstellung A 4.6)
Aus der einfachen Verwendungsgleichung $Y = C + S$ folgt $S = Y - C$. Ersetzt man den Konsum mit der idealtypischen linearen Konsumfunktion, so erhält man für die Sparfunktion: $S = S(Y) = Y - cY - C_0 = (1 - c)Y - C_0 = sY - C_0$.

Lösung L 4.7 (5 Punkte) (Zur Aufgabenstellung A 4.7)
Die Investitionen werden primär vom Zinssatz beeinflusst und sekundär vom Steuersatz, dem Entwicklungsgrad des Finanzsektors, der Eigentümerstruktur der Unternehmen, dem Investitionsklima allgemein, der wirtschaftlichen Stabilität und der Korruption.

Lösung L 4.8 (3 Punkte) (Zur Aufgabenstellung A 4.8)
Preise spielen keine Rolle, da diese sich nur langfristig ändern, das keynesianische Standardmodell allerdings ein kurzfristiges Modell ist. Das Modell entstand unter dem Hintergrund der Weltwirtschaftskrise in den 1920er-Jahren.

Lösung L 4.9 (**4 Punkte**) (Zur Aufgabenstellung A 4.9)

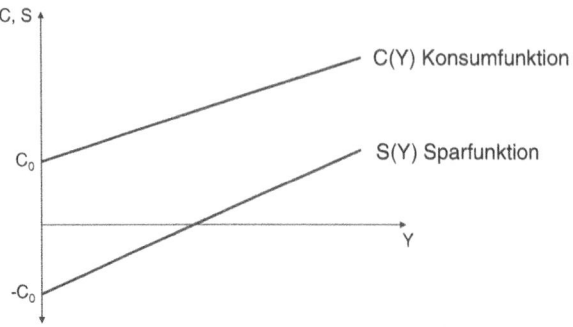

Anwendungsaufgaben

Lösung L 4.10 (**12 Punkte**) (Zur Aufgabenstellung A 4.10)

	(a) Sparfunktion	(b) Konsumquote
Mikronesien	$S(Y) = 0{,}7Y - 3$	$c = 0{,}3$
Makroatien	$S(Y) = -0{,}01(Y^2 - 100Y + 100)$	$c = 0{,}02Y$
Wipolen	$S(Y) = Y - \sqrt{Y+1} - 2$	$1 - \frac{0{,}5}{\sqrt{Y+1}}$

Lösung L 4.11 (**3 Punkte**) (Zur Aufgabenstellung A 4.11)
Marginale Konsumneigung $\quad c = 0{,}3$
Sparquote $\qquad\qquad\qquad\quad s = 0{,}7$

Lösung L 4.12 (**3 Punkte**) (Zur Aufgabenstellung A 4.12)
(a) (2 Punkte) Konsumfunktion: $C(Y) = 0{,}8Y + 9$ und Sparfunktion: $S(Y) = 0{,}2Y - 9$.
(b) (1 Punkt) Der Einkommensmultiplikator lautet: $\frac{dY}{dG} = \frac{1}{s} = \frac{1}{0{,}2} = 5$.

Lösung L 4.13 (**4 Punkte**) (Zur Aufgabenstellung A 4.13)

$$\begin{aligned} \text{Konsumfunktion} \quad & C(Y) = 0{,}6Y + 50 \\ \text{Sparfunktion} \quad & S(Y) = 0{,}4Y - 50 \end{aligned}$$

4.3.2 Gleichgewichtseinkommen

Quick Check – Wahr oder falsch?

Lösung L 4.14 (**5 Punkte**) (Zur Aufgabenstellung A 4.14)
(a) Wahr
(b) Wahr
(c) Wahr
(d) Falsch
(e) Wahr

Verständnisfragen

Lösung L 4.15 (5 Punkte) (Zur Aufgabenstellung A 4.15)
$$Y^D = C_0 + cY + I + g = Y = Y^S$$

Lösung L 4.16 (5 Punkte) (Zur Aufgabenstellung A 4.16)

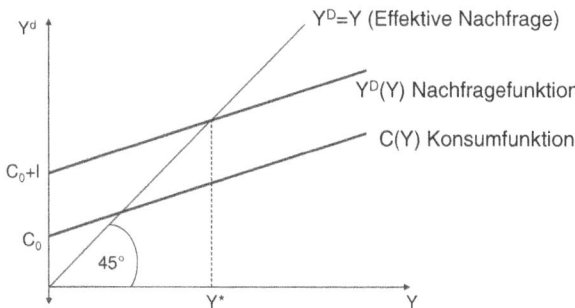

Lösung L 4.17 (5 Punkte) (Zur Aufgabenstellung A 4.17)

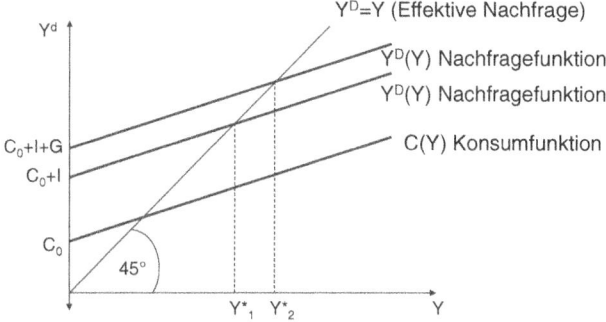

Lösung L 4.18 (5 Punkte) (Zur Aufgabenstellung A 4.18)

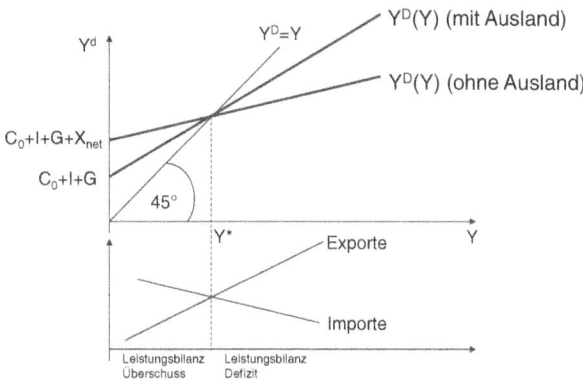

Lösung L 4.19 (**3 Punkte**) (Zur Aufgabenstellung A 4.19)
Einsetzen der idealtypischen Konsumfunktion $C(Y-T) = c(Y-T) + C_0$ in die Verwendungsgleichung $Y = C + I + (G-T)$ ergibt: $Y = c(Y-T) + C_0 + I + (G-T)$.
Umformen ergibt $(1-c)(Y-T) - C_0 + T = I + G$ oder $S(Y-T) + T = I + G$.

Lösung L 4.20 (**3 Punkte**) (Zur Aufgabenstellung A 4.20)

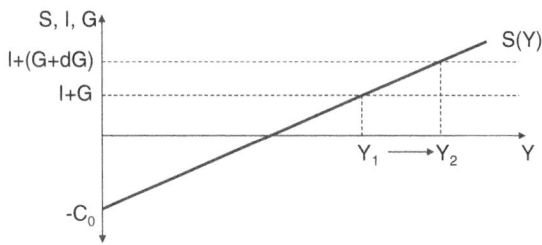

Lösung L 4.21 (**5 Punkte**) (Zur Aufgabenstellung A 4.21)
Bei einer Erhöhung der Staatsausgaben wird sich das Gleichgewichtseinkommen erhöhen. Dies ergibt sich aus dem positiven Einkommensmultiplikator. Bei der Erhöhung der Sparquote wird sich das Gleichgewichtseinkommen verringern. Dies ergibt sich aus der Argumentation im Kontext des Sparparadoxons bzw. aus dem negativen Multiplikator $\frac{dY}{ds}$.

Lösung L 4.22 (**3 Punkte**) (Zur Aufgabenstellung A 4.22)
Expansive Fiskalpolitik wirkt sich positiv auf das Gleichgewichtseinkommen aus, da der Einkommensmultiplikator positiv ist. Die Höhe des Multiplikators gibt an, wie effektiv die Politik ist.

Lösung L 4.23 (**2 Punkte**) (Zur Aufgabenstellung A 4.23)
Dies bedeutet, dass für jede Geldeinheit, die der Staat ausgibt, das BIP um 2 Geldeinheiten steigen wird.

Lösung L 4.24 (**2 Punkte**) (Zur Aufgabenstellung A 4.24)

$$S(Y-T) + T = I + G$$

Lösung L 4.25 (**5 Punkte**) (Zur Aufgabenstellung A 4.25)
(a) (2 Punkte) $Y = \frac{C_0 + I + G - cT}{s}$
(b) (3 Punkt) $\frac{dY}{dG} = \frac{1}{s}$

Lösung L 4.26 (**2 Punkte**) (Zur Aufgabenstellung A 4.26)
Dies bedeutet, dass für jede Geldeinheit, die der Staat ausgibt, das BIP um 2 Geldeinheiten steigen wird.

Lösung L 4.27 (3 Punkte) (Zur Aufgabenstellung A 4.27)
Ausgehend von $Y = \frac{C_0 + I + G - cT}{s}$ ergibt sich: $\frac{dY}{dG} = \frac{1}{s}$.

Anwendungsaufgaben

Lösung L 4.28 (3 Punkte) (Zur Aufgabenstellung A 4.28)
Die Gleichgewichtsbedingung lautet bei den gegebenen Werten: $0{,}7(Y - 0{,}1Y) - 3 + 0{,}1Y = -2r + 2 + 5$ bzw. $0{,}73Y - 3 = -2r + 7$ und damit $Y = \frac{10 - 2r}{0{,}73}$.

Lösung L 4.29 (3 Punkte) (Zur Aufgabenstellung A 4.29)
(a) (1 Punkt) Da die Konsumquote 0,3 beträgt, beträgt die Sparquote 0,7 und somit ergibt sich der Multiplikator als $\frac{dY}{dG} = \frac{1}{0{,}7} = 1{,}4286$.
(b) (2 Punkte) Das BIP wird um $2{,}3\,\text{Mio.} \cdot 1{,}4286 = 3{,}2857\,\text{Mio.}$ Geldeinheiten steigen.

Lösung L 4.30 (8 Punkte) (Zur Aufgabenstellung A 4.30)
(a) (4 Punkte) Die Verwendungsgleichung lautet hier: $Y = 10 + 0{,}3Y + \frac{0{,}2}{r} + 4$. Dies bedeutet für das Gleichgewichtseinkommen: $Y = 20 + \frac{2}{7r}$.
(b) (4 Punkte) Nutze die Formel für das Gleichgewichtseinkommen aus (a). Ableiten nach r ergibt: $\frac{dY}{dr} = -\frac{2}{7r^2} < 0$.

Lösung L 4.31 (6 Punkte) (Zur Aufgabenstellung A 4.31)
(a) (3 Punkte) Eingesetzt in die Verwendungsgleichung ergibt sich: $Y = 0{,}3Y + 3 + 3 + 4$ und folgend $Y = 33{,}33$.
(b) (1 Punkte) Die Sparquote ergibt sich als 0,7. Eingesetzt in die Formel für den Multiplikator ergibt sich: $\frac{dY}{dG} = \frac{1}{0{,}7} = 1{,}4286$.
(c) (2 Punkte) Eine Erhöhung von 4 auf 5 Einheiten bedeutet, dass er eine Einheit mehr ausgibt, also erhöht sich das Gleichgewichtseinkommen um $1 \cdot 1{,}4286$ Einheiten.

Lösung L 4.32 (4 Punkte) (Zur Aufgabenstellung A 4.32)
Einsetzen in die Verwendungsgleichung ergibt: $Y = 0{,}2Y - 10 + 120$. Auflösen nach Y ergibt dann: $Y = \frac{10 + 20 + 100}{0{,}8} = 162{,}5$.

4.3.3 Sparparadoxon

Quick Check – Wahr oder falsch?

Lösung L 4.33 (5 Punkte) (Zur Aufgabenstellung A 4.33)
(a) Falsch
(b) Wahr
(c) Wahr
(d) Falsch
(e) Wahr

Verständnisfragen

Lösung L 4.34 (**4 Punkte**) (Zur Aufgabenstellung A 4.34)

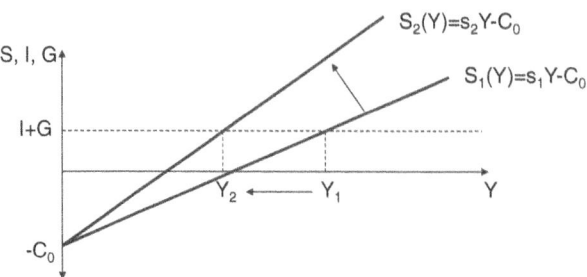

Alternativ ergibt sich aus $Y = \frac{C_0+I+G-cT}{s}$ der Multiplikator $\frac{dY}{ds} = -\frac{C_0+I+G-cT}{s^2}$. Da sowohl Zähler als auch Nenner immer positiv sind, ist der Multiplikator immer negativ. Eine Erhöhung der Sparquote führt somit zu einer Reduktion des BIPs.

Lösung L 4.35 (**3 Punkte**) (Zur Aufgabenstellung A 4.35)
Siehe Lösung L 4.34 für die Abbildung. Dieser Sachverhalt – das Sparparadoxon – sagt aus, dass Sparen, welches für den Einzelnen aus einem intertemporalen Nutzenausgleich heraus positiv ist, negativ für die gesamte Volkswirtschaft wird, wenn alle Haushalte sparen, da in diesem Fall Konsum entfällt.

Lösung L 4.36 (**3 Punkte**) (Zur Aufgabenstellung A 4.36)
 (a) (2 Punkte) Durch eine Erhöhung der Sparquote wird das Gleichgewichtseinkommen sinken.
 (b) (1 Punkt) Das Phänomen nennt man Sparparadoxon.

Lösung L 4.37 (**3 Punkte**) (Zur Aufgabenstellung A 4.37)
Das Gleichgewichtseinkommen wird sich reduzieren. Dieses Phänomen nennt man Sparparadoxon.

Lösung L 4.38 (**9 Punkte**) (Zur Aufgabenstellung A 4.38)
 (a) (2 Punkte) Durch das Sinken der Sparquote sinkt auch das BIP pro Kopf.
 (b) (2 Punkte) Durch das Sinken der Sparquote wird das BIP steigen. Entsprechend wird auch das Pro-Kopf-BIP ansteigen.
 (c) (5 Punkte) Im keynesianischen Modell steigt der Pro-Kopf-Konsum. Im neoklassischen Modell hängt der Konsum nicht linear von der Sparquote ab und somit gibt es Situationen, in denen das Sinken der Sparquote einen positiven Effekt hat, und Situationen, in denen das Sinken der Sparquote einen negativen Effekt auf den Konsum hat.

Lösung L 4.39 (4 Punkte) (Zur Aufgabenstellung A 4.39)

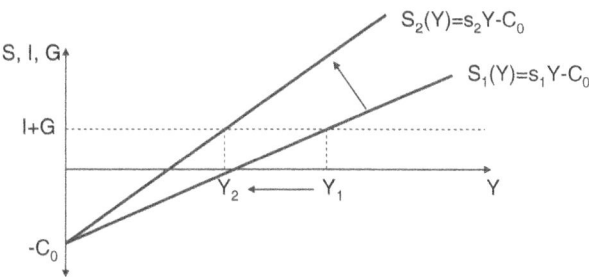

(a) (1 Punkt) Es ist das Sparparadoxon dargestellt.
(b) (3 Punkte) Es sagt aus, dass eine Erhöhung der Sparquote zu einem Sinken des BIPs führt. Es wird Paradoxon genannt, da Sparen einzelwirtschaftlich etwas Gutes ist, nur, wenn alle Sparen, wird es gesamtwirtschaftlich schlecht. Es ist daher paradox, dass etwas, das für den Einzelnen gut ist, für die Gemeinschaft schlecht ist.

Lösung L 4.40 (3 Punkte) (Zur Aufgabenstellung A 4.40)
Es sagt aus, dass Sparen einzelwirtschaftlich gut (zum intertemporalen Nutzenausgleich), gesamtwirtschaftlich allerdings schlecht ist (das BIP senkt).

Lösung L 4.41 (3 Punkte) (Zur Aufgabenstellung A 4.41)
Eine Erhöhung der Sparneigung ist im keynesianischen Modell negativ hinsichtlich des BIPs, da hierdurch Konsum wegfällt.

Lösung L 4.42 (8 Punkte) (Zur Aufgabenstellung A 4.42)
(a) (3 Punkte) Das Sparparadoxon sagt aus, dass eine Erhöhung der Sparquote zu einem Sinken des BIPs führt. Es wird Paradoxon genannt, da Sparen einzelwirtschaftlich etwas Gutes ist, nur, wenn alle Sparen wird, es gesamtwirtschaftlich schlecht. Es ist daher paradox, dass etwas, das für den Einzelnen gut ist, für die Gemeinschaft schlecht ist.
(b) (2 Punkte) Eine Erhöhung der Sparquote senkt hier den Konsum.
(c) (3 Punkte) Im neoklassischen Modell hängt der Konsum nicht linear von der Sparquote ab und somit gibt es Situationen, in denen das Sinken der Sparquote einen positiven Effekt, und Situationen, in denen das Sinken der Sparquote einen negativen Effekt auf den Konsum hat.

Lösung L 4.43 (4 Punkte) (Zur Aufgabenstellung A 4.43)
(a) (2 Punkte) Das BIP wird sinken.
(b) (2 Punkte) Das BIP wird steigen.

Lösung L 4.44 (**3 Punkte**) (Zur Aufgabenstellung A 4.44)
Das Gleichgewichtseinkommen wird sinken. Dieses Phänomen nennt man Sparparadoxon.

Lösung L 4.45 (**3 Punkte**) (Zur Aufgabenstellung A 4.45)
Da Sparen für den Einzelnen etwas Gutes ist, sind alle geneigt mehr zu sparen. Hierdurch wird weniger konsumiert. Durch den Konsumrückgang sinkt das BIP.

Lösung L 4.46 (**3 Punkte**) (Zur Aufgabenstellung A 4.46)
Da Sparen für den Einzelnen etwas Gutes ist, sind alle geneigt mehr zu sparen. Hierdurch wird weniger konsumiert. Durch den Konsumrückgang sinkt das BIP.

Lösung L 4.47 (**3 Punkte**) (Zur Aufgabenstellung A 4.47)
In Deutschland ist die Sparquote bereits recht hoch, wenn sie wegen der wirtschaftlichen Lage (aufkommende Deflation) weiter steigt, würde das BIP zurückgehen.

Anwendungsaufgaben

Lösung L 4.48 (**5 Punkte**) (Zur Aufgabenstellung A 4.48)
Das Gleichgewichtseinkommen liegt bei: $Y = \frac{10-2r}{0,73}$, also bei einem Zins von $r = 2$ bei $Y = 8{,}219$. Nach Änderung der Sparquote ergibt sich das Gleichgewichtseinkommen als $0{,}8(0{,}9Y) - 3 + 0{,}1Y = -2r + 2 + 5$ und somit $Y = \frac{10-2r}{0,82}$ bzw. bei einem Zins von $r = 2$ als $Y = 7{,}317$ Einheiten. Es sinkt um $0{,}902$ Einheiten. Das Programm sollte daher durchgeführt werden, da es einen zusätzlichen Nutzen von $4 - 0{,}902 = 3{,}098$ Einheiten BIP bedeutet.

Lösung L 4.49 (**6 Punkte**) (Zur Aufgabenstellung A 4.49)
(a) (5 Punkte) Das Gleichgewichtseinkommen ergibt sich durch Einsetzen in die Gleichgewichtsbedingung und beträgt vor der Änderung der Sparquote $Y = 50$. Nach dem Anstieg der Sparquote beträgt es nur noch $Y = 25$.
(b) (1 Punkt) Dieses Phänomen nennt sich Sparparadoxon.

Lösung L 4.50 (**9 Punkte**) (Zur Aufgabenstellung A 4.50)
(a) (2 Punkte) Sparen ist einzelwirtschaftlich gut, gesamtwirtschaftlich allerdings schlecht.
(b) (1 Punkt) $S(Y) = 0{,}3Y - 3$.
(c) (2 Punkte) Die Sparfunktion wird steiler.
(d) (4 Punkte) Das Gleichgewichtseinkommen wird sinken. Diesen Effekt nennt man Sparparadoxon.

4.3.4 Gütermarkt – IS-Kurve

Quick Check – Wahr oder falsch?

Lösung L 4.51 (5 Punkte) (Zur Aufgabenstellung A 4.51)
- (a) Wahr
- (b) Falsch
- (c) Wahr
- (d) Falsch
- (e) Wahr

Verständnisfragen

Lösung L 4.52 (21 Punkte) (Zur Aufgabenstellung A 4.52)
- (a) (11 Punkte) Die IS-Kurve stellt den geografischen Ort aller Kombinationen von Einkommen Y und Zins r dar, bei denen der Gütermarkt im Gleichgewicht ist.
- (b) (6 Punkte) Die LM-Kurve stellt den geografischen Ort aller Kombinationen von Einkommen Y und Zins r dar, bei denen der Geldmarkt im Gleichgewicht ist.
- (c) (4 Punkte)

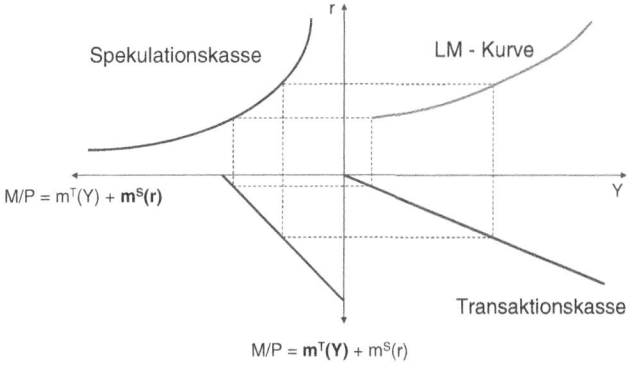

Lösung L 4.53 (4 Punkte) (Zur Aufgabenstellung A 4.53)
Die IS-Kurve beschreibt den Ort aller Kombinationen von Einkommen und Zins, bei denen der Gütermarkt im Gleichgewicht ist. Idealtypisch nimmt sie die folgende Form an:

$$r = -\frac{s}{a}Y + \frac{C_0 + I_0 + G}{a} \tag{4.2}$$

Lösung L 4.54 (2 Punkte) (Zur Aufgabenstellung A 4.54)
Werden Investitionen unabhängig vom Zins getätigt, so wird die IS-Kurve senkrecht.

Lösung L 4.55 (**4 Punkte**) (Zur Aufgabenstellung A 4.55)

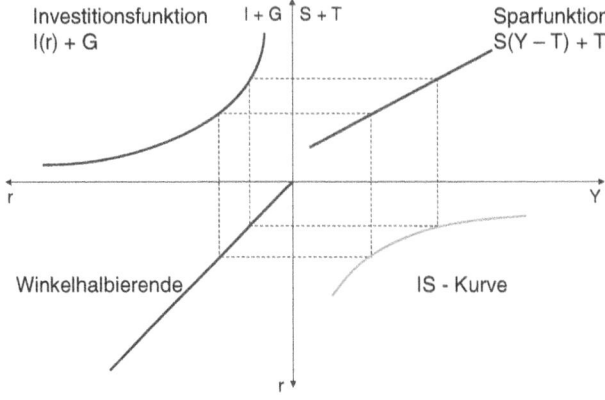

Anwendungsaufgaben

Lösung L 4.56 (**6 Punkte**) (Zur Aufgabenstellung A 4.56)

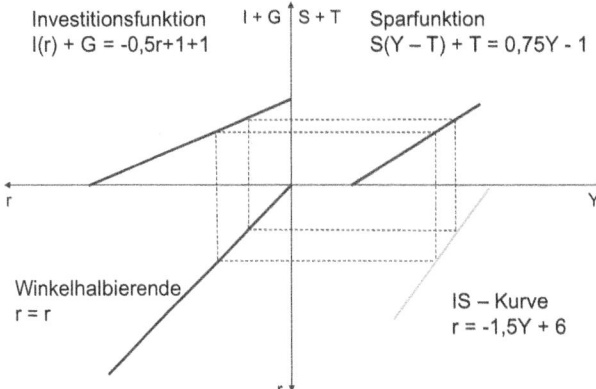

Zum Vergleich mathematisch ergibt sich die IS-Kurve als: $r(Y) = 1,5Y + 6$

Lösung L 4.57 (**6 Punkte**) (Zur Aufgabenstellung A 4.57)
Einsetzen in die Gleichgewichtsbedingung liefert: $0,2Y - 1 = -r + 2 + 4$. Hieraus ergibt sich nach Umformen: $r = -0,8Y + 7$ als IS-Kurve.

Lösung L 4.58 (**3 Punkte**) (Zur Aufgabenstellung A 4.58)
Die Sparfunktion lautet $S(Y - T) = 0,3(Y - 1) - C_0 = 0,3Y - 0,3 - C_0$. Eingesetzt in die Gleichgewichtsbedingung ergibt sich: $0,3Y - 0,3 - C_0 + 1 = -2r + 10 + 3$ und somit $2r = -0,3Y + 12,3 + C_0$ bzw. $r = -0,15Y + 6,15 + C_0$.

Aus der Information, dass der Punkt $(10;2)$ auf der Kurve liegt, ergibt sich $2 = -1,5 + 6,15 + C_0$ und damit $C_0 = 3,5 - 6,15 = -2,65$.

Die IS-Kurve lautet damit entsprechend: $r(Y) = -0,15Y + 3,5$.

Lösung L 4.59 (3 Punkte) (Zur Aufgabenstellung A 4.59)
Es gilt $c = 0,3$ und damit $S(Y - T) = 0,7(Y - 3) - 5 = 0,7Y - 7,1$. Bei $Y = 10$ liegt somit eine Ersparnis von $S = 0,1$ vor. Mit $I = S$ folgt hieraus $0,1 = -0,2 \cdot 2 + \alpha$ bzw. $\alpha = 0,5$. Die Investitionsfunktion lautet somit $I(r) = -0,2r + 0,5$.

Aus der Gleichgewichtsbedingung ergibt sich dann $0,7Y - 7,1 + 3 = 3 - 0,2r + 0,5$ und somit $0,2r = -0,7Y + 7,6$ bzw. die IS-Kurve als $r(Y) = -3,5Y + 38$.

Lösung L 4.60 (4 Punkte) (Zur Aufgabenstellung A 4.60)
Vorabüberlegung $T = 0,2 \cdot C + 0,05 \cdot S = 0,2(Y - S) + 0,05 \cdot S = 0,2Y - 0,2S + 0,05S = 0,2Y - 0,15S$.

Die Sparfunktion lautet $S(Y - T) = 0,7(Y - 0,2 \cdot (Y - S) + 0,05 \cdot S) - 5 = 0,7Y - 0,14Y + 0,14S + 0,035S - 5 = 0,56Y + 0,175S - 5$. Auflösen nach S ergibt $S(Y - T) = \frac{0,56}{0,825}Y - \frac{5}{0,825} = 0,68Y - 6,06$.

Einsetzen in die Gleichgewichtsbedingung ergibt $S + T = I + G$ bzw. $S + 0,2Y - 0,15S = 0,85S + 0,2Y = I + G$ und damit nach Einsetzen $0,85(0,68Y - 6,06) + 0,2Y = 100 + 20 - 0,5r$ und $0,778Y - 5,151 = 120 - 0,5r$ bzw. $0,5r = -0,778Y + 125,151$ und somit ergibt sich die IS-Kurve als $r(Y) = -1,556Y + 250,302$.

Lösung L 4.61 (17 Punkte) (Zur Aufgabenstellung A 4.61)
(a) (4 Punkte) Einsetzen liefert: $0,2Y - 2 = 3 - r$, umgestellt nach r ergibt sich die IS-Kurve als: $r = -0,2Y + 5$.

(b) (2 Punkte)

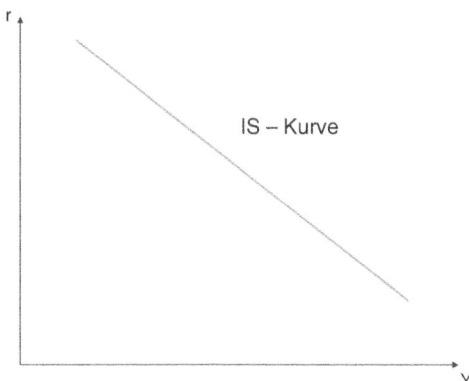

(c) (3 Punkte) Die Gleichgewichtsbedingung lautet dann: $0,2(Y - 1) - 2 + 1 = 3 - r$, damit ergibt sich die IS-Kurve als: $r = -0,2Y + 4,2$. Die IS-Kurve verschiebt sich somit um $0,8$ Einheiten nach unten.

(d) (2 Punkte) Die Gleichgewichtsbedingung lautet dann: $0{,}3Y - 2 = 3 - r$ und damit
    ergibt sich die IS-Kurve als: $r = -0{,}3Y + 5$. Die IS-Kurve ist somit steiler geworden.
(e) (6 Punkte)

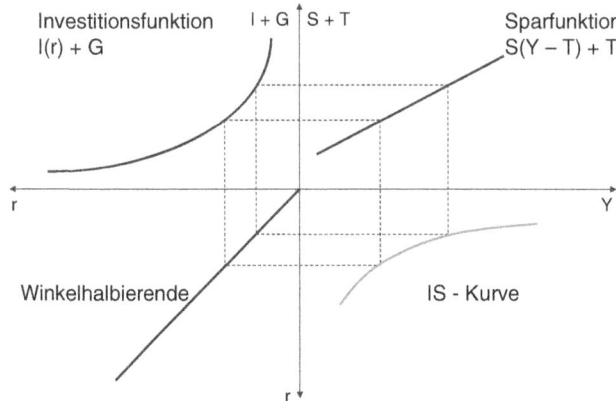

Lösung L 4.62 (4 Punkte) (Zur Aufgabenstellung A 4.62)
Einsetzen in die Verwendungsgleichung liefert: $Y = 0{,}8Y + 200 + 50 - r + 100$. Hieraus
ergibt sich nach Umformen: $r = -0{,}2Y + 350$ als IS-Kurve.

Lösung L 4.63 (4 Punkte) (Zur Aufgabenstellung A 4.63)
Einsetzen in die Gleichgewichtsbedingung liefert: $0{,}2Y - 1 = -r + 2 + 4$. Hieraus ergibt
sich nach Umformen: $r = -0{,}2Y + 7$ als IS-Kurve.

Lösung L 4.64 (4 Punkte) (Zur Aufgabenstellung A 4.64)
Einsetzen in die Verwendungsgleichung liefert: $Y = 0{,}8Y + 1 - r + 2 + 2$. Hieraus ergibt
sich nach Umformen: $r = -0{,}2Y + 5$ als IS-Kurve.

Lösung L 4.65 (4 Punkte) (Zur Aufgabenstellung A 4.65)
Einsetzen in die Gleichgewichtsbedingung liefert: $0{,}5Y - 2 = -r + 1 + 3$. Hieraus ergibt
sich nach Umformen: $r = -0{,}5Y + 6$ als IS-Kurve.

Lösung L 4.66 (4 Punkte) (Zur Aufgabenstellung A 4.66)
Einsetzen in die Gleichgewichtsbedingung liefert: $0{,}1Y - 1 = -0{,}3r + 2$. Hieraus ergibt
sich nach Umformen: $r = -3Y + 10$ als IS-Kurve.

Lösung L 4.67 (4 Punkte) (Zur Aufgabenstellung A 4.67)
Einsetzen in die Verwendungsgleichung liefert: $Y = 0{,}7Y + 20 - r + 20 + 100$. Hieraus
ergibt sich nach Umformen: $r = -0{,}3Y + 140$ als IS-Kurve.

Lösung L 4.68 (6 Punkte) (Zur Aufgabenstellung A 4.68)

(a) (2 Punkte) $S(Y) = 0{,}5 - 20$

(b) (4 Punkte) Einsetzen in die Gleichgewichtsbedingung liefert: $0{,}5Y - 20 = -5r + 80 + 40$. Hieraus ergibt sich nach Umformen: $r = -0{,}1Y + 28$ als IS-Kurve.

Lösung L 4.69 (6 Punkte) (Zur Aufgabenstellung A 4.69)

Angenommen der Staat tätigt Ausgaben in Höhe von 4. Diese finanziert der Staat durch Steuereinnahmen in Höhe von 2 und eine zusätzliche Staatsverschuldung in Höhe von 2. Zusätzlich konsumieren Haushalte 50 % ihres Einkommens bei einem autonomen Konsum in Höhe von 1. Unternehmen investieren gemäß der Investitionsfunktion $I(r) = -r + 3$.

(a) (4 Punkte) Einsetzen in die Gleichgewichtsbedingung ergibt $0{,}5(Y - 2) - 1 + 2 = 4 - r + 3$ und somit ergibt sich die IS-Kurve als $r(Y) = -0{,}5Y + 7$.

(b) (2 Punkte) Die IS-Kurve verschiebt sich zu $r(Y) = -0{,}5Y + 8$.

4.3.5 Geldmarkt – LM-Kurve

Quick Check – Wahr oder falsch?

Lösung L 4.70 (5 Punkte) (Zur Aufgabenstellung A 4.70)

(a) Wahr

(b) Falsch

(c) Wahr

(d) Wahr

(e) Wahr

Verständnisfragen

Lösung L 4.71 (14 Punkte) (Zur Aufgabenstellung A 4.71)

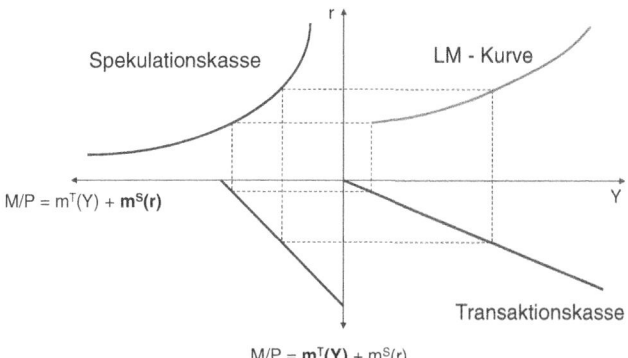

Lösung L 4.72 (**2 Punkte**) (Zur Aufgabenstellung A 4.72)

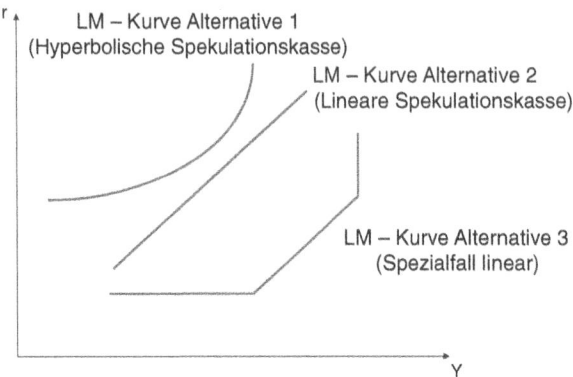

Lösung L 4.73 (**5 Punkte**) (Zur Aufgabenstellung A 4.73)
Betrachtet man die LM-Kurve im allgemeinen Fall: $\frac{M}{P} = m^T(Y) + m^S(r) + m^V(Y,r)$, so
kann man diese theoretisch umformen zu: $r = +(m^S)^{-1}(m^T(Y) + m^V(Y,r) + \frac{M}{P})$ und somit
die LM-Kurve bestimmen.

Lösung L 4.74 (**5 Punkte**) (Zur Aufgabenstellung A 4.74)
Neben dem linear steigenden Bereich unterscheidet man noch den klassischen Bereich
und den keynesianischen Bereich. Im klassischen Bereich ist der Zins unabhängig vom
Einkommen, während der keynesianische Bereich das Vorliegen einer Liquiditätsfalle beschreibt.

Anwendungsaufgaben

Lösung L 4.75 (**4 Punkte**) (Zur Aufgabenstellung A 4.75)
Einsetzen in die Gleichgewichtsbedingung liefert: $5 = 2Y + 3 - r + 1 + 3Y - 2r$, nach Umstellen ergibt sich $1 = 5Y - 3r$ bzw. $1 - 5Y = -3r$ und damit für die LM-Kurve: $r = \frac{5}{3}Y - \frac{1}{3}$.

Lösung L 4.76 (**3 Punkte**) (Zur Aufgabenstellung A 4.76)
Einsetzen in die Gleichgewichtsbedingung ergibt $19 = 2Y - 1 - 10r + 5 + Y - 5r = 3Y -$
$15r + 4$ und damit nach Umformen $15r = 3Y - 15$.
   Die LM-Kurve ergibt sich somit als $r = 0{,}2Y - 1$.

Lösung L 4.77 (**4 Punkte**) (Zur Aufgabenstellung A 4.77)
Die Menge an Geld, die aus dem Transaktionsmotiv heraus nachgefragt wird, addiert sich
zu $m^T_{\text{gesamt}} = 2Y - 1 + 3Y + 1 = 5Y$. Ebenso addiert sich die Geldnachfrage aus dem Spekulationsmotiv heraus zu $m^S_{\text{gesamt}} = -2r + 4$.

Setzt man alle Informationen in die Gleichgewichtsbedingung des Geldmarkts ein, so ergibt sich die LM-Kurve über $20 = 5Y - 2r + 4$ und damit $2r = 5Y - 16$ bzw. als $r(Y) = 2,5Y - 8$.

Lösung L 4.78 (**4 Punkte**) (Zur Aufgabenstellung A 4.78)
Zunächst kann man für ein beliebiges Preisniveau die LM-Kurve durch Einsetzen in die Gleichgewichtsbedingung des Geldmarkts aufstellen. $\frac{5}{P} = 3Y + 1 - 0,5r + 2 = 3Y - 0,5r + 3$ und damit $0,5r = 3Y + 3 - \frac{5}{P}$ bzw. $r = 6Y + 6 - \frac{10}{P}$. Durch Einsetzen des bekannten Gleichgewichts erhält man für das Preisniveau $1 = 6 \cdot 2 + 6 - \frac{10}{P}$ und somit $-17 = -\frac{10}{P}$ bzw. $P = \frac{10}{17} = 0,588$.

Die LM-Kurve lautet dann: $r = 6Y + 6 - 17 = 6Y - 11$.

Lösung L 4.79 (**14 Punkte**) (Zur Aufgabenstellung A 4.79)
 (a) (4 Punkte) Einsetzen in die Geldmarktgleichgewichtsbedingung liefert: $10 = 2Y + 4 + 2 - r$. Nach Umformen ergibt sich die LM-Kurve als: $r = 2Y - 4$.
 (b) (3 Punkte) Einsetzen von IS- in LM-Kurve ergibt: $r = 2(12 - 2r) - 4 = 24 - 4r - 4$ und somit einen Zins von $r = 4$ und ein Einkommen von $Y = 12 - 2 \cdot 4 = 4$.
 (c) (5 Punkte) Um eine reale Geldmenge von 10 bei einem Preisniveau von 2 zu erhalten, muss die nominale Geldmenge $M = 20$ betragen.
 (d) (2 Punkte) In diesem Fall existiert kein binnenwirtschaftliches Gleichgewicht. Es gibt keine Kombination von Einkommen und Zinsen, bei der sowohl Güter- als auch Geldmarkt im Gleichgewicht sind.

Lösung L 4.80 (**8 Punkte**) (Zur Aufgabenstellung A 4.80)
 (a) (4 Punkte) Einsetzen in die Geldmarktgleichgewichtsbedingung liefert: $4 = 2Y + 1 + 2 - r$. Nach Umformen ergibt sich die LM-Kurve als: $r = 2Y - 1$.
 (b) (2 Punkte) Bei einem Zins von $r = 1$ muss im Gleichgewicht ein Einkommen von $1 = 2Y - 1$ und damit von $Y = 2$ vorliegen. Das Gleichgewicht liegt bei (2; 1).
 (c) (2 Punkte) Einsetzen des binnenwirtschaftlichen Gleichgewichts in die ZZ-Kurve liefert: $1 = 1 + 2 = 3$. Der Widerspruch zeigt, dass das binnenwirtschaftliche Gleichgewicht kein außenwirtschaftliches Gleichgewicht ist.

Lösung L 4.81 (**4 Punkte**) (Zur Aufgabenstellung A 4.81)
Einsetzen in die Geldmarktgleichgewichtsbedingung liefert: $1000 = 1,8Y + 100 - r + 200$. Nach Umformen ergibt sich die LM-Kurve als: $r = 1,8Y - 700$.

Lösung L 4.82 (**4 Punkte**) (Zur Aufgabenstellung A 4.82)
Einsetzen in die Geldmarktgleichgewichtsbedingung liefert: $6 = 2Y - 2 - r + 3$. Nach Umformen ergibt sich die LM-Kurve als: $r = 2Y - 5$.

Lösung L 4.83 (**4 Punkte**) (Zur Aufgabenstellung A 4.83)
Einsetzen in die Geldmarktgleichgewichtsbedingung liefert: $5 = 2Y + 2 - r + 1$. Nach Umformen ergibt sich die LM-Kurve als: $r = 2Y - 2$.

Lösung L 4.84 (**4 Punkte**) (Zur Aufgabenstellung A 4.84)
Einsetzen in die Geldmarktgleichgewichtsbedingung liefert: $6 = 2Y - 1 - 2r + 1$. Nach Umformen ergibt sich die LM-Kurve als: $r = 2Y - 6$.

Lösung L 4.85 (**4 Punkte**) (Zur Aufgabenstellung A 4.85)
Einsetzen in die Gleichgewichtsbedingung liefert: $5 = 2Y - 1 - r + 2$ und nach Umstellen ergibt sich die LM-Kurve als: $r = 2Y - 4$.

Transferaufgaben

Lösung L 4.86 (**4 Punkte**) (Zur Aufgabenstellung A 4.86)
Das Hicks-Gleichgewicht der gesamten Union ergibt sich aus den Hicks-Gleichgewichten der beiden Länder, indem der Durchschnitt des BIPs und des Zinses bestimmt wird.

Zum Nachweis werden zwei allgemeine IS- und zwei allgemeine LM-Kurven betrachtet und davon ausgehend die Hicks-Gleichgewichte bestimmt. Im zweiten Schritt werden jeweils die Nachfrage- und die Angebotsseite des Güter- und des Geldmarktes aufaddiert, um die IS- und die LM-Kurve der gesamten Union zu bestimmen. Bestimmt man auch hier das Hicks-Gleichgewicht, zeigt sich, dass dieses genau dem Mittelwert der ersten beiden entspricht.

Anmerkung: Bei mehr als zwei Ländern ergibt sich das Hicks-Gleichgewicht als Mittelpunkt der Hicks-Gleichgewichte der Ausgangsländer.

4.3.6 IS-LM-Modell

Quick Check – Wahr oder falsch?

Lösung L 4.87 (**5 Punkte**) (Zur Aufgabenstellung A 4.87)
 (a) Wahr
 (b) Wahr
 (c) Falsch
 (d) Falsch
 (e) Wahr

Multiple Choice

Lösung L 4.88 (**12 Punkte**) (Zur Aufgabenstellung A 4.88)
 (a) (2 Punkte) (I)
 (b) (2 Punkte) (III)
 (c) (2 Punkte) (II)
 (d) (2 Punkte) (I)
 (e) (2 Punkte) (III)
 (f) (2 Punkte) (IV)

Verständnisfragen

Lösung L 4.89 (2 Punkte) (Zur Aufgabenstellung A 4.89)

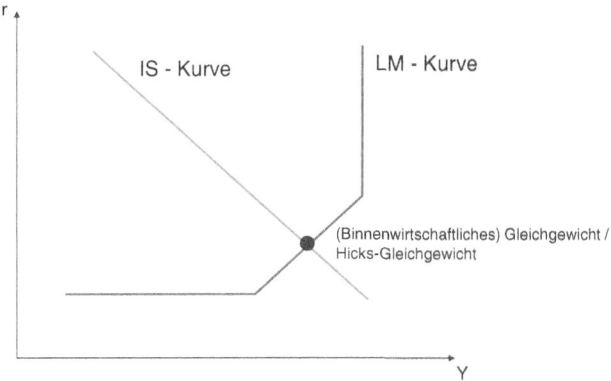

Lösung L 4.90 (3 Punkte) (Zur Aufgabenstellung A 4.90)
In diesem Fall entsteht ein Ungleichgewicht auf dem Arbeitsmarkt bzw. Arbeitslosigkeit.

Lösung L 4.91 (2 Punkte) (Zur Aufgabenstellung A 4.91)
Da das IS-LM-Modell ein kurzfristiges Modell ist, Preise sich allerdings nur langfristig ändern, spielen diese in dem IS-LM-Modell keine Rolle.

Anwendungsaufgaben

Lösung L 4.92 (10 Punkte) (Zur Aufgabenstellung A 4.92)
 (a) (3 Punkte) Gleichsetzen von IS- und LM-Kurve ergibt: $-0{,}5Y + 5 = 2Y - 2$ und damit $2{,}5Y = 7$ bzw. $Y = 2{,}8$ und für den Zins $r = 3{,}6$.
 (b) (2 Punkte) Es gibt ein Ungleichgewicht. Entweder die IS-Kurve muss sich nach links oder die LM-Kurve nach rechts verschieben, um wieder ein Gleichgewicht herzustellen. Wahrscheinlich wird sich beim Vorliegen von einem fixen Wechselkurs die LM-Kurve nach rechts verschieben, da in diesem Fall die Situation ähnlich ist wie nach expansiver Fiskalpolitik. Bei flexiblen Wechselkursen wird sich die IS-Kurve nach links verschieben.
 (c) (5 Punkte) Allgemein lautet die IS-Kurve: $r = -\frac{s}{a}Y - (1-s)T + C_0 + I_0 + G$. Wenn sich die Steuern um 1 Einheit erhöhen, verändert die IS-Kurve ihre Form zu $r = -0{,}5Y + 4{,}5$. Das BIP sinkt auf $Y = 1{,}8$, also um 1 Einheit, aber der Gewinn beträgt 2 Einheiten, also lohnt sich das Programm.

Lösung L 4.93 (4 Punkte) (Zur Aufgabenstellung A 4.93)
Gleichsetzen von IS- und LM-Kurve ergibt $-0{,}3Y + 12 = 0{,}7Y + \alpha$ und somit $Y = 12 - \alpha$. Durch Einsetzen des Gleichgewichts kann der Parameter α bestimmt werden. Aus $10 = 12 - \alpha$ folgt $\alpha = 2$.

Lösung L 4.94 **(8 Punkte)** (Zur Aufgabenstellung A 4.94)

(a) (6 Punkte) Gleichgewichtseinkommen vor der Änderung bestimmen durch Gleichsetzen von IS- und LM-Kurve ergibt $-0,4Y + 8 = 0,6Y - 1$ und damit $Y = 9$. Nach der Änderung ergibt sich das Gleichgewichtseinkommen als $-0,3Y + 8 = 0,6Y - 1$ und damit $0,9Y = 9$ bzw. $Y = 10$. Das BIP ist entsprechend um eine Einheit gestiegen.

(b) (2 Punkte) Unter Rückgriff auf das sogenannte Sparparadoxon (eine Erhöhung der gesamtwirtschaftlichen Sparquote verringert das BIP) ist davon auszugehen, dass der Änderung der IS-Kurve ein Absinken der Sparquote zugrunde liegt.

Lösung L 4.95 **(3 Punkte)** (Zur Aufgabenstellung A 4.95)

Bestimme das BIP, bei dem die LM-Kurve den Wert 0,3 annimmt. $0,3 = 0,2Y - 2$ und somit $2,3 = 0,2Y$. Damit kann ab einem BIP $Y = 11,5$ der Zins nicht weiter sinken und Mikronesien befindet sich bei einem BIP unter $Y = 11,5$ in einer Liquiditätsfalle.

Lösung L 4.96 **(3 Punkte)** (Zur Aufgabenstellung A 4.96)

Gleichsetzen der Kurven ergibt: $350 - 0,2Y = 1,8Y - 700$ und nach Zusammenfassen $2Y = 1050$ bzw. ein Einkommen von $Y = 525$ und einen Zins von $r = 350 - 0,2 \cdot 525 = 245$. Entsprechend lautet das Gleichgewicht (525; 245).

Lösung L 4.97 **(13 Punkte)** (Zur Aufgabenstellung A 4.97)

(a) (4 Punkte) Einsetzen in die Verwendungsgleichung liefert: $Y = 0,6Y + 2 + 1 - r + 2$ und nach Umformen ergibt sich $r = -0,4Y + 5$ als IS-Kurve.

(b) (3 Punkte) Gleichsetzen der Kurven ergibt $-0,4Y + 5 = 0,6Y + 3$ bzw. nach Zusammenfassen $Y = 2$ bzw. für den Zins $r = -0,4 \cdot 2 + 5 = 4,2$.

(c) (6 Punkte) Der Fiskalmultiplikator beträgt $\frac{1}{0,4} = 2,5$.

Lösung L 4.98 **(6 Punkte)** (Zur Aufgabenstellung A 4.98)

Land I: Gleichsetzen der Kurven ergibt $-0,3Y + 5 = 0,7Y - 2$ und nach Umformen ergibt sich ein Einkommen von $Y = 7$ und entsprechend ein Zins von $r = 2,9$. Land II: Gleichsetzen der Kurven ergibt $-2Y^* + 10,9 = Y^* - 1,1$ und nach Umformen ergibt sich ein Einkommen von $3Y^* = 12$ bzw. $Y^* = 4$ und entsprechend ein Zins von $r^* = 2.9$.

Entsprechend lautet das Gleichgewicht für Land I (7; 2,9) und für Land II (4; 2,9).

Lösung L 4.99 **(11 Punkte)** (Zur Aufgabenstellung A 4.99)

(a) (4 Punkte) Einsetzen in die Verwendungsgleichung ergibt: $Y = 0,7Y + 4 - 3r + 3 + 2$ und entsprechend $3r = -0,3Y + 9$ bzw. $r = -0,1Y + 3$ als IS-Kurve.

(b) (4 Punkte) Einsetzen in die Geldmarktgleichgewichtsbedingung ergibt $7 = 0,4Y + 2 - 2r - 1$ bzw. $2r = 0,4Y - 6$ ergibt die LM-Kurve $r = 0,2Y - 3$.

(c) (3 Punkte) Gleichsetzen der Kurven ergibt $-0,1Y + 3 = 0,2Y - 3$ bzw. $0,3Y = 6$ und somit für das Einkommen $Y = 20$ und für den Zins $r = 0,2 \cdot 20 - 3 = 1$, entsprechend liegt das Gleichgewicht bei (20; 1).

Lösung L 4.100 **(13 Punkte)** (Zur Aufgabenstellung A 4.100)

(a) (4 Punkte) Einsetzen in die Verwendungsgleichung ergibt: $Y = 0,8Y + 7 - 2r + 1 + 4$ und entsprechend $2r = -0,2Y + 12$ bzw. $r = -0,1Y + 6$ als IS-Kurve.

(b) (4 Punkte) Einsetzen in die Geldmarktgleichgewichtsbedingung ergibt $5 = 0{,}5Y + 1 - r - 2$ bzw. $r = 0{,}5Y - 6$ als LM-Kurve.

(c) (3 Punkte) Gleichsetzen ergibt $0{,}5Y - 6 = -0{,}1Y + 6$ bzw. $0{,}6Y = 12$ und somit ein Einkommen $Y = 20$.

(d) (2 Punkte) Der Zins kann durch restriktive Fiskalpolitik oder durch expansive Geldpolitik gesenkt werden.

Lösung L 4.101 (5 Punkte) (Zur Aufgabenstellung A 4.101)
Gleichsetzen der beiden Kurven und nach Y Auflösen ergibt $-0{,}4Y + 3 = 0{,}6Y - 4$ bzw. $Y = 7$ und für den Zins $r = 0{,}6 \cdot 7 - 4 = 0{,}2$. Da dieser Zinssatz nicht dem außenwirtschaftlichen Zinssatz, gegeben durch die ZZ-Kurve, entspricht, liegt im binnenwirtschaftlichen GG kein außenwirtschaftliches GG vor, also existiert kein gesamtwirtschaftliches Gleichgewicht.

Transferaufgaben

Lösung L 4.102 (2 Punkte) (Zur Aufgabenstellung A 4.102)
Das Einkommen kann durch expansive Geld- oder Fiskalpolitik bzw. durch eine Reduktion der Sparquote gesteigert werden.

Lösung L 4.103 (2 Punkte) (Zur Aufgabenstellung A 4.103)
Der Zins kann durch restriktive Fiskalpolitik oder durch expansive Geldpolitik gesenkt werden.

4.3.7 Sonderfälle und besondere Effekte

Quick Check – Wahr oder falsch?

Lösung L 4.104 (5 Punkte) (Zur Aufgabenstellung A 4.104)
 (a) Wahr
 (b) Falsch
 (c) Falsch
 (d) Falsch
 (e) Falsch

Verständnisfragen

Lösung L 4.105 (5 Punkte) (Zur Aufgabenstellung A 4.105)
Werden nur noch Reinvestitionen getätigt, sprich die Höhe der Investitionen ist unabhängig vom Zinssatz, so liegt eine Investitionsfalle vor.

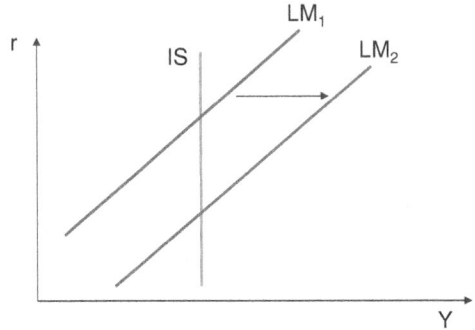

Lösung L 4.106 (**5 Punkte**) (Zur Aufgabenstellung A 4.106)
Befindet sich der Zinssatz auf einem sehr niedrigen Niveau und ist anzunehmen, dass
dieser nicht weiter fällt, wird die LM-Kurve zu einer Waagerechten. Diese Situation bezeichnet man als Liquiditätsfalle.

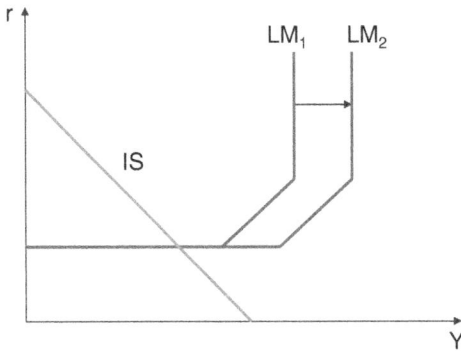

Lösung L 4.107 (**2 Punkte**) (Zur Aufgabenstellung A 4.107)
Jegliche Form expansiver Fiskalpolitik, wie zum Beispiel der Bau einer Hochschule, führt
zu einer Vertreibung privater Investitionen und somit zu einem Crowding-Out.

Lösung L 4.108 (**3 Punkte**) (Zur Aufgabenstellung A 4.108)

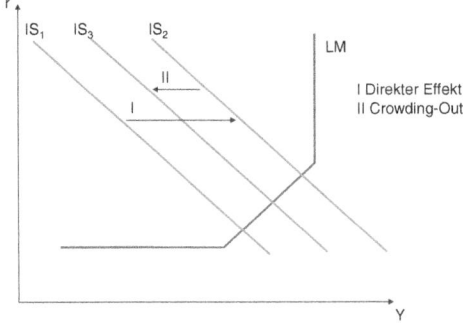

Lösung L 4.109 (**6 Punkte**) (Zur Aufgabenstellung A 4.109)

Keynes-Effekt Durch eine Senkung des Preisniveaus P im Kontext einer Deflation kommt es zu einem Anstieg der realen Geldmenge M/P, sodass der Preisschock wie expansive Geldpolitik wirkt und zu einer Rechtsverschiebung der LM-Kurve führt.

Pigou-Effekt Durch eine Senkung des Preisniveaus P werden Güter aus Sicht der Konsumenten günstiger, sodass der Konsum ansteigt. Ein Anstieg des Konsums bedeutet eine erhöhte Güternachfrage und somit verschiebt sich die IS-Kurve nach rechts.

Lösung L 4.110 (**6 Punkte**) (Zur Aufgabenstellung A 4.110)

(a) (3 Punkte) Expansive Fiskalpolitik kommt letzten Endes wieder den Haushalten oder den Unternehmen zugute und erhöht deren Einkommen. Ihnen steht dann mehr Einkommen zur Verfügung, welches sie ebenfalls konsumieren können. Durch diesen zusätzlichen Konsum verschiebt sich die IS-Kurve noch weiter nach rechts.

(b) (3 Punkte) Ist die Wirtschaft voll ausgelastet, müssen die Unternehmen ihre Produktionskapazitäten ausweiten, um die durch Fiskalpolitik erhöhte Nachfrage nach Gütern befriedigen zu können. Dies führt zu zusätzlichen Investitionen und daher zu einer erneuten Verschiebung der IS-Kurve nach rechts.

Lösung L 4.111 (**3 Punkte**) (Zur Aufgabenstellung A 4.111)

Staatsausgaben können entweder durch Kredite oder durch Steuern finanziert werden.

Wenn Steuern erhoben werden, verringert sich das Einkommen der Haushalte. Da die Menge an gespartem Geld vom Einkommen abhängt, wird weniger gespart. Das Angebot an Geld bei den Banken nimmt ab, da es knapper wird, daher werden Kredite teurer. Da die Kredite teurer sind, werden sie von Unternehmen zu Investitionszwecken weniger häufig nachgefragt. Der Staat vertreibt somit durch Staatsausgaben die privaten Investitionen.

Wenn Kredite vom Staat nachgefragt werden, reduziert er die Menge an Geld, die den Unternehmen für Kredite zur Verfügung steht, daher werden Kredite für Unternehmen teurer. Diese fragen daher weniger Kredite zu Investitionszwecken nach. Die expansive Fiskalpolitik vertreibt auch hier die privaten Investitionen.

Lösung L 4.112 (**2 Punkte**) (Zur Aufgabenstellung A 4.112)

Ist der Zins konstant, insbesondere kann er nicht weiter fallen, so wird die LM-Kurve waagerecht.

Lösung L 4.113 (**5 Punkte**) (Zur Aufgabenstellung A 4.113)

Verschuldet der Staat sich durch die Ausgabe von Staatsverschuldungstiteln, so kann angenommen werden, dass diese von Haushalten gehalten werden. Die Haushalte erhöhen somit ihren Vermögensbestand. Da der Konsum in einer erweiterten Fassung vom Vermögen ebenso positiv abhängt wie vom Einkommen, kann angenommen werden, dass der Konsum steigt und die IS-Kurve sich zusätzlich nach rechts verschiebt.

Da durch die Nachfrage nach Staatsverschuldungstiteln die Nachfrage nach Geld zurückgeht, verschiebt sich die LM-Kurve nach links. Durch jeden Schritt steigt der Zins, sodass die Investitionen seitens der Unternehmen stetig abnehmen.

Lösung L 4.114 (5 Punkte) (Zur Aufgabenstellung A 4.114)

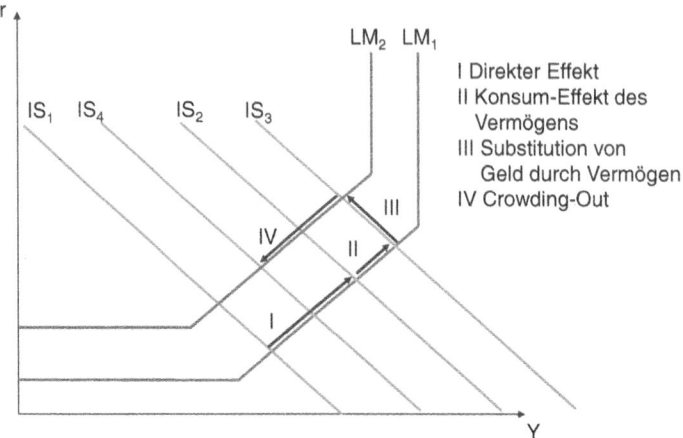

Lösung L 4.115 (5 Punkte) (Zur Aufgabenstellung A 4.115)
(a) (3 Punkte) Abbildung (b) beschreibt die Situation am besten.
(b) (2 Punkte) Diese Situation bezeichnet man auch als Liquiditätsfalle.

Anwendungsaufgaben

Lösung L 4.116 (14 Punkte) (Zur Aufgabenstellung A 4.116)
(a) (6 Punkte) Land I: Gleichsetzen der Kurven ergibt: $-0{,}1Y + 5 = 2$, ergibt $Y = 30$.
  Somit liegt das Gleichgewicht bei (30; 2).
  Land II: Gleichsetzen der Kurven ergibt: $-2Y^* + 8 = 2$, ergibt $Y^* = 3$. Somit liegt
  das Gleichgewicht bei (3; 2).
(b) (4 Punkte) Da in beiden Ländern die LM-Kurve eine Waagerechte ist, liegt in beiden
  Ländern eine Liquiditätsfalle vor. Da die IS-Kurve in keinem der Länder senkrecht
  ist, liegt keine Investitionsfalle vor.
(c) (4 Punkte) In diesem Fall wird das BIP in Land 2 steigen, da expansive Fiskalpolitik
  einen positiven Effekt auf das BIP hat. In Land II muss gespart werden, da weniger Geld vorhanden ist. Dies äußert sich in restriktiver Fiskalpolitik, die zu einem
  Absinken des BIP führt.

Transferaufgaben

Lösung L 4.117 (5 Punkte) (Zur Aufgabenstellung A 4.117)
Es liegt eine Liquiditäts- und eine Investitionsfalle vor. Entsprechend bewirkt nur Fiskalpolitik etwas, also sind Steuersenkungen hilfreich.

Lösung L 4.118 (6 Punkte) (Zur Aufgabenstellung A 4.118)
Da der Zins nicht mehr fallen kann bzw. wird, kann angenommen werden, dass eine Liquiditätsfalle vorliegt. Da im Rahmen des IS-LM-Modells expansive Geldpolitik bei Vorliegen einer Liquiditätsfalle ineffizient ist, ist anzunehmen, dass durch die Politik seitens
der EZB keine Effekte entstehen.

4.3.8 Fiskal- und Geldpolitik – Allgemein

Quick Check – Wahr oder falsch?

Lösung L 4.119 (5 Punkte) (Zur Aufgabenstellung A 4.119)
(a) Falsch
(b) Wahr
(c) Falsch
(d) Falsch
(e) Wahr

Multiple Choice

Lösung L 4.120 (10 Punkte) (Zur Aufgabenstellung A 4.120)
(a) (2 Punkte) (I)
(b) (2 Punkte) (I)
(c) (2 Punkte) (II)
(d) (2 Punkte) (II)
(e) (2 Punkte) (III)

Verständnisfragen

Lösung L 4.121 (10 Punkte) (Zur Aufgabenstellung A 4.121)
(a) (1 Punkt) Errichtung von staatlichen Hochschulen – Fiskalpolitik.
(b) (1 Punkt) Privatisierung von Staatsfirmen – Fiskalpoltik.
(c) (1 Punkt) Liberalisierung des Strommarktes – weder noch.
(d) (1 Punkt) Einführung von Studiengebühren – Fiskalpolitik.
(e) (1 Punkt) Vergabe von Studienkrediten – Fiskal-/Geldpolitik (abhängig vom Anbieter).
(f) (1 Punkt) Errichtung einer Diktatur – weder noch.
(g) (1 Punkt) Einführung des Kommunismus als Staatsform – Fiskalpolitik (Enteignungen).
(h) (1 Punkt) Ankauf von Bundesschatzbriefen – Geldpolitik.
(i) (1 Punkt) Abwrackprämie – Fiskalpolitik.
(j) (1 Punkt) Bezahlung von Staatsschulden durch Senkung des Nominalzinssatzes – Geldpolitik.

Lösung L 4.122 (2 Punkte) (Zur Aufgabenstellung A 4.122)
Fiskalpolitik ist Politik seitens des Staates. Sie kann in Form von Staatsausgaben oder in Form von Steuern in Erscheinung treten.

Lösung L 4.123 (3 Punkte) (Zur Aufgabenstellung A 4.123)
Im klassisch-neoklassischen Modell wirkt Fiskalpolitik zunächst nur indirekt auf die Produktionsfunktion oder die Reallohnhyperbeln. Allerdings erzeugt expansive Fiskalpolitik auch im neoklassischen Modell einen Crowding-Out-Effekt.

Lösung L 4.124 (2 Punkte) (Zur Aufgabenstellung A 4.124)
Im IS-LM-Modell bewirkt expansive Fiskalpolitik eine Rechtsverschiebung der IS-Kurve und in diesem Kontext eine Steigerung von Einkommen und Zinsen.

Lösung L 4.125 (2 Punkte) (Zur Aufgabenstellung A 4.125)
Geldpolitik ist Politik seitens der Zentralbank. Hierbei wird die Geldmenge durch Anpassung des Leitzinses gesenkt oder gesteigert.

Lösung L 4.126 (4 Punkte) (Zur Aufgabenstellung A 4.126)
Kurzfristig führt expansive Geldpolitik zu einem Anstieg des Zinssatzes. Langfristig kann expansive Geldpolitik (wenn das Wirtschaftswachstum geringer ist als der Anstieg der Geldmenge) zu Inflation führen.

Lösung L 4.127 (6 Punkte) (Zur Aufgabenstellung A 4.127)
Es kann zum einen zu einem Crowding-Out, der Vertreibung privater Investoren durch den Staat, kommen. Zum anderen kann es auch zu einem Anstieg der Staatsverschuldung kommen.

Lösung L 4.128 (2 Punkte) (Zur Aufgabenstellung A 4.128)
Expansive Fiskalpolitik wäre der Bau von neuen Autobahnen. Restriktive Fiskalpolitik wäre die Einführung einer Katzensteuer.

Lösung L 4.129 (5 Punkte) (Zur Aufgabenstellung A 4.129)
Da die Zentralbank weder die Steuern noch die Staatsausgaben beeinflussen kann, steht ihr nur die Möglichkeit der Geldpolitik offen. Durch eine gezielte expansive oder restriktive Politik kann das BIP gesteigert oder reduziert werden. Entsprechend können konjunkturelle Schwankungen ausgeglichen werden.

Lösung L 4.130 (5 Punkte) (Zur Aufgabenstellung A 4.131)
Fiskalpolitik erfolgt antizyklisch, wenn sie in der Rezession und Depression expansiv ist und der Staat sich sogar weiter verschuldet (Deficit Spending), um die Wirtschaft zu stützen. Im Boom sollte diese Politik dann restriktiv sein, um Gewinne abzuschöpfen und damit die Schulden aus der vorhergehenden Depression abzuschöpfen. Da durch antizyklische Fiskalpolitik konjunkturelle Schwankungen geglättet werden und eine bessere langfristigere Planung möglich wird, sollte Fiskalpolitik immer antizyklisch erfolgen.

Lösung L 4.131 (3 Punkte) (Zur Aufgabenstellung A 4.132)
Nachfrageorientierte Stabilitätspolitik sollte antizyklisch erfolgen. Dies bedeutet, dass der Staat in der Depression Deficit Spending betreibt und im Boom Gewinne abschöpft, um damit die Schulden aus der Depression auszugleichen. Ferner muss berücksichtigt werden, dass die Politik früh genug geplant wird, sodass sie auch in der beabsichtigten Phase greift.

Lösung L 4.132 (3 Punkte) (Zur Aufgabenstellung A 4.133)
Zur Bekämpfung einer Deflation (wenn selbst sehr niedrige Zinsen zu keiner Erhöhung der Investitionen führen) erhöht die Zentralbank die Geldmenge durch den Ankauf von privaten Anleihen bzw. Staatsanleihen.

Lösung L 4.133 (**3 Punkte**) (Zur Aufgabenstellung A 4.134)
Die Geldmenge steigt dabei durch QE nicht unbedingt in inflationärer Weise an, da die Zentralbank die Möglichkeit hat, die Liquiditätseffekte von QE durch andere Maßnahmen abzumildern.

Lösung L 4.134 (**4 Punkte**) (Zur Aufgabenstellung A 4.135)
Im Branson-Modell für ein System flexibler Wechselkurse kann man eindeutig zeigen, dass QE zu einem verminderten Zinssatz und zu einer nominalen – und zeitweise realen – Abwertung führt. Eine reale Abwertung entsteht ($q^* := eP^*/P$ steigt an), weil der Anstieg des nominalen Wechselkurses e kurzfristig erfolgt.

Lösung L 4.135 (**4 Punkte**) (Zur Aufgabenstellung A 4.136)
Reale Zinssenkung und reale Abwertung bedeuten, dass die Investitionen ansteigen (wegen der realen Zinssenkung) und der Außenbeitrag (nach einer Anpassungsfrist) sich erhöht; und das führt zu einem Anstieg des Realeinkommens. Mittelfristig entsteht daraus auch eine Erhöhung der Güterimporte, sodass der Außenbeitragsüberschuss mittel- und langfristig absinken wird.

Lösung L 4.136 (**5 Punkte**) (Zur Aufgabenstellung A 4.137)
Die Kombination von Zinssenkung und Abwertung kann für höhere Aktienkurse sorgen, da im Exportsektor die Unternehmensgewinne ansteigen und weil die Kapitalkosten sinken sowie der Gegenwartswert künftiger Gewinne sich erhöht. Hier wird also im Sinn einer fundamentalen Bewertung von Aktien argumentiert, wonach sich der Kurs auf Basis der erwarteten künftigen diskontierten Gewinne ergibt.

Lösung L 4.137 (**4 Punkte**) (Zur Aufgabenstellung A 4.138)
Das Branson-Modell ist ein Modell für eine kleine offene Volkswirtschaft. In einem erweiterten Modell bzw. bei Betrachtung von zwei großen Ländern gilt: Die reale Abwertung erfolgt in Verbindung mit einer Zinssenkung, die auch das Ausland betrifft, da in- und ausländische Bonds Substitute sind. Es kommt dann im Inland zu einem Anstieg von Y und im Ausland zu einem Anstieg von Y^*, wobei Y und Y^* voneinander abhängen.

Lösung L 4.138 (**4 Punkte**) (Zur Aufgabenstellung A 4.139)
Wenn der langfristige Zinssatz stark absinkt, werden auch die kurz- und mittelfristigen Zinssätze sich vermindern und es kann ein nominaler Zinssatz von 0 für bestimmte Laufzeiten entstehen (oder gar ein negativer Nominalzins, der sich ergibt, wenn ein Papier zu 100 emittiert wird, am Ende der Laufzeit aber zu 99 zurückgenommen wird). Bei einer Deflation kann dennoch ein positiver Realzins entstehen. Bei geringer Inflationsrate kann es zu mittel- und langfristig negativen Realzinssätzen kommen, die problematische Anreizwirkungen haben: Es kann zu Überinvestitionen bzw. einer Verlangsamung des Produktivitätsfortschritts kommen, da auch Investitionsprojekte mit negativer realer Rendite finanziert werden.

Lösung L 4.139 (5 Punkte) (Zur Aufgabenstellung A 4.140)
An den Aktienbörsen kann eine Kursblase entstehen, da unter Renditeaspekten in einem
Umfeld mit sehr niedrigen Zinssätzen viele Anleger verstärkt Aktien nachfragen werden.
Im Übrigen bedeutet der Abwertungseffekt, dass es zu kurzfristigen Kapitalabflüssen ins
Ausland kommt, da sich die Rendite im Ausland ergibt als Auslandszins bzw. Kurs einer
Auslandsaktie plus erwartete Abwertungsrate der eigenen Währung.

Lösung L 4.140 (5 Punkte) (Zur Aufgabenstellung A 4.141)
Erfahrungsgemäß ist die erste QE-Runde mit hohem Wirkungsgrad versehen, weitere QE-
Runden haben einen meist nur noch geringen Wirkungsgrad; daher könnte das Ankaufs-
volumen von Staatsanleihen und anderen Wertpapieren im Zeitablauf ansteigen. Wenn die
Zentralbank Staatsanleihen in sehr hohem Umfang ankauft, könnte sich der Druck beim
Staat hin zu budgetpolitischer Vernunft bzw. Konsolidierungspolitik vermindern. Es gibt
jedenfalls einen Zinsausgaben-Einspareffekt für den Staat, sofern man annimmt, dass an
die Zentralbank gezahlte Zinsen zu erhöhten Notenbankgewinnen führen, die an den Staat
zu einem hohen Anteil ausgeschüttet werden.

Lösung L 4.141 (3 Punkte) (Zur Aufgabenstellung A 4.142)
In einer wachsenden Wirtschaft ergibt sich die langfristige Staatsschuldenquote (Relation
von Staatsschuld zu Bruttoinlandsprodukt) gemäß dem DOMAR-Modell als Relation von
struktureller Defizitquote (strukturell heißt konjunkturneutral) und Trendwachstumsrate.
Eine strukturelle staatliche Defizitquote (Relation von Haushaltsdefizit zu Bruttoinlandsprodukt) von 1 % ergibt in Verbindung mit 2 % Trendwachstumsrate eine Schuldenquote
von 0,5 – also 50 % – auf lange Sicht.

Lösung L 4.142 (5 Punkte) (Zur Aufgabenstellung A 4.143)
Zähler- und Nennergröße können durch die Staatsausgabenstruktur miteinander verbunden sein: Wenn z. B. alle Defizite öffentliche Investitionen widerspiegeln, könnte über die
Defizitquote die Wachstumsrate positiv beeinflusst sein (empirisch gesehen ist der Effekt
relativ gering).

Lösung L 4.143 (5 Punkte) (Zur Aufgabenstellung A 4.144)
Die Bundesländer in Deutschland haben laut Verfassung die Vorgabe, bis 2020 den Staatshaushalt auszugleichen bzw. keine strukturelle Defizitquote zu realisieren, der Bund hat
seit 2015 eine Defizitobergrenze von 0,35 % zu beachten. Letztere ist sehr niedrig angesetzt, da sich bei einem angenommenen Trendwirtschaftswachstum von 1,5 % eine langfristige Staatsschuldenquote von 23,3 % ergibt. Ein Toprating für Staatsanleihen dürfte bis
zu einer Schuldenquote von 60–70 % zu erwarten sein.

Lösung L 4.144 (3 Punkte) (Zur Aufgabenstellung A 4.145)
Betrachtet man den Zins für „high yield corporate bonds" (hochverzinsliche Unterneh-
mensanleihen), dann ergibt die Differenz dieses Zinssatzes und der Zins für risikolose
Staatsanleihen – mit Toprating AAA – die Risikoprämie bzw. den Preis des Risikos.

Lösung L 4.145 (2 Punkte) (Zur Aufgabenstellung A 4.146)
Die Obergrenze bei der Defizitquote beträgt – abgesehen von Phasen einer starken Rezession – 3 %. Die Obergrenze bei der Schuldenquote ist 60 %.

Lösung L 4.146 (5 Punkte) (Zur Aufgabenstellung A 4.147)
Wird die 3 %-Grenze bei der Defizitquote bei einem Euroland wiederholt durchbrochen, kann die Kommission ein Defizitverfahren starten, das mit einem Mahnschreiben an den betreffenden Staat beginnt und später auch Geldbußen beinhalten könnte.

Lösung L 4.147 (10 Punkte) (Zur Aufgabenstellung A 4.148)

Ständige Fazilitäten:	Jederzeit verfügbare Mittel aus denen sich Banken für verhältnismäßig hohe Zinsen Kredite leihen können.
Offenmarktgeschäfte:	Transaktionen der Zentralbank auf dem Aktien- oder Anleihenmarkt (umfasst auch den Kauf und Verkauf von Staatsanleihen).
Zins- und Mengentender:	Mengentender: Zentralbank gibt Kreditvolumen und Zins vor und Banken rufen ihre Nachfrage aus, Verteilung erfolgt anteilsmäßig // Zinstender: Zentralbank gibt Kreditvolumen vor und Banken rufen ihre Nachfrage und den Zins aus, den sie bereit sind zu zahlen, Verteilung erfolgt an die höchsten Bieter. Zinssetzung erfolgt amerikanisch (jeder zahlt den gebotenen Zins) oder holländisch (der niedrigste gebotene Zins wird von allen getragen).
Mindestreservepolitik:	Vorgabe eines Anteils aller Einlagen, die als Rücklage bei der Zentralbank hinterlegt werden müssen.

Lösung L 4.148 (4 Punkte) (Zur Aufgabenstellung A 4.149)
Mengentender: Die Zentralbank gibt Kreditvolumen und Zins vor und Banken rufen ihre Nachfrage aus, Verteilung erfolgt anteilsmäßig

Zinstender: Die Zentralbank gibt Kreditvolumen vor und Banken rufen ihre Nachfrage und den Zins aus, den sie bereit sind zu zahlen, Verteilung erfolgt an die höchsten Bieter. Zinssetzung erfolgt amerikanisch (jeder zahlt den gebotenen Zins) oder holländisch (der niedrigste gebotene Zins wird von allen getragen).

Lösung L 4.149 (5 Punkte) (Zur Aufgabenstellung A 4.150)
1. (3 Punkte) Ein Mindestreservesatz ist global betrachtet sehr gering und deutet daher auf eine relativ stabiles Finanzsystem hin.
2. (2 Punkte) Geldmengenmultiplikator $= \frac{1}{Mindestreservesatz} = \frac{1}{0.02} = 50$

Lösung L 4.150 (4 Punkte) (Zur Aufgabenstellung A 4.151)
Die Möglichkeit der Geldschöpfung seitens der privaten Banken verdoppelt sich. Dies bedeutet aber auch, dass die Geldpolitik an sich weniger gut feingesteuert werden kann.

Lösung L 4.151 (24 Punkte) (Zur Aufgabenstellung A 4.152)
1. (4 Punkte) Gesamtnachfrage: 37 Mio.

   - Bank 1: 3,78 Mio.
   - Bank 2: 2,7 Mio.
   - Bank 3: 5,41 Mio.
   - Bank 4: 8,11 Mio.

2. (4 Punkte) Gesamtnachfrage: 4 Mio.

   - Bank 1: 6 Mio.
   - Bank 2: 10 Mio.
   - Bank 3: 0,5 Mio.
   - Bank 4: 3,5 Mio.

3. (4 Punkte) Gesamtnachfrage: 16 Mio.

   - Bank 1: 7 Mio.
   - Bank 2: 3 Mio.
   - Bank 3: 3 Mio.
   - Bank 4: 1 Mio.
   - Bank 5: 2 Mio.

4. (4 Punkte) Gesamtnachfrage: 58 Mio.

   - Bank 1: 6,9 Mio.
   - Bank 2: 6,21 Mio.
   - Bank 3: 6,9 Mio.

5. (4 Punkte) Gesamtnachfrage: 36 Mio.

   - Bank 1: 4,44 Mio.
   - Bank 2: 3,89 Mio.
   - Bank 3: 6,67 Mio.
   - Bank 4: 5 Mio.

6. (4 Punkte) Gesamtnachfrage: 58 Mio.

   - Bank 1: 1,03 Mio.
   - Bank 2: 6,9 Mio.
   - Bank 3: 10,69 Mio.
   - Bank 4: 1,38 Mio.

Lösung L 4.152 (30 Punkte) (Zur Aufgabenstellung A 4.153)
1. (5 Punkte) Zinssatz bei holländischer Variante: 2%

   - Bank 3: 2 Mio.
   - Bank 1: 5 Mio.
   - Bank 2: 0,5 Mio.
   - Bank 4: 0,5 Mio.

2. (5 Punkte) Zinssatz bei holländischer Variante: 2,5%

   - Bank 2: 5 Mio.
   - Bank 1: 3 Mio.

3. (5 Punkte) Zinssatz bei holländischer Variante: 4%

   - Bank 1: 8 Mio.

4. (5 Punkte) Zinssatz bei holländischer Variante: 1%

   - Bank 4: 4 Mio.
   - Bank 1: 1 Mio.
   - Bank 2: 1 Mio.
   - Bank 3: 0,5 Mio.

5. (5 Punkte) Zinssatz bei holländischer Variante: 3%

   - Bank 3: 7 Mio.
   - Bank 2: 1 Mio.

6. (5 Punkte) Zinssatz bei holländischer Variante: 0%

   - Bank 1: 3 Mio.
   - Bank 2: 4 Mio.
   - Bank 3: 1 Mio.

Lösung L 4.153 (3 Punkte) (Zur Aufgabenstellung A 4.154)
Hat die Zentralbank ein Interesse daran auch die Zinssätze zu beeinflussen, so bietet sich
ein Mengentender an. Ein weiterer Vorteil eines Mengentenders ist, dass alle beteiligten
Banken auch Kapital erhalten, wenn auch nicht in der gewünschten Menge. Möchte die
Zentralbank dahingegen erkennen wie hoch der Bedarf nach Kapitel bei den einzelnen
Banken ist, so bietet sich ein Zinstender an.

Lösung L 4.154 (3 Punkte) (Zur Aufgabenstellung A 4.155)
Da Offenmarktgeschäfte einen Eingriff in die Finanzmärkte bedeuten werden diese durch
die Zentralbank beeinflusst. Dies kann, sofern das Verhalten der Zentralbank vorausschau-
bar wird dazu führen, dass Unternehmen die Handlungen der Zentralbank in ihre Finan-
zierungsstrategien einbauen. Verfügt die Zentralbank über einen zu großen Anteil an Unternehmen, sind diese eher als staatliche Unternehmen zu werten und hier ist davon auszugehen, dass andere Ziele entstehen als dies der Fall auf dem freien Markt wäre.

Lösung L 4.155 (3 Punkte) (Zur Aufgabenstellung A 4.156)
Durch Offenmarktpolitik kann die EZB direkt einzelne Branchen oder Unternehmen stützen und gezielt die Wirtschaft in einzelnen Ländern stärken.

Lösung L 4.156 (4 Punkte) (Zur Aufgabenstellung A 4.157)
Als primäres Ziel Preisniveaustabilität und als sekundäres Ziel Stützung der Wirtschaft der
Mitgliedsländer

Lösung L 4.157 (**3 Punkte**) (Zur Aufgabenstellung A 4.158)
Im Fall einer drohenden Aufwertung ist die Zentralbank gezwungen durch eine möglicherweise inflationäre expansive Geldpoltik dem Aufwertungsdruck entgegen zu wirken.

Lösung L 4.158 (**4 Punkte**) (Zur Aufgabenstellung A 4.159)
Durch eine Abwertung können sich einerseits die Exporte erhöhen, was zu einem Rückgang der verfügbaren Güter im eigenen Land führt und daher den Preis der verbleibenden Güter nach oben treibt. Darüber hinaus kann die Abwertung bei einer gleichbleibenden Geldmenge über steigende Exporte dazu führen, dass das BIP steigt und es zu einer Deflation oder Reduktion der Inflation kommt (Quantitätsgleichung).

4.3.9 Fiskal- und Geldpolitik im IS-LM-Modell

Quick Check – Wahr oder falsch?

Lösung L 4.159 (**5 Punkte**) (Zur Aufgabenstellung A 4.160)
 (a) Falsch
 (b) Wahr
 (c) Wahr
 (d) Falsch
 (e) Falsch

Verständnisfragen

Lösung L 4.160 (**2 Punkte**) (Zur Aufgabenstellung A 4.161)
Im IS-LM-Modell führt expansive Geldpolitik zu einer Rechtsverschiebung der LM-Kurve. Dies bedeutet insbesondere eine Reduktion der Zinsen und eine Erhöhung des Einkommens.

Lösung L 4.161 (**18 Punkte**) (Zur Aufgabenstellung A 4.162)
Fiskalpolitik Durch eine expansive Fiskalpolitik – in Form einer Erhöhung der Staatsausgaben – verschiebt sich die Summe aus Investitionsfunktion und Staatsausgaben nach oben bzw. nach rechts. Dies bedeutet praktisch, dass durch die Staatsausgaben die Nachfrage nach Gütern steigt. Um diese zusätzliche Nachfrage zu befriedigen, müssen mehr Güter produziert werden und es wird mehr Arbeit und Kapital eingesetzt. Dies bedeutet aber, dass sich das Einkommen (sowohl der Haushalte als auch der Unternehmen) – hier gemessen durch das BIP – steigert. Andererseits wird zur Finanzierung der Fiskalpolitik Geld benötigt. Angenommen dieses Geld wird nicht durch Steuern, sondern durch Kredite finanziert, so steigert der Staat seine Nachfrage nach Geld. Allerdings erhöht die Fiskalpolitik nicht die Sparneigung der Haushalte. Es wird also genauso viel Geld gespart wie zuvor, aber mehr davon nachgefragt, somit steigt der Preis für Geld, der Zins.
 Durch eine expansive Fiskalpolitik – in Form einer Steuersenkung – steht den Haushalten mehr Geld für den Konsum und den Unternehmen mehr Geld für Investitionszwecke

zur Verfügung. Der Anstieg beider Größen führt zum einen zu einer erhöhten Güternachfrage und damit zu einem Anstieg des Einkommens, da mehr produziert werden muss. Zum anderen wird auch mehr gespart, da im Rahmen des Modells Sparen eine lineare Funktion des Einkommens ist. Somit steht der gleichen Nachfrage nach Geld ein höheres Angebot gegenüber und der Preis von Geld – der Zins – sinkt.

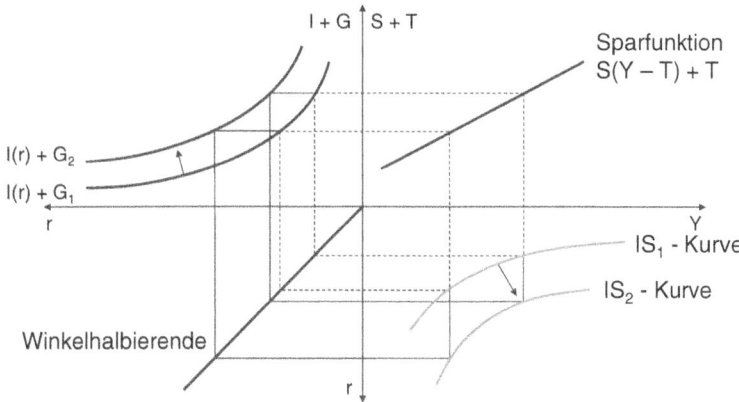

Geldpolitik Bei expansiver Geldpolitik stellt die Zentralbank eine höhere Geldmenge zur Verfügung. Da sich das Angebot an Geld ausweitet, reduziert sich der Preis für Geld und der Zins sinkt. Dies bedeutet aber auch, dass mehr Geld zu Spekulationszwecken nachgefragt wird. Allerdings wird nicht das zusätzliche Geld zu Spekulationszwecken nachgefragt. Der Teil des zusätzlich vorhandenen Geldes, der nicht zu Spekulationszwecken nachgefragt wird, wird zu Transaktionszwecken nachgefragt. Durch den Anstieg der Transaktionen kommt es schließlich zu einer erhöhten Nachfrage und damit zu einem Anstieg des Einkommens.

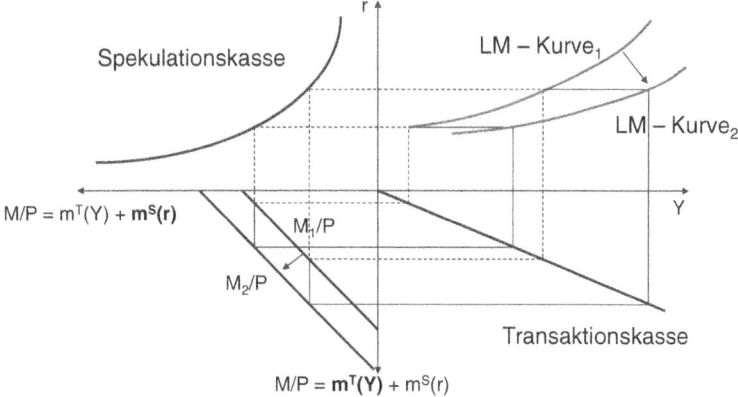

Lösung L 4.162 (**6 Punkte**) (Zur Aufgabenstellung A 4.163)
(a) (3 Punkte)

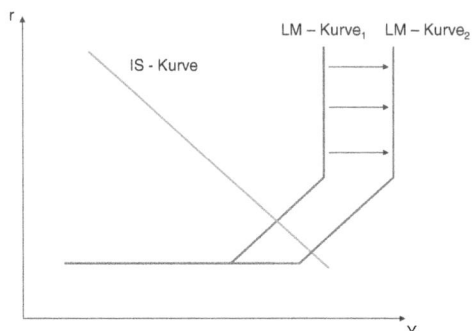

(b) (3 Punkte) Bei der Steuersenkung handelt es sich um expansive Fiskalpolitik, diese
erhöht im IS-LM-Modell das BIP, auch bei Vorliegen einer Liquiditätsfalle. Ferner
kann diese expansive Fiskalpolitik auch dazu führen, aus der Liquiditätsfalle zu ent-
kommen. Daher ist es sinnvoll und empfehlenswert, in dieser Situation die Steuern
zu senken.

Lösung L 4.163 (**5 Punkte**) (Zur Aufgabenstellung A 4.164)

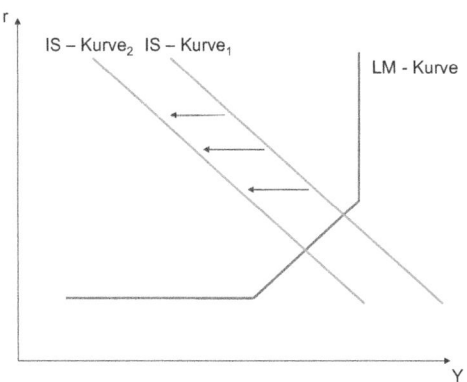

Lösung L 4.164 (**3 Punkte**) (Zur Aufgabenstellung A 4.130)
• Steuererhöhung – Fiskalpolitik.
• Kreditvergabe an Nachbarländer – Geldpolitik.
• Aufhebung der Pressefreiheit – weder Fiskal- noch Geldpolitik.
• Privatisierung von Staatseigentum – Fiskalpolitik.
• Bau von Autobahnen – Fiskalpolitik.
• Beitritt zur Eurozone – weder Fiskal- noch Geldpolitik.

Lösung L 4.165 (5 Punkte) (Zur Aufgabenstellung A 4.165)

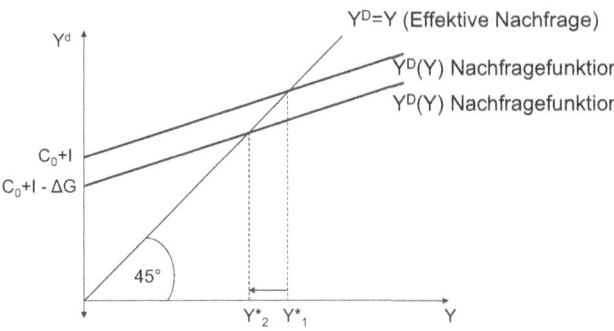

Anwendungsaufgaben

Lösung L 4.166 (23 Punkte) (Zur Aufgabenstellung A 4.166)
(a) (9 Punkte) Gleichgewichte berechnen:
Makroatien:

$$-0{,}5Y + 4 = 2Y - 1$$
$$5 = 2{,}5Y$$
$$Y = 2 \Rightarrow r = 3$$

Wipolen:

$$-0{,}25Y + 2 = Y - 2$$
$$4 = 1{,}25Y$$
$$Y = 3{,}2 \Rightarrow r = 1{,}2$$

Es liegt in beiden Ländern ein anderer Zinssatz vor.
(b) (2 Punkte) Da der Zinssatz in Makroatien höher ist, würde das Kapital nach Makroatien fließen.
(c) (12 Punkte)

(I)   (4 Punkte) Die Annahme hier ist, dass Wipolen das Geld bei Staatsausgaben einspart und Makroatien hiermit Staatsausgaben tätigt.

$$\text{IS-Kurve in Makroatien} \quad r = -0{,}5Y + 6$$
$$\text{IS-Kurve in Wipolen} \quad r = -0{,}25Y$$

Gleichgewichte neu berechnen:

Makroatien:

$$-0{,}5Y + 6 = 2Y - 1$$
$$7 = 2{,}5Y$$
$$Y = 2{,}8$$

Das BIP steigt um 0,8 Einheiten.
Wipolen:

$$-0{,}25Y = Y - 2$$
$$2 = 1{,}25Y$$
$$Y = 1{,}6$$

Das BIP sinkt um 1,6 Einheiten.

(II)   (4 Punkte) Unter der Annahme, dass kein Kapitel vernichtet wurde, steigen die Staatsausgaben in beiden Ländern um 2 Einheiten.
Aus Teil a): Für Makroatien gilt $Y = 2{,}8$.
Das BIP steigt um 0,8 Einheiten.
Wipolen:

$$-0{,}25Y + 4 = Y - 2$$
$$1{,}25Y = 6$$
$$Y = 4{,}8$$

Das BIP steigt um 1,6 Einheiten.

(III)   (4 Punkte) Die LM-Kurve bleibt gleich. Die beiden IS-Kurven addieren sich, da das BIP des Großstaats der Summe der Teilstaaten entspricht (vor der Addition sind die IS-Kurven nach Y umzustellen).
Neue IS-Kurve berechnen:

$$Y^{\text{gesamt}} = Y^{\text{Makroatien}} + Y^{\text{Wipolen}}$$
$$= -2r + 8 - 4r + 8 = -6r + 16$$
$$r = -\frac{1}{6}Y + \frac{16}{6}$$

Neues binnenwirtschaftliches Gleichgewicht berechnen:

$$2Y - 1 = -\frac{1}{6}Y + \frac{16}{6}$$
$$12Y - 6 = -Y + 16$$
$$13Y = 22$$
$$Y = \frac{22}{13} < 2$$

Effektiv ist das BIP somit im Vergleich zu Makroatien gesunken. Da Beschränkungen des Geldmarkts (die Geldmenge aus Wipolen entfällt) die wirtschaftliche Entwicklung behindern.

Lösung L 4.167 (3 Punkte) (Zur Aufgabenstellung A 4.167)

Übernehme das Gleichgewicht aus Lösung L 4.166 der vorhergehenden Aufgabenstellung A 4.166:

$$Y = 2 \quad \text{und} \quad r = 3$$

Allgemein gilt mit $I(r) = -ar + I_0$:

$$r = -\frac{s(Y-T)}{a} + \frac{C_0 - T + G + I_0}{a} \tag{4.3}$$

Da $a = 1$ ist, gilt:

$$r = -s(Y-T) + C_0 - T + G + I_0$$

1. Staatsverschuldung spielt keine Rolle in dem Modell. Steuererhöhung verändert die IS-Kurve wie folgt:

$$r = -0{,}5(Y-T) + 4 - T + 3$$
$$r = -0{,}5Y + 1 + 4 - 2 + 3$$
$$r = -0{,}5Y + 6$$

Dies ergibt das neue Gleichgewicht:

$$-0{,}5Y + 6 = 2Y - 1$$
$$2{,}5Y = 7$$
$$Y = 2{,}8$$

Das BIP steigt um 0,8 Einheiten.

2. Da sich Geldnachfrage und -angebot gleichsam erhöht haben, verändert sich die Lage der LM-Kurve nicht. Das BIP bleibt gleich bzw. man kann nicht sagen, was mit dem verfügbaren Geld passiert, daher ist auch keine Aussage über die Effekte möglich. Der König sollte Alternative 1 wählen, da hier das BIP steigt und der Effekt auch monetär betitelt werden kann.

Lösung L 4.168 (75 Punkte) (Zur Aufgabenstellung A 4.168)

1. (15 Punkte) Ursprüngliches Gleichgewicht: $q = 5$, $p = 8$ und damit KR $= 25$ und PR $= 12{,}5$

   (a) Neues Gleichgewicht: $q = 3{,}33$, $p = 11{,}33$ und damit KR $= 11{,}11$ und PR $= 5{,}54$
   (b) Identisch zu Teil a)
   (c) Neues Gleichgewicht: $q = 5{,}32$, $p = 8{,}32$ und damit KR $= 25{,}75$ und PR $= 14{,}15$
   (d) Neues Gleichgewicht: $q = 5{,}33$, $p = 8{,}33$ und damit KR $= 25{,}77$ und PR $= 16{,}87$

2. (15 Punkte) Ursprüngliches Gleichgewicht: $q = 6$, $p = 14$ und damit KR $= 18$ und PR $= 36$

   (a) Neues Gleichgewicht: $q = 4{,}33$, $p = 15{,}67$ und damit KR $= 9{,}37$ und PR $= 16{,}61$
   (b) Identisch zu Teil a)

(c) Neues Gleichgewicht: $q = 6,19$, $p = 13,81$ und damit KR $= 19,16$ und PR $= 36,55$

(d) Neues Gleichgewicht: $q = 6,33$, $p = 13,67$ und damit KR $= 20,03$ und PR $= 40,10$

3. (15 Punkte) Ursprüngliches Gleichgewicht: $q = 12$, $p = 19$ und damit KR $= 36$ und PR $= 108$

   (a) Neues Gleichgewicht: $q = 9,5$, $p = 20,25$ und damit KR $= 22,56$ und PR $= 53,44$
   (b) Identisch zu Teil a)
   (c) Neues Gleichgewicht: $q = 12,31$, $p = 19,46$ und damit KR $= 34,1$ und PR $= 113,62$
   (d) Neues Gleichgewicht: $q = 12,5$, $p = 18,75$ und damit KR $= 39,06$ und PR $= 117,19$

4. (15 Punkte) Ursprüngliches Gleichgewicht: $q = 5$, $p = 23$ und damit KR $= 12,5$ und PR $= 50$

   (a) Neues Gleichgewicht: $q = 4$, $p = 24$ und damit KR $= 8$ und PR $= 32$
   (b) Identisch zu Teil a)
   (c) Neues Gleichgewicht: $q = 5,09$, $p = 22,91$ und damit KR $= 12,95$ und PR $= 50,67$
   (d) Neues Gleichgewicht: $q = 5,2$, $p = 22,8$ und damit KR $= 13,52$ und PR $= 54,08$

5. (15 Punkte) Ursprüngliches Gleichgewicht: $q = 10$, $p = 17$ und damit KR $= 25$ und PR $= 121,83$

   (a) Neues Gleichgewicht: $q = 8,57$, $p = 17,72$ und damit KR $= 18,34$ und PR $= 103,50$
   (b) Identisch zu Teil a)
   (c) Neues Gleichgewicht: $q = 10,14$, $p = 16,93$ und damit KR $= 25,7$ und PR $= 147,09$
   (d) Neues Gleichgewicht: $q = 10,29$, $p = 16,87$ und damit KR $= 26,39$ und PR $= 126,21$

Lösung L 4.169 (80 Punkte) (Zur Aufgabenstellung A 4.169)

1. Gleichgewicht bei: $q = 6$ und $p = 7$

   (a) Angebotsüberschuss = 4,5
   (b) Nachfrageüberschuss = 3

2. Gleichgewicht bei: $q = 15$ und $p = 6,5$

   (a) Angebotsüberschuss = 14
   (b) Nachfrageüberschuss = 6

3. Gleichgewicht bei: $q = 10$ und $p = 8$

   (a) Angebotsüberschuss = 6
   (b) Nachfrageüberschuss = 9

4. Gleichgewicht bei: $q = 5$ und $p = 7$

   (a) Angebotsüberschuss = 6,5
   (b) Nachfrageüberschuss = 5

5. Gleichgewicht bei: $q = 6$ und $p = 1,2$

   (a) Angebotsüberschuss = 45,56
   (b) –

6. Gleichgewicht bei: $q = 7$ und $p = 3,1$

   (a) Angebotsüberschuss = 30
   (b) –

7. Gleichgewicht bei: $q = 1$ und $p = 0$

   (a) Angebotsüberschuss = 11
   (b) –

8. Gleichgewicht bei: $q = 6$ und $p = 5,2$

   (a) Angebotsüberschuss = 10,55
   (b) Nachfrageüberschuss = 0,44

9. Gleichgewicht bei: $q = 14$ und $p = 2,6$

   (a) Angebotsüberschuss = 30,83
   (b) –

10. Gleichgewicht bei: $q = 4$ und $p = 2$

   (a) Angebotsüberschuss = 12
   (b) –

Transferaufgaben

Lösung L 4.170 (4 Punkte) (Zur Aufgabenstellung A 4.170)
Die Politikempfehlung richtet sich neben dem Wechselkursregime auch an den Handlungsmöglichkeiten der Volkswirtschaft aus. Kann alleine der Staat Politik betreiben, ist in Rezessionszeiten immer eine expansive Politik sinnvoll, auch wenn der Staat sich hierfür zusätzlich verschulden muss (Deficit Spending). Hierzu ist zu beachten, dass diese Politik auch in der Rezessionsphase greifen muss, sodass die Politik antizyklisch erfolgt, also in der Rezession und Depression expansiv und später im Boom zur Finanzierung der Schulden aus der Rezession restriktiv.

Lösung L 4.171 (6 Punkte) (Zur Aufgabenstellung A 4.171)
Aus keynesianischer Sicht, dem Mundell-Fleming-Modell, ist diese Aussage sinnvoll, da durch eine antizyklische Fiskalpolitik (expansive Fiskalpolitik in der Rezession und Depression – Deficit Spending – und restriktive Fiskalpolitik im Boom) konjunkturelle

Schwankungen ausgeglichen werden können. Dies ermöglicht der Bevölkerung eine bessere Planung ihrer Zukunft und hält die Arbeitslosigkeit auf einem nahezu konstanten Niveau.

Lösung L 4.172 (6 Punkte) (Zur Aufgabenstellung A 4.172)
Beim Vorliegen einer Investitions- oder Liquiditätsfalle (da die Politik keinen Effekt auf das BIP nehmen würde) oder wenn das Land seine Währung an eine andere Währung gekoppelt hat (fixe Wechselkurse) und kein Aufwertungsdruck besteht. Ebenso in der Boomphase, da expansive Geldpolitik in diesem Fall prozyklisch wirken würde.

4.3.10 Politikmultiplikatoren

Quick Check – Wahr oder falsch?

Lösung L 4.173 (5 Punkte) (Zur Aufgabenstellung A 4.173)
(a) Falsch
(b) Falsch
(c) Wahr
(d) Falsch
(e) Falsch

Verständnisfragen

Lösung L 4.174 (3 Punkte) (Zur Aufgabenstellung A 4.174)
Wenn der Multiplikator größer ist, muss der Staat weniger Geld aufwenden, um das BIP zu beeinflussen. Stabilitätspolitik wird einfacher. Ein Nachteil wäre, dass notwendige Sparmaßnahmen zu starken Rückgängen des BIPs führen können.

Lösung L 4.175 (5 Punkte) (Zur Aufgabenstellung A 4.175)
(a) (2 Punkte) Der Multiplikator gibt an, um wie viele Einheiten der Zins r steigt, wenn die reale Geldmenge $\frac{M}{P}$ um eine Einheit steigt.
(b) (3 Punkte) Es ist stabilitätspolitisch betrachtet besser, wenn der Multiplikator absolut größer ist, da in diesem Fall dieser durch geringe Änderungen große Effekte erzeugen kann. Bei ungewollter restriktiver Politik (Sparzwang) kann ein großer Multiplikator allerdings auch einen großen Schaden verursachen.

Lösung L 4.176 (2 Punkte) (Zur Aufgabenstellung A 4.176)
Der Multiplikator gibt an, um wie viele Einheiten das Einkommen Y steigt, wenn die reale Geldmenge $\frac{M}{P}$ um eine Einheit steigt.

Lösung L 4.177 (2 Punkte) (Zur Aufgabenstellung A 4.177)
(a) (2 Punkte) Der Multiplikator sagt aus, um wie viele Einheiten sich das Einkommen Y erhöht, wenn die Sparquote s um eine Einheit steigt.
(b) (1 Punkte) Wenn s steigt, sinkt Y.
(c) (1 Punkte) Sparparadoxon.

Anwendungsaufgaben

Lösung L 4.178 **(8 Punkte)** (Zur Aufgabenstellung A 4.178)
(a) (6 Punkte) Einsetzen in IS- und LM-Kurve liefert:

$$sY - C_0 = -ar + G \quad \text{IS-Kurve}$$

$$\frac{M}{P} = hY - h'r \quad \text{LM-Kurve}$$

Bestimme das totale Differenzial:

$$sdY + adr = dG$$

$$hdY - h'dr = dM/P$$

$$\begin{pmatrix} s & a \\ h & -h' \end{pmatrix} \begin{pmatrix} dY \\ dr \end{pmatrix} = \begin{pmatrix} 1 & 0 \\ 0 & 1 \end{pmatrix} \begin{pmatrix} dG \\ d\frac{M}{P} \end{pmatrix}$$

Berechnung der Systemdeterminante und der Multiplikatoren:

$$U = \det \begin{pmatrix} s & a \\ h & -h' \end{pmatrix} = -(sh' + ah) < 0$$

$$\frac{dY}{dG} = \frac{\det \begin{pmatrix} 1 & a \\ 0 & -h' \end{pmatrix}}{U} = \frac{-h'}{-(sh' + ah)} = \frac{h'}{sh' + ah} > 0$$

$$\frac{dY}{d\frac{M}{P}} = \frac{\det \begin{pmatrix} 0 & a \\ 1 & -h' \end{pmatrix}}{U} = \frac{-a}{-(sh' + ah)} = \frac{a}{sh' + ah} > 0$$

(b) (2 Punkte) Mit $a = 0$ gilt $\frac{dY}{d\frac{M}{P}} = 0$. Das BIP verändert sich nicht bei Änderung der Geldmenge. Geldpolitik ist ineffizient beim Vorliegen einer Investitionsfalle.

Lösung L 4.179 **(6 Punkte)** (Zur Aufgabenstellung A 4.179)
Einsetzen in IS- und LM-Kurve liefert:

$$sY - C_0 = -br + G \quad \text{IS-Kurve}$$

$$\frac{M}{P} = hY - h'r \quad \text{LM-Kurve}$$

Bestimme das totale Differenzial:

$$sdY + bdr = dG$$

$$hdY - h'dr = dM/P$$

$$\begin{pmatrix} s & b \\ h & -h' \end{pmatrix} \begin{pmatrix} dY \\ dr \end{pmatrix} = \begin{pmatrix} 1 & 0 \\ 0 & 1 \end{pmatrix} \begin{pmatrix} dG \\ d\frac{M}{P} \end{pmatrix}$$

Berechnung der Systemdeterminante und des Multiplikators:

$$U = \det \begin{pmatrix} s & b \\ h & -h' \end{pmatrix} = -(sh' + bh) < 0$$

$$\frac{dr}{dG} = \frac{\det \begin{pmatrix} s & 1 \\ h & 0 \end{pmatrix}}{U} = \frac{-h}{-(sh' + bh)} = \frac{h}{sh' + bh} > 0$$

Lösung L 4.180 (6 Punkte) (Zur Aufgabenstellung A 4.180)
Einsetzen in IS- und LM-Kurve liefert:

$$sY - C_0 = -br + G \quad \text{IS-Kurve}$$

$$\frac{M}{P} = hY - h'r \quad \text{LM-Kurve}$$

Bestimme das totale Differenzial:

$$sdY + bdr = dG$$

$$hdY - h'dr = dM/P$$

$$\begin{pmatrix} s & b \\ h & -h' \end{pmatrix} \begin{pmatrix} dY \\ dr \end{pmatrix} = \begin{pmatrix} 1 & 0 \\ 0 & 1 \end{pmatrix} \begin{pmatrix} dG \\ d\frac{M}{P} \end{pmatrix}$$

Berechnung der Systemdeterminante:

$$U = \det \begin{pmatrix} s & b \\ h & -h' \end{pmatrix} = -(sh' + bh) < 0$$

$$\frac{dr}{d\frac{M}{P}} = \frac{\det \begin{pmatrix} s & 0 \\ h & 1 \end{pmatrix}}{U} = \frac{s}{-(sh' + bh)} = -\frac{s}{sh' + bh} < 0$$

Lösung L 4.181 (4 Punkte) (Zur Aufgabenstellung A 4.181)
(a) (2 Punkte) $\frac{dr}{d\frac{M}{P}} = -\frac{0{,}1}{0{,}1 \cdot 1 + 0{,}1 \cdot 1} = -\frac{0{,}1}{0{,}2} = -0{,}5$

(b) (2 Punkte) Der Multiplikator sagt aus, um wie viele Einheiten sich der Zins r erhöht, wenn die reale Geldmenge $\frac{M}{P}$ sich um eine Einheit erhöht.

Lösung L 4.182 (5 Punkte) (Zur Aufgabenstellung A 4.182)
(a) (2 Punkte) $\frac{dY}{dG} = \frac{1}{0{,}1 \cdot 1 + 0{,}1 \cdot 1} = \frac{1}{0{,}2} = 5$

(b) (3 Punkte) Es ist stabilitätspolitisch betrachtet besser, wenn der Multiplikator absolut größer ist, da in diesem Fall dieser durch geringe Änderungen große Effekte erzeugen kann. Bei ungewollter restriktiver Politik (Sparzwang) kann ein großer Multiplikator allerdings auch einen großen Schaden verursachen.

Lösung L 4.183 (**10 Punkte**) (Zur Aufgabenstellung A 4.183)
Einsetzen in IS- und LM-Kurve liefert:

$$sY - C_0 = -br + G \quad \text{IS-Kurve}$$

$$\frac{M}{P} = hY - h'r \quad \text{LM-Kurve}$$

Bestimme das totale Differenzial:

$$sdY + bdr = -Yds + 0dP$$

$$hdY - h'dr = 0ds - \frac{M}{P^2}dP$$

$$\begin{pmatrix} s & b \\ h & -h' \end{pmatrix} \begin{pmatrix} dY \\ dr \end{pmatrix} = \begin{pmatrix} 1 & 0 \\ 0 & 1 \end{pmatrix} \begin{pmatrix} dG \\ d\frac{M}{P} \end{pmatrix}$$

Berechnung der Systemdeterminante:

$$U = \det \begin{pmatrix} s & b \\ h & -h' \end{pmatrix} = -(sh' + bh) < 0$$

Die Multiplikatoren ergeben sich dann als

$$\frac{dY}{ds} = \frac{\det \begin{pmatrix} -Y & a \\ 0 & -h' \end{pmatrix}}{U} = \frac{Yh'}{-(sh' + bh)} = -\frac{Yh'}{sh' + bh} < 0$$

$$\frac{dr}{ds} = \frac{\det \begin{pmatrix} s & -Y \\ b & 0 \end{pmatrix}}{U} = \frac{bY}{-(sh' + bh)} = -\frac{bY}{sh' + bh} < 0$$

$$\frac{dY}{dP} = \frac{\det \begin{pmatrix} 0 & a \\ -\frac{M}{P^2} & -h' \end{pmatrix}}{U} = \frac{aM}{-P^2(sh' + bh)} = -\frac{aM}{P^2(sh' + bh)} < 0$$

4.3.11 Kapitalmobilität

Quick Check – Wahr oder falsch?

Lösung L 4.184 (**5 Punkte**) (Zur Aufgabenstellung A 4.184)
(a) Wahr
(b) Falsch
(c) Wahr
(d) Wahr
(e) Wahr

Verständnisfragen

Lösung L 4.185 (**3 Punkte**) (Zur Aufgabenstellung A 4.185)
Da die ZZ-Kurve eine Waagerechte ist, ist die Kapitalmobilität zwischen den beiden betrachteten Ländern unendlich groß.

Lösung L 4.186 (**5 Punkte**) (Zur Aufgabenstellung A 4.186)
 (a) (3 Punkte) Der Schnittpunkt von Angebot und Nachfrage auf dem Devisenmarkt gibt
     den Wechselkurs an. Liegt ein fixes Wechselkursregime vor, so gibt dieser Wechselkurs die Parität an, die von der Zentralbank gehalten werden muss.
 (b) (2 Punkte) Die ZZ-Kurve definiert sich als der geografische Ort aller Kombinationen
     von Einkommen Y und Zins r, bei denen der Devisenmarkt im Gleichgewicht ist.
     Dies bedeutet, dass für unterschiedliche Werte von Y die Gleichgewichte auf dem
     Devisenmarkt zu bestimmen sind. Verbindet man alle Gleichgewichte, so erhält man
     die ZZ-Kurve.

Lösung L 4.187 (**5 Punkte**) (Zur Aufgabenstellung A 4.187)
 (a) (2 Punkte) Die Kapitalmobilität beschreibt, wie einfach Kapital zwischen den betrachteten Volkswirtschaften bewegt werden kann.
 (b) (3 Punkte)

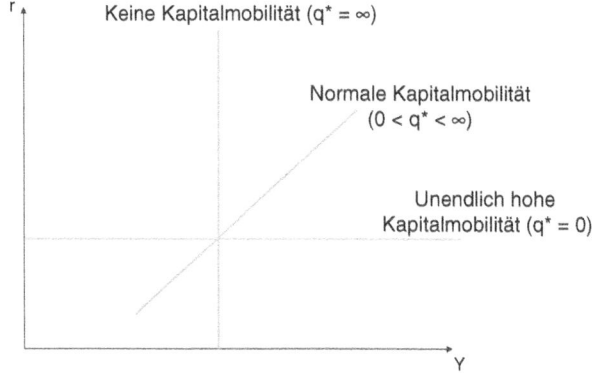

Lösung L 4.188 (**2 Punkte**) (Zur Aufgabenstellung A 4.188)
(Devisenangebot) $Q = X - q^*J$ (Devisennachfrage)

Lösung L 4.189 (**1 Punkt**) (Zur Aufgabenstellung A 4.189)
In Abbildung (c) liegt eine unendlich hohe Kapitalmobilität vor.

Lösung L 4.190 (**4 Punkte**) (Zur Aufgabenstellung A 4.190)
 (a) (2 Punkte) Die ZZ-Kurve beschreibt alle Kombinationen von Einkommen Y und
     Zins r, bei denen der Devisenmarkt im Gleichgewicht bzw. die Zahlungsbilanz ausgeglichen ist.
 (b) (2 Punkte) Je flacher die ZZ-Kurve ist, umso größer ist die Kapitalmobilität.

Lösung L 4.191 (2 Punkte) (Zur Aufgabenstellung A 4.191)
Die ZZ-Kurve beschreibt alle Kombinationen von Einkommen Y und Zins r, bei denen der Devisenmarkt im Gleichgewicht bzw. die Zahlungsbilanz ausgeglichen ist.

Anwendungsaufgaben

Lösung L 4.192 (5 Punkte) (Zur Aufgabenstellung A 4.192)
Ist die Kapitalmobilität unendlich groß, so ist der Weltmarktzins konstant und im gesamtwirtschaftlichen Gleichgewicht entspricht er dem binnenwirtschaftlichen Gleichgewicht. Setze daher IS- und LM-Kurve gleich:
$10 - r = 2 + 3r$. Dies führt zu $8 = 4r$ und einem Zinssatz von $r = 2$.

Transferaufgaben

Lösung L 4.193 (4 Punkte) (Zur Aufgabenstellung A 4.193)
 (a) (2 Punkte) Kapitalmobilität wird erleichtert und die ZZ-Kurve wird somit flacher.
 (b) (2 Punkte) Es ergibt sich der gleiche Effekt wie in Teil a).

4.3.12 Mundell-Fleming-Modell

Quick Check – Wahr oder falsch?

Lösung L 4.194 (5 Punkte) (Zur Aufgabenstellung A 4.194)
 (a) Wahr
 (b) Falsch
 (c) Wahr
 (d) Falsch
 (e) Wahr

Multiple Choice

Lösung L 4.195 (10 Punkte) (Zur Aufgabenstellung A 4.195)
 (a) (2 Punkte) (IV)
 (b) (2 Punkte) (IV)
 (c) (2 Punkte) (IV)
 (d) (2 Punkte) (IV)
 (e) (2 Punkte) (I)

Verständnisfragen

Lösung L 4.196 (2 Punkte) (Zur Aufgabenstellung A 4.196)
Das IS-LM-Modell ist ein Modell einer kleinen geschlossenen Volkswirtschaft, während das Mundell-Fleming-Modell ein Modell einer kleinen offenen Volkswirtschaft ist.

Lösung L 4.197 (3 Punkte) (Zur Aufgabenstellung A 4.197)

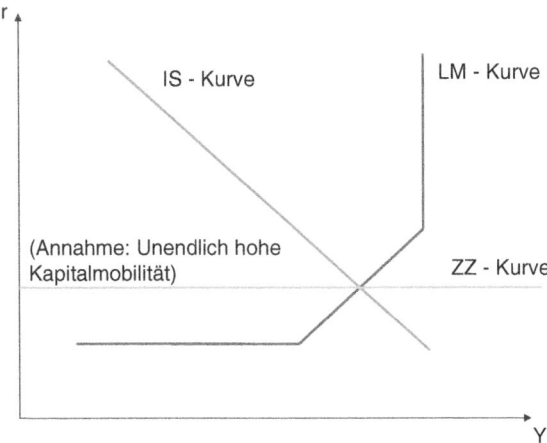

Lösung L 4.198 (2 Punkte) (Zur Aufgabenstellung A 4.198)
Da wie beim IS-LM-Modell das Mundell-Fleming-Modell ein kurzfristiges Modell ist,
Preise sich allerdings nur langfristig ändern, spielen sie in dem Modell keine Rolle.

Lösung L 4.199 (3 Punkte) (Zur Aufgabenstellung A 4.199)

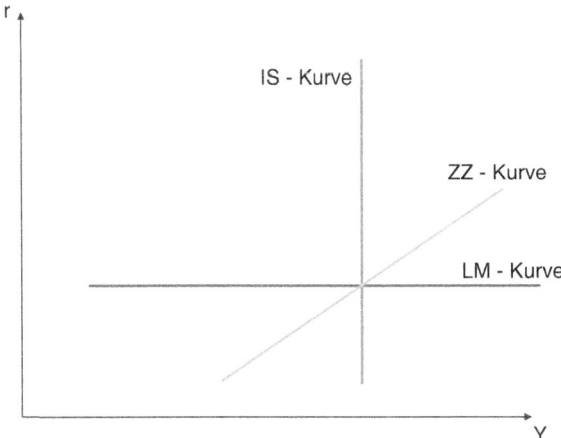

Lösung L 4.200 (**3 Punkte**) (Zur Aufgabenstellung A 4.200)

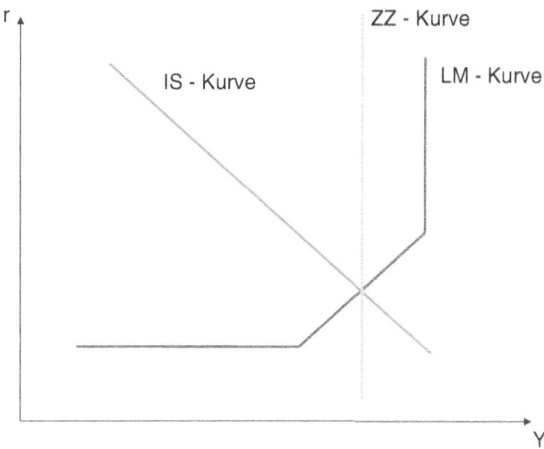

Lösung L 4.201 (**5 Punkte**) (Zur Aufgabenstellung A 4.201)
(a) (3 Punkte)

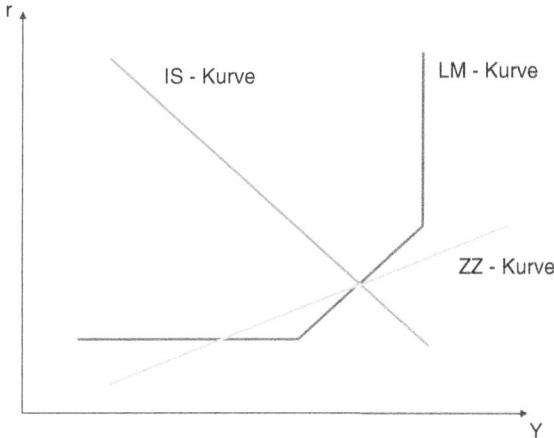

(b) (2 Punkte) Die ZZ-Kurve wird waagerecht, wenn Kapital zwischen den betrachteten Volkswirtschaften uneingeschränkt mobil ist. Sie wird senkrecht, wenn Kapitaltransfers unmöglich sind.

Lösung L 4.202 (**4 Punkte**) (Zur Aufgabenstellung A 4.202)

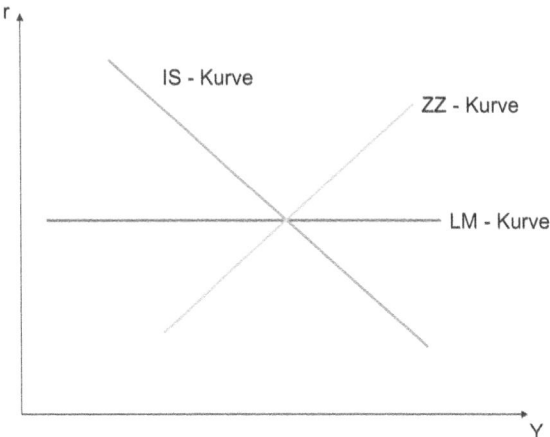

Anwendungsaufgaben

Lösung L 4.203 (**10 Punkte**) (Zur Aufgabenstellung A 4.203)

Mikronesien: Gleichsetzen der IS- und der LM-Kurve ergibt $-0,2Y + 7 = 0,8Y - 1$ und nach Umstellen $Y = 8$ und damit das Gleichgewicht: $(Y;r) = (8;5,4)$.

Wipolen: Gleichsetzen der IS- und der LM-Kurve ergibt $-0,1Y + 4 = 0,9Y - 3$ und nach Umstellen $Y = 7$ und damit das Gleichgewicht: $(Y;r) = (7;3,3)$.

Lösung L 4.204 (**11 Punkte**) (Zur Aufgabenstellung A 4.204)

(a) (4 Punkte) Das binnenwirtschaftliche Gleichgewicht für Wipolen ändert sich über $-0,1Y + 4 = 0,9Y - 2$ und nach Umstellen $Y = 6$ zu $(6;3,4)$, was oberhalb der ZZ-Kurve liegt, die Effekte sind somit die gleichen wie bei expansiver Fiskalpolitik.

(b) (3 Punkte) Der Weltmarktzins wird sich anpassen und daraufhin die Lage der ZZ-Kurve ändern. Sie verschiebt sich nach oben. Dies bedeutet, dass das Binnengleichgewicht von Mikronesien unter der ZZ-Kurve liegt und dieselben Effekte eintreten wie bei einer expansiven Geldpolitik.

(c) (4 Punkte) In Wipolen passiert gar nichts, da das binnenwirtschaftliche Gleichgewicht weiterhin auf der ZZ-Kurve liegt. Das Gleichgewicht von Mikronesien liegt allerdings oberhalb der ZZ-Kurve und somit treten dieselben Effekte ein wie bei expansiver Fiskalpolitik.

Lösung L 4.205 (**13 Punkte**) (Zur Aufgabenstellung A 4.205)

(a) (6 Punkte) Mikronesien: Einsetzen von IS- in LM-Kurve ergibt $r = 0,5 \cdot 5 - 1 = 1,5$ und damit das Gleichgewicht $(5;1,5)$. Makroatien: Gleichsetzen von IS- und LM-Kurve ergibt $-Y + 2 = Y - 1$ und damit $2Y = 3$ bzw. $Y = 1,5$ und $r = 0,5$. Damit lautet das Gleichgewicht $(1,5;0,5)$.

(b) (3 Punkte) Einsetzen der beiden BIPs in die ZZ-Kurve ergibt für Mikronesien $r = 0,3 \cdot 5 = 1,5$. Somit liegt für Mikronesien ein gesamtwirtschaftliches Gleichgewicht vor. Einsetzen des BIP von Makroatien ergibt $r = 0,3 \cdot 1,5 = 0,45$. Damit liegt in Makroatien für Makroatien kein gesamtwirtschaftliches Gleichgewicht vor.

(c) (4 Punkte) Bei einem globalen Zinssatz von $r = 1,5$ liegt weiterhin nur in Mikronesien ein gesamtwirtschaftliches Gleichgewicht vor. Bei einem globalen Zinssatz von $r = 2$ liegt in keinem der beiden Länder ein gesamtwirtschaftliches Gleichgewicht vor, da der binnenwirtschaftliche Zins in beiden Fällen geringer ist als der globale.

Lösung L 4.206 (15 Punkte) (Zur Aufgabenstellung A 4.206)

(a) (6 Punkte) Bestimmen des ursprünglichen Gleichgewichts durch Gleichsetzen von IS- und LM-Kurve $-0,8Y + 8 = 1,2Y - 2$ und damit $2Y = 10$ bzw. $Y = 5$ und $r = 4$. Nach der Erhöhung der Geldmenge durch den König ergibt sich das Gleichgewicht als $-0,8Y + 8 = 1,2Y - 12$ und damit $2Y = 20$ bzw. $Y = 10$ und $r = 0$. Die Geldpolitik führt somit zunächst zu einer Erhöhung des BIPs um 5 Einheiten und einem Absinken des Zinses um 4 Einheiten.

(b) (3 Punkte) Weder vor noch nach der Aktion seitens des Königs liegt ein gesamtwirtschaftliches Gleichgewicht vor, da der inländische Zins in allen Fälle vom ausländischen Zins abweicht. Abhängig vom Wechselkursregime würde sich allerdings in beiden Situationen wieder ein Gleichgewicht einstellen. Da die Differenz zwischen dem inländischen und dem ausländischen Zins nach der Erhöhung der Geldmenge allerdings größer ist, wird das sich einstellende gesamtwirtschaftliche Gleichgewicht stärker vom binnenwirtschaftlichen Gleichgewicht abweichen als vor der Geldmengenerhöhung.

(c) (3 Punkte) Aufgrund der Form der Investitionsfunktion (da vor dem Zins nur eine -1 steht) führen die Investitionen des Königs in voller Höhe zu einer Verschiebung der IS-Kurve nach oben. Die neue IS-Kurve lautet somit $r = -0,8Y + 18$. Bestimmen des neuen Gleichgewichts durch Gleichsetzen der neuen IS- und der neuen LM-Kurve ergibt $-0,8Y + 18 = 1,2Y - 12$ und damit $2Y = 30$ bzw. $Y = 15$ und $r = 18$.

(d) (3 Punkte) In diesem Fall verschiebt sich die IS-Kurve nur um 8 Einheiten nach oben und lautet somit $r = -0,8Y + 16$. Das Gleichgewicht liegt in diesem Fall bei $-0,8Y + 16 = 1,2Y - 12$ und damit $2Y = 28$ bzw. $Y = 14$ und $r = 16,8$.

Lösung L 4.207 (8 Punkte) (Zur Aufgabenstellung A 4.207)

Der makroatische Geldmarkt wird durch die Gleichung $r = 5Y - 4$ und der makroatische Gütermarkt durch die Gleichung $r = -3Y + 12$ beschrieben.

(a) (5 Punkte) Bestimmen des binnenwirtschaftlichen Gleichgewichts durch Gleichsetzen von IS- und LM-Kurve $5Y - 4 = -3Y + 12$ und somit $8Y = 16$ bzw. $Y = 2$ und $r = 6$. Da der inländische Zins dem Weltzinssatz entspricht, ist das binnenwirtschaftliche gleichzeitig auch ein gesamtwirtschaftliches Gleichgewicht.

(b) (4 Punkte) Es liegen flexible Wechselkurse vor und der inländische Zins ist geringer als der ausländische. Somit fließt inländisches Kapital ins Ausland ab (Kapitalexporte). Dies führt zu einer Abwertung der inländischen Währung, dem makroatischen Dollar. Durch die Abwertung werden sich die Exporte Makroatiens erhöhen und die Importe verringern. Insgesamt wird sich die makroatische IS-Kurve nach rechts verschieben und es entsteht ein neues gesamtwirtschaftliches Gleichgewicht mit einen Zinssatz von $r = 7$ und einem höheren BIP.

Lösung L 4.208 (7 Punkte) (Zur Aufgabenstellung A 4.208)
Zunächst liefert Gleichsetzen von IS- und LM-Kurve: $350 - 0,2Y = 1,8Y - 700$, Umstellen ergibt: $1050 = 2Y$ und damit ein Einkommen von $Y = 525$. Der zugehörige Zinssatz liegt bei $r = 350 - 0,2 \cdot 525 = 245$. Setzt man beide Werte in die ZZ-Kurve ein, so erhält man: $245 = 300$. Da diese Aussage nicht stimmt, liegt kein gesamtwirtschaftliches Gleichgewicht vor.

Alternativ hätte die ZZ-Kurve in die IS- und die LM-Kurve eingesetzt werden können und beide Gleichgewichte miteinander verglichen werden können.

Lösung L 4.209 (8 Punkte) (Zur Aufgabenstellung A 4.209)
Angenommen die gesamte in der Volkswirtschaft von der Zentralbank angebotene Geldmenge $\left(\frac{M}{P}\right)$ beträgt 4 Mrd. GE (Geldeinheiten). Ferner wird Realkasse zu Transaktionszwecken $(m^T(Y))$ abhängig vom BIP gemäß $m^T(Y) = 2Y + 1$ nachgefragt als auch Realkasse zu Spekulationszwecken $(m^S(Y))$ abhängig vom Realzins (erwartete Inflationsrate gleich null) nachgefragt. Hier lautet der Zusammenhang $m^S(r) = -r + 2$.

(a) (4 Punkte) Einsetzen liefert $4 = 2Y + 1 - r + 2$. Umformen nach r liefert: $r = 2Y - 1$.
(b) (2 Punkte) Bei einem Zinssatz von $r = 1$ liegt ein Einkommen von $Y = 1$ vor. Das Gleichgewicht liegt bei $(1; 1)$.
(c) (2 Punkte) Einsetzen liefert $1 = 1 + 1 = 2$. Da dies einen Widerspruch darstellt, bedeutet dies, dass in dem Punkt $(1; 1)$ kein außenwirtschaftliches Gleichgewicht vorliegt.

Lösung L 4.210 (6 Punkte) (Zur Aufgabenstellung A 4.210)
Bestimme das binnenwirtschaftliche Gleichgewicht durch Gleichsetzen von IS- und LM-Kurve $-0,2Y + 4 = 0,8Y - 1$. Umstellen liefert $Y = 5$. Der zugehörige Zins beträgt $r = 0,8 \cdot 5 - 1 = 3$.

Da der Zinssatz des binnenwirtschaftlichen Gleichgewichts mit dem Weltzinssatz übereinstimmt, liegt ein gesamtwirtschaftliches Gleichgewicht vor.

Lösung L 4.211 (6 Punkte) (Zur Aufgabenstellung A 4.211)
Bestimme das binnenwirtschaftliche Gleichgewicht durch Gleichsetzen von IS- und LM-Kurve: $-3Y + 8 = 2Y - 2$ liefert $10 = 5Y$ oder $Y = 2$. Der zugehörige Zins beträgt $2 \cdot 2 - 2 = 2$.

Da der Zins im binnenwirtschaftlichen Gleichgewicht mit dem Weltzinssatz (da die ZZ-Kurve waagerecht ist, gibt sie den Weltzinssatz an) übereinstimmt, liegt ein gesamtwirtschaftliches Gleichgewicht vor. Das Gleichgewicht lautet: $(2; 2)$.

Lösung L 4.212 (3 Punkte) (Zur Aufgabenstellung A 4.212)
Einsetzen des Zinssatzes in die IS-Kurve liefert das gesamtwirtschaftliche Einkommen $2 = -0,5Y + 5$ bzw. $Y = 6$. Das Gleichgewicht liegt somit bei $(6; 2)$.

Lösung L 4.213 (6 Punkte) (Zur Aufgabenstellung A 4.213)
Gleichsetzen von IS- und LM-Kurve zur Bestimmung des gesamtwirtschaftlichen Gleichgewichts $-2Y + 100 = Y - 20$ liefert ein Einkommen von $Y = 40$. Der zugehörige Zinssatz beträgt $r = 20$.

Lösung L 4.214 (8 Punkte) (Zur Aufgabenstellung A 4.214)

(a) (3 Punkte) Zunächst Bestimmen des binnenwirtschaftlichen Gleichgewichts durch Gleichsetzen der IS- und der LM-Kurve: $8 = -Y + 11$ liefert $Y = 3$ bei einem Zinssatz von $r = -3 + 11 = 8$. Einsetzen des Gleichgewichts in die ZZ-Kurve zeigt $8 = 2 \cdot 3 + 2 = 8$, dass ein gesamtwirtschaftliches Gleichgewicht vorliegt.

(b) (5 Punkte)

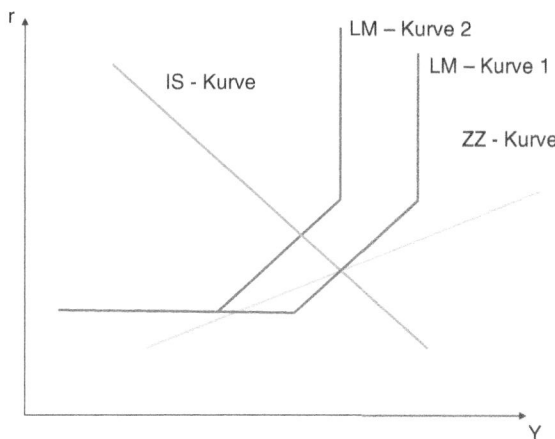

Lösung L 4.215 (13 Punkte) (Zur Aufgabenstellung A 4.215)

(a) (5 Punkte) Gleichsetzen von IS- und LM-Kurve ergibt $-2Y + 10 = Y - 2$ und somit $3Y = 12$ bzw. $Y = 4$. Hieraus ergibt sich der Zins als $r = 4 - 2 = 2$. Das Gleichgewicht liegt somit bei $(4; 2)$.

(b) (2 Punkte) Wie man an Aufgabenteil (a) sieht, liegt der Binnenzins bei $r = 2$ und stimmt somit mit dem Weltzins überein. Das binnenwirtschaftliche Gleichgewicht ist also auch ein gesamtwirtschaftliches Gleichgewicht.

(c) (6 Punkte) In dieser Situation ist der Zins im Inland geringer als der Zins im Ausland. Dies führt zu Kapitalexporten ins Ausland. Entsprechend steigt die Nachfrage nach der ausländischen Währung und sinkt die Nachfrage nach der inländischen Währung. Die inländische Währung wertet infolge ab (was sie auch kann, da ein flexibles Wechselkursregime vorliegt). Durch die Abwertung steigen die Exporte und sinken die Importe des Inlands. Dies bedeutet, es kommt zu einer Rechtsverschiebung der IS-Kurve, bis der inländische Zins dem Weltzins entspricht. Die Rechtsverschiebung bedeutet bezogen auf das BIP, dass dieses ansteigen wird.

Lösung L 4.216 (100 Punkte) (Zur Aufgabenstellung A 4.216)

1. (10 Punkte) Binnengleichgewicht: $Y = 11,71$ und $r = 21,42$, damit liegt das Gleichgewicht oberhalb der ZZ-Kurve und für das langfristige Gleichgewicht gilt dann: $Y = 1,2$ und $r = 0,4$

2. (10 Punkte) Binnengleichgewicht: $Y = 9,75$ und $r = 10,75$, damit liegt das Gleichgewicht oberhalb der ZZ-Kurve und für das langfristige Gleichgewicht gilt dann: $Y = 0$ und $r = 1$

3. (10 Punkte) Binnengleichgewicht: $Y = 6,8$ und $r = 13,2$, damit liegt das Gleichgewicht oberhalb der ZZ-Kurve und für das langfristige Gleichgewicht gilt dann: $Y = 1$ und $r = 4,5$

4. (10 Punkte) Binnengleichgewicht: $Y = 7,2$ und $r = 11,4$, damit liegt das Gleichgewicht oberhalb der ZZ-Kurve und für das langfristige Gleichgewicht gilt dann: $Y = 3$ und $r = 3$

5. (10 Punkte) Binnengleichgewicht: $Y = 11$ und $r = 6,7$, damit liegt das Gleichgewicht oberhalb der ZZ-Kurve und für das langfristige Gleichgewicht gilt dann: $Y = 4$ und $r = 1,8$

6. (10 Punkte) Binnengleichgewicht: $Y = 30$ und $r = 3$, damit liegt das Gleichgewicht oberhalb der ZZ-Kurve und für das langfristige Gleichgewicht gilt dann: $Y = 20$ und $r = 3$

7. (10 Punkte) Binnengleichgewicht: $Y = 6,79$ und $r = 7,29$, damit liegt das Gleichgewicht oberhalb der ZZ-Kurve und für das langfristige Gleichgewicht gilt dann: $Y = 1,5$ und $r = 2$

8. (10 Punkte) Binnengleichgewicht: $Y = 18$ und $r = 2$, damit liegt das Gleichgewicht oberhalb der ZZ-Kurve und für das langfristige Gleichgewicht gilt dann: $Y = 1,25$ und $r = 2$

9. (10 Punkte) Binnengleichgewicht: $Y = 4$ und $r = 2$, damit liegt das Gleichgewicht oberhalb der ZZ-Kurve und für das langfristige Gleichgewicht gilt dann: $Y = 3$ und $r = 1$

10. (10 Punkte) Binnengleichgewicht: $Y = 7$ und $r = 5,2$, damit liegt das Gleichgewicht oberhalb der ZZ-Kurve und für das langfristige Gleichgewicht gilt dann: $Y = 3,33$ und $r = 3$

4.3.13 Fiskal- und Geldpolitik im Mundell-Fleming-Modell

Quick Check – Wahr oder falsch?

Lösung L 4.217 (**5 Punkte**) (Zur Aufgabenstellung A 4.217)
(a) Falsch
(b) Wahr
(c) Wahr
(d) Wahr
(e) Falsch

Verständnisfragen

Lösung L 4.218 (**12 Punkte**) (Zur Aufgabenstellung A 4.218)
Bei flexiblen Wechselkursen ist expansive Fiskalpolitik ineffizient und verändert weder das BIP noch den Zins. Bei fixen Wechselkursen steigert expansive Fiskalpolitik das BIP. Der Zins bleibt unverändert. Der positive Effekt der Fiskalpolitik ist umso geringer, je flexibler das Wechselkursregime gestaltet ist.

Lösung L 4.219 (**12 Punkte**) (Zur Aufgabenstellung A 4.219)
Bei flexiblen Wechselkursen ist expansive Geldpolitik effizient und erhöht das BIP. Bei
fixen Wechselkursen ist expansive Geldpolitik ineffizient und verändert weder das BIP
noch den Zins. Der positive Effekt von Geldpolitik ist umso stärker ausgeprägt, je flexibler
das Wechselkursregime gestaltet ist.

Lösung L 4.220 (**10 Punkte**) (Zur Aufgabenstellung A 4.220)
Es kann davon ausgegangen werden, dass während der Finanzkrise eine sehr flache LM-
Kurve und damit eine Liquiditätsfalle vorliegt. In dieser Situation ist Geldpolitik unabhä-
nig vom Wechselkursregime stets ineffizient.

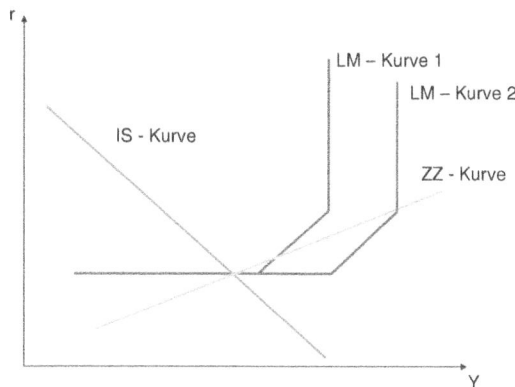

Lösung L 4.221 (**10 Punkte**) (Zur Aufgabenstellung A 4.221)
Da das Wechselkursregime beim Vorliegen einer Liquiditätsfalle keine Rolle spielt, stellen
sich die gleichen Effekte ein wie in der vorhergehenden.

Lösung L 4.222 (**4 Punkte**) (Zur Aufgabenstellung A 4.222)
Da gemäß dem Mundell-Fleming-Modell lediglich bei flexiblen Wechselkursen Geldpo-
litik einen Effekt auf die wirtschaftliche Entwicklung hat (sofern eine unendlich hohe
Kapitalmobilität vorliegt), ist in dem Fall, wo nur Geldpolitik als Politikinstrument zur
Verfügung steht, ein System flexibler Wechselkurse zu präferieren.

Lösung L 4.223 (**10 Punkte**) (Zur Aufgabenstellung A 4.223)
(I)   Erhöhung der Geldmenge führt zu einer Rechtsverschiebung der LM-Kurve.
(II)   Es entsteht ein neuer Schnittpunkt mit der IS-Kurve (höheres Y und geringeres r).
       Der Schnittpunkt liegt unterhalb der ZZ-Kurve.
(III) Die Zinssenkung führt zu Kapitalexporten. Dies führt zu einer steigenden Devisen-
       nachfrage, was zu einer Abwertung der Währung führen würde.
(IV)   Um die Parität zu halten, muss die Zentralbank Devisenreserven verkaufen.
(V)   Dies bedeutet ein Sinken der Geldmenge und zwar in der Höhe, in der sie zuvor
       erhöht wurde.
(VI)   Der neue Schnittpunkt entspricht dem Ausgangsschnittpunkt, sodass keine Erhö-
       hung von Y eingetreten ist.

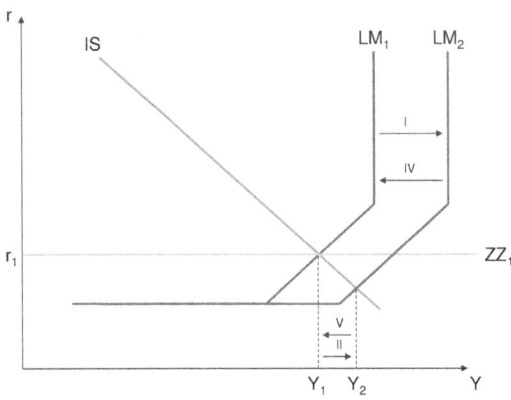

Lösung L 4.224 (**10 Punkte**) (Zur Aufgabenstellung A 4.224)
Betrachten Sie das keynesianische Modell für eine offene Volkswirtschaft (Mundell-Fleming-Modell).

(a) (10 Punkte)

(I)   Erhöhung der Staatsausgaben (oder Senkung der Steuern) führt zu einer Rechtsverschiebung der IS-Kurve.

(II) Es entsteht ein neuer Schnittpunkt mit der LM-Kurve (höheres Y und höheres r). Der Schnittpunkt liegt oberhalb der ZZ-Kurve.

(III) Nettokapitalzuflüsse/-importe steigen (aufgrund der Zinsänderung). Dies führt zu einem Angebotsüberschuss auf dem Devisenmarkt. Es würde zu einer Aufwertung kommen.

(IV) Aber die Zentralbank kauft den Überschuss auf, um die Parität zu verteidigen. Dies finanziert sie durch eine Erhöhung der Geldmenge. Eine Erhöhung der Geldmenge führt zu einer Rechtsverschiebung der LM-Kurve.

(V)   Der Geldmengenanstieg ist gerade so groß, dass der Überschuss an Devisen aufgekauft werden kann. Der Wechselkurs bleibt unverändert.

(VI) Es entsteht ein neuer Schnittpunkt mit dem Ausgangszinssatz, aber höherem Y.

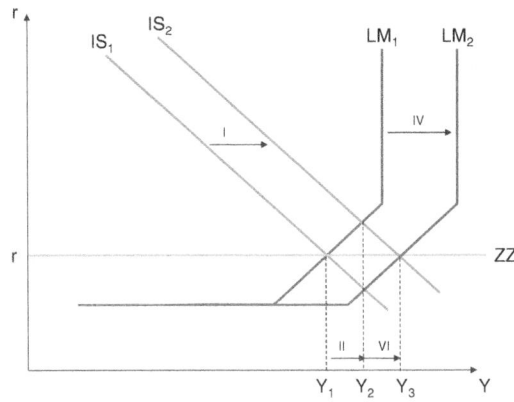

Lösung L 4.225 (**10 Punkte**) (Zur Aufgabenstellung A 4.225)

(a) (6 Punkte)

(I)   Senkung der Staatsausgaben (oder Erhöhung der Steuern) führt zu einer Links-
      verschiebung der IS-Kurve.

(II) Es entsteht ein neuer Schnittpunkt mit der LM-Kurve (kleineres Y und niedrige-
      res r). Der Schnittpunkt liegt unterhalb der ZZ-Kurve.

(III) Nettokapitalabflüsse/-exporte steigen (aufgrund der Zinsänderung). Dies führt
      zu einem Nachfrageüberschuss auf dem Devisenmarkt. Es würde zu einer Ab-
      wertung kommen.

(IV) Aber die Zentralbank verkauft Devisen, um die Parität zu verteidigen. Hierdurch
      nimmt sie Geld aus dem Markt und senkt die Geldmenge. Ein Sinken der Geld-
      menge führt zu einer Linksverschiebung der LM-Kurve.

(V)   Die Geldmengenreduktion ist gerade so groß, dass die Nachfrage nach Devisen
      gedeckt ist. Der Wechselkurs bleibt unverändert.

(VI) Es entsteht ein neuer Schnittpunkt mit dem Ausgangszinssatz, aber niedrige-
      rem Y.

(b) (4 Punkte)

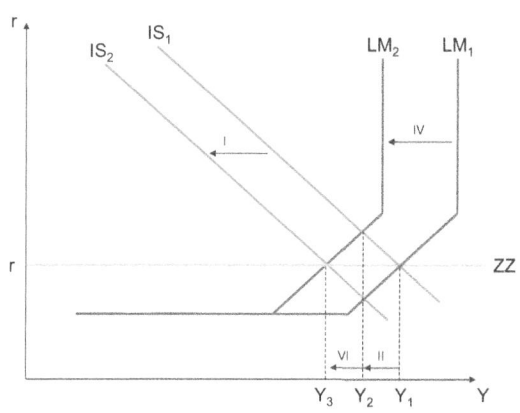

Lösung L 4.226 (**12 Punkte**) (Zur Aufgabenstellung A 4.226)

(a) (8 Punkte)

(I)   Erhöhung der Staatsausgaben (oder Senkung der Steuern) führt zu einer Rechts-
      verschiebung der IS-Kurve.

(II) Es entsteht ein neuer Schnittpunkt mit der LM-Kurve (höheres Y und höheres r).
      Der Schnittpunkt liegt oberhalb der ZZ-Kurve.

(III) Nettokapitalzuflüsse/-importe steigen (aufgrund der Zinsänderung). Dies führt
      zu einem Angebotsüberschuss auf dem Devisenmarkt. Es kommt zu einer Auf-
      wertung.

(IV) Durch die Aufwertung ändert sich der Außenbeitrag. Dies verschiebt die IS-
      Kurve wieder nach links.

(V)   Es entsteht ein neuer Schnittpunkt von IS- und LM-Kurve, der mit dem alten
      Schnittpunkt übereinstimmt.

(b) (4 Punkte)

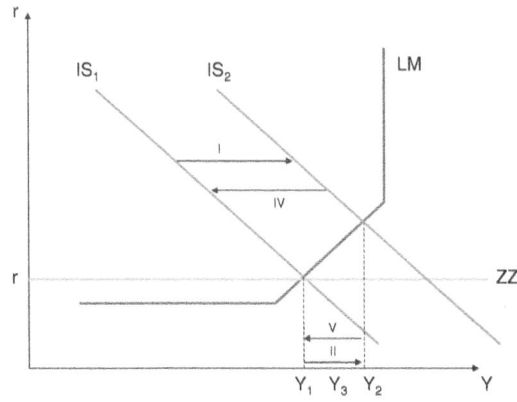

Lösung L 4.227 (**10 Punkte**) (Zur Aufgabenstellung A 4.227)

(a) (6 Punkte)

(I)   Erhöhung der Staatsausgaben (oder Senkung der Steuern) führt zu einer Rechts-
      verschiebung der IS-Kurve.

(II) Es entsteht ein neuer Schnittpunkt mit der LM-Kurve (höheres Y und höheres r).
      Der Schnittpunkt liegt oberhalb der ZZ-Kurve.

(III) Nettokapitalzuflüsse/-importe steigen (aufgrund der Zinsänderung). Dies führt
      zu einem Angebotsüberschuss auf dem Devisenmarkt. Es würde zu einer Auf-
      wertung kommen.

(IV) Aber die Zentralbank kauft den Überschuss auf, um die Parität zu verteidigen.
      Dies finanziert sie durch eine Erhöhung der Geldmenge. Eine Erhöhung der
      Geldmenge führt zu einer Rechtsverschiebung der LM-Kurve.

(V)   Der Geldmengenanstieg ist gerade so groß, dass der Überschuss an Devisen auf-
      gekauft werden kann. Der Wechselkurs bleibt unverändert.

(VI) Es entsteht ein neuer Schnittpunkt mit dem Ausgangszinssatz, aber höherem Y.

(b) (4 Punkte)

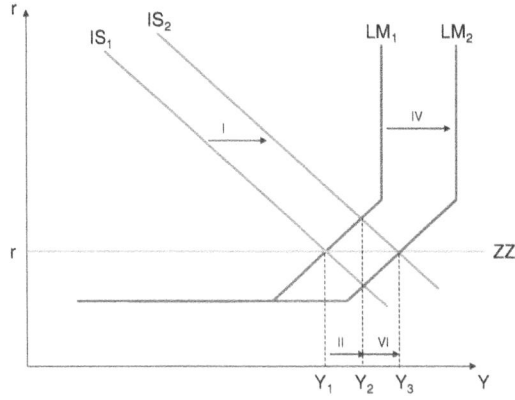

Lösung L 4.228 (**12 Punkte**) (Zur Aufgabenstellung A 4.228)

(a) (4 Punkte)

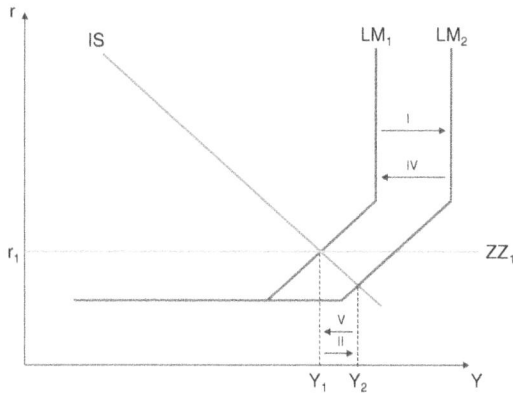

(b) (8 Punkte)

(I)   Erhöhung der Geldmenge führt zu einer Rechtsverschiebung der LM-Kurve.

(II) Es entsteht ein neuer Schnittpunkt mit der IS-Kurve (höheres Y und geringeres r). Der Schnittpunkt liegt unterhalb der ZZ-Kurve.

(III) Die Zinssenkung führt zu Kapitalexporten. Dies führt zu einer steigenden Devisennachfrage, was zu einer Abwertung der Währung führen würde.

(IV) Um die Parität zu halten, muss die Zentralbank Devisenreserven verkaufen.

(V) Dies bedeutet ein Sinken der Geldmenge und zwar in der Höhe, in der sie zuvor erhöht wurde.

(VI) Der neue Schnittpunkt entspricht dem Ausgangsschnittpunkt, sodass keine Erhöhung von Y eingetreten ist.

Lösung L 4.229 (**5 Punkte**) (Zur Aufgabenstellung A 4.229)

Bei den Investitionen handelt es sich um expansive Fiskalpolitik, während es sich bei den Kreditfazilitäten um expansive Geldpolitik handelt. Ferner liegt ein System fixer Wechselkurse vor. Gemäß dem Mundell-Fleming-Modell ist bei fixen Wechselkursen expansive Fiskalpolitik effizient, expansive Geldpolitik allerdings nicht. Daher sind die Investitionen in die Hochschulinfrastruktur zu bevorzugen.

Lösung L 4.230 (**14 Punkte**) (Zur Aufgabenstellung A 4.230)

(a) (2 Punkte) Expansive Fiskalpoltik: Bau einer neuen staatlichen Universität, restriktive Fiskalpolitik: Erhöhung der Mehrwertsteuer.

(b) (4 Punkte)

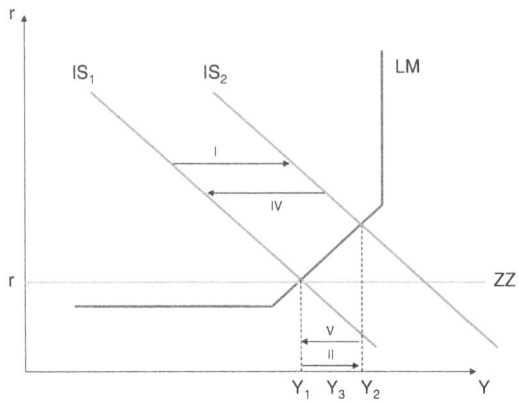

(c) (8 Punkte)

(I)   Erhöhung der Staatsausgaben (oder Senkung der Steuern) führt zu einer Rechts-
      verschiebung der IS-Kurve.

(II) Es entsteht ein neuer Schnittpunkt mit der LM-Kurve (höheres Y und höheres r).
      Der Schnittpunkt liegt oberhalb der ZZ-Kurve.

(III) Nettokapitalzuflüsse/-importe steigen (aufgrund der Zinsänderung). Dies führt
      zu einem Angebotsüberschuss auf dem Devisenmarkt. Es kommt zu einer Auf-
      wertung.

(IV) Durch die Aufwertung ändert sich der Außenbeitrag. Dies verschiebt die IS-
      Kurve wieder nach links.

(V)   Es entsteht ein neuer Schnittpunkt von IS- und LM-Kurve, der mit dem alten
      Schnittpunkt übereinstimmt.

Lösung L 4.231 (4 Punkte) (Zur Aufgabenstellung A 4.231)
Gegen eine expansive Geldpolitik spricht, dass die Staaten der EU, zumindest solche, die
Mitglied der Eurozone sind, alle von der Geldpolitik betroffen sein werden. Allerdings
kann eine Politik, die für ein Land positive Effekte nach sich zieht, für ein anderes Land
negative Effekte nach sich ziehen. Gegen expansive Fiskalpolitik kann angeführt werden,
dass diese Politik früher oder später finanziert werden muss. Entweder kurzfristig durch
die Erhöhung der Steuern (in diesem Fall würden sich die positiven Effekte der expansiven Fiskalpolitik direkt aufheben) oder mittel- bis langfristig durch Staatsverschuldung.
In diesem Fall müssten aber mittel- bis langfristig die Steuern erhöht werden, was entsprechend negative Effekte nach sich ziehen würde. Alle Effekte gelten unabhängig vom
Wechselkursregime, da kein Land in der EU ein rein flexibles oder ein rein fixes Wechsel-
kurssystem hinsichtlich aller anderen Länder der Welt aufweist.

Lösung L 4.232 (6 Punkte) (Zur Aufgabenstellung A 4.232)

(I)   Erhöhung der Geldmenge führt zu einer Rechtsverschiebung der LM-Kurve.
(II) Es entsteht ein neuer Schnittpunkt mit der IS-Kurve (höheres Y und geringeres r). Der Schnittpunkt liegt unterhalb der ZZ-Kurve.
(III) Die Zinssenkung führt zu Kapitalexporten. Dies führt zu einer steigenden Devisennachfrage, was zu einer Abwertung der Währung führt.
(IV) Durch eine Abwertung der Währung erhöhen sich die Nettogüterexporte. Dies führt zu einer Rechtsverschiebung der IS-Kurve.
(V)   Es entsteht ein neuer Schnittpunkt mit der LM-Kurve (höheres Y und Ausgangsniveau von r).

Lösung L 4.233 (10 Punkte) (Zur Aufgabenstellung A 4.233)

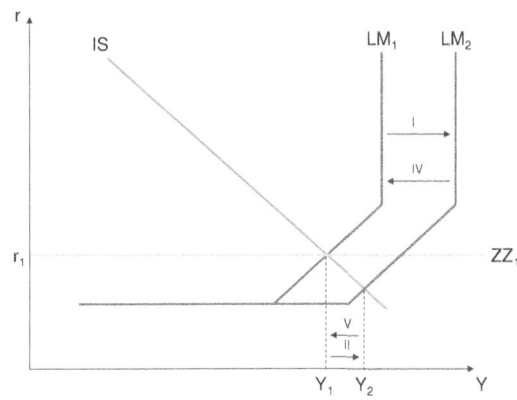

Lösung L 4.234 (3 Punkte) (Zur Aufgabenstellung A 4.234)
Es ist lediglich die dritte Option zu bevorzugen, da es sich hierbei um expansive Geldpolitik handelt und bei flexiblen Wechselkursen nur expansive Geldpolitik, nicht aber expansive Fiskalpolitik (Optionen (a) und (b)) effizient ist.

Anwendungsaufgaben

Lösung L 4.235 (17 Punkte) (Zur Aufgabenstellung A 4.235)

(a) (10 Punkte) Land I: IS=LM liefert $-0{,}3Y + 5 = 0{,}7Y - 2$ oder $Y = 7$ mit dem Zins $r = -0{,}3 \cdot 7 + 5 = 2{,}9$
     Land II: IS=LM liefert $-2Y^* + 10{,}9 = Y^* - 1{,}1$ oder $Y^* = 4$ mit dem Zins $r^* = 4 - 1{,}1 = 2{,}9$
(b) (2 Punkte) Da in beiden Ländern der Zins bei 2,9 liegt, liegt in beiden Ländern auch ein außenwirtschaftliches Gleichgewicht vor.
(c) (5 Punkte)

   (I) Erhöhung der Geldmenge führt zu einer Rechtsverschiebung der LM-Kurve.
   (II) Es entsteht ein neuer Schnittpunkt mit der IS-Kurve (höheres Y und geringeres r). Der Schnittpunkt liegt unterhalb der ZZ-Kurve.

(III) Die Zinssenkung führt zu Kapitalexporten. Dies führt zu einer steigenden Devisennachfrage, was zu einer Abwertung der Währung führt.

(IV) Durch eine Abwertung der Währung erhöhen sich die Nettogüterexporte. Dies führt zu einer Rechtsverschiebung der IS-Kurve.

(V) Es entsteht ein neuer Schnittpunkt mit der LM-Kurve (höheres Y und Ausgangsniveau von r).

Lösung L 4.236 (9 Punkte) (Zur Aufgabenstellung A 4.236)
Betrachtet sei eine offene Volkswirtschaft, die sich in einer Liquiditätsfalle befindet (LM-Kurve: $r = 5$). Angenommen es liegt keine Kapitalmobilität vor (ZZ-Kurve: $Y = 2$).

(a) (5 Punkte) Das gesamtwirtschaftliche Gleichgewicht (die Aufgabenstellung impliziert, dass eins existiert) kann direkt abgelesen werden und lautet: $(Y; r) = (2; 5)$.

(b) (4 Punkte)

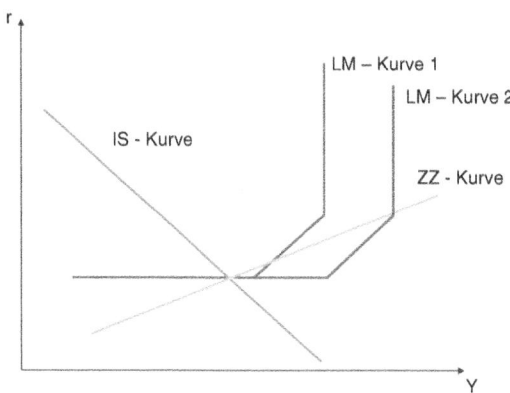

Transferaufgaben

Lösung L 4.237 (5 Punkte) (Zur Aufgabenstellung A 4.237)
(a) (1 Punkt) Expansive Fiskalpolitik ist hier neutral.
(b) (1 Punkt) Expansive Fiskalpolitik ist hier neutral.
(c) (1 Punkt) Expansive Geldpolitik ist hier effizient.
(d) (1 Punkt) Expansive Fiskalpolitik ist hier neutral.
(e) (1 Punkt) Kann als expansive oder kontraktive Fiskalpolitik gesehen werden, Politik wäre in beiden Fällen aber neutral.

Lösung L 4.238 (9 Punkte) (Zur Aufgabenstellung A 4.238)
(a) (5 Punkte) Der Staat könnte private Anbieter/Investoren vertreiben und es könnte zum Crowding-Out kommen. Außerdem kann durch die erhöhte Staatsverschuldung in der Zukunft ein Problem durch eine instabilere Wirtschaftslage entstehen.

(b) (4 Punkte)

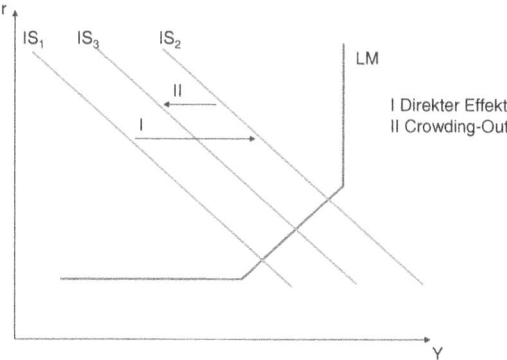

Lösung L 4.239 (**6 Punkte**) (Zur Aufgabenstellung A 4.239)

(a) (1 Punkt) Expansive Geldpolitik ist kurzfristig neutral, kann aber langfristig zu Inflation und Verschuldung der Haushalte führen bzw. einen Konsumausfall in der Zukunft nach sich ziehen.

(b) (1 Punkt) Wirkt kurzfristig für die Zahler wie expansive Fiskalpolitik, da mehr Einkommen zur Verfügung steht. Für die Empfänger wirkt es wie restriktive Fiskalpolitik, da weniger Einkommen zur Verfügung steht, und ist daher neutral. Sie macht das Land aber investorenfreundlicher und wirkt daher langfristig wie expansive Fiskalpolitik und damit positiv.

(c) (1 Punkt) Wirkt wie expansive Fiskalpolitik und ist daher kurzfristig positiv, langfristig betrachtet ist Bergbau allerdings kein innovativer Sektor, daher ist langfristig ein Einbrechen der Wirtschaftsleistung wie bei restriktiver Fiskalpolitik zu erwarten.

(d) (1 Punkt) Wirkt kurz- und langfristig als expansive Fiskalpolitik.

(e) (1 Punkt) Wirkt kurzfristig wie expansive Fiskalpolitik, da es sich quasi um Steuersenkung handelt, langfristig aber zu einem Absinken des Konsums in dem Sektor führt, da der Konsum vorgezogen wird.

(f) (1 Punkt) Wirkt wie restriktive Geldpolitik, da der Staat Geld von der Bevölkerung abzieht, langfristig kann diese Politik inflationssenkend sein und wie expansive Fiskalpolitik wirken, da potenziell marode Staatsbetriebe durch Investitionen saniert werden.

Lösung L 4.240 (**5 Punkte**) (Zur Aufgabenstellung A 4.240)
Da Deutschland einen großen Teil seines Handels mit Ländern der EU bzw. der Eurozone tätigt, kann für Deutschland eher ein fixes Wechselkursregime angenommen werden (eine einheitliche Währung ist vergleichbar mit einem fixen Wechselkurs). Da im Rahmen des Mundell-Fleming-Modells expansive Fiskalpolitik bei fixen Wechselkursen positive Effekte auf das BIP hat, sind die deutschen Konjunkturpakete positiv zu bewerten.

Lösung L 4.241 (**3 Punkte**) (Zur Aufgabenstellung A 4.241)
Gegen expansive Fiskalpolitik kann unabhängig vom Wechselkursregime angeführt werden, dass diese Politik früher oder später finanziert werden muss. Entweder kurzfristig

durch die Erhöhung der Steuern (in diesem Fall würden sich die positiven Effekte der expansiven Fiskalpolitik direkt aufheben) oder mittel- bis langfristig durch Staatsverschuldung. In diesem Fall müssten aber mittel- bis langfristig die Steuern erhöht werden, was entsprechend negative Effekte nach sich ziehen würde.

4.3.14 Politikmultiplikatoren

Lösung L 4.242 (**13 Punkte**) (Zur Aufgabenstellung A 4.242)
(a) (9 Punkte) Gleichungen ableiten und in Matrixschreibweise darstellen:

$$\begin{pmatrix} s & -\frac{dI}{dr} & 0 \\ h & -h' & 0 \\ -jq^* & -1 & -jY \end{pmatrix} \begin{pmatrix} dY \\ dr \\ dq^* \end{pmatrix} = \begin{pmatrix} 0 \\ 0 \\ 1 \end{pmatrix} (dG)$$

Systemdeterminante:

$$U = \det \begin{pmatrix} s & -\frac{dI}{dr} & 0 \\ h & -h' & 0 \\ -jq^* & -1 & -jY \end{pmatrix} = jY \left(sh' - h\frac{dI}{dr} \right)$$

Multiplikator berechnen:

$$\frac{dY}{dG} = \frac{\det \begin{pmatrix} 1 & -\frac{dI}{dr} & 0 \\ 0 & -h' & 0 \\ 0 & -1 & -jY \end{pmatrix}}{jY \left(sh' - h\frac{dI}{dr} \right)} = \frac{jYh}{jY \left(sh' - h\frac{dI}{dr} \right)} = \frac{h}{sh' - h\frac{dI}{dr}}$$

(b) (4 Punkte) Einsetzen der Werte liefert:

$$\frac{dY}{dG} = \frac{0{,}1}{0{,}1 \cdot 0{,}2 + 0{,}1 \cdot 1} = \frac{0{,}1}{0{,}12} = 0{,}8333$$

Eine Einheit Staatsausgaben erhöht das BIP um 0,8333 Einheiten. Also erhöhen 3 Einheiten Staatsausgaben das BIP um 2,5 Einheiten.

4.3.15 AS-AD-Modell

Multiple Choice

Lösung L 4.243 (**10 Punkte**) (Zur Aufgabenstellung A 4.243)
(a) (2 Punkte) (I)
(b) (2 Punkte) (II)
(c) (2 Punkte) (III)
(d) (2 Punkte) (IV)
(e) (2 Punkte) (II)

Lösung L 4.244 (**3 Punkte**) (Zur Aufgabenstellung A 4.244)
Ein flexibleres Arbeitsrecht bedeutet, dass sich auf dem Arbeitsmarkt schneller wieder ein Gleichgewicht einstellen kann. Dies bedeutet, dass bei einem Schock, der zu einem Ungleichgewicht auf dem Arbeitsmarkt führt, also einem Abweichen von der AD-Kurve, sich schneller wieder ein gesamtwirtschaftliches Gleichgewicht einstellen wird, was auf der AD-Kurve liegt, als wenn ein unflexibler Arbeitsmarkt vorliegt.

Lösung L 4.245 (**30 Punkte**) (Zur Aufgabenstellung A 4.245)
1. (3 Punkte) AD verschiebt sich nach rechts (Höhere Nachfrage nach Zentralbankgeld) => BIP steigt, Preise steigen
2. (3 Punkte) AD verschiebt sich nach rechts (Steigender Konsum) => BIP steigt, Preise steigen
3. (3 Punkte) AD und AS verschieben sich langfristig nach rechts (Mehr Investitionen, Leichter Steuerrückgang, Steigende Beschäftigung) => BIP steigt, Preisänderung sind nicht eindeutig
4. (3 Punkte) AD verschiebt sich nach links (Geringere Nachfrage) => BIP sinkt, Preise sinken
5. (3 Punkte) AD verschiebt sich nach rechts (Sinkender Außenbeitrag) => BIP steigt, Preise steigen
6. (3 Punkte) AD verschiebt sich nach rechts (Mehr Konsum durch den Staat) => BIP steigt, Preise steigen
7. (3 Punkte) AS verschiebt sich langfristig nach rechts (Effektiv mehr Arbeitskräfte, potentiell mehr neue Technologien) => BIP steigt, Preise sinken
8. (3 Punkte) AS verschiebt sich nach rechts (Höheres Produktionspotential) => BIP steigt, Preise sinken
9. (3 Punkte) AD verschiebt sich kurzfristig nach rechts, langfristig nach links (kurzfristig steigt Außenbeitrag, langfristig wird er wieder sinken) => Kurzfristig: BIP steigt, Preise steigen, Langfristig: BIP sinkt, Preise sinken
10. (3 Punkte) AD verschiebt sich nach links (Geringere Geldmenge im Umlauf) => BIP sinkt, Preise sinken

Lösung L 4.246 (**30 Punkte**) (Zur Aufgabenstellung A 4.246)
1. (3 Punkte) AS und AD nach rechts daher gilt, dass Y steigt und P ist ungewiß
2. (3 Punkte) AD nach links daher gilt, dass Y sinkt und P sinkt
3. (3 Punkte) kurzfristig AS nach rechts aber langfristig AS nach links daher gilt, dass kurzfristig Y steigt und P sinkt aber langfristig Y sinkt und P steigt
4. (3 Punkte) AD nach rechts daher gilt, dass Y steigt und P steigt
5. (3 Punkte) AD nach links daher gilt, dass Y sinkt und P sinkt
6. (3 Punkte) AD nach rechts daher gilt, dass Y steigt und P steigt
7. (3 Punkte) AD nach rechts daher gilt, dass Y steigt und P steigt
8. (3 Punkte) AD nach links daher gilt, dass Y sinkt und P sinkt
9. (3 Punkte) AS nach links daher gilt, dass Y sinkt und P sinkt
10. (3 Punkte) AD nach rechts daher gilt, dass Y steigt und P steigt

5.1 Theoretische Grundlagen

5.1.1 Neoklassisches Wachstumsmodell

Die Idee hinter dem neoklassischen oder Solow-Wachstumsmodell ist es, Wirtschafts-wachstum langfristig allein durch die Faktoren Arbeit, Kapital und technischer Fortschritt zu erklären.

Der Output, sprich die wirtschaftliche Leistung, wird in einfacher Form gemäß einer Cobb-Douglas-Produktionsfunktion erzeugt:

$$Y = K^\beta L^{1-\beta}$$

Die grundlegende Idee des Modells ist es, dass sich der Kapitalstock durch Investitionen erhöht und durch Abschreibungen verringert. Mathematisch betrachtet stellt diese Beziehung eine Differenzial- bzw. Differenzengleichung dar.

$$\Delta K_t = sF(K_t, L_t) - \delta K_t$$

Löst man diese Gleichung (Bernoulli-Differenzialgleichung) nach dem Kapitalstock auf, so erhält man eine Formel für die langfristige Entwicklung des Kapitalstocks.

$$K_t = L_t \left(C_0 \exp(-\delta(1-\beta)t) + \frac{s}{\delta} \right)^{\frac{1}{1-\beta}}$$

Interessanter ist allerdings die Situation, wenn der Kapitalstock sich nicht mehr ändert und sich auch die Wachstumsrate des BIPs nicht mehr ändert. Diese sich langfristig einstellen-de Gleichgewichtssituation nennt man auch Steady State.

Da sich im Steady State der Kapitalstock nicht mehr ändert, kann man ΔK_t gleich null setzen, da dies die Änderung des Kapitalstocks beschreibt (oder man berechnet für die Lö-sung der Differenzialgleichung den Grenzwert für $t \to \infty$) und die Differenzialgleichung

© Springer-Verlag GmbH Deutschland, ein Teil von Springer Nature 2019
J. K. Perret und P. J. J. Welfens, *Arbeitsbuch Makroökonomik und
Wirtschaftspolitik*, https://doi.org/10.1007/978-3-662-58184-1_5

wird sehr einfach zu lösen. An dieser Stelle ist direkt die Lösung präsentiert, wenn zusätzlich noch technischer Fortschritt und ein Bevölkerungswachstum vorliegen. Auf eine spezielle Kennzeichnung der Variablen im Steady State wird an dieser Stelle verzichtet.

$$Y_t = A_t L_t \left(\frac{s}{\delta + n + a} \right)^{\frac{\beta}{1-\beta}}$$

Hierbei ist δ die Abschreibungsrate, a die Wachstumsrate des technischen Fortschritts und n das Bevölkerungswachstum. Insbesondere kann man an dieser Formel sehen, dass das BIP auch im Steady State noch wächst und zwar um die Höhe, die der technische Fortschritt A und die Bevölkerung L wachsen, legt man die folgenden Modellierungen für den technischen Fortschritt und die Bevölkerung zugrunde:

$$A(t) = A_0 \exp(at)$$

$$L(t) = L_0 \exp(nt)$$

Außerdem sieht man, dass das BIP bei einer Erhöhung der Sparquote ansteigt. Dies ist das Gegenteil zur keynesianischen Modellansicht, wie sie sich im IS-LM- bzw. in Mundell-Fleming-Modell zeigt.

Alternativ lassen sich der Kapitalstock im Steady State K_t und das BIP pro Kopf im Steady State y mit den folgenden Formeln bestimmen:

$$y = \left(\frac{s}{\delta + n + a} \right)^{\frac{\beta}{1-\beta}}$$

$$K_t = A_t L_t \left(\frac{s}{\delta + n + a} \right)^{\frac{1}{1-\beta}}$$

Die Formeln zeigen, dass eine Erhöhung der Sparquote sowohl das BIP als auch das BIP pro Kopf im Steady State erhöhen. Der Konsum im Steady State ergibt sich als:

$$C = cY = (1-s)Y_t = (1-s)A_t L_t \left(\frac{s}{\delta + n + a} \right)^{\frac{\beta}{1-\beta}}$$

Somit zeigt sich eine negative quadratische Abhängigkeit des Konsums von der Sparquote. Dies steht im Gegensatz zum keynesianischen Modell, wo der Konsum linear negativ von der Sparquote abhängt.

Das BIP ($Y\#$) und der Kapitelstock ($K\#$) im Steady State als auch die entsprechenden Pro-Kopf-Größen ($y\#$ und $k\#$) lassen sich auch grafisch wie in Abb. 5.1 bestimmen. In Abb. 5.1 erkennt man, dass im Punkt E die Höhe der Abschreibungen den Investitionen entspricht, also das Steady State erreicht wird. Der zugehörige Kapitalstock ist entsprechend der Steady-State-Kapitalstock bzw. der Kapitalstock pro Kopf. Um allerdings auf das Steady-State-BIP bzw. BIP pro Kopf zu kommen, muss der Steady-State-Kapitalstock noch in die Produktionsfunktion eingesetzt werden. Es ergibt sich dann der Punkt F. Der

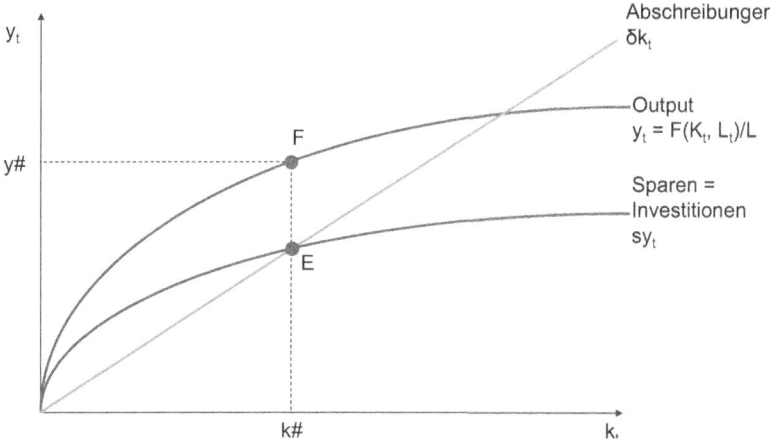

Abb. 5.1 Grafische Herleitung des Steady-State-BIPs und -Kapitalstocks pro Kopf

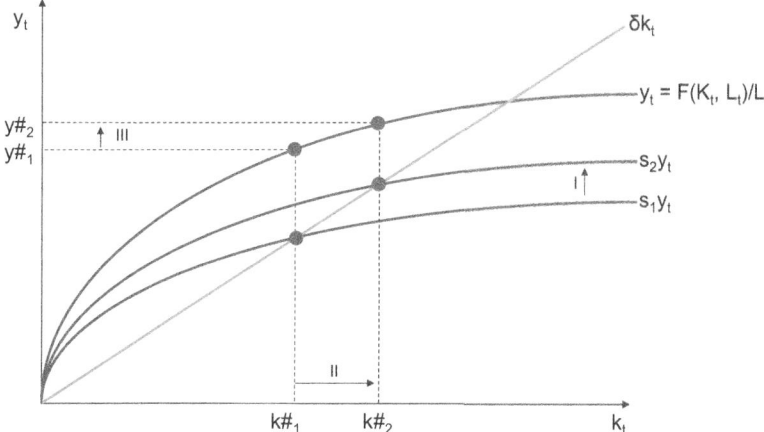

Abb. 5.2 Auswirkungen eines Anstiegs der Sparquote auf das Steady-State-BIP pro Kopf

resultierende Wert für Y bzw. y zeigt das Steady-State-BIP ($Y\#$) bzw. BIP pro Kopf ($y\#$) an.

Analog zu der mathematischen Argumentation lässt sich auch der Effekt einer Erhöhung der Sparquote von s_1 auf s_2 grafisch, wie in der folgenden Abb. 5.2, veranschaulichen. Durch die Erhöhung der Sparquote dreht sich die Sparfunktion nach oben bzw. wird gestaucht (I). Dies führt zu einem neuen Schnittpunkt mit der Abschreibungsgerade bei einem höheren Steady-State-Kapitalstock (II). Durch die Erhöhung des Kapitalstocks erhöht sich auch das Steady-State-BIP (III).

5.1.2 Konjunktur

Entwicklung wichtiger volkswirtschaftlicher Größen im Konjunkturverlauf

Beim Aufschwung steigen die Nachfrage nach Gütern und damit die Preise bzw. die Inflation. Es wird mehr produziert und hierfür werden mehr Arbeiter benötigt, die Arbeitslosigkeit sinkt. Vorhandene Produktionskapazitäten werden stärker ausgelastet. Kapital wird knapper, da mehr investiert wird und die Zinsen steigen.

Im Boom ist das höchste Niveau der wirtschaftlichen Auslastung erreicht, das Produktionspotenzial ist voll ausgelastet, die Arbeitslosigkeit ist auf ihrem niedrigsten Stand und die Löhne sind entsprechend hoch. Um die Produktion ausweiten zu können, müssen Investitionen getätigt werden, was zur stärksten Nachfrage nach Kapital und damit zu einem Höchststand der Zinsen führt. Da das Einkommen durch die hohen Löhne ebenfalls seinen Höchststand erreicht hat, werden Güter noch stärker nachgefragt, was zu sehr hohen Preisen und Inflation führt.

In der Rezession sind die Preise und die Inflationsrate aufgrund der gesunkenen Nachfrage, die sich aus sinkenden Löhnen und einem Anstieg der Arbeitslosigkeit ergibt, am Sinken. Da die Produktionskapazitäten nicht mehr ausgelastet sind, werden weniger Investitionen getätigt und entsprechend weniger Kapitel nachgefragt, sodass die Zinsen sinken.

In der Depression erreicht die Arbeitslosigkeit ihren Höchststand und auch die Löhne liegen auf einem niedrigen Niveau aufgrund des Überangebots auf dem Arbeitsmarkt. Durch den Rückgang der Nachfrage sinken die Preise auf ihr tiefstes Niveau wie auch die Inflationsrate. Durch die geringe Nachfrage wird weniger produziert, die Auslastung der Produktionskapazitäten erreicht ihr Minimum und es werden kaum noch Investitionen getätigt. Entsprechend gering sind die Zinsen.

Phasen des Konjunkturzyklus und Wirtschaftspolitik

Der idealtypische Konjunkturzyklus besteht aus den vier Phasen Aufschwung, Boom, Rezession (Abschwung) und Depression.

Das Ziel der Wirtschaftspolitik ist es, die konjunkturellen Schwankungen möglichst auszugleichen. Hierzu bietet sich antizyklische Fiskalpolitik an. Politik wird derart gestaltet, dass in der Boomphase restriktive Fiskalpolitik und in der Depression expansive Fiskalpolitik gemacht wird.

Um die expansive Fiskalpolitik in der Depression bezahlen zu können, sind zum einen die in der Boomphase mittels restriktiver Fiskalpolitik abgeschöpften Einnahmen zu nutzen, zum anderen sind zusätzliche Kredite aufzunehmen (hierbei spricht man auch von Deficit Spending).

Es gilt zu bedenken, dass ein zeitliches Lag besteht zwischen der Entscheidung, Fiskalpolitik zu betreiben, und deren Wirksamkeit. Hierzu sind Frühindikatoren der konjunkturellen Entwicklung unerlässlich, da sie bereits frühzeitig anzeigen, in welcher konjunkturellen Situation sich eine Volkswirtschaft in der nahen Zukunft befinden wird.

Grafisch zeigt Abb. 5.3, wie sich der Konjunkturzyklus als Schwankung des BIPs um den langfristigen Wachstumspfad darstellen lässt.

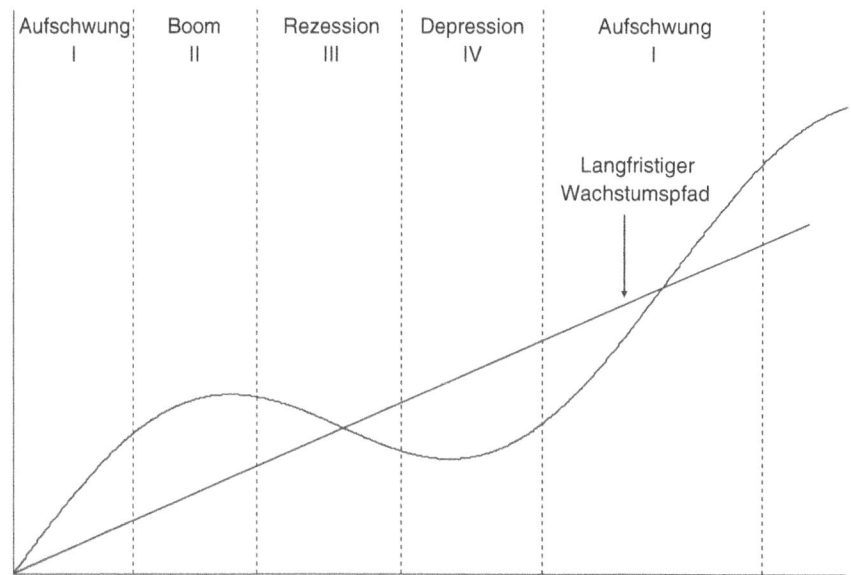

| Aufschwung | Boom | Rezession | Depression | Aufschwung |
| I | II | III | IV | I |

Abb. 5.3 Idealer Konjunkturzyklus inklusive langfristigen Wachstumspfads

Konjunkturindikatoren

Konjunkturindikatoren lassen sich in drei Arten, hinsichtlich ihres Prognosehorizonts, unterteilen – Frühindikatoren, Präsenzindikatoren und Spätindikatoren. Frühindikatoren zeigen eine konjunkturelle Entwicklung einige Zeit vor ihrem Eintritt bereits an. Bei Präsenzindikatoren hingegen spiegelt der Indikator die aktuelle konjunkturelle Situation wider. Durch Spätindikatoren schließlich wird lediglich über die bereits vergangene konjunkturelle Situation Auskunft gegeben.

Frühindikatoren
- Aktienmarktentwicklung
- Auftragseingänge (Book-to-Bill-Ratio)
- Einkaufsmanagerindex
- Geschäftsklimaindex (ifo)
- Konsumklimaindex (GfK)
- Lagerbestände
- Unternehmensveröffentlichungen/Investitionsankündigungen

Präsenzindikatoren
- Beschäftigungssituation
- BIP
- Kapazitätsauslastung
- Lagerbestände
- Preise
- Sparquote
- Zinsen

Spätindikatoren

- Arbeitslosenquote
- Inflationsrate
- Insolvenzen
- Preise
- Steuereinnahmen

5.2 Aufgaben

5.2.1 Neoklassisches Wachstumsmodell

Quick Check – Wahr oder falsch?

Aufgabe A 5.1 (**10 Punkte**) (Zur Lösung L 5.1)

(a) Der wichtigste Inputfaktor im Solow-Modell ist der Faktor Wissen.

(b) Im Steady State sind alle Größen konstant.

(c) Im neoklassischen Wachstumsmodell hängt das langfristige BIP positiv von der Sparquote ab.

(d) Das Steady State ist dann erreicht, wenn der Kapitalstock sich nicht mehr ändert.

(e) Abschreibungen verringern den Kapitalstock.

(f) In der Realität ist der Faktor Wissen für den größten Anteil des erzeugten BIPs verantwortlich.

(g) Der Konsum im Steady State hängt positiv von der Konsumquote ab.

(h) Ein Anstieg des Bevölkerungswachstums um einen Prozentpunkt hat den gleichen Effekt auf das BIP im Steady State wie eine Erhöhung der Abschreibungsquote um einen Prozentpunkt.

(i) Das neoklassische Wachstumsmodell berücksichtigt Entwicklungen des Preisniveaus.

(j) Beim Golden-Rule-Kapitalstock wird der Konsum der Haushalte maximiert.

Multiple Choice

Aufgabe A 5.2 (**10 Punkte**) (Zur Lösung L 5.2)

(a) (2 Punkte) Im Rahmen des neoklassischen Wachstumsmodells ...

   (I)   ... erhöht Sparen das BIP.

   (II) ... senkt Sparen das BIP.

   (III) ... ist die Entwicklung der Beschäftigung die treibende Kraft des Wachstums.

   (IV) ... ist die Wachstumsrate konstant.

(b) (2 Punkte) Die Catch-Up Hypothese besagt, dass ...

   (I)   ... ärmere Länder durch höheres Wachstum die reicheren Länder überholen können.

   (II) ... ärmere Länder schneller wachsen als reichere Länder.

   (III) ... die Wachstumsraten im Zeitablauf steigen.

   (IV) ... Wachstum immer nur kurzfristig ist.

(c) (2 Punkte) Im Steady State stimmt welche Aussage nicht?

- (I)   Ohne exogene Schocks ist die Wachstumsrate konstant.
- (II) Der Kapitalstock ändert sich nicht mehr.
- (III) Es wird der Golden Rule Kapitalstock erreicht.
- (IV) Man befindet sich an einem unendlich fernen Zeitpunkt.

(d) (2 Punkte) Von welcher Größe hängt das BIP pro Kopf im Steady State nicht ab?

- (I)   Sparquote
- (II) Inflationsrate
- (III) Abschreibungsrate
- (IV) Bevölkerungswachstum

(e) (2 Punkte) Das neoklassische Wachstumsmodell ...

- (I)   ... deckt sich mit dem keynesianischen Wachstumsmodell.
- (II) ... gilt nur kurzfristig.
- (III) ... gilt langfristig.
- (IV) ... verfolgt das Ziel eines maximalen Konsums der Haushalte.

Verständnisfragen

Aufgabe A 5.3 (6 Punkte) (Zur Lösung L 5.3)
Im Rahmen einer Diskussion werden verschiedene Meinungen zum neoklassischen Wachstumsmodell geäußert. Welchen Aussagen stimmen Sie zu?

(a) (1 Punkt) Wenn die Unternehmen mehr investieren wollen, wächst die Wirtschaft automatisch auch.
(b) (1 Punkt) Im Steady State wächst die Wirtschaft nicht mehr.
(c) (1 Punkt) Mehr neugeborene Kinder bedeuten zukünftig zusätzliche Arbeitskräfte, darum wird die Wirtschaft langfristig dadurch wachsen.
(d) (1 Punkt) Ein Krieg ist wirtschaftlich immer schlecht, egal ob er im eigenen oder in einem anderen Land stattfindet.
(e) (1 Punkt) Patentschutz kann das Niveau des BIPs pro Kopf im Steady State erhöhen.
(f) (1 Punkt) Jedes Land hat das gleiche Steady-State-BIP pro Kopf.

Aufgabe A 5.4 (4 Punkte) (Zur Lösung L 5.4)
Formulierung 1 Skizzieren Sie das neoklassische Wachstumsmodell.
Formulierung 2 Skizzieren Sie das neoklassische Wachstumsmodell grafisch.
Formulierung 3 Skizzieren Sie das Modell und markieren Sie den Steady-State-Kapital-stock.
Formulierung 4 Stellen Sie grafisch die Gleichgewichtslösung im neoklassischen Wachstumsmodell dar.
Formulierung 5 Skizzieren Sie grafisch das neoklassische Wachstumsmodell. (Bitte benennen Sie alle Kurven und Achsen.)

Formulierung 6 Skizzieren Sie grafisch, wie sich im Kontext des neoklassischen Wachstumsmodells das BIP pro Kopf im Steady State bestimmen lässt. (Bestimmung des Kapitelstocks pro Kopf alleine reicht nicht aus.)

Aufgabe A 5.5 (6 Punkte) (Zur Lösung L 5.5)
Welche Möglichkeiten gibt es, das Wirtschaftswachstum eines Landes langfristig zu steigern?

Aufgabe A 5.6 (2 Punkte) (Zur Lösung L 5.6)
Was versucht das neoklassische Wachstumsmodell zu erklären?

Aufgabe A 5.7 (6 Punkte) (Zur Lösung L 5.7)
Welchen Annahmen unterliegt das neoklassische Wachstumsmodell?

Aufgabe A 5.8 (2 Punkte) (Zur Lösung L 5.8)
Was versteht man unter dem Kapitalstock?

Aufgabe A 5.9 (3 Punkte) (Zur Lösung L 5.9)
Wie verändert sich der Kapitalstock über die Zeit?

Aufgabe A 5.10 (8 Punkte) (Zur Lösung L 5.10)
 (a) (2 Punkte) Was ist ein Steady State?
 (b) (2 Punkte) Was ist der Steady-State-Kapitalstock?
 (c) (4 Punkte) Wie berechnet man ihn?

Aufgabe A 5.11 (2 Punkte) (Zur Lösung L 5.11)
Wie bestimmt man mithilfe des neoklassischen Wachstumsmodells das BIP pro Kopf?

Aufgabe A 5.12 (5 Punkte) (Zur Lösung L 5.12)
Formulierung 1 Argumentieren Sie grafisch, welche Auswirkungen eine Erhöhung der
Sparquote auf den Steady-State-Kapitalstock hat.
Formulierung 2 Wie wirkt sich eine Erhöhung der Sparquote auf die Kapitalintensität im
Steady State aus? Zeigen Sie dies grafisch.
Formulierung 3 Wie verändert sich die gleichgewichtige Kapitalintensität, wenn die Spar-
quote steigt? (Argumentieren Sie anhand einer Grafik.)

Aufgabe A 5.13 (5 Punkte) (Zur Lösung L 5.13)
Berechnen Sie die Auswirkungen, die sich aus einer Verdopplung der Sparquote ergeben.

Aufgabe A 5.14 (9 Punkte) (Zur Lösung L 5.14)
Was ist der Golden-Rule-Kapitalstock? Wie bestimmt man den optimalen Kapitalstock?
Sind Steady-State- und Golden-Rule-Kapitalstock identisch?

Aufgabe A 5.15 (3 Punkte) (Zur Lösung L 5.15)
Wie verändert sich das neoklassische Wachstumsmodell, wenn man technischen Fortschritt berücksichtigt?

Aufgabe A 5.16 (8 Punkte) (Zur Lösung L 5.16)
 (a) (2 Punkte) Was versucht das neoklassische Wachstumsmodell zu erklären?
 (b) (6 Punkte) Wie erklärt sich die Höhe der Kapitalintensität im Steady State und wie hoch ist die Bruttoinvestition im Steady State?

Aufgabe A 5.17 (4 Punkte) (Zur Lösung L 5.17)
Was versteht man unter dem Begriff Kapitalstock? Was ist der Steady-State-Kapitalstock?

Aufgabe A 5.18 (3 Punkte) (Zur Lösung L 5.18)
Ergänzen Sie die folgenden Aussagen zum neoklassischen Wachstumsmodell:

 (a) (1 Punkt) Eine Erhöhung der Sparquote .... das BIP pro Kopf (im Steady State).
 (b) (1 Punkt) Eine Erhöhung der Abschreibungen .... das BIP pro Kopf (im Steady State).
 (c) (1 Punkt) Der Steady-State-Kapitalstock verändert sich .... im Zeitablauf.

Aufgabe A 5.19 (5 Punkte) (Zur Lösung L 5.19)
Betrachten Sie das neoklassische Wachstumsmodell. Was ist der Steady-State-Kapitalstock?

Aufgabe A 5.20 (8 Punkte) (Zur Lösung L 5.20)
Formulierung 1 Leiten Sie (mathematisch) das langfristige Gleichgewicht in einem neoklassischen Wachstumsmodell her; welche Situation bezeichnet die goldene Regel der Kapitalakkumulation?
Formulierung 2 Leiten Sie im Kontext des neoklassischen Wachstumsmodells das Pro-Kopf-Einkommen im Steady State für den Fall her, dass weder das Niveau des technischen Fortschritts noch die Bevölkerung wächst. Beschreiben Sie die jeweils durchgeführten Schritte.

Aufgabe A 5.21 (2 Punkte) (Zur Lösung L 5.21)
Warum spielen im neoklassischen Wachstumsmodell Preise keine Rolle?

Aufgabe A 5.22 (2 Punkte) (Zur Lösung L 5.22)
Ergänzen Sie die folgenden Aussagen zum neoklassischen Wachstumsmodell:

 (a) (1 Punkt) Wenn die Bevölkerung stärker wächst, dann .... das BIP pro Kopf im Steady State.
 (b) (1 Punkt) Wenn die Sparquote steigt, dann .... im Steady State das BIP.

Aufgabe A 5.23 (2 Punkte) (Zur Lösung L 5.23)
Wie reagiert der Kapitalstock auf eine Erhöhung der Sparquote?

Anwendungsaufgaben

Aufgabe A 5.24 (**27 Punkte**) (Zur Lösung L 5.24)
Für die Länder Mikronesien, Makroatien und Wipolen sind die folgenden Wirtschaftsdaten bekannt:

	Mikronesien	Makroatien	Wipolen
Sparquote	0,1	0,2	0,25
Abschreibungsrate	0,2	0,1	0,05
β	0,5	1/3	0,5
Bestand tech. Wissen	4000	5000	3000
Bevölkerung	1.000.000	1.500.000	500.000

(a) (9 Punkte) Bestimmen Sie das BIP pro Kopf im Steady State für den Fall ohne technischen Fortschritt.

(b) (9 Punkte) Bestimmen Sie es für den Fall mit technischem Fortschritt.

(c) (9 Punkte) Berechnen Sie den Konsum im Steady State für alle drei Volkswirtschaften.

Aufgabe A 5.25 (**4 Punkte**) (Zur Lösung L 5.25)
Mikronesien hat sein Steady State nahezu erreicht und erwirtschaftet ein BIP in Höhe 48.000.000. Die Bevölkerung von Mikronesien beträgt 40.000 und der Bestand an technischem Wissen 200.

Bestimmen Sie ausgehend von einer Abschreibungsquote in Höhe von $\delta = 60\%$ und einer Elastizität des Kapitals in Höhe von $\beta = 0,5$ die Sparquote Mikronesiens.

Aufgabe A 5.26 (**10 Punkte**) (Zur Lösung L 5.26)
Im Steady State besitzen Mikronesien, Makroatien und Wipolen den gleichen Kapitalstock. Prüfen Sie ausgehend von den folgenden Wirtschaftsdaten, ob in allen drei Ländern auch das gleiche Technologieniveau realisiert ist.

	β	L	s	δ	$K\#$
Mikronesien	0,5	40.000	0,4	0,2	480.000
Makroatien	0,5	500.000	0,2	0,1	?
Wipolen	0,5	100.000	0,5	0,25	?

Aufgabe A 5.27 (**4 Punkte**) (Zur Lösung L 5.27)
Die makroatische Wirtschaft ist gekennzeichnet durch ein β von 0,5 und einen Bestand an technischem Wissen von $A = 1000$, zusätzlich liegt eine Abschreibungsrate von $\delta = 10\%$ vor. In Makroatien arbeiten $L = 500.000$ Menschen, welche 30 % ihres Einkommens sparen.

Durch eine Umstrukturierung des makroatischen Finanzsektors und der Steuergesetzgebung sind die Bürger Makroatiens weniger geneigt zu sparen und die Sparquote verringert sich auf $s = 20\%$. Gleichzeitig wird aber auch weniger seitens der Unternehmen abgeschrieben, sodass sich die Abschreibungsrate zu $\delta = 0,05$ ändert. Welche Auswirkung haben diese Umstrukturierungen auf das Steady-State-BIP Makroatiens?

Aufgabe A 5.28 (11 Punkte) (Zur Lösung L 5.28)

Es liegen die folgenden Daten für Deutschland vor:

Sparquote: 16,55 %, Abschreibungsrate: 14,8 % und ein β von etwa 0,3.

(a) (3 Punkte) Berechnen Sie den Steady-State-Kapitalstock.

(b) (3 Punkte) Berechnen Sie das Steady-State-BIP pro Kopf?

(c) (3 Punkte) Vergleichen Sie dies mit dem tatsächlichen BIP pro Kopf von 27.729,5 €.

(d) (2 Punkte) Modell mit Bevölkerungswachstum: Angenommen durch den demografischen Wandel sinkt das Bevölkerungswachstum von 2 % auf -5 %. Welche Auswirkungen hat dies auf das BIP pro Kopf?

Aufgabe A 5.29 (3 Punkte) (Zur Lösung L 5.29)

Berechnen Sie ausgehend von den Rahmendaten das BIP pro Kopf und den Kapitalstock pro Kopf im Steady State?

Variable	Wert
Abschreibungsrate	0,4
Sparquote	0,2
Kapitalintensität	0,5

Aufgabe A 5.30 (6 Punkte) (Zur Lösung L 5.30)

Betrachten Sie zwei Länder 1 und 2. Wirtschaftliche Rahmendaten der beiden Länder lauten:

	Land 1	Land 2
Sparquote (s)	0,3	0,1
Abschreibungsrate (δ)	0,6	0,3
Kapitalintensität (β)	0,5	0,5

Welches der beiden Länder weist im Rahmen des neoklassischen Wachstumsmodells im Steady State das höhere BIP pro Kopf auf?

Aufgabe A 5.31 (6 Punkte) (Zur Lösung L 5.31)

Berechnen Sie das Steady-State-pro-Kopf-BIP von Land I und Land II.

	Land 1	Land 2
Sparquote (s)	0,1	0,1
Abschreibungsrate (δ)	0,4	0,3
Kapitalintensität (β)	0,5	0,5

Aufgabe A 5.32 (10 Punkte) (Zur Lösung L 5.32)

	s	δ	β	L	A
Land I	0,4	0,1	0,5	1000	5
Land II	0,9	0,1	0,5	2000	3

(a) (6 Punkte) Berechnen Sie aus einer neoklassischen Wachstumsperspektive heraus den langfristig zu erwartenden Kapitalstock in Land I und in Land II (bei der Annahme einer konstanten Bevölkerung und eines konstanten Wissensbestands). In welchem Land liegt der höhere Kapitalstock vor?

(b) (4 Punkte) Was passiert, wenn sich im neoklassischen Wachstumsmodell die Sparquote reduziert? Worin liegt hier der Unterschied zum keynesianischen IS-LM-Modell?

Aufgabe A 5.33 (**10 Punkte**) (Zur Lösung L 5.33)

	s	δ	β	L	A
Land I	0,25	0,01	0,5	1000	4
Land II	0,36	0,01	0,5	2000	5

(a) (6 Punkte) Berechnen Sie aus einer neoklassischen Wachstumsperspektive heraus das langfristig zu erwartende BIP in Land I und in Land II (bei der Annahme einer konstanten Bevölkerung und eines konstanten Wissensbestands). In welchem Land liegt das höhere BIP vor?

(b) (4 Punkte) Was passiert, wenn im neoklassischen Wachstumsmodell die Sparquote sinkt? Worin liegt hier der Unterschied zum keynesianischen IS-LM-Modell?

Aufgabe A 5.34 (**10 Punkte**) (Zur Lösung L 5.34)

	s	δ	β	L	A
Land I:	0,4	0,1	0,5	1000	5
Land II:	0,9	0,1	0,5	2000	3

(a) (6 Punkte) Berechnen Sie aus einer neoklassischen Wachstumsperspektive heraus das langfristig zu erwartende BIP in Land I und in Land II (bei der Annahme einer konstanten Bevölkerung und eines konstanten Wissensbestands). In welchem Land liegt das höhere BIP vor?

(b) (4 Punkte) Was passiert, wenn sich im neoklassischen Wachstumsmodell die Sparquote erhöht? Worin liegt hier der Unterschied zum keynesianischen IS-LM-Modell?

Aufgabe A 5.35 (**3 Punkte**) (Zur Lösung L 5.35)
In einer Volkswirtschaft mit einem Kapitalstock in Höhe von 4 Einheiten, einem Bestand an Arbeit von 9 Einheiten und einem Bestand an technischem Wissen von 6000 Einheiten liegt eine Elastizität der Arbeit und des Kapitals von 0,5 vor (β). Bestimmen Sie das BIP dieser Volkswirtschaft unter Zuhilfenahme einer geeigneten Produktionsfunktion.

Aufgabe A 5.36 (**6 Punkte**) (Zur Lösung L 5.36)
Gegeben sind die folgenden Wirtschaftsdaten. Es wird angenommen, dass sich die Wirtschaft gemäß dem neoklassischen Wachstumsmodell entwickelt.

	Land I	Land II
Sparquote	0,2	0,3
Abschreibungsrate	0,4	0,9
Kapitalintensität	0,5	0,5
BIP pro Kopf	2	1

In welchem Land ist das Steady-State-BIP pro Kopf näher am tatsächlichen und warum?

Aufgabe A 5.37 (6 Punkte) (Zur Lösung L 5.37)
Berechnen Sie das Steady-State-pro-Kopf-BIP von Land I und Land II.

	Land 1	Land 2
Sparquote (s)	0,1	0,1
Abschreibungsrate (δ)	0,4	0,3
Kapitalintensität (β)	0,5	0,5

Aufgabe A 5.38 (7 Punkte) (Zur Lösung L 5.38)

	Land X	Land Y
Sparquote	10 %	20 %
Abschreibungsrate	30 %	20 %
β	0,5	0,35

(a) (2 Punkte) Welches der beiden Länder X und Y hat ausgehend von den oben stehen-den Rahmendaten im Steady State das höhere BIP pro Kopf?
(b) (4 Punkte) Wie hoch ist dieses?
(c) (1 Punkt) Wie verändert sich der Kapitalstock im Steady State, wenn die Sparquote sich um 20 % erhöht?

   (I)   Er steigt.
   (II)   Er sinkt.
   (III) Er bleibt konstant.

Aufgabe A 5.39 (7 Punkte) (Zur Lösung L 5.39)
Berechnen Sie aus einer neoklassischen Wachstumsperspektive heraus das langfristig zu erwartende BIP in Land I und in Land II (bei der Annahme einer konstanten Bevölkerung und eines konstanten Wissensbestands).

	Land I	Land II
Sparquote (s)	0,2	0,5
Abschreibungsrate (δ)	0,1	0,1
Kapitalintensität (β)	0,5	0,5
Beschäftigte (L)	2000	4000
Wissensbestand (A)	7	2

Aufgabe A 5.40 (6 Punkte) (Zur Lösung L 5.40)

	s	δ	β	L	A
Land I	0,4	0,2	0,5	1500	4
Land II	0,6	0,2	0,5	3000	3

Berechnen Sie aus einer neoklassischen Wachstumsperspektive heraus das langfristig zu erwartende Steady State BIP in Land I und in Land II (bei der Annahme einer konstanten Bevölkerung und eines konstanten Wissensbestands).

Transferaufgaben

Aufgabe A 5.41 (4 Punkte) (Zur Lösung L 5.41)
Nennen Sie zwei Möglichkeiten, die zu einer Steigerung des Wirtschaftswachstums füh-
ren können. Begründen Sie unter Bezugnahme auf die ökonomische Theorie kurz Ihre
Aussagen. (Je ein Satz ist ausreichend.).

Aufgabe A 5.42 (6 Punkte) (Zur Lösung L 5.42)
Diskutieren Sie den Einfluss von Innovationen auf das Wirtschaftswachstum im Rahmen
einer modernen Volkswirtschaft.

Aufgabe A 5.43 (5 Punkte) (Zur Lösung L 5.43)
Angenommen Deutschland rutscht in eine Depressionsphase ab: Beschreiben Sie die kurz-
und mittelfristigen Effekte.

Aufgabe A 5.44 (5 Punkte) (Zur Lösung L 5.44)
Über welche Möglichkeiten verfügt ein Staat, um ein Defizit des Staatshaushalts abzubau-
en? (Begründen Sie Ihre Aussagen ökonomisch.)

Aufgabe A 5.45 (5 Punkte) (Zur Lösung L 5.45)
Eine expansive Fiskalpolitik führt zu einem Defizit des Staatshaushalts. Wie kann das Defizit mittelfristig auf null vermindert werden? (Begründen Sie Ihre Aussagen ökonomisch.)

Aufgabe A 5.46 (5 Punkte) (Zur Lösung L 5.46)
Nennen Sie zwei Wege, wie der aktuellen Staatsverschuldungskrise in der Europäischen
Union, insbesondere der Eurozone und der damit verbundenen Rezession, seitens der Mit-
gliedsländer der EU begegnet werden kann bzw. sollte.

Aufgabe A 5.47 (8 Punkte) (Zur Lösung L 5.47)
Die Sparquote sinkt. Welche Auswirkungen hat dies auf das Pro-Kopf-Einkommen…

(a) (2 Punkte) …im neoklassischen Wachstumsmodell?
(b) (2 Punkte) …im einfachen Einnahmen-Ausgaben-Modell (IS-LM-Modell)?
(c) (4 Punkte) Was geschieht in beiden Modellen mit dem Pro-Kopf-Konsum?

Begründen Sie kurz Ihre Aussagen. (Ein Satz genügt).

Aufgabe A 5.48 (5 Punkte) (Zur Lösung L 5.48)
Nennen Sie mindestens zwei Vor- oder Nachteile (geben Sie an, welche Partei bevor-
oder benachteiligt wird), die sich aus dem Transatlantic Trade and Investment Partnership/
Transatlantischen Freihandelsabkommen (TTIP) ergeben. (Begründen Sie Ihre Aussagen
aus volkswirtschaftlicher Sicht.)

5.2.2 Konjunktur

Quick Check – Wahr oder falsch?

Aufgabe A 5.49 **(10 Punkte)** (Zur Lösung L 5.49)
(a) Man unterteilt den idealtypischen Konjunkturzyklus in fünf Phasen.
(b) Der idealtypische Konjunkturzyklus dauert 4–5 Jahre.
(c) Die konjunkturellen Schwankungen entstehen, wenn man das reale BIP betrachtet.
(d) Wirtschaftspolitik sollte idealerweise prozyklisch erfolgen.
(e) Deficit Spending bedeutet in der Boomphase als Staat zusätzliche Investitionen zu tätigen.
(f) Im Boom sind die Produktionskapazitäten voll ausgelastet.
(g) In der Depression sind die Zinsen am geringsten.
(h) Auftragseingänge sind ein nachlaufender Konjunkturindikator.
(i) Das Ziel der Stabilitätspolitik ist es, konjunkturelle Schwankungen auszugleichen.
(j) Hohe Steuern in Zeiten des Booms sind ein Teil der Stabilitätspolitik.

Multiple Choice

Aufgabe A 5.50 **(10 Punkte)** (Zur Lösung L 5.50)
(a) (2 Punkte) Welche Aussage über einen idealtypischen Konjunkturzyklus trifft nicht zu?

    (I)   Er besitzt vier Phasen.
    (II)   Er dauert 4-5 Jahre.
    (III) Im Boom ist die Wirtschaft voll ausgelastet.
    (IV) Er folgt immer einem steigenden Wachstumspfad.

(b) (2 Punkte) Wobei handelt es sich nicht um eine Phase des Konjunkturzykluses?

    (I)   Boom
    (II)   Restriktion
    (III) Depression
    (IV) Rezession

(c) (2 Punkte) In einer Rezessionsphase . . .

    (I)   . . . steigen die Löhne.
    (II)   . . . steigt die Arbeitslosigkeit.
    (III) . . . steigen die Zinsen.
    (IV) . . . steigt das BIP.

(d) (2 Punkte) In einer Boomphase . . .

    (I)   . . . liegt Vollbeschäftigung vor.
    (II)   . . . liegt eine hohe Arbeitslosigkeit vor.
    (III) . . . sind Zinsen besonders niedrig.
    (IV) . . . werden sehr hohe Wachstumsraten erreicht.

(e) (2 Punkte) Stabilitätspolitik sollte nicht ...

    (I)   ... prozyklisch sein.

    (II) ... im Boom hohe Steuern realsieren.

    (III) ... in der Depression durch expansive Politik die Wirtschaft ankurbeln.

    (IV) ... den zeitlichen Lag in der Wirtschaftspolitik berücksichtigen.

Verständnisfragen

Aufgabe A 5.51 (**5 Punkte**) (Zur Lösung L 5.51)
Warum sind konjunkturelle Schwankungen für die Wirtschaft nicht wünschenswert?

Aufgabe A 5.52 (**10 Punkte**) (Zur Lösung L 5.52)
Die Entwicklung des BIPs Wipolens kann durch die folgende Funktion beschrieben werden:

$$Y(t) = 0{,}5t + 4\sin\left(\frac{2t}{\pi}\right) + 10$$

(a) (5 Punkte) Skizzieren Sie den Wirtschaftsverlauf.

(b) (5 Punkte) Durch wirtschaftspolitische Maßnahmen verändert sich der Verlauf des Konjunkturverlaufs zu: $Y(t) = 0{,}7t + 4\sin\left(\frac{2t}{\pi}\right) + 10$. Vergleichen Sie diesen Verlauf mit dem Verlauf vor den wirtschaftspolitischen Maßnahmen.

Aufgabe A 5.53 (**5 Punkte**) (Zur Lösung L 5.53)
Formulierung 1 Skizzieren Sie einen typischen Konjunkturzyklus, inklusive langfristen Wachstumspfads, und benennen Sie die einzelnen Phasen.

Formulierung 2 Skizzieren Sie den idealtypischen Verlauf eines Konjunkturzyklus?

Formulierung 3 Skizzieren Sie den idealtypischen Konjunkturverlauf (inklusive Wachstumspfad).

Aufgabe A 5.54 (**20 Punkte**) (Zur Lösung L 5.54)
Formulierung 1 Wie entwickeln sich die Preise, Arbeitslosigkeit, Zinsen, Inflation, Produktionsauslastung in den einzelnen Phasen?

Formulierung 2 Wie entwickelt sich die Beschäftigungssituation in den vier Phasen des Konjunkturzyklus?

Formulierung 3 Wie entwickelt sich das Preisniveau in den verschiedenen Phasen eines Konjunkturzyklus?

Formulierung 4 Wie entwickelt sich die Arbeitslosenquote in den verschiedenen Phasen eines Konjunkturzyklus?

Formulierung 5 Wie entwickelt sich die Beschäftigungsquote in den vier Phasen des Konjunkturzyklus?

Formulierung 6 Beschreiben Sie durch eine volkswirtschaftlich logische Folgerungskette, wie sich die Zinsen über die vier Phasen des Konjunkturzyklus hinweg entwickeln.

Aufgabe A 5.55 (**2 Punkte**) (Zur Lösung L 5.55)
Was versteht man unter Kondratieffzyklen?

Aufgabe A 5.56 (2 Punkte) (Zur Lösung L 5.56)
Nennen Sie zwei Frühindikatoren der Konjunktur.

Aufgabe A 5.57 (4 Punkte) (Zur Lösung L 5.57)
Über welche Möglichkeiten verfügt ein Staat, um konjunkturelle Schwankungen der Wirtschaftsentwicklung auszugleichen? (Begründen Sie Ihre Aussagen ökonomisch.)

Aufgabe A 5.58 (2 Punkte) (Zur Lösung L 5.58)
Benennen Sie die vier Phasen des Konjunkturverlaufs.

Anwendungsaufgaben

Aufgabe A 5.59 (8 Punkte) (Zur Lösung L 5.59)
Die Dynamik des BIPs in Wipolen und Makroatien lässt sich mit den folgenden beiden Funktionen beschreiben. Bestimmen Sie die Periodenlänge der Funktionen (Dauer eines Konjunkturzyklus).

$$\text{Wipolen} \qquad Y(t) = 2\sin(3t) + \cos(0{,}5t) + t$$
$$\text{Makroatien} \quad Y(t) = 0{,}5\sin(2t) + 3t$$

Aufgabe A 5.60 (3 Punkte) (Zur Lösung L 5.60)
Die Entwicklung der Zinsen Wipolens im Zeitablauf lässt sich durch die folgende Funktion beschreiben:

$$r(t) = 5\sin(0{,}5\pi t) \tag{5.1}$$

Geben Sie unter der Voraussetzung, dass sich die Zinsen immer prozyklisch entwickeln und die Arbeitslosenquote immer antizyklisch entwickelt und ferner die Arbeitslosenquote doppelt so groß ist wie der Zinssatz, eine Formel für die Entwicklung der Arbeitslosenquote über die Zeit hinweg an.

Transferaufgaben

Aufgabe A 5.61 (5 Punkte) (Zur Lösung L 5.61)
Makroatien befindet sich aktuell in einer Rezession. Um die Arbeitslosigkeit zu bekämpfen, die durch den wirtschaftlichen Abschwung entstanden ist, will der König sofort staatliche Arbeitsbeschaffungsmaßnahmen initiieren. Seine Wirtschaftsberater empfehlen ihm diese erst später umzusetzen, sodass die Wirkungen der Maßnahmen in der nächsten Rezessionsphase zum Tragen kommen.
   Wem würden Sie eher zustimmen?

Aufgabe A 5.62 (5 Punkte) (Zur Lösung L 5.62)
Die Königin von Mikronesien favorisiert automatische Reaktionssysteme, die ausgehend von der aktuellen Wirtschaftslage Empfehlungen der Wirtschaftspolitik ausgeben und auch deren Realisierung in Gang setzen. In der neuesten Variante dieses Systems soll aufgrund

von einem Konsum- und einem Geschäftsklimaindex sowie den Zinsen, der Arbeitslosenquote und dem BIP eine staatliche Subventionspolitik in Gang gesetzt werden.

Unter welchen Variablenkombinationen soll die staatliche Subventionspolitik aktiv
werden? Begründen Sie Ihre Aussage.

5.3 Lösungen

5.3.1 Neoklassisches Wachstumsmodell

Quick Check – Wahr oder falsch?

Lösung L 5.1 (**10 Punkte**) (Zur Aufgabenstellung A 5.1)
 (a) Falsch
 (b) Falsch
 (c) Wahr
 (d) Wahr
 (e) Wahr
 (f) Wahr
 (g) Falsch
 (h) Wahr
 (i) Falsch
 (j) Wahr

Multiple Choice

Lösung L 5.2 (**10 Punkte**) (Zur Aufgabenstellung A 5.2)
 (a) (2 Punkte) (I)
 (b) (2 Punkte) (II)
 (c) (2 Punkte) (III)
 (d) (2 Punkte) (II)
 (e) (2 Punkte) (III)

Verständnisfragen

Lösung L 5.3 (**6 Punkte**) (Zur Aufgabenstellung A 5.3)
 (a) (1 Punkt) Da $I = S$ müssen die Haushalte auch genug sparen, damit das Geld für die
     Investitionen der Unternehmen vorhanden ist.
 (b) (1 Punkt) Im Steady State wachsen alle Größen mit der gleichen Wachstumsrate.
 (c) (1 Punkt) Aber das vorhandene Kapital wird auch auf mehr Personen aufgeteilt, die
     Wachstumsrate der Menge der Arbeitskräfte spielt daher eine Rolle, ist sie positiv,
     sinkt die Wirtschaftsleistung.
 (d) (1 Punkt) Wenn durch den Krieg Kapitel zerstört wird, hat dies negative Auswirkun-
     gen. Wenn die Bevölkerung sinkt, erhöht sich das BIP pro Kopf, das BIP ist abhängig
     davon, wie stark der Bevölkerungseinbruch ist.

(e) (1 Punkt) Ein angemessener Patentschutz kann die Innovationstätigkeit erhöhen, also erhöht sich die Wachstumsrate des technischen Fortschritts. Dies hätte eine negative Wirkung auf das BIP pro Kopf. Beim BIP kommt es auf das Verhältnis Anstieg an Investitionen und Wachstumsrate des Wissens an.

(f) (1 Punkt) Länder mit anderen Ausgangswerten haben andere Steady-State-Werte.

Lösung L 5.4 (4 Punkte) (Zur Aufgabenstellung A 5.4)

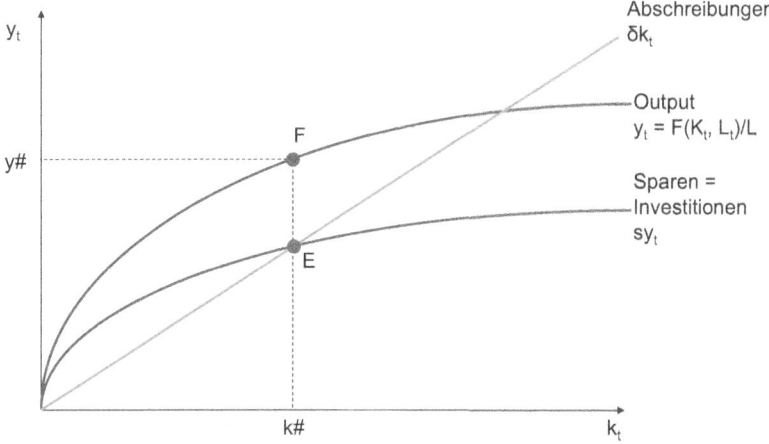

Lösung L 5.5 (6 Punkte) (Zur Aufgabenstellung A 5.5)
Gemäß dem neoklassischen Wachstumsmodell kann das Wirtschaftswachstum durch zusätzliche Investitionen zur Erhöhung des Kapitalstocks erhöht werden ebenso wie durch Investitionen in technischen Fortschritt, also durch Forschung und Entwicklung.

Lösung L 5.6 (2 Punkte) (Zur Aufgabenstellung A 5.6)
Das neoklassische Wachstumsmodell versucht langfristiges Wachstum durch die Faktoren Arbeit und Kapital zu erklären.

Lösung L 5.7 (6 Punkte) (Zur Aufgabenstellung A 5.7)
(a) Keine Arbeitslosigkeit.
(b) Nur eine geschlossene Volkswirtschaft.
(c) Kein Bevölkerungswachstum.
(d) Produktion gemäß einer Cobb-Douglas-Produktionsfunktion.

Lösung L 5.8 (2 Punkte) (Zur Aufgabenstellung A 5.8)
Der Kapitelstock ist die Summe aller Investitionen. Physisch kann man ihn mit dem Bestand der Produktionseinrichtungen gleichsetzen.

Lösung L 5.9 (3 Punkte) (Zur Aufgabenstellung A 5.9)
Der Kapitalstock erhöht sich durch Investitionen und reduziert sich durch Abschreibungen. Während Investitionen unbeschränkt möglich sind, sind die Abschreibungen durch die Höhe des Kapitalstocks beschränkt.

Lösung L 5.10 (**8 Punkte**) (Zur Aufgabenstellung A 5.10)
(a) (2 Punkte) Unter dem Steady State versteht man die Situation, in der der Kapitalstock konstant ist. In dieser Situation entsprechen die Investitionen den Abschreibungen.
(b) (2 Punkte) Der Steady-State-Kapitalstock ist im neoklassischen Wachstumsmodell der Kapitalstock, der sich nicht mehr ändert.
(c) (4 Punkte) Der Steady-State-Kapitalstock bestimmt sich über die Formel: $K\# = L\left(\frac{s}{\delta}\right)^{\frac{1}{1-\beta}}$.

Lösung L 5.11 (**2 Punkte**) (Zur Aufgabenstellung A 5.11)
Das BIP pro Kopf im Steady State bestimmt sich über die Formel: $y\# = \left(\frac{s}{\delta}\right)^{\frac{\beta}{1-\beta}}$.

Lösung L 5.12 (**5 Punkte**) (Zur Aufgabenstellung A 5.12)

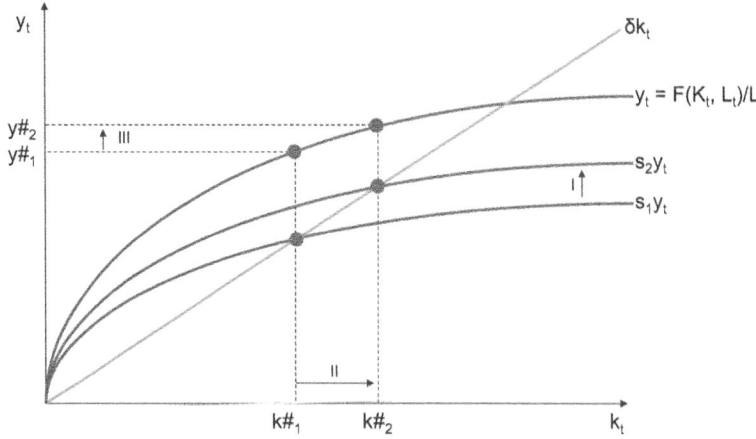

Lösung L 5.13 (**5 Punkte**) (Zur Aufgabenstellung A 5.13)
Multiplikation der Sparquote mit 2 ergibt: $Y\# = L\left(\frac{2s}{\delta}\right)^{\frac{\beta}{1-\beta}} = 2^{\frac{\beta}{1-\beta}} L\left(\frac{s}{\delta}\right)^{\frac{\beta}{1-\beta}} = 2^{\frac{\beta}{1-\beta}} Y\#$. Eine Verdopplung der Sparquote zieht eine Erhöhung des BIPs im Steady State um den Faktor $2^{\frac{\beta}{1-\beta}}$ nach sich.

Lösung L 5.14 (**9 Punkte**) (Zur Aufgabenstellung A 5.14)
Der Golden-Rule-Kapitalstock ist der Kapitalstock, bei dem der Nutzen, gemessen durch den Konsum, maximal wird. Er bestimmt sich durch Ableiten des Konsums nach dem Kapitalstock. Hier gilt aus der Gleichgewichtsbedingung heraus, dass Sparen und Abschreibungen übereinstimmen, also $S = \delta K$.

$$C(K) = Y - S = K^{\beta}L^{1-\beta} - \delta K$$
$$\frac{dC}{dK} = \beta K^{\beta} - L^{1-\beta} - \delta$$

Nullsetzen und Umstellen nach K ergibt:

$$k = \left(\frac{\beta}{\delta}\right)^{\frac{1}{1-\beta}}$$

Es zeigt sich, dass der Golden-Rule- und der Steady-State-Kapitalstock übereinstimmen, wenn gilt: $s = \beta$.

Lösung L 5.15 (3 Punkte) (Zur Aufgabenstellung A 5.15)
Die Formel für das BIP im Steady State ändert sich wie folgt:

$$Y\# = AL \left(\frac{s}{\delta + n + a}\right)^{\frac{\beta}{1-\beta}}$$

Lösung L 5.16 (8 Punkte) (Zur Aufgabenstellung A 5.16)
(a) (2 Punkte) Das neoklassische Wachstumsmodell versucht langfristiges Wachstum durch die Größen Kapital und Arbeit zu erklären.
(b) (6 Punkte) Kapitalintensität: $k\# = \left(\frac{s}{\delta}\right)^{\frac{1}{1-\beta}}$ und Bruttoinvestitionen: $I\# = S = sY\# = sL \left(\frac{s}{\delta}\right)^{\frac{\beta}{1-\beta}}$.

Lösung L 5.17 (4 Punkte) (Zur Aufgabenstellung A 5.17)
Der Kapitalstock ist die Summe aller Investitionen. Physisch kann man ihn mit dem Bestand der Produktionseinrichtungen gleichsetzen. Der Steady-State-Kapitalstock ist der Kapitalstock, der Gleichgewichtskapitalstock, der sich auf lange Sicht nicht mehr ändert und konstant bleibt.

Lösung L 5.18 (3 Punkte) (Zur Aufgabenstellung A 5.18)
(a) (1 Punkt) Eine Erhöhung der Sparquote *erhöht* das BIP pro Kopf (im Steady State).
(b) (1 Punkt) Eine Erhöhung der Abschreibungen *verringert* das BIP pro Kopf (im Steady State).
(c) (1 Punkt) Der Steady-State-Kapitalstock verändert sich *nicht* im Zeitablauf.

Lösung L 5.19 (2 Punkte) (Zur Aufgabenstellung A 5.19)
Der Steady-State-Kapitalstock ist der Kapitalstock, der Gleichgewichtskapitalstock, der sich auf lange Sicht nicht mehr ändert und konstant bleibt.

Lösung L 5.20 (8 Punkte) (Zur Aufgabenstellung A 5.20)
Das langfristige Gleichgewicht ergibt sich aus Veränderung des Kapitalstocks. $\Delta K_t = K_{t-1} + I_{t-1} - \delta K_{t-1}$. Ersetzt man I_t mit der Sparfunktion $S = sY$, wobei Y eine Cobb-Douglas-Produktionsfunktion ist, und nimmt an, dass sich der Kapitalstock im Steady State nicht mehr ändert (also gilt: $\Delta K_t = 0$), so ergibt sich das Gleichgewicht nach Umstellen als: $Y\# = L \left(\frac{s}{\delta}\right)^{\frac{\beta}{1-\beta}}$. Die goldene Regel der Kapitalakkumulation beschreibt die Situation, in der der Kapitalstock so groß ist, dass der Konsum maximal wird. Dies ist gegeben wenn $s = \beta$.

Lösung L 5.21 (2 Punkte) (Zur Aufgabenstellung A 5.21)
Da es sich beim neoklassischen Wachstumsmodell um ein Modell in realen Größen handelt, werden Preise nicht berücksichtigt.

Lösung L 5.22 (2 Punkte) (Zur Aufgabenstellung A 5.22)
(a) (1 Punkt) Wenn die Bevölkerung stärker wächst, dann *sinkt* das BIP pro Kopf im Steady State.
(b) (1 Punkt) Wenn die Sparquote steigt, dann *steigt* im Steady State das BIP.

Lösung L 5.23 (2 Punkte) (Zur Aufgabenstellung A 5.23)
Durch eine Erhöhung der Sparquote steigt der Kapitalstock im Steady State.

Anwendungsaufgaben

Lösung L 5.24 (27 Punkte) (Zur Aufgabenstellung A 5.24)
(a) (9 Punkte) Einsetzen ergibt für Mikronesien: $y\# = \left(\frac{0,1}{0,2}\right)^{\frac{0,5}{1-0,5}} = 0,5$; Makroatien: $y\# = \left(\frac{0,2}{0,1}\right)^{\frac{1/3}{1-1/3}} = 1,41$ und Wipolen: $y\# = \left(\frac{0,25}{0,05}\right)^{\frac{0,5}{1-0,5}} = 5$
(b) (9 Punkte) Einsetzen ergibt für Mikronesien: $y\# = 4000 \cdot 0,5 = 2000$; Makroatien: $y\# = 5000 \cdot 1,41 = 7050$ und Wipolen: $y\# = 3000 \cdot 5 = 15.000$
(c) (9 Punkte) Mikronesien: $C\# = 1\,\text{Mio.} \cdot 0,9 \cdot 2000 = 1,8\,\text{Mrd.}$; Makroatien: $C\# = 1,5\,\text{Mio.} \cdot 0,8 \cdot 7050 = 8,46\,\text{Mrd.}$ und Wipolen: $C\# = 0,5\,\text{Mio.} \cdot 0,75 \cdot 15.000 = 5,63\,\text{Mrd.}$

Lösung L 5.25 (4 Punkte) (Zur Aufgabenstellung A 5.25)
Einsetzen in die Formel für das BIP im Steady State ergibt $Y\# = 48.000.000 = 40.000 \cdot 200 \cdot \left(\frac{s}{0,1}\right)^{1}$ und damit $6 = \frac{s}{0,1}$ bzw. $s = 0,6$

Lösung L 5.26 (10 Punkte) (Zur Aufgabenstellung A 5.26)
Da der Kapitalstock Mikronesien demjenigen der anderen beiden Länder entspricht, können die Niveaus an technischem Wissen durch Einsetzen in die Formel für den Steady-State-Kapitalstock bestimmt werden.

Mikronesien: $480.000 = A \cdot 4000 \cdot \left(\frac{0,4}{0,2}\right)^{2} = A \cdot 16.000$ und damit $A = 30$.

Makroatien: $480.000 = A \cdot 50.000 \cdot \left(\frac{0,2}{0,1}\right)^{2} = A \cdot 200.000$ und damit $A = 2,4$.

Wipolen: $480.000 = A \cdot 10.000 \cdot \left(\frac{0,5}{0,25}\right)^{2} = A \cdot 40.000$ und damit $A = 12$.

Dies zeigt, dass alle drei Länder über unterschiedlich hohe Niveaus an technischem Wissen verfügen.

Lösung L 5.27 (4 Punkte) (Zur Aufgabenstellung A 5.27)
Bestimme das Steady-State-BIP vor und nach der Umstrukturierung. Vorher gilt $Y\# = 500.000 \cdot 1000 \cdot \left(\frac{0,3}{0,1}\right)^{1} = 1.500.000.000$ und nachher gilt $Y\# = 500.000 \cdot 1000 \cdot \left(\frac{0,2}{0,05}\right)^{1} = 2.000.000.000$. Durch die Umstrukturierung erhöht sich das Steady-State-BIP somit um 500.000.000 Einheiten.

Lösung L 5.28 (11 Punkte) (Zur Aufgabenstellung A 5.28)

(a) (3 Punkte) $K\# = 82.000.000 \cdot \left(\frac{16,55}{14,8}\right)^{\frac{1}{1-0,3}} = 82.000.000 \cdot 1,1182^{1,4286} = 1,173 \cdot$
$82.000.000 = 96.189.749.$

(b) (3 Punkte) $y\# = \left(\frac{16,55}{14,8}\right)^{\frac{0,3}{1-0,3}} = 1,1182^{0,4286} = 1,049.$

(c) (3 Punkte) Es liegt eine große Abweichung vor, da kein technischer Fortschritt berücksichtigt wurde.

(d) (2 Punkte) BIP pro Kopf vorher: $y\# = \left(\frac{16,55}{14,8+2}\right)^{\frac{0,3}{1-0,3}} = 0,9851^{0,4286} = 0,9936$ und

das BIP pro Kopf nachher: $y\# = \left(\frac{16,55}{14,8-5}\right)^{\frac{0,3}{1-0,3}} = 1,6888^{0,4286} = 1,2518.$ Das BIP pro Kopf steigt somit um 25,99 %.

Lösung L 5.29 (3 Punkte) (Zur Aufgabenstellung A 5.29)

Kapitalstock pro Kopf: $k\# = \left(\frac{0,2}{0,4}\right)^{\frac{1}{1-0,5}} = 0,5^2 = 0,25$

BIP pro Kopf: $\quad\quad\quad y\# = 0,25^{0,5} = 0,5$

Lösung L 5.30 (6 Punkte) (Zur Aufgabenstellung A 5.30)

Einsetzen ergibt für Land 1: $Y\#_1 = \left(\frac{0,3}{0,6}\right)^{\frac{0,5}{1-0,5}} = 0,5$ und für Land 2: $Y\#_2 = \left(\frac{0,1}{0,3}\right)^{\frac{0,5}{1-0,5}} = 0,3333.$

Das Steady-State-BIP pro Kopf in Land 1 ist größer.

Lösung L 5.31 (6 Punkte) (Zur Aufgabenstellung A 5.31)

Einsetzen ergibt für Land 1: $Y\#_1 = \left(\frac{0,1}{0,4}\right)^{\frac{0,5}{1-0,5}} = 0,25$ und für Land 2: $Y\#_2 = \left(\frac{0,1}{0,3}\right)^{\frac{0,5}{1-0,5}} = 0,3333.$

Das Steady-State-BIP pro Kopf ist größer in Land 2.

Lösung L 5.32 (10 Punkte) (Zur Aufgabenstellung A 5.32)

(a) (6 Punkte) $K\#_1 = 5 \cdot 1000 \cdot \left(\frac{0,4}{0,1}\right)^{\frac{1}{1-0,5}} = 5 \cdot 1000 \cdot 16 = 80.000$ und $K\#_2 = 3 \cdot 2000 \cdot$
$\left(\frac{0,9}{0,1}\right)^{\frac{1}{1-0,5}} = 3 \cdot 2000 \cdot 81 = 486.000.$ Dies zeigt, dass der Steady-State-Kapitalstock in Land II am größten ist.

(b) (4 Punkte) Im neoklassischen Wachstumsmodell führt eine Reduktion der Sparquote zu einem Absinken des Steady-State-BIPs. Im keynesianischen IS-LM-Modell führt das Absinken der Sparquote zu einer Erhöhung des BIPs.

Lösung L 5.33 (10 Punkte) (Zur Aufgabenstellung A 5.33)

(a) (6 Punkte) $Y\#_1 = 4 \cdot 1000 \cdot \left(\frac{0,25}{0,01}\right)^{\frac{0,5}{1-0,5}} = 100.000$ und $Y\#_2 = 5 \cdot 2000 \cdot \left(\frac{0,36}{0,01}\right)^{\frac{0,5}{1-0,5}} = 360.000.$ Das Steady-State-BIP ist in Land II größer.

(b) (4 Punkte) Im neoklassischen Wachstumsmodell führt eine Reduktion der Sparquote zu einem Absinken des Steady-State-BIPs. Im keynesianischen IS-LM-Modell führt das Absinken der Sparquote zu einer Erhöhung des BIPs.

Lösung L 5.34 (**10 Punkte**) (Zur Aufgabenstellung A 5.34)

(a) (6 Punkte) $Y\#_1 = 5 \cdot 1000 \cdot \left(\frac{0{,}4}{0{,}1}\right)^{\frac{0{,}5}{1-0{,}5}} = 10.000 \cdot 4 = 40.000$ und $Y\#_2 = 3 \cdot 2000 \cdot \left(\frac{0{,}9}{0{,}1}\right)^{\frac{0{,}5}{1-0{,}5}} = 6000 \cdot 9 = 54.000$. Dies zeigt, dass das langfristige BIP in Land II größer ist.

(b) (4 Punkte) Im neoklassischen Wachstumsmodell führt eine Erhöhung der Sparquote zu einem Anstieg des Steady-State-BIPs. Im keynesianischen IS-LM-Modell führt das Steigen der Sparquote zu einem Sinken des BIPs.

Lösung L 5.35 (**3 Punkte**) (Zur Aufgabenstellung A 5.35)

Angenommen sei eine Cobb-Douglas-Produktionsfunktion der Form: $Y = AK^\beta L^{1-\beta}$. In diesem Fall liegt das BIP bei: $Y = 6000 \cdot 4^{0{,}5} \cdot 9^{1-0{,}5} = 6000 \cdot 2 \cdot 3 = 36.000$.

Lösung L 5.36 (**6 Punkte**) (Zur Aufgabenstellung A 5.36)

Einsetzen liefert für Land I: $y\#_1 = \left(\frac{0{,}2}{0{,}4}\right)^{\frac{0{,}5}{1-0{,}5}} = 0{,}5$ und für Land II: $y\#_2 = \left(\frac{0{,}3}{0{,}9}\right)^{\frac{0{,}5}{1-0{,}5}} = 0{,}3333$.

Somit ist der Abstand zwischen dem Steady-State-BIP pro Kopf und dem tatsächlichen BIP in Land II am kleinsten. Land II ist somit näher an seinem langfristigen Maximum als Land I.

Lösung L 5.37 (**6 Punkte**) (Zur Aufgabenstellung A 5.37)

Einsetzen liefert für Land 1: $y\#_1 = \left(\frac{0{,}1}{0{,}4}\right)^{\frac{0{,}5}{1-0{,}5}} = 0{,}25$ und für Land 2: $y\#_2 = \left(\frac{0{,}1}{0{,}3}\right)^{\frac{0{,}5}{1-0{,}5}} = 0{,}3333$.

Lösung L 5.38 (**7 Punkte**) (Zur Aufgabenstellung A 5.38)

(a) (2 Punkte) $y\#_X = \left(\frac{10}{30}\right)^{\frac{0{,}5}{1-0{,}5}} = 0{,}3333$ und $y\#_Y = \left(\frac{20}{20}\right)^{\frac{0{,}35}{1-0{,}35}} = 1$. Somit ist das Steady-State-BIP pro Kopf in Land Y größer.

(b) (4 Punkte) Siehe (a).

(c) (1 Punkt) In Land X wird der Kapitalstock um 4 % steigen. In Land Y wird der Kapitalstock um $0{,}2^{\frac{1}{1-0{,}35}} = 8{,}41\%$ steigen. In beiden Fällen wird er steigen.

Lösung L 5.39 (**7 Punkte**) (Zur Aufgabenstellung A 5.39)

Land I: $Y = 2000 \cdot 7 \cdot (0{,}2/0{,}1) = 28.000$
Land II: $Y = 4000 \cdot 2 \cdot (0{,}5/0{,}1) = 40.000$

Lösung L 5.40 (**6 Punkte**) (Zur Aufgabenstellung A 5.40)

Land I: $Y = 4 \cdot 1500 \cdot (0{,}4/0{,}2) = 12.000$
Land II: $Y = 3 \cdot 3000 \cdot (0{,}6/0{,}2) = 27.000$

Transferaufgaben

Lösung L 5.41 (**4 Punkte**) (Zur Aufgabenstellung A 5.41)
Gemäß dem neoklassischen Wachstumsmodell kann das Wirtschaftswachstum langfristig durch eine Steigerung der Sparquote oder durch eine Steigerung des technischen Fortschritts erhöht werden, da beide Größen in einem positiven Verhältnis zum Steady-State-BIP stehen.

Lösung L 5.42 (**6 Punkte**) (Zur Aufgabenstellung A 5.42)
Da Innovationen den Bestand an technischem Wissen erhöhen, den technischen Fortschritt steigern, haben sie einen gemäß dem neoklassischen Wachstumsmodell positiven Einfluss auf das Wirtschaftswachstum und das langfristige BIP.

Lösung L 5.43 (**5 Punkte**) (Zur Aufgabenstellung A 5.43)
Kurzfristig ist anzunehmen, dass die Arbeitslosenzahl auf ihr tiefstes Niveau fallen wird und die Produktionskapazitäten unausgelastet sind. Aufgrund eines niedrigen Zinses und Lohnniveaus ist mittelfristig aber anzunehmen, dass die Beschäftigung und auch die Investitionen wieder steigen werden und die Wirtschaft wieder wächst.

Lösung L 5.44 (**5 Punkte**) (Zur Aufgabenstellung A 5.44)
Liegt für eine bestimmte Form der Fiskalpolitik ein Fiskalmultiplikator vor, welcher größer als 1 ist, so kann der Staat durch Investitionen in diesem Bereich – finanziert durch zwischenzeitliche Verschuldung – zusätzliche Gewinne generieren, die er durch Besteuerung im Nachhinein wieder abschöpfen kann. Die zusätzlichen Steuereinnahmen können genutzt werden, um das Defizit abzutragen. Alternativ kann der Staat auch restriktive Fiskalpolitik tätigen und die Ersparnisse zum Abtragen des Staatshaushalts nutzen. Diese Möglichkeit ist insbesondere dann sinnvoll, wenn der entsprechende Fiskalmultiplikator positiv, aber kleiner als 1 ist.

Lösung L 5.45 (**5 Punkte**) (Zur Aufgabenstellung A 5.45)
Liegt für eine bestimmte Form der Fiskalpolitik ein Fiskalmultiplikator vor, welcher größer als 1 ist, so kann der Staat durch Investitionen in diesem Bereich – finanziert durch zwischenzeitliche Verschuldung – zusätzliche Gewinne generieren, die er durch Besteuerung im Nachhinein wieder abschöpfen kann. Die zusätzlichen Steuereinnahmen können genutzt werden, um das Defizit abzutragen. Alternativ kann der Staat auch restriktive Fiskalpolitik tätigen und die Ersparnisse zum Abtragen des Staatshaushalts nutzen. Diese Möglichkeit ist insbesondere dann sinnvoll, wenn der entsprechende Fiskalmultiplikator positiv, aber kleiner als 1 ist.

Lösung L 5.46 (**5 Punkte**) (Zur Aufgabenstellung A 5.46)
Liegt für eine bestimmte Form der Fiskalpolitik ein Fiskalmultiplikator vor, welcher größer als 1 ist, so kann der Staat durch Investitionen in diesem Bereich – finanziert durch zwischenzeitliche Verschuldung – zusätzliche Gewinnc generieren, die er durch Besteuerung im Nachhinein wieder abschöpfen kann. Die zusätzlichen Steuereinnahmen können genutzt werden, um das Defizit abzutragen. Alternativ kann der Staat auch restriktive Fis-

kalpolitik tätigen und die Ersparnisse zum Abtragen des Staatshaushalts nutzen. Diese Möglichkeit ist insbesondere dann sinnvoll, wenn der entsprechende Fiskalmultiplikator positiv, aber kleiner als 1 ist.

Da die Länder der Eurozone eine gemeinsame Währung haben, also eine Situation wie bei fixen Wechselkursen vorliegt, ist gemäß dem Mundell-Fleming-Modell expansive Fiskalpolitik eher ineffizient. Dies bedeutet, dass ein sehr geringer Fiskalmultiplikator vorliegt, somit ist eher die zweite Option zu bevorzugen.

Geldpolitik fällt per se raus, da diese zentral über die EZB und nicht die Mitgliedsländer getätigt wird.

Lösung L 5.47 (**8 Punkte**) (Zur Aufgabenstellung A 5.47)
(a) (2 Punkte) Im neoklassischen Wachstumsmodell sinkt das Steady-State-BIP, da dieses positiv von der Sparquote abhängt.
(b) (2 Punkte) Im einfachen Einnahmen-Ausgaben-Modell (IS-LM-Modell) steigt das BIP, da dieses negativ von der Sparquote abhängt (Sparparadoxon).
(c) (4 Punkte) Im IS-LM-Modell steigt der Konsum, da dieser linear vom BIP abhängt. Im neoklassischen Wachstumsmodell hingegen gibt es eine quadratische Abhängigkeit, da für den Steady-State-Konsum gilt: $C\# = (1 - s)L \left(\frac{s}{\delta}\right)^{\frac{\beta}{1-\beta}}$. Es gibt somit Konstellationen, bei denen der Konsum steigt, und solche, bei denen der Konsum fällt.

Lösung L 5.48 (**5 Punkte**) (Zur Aufgabenstellung A 5.48)
Durch vermehrten Handel erhöht sich nicht nur die Produktvielfalt, sondern es entsteht auch mehr Wettbewerb, welche letztlich zu niedrigeren Preisen führen können. Ebenso besteht der Anreiz, gemeinsame Standards zu setzen, die letztlich endlich zu Vereinfachungen für die Verbraucher führen können.

5.3.2 Konjunktur

Quick Check – Wahr oder falsch?

Lösung L 5.49 (**10 Punkte**) (Zur Aufgabenstellung A 5.49)
(a) Falsch
(b) Wahr
(c) Wahr
(d) Falsch
(e) Falsch
(f) Wahr
(g) Wahr
(h) Falsch
(i) Wahr
(j) Wahr

Multiple Choice

Lösung L 5.50 (10 Punkte) (Zur Aufgabenstellung A 5.50)
(a) (2 Punkte) (IV)
(b) (2 Punkte) (II)
(c) (2 Punkte) (II)
(d) (2 Punkte) (I)
(e) (2 Punkte) (I)

Verständnisfragen

Lösung L 5.51 (5 Punkte) (Zur Aufgabenstellung A 5.51)
Konjunkturelle Schwankungen bedeuten insbesondere Schwankungen beim Einkommen, Unternehmensgewinnen und der Beschäftigung. Dies verhindert unter anderem die langfristige Planung und die damit verbundenen Effizienzsteigerungen. Ferner bedeuten Konjunkturschwankungen, dass das Produktionspotenzial lediglich in Boomzeiten vollständig ausgelastet ist. Dies wiederum bedeutet, dass nicht effizient produziert wird.

Lösung L 5.52 (10 Punkte) (Zur Aufgabenstellung A 5.52)
(a) (5 Punkte)

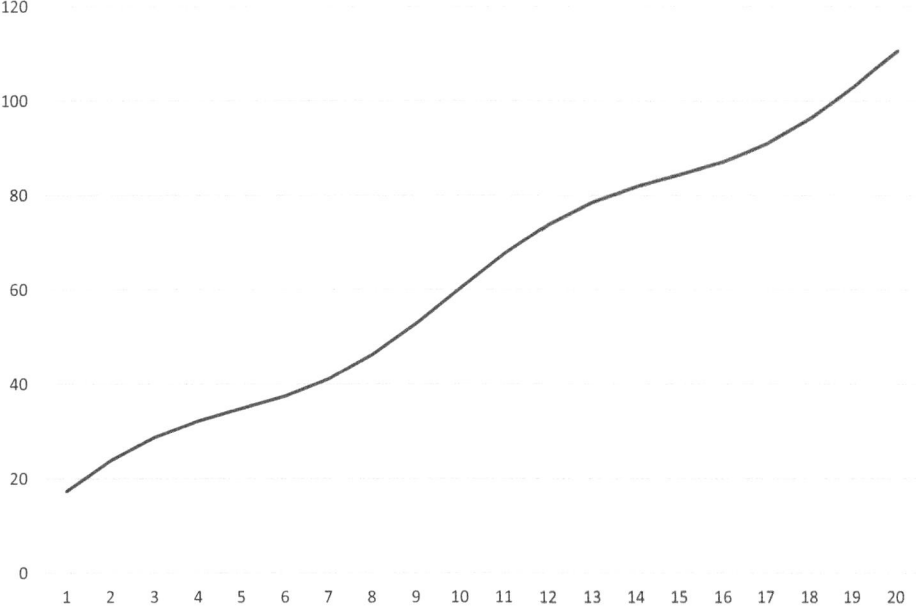

(b) (5 Punkte) Durch die Maßnahme ist der Wachstumspfad steiler geworden. Die konjunkturellen Schwankungen sind hiervon allerdings nicht betroffen.

Lösung L 5.53 (**5 Punkte**) (Zur Aufgabenstellung A 5.53)

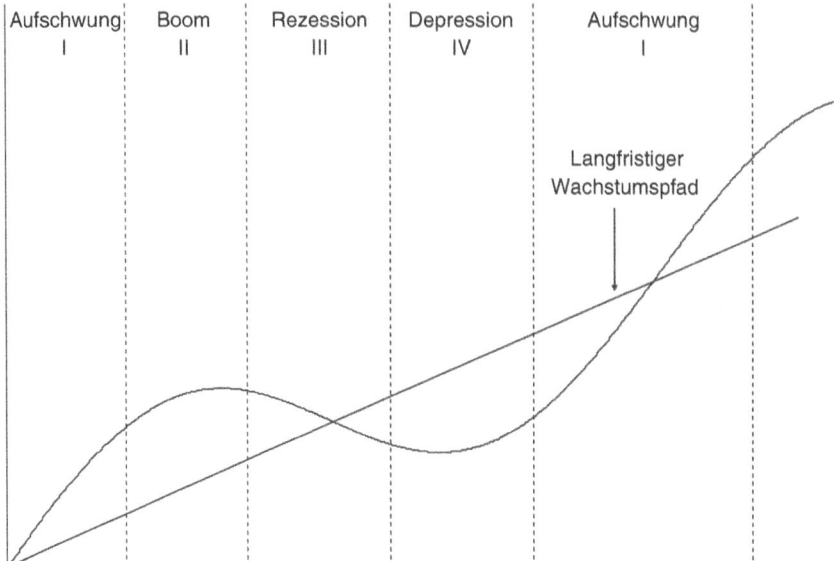

Lösung L 5.54 (**20 Punkte**) (Zur Aufgabenstellung A 5.54)

Beim Aufschwung steigt die Nachfrage nach Gütern und damit die Preise bzw. die Inflation. Es wird mehr produziert und hierfür werden mehr Arbeiter benötigt, die Arbeitslosigkeit sinkt. Vorhandene Produktionskapazitäten werden stärker ausgelastet. Kapital wird knapper, da mehr investiert wird und die Zinsen steigen.

Im Boom ist das höchste Niveau der wirtschaftlichen Auslastung erreicht, das Produktionspotenzial ist voll ausgelastet, die Arbeitslosigkeit ist auf ihrem niedrigsten Stand und die Löhne sind entsprechend hoch. Um die Produktion ausweiten zu können, müssen Investitionen getätigt werden, was zur stärksten Nachfrage nach Kapital und damit zu einem Höchststand der Zinsen führt. Da das Einkommen durch die hohen Löhne ebenfalls seinen Höchststand erreicht hat, werden Güter noch stärker nachgefragt, was zu sehr hohen Preisen und Inflation führt.

In der Rezession sind die Preise und die Inflationsrate aufgrund der gesunkenen Nachfrage, die sich aus sinkenden Löhnen und einem Anstieg der Arbeitslosigkeit ergibt, am Sinken. Da die Produktionskapazitäten nicht mehr ausgelastet sind, werden weniger Investitionen getätigt und entsprechend weniger Kapital nachgefragt, sodass die Zinsen sinken.

In der Depression erreicht die Arbeitslosigkeit ihren Höchststand und auch die Löhne liegen auf einem niedrigen Niveau aufgrund des Überangebots auf dem Arbeitsmarkt. Durch den Rückgang der Nachfrage sinken die Preise auf ihr tiefstes Niveau wie auch die Inflationsrate. Durch die geringe Nachfrage wird weniger produziert, die Auslastung der Produktionskapazitäten erreicht ihr Minimum und es werden kaum noch Investitionen getätigt. Entsprechend gering sind die Zinsen.

Lösung L 5.55 (2 Punkte) (Zur Aufgabenstellung A 5.55)
Kondratieffzyklen sind lange konjunkturelle Schwankungen (Dauer etwa 50 Jahre), die durch Basis- und Folgeinnovationen wie die Dampfmaschine, Elektrizität, Computer oder die Eisenbahn ausgelöst wurden.

Lösung L 5.56 (2 Punkte) (Zur Aufgabenstellung A 5.56)
- Auftragseingänge (Book-to-Bill-Ratio)
- Lagerbestände
- Lohnentwicklung/Beschäftigung
- Aktienmarktentwicklung
- Unternehmensveröffentlichungen/Investitionsankündigungen
- Konsumklimaindex (GfK)
- Geschäftsklimaindex (ifo)
- Einkaufsmanagerindex

Lösung L 5.57 (4 Punkte) (Zur Aufgabenstellung A 5.57)
Generell stehen dem Staat die unterschiedlichen Formen der Fiskalpolitik zur Verfügung. Diese Fiskalpolitik sollte der Staat allerdings antizyklisch gestalten. Dies bedeutet, dass die Politik derart gestaltet sein sollte, dass expansive Fiskalpolitik in Rezessions- und Depressionszeiten zum Tragen kommt und restriktive Politik in Boomzeiten zum Tragen kommt. In diesem Kontext wird oft der Begriff des Deficit Spendings verwendet, wobei es sich um zusätzliche Verschuldung in Zeiten der Depression zur Finanzierung von expansiver Fiskalpolitik handelt. Finanziert wird Deficit Spending durch eine Abschöpfung der wirtschaftlichen Leistung in Boomzeiten.

Lösung L 5.58 (2 Punkte) (Zur Aufgabenstellung A 5.58)
Aufschwung, Boom, Rezession, Depression.

Anwendungsaufgaben

Lösung L 5.59 (8 Punkte) (Zur Aufgabenstellung A 5.59)
Für Makroatien ist lediglich der erste Teil relevant. Da die Sinusfunktion eine Periodenlänge von $t = 2\pi$ besitzt, besitzt $\sin(2t)$ die Periodenlänge $\pi = 3{,}14$. Damit besitzt auch das BIP von Makroatien eine Periodenlänge von 3,14.

Für Wipolen sind sowohl der Sinusteil als auch der Kosinusteil relevant. Da 4π der kleinste Ausdruck ist, für den sowohl im Sinusteil als auch im Kosinusteil ein ganzzahliges Vielfaches von 2π steht, ist die Periodenlänge der gesamten Funktion und damit des wipolnischen BIPs 4π.

Lösung L 5.60 (3 Punkte) (Zur Aufgabenstellung A 5.60)
Da die Sinusfunktion eine Periodenlänge von 2π aufweist, weist die Ausgangsfunktion eine Periodenlänge von 4π auf. Die Funktion für die Arbeitslosigkeit muss, wenn sie antizyklisch verläuft, immer um eine halbe Periodenlänge, also hier um 2π verschoben sein.

$$u(t) = 10\sin(0{,}5\pi t + 2\pi) \tag{5.2}$$

Transferaufgaben

Lösung L 5.61 (5 Punkte) (Zur Aufgabenstellung A 5.61)
Antizyklische Fiskalpolitik wirkt effizienter als prozyklische, daher ist die Meinung der Berater besser. Gegenüber seinem Volk würde sich eine prozyklische Politik besser verkaufen lassen.

Lösung L 5.62 (5 Punkte) (Zur Aufgabenstellung A 5.62)
Da es sich bei den Indices um Frühindikatoren handelt, sollte das System in dem Moment eine Politik planen, wenn diese einen konjunkturellen Abschwung anzeigen. Allerdings sollte die Politik erst realisiert werden, wenn sich die Zinsen auch in die entsprechende Richtung entwickeln. Das BIP und die Arbeitslosenquote können zur Validierung der Politik im Nachhinein genutzt werden, da diese Indikatoren nachlaufend sind.

Ergänzungen

6.1 Case Studies

6.1.1 Rahmenbedingungen

Im Folgenden finden sich jeweils die Daten einer Periode von zehn Jahren bzw. bei den Wechselkursen der jeweils letzten sechs Jahre für die drei Länder Makroatien, Mikronesien und Wipolen. Hierbei ist anzunehmen, dass diese drei Länder zwar nicht die einzigen Länder sind, allerdings als die gesamte relevante Weltwirtschaft angesehen werden können. Bei allen Kennzahlen kann davon ausgegangen werden, dass sie die tatsächlichen Verhältnisse in den Ländern widerspiegeln.

Neben diesen wirtschaftlichen Rahmendaten ist zu beachten, dass in den drei Ländern unterschiedliche politische Rahmenbedingungen vorliegen.

Bei Makroatien handelt es sich um eine Erbmonarchie, in der der König alle drei Gewalten in seiner Person vereinigt. Die Nationalversammlung von Makroatien, welche alle acht Jahre gewählt wird, bildet sich abhängig von der jeweiligen Bevölkerungszahl aus jeweils zwei Repräsentanten der einzelnen Regionen Makroatiens. Die Nationalversammlung verfügt lediglich über eine beratende Funktion, um den König einerseits in regionenspezifischen Fragen zu beraten, andererseits aber auch im Rahmen der Staatsverwaltung Aufgaben zu übernehmen, die mit der Position eines Ministers zu vergleichen sind. Diese Posten werden in jeder Wahlperiode einmalig vom König vergeben. Nur unter Nachweis eines Amtsmissbrauchs kann der König einen Minister vorzeitig seines Postens entheben. Die Zentralbank von Makroatien ist zwar formal unabhängig, wird aber von einem durch den König bestimmten Mitglied der Nationalversammlung geleitet. Die Währung Makroatiens ist der makroatische Dollar.

Mikronesien ist eine Demokratie, in der alle fünf Jahre Parlaments- und alle sieben Jahre Präsidentschaftswahlen stattfinden. Dieser Präsident verfügt in Mikronesien allerdings nur über repräsentative Aufgaben und die Möglichkeit, mittels eines begründeten Vetos Gesetzesentwürfe des Parlaments abzulehnen. Das Parlament besteht aus Abgeordneten, die nach dem Verhältniswahlrecht und Parteilisten gewählt werden. Das Parlament hat die

J. K. Perret und P. J. J. Welfens, *Arbeitsbuch Makroökonomik und Wirtschaftspolitik*, https://doi.org/10.1007/978-3-662-58184-1_6

Aufgabe, eine Regierung zu bestimmen. Der Leiter der Regierung besitzt den Titel des Herrschers Mikronesiens und kommt in seinen Aufgaben und Möglichkeiten denen eines deutschen Bundeskanzlers nahe. Die Zentralbank von Mikronesien kann als unabhängig angesehen werden. Der Leiter der Zentralbank wird vom Präsidenten vorgeschlagen und von dem Parlament bestätigt. Die Berufung auf den Posten erfolgt bis auf Widerruf. Die Währung Mikronesiens ist die mikronesische Rupie.

In Wipolen hat sich das Wirtschaftssystem in den letzten Jahrzehnten geändert. Bis 1991 war Wipolen ein kommunistischer Staat, der von unterschiedlichen Räten geleitet wurde. Die Wirtschaft wurde hierbei durch Fünf-Jahres-Pläne bestimmt, in denen die Ziele für die kommenden fünf Jahre festgelegt wurden. Insbesondere befand sich sämtliches Eigentum in der Hand des Staats. Das leitende Gremium in Wipolen zu dieser Zeit war der Zentrale Rat und der Leitende Vorsitzende des Zentralen Rates war gleichzeitig das Staatsoberhaupt Wipolens. Er wurde in seine Position durch den Zentralen Rat gewählt und konnte durch diesen jederzeit durch ein Misstrauensvotum, welches einer absoluten Mehrheit bedurfte, auch wieder abgesetzt werden. In dieser Zeit untersteht die Zentralbank komplett dem Zentralen Rat.

Seit 1992 werden in Wipolen alle sieben Jahre Parlamentswahlen und alle zehn Jahre Präsidentschaftswahlen durchgeführt. Der Präsident Wipolens trägt den Titel des Erzherrschers und verkörpert die Exekutive. Er beruft unter Berücksichtigung der Kräfteverhältnisse im Parlament eine Regierung, die vom Parlament bestätigt wird. Das Parlament besteht zur Hälfte aus regionalen Senatoren, in der jeweiligen Anzahl abhängig vom Anteil der Bevölkerung der jeweiligen Region an der Gesamtbevölkerung. Die andere Hälfte des Parlaments sind Abgeordnete, die nach dem Verhältniswahlrecht und Parteilisten gewählt werden. Der Präsident schlägt Gesetze vor, die vom Parlament bestätigt werden oder bei Vorliegen einer Zwei-Drittel-Mehrheit abgelehnt werden können. Während der Präsident die Möglichkeit besitzt, das Parlament aufzulösen, sollte sich keine funktionierende Regierungstätigkeit einstellen, kann das Parlament lediglich mit einem Misstrauensvotum, das von mindestens 85 % der Abgeordneten getragen wird, neue Präsidentschaftswahlen realisieren. Die Zentralbank Wipolens gilt als unabhängig, allerdings ist bekannt, dass es persönliche Kontakte zwischen dem aktuellen Präsidenten und dem Leiter der Zentralbank gibt. Die Währung Wipolens ist der wipolnische Rubel.

6.1.2 Case Study I

BIP

	1980	1981	1982	1983	1984	1985	1986	1987	1988	1989
Makroatien	400	405	410	420	420	420	425	395	430	430
Mikronesien	110	115	115	120	125	130	130	110	135	140
Wipolen	90	90	90	90	100	100	100	100	100	120

Bevölkerung

	1980	1981	1982	1983	1984	1985	1986	1987	1988	1989
Makroatien	360	361	363	364	365	366	368	369	370	371
Mikronesien	160	160	161	161	161	161	160	161	160	159
Wipolen	232	233	235	237	238	239	241	243	244	247

Inflation

	1980	1981	1982	1983	1984	1985	1986	1987	1988	1989
Makroatien	4	5	4	4	4	5	5	4	6	5
Mikronesien	1	3	2	2	2	1	2	9	2	1
Wipolen	0	0	0	0	10	0	0	0	0	15

Zinssatz

	1980	1981	1982	1983	1984	1985	1986	1987	1988	1989
Makroatien	5	5	4	5	4	5	5	4	3	4
Mikronesien	3	3	4	3	3	4	3	10	4	3
Wipolen	1	1	1	1	1	1	1	1	1	1

Arbeitslosigkeit

	1980	1981	1982	1983	1984	1985	1986	1987	1988	1989
Makroatien	5	4	5	6	6	7	7	6	7	6
Mikronesien	2	3	3	3	4	4	3	10	8	5
Wipolen	0	0	0	0	0	0	0	0	0	0

Patente (Neuerteilungen)

	1980	1981	1982	1983	1984	1985	1986	1987	1988	1989
Makroatien	40	30	40	40	50	30	40	50	60	40
Mikronesien	110	120	100	90	120	90	100	85	100	110
Wipolen	5	5	4	3	0	3	4	3	0	2

Qualität der Institutionen/Rule of Law/Pressefreiheit (1-schwach; 10-stark)

	1980	1981	1982	1983	1984
Makroatien	6/9/8	6/9/8	7/9/7	7/9/8	7/9/8
Mikronesien	8/9/8	8/9/9	8/10/9	8/9/9	8/9/9
Wipolen	1/6/1	1/6/1	1/6/1	1/6/1	1/6/1
	1985	1986	1987	1988	1989
Makroatien	7/9/8	7/9/7	7/9/7	8/9/7	8/9/7
Mikronesien	8/9/9	8/9/8	8/9/6	8/9/7	8/9/7
Wipolen	1/6/2	1/7/2	1/7/3	1/7/3	1/7/4

Nominaler Wechselkurs

1984	Makroatien	Mikronesien	Wipolen
Makroatien	1	3	2
Mikronesien	1/3	1	2
Wipolen	0,5	0,5	1
1985	Makroatien	Mikronesien	Wipolen
Makroatien	1	3,5	2
Mikronesien	2/7	1	2
Wipolen	0,5	0,5	1
1986	Makroatien	Mikronesien	Wipolen
Makroatien	1	3	2
Mikronesien	1/3	1	2
Wipolen	0,5	0,5	1
1987	Makroatien	Mikronesien	Wipolen
Makroatien	1	4	2
Mikronesien	0,25	1	2
Wipolen	0,5	0,5	1
1988	Makroatien	Mikronesien	Wipolen
Makroatien	1	4	2
Mikronesien	0,25	1	2
Wipolen	0,5	0,5	1
1989	Makroatien	Mikronesien	Wipolen
Makroatien	1	4,5	2
Mikronesien	2/9	1	2
Wipolen	0,5	0,5	1

(a) Beschreiben Sie die allgemeine Wirtschaftsentwicklung in den drei Ländern. Welche einschneidenden Ereignisse können Sie erkennen?

(b) An welchen Kennzahlen lässt sich festmachen, dass es sich bei Wipolen in den 1980er-Jahren um einen kommunistischen Staat handelt?

(c) Ende der 1980er-Jahre war Mikronesien einem externen Schock ausgesetzt. Diskutieren Sie Erklärungsansätze, warum es sich in recht kurzer Zeit wieder erholen konnte.

(d) Die Wirtschaft sowohl Makroatiens als auch Mikronesiens stagniert in den dargestellten Jahren, diskutieren Sie mögliche Gründe hierfür. Welche wirtschaftlichen Möglichkeiten wären denkbar, um diese Stagnationsphase hinter sich zu lassen?

(e) Nennen Sie Gründe für das geringe Niveau an Forschung und Entwicklung bzw. die daraus resultierenden geringen Patentzahlen in Wipolen.

(f) Ende der 1980er-Jahre lässt sich in Wipolen erkennen, dass sich der Staat im Inneren ein wenig öffnet. Diskutieren Sie mögliche Gründe und Auswirkungen hiervon.

(g) Geben Sie aufgrund der Ihnen vorliegenden Statistiken einen Tipp ab, in welchen Jahren ein neuer Fünf-Jahres-Plan für Wipolen verabschiedet wurde.

(h) Bewerten Sie die drei Länder hinsichtlich des Risikos einer möglichen kurzfristigen und einer möglichen langfristigen Investition.

(i) Geben Sie eine Bewertung hinsichtlich der Kaufkraft der Währungen in den drei Ländern ab.

(j) Welches der drei Ländern weist die nachhaltigste Wachstumstendenz auf?

(k) Nutzen Sie die Ihnen vorliegenden Daten, um Mutmaßungen über die Niveaus der Staatsverschuldung der drei Länder anzustellen.

(l) Argumentieren Sie für jedes Land, was Ihrer Meinung nach die größten Hemmnisse der wirtschaftlichen Entwicklung sind.

6.1.3 Case Study II

BIP

	1990	1991	1992	1993	1994	1995	1996	1997	1998	1999
Makroatien	2100	2200	2250	2350	2400	2500	2550	2600	2700	2750
Mikronesien	1100	1300	1400	1500	1700	1800	1950	2100	2250	2500
Wipolen	890	895	750	735	725	710	710	720	725	715

Bevölkerung

	1990	1991	1992	1993	1994	1995	1996	1997	1998	1999
Makroatien	310	311	311	321	322	323	323	323	322	322
Mikronesien	100	180	183	184	184	185	185	185	184	184
Wipolen	143	144	143	132	128	124	124	125	124	123

Inflation

	1990	1991	1992	1993	1994	1995	1996	1997	1998	1999
Makroatien	3	4	5	3	2	2	3	2	3	3
Mikronesien	3	9	8	7	6	5	5	4	2	2
Wipolen	0	0	0	250	800	400	120	30	10	9

Zinssatz

	1990	1991	1992	1993	1994	1995	1996	1997	1998	1999
Makroatien	2	2	2	2	3	2	2	3	2	2
Mikronesien	5	7	4	5	4	3	3	3	3	2
Wipolen	20	20	45	45	45	30	20	15	15	13

Arbeitslosigkeit

	1990	1991	1992	1993	1994	1995	1996	1997	1998	1999
Makroatien	5	5	4	5	4	3	3	4	2	3
Mikronesien	6	5	8	9	12	12	13	9	9	7
Wipolen	0	0	25	28	31	25	17	16	16	15

Patente (Neuerteilungen)

	1990	1991	1992	1993	1994	1995	1996	1997	1998	1999
Makroatien	350	340	300	290	310	320	300	350	360	340
Mikronesien	180	250	250	240	270	260	250	240	260	250
Wipolen	0	0	5	5	10	10	10	15	14	25

Qualität der Institutionen/Rule of Law/Pressefreiheit (1-schwach; 10-stark)

	1990	1991	1992	1993	1994
Makroatien	7/8/3	7/8/3	8/8/3	8/8/4	7/8/3
Mikronesien	9/10/9	9/10/9	9/10/10	9/10/9	8/10/10
Wipolen	1/1/1	1/1/1	2/2/7	2/2/7	3/2/7

	1995	1996	1997	1998	1999
Makroatien	7/8/3	8/8/4	8/8/4	8/8/4	8/8/4
Mikronesien	9/10/9	9/9/9	8/10/9	9/9/9	9/9/9
Wipolen	3/5/7	3/6/6	5/6/5	6/6/5	5/5/5

Nominaler Wechselkurs

1994	Makroatien	Mikronesien	Wipolen
Makroatien	1	2	2
Mikronesien	0,5	1	1
Wipolen	0,5	1	1

1995	Makroatien	Mikronesien	Wipolen
Makroatien	1	2,5	6
Mikronesien	0,4	1	2,5
Wipolen	1/6	0,4	1

1996	Makroatien	Mikronesien	Wipolen
Makroatien	1	2,5	8,5
Mikronesien	0,4	1	3,5
Wipolen	2/17	2/7	1

1997	Makroatien	Mikronesien	Wipolen
Makroatien	1	2	9,5
Mikronesien	0,5	1	4,5
Wipolen	2/19	2/9	1

1998	Makroatien	Mikronesien	Wipolen
Makroatien	1	2	10,5
Mikronesien	0,5	1	5
Wipolen	2/21	0,2	1

1999	Makroatien	Mikronesien	Wipolen
Makroatien	1	1,5	11
Mikronesien	2/3	1	5,5
Wipolen	1/11	2/11	1

(a) Beschreiben Sie die allgemeine Wirtschaftsentwicklung in den drei Ländern. Welche einschneidenden Ereignisse können Sie erkennen?

(b) Anfang der 1990er-Jahre gab es in Mikronesien ein einschneidendes Ereignis.

    (I)   Argumentieren Sie anhand der vorliegenden Daten, wie dieses ausgesehen haben kann.

    (II)   Aus welchem Grund kam es in diesem Kontext auch zu einem Anstieg der Arbeitslosigkeit.

(c) Würden Sie aufgrund der vorliegenden Statistiken der Aussage zustimmen, dass Wipolen gegen Ende der 1990er-Jahre seine Transformation zu einer vollwertigen Marktwirtschaft abgeschlossen hat?

(d) Welche Auswirkungen hat die Transformation Wipolens auf die Kaufkraft der makroatischen und der mikronesischen Währungen?

(e) Diskutieren Sie Aspekte, die zu dem schnellen Abbau der durch die Transformation entstandenen Arbeitslosigkeit beigetragen haben.

(f) Makroatien und Mikronesien planen in der nahen Zukunft zunächst ein Freihandelsabkommen (keine Zölle beim gegenseitigen Handel) und darauf folgend ein paar Jahre später einen gemeinsamen Binnenmarkt.

    (I)   Argumentieren Sie aufgrund der vorliegenden Daten, ob dies sinnvoll erscheint.

    (II)   Würde es auch sinnvoll sein, mit Wipolen ein Freihandelsabkommen abzuschließen bzw. es in den Binnenmarkt zu integrieren?

    (III) Für die ferne Zukunft ist es angedacht, eine gemeinsame Währung für Makroatien und Mikronesien einzuführen. Wäre dies aufgrund der vorliegenden Daten eine sinnvolle Idee? Diskutieren Sie Vor- und Nachteile davon.

(g) Diskutieren Sie Vor- und Nachteile ausländischer Direktinvestitionen in die drei Länder.

(h) Welchen wirtschaftlichen Problemen sollten sich die drei Ländern jeweils in den kommenden Jahren widmen? Welche Lösungsansätze für diese Probleme würden Sie vorschlagen?

6.1.4 Case Study III

BIP

	2006	2007	2008	2009	2010	2011	2012	2013	2014	2015
Makroatien	2500	3000	3400	3700	3000	4200	4400	4500	4700	4800
Mikronesien	1000	1200	1450	1700	1950	2150	2300	2600	2950	3100
Wipolen	900	930	700	650	700	710	730	740	740	730

Bevölkerung

	2006	2007	2008	2009	2010	2011	2012	2013	2014	2015
Makroatien	340	340	341	341	341	341	340	339	337	3361
Mikronesien	100	101	102	106	107	107	108	108	108	108
Wipolen	90	91	90	85	84	84	84	83	83	83

Inflation

	2006	2007	2008	2009	2010	2011	2012	2013	2014	2015
Makroatien	2	1,5	-2	-3	-2	0	2	4	5	9
Mikronesien	2	2	2	2	2	1,5	2	2	1,5	2
Wipolen	10	10	12	14	10	8	8	6	3	2

Zinssatz

	2006	2007	2008	2009	2010	2011	2012	2013	2014	2015
Makroatien	2	1	1	1	1	1,5	1	1	2	2,5
Mikronesien	1	2	1	0,5	1,5	1	1	0,5	1	1
Wipolen	7	7	9	14	14	15	14	16	15	12

Arbeitslosigkeit

	2006	2007	2008	2009	2010	2011	2012	2013	2014	2015
Makroatien	9	8	9	8	9	8	7	5	4	4
Mikronesien	5	4	3	6	7	8	8	7	8	8
Wipolen	5	4	3	12	10	12	13	12	10	8

Patente (Neuerteilungen)

	2006	2007	2008	2009	2010	2011	2012	2013	2014	2015
Makroatien	100	110	100	90	80	75	80	90	70	100
Mikronesien	10	40	40	50	55	50	45	50	50	55
Wipolen	60	60	40	20	25	20	15	20	20	20

Qualität der Institutionen/Rule of Law/Pressefreiheit (1-schwach; 10-stark)

	2006	2007	2008	2009	2010
Makroatien	7/8/3	7/8/3	8/8/3	8/7/3	7/8/3
Mikronesien	9/9/8	9/8/8	8/9/7	9/9/8	10/9/8
Wipolen	6/8/7	6/8/7	7/8/7	6/6/4	5/6/4
	2011	2012	2013	2014	2015
Makroatien	8/7/4	9/8/4	9/7/5	9/7/5	8/8/6
Mikronesien	9/9/9	9/10/8	9/10/9	8/10/8	9/10/9
Wipolen	4/5/4	4/5/4	3/5/5	3/5/4	3/5/4

Nominaler Wechselkurs

2010	Makroatien	Mikronesien	Wipolen
Makroatien	1	1/3	2,5
Mikronesien	3	1	2
Wipolen	0,4	0,5	1
2011	Makroatien	Mikronesien	Wipolen
Makroatien	1	1/3	3
Mikronesien	3	1	1,5
Wipolen	1/3	2/3	1
2012	Makroatien	Mikronesien	Wipolen
Makroatien	1	1/3	3,5
Mikronesien	3	1	1,5
Wipolen	2/7	2/3	1
2013	Makroatien	Mikronesien	Wipolen
Makroatien	1	1/3	4
Mikronesien	3	1	2
Wipolen	0,25	0,5	1
2014	Makroatien	Mikronesien	Wipolen
Makroatien	1	1/3	5
Mikronesien	3	1	3
Wipolen	0,2	1/3	1
2015	Makroatien	Mikronesien	Wipolen
Makroatien	1	1/3	4
Mikronesien	3	1	2,5
Wipolen	0,25	0,4	1

(a) Beschreiben Sie die allgemeine Wirtschaftsentwicklung in den drei Ländern. Welche einschneidenden Ereignisse können Sie erkennen?

(b) In Wipolen wurde die Politik ab dem Jahr 2009 wesentlich repressiver. Nennen Sie ökonomische Gründe, die zu dieser politischen Wende geführt haben können.

(c) Welche Faktoren können Sie erkennen, die herangezogen werden können, um das Wirtschaftswachstum in den betrachteten zehn Jahren zu erklären?

(d) Erklären Sie, wie es zu dem Anstieg der Arbeitslosigkeit in Mikronesien kommen konnte. Wie kann dieses Problem seitens der mikronesischen Regierung gelöst werden und wie wird es voraussichtlich angegangen?

(e) Welche Politik würden Sie Wipolen nahelegen, um wieder ein höheres Wirtschaftswachstum erzielen zu können?

(f) Nehmen Sie Stellung zur außenwirtschaftlichen Position Wipolens. Wie kann diese erklärt werden und wie könnte sie mittelfristig verbessert werden?

(g) Nennen Sie Gründe, warum Mikronesien die mikronesische Rupie mit einem fixen Wechselkurs an den makroatischen Dollar gebunden hat.

(h) Welche Effekte würden sich ergeben, wenn Wipolen seine Währung ebenfalls an den makroatischen Dollar bindet?

(i) Welche Auswirkungen hätte voraussichtlich ein sehr umfangreiches Investitionsvorhaben...

    (I)　...wenn dieses von Makroatien getätigt wird?

    (II)　...wenn dieses von Mikronesien getätigt wird?

(j) Der König von Makroatien möchte durch eine Ausweitung der Geldmenge eine Mission zum Mars finanzieren, um sich somit neue Ressourcen sichern zu können. Der Leiter der Zentralbank widerspricht ihm hierbei. Ist dieser Widerspruch ökonomisch berechtigt bzw. sollte der König diesen Widerspruch berücksichtigen? Wie wird der König wahrscheinlich auf diese Situation reagieren?

(k) Wie würde sich die Situation entscheiden, wenn der Vorschlag von der Herrscherin Mikronesiens kommen würde?

(l) Angenommen die Marsmission Mikronesiens soll nicht durch eine Erhöhung der Geldmenge finanziert werden, sondern durch zusätzliche Staatsverschuldung. Welche Auswirkungen hätte dies auf die mikronesischen Staatsschulden?

6.1.5 Lösungsansätze zu Case Study I

(a) In allen drei Ländern ist das Wachstum eher verhalten. Es existieren Phasen der Stagnation. In Mikronesien gibt es 1987 einen einmaligen Einbruch der Wirtschaftsleistung.

(b) Arbeitslosenquote von 0 %. Konstante Wirtschaftsleistung. Anpassung der Preisniveaus in festgelegten Intervallen. Schlechte Institutionen.

(c) Die Statistiken zeigen, dass Mikronesien nicht nur eine recht stabile Wirtschaft ist (geringe Zinsen), sondern auch durch stetige Patentanmeldungen die Wirtschaft immer neue Wachstumschancen generiert.

(d) Im Falle Makroatiens kann es daran liegen, dass es verhältnismäßig wenig Neuerungen/Patente in der Volkswirtschaft gibt und dass gerade zu Beginn der 1980er-Jahre die Institutionen Makroatiens nur mäßig effizient waren. Makroatien sollte (was es auch im Verlauf der Jahre getan hat) daran arbeiten, seine Institution zu verbessern, gerade solche die einen Einfluss auf die Gründung neuer und das Wachstum bestehender Unternehmen haben. Ferner sollte der makroatische Staat in Forschung und Entwicklung investieren. Im Fall Mikronesiens kann es am Bevölkerungsrückgang gerade in den späteren Jahren liegen. Es liegt in Mikronesien zwar ein großes Potenzial vor, aber es fehlt an Arbeitskräften. Hier könnten zum Beispiel Programme zur Anwerbung ausländischer Fachkräfte gestartet werden.

(e) Da im Kommunismus alle Ergebnisse der Forschung dem Staat gehören, ist die private Motivation, Forschung und Entwicklung zu betreiben, eher gering. Auch könnte die eher mittelmäßige Qualität der wipolnischen Institutionen ein Hindernis darstellen.

(f) Eventuell wurde die mangelhafte Qualität der Institution als Grund für das verhaltene Wachstum ausgemacht. Die Pressefreiheit zu stärken, könnte darin begründet sein, dass der Staat hierdurch stärker auf Missstände in der Wirtschaft aufmerksam wird und diese somit effektiver angehen kann.

(g) Da sich sowohl das BIP als auch die Preisniveaus in den Jahren 1984 und 1989 ändern, kann angenommen werden, dass in diesen Jahren jeweils ein neuer Fünf-Jahres-Plan greift.

(h) In Wipolen erschweren die Staatsform und damit verbunden die fehlenden Eigentumsrechte das Anlocken von Investitionen. Sollte ein Deal mit der Regierung ausgearbeitet werden können, so würde Wipolen alleine schon aus dem Markterschließungsmotiv heraus (Investor), aber auch aus dem Gewinn neuen Wissens heraus (Investitionsland) interessant für Investoren sein. Ein solches Abkommen ist höchst wahrscheinlich, aber nur bei einer langfristigen Orientierung zu erreichen. Aufgrund des niedrigeren Zinses ist Mikronesien das wahrscheinlich sicherere Anlageland der beiden verbliebenen. Es ist somit insbesondere für langfristig orientierte Investitionen interessanter. Makroatien ist wegen der höheren Zinsen für kurzfristig angelegte, eher spekulative Anlage interessanter.

(i) Da die Preise in Wipolen staatlich fixiert werden ebenso wie die grobe Tendenz des Wechselkurses, ist es nicht möglich, hieraus eine verlässliche Aussage abzuleiten. Makroatien, mit dem höheren Zins und der höheren Inflation, weist zumindest binnenwirtschaftlich die schwächere Währung auf. Bezogen auf die Wechselkurse gewinnt der Dollar allerdings an Wert. Dies kann aber auch daran liegen, dass Makroatien die einzige große offene Volkswirtschaft in diesem Beispiel ist. Bei Mikronesien liegt die Situation genau andersherum. Nach außen ist der makroatische Dollar somit zwar mehr wert als die mikronesische Rupie, verdankt dies aber wohl nur der internationalen Stellung und wirtschaftlichen Größe Makroatiens.

(j) Nachhaltiges Wachstum könnte man unter anderem an hohen Patentzahlen, niedrigen Zinsen und einer angemessenen Inflationsrate festmachen. In allen drei Kriterien liegt Mikronesien vor den beiden anderen Ländern.

(k) Die Zinsen können als möglicher Indikator hierzu herangezogen werden. In diesem Fall würde Wipolen die geringste Staatsverschuldung aufweisen, gefolgt von Mikronesien und Makroatien als Schlusslicht.

(l) In Makroatien wäre es die stagnierende Wirtschaftsleistung, die weder durch zukunftsorientierte Forschung und Entwicklung gestützt wird noch durch eine solide Staatsbilanz. In Mikronesien wäre es die Knappheit der qualifizierten Arbeiter und in Wipolen wäre es das Wirtschaftssystem, was sowohl Investitionen als auch Innovationen zurückhält.

6.1.6 Lösungsansätze zu Case Study II

(a) Es ist deutlich zu erkennen, dass Wipolen 1992 einen Systemwechsel einleitet. Ferner zeigt sich, dass die Bevölkerung von Mikronesien sich in 1991 um 80 erhöht hat und dass das BIP danach wesentlich stärker angestiegen ist. Wipolen weist die ersten beiden Jahre noch eine steigende Wirtschaftsleistung auf, die allerdings nach dem Systemwechsel einbricht und erst gegen Ende der 1990er-Jahre wieder ansteigt.

(b) (I)   Da sich die Bevölkerung von Mikronesien auf einen Schlag fast verdoppelt hat, was schlecht durch Migration alleine zu erklären ist, ist anzunehmen, dass Mikronesien seinen Einflussbereich bzw. die Volkswirtschaft vergrößern konnte.

(II) Da mehr Arbeitskräfte im erweiterten Mikronesien vorhanden sind, kann es sein, dass die Anzahl an vorhandenen Jobs nicht mehr ausgereicht hat oder dass die neuen Mikronesen nicht die benötigten Qualifikationen mitgebracht haben.

(c) Da das BIP ab 1997 wieder steigt und in 1999 die Inflation unter 10 % rutscht bzw. auch die Arbeitslosenquote wieder sinkt, kann angenommen werden, dass Wipolen zumindest wirtschaftlich seine Transformation teilweise abgeschlossen hat. Dagegen spricht, dass die Institutionen in Wipolen immer noch nicht sehr effektiv funktionieren. Hier müsste genau herausgearbeitet werden, welche Institutionen inwieweit entwickelt sind.

(d) Während sich die Kaufkraft in den beiden Ländern selbst nicht ändert, wie an den Inflationsraten zu erkennen ist, zeigen die Entwicklungen der Wechselkurse, dass die wipolnische Währung im Vergleich konsistent an Wert verliert. Dies bedeutet, dass im internationalen Vergleich mit Wipolen die Währungen von Makroatien und Mikronesien an Kaufkraft zulegen.

(e) Der wipolnische Staat hat es zum einen geschafft, die Zinsen relativ stabil zu halten, sodass Investitionen nicht komplett ausbleiben. Ferner wurde die Etablierung geeigneter Institutionen konsistent vorangetrieben.

(f) (I) Von der außenwirtschaftlichen Perspektive sprechen die relativ gleichbleibenden Wechselkurse dafür. Auch was einige der Kennzahlen betrifft, entwickeln sich beide Länder zum Teil ähnlich. Allerdings zeigt Mikronesien eine wesentlich höhere Dynamik und ein stärkeres Wachstum, zum Teil wohl motiviert durch seine Erweiterung. Hier wäre es grade bei tiefer gehenden Integrationsbemühungen eventuell besser, noch etwas zu warten. Eine Zollunion und auch ein Binnenmarkt könnten beiden Ländern helfen. Gerade Makroatien könnte hierdurch eine Belebung seiner Wirtschaft erfahren.

(II) Da Wipolen aufgrund seines Transformationsschocks noch zu volatil ist, wäre es eventuell besser, noch ein paar Jahre zu warten. Für eine bessere Bewertung der Situation wäre es hilfreich, auch einen Blick auf Handelsdaten wie Importe und Exporte zu werfen.

(III) Wie im ersten Teil angedeutet spricht, bezogen auf die Wechselkurse, nichts dagegen, allerdings sollte erst gewartet werden, bis sich beide Länder von der Wirtschaftsentwicklung etwas ähnlicher werden. Gerade für den Handel wäre eine gemeinsame Währung allerdings hilfreich. Nachteilig könnte sich auswirken, dass Makroatien eine große, Mikronesien allerdings eine kleine Volkswirtschaft ist. Die Entwicklung der makroatischen Wirtschaft könnte somit negative Auswirkungen auf die mikronesische Wirtschaft haben.

(g) In Wipolen können die Direktinvestitionen dazu beitragen, die Transformationskrise zu überwinden. Für die Investoren bietet Wipolen die Möglichkeit, einen neuen Markt zu erschließen. Allerdings besteht auch das Problem, dass die Marktwirtschaft mit ihren Institutionen in Wipolen noch nicht voll ausgeprägt ist und entsprechende Risiken für neue Unternehmen ohne Regionenkenntnisse aufweist. In Mikronesien können die Direktinvestitionen dazu beitragen, die Arbeitslosigkeit abzubauen. Sie können hierbei von dem hohen Wissensstand in Mikronesien profitieren. Dies kann auch ein Problem sein, da dieses Wissen dann ins Ausland abfließen kann. Dieselben

Kommentare gelten auch für Makroatien. Ferner könnten Direktinvestitionen in Makroatien neue Anregungen des Wirtschaftswachstums in die Volkswirtschaft bringen.

(h) Wipolen sollte weiterhin darum bemüht sein, eine funktionale Marktwirtschaft und entsprechende Institutionen zu etablieren. Ferner sollte versucht werden das Wirtschaftswachstum unter anderem durch Investitionen in Forschung und Entwicklung zu fördern. In Makroatien sollte versucht werden den hohen Wissensstand in Wirtschaftswachstum zu transformieren, um die aktuelle Stagnationsphase zu überbrücken. In Mikronesien sollte weiter daran gearbeitet werden, die Arbeitslosigkeit zu reduzieren.

6.1.7 Lösungsansätze zu Case Study III

(a) In 2009 wurde die Pressefreiheit stark eingeschränkt. Dies ist zum Teil motiviert durch den wirtschaftlichen Abschwung in 2008. Dieser sorgte ebenso zu einem Anstieg der Arbeitslosigkeit und dadurch motiviert zu einer zunehmenden Auswanderung aus Wipolen. In Makroatien kommt es in 2010 zu einem wirtschaftlichen Schock. Ansonsten weisen sowohl Makroatien als auch Mikronesien ein stetiges Wirtschaftswachstum auf.

(b) Wie im ersten Teil bereits angegeben ist die Einschränkung motiviert durch den wirtschaftlichen Abschwung ein Jahr zuvor. Die Einschränkung der Pressefreiheit könnte zum Beispiel dadurch motiviert sein, dass keine negativen Meldungen zur Politik der Regierung verbreitet werden.

(c) Sowohl die Patentanmeldungen als auch die Zinsen als Indikator für Attraktivität des Landes als Investitionsstandort können mögliche Indikatoren zur Erklärung der Wirtschaftsleistung sein. Ebenso bieten die Wechselkurse die Möglichkeit, eine außenwirtschaftliche Perspektive zu der Betrachtung hinzuzuziehen.

(d) Die Arbeitslosigkeit wird eine Folge des wirtschaftlichen Abschwungs sein. Darüber hinaus ist in dem entsprechenden Jahr auch ein signifikanter Anstieg der Bevölkerung zu vermerken. Sollten diese potenziellen zusätzlichen Arbeitskräfte keine bzw. nicht die notwendige Qualifikation mitbringen, so kann es sein, dass sie die Arbeitslosigkeit erhöhen, da sie keine Anstellung finden. Die Arbeitslosigkeit kann zum Beispiel dadurch angegangen werden, dass die Arbeitslosen zusätzlich qualifiziert werden und somit offene Jobs besetzt werden können. Andererseits ist es auch möglich, dass durch Investitionsanreize neue Jobs generiert werden. Von einer anderen Perspektive aus kann auch versucht werden die Gründe, die zu dem Bevölkerungsanstieg geführt haben, zu beheben. Es wird wahrscheinlich die Option gewählt, die sich bezogen darauf, wie nahe die nächsten Wahlen sind, am besten dem Bürger gegenüber rechtfertigen lässt.

(e) Zum einen sollte Wipolen seine Restriktionen der frühen Jahre wieder rückgängig machen. Auch zeigen die Statistiken, dass Wipolen von zusätzlichen Investitionen in Forschung und Entwicklung und damit verbunden neuen Unternehmen und der Attraktion von (Direkt-)Investitionen profitieren kann.

(f) Im Vergleich zu Mikronesien und Makroatien verliert der wipolnische Rubel an Wert. Was sich unter anderem auch durch die jeweils höheren Inflationsraten in Wipolen erklären lässt.

(g) Zum einen ist Makroatien eine große Volkswirtschaft, sodass auch angenommen werden kann, dass viel Handel zwischen den beiden Ländern getrieben wird. Zum anderen ist der makroatische Dollar eine relativ stabile Währung.

(h) Positiv betrachtet könnte die wipolnische Währung dadurch an Stabilität und entsprechend an Wert zulegen, was wiederum zu zusätzlichen Investitionen in Wipolen oder mehr Handel mit Wipolen führen kann und ebenfalls die wipolnische Wirtschaft antreiben würde. Der Nachteil wäre, dass zumindest in der Anfangszeit die wipolnische Zentralbank eine sehr rigide Geldpolitik fahren müsste, was weniger Möglichkeiten offen lässt, die Geldpolitik zur Steigerung des Wirtschaftswachstums zu nutzen.

(i) (Argumentation im Rahmen des keynesianischen Paradigmas)

   (I)   Da Makroatien eine große offene Volkswirtschaft ist, kann davon ausgegangen werden, dass dies zu einem höheren, zunächst inländischen Zins führt. Infolge würde aber auch der Weltzins ansteigen. Das heißt, es kann kurzfristig, aber nicht mittelfristig zu einem Zufluss von ausländischem Kapital nach Makroatien kommen. In Mikronesien, das mit einem fixen Wechselkurs an den makroatischen Dollar gebunden ist, würde dies ein Sinken des BIPs bedeuten. In Wipolen, das einen flexiblen Wechselkurs aufweist, würde es einen Anstieg des BIPs bedeuten.

   (II) Da Mikronesien eine kleine Volkswirtschaft ist, allerdings fix an die große Volkswirtschaft gebunden, sodass ein fixes Wechselkursregime angenommen werden kann, würde sich nur der Binnen-, nicht aber der Weltzins ändern. Entsprechend würde sich über eine Änderung des Außenhandels wieder das ursprüngliche Gleichgewicht einstellen. Die anderen beiden Länder wären hiervon nicht beeinflusst.

(j) Einerseits würden sich Konsequenzen wie in der letzten Aufgabe diskutiert ergeben. Andererseits wäre zunächst noch zu berücksichtigen, dass expansive Geldpolitik getätigt wird. Da dieses Geld allerdings nie den freien Markt erreicht, wird es keine Zinsänderung nach sich ziehen. Es wird lediglich die Inflationsrate ansteigen und der makroatische Dollar langfristig an Wert verlieren. Kurzfristig allerdings könnte sich ein Anstieg des BIPs ergeben, mittelfristig würde sich der Zins ändern und die Effekte wie oben besprochen würden eintreten. Langfristig würde der Wertverlust des Dollars zu höheren Exporten Makroatiens führen und damit das Wirtschaftswachstum ankurbeln. Allerdings werden sich auch alle ökonomischen und sozialen Effekte einer höheren Inflation einstellen. Rein ökonomisch ist der Vorschlag aber nicht komplett von der Hand zu weisen. Es sprechen durch den Anstieg der Inflation allerdings auch eine Reihe von Argumenten dagegen, das heißt, der König sollte den Widerspruch zumindest aufnehmen und die Konsequenzen genauer analysieren lassen. Wahrscheinlich wird er dies auch tun, da Makroatien gerade in den letzten Jahren meistens einen relativ hohen Wert im Bereich Rule of Law aufweist, die Herrschaft des Königs also nicht komplett willkürlich ist.

(k) Hier liegt der zweite Fall der obigen Aufgabe vor. Hier würden sich lediglich die negativen Effekte der Inflation einstellen. Hier wäre also von einem solchen Vorschlag entschieden abzuraten.

(l) Die Staatsschulden würden zunächst ansteigen. Da das BIP hierbei allerdings nicht ansteigt, würden die Schulden auch langfristig bestehen bleiben. Das heißt, es würden sich zwar nicht die negativen Folgen der Inflation einstellen, aber der Staat würde sich entsprechend hoch verschulden.

6.2 Baukasten für eigene Übungsklausuren und allgemeine Klausurtipps

6.2.1 Baukasten für eigene Übungsklausuren

Wie im Vorwort angemerkt sind alle Aufgaben mit einer Punkteanzahl versehen, welche die Bearbeitungsdauer der Aufgabe widerspiegelt. Eine normale Klausur, wie sie zum Beispiel im Rahmen der Vorlesung zur Makroökonomie an der Bergischen Universität geschrieben wird, umfasst Aufgaben im Wert von 90 Punkten, für deren Bearbeitung ebenfalls 90 Minuten zur Verfügung stehen.

Bei der Zusammenstellung der Aufgaben ist zu beachten, dass aus jedem der ersten fünf Kapitel mindestens eine Frage stammen sollte, wobei darüber hinaus aus mindestens zwei Bereichen des dritten Kapitels je eine Frage zu wählen ist.

Es gibt drei Typen von Fragen.

- Wissensfragen, bei denen die Antwort direkt aus den Themenblättern in Kap. 1 übernommen werden kann.
- Rechenaufgaben, bei denen aktiv unter Zuhilfenahme einer Formel aus Kap. 1 eine Lösung berechnet werden muss.
- Transferaufgaben, bei denen ein Sachverhalt analysiert oder interpretiert werden muss. Zur Beantwortung dieser Fragen kann bzw. sollte auf die Inhalte von Kap. 1 zurückgegriffen werden. Die Antworten erfordern zum Teil allerdings auch Überlegungen jenseits der Standardantworten.

Alle diese drei Typen sollten in einer selbst zusammengestellten Klausur enthalten sein. Hierbei sollten höchstens ein Drittel der Fragen Wissensfragen und mindestens ein Drittel der Fragen Transferaufgaben sein.

Alternativaufgaben können in eine eigene Klausur eingebaut werden. Hier sollte der Umfang ein Drittel der Gesamtpunkte allerdings nicht überschreiten.

6.2.2 Tipps für eine erfolgreiche Klausur

Jede Klausur ist anders und jeder Student hat seine eigene Strategie zur Vorbereitung auf eine Klausur. Allerdings gibt es allgemeine Vorgehensstrategien, die dabei helfen können, eine Klausur stressfreier zu bearbeiten.

(a) Zunächst sollten kurze, einfache Aufgaben bearbeitet werden, da dies schnelle Punkte sind.

(b) Im Anschluss sollten Aufgaben bearbeitet werden, bei denen man sich bei der Beantwortung sicher ist, auch wenn die Aufgaben insgesamt komplexer sind.

(c) Kommt es zu Unsicherheiten bei der Bearbeitung einer Aufgabe, besser erst an anderen Aufgaben weiterarbeiten.

(d) Auch bei Aufgaben, bei denen man sich bei der Beantwortung nicht sicher ist, kann es hilfreich sein, trotzdem eine Antwort anzugeben, da es in den seltensten Fällen Minuspunkte für falsche Antworten gibt, aber ab und an auch Teilpunkte vergeben werden.

(e) Ist man sich bei einer Aufgabe nicht sicher, wie die Aufgabenstellung zu verstehen ist, so sollten sinnvolle Annahmen getroffen werden und die Aufgabe sollte unter diesen Annahmen beantwortet werden.

(f) Allgemein sollte die Zeitplanung in der Klausur so betrieben werden, dass zum Schluss noch 5 bis 10 Minuten Zeit zur Verfügung steht, um die eigenen Antworten noch einmal querzulesen.

Symbol- und Variablenverzeichnis

Zeichen	Bedeutung
A	technisches Wissen, technischer Fortschritt
A'	reales Vermögen
B	Bondsmenge (nominal)
c_i	Proportionalitätsfaktor (zwischen 0 und 1, $\neq 0$)
c	marginale Konsumquote
C	Konsum
C_0	autonomer Konsum
C_j	Konsum der Gruppe j
DD	Nachfragekurve
e	nom. Wechselkurs
e'	Eulerzahl (in der Mathematik e)
$E_{q,Y}$	Elastizität von Y bezüglich q
G	Staatsverbrauch
i	Zinssatz
I	Investition
I'	Nettoinvestition
I^A	autonome Investitionen
J	Importe
k	Kapitalintensität $\left(\frac{K}{L}\right)$
K	Kapital (Maschinen, Computer)
L	Arbeit; abhängig Beschäftigte (Preis = Lohn)
L'	gemeldete Arbeitslose
M	nominale Geldmenge
$m = \frac{M}{P}$	reale Geldmenge/-nachfrage
n	Bevölkerungswachstum
p	Preis
P	Preisniveau
q^*	realer Wechselkurs $\left(q^* = \frac{1}{q}\right)$

© Springer-Verlag GmbH Deutschland, ein Teil von Springer Nature 2019
J. K. Perret und P. J. J. Welfens, *Arbeitsbuch Makroökonomik und Wirtschaftspolitik*, https://doi.org/10.1007/978-3-662-58184-1

Zeichen	Bedeutung
Q	Nettokapitalimporte
r	Zins (= Preis von K)
R	Rendite
S	Ersparnis (bei geschlossener VW: $I = S$)
SS	Angebotskurve
s	marginale Sparquote
t	Zeitpunkt t
u	Arbeitslosenquote
U	Nutzen
v bzw. V	Umlaufgeschwindigkeit des Geldes
$W = \frac{w}{P}$	Lohnsatz (Reallohn)
w	Stundenlohn bzw. Nominallohn, WE in Std.
X	Exporte
y	Pro-Kopf-Einkommen $\left[y = \frac{Y}{L} \right]$
y^v	verfügbare Pro-Kopf-Einkommen $[y^v = (1 - \tau)y]$
Y	gesamtwirtschaftliches Einkommen [BIP]
$Y_{\text{nom}} = Y' = YP$	Wertschöpfung aller inländischen Akteure zu aktuellen Marktpreisen = nominales BIP
$Y_{\text{real}} = Y$	Wertschöpfung aller inländischen Akteure zu konstanten Marktpreisen = reales BIP
Y_{pot}	Produktionspotenzial (max. Auslastung von A, K, L)
$*$	Ausland
$\#$	Steady State/langfristiger Wert
d	Nachfrage
T	bezogen auf handelbare Güter
N	bezogen auf nichthandelbare Güter
δ	Abschreibungen
τ	Steuersatz
$\pi = g_P$	Inflationsrate $\left[\frac{\frac{dP}{dt}}{P} \right]$
Π	Gewinn

Glossar

Abschreibung Wertverlust/Verbrauch des Kapitalstocks.

Abwertung Steigt ein Wechselkurs (in Mengennotierung), so spricht man von einer Abwertung (dass q^* steigt, bedeutet eine Abwertung der heimischen Währung).

adaptiv sich im Zeitverlauf anpassend/vorausschauend.

adverse Selektion Preise werden als Qualitätsindikator angesehen.

Aktien Eine Aktie ist ein Wertpapier, das einen Bruchteil des Grundkapitals verbrieft.

Akzeleratoreffekt Um eine gestiegene Nachfrage zu befriedigen, erhöhen die Unternehmen zur Ausweitung ihrer Produktionskapazitäten die Investitionen um einen höheren.

Faktor Allokation Verteilung (von Inputfaktoren).

Arbeitslosenquote nicht erwerbstätig gemeldete/potenziell Erwerbstätige.

Arbeitsteilung Arbeiten werden in kleine Teilaufgaben zerlegt.

Aufwertung Fällt ein Wechselkurs (in Mengennotierung), so spricht man von einer Aufwertung (dass q^* sinkt, bedeutet eine Aufwertung der heimischen Währung).

Außenbeitrag Exporte – Importe ($X - q^*J = X_{\text{net}}$).

autonomer Konsum Konsum, der unabhängig vom Einkommen getätigt wird (C_0/Konsum von Grundnahrungsmitteln).

Bankgebühr Kosten, die anfallen, wenn Bankgeschäfte getätigt werden.

Bedarf Ein Bedarf ist der Wunsch nach Mitteln, um ein Bedürfnis zu befriedigen.

© Springer-Verlag GmbH Deutschland, ein Teil von Springer Nature 2019
J. K. Perret und P. J. J. Welfens, *Arbeitsbuch Makroökonomik und Wirtschaftspolitik*, https://doi.org/10.1007/978-3-662-58184-1

Bedürfnis Ein Bedürfnis ist der Wunsch, ein Mangelempfinden zu beseitigen.

Bestandsgröße Bestandsgrößen sind auf den Bestand zu einem festgelegten Zeitpunkt bezogen.

Bonds Bonds sind verzinsliche Wertpapiere, meistens mit einem langfristigen Finanzierungshintergrund.

Boom Die Boomphase ist die Phase des konjunkturellen Verlaufs, in der die Wirtschaft die höchste wirtschaftliche Leistungsfähigkeit aufweist bzw. die höchste Leistung erbringt.

brutto brutto bedeutet vor Kosten (vor dem Abzug von Steuern).

Bruttoinlandsprodukt (BIP) Einkommen, das (innerhalb eines festen Zeitraums) von allen Inländern und Ausländern im Inland erwirtschaftet wird.

Bruttosozialprodukt (BSP) Einkommen, das (innerhalb eines festen Zeitraums) von allen Inländern im Inland und im Ausland erwirtschaftet wird.

Budget die zur Verfügung stehenden finanziellen Mittel.

Deflation Ist die Inflationsrate negativ, so spricht man von Deflation (Geldaufwertung: Güter werden billiger).

Depression Die Depression ist die Phase des konjunkturellen Verlaufs, in der die Wirtschaft ihren Tiefststand erreicht.

Devisen Devisen sind Forderungen, die auf eine andere/fremde Währung lauten.

Distribution die Verteilung (des Outputs).

dynamisch Betrachtung eines Anpassungsprozesses.

Effektive Nachfrage Die effektive Nachfrage ergibt sich als Kombination des Nachfragewunschs und der finanziellen Mittel, diesen Wunsch auch zu realisieren.

Eingaben-Ausgaben-Modell alternative Bezeichnung für das IS-LM-Modell.

Einkommensmultiplikator Wie ändert sich das BIP, wenn die Staatsausgaben um eine Einheit erhöht werden $\left(\frac{dY}{dG}\right)$?

endogen von innen heraus bestimmt (innerhalb des Modells bestimmt).

Ertrag Ergebnis des wirtschaftlichen Leistungsprozesses (in den meisten Modellen gilt Ertrag = Preis · Menge).

ex-ante vorausschauend, im Vorhinein.

exogen von außen vorgegeben (außerhalb eines Modells bestimmt).

expansiv ausweitend oder ansteigend.

Exporte Produktion, die im Ausland abgesetzt wird.

ex-post rückblickend, im Nachhinein.

externer Effekt Auswirkungen auf Dritte, für die keine Gegenleistung erfolgt.

Faktoreinkommen Einkommen, das den Inputfaktoren zufließt, z. B. Arbeitseinkommen.

Faktorkosten Kosten, die für die Nutzung der Inputfaktoren anfallen.

Faktorleistung Eine alternative Bezeichnung für die Inputfaktoren bzw. die miterzeugten Leistungen.

Fisher'sche Verkehrsgleichung $MV = PY$.

Fiskalpolitik Steuer- und Staatsausgabenpolitik zum Ausgleich wirtschaftlicher Schwankungen.

fixe Wechselkurse Wechselkurse sind auf ein unveränderliches Niveau festgesetzt.

flexible Wechselkurse Wechselkurse können beliebig variieren.

friktionelle Arbeitslosigkeit Arbeitslosigkeit beim Wechsel von einem Job in den nächsten.

Geld Wertäquivalent – Gegenstand, dem ein Wert zugewiesen wird.

Geldpolitik Politik der Steuerung der Geldmenge.

geschlossene Volkswirtschaft Volkswirtschaft, die keinen Außenhandel betreibt.

Gleichgewichtsbedingung (gesamtwirtschaftliche) $Y + S = I + G$.

Grenz ... die Veränderung einer Größe (Ableitung).

Handelsbilanz Saldo = Exporte − Importe.

Haushalt kleinste Einheit auf der Nachfrageseite (Gütermarkt)/auf der Angebotsseite (Arbeitsmarkt).

Haushaltsdefizit entsteht, wenn der Staat mehr Ausgaben tätigt, als er Einnahmen hat.

heterogen unterschiedlich.

homogen gleichartig.

Hyperbel Funktionen der Form $f(x) = \frac{a}{x} + b$

Hyperinflation Inflation mit sehr großen Inflationsraten (z. B. mehr als 20 %)

immateriell an einen Gegenstand gebunden.

Importe Einfuhr ausländischer Güter.

Indifferenzkurve Kombinationen von Konsumgütern, die alle den gleichen Nutzen stiften.

inferior unterlegen − Nachfrage (nach Gütern) geht bei steigendem Einkommen zurück.

Inflation Anstieg des Preisniveaus.

Inflationsrate Wachstumsrate des Preisniveaus.

Innovation neue Ideen, die in die Praxis umgesetzt sind und sich auf dem Markt etabliert haben.

Investition Anlegen von Kapital zum Zweck der Gewinnerzielung.

Investitionsfalle Situation im IS-LM-Modell, bei der die Investitionen unabhängig vom Zins sind.

IS-Kurve Kurve aller Gleichgewichte auf dem Gütermarkt/alle $r − Y$-Kombinationen, bei denen $I = S$ gilt.

IS-LM-Modell einfachstes keynesianisches Modell (Güter- und Geldmarkt)/keynesianisches Grundmodell.

Isoquante alle Kombinationen von Produktionsfaktoren, die den gleichen Output erzeugen.

Kapital Bestand aller am Produktionsprozess beteiligten Produktionsmittel (außer Arbeit).

Kapitalmobilität die Möglichkeit, Geld über Grenzen hinweg zu transferieren.

Kapitalstock Bestand aller Kapitalbestände.

Kaufkraftparität liegt vor, wenn die gleichen Warenkörbe in zwei Ländern für das gleiche Geld erworben werden können.

Kaufkraftparitätenwechselkurs $e = \frac{P}{P^*}$.

keynesianisches Kreuz Gegenüberstellung von gesamtwirtschaftlichem Angebot und Nachfrage.

Knappheit liegt vor, wenn die Nachfrage größer als das Angebot ist.

Komplementärgut liegt vor, wenn die Nutzung eines Gutes von einem anderen Gut abhängt.

Konjunktur Schwankungen in der wirtschaftlichen Entwicklung.

konjunkturelle Arbeitslosigkeit Arbeitslosigkeit bedingt durch wirtschaftliche Abschwünge.

Konsum Verbrauch von Gütern zur Bedürfnisbefriedigung.

Konsumfunktion funktionale Erklärung des Niveaus des Konsums.

Konsumquote Anteil des Einkommens, der verkonsumiert wird.

kontraktiv zurückgehend.

Leistungsbilanz Leistungsbilanz = Handelsbilanz + weitere Übertragungen.

Liquiditätsfalle Situation im IS-LM Modell, bei der die LM-Kurve waagerecht verläuft.

LM-Kurve Kurve aller Gleichgewichte auf dem Geldmarkt.

marginale Konsumneigung Ableitung der Konsumfunktion.

Markt Ort, an dem Angebot und Nachfrage aufeinandertreffen.

Marktwirtschaft Wirtschaftssystem mit Privateigentum, Koordination der Individualziele durch Marktpreise.

Mindestlohn untere Schranke des Lohnniveaus.

Monopol Situation, in der ein Anbieter auf eine Vielzahl von Nachfragern trifft.

Moral Hazard (risikofreundlichere) Verhaltensänderung bedingt durch eine Absicherung gegen Risiken.

Multiplikatoreffekt Erhöhung von I erhöht Y, erhöht I, erhöht Y.

Mundell-Fleming-Modell keynesianisches Modell einer offenen Volkswirtschaft.

netto ohne Steuern (Netto = Brutto − Steuern) oder ohne Abschreibungen (z. B. Nettoinvestitionen).

nominal zu laufenden Preisen/Preisen des jeweiligen Jahres.

normativ fordernd/Norm vorgebend/wertend.

Numéraire-Gut ein Gut, das als Recheneinheit genutzt wird.

offene Volkswirtschaft Volkswirtschaft, die Außenhandel betreibt und mit ihren Nachbarn interagiert.

operativ kurzfristig.

Opportunitätskosten entgangene Kosten einer alternativen Tätigkeit.

Output das Ergebnis des Produktionsprozesses.

Pareto-optimal Ein höherer Zielwert von Zielsetzung i kann nur erreicht werden, wenn der Zielwert einer Zielsetzung j sich verschlechtert.

Planwirtschaft Preis und angebotene Menge eines Gutes richten sich an Plänen aus.

Polypol viele Anbieter und viele Nachfrager.

positiv beschreibend.

Präferenzen Vorlieben.

Preis Maß für die Knappheit eines Gutes.

Preisniveau Preis eines repräsentativen Warenkorbs.

Produktinnovation Produkt, das neu auf den Markt kommt.

Produktionspotenzial maximale Outputmenge einer Volkswirtschaft/eines Unternehmens.

Produktivität der Output, der mit einer gegebenen Menge Inputs erwirtschaftet werden kann.

Prohibitivpreis Preis, ab dem keine Nachfrage nach dem Gut mehr stattfindet.

Prozessinnovation Verbesserung des Produktionsprozesses.

Quantitätsgleichung $MV = PY$.

rational sachlich, verstandesorientiert, fehlerfrei.

real preisbereinigt, von monetären Schwankungen bereinigt.

restriktiv einschränkend, reduzierend.

Rezession konjunkturelle Phase des wirtschaftlichen Abschwungs.

saisonale Arbeitslosigkeit Arbeitslosigkeit, die von bestimmten Jahreszeiten abhängt.

Sättigungsmenge Menge, ab der nichts mehr nachgefragt wird.

Sparfunktion funktionale Erklärung der Höhe des gesparten Einkommens.

Sparparadoxon Sparen ist einzelwirtschaftlich gut, gesamtwirtschaftlich aber schlecht.

Sparquote der Prozentsatz des Einkommens, der nicht für Steuern oder Konsum genutzt wird.

statisch Betrachtung eines festen Zeitpunkts.

statisch-dynamisch/komparative Statik Vergleich mehrerer einzelner Zeitpunkte.

Steady State Situation, in der sich der Kapitalstock nicht mehr verändert (alle Größen wachsen mit der gleichen Rate).

Steuern Abgaben an den Staat (ohne eine konkrete Gegenleistung).

strategisch langfristig (mehr als 5 Jahre).

Stromgröße Größe, die Geldströme (aber auch Güterströme) von einem Pol zu einem anderen beschreibt.

strukturelle Arbeitslosigkeit Arbeitslosigkeit, die durch Prozesse des Strukturwandels bedingt ist.

Substitution Ersetzen.

Substitutionsgut ein Gut, das durch ein ähnliches Gut ersetzt werden kann.

Subvention unterstützende Transferzahlung des Staates an die Unternehmen.

superior überlegen – bei steigendem Einkommen steigt die Nachfrage nach dem Gut.

supranational mehrere Nationen umfassend.

taktisch mittelfristig (1–5 Jahre).

technischer Fortschritt Das Niveau des technischen Fortschritts spiegelt den Entwicklungsstand wider.

Transaktion Eine Transaktion ist ein Transfer von Geld.

Transferleistungen Leistungen des Staates, um soziale Gleichheit zu erreichen.

Transformationskurve Kurve aller Inputmöglichkeiten, um den gleichen Output zu erzeugen.

Umlaufgeschwindigkeit wie oft jede Geldeinheit im Durchschnitt in einem Jahr ausgegeben wird.

Umsatz Erlöse/geldmäßiger Absatz eines Unternehmens.

Volkseinkommen VE = BIP + Einkommenssaldo Rest der Welt – Abschreibungen +/– Abgaben, Subventionen.

Volkswirtschaft Eine Volkswirtschaft ist die Gesamtheit aller Akteure und Institutionen innerhalb eines Wirtschaftsraums.

Vollbeschäftigung Situation, in der jeder, der arbeiten will, auch arbeiten kann.

Vorleistungen gehen voll in das Endprodukt ein – werden mit der Erstellung aufgebraucht.

Wechselkurs Austauschverhältnis zweier Währungen.

Wertschöpfung Produktionswert – Vorleistungen.

Wettbewerb wenn ein höherer Zielerreichungsgrad eines Akteurs einen niedrigeren eines anderen bedingt.

Wirtschaften Auswahlprozess zur Maximierung des Nutzens unter Knappheitsrestriktionen.

Zahlungsbilanz Zahlungsbilanz = Leistungsbilanz + Kapitalbilanz + Devisenbilanz + Restposten.

ZZ-Kurve Ort aller Gleichgewichte auf dem Devisenmarkt.

Ergänzende Empfehlungen zu Literatur, Daten und Lernhilfen

Im Folgenden soll eine Übersicht über Materialien gegeben werden, die zur tiefer gehenden Einarbeitung in die Themen dieses Übungsbuches genutzt werden können.

Weitere Standardlehrbücher

Deutschsprachige Standardlehrbücher der Makroökonomie sind unter anderem:

- Blanchard, O. und Illing, G. (2014), „Makroökonomie", Pearson.
- Krugman, P. und Wells, R. (2010), „Volkswirtschaftslehre", Palgrave.
- Felderer, B. und Homburg, S. (2005), „Makroökonomik und neue Makroökonomik", Springer.
- Mankiw, N.G. und Taylor, M.P. (2012), „Grundzüge der Volkswirtschaftslehre", Schäffer/Poeschel.
- Samuelson, P.A. und Nordhaus, W.D. (2010), „Volkswirtschaftslehre", mi.
- Welfens, P.J.J. (2013), „Grundlagen der Wirtschaftspolitik", Springer.

Youtube-Videos

Neben den unten aufgeführten hilfreichen Videos, die wichtige Themen des vorliegenden Arbeitsbuch veranschaulichen finden sich im Youtube Kanal des Autor Jens K. Perret https://www.youtube.com/channel/UCpvQxCMDSW0nuZ5wPloRP9w insbesondere Aufgaben im Stil des Arbeitsbuchs, die das Verstehen auch komplexer Zusammenhänge und Aufgaben vereinfachen.

Free to Chose – Teil 1
https://www.youtube.com/watch?v=D3N2sNnGwa4

© Springer-Verlag GmbH Deutschland, ein Teil von Springer Nature 2019
J. K. Perret und P. J. J. Welfens, *Arbeitsbuch Makroökonomik und Wirtschaftspolitik*, https://doi.org/10.1007/978-3-662-58184-1

Was ist VWL
https://www.youtube.com/watch?v=LCRNI04tnN8

Mindestlohndebatte
https://www.youtube.com/watch?v=uLE_HwnuZ-Q

Handel und Wechselkurse
https://www.youtube.com/watch?v=LfdoUty5AvY

What is money
https://www.youtube.com/watch?v=FpMB0Qhnp7

Preisstabilität
https://www.youtube.com/watch?v=tMYn5FP4XTA

Bedeutung von Geld und Banken
https://www.youtube.com/watch?v=0VAJY0Oq6K8

Bruttoinlandsprodukt
https://www.youtube.com/watch?v=07anlgd5se0

Keynesianische Theorie
https://www.youtube.com/watch?v=kukKpqd_B2c

Bundeshaushalt/Fiskalpolitik
https://www.youtube.com/watch?v=Sp4DKi4xbtg

Geldpolitik (Leitzinsen)
https://www.youtube.com/watch?v=cB9FfCjQl0U

Staatsverschuldung
https://www.youtube.com/watch?v=RRUd0Dg5kh4

Konjunkturzyklus
https://www.youtube.com/watch?v=swuRWQgXm8g

Solow über Wachstum
https://www.youtube.com/watch?v=tjs2uVXj6aQ

Friedman und Monetarismus
https://www.youtube.com/watch?v=fXqc-yyoVKg

Phillipskurve
https://www.youtube.com/watch?v=H_LHFs_Htak

Datenquellen

Statistisches Bundesamt
https://www.destatis.de

Eurostat
http://ec.europa.eu/eurostat/de

AMECO
http://ec.europa.eu/economy_finance/db_indicators/ameco/index_en.htm

Statista
http://de.statista.com

Weltbank
http://data.worldbank.org/data-catalog/world-development-indicators

OECD
https://data.oecd.org

IMF
https://data.imf.org

Vertiefende Literatur

Gutachten des Sachverständigenrats
http://www.sachverstaendigenrat-wirtschaft.de

Monatsberichte der Deutschen Bundesbank
https://www.bundesbank.de

EZB Publikationen
https://www.ecb.europa.eu/pub

OECD Publikationen
http://www.oecd-ilibrary.org

DIW Wochenberichte
http://www.diw.de

IW Infodienst
http://www.iwkoeln.de/presse/infodienste

Institut für Weltwirtschaft
https://www.ifw-kiel.de/pub

Literaturverzeichnis

1. G. Blanchard, O. Illing. *Makroökonomie*. Pearson, 2014.
2. S. Felderer, B. Homburg. *Makroökonomik und neue Makroökonomik*. Springer, 2005.
3. R. Krugman, P. Wells. *Volkswirtschaftslehre*. Palgrave, 2010.
4. M.P. Mankiw, N.G. Taylor. *Grundzüge der Volkswirtschaftslehre*. Schäffer/Poeschel, 2012.
5. W.D. Samuelson, P.A. Nordhaus. *Volkswirtschaftslehre: Das internationale Standardwerk der Makro- und Mikroökonomie*. mi, 2010.
6. P. Sydsaeter, K. Hammond. *Mathematik für Wirtschaftswissenschaftler: Basiswissen mit Praxisbezug*. Pearson, 2013.
7. P.J.J. Welfens. *Grundlagen der Wirtschaftspolitik*. Springer, 2013.

© Springer-Verlag GmbH Deutschland, ein Teil von Springer Nature 2019
J. K. Perret und P. J. J. Welfens, *Arbeitsbuch Makroökonomik und Wirtschaftspolitik*, https://doi.org/10.1007/978-3-662-58184-1

Sachverzeichnis

© Springer-Verlag GmbH Deutschland, ein Teil von Springer Nature 2019
J. K. Perret und P. J. J. Welfens, *Arbeitsbuch Makroökonomik und
Wirtschaftspolitik*, https://doi.org/10.1007/978-3-662-58184-1

The manufacturer's authorised representative in the EU is Springer
Nature Customer Service Centre GmbH, Europaplatz 3, 69115 Heidelberg,
Germany. If you have any concerns regarding our products, please
contact ProductSafety@springernature.com

Printed and bound by CPI Group (UK) Ltd, Croydon, CR0 4YY
27/04/2026
02097663-0010